비고츠키 선집 4

어린이 자기행동숙달의

역사와 발달 II

비고츠키 선집 4
어린이 자기행동숙달의
역사와 발달Ⅱ

초판 1쇄 인쇄 2014년 7월 3일
초판 1쇄 발행 2014년 7월 11일

지은이 L. S. 비고츠키
옮긴이 비고츠키 연구회
펴낸이 김승희
펴낸곳 도서출판 살림터

기획 정광일
편집 조현주
북디자인 꼬리별

인쇄·제본 (주)현문
종이 월드페이퍼(주)

주소 서울시 마포구 서교동 395-27
전화 02-3141-6553
팩스 02-3141-6555
출판등록 2008년 3월 18일 제313-1990-12호
이메일 gwang80@hanmail.net

ISBN 978-89-94445-66-3 93370

비고츠키 선집 4

어린이 자기행동숙달의

역사와 발달 II

살림터

강요된 선택으로부터 자유로운 선택으로: 필연으로부터 자유로의 혁명적 도약

우리에게 널리 알려진 이들 중에는 자신이 직접 쓰지 않은 책 덕에 유명하게 된 경우가 많이 있다. 먼저, 소크라테스, 예수, 마호메트, 소쉬르와 같은 이들은 그들의 사후에 제자나 해석자들이 쓴 책의 덕을 입은 경우이다. 다른 한편으로, 자신들이 쓴 책이 아닌, 그들에 대한 경탄조의 인용이나 입문서 등을 통해서 세간에 널리 회자된 경우이다. 비고츠키는 이 두 경우의 중간쯤에 속한다. 비고츠키라는 이름과 함께 떠오르는 책이 두 권(『마인드 인 소사이어티』, 『생각과 말』) 있는데 엄밀히 말해서 비고츠키 자신이 이 책들을 직접 저술했다고 하기는 어렵다.

『마인드 인 소사이어티Mind in Society』는 비고츠키의 대학원 제자들의 글과 이 책『역사와 발달』그리고『도구와 기호』에서 발췌한 글들을 재료로 편집자들이 군데군데 이어 주는 문단을 삽입하여 엮은 모음집이다(John-Steiner, Cole, Souberman, Scribner, 1978: x). 따라서『마인드 인 소사이어티』를 읽은 독자들이라면『역사와 발달』7장 '글말 발달의 선역사'가 상당히 친숙하게 느껴질 것이다.

『생각과 말』의 절반가량(2, 3, 4, 5장)은 비고츠키가 이 책을 쓰기 겨우 얼마 전에 쓰인 원고들로, 책 서평이나 논문, 통신 강좌 교재의 일부로 출간되었다(Yasnitsky, 2011: 56). 이로부터 수년 후『생각과 말』의 나머지 절반을 집필하였다. 정확히 말하자면, 생의 마지막 네 달 동안 병상에서 비고츠키는 가까운 친구에게 책 내용을 구술하였다(van der

Veer and Valsiner, 1991: 257-258). 『생각과 말』의 두 부분이 현재의 형태와 같이 결합된 것은 오직 비고츠키의 죽음 때문이다. 『생각과 말』 5장의 복합체에 대한 기술을 6장의 개념 기반 교수-학습에 대한 기술과 비교해 본다면, 누구나 그 둘 사이의 간과할 수 없는 괴리를 느끼게 될 것이다.

이와는 달리 『역사와 발달』은 비고츠키 본인이 쓴 글이다. 역자들은 본문을 번역하고 제목을 붙였을 뿐이다. 물론, 이 책에는 본문과는 별개의, 설명을 위한 글상자와 미주가 포함되어 있지만, 우리는 이들 부가적 자료들을 본문과 엄밀히 분리하고자 고심하고 노력하였다. 『생각과 말』은 사실 전혀 다른 두 권의 책이 하나의 제목하에 묶인 것이지만, 한국어판 『역사와 발달』 I, II는 하나의 단일한 저술을 두 권으로 나누어 출판한 것이다. 비고츠키가 실제로 쓰지 않았음에도 유명한 두 권의 책과는 달리, 『역사와 발달』 I, II는 명백한 구조를 가지고 있으며 그 균형과 대칭은 나비의 날개와 같이 조화롭고 아름답다. I권과 II권이라는 두 날개의 중심이 되는 몸통 개념은 어린이의 선택과 자유이다.

I권을 읽은 독자라면 고등정신기능 발달의 문제와 연구 방법에 대한 비고츠키의 진술로 구성된, 길지만 훌륭한 도입 부분을 기억할 것이다. 이 도입에 이어서 연구의 목적(기능적 분석, 구조, 발달)을 이론적으로 상세히 기술하고, 심지어 이를 '선택 반응'에 대한 실험을 예시로 설명하기도 한 세 개의 장이 따라 나온다. 뒤에 보게 될 바와 같이 '선택 반응' 실험은 명백히 자기 통제라는 개념을 염두에 두고 행해진 것이다.

이번에 발간하는 『역사와 발달』 II권은 I권과 거의 대칭적인 구조로, 세 개의 장으로 구성된 세 부분과 결론으로 이루어져 있다. 첫 번째 부분(6, 7, 8장)은 말, 쓰기, 수 세기와 같은 문화적 행동에 대한 분석적, 즉 논리적으로 구분된 연구들로 이루어져 있다. 두 번째 부분(9, 10, 11장)은 첫 번째 부분으로부터 발달하는 연관된 기능들, 즉 주의, 기억, 생각들을 다룬다. 세 번째 부분(12, 13, 14장)은 앞의 행동과 기능들을 심리적 체계로 종합한다. 비고츠키는 마지막 장(15장)에서 궁극적으로 이러한 심리적 체계를 인격과 세계관이라고 칭한다. 이 마지막 장은 I권의 도입부와 대칭을 이룬다.

이러한 섬세한 구조에 어울리게 각 장의 내용도 세련되게 정제되었으리라고 생각한다면, 이는 다소 성급한 기대이다. 각 장 안에는 비고츠키의 아이디어들이 폭풍처럼 휘몰아치고 있으며 이들 중 일부는 역방향을 향하기도 하고 심지어는 서로 모순되는 경우도 발견된다. 르네 반 데 비어는 비고츠키가 원고를 퇴고할 여유가 없었다고 지적한다(1997: v). 사실, 이 책 13장에서 비고츠키가 보여 주는 잘못된 손다이크 읽기(13-18)는 그가 책을 여러 번 읽지 않았거나, 읽었더라도 발췌할 부분을 정확히 메모해 두지 않았음을 시사한다. 조지프 글릭은 비고츠키가 강의와 임상 치료에 쫓기는 일과를 마친 후 밤에 저술하였던 책들은 사실상 그의 메모 모음이었다고 말한다(1997: xiv). 비고츠키가 자신의 생각과 입장을 정리해 나가는 과정이 고스란히 반영된 이 책을 읽음으로써 독자들 역시도 비고츠키와 나란히 걸어가며 생각을 발전시켜 갈 수 있게 되며, 그것이야말로 이 책의 가장 짜릿한 측면이다.

예를 들면, 이 책의 I권에서 우리는 인간의 문화적 행동이 두 단계(무조건적 본능, 조건화된 습관)를 거치는지, 세 단계(본능, 습관, 생각을 통한 문제 해결)를 거치는지 아니면 네 단계(본능, 습관, 지성, 자유 의지)를 거치는지에 대한 문제로 비고츠키가 고민하는 과정을 그와 함께 겪어 나가야 한다. 비고츠키가 도달하는 답은 다음과 같다. 최소한 네 단계(아마도 그 이상)가 있을 테지만 자유 의지는 이전의 세 단계와 전혀 다른 유형이라는 것이다. 자유 의지는 적응을 전제로 하지 않을 뿐 아니라 사실상 적응과 반대되는 방향을 향할 수도 있기 때문이다(I권 3, 4장 참조).

그렇다면 비고츠키는 본질적으로 자유롭지 않은 결정이라는 토대 위에서 어떻게 자유 의지가 생겨날 수 있는지를 보여야 한다. 문제는 어떻게 어린이가 주사의 고통이나 숙제의 지겨움을 견뎌 낼 수 있는지를 설명하는 것이 아니라, 어떻게 어린이가 사전에 그러한 것들을 자유롭게 견디겠노라고 결정할 수 있게 되는지를 설명하는 것이다. 이제껏 비고츠키는 기능을 통해 구조를 설명하고 발달을 통해 기능을 설명하는 일반 법칙을 확립하였다. 그러나 발달에서 비고츠키는 언제나 두 개의 구분된 그러나 연결된 노선들을 분별한다. 이들은 인간이 환경적 자극에 적응한 결과인 자연적 노선과, 인간이 환경적 자극을 숙달하고 궁극적으로는 스스로의 행동을 숙달하게 된 결과인 문화적 노선이다.

비고츠키는 Ⅰ권 **5-59**에서 이를 일반적 법칙으로 진술한다.

"우리는 문화적 발달의 일반적 발생 법칙을 다음과 같이 공식화할 수 있다. 어린이의 문화적 발달에서 모든 기능은 무대에 두 번, 두 국면에서, 즉 처음에는 사회적으로, 그런 다음 심리적으로 나타난다. 처음에는 사람들 사이에서 정신 간 범주로, 그런 다음 어린이 내에서 정신 내 범주로 나타난다. 이것은 자발적 주의, 논리적 기억, 개념 형성 그리고 의지 발달에 동일하게 적용된다. 우리는 표현된 입장을 하나의 법칙으로 간주할 권리가 있다. 그러나 물론 외부로부터 내부로의 전이는, 구조와 기능을 변화시킴으로써 과정 자체를 변형시킨다. 모든 고등 기능과 그 기능 간 관계의 배후에는 발생적으로 사회적 관계, 즉 사람들 사이의 실제 관계가 존재한다. 그러므로 의지의 주요 원칙 중 하나는 사람들 간의 기능 분리의 원칙, 지금은 하나로 합쳐진 것을 두 부분으로 분할하고, 고등정신과정을 사람들 사이에서 일어나는 드라마로 실험적으로 재현하는 데 있다."

비고츠키가 말하듯이 이는 단순히 어린이의 말, 쓰기, 산술이 어떻게 발달하는지에 대한 기술이 아니다. 이는 자발적 주의, 기억술적으로 보조된 기억, 언어적 생각과 자기 통제가 어떻게 발달하는지에 대한 가설이기도 하다. 따라서 II권에서 제시되는 '특별한 연구'들의 목적은 단지 고등 문화 활동들이 교실 내에서 어떻게 형성되는지를 기술하는 것뿐 아니라, 이러한 고등 문화 행동의 원인인 동시에 결과인 고등심리기능들이 어린이의 마음에서 어떻게 발달하는지도 보여 주는 것이다. 비고츠키의 답은, 물론 그것들이 역사적으로 발달한다는 것이다.

다른 심리학자들은 역사를 점증적이고 진화적인 것으로 간주하였지만, 비고츠키는 역사를 위기로 점철된 혁명적인 것으로 보았다. 환경에 대한 수동적 적응과 환경을 능동적으로 변형시킴으로써 인간의 행동에 적합하게 만드는 것 사이에는 (발생 수준, 사용 수단, 최종 결과의 측면에서) 질적인 차이가 있다. 이는 동물의 왕국과 인간 사회의 차이점과 인간 역사의 기원을 설명해 준다.

반대로 다른 심리학자들이 단절을 본 곳에서 비고츠키는 연결을 발견한다. 부모나 교사가 어린이의 행동을 숙달(통제)하는 것과 어린이가 스스로 자신의 행동을 숙달하는 것 사이에는 질적인 연결이 존재한다. 발생 수준과 수단 그리고 심지어 행동의 결과가 동일한 것이다. 이는 사회적 영역과 심리적 영역 사이의 연결성을 설명해 준다.

이론상으로는 이러한 설명이 단순 명쾌하지만 실제적으로 여기에는 세밀하게 들여다보아야 할 심오하게 관련된 두 가지 문제가 있다. 현실에서 교사와 학생은 학생의 학습 과정에 대한 기여도를 줄여야 하는지 혹은 점차 늘려 나가서 이를 문화적 환경과 일치되도록 해야 하는지에 대한 문제가 그리 단순하지 않다는 것을 느낄 수밖에 없다. 또한 현실에서 부모와 어린이는 자기 통제와 타인 통제 사이의 원칙적인 차이를 느낄 수밖에 없다.

이 책에서 우리는 이러한 심각한 실제적 문제의 무게를 그대로 짊어지게 된다. 이들이 어떻게 연결되어 있는지를 보이기 위해, 그리고 이들이 어떻게 어린이의 자발적인, 때로는 때 이른 선택권의 획득에서 공통된 해결책을 갖는지 보이기 위해, 비고츠키가 I권에서 한 것과 같이 한 예를 들어 설명해 보도록 하자.

비고츠키는 10장에서 어휘 학습을 연상시키는 일련의 실험들을 제시한다. 실험에서 어린이는 기억해야 할 긴 어휘 목록을 받는다. 새로 제시된 어휘를 기억할 수 있도록 일종의 기억술적 구조를 만들 수 있는 그림 세트가 어린이에게 제공된다. 어떤 기억술 구조는 대단히 명백하다. 예컨대 낙타 그림은 어린이가 '죽음'이라는 낱말을 기억하는 데 도움을 줄 것이며, 사자 그림은 '(총을) 쏘다'라는 낱말을 기억하는 데 도움이 될 것이다. 그림을 '자유롭게 선택'할 수 있는 기회를 주면 어린이는 이와 같이 명백한 연결성이 있는 그림들을 기억의 보조 도구로 사용하는 경향을 보인다. 그러나 그런 기회를 주지 않으면 어린이는 자신만의 기억술적 구조를 만들어 낼 수밖에 없게 된다. 예컨대 어린이는 게 그림을 이용하여 '극장'이라는 낱말을 기억해야 하는 것이다.

비고츠키는 이러한 경우에 어린이가 고도로 창조적인 구조를 생성한다는 것을 발견한다. 예컨대 어린이는 게가 마치 극장에 앉아 있듯이, 바닷속의 아름다운 돌들을 바라보며 감탄하는 장면을 상상한다. 이러한 구조는 자유 선택의 경우에 이용되었던 보다 관습적인 구조에 비해 필요한 낱말을 더 정확히, 더 오래 기억하도록 해 준다. 비고츠키는 이에 대해 다음과 같이 설명한다. 어린이에게 주어진 '자유 선택'은 사실상 전혀 자유롭지 않다. 어린이는 관습적인 연합의 선택지, 즉 메뉴판을 건네받은 것일 뿐이다. 낙타의 죽음에 대한 이야기나 사자를 총으로 쏘는 이야기는 어린이 자신의 이야기가 아니라 다른 이야기에서 환기된 언어적 습관에 지나지 않는다. 이와는 반대로 어린이에게 강제로 주어진 선택은 진정으로 자유롭다. 왜냐하면 어린이는 이를 통해 자기 스스로의 기억술적 연결 고리를 생성해 낼 수 있기 때문이다. 극장 속에 앉아 있는 게의 이야기는 어린이가 자유롭게 만들어 낸 이야기이며, 따라서 게와 극장의 연결은 어린이에게 훨씬 더 능동적인 기억의 형태를 제공한다.

교수-학습 과정에서 '자유' 선택이 사실상 지독히도 구속적인 것으로 판명되는 경우는 흔하지만, '강제된' 선택이 갑작스러운 혁명적 돌파구를 뚫어 진정한 자유를 제공하고 거의 무한한 발달의 지평을 열어젖히는 경우는 훨씬 드물다. 이 두 상황은 서로 매우 다른 것처럼 보이지만 사실 그 기저에는 공통된 논제가 놓여 있다. 직접적이고 동물적인 기억과 같은 단순하고 '자연적인' 행동 형태는 기호 사용과 같은 복합적이고 문화적인 실천으로 대체되어야 한다는 것이다.

이러한 일이 어떻게 일어나야 할 것인가에 대한, 교육과 관련된 비고츠키 시대의 논쟁 또한 오늘날과 낯설지 않은 방식으로 전개되었다. 손다이크(1922)를 비롯한 일부 교육자들은 어린이의 '자연적' 기여는 본질적으로 사라져야 하며, 이는 오직 문화적 개념이라는 관습적 체계로 대체되어야 한다고 믿었다. 피아제(1962)를 비롯한 다른 교육자들은 정반대의 주장을 폈다. 즉, 관습적·문화적인 개념의 체계는 어린이의 '동화' 과정에서 본질적으로 붕괴되기 때문에, '조절' 과정을 통해 어린이에 의해 재구성되어야 한다는 것이다. 몬테소리와 같은 교육자들은 어린이에게 단순히 습관의 체계를 가르침으로써 어린이의 '자연적' 체계를 대체하도록 할 수 있다고 믿었다(7-75 참조). 스턴과 같은 다른 교육자들은 이와는 달리 어린이 자신의 구조와 문화적 구조 사이의 수렴적 진화가 일어나야 한다고 믿었다(13-31 참조).

당시(사실은 오늘날까지도) 교육자들, 특히 진보적 교육자들에게는 인간의 지능과 의식, 자유 의지를 비롯한 모든 종류의 발달의 모델로 '진화'는 매우 매력적이었다. 과학적 정신을 가진 교육자들에게 이는 논리적으로 거의 필연적인 일이었다. 오직 진화만이 다른 선재적 설계 없이 발생하는 것으로 보였기 때문이다. 오직 진화만이 어떻게 지성, 의식, 의지 자체가 비지성, 비의식, 비의지적 삶의 형태로부터 생겨날 수 있는지 설명할 수 있는 것으로 보였으므로, 진화만이 비순환적인 설명이었던 것이다. 그러나 손다이크, 피아제, 몬테소리, 스턴의 진화에 대한 생각은 비고츠키의 생각과는 달랐다. 그들의 생각은 오늘날 우리가 진화에 대해 가지고 있는 생각과 더 가깝다.

유년기 일반에 대해서 말할 때, 우리가 자신의 유년기 경험을 토대로 생각하는 것과 마찬가지로, 사회적으로는 자유주의적이고 경제적으로는 자본주의적이며 정치적으로는 부르주아적 사회에 살고 있는 우리는 진화에 대해 말할 때에도 그것이 자유주의적, 자본주의적, 부르주아적인 사회에서 일어나는 방식을 토대로 생각하는 경향이 있다. 첫째, 우리는 진화가 상향식의 혁명적인 재구조화가 아니라 하향식의 점진적인 개혁 과정이라고 생각한다. 둘째, 우리는 진화를 '일보 전진, 이보 후퇴' 혹은 야심 찬 도약에 뒤따르는 비극적 주저앉음으로 보는 것이 아니라 한 발 한 발 전진하는 선형적인 진보의 문제로 생각한다. 셋째, 우리는 진화적 과정을 환경에 길들여지는 것으로부터 환경을 능동적으로 숙달하는 것으로의 이행으로 보는 것이 아니라 경쟁과 적자생존의 결과, 즉 환경에 대한 복종과 적응에 토대한 발달의 결과로 본다.

비고츠키가 진화에 대해 가지고 있는 관점은 이 각각의 원칙을 혁명적인 방식으로 뒤집는다. 진화는 상향식으로 일어나는 구조적 변화의 문제이다. 그것은 위기와 비극은 물론 엄청난 비약과 급진전의 행보를 보인다. 그리고 무엇보다 진화는 환경뿐 아니라 그 속의 인간 자신의 행동에 대한 능동적인 숙달을 요구한다. 이러한 유형의 진화는 적응으로 설명될 수 없다. 이러한 유형의 진화는 필연적으로 타인과의 갈등은 물론 협력도 포함하게 된다.

비고츠키를 읽을 때 '혁명'이라는 말은 사뭇 글자 그대로 이해되어야 한다. '고등정신과정을 사람들 사이에서 일어나는 드라마로 실험적으로 재현'한다는 말은 다른 무엇보다 20세기 초 러시아 사람들에게 일어난 혁명적 드라마를 지칭하는 것이다. 러시아의 사회적 발달과 경제적 발달은 격차가 컸는데 혁명은 이를 단순히 뒤따르는 것이 아니라 앞에서 선도해야 했으므로 그 전개 방식은 필연적으로 위기와 비극으로 가득 했고 비선형적인 양상을 띠었다. 문화적으로 원시적인 인민들 전체 계급(당시 러시아의 노동계급은 소작농으로부터 생겨나고 있었으며 이 소작농은 농노로부터 새롭게 생겨나는 계급이었다)의 자치권과 자유 의지는 처음에는 계급 간 충돌로서 발발하였으며 그런 후 고등의 과학적·문화적 이해를 숙달하는 과정에서 각 개인 속으로 스며들었다.

그러나 '혁명'이라는 낱말에 대한 이와 같은 사회적·정치적 이해조차 비고츠키가 '내적 변혁'이라는 말을 통해 의미하고자 했던 것을 정확히 이해하기에는 충분하지 않다. '내적 변혁'이라는 말을 충분히 이해하려 면 우리는 혁명revolution이라는 말의 원래적 의미, 즉 지구의 자전처럼 축을 중심으로 회전한다는 의미를 상기할 필요가 있다.

비고츠키는 8장과 13장에서 어린이들이 블록으로 만든 트랙터와 같은 수 모형을 이용하여 자기 나름의 비-십진법의 수 세기 단위를 형성 하도록 해야 할지, 아니면 십진법 체계를 명시적으로 교육해야 할지에 대한 질문은 단순히 두 방법 중 어떤 것을 어린이가 더 쉽게 사용하는 지를 보고 경험적으로 해결할 수 있는 것이 아니라고 지적한다. 조금 다른 예를 들어 보면, 교사들은 물리적 대상 세기를 통해 수 개념을 쉽 게 가르칠 수 있다는 것을 종종 깨닫는다. 사실상 이러한 방법은 시간 과 같은 추상적인 대상을 측정하는 것보다, 어린이의 지각에 토대한 자 연적 생각 방식과 더 밀접하게 부합하는 것으로 보인다. 그러나 어린이 는 "몇 살이지?"와 같은 질문에 대답을 하기 위해서 시간 측정을 할 수 있어야 하며, 또한 우리는 측정에 토대한 수 개념이 어린이가 부분과 전체의 관계를 더욱 쉽게 파악하도록 이끌며 궁극적으로는 대수를 숙달하는 데 도움을 준다는 것을 알고 있다(Schmittau & Morris 2004).

어린이 자신의 고안에 더 가까운, 지각에 토대한 보다 자연적인 방법은 발달의 순환 주기 초기에는 매우 큰 효과가 있는 것으로 보인다. 그러나 어린이가 자기-결정의 축을 중심으로 회전함에 따라 이런 자연적 방법은 발달을 방해하는 족쇄가 될 것이다. 이러한 방해로 인해 위기와 괴리, 단절이 나타나며, 이러한 혁명적인 위기와 더불어 어린이는 필연적, 자발적, 심지어는 창조적으로, 문화적으로 확립된 의미에 토대한 방법으로 전환하게 된다. 이런 식으로 비고츠키는 타인 모방으로부터 자율과 자기-결정을 배우게 되고 비의지적인 행위가 의지를 낳게 되는 모순을 해결한다.

어린이의 내적 변혁은 혁명적이다. 이는 창조적이고 필연적이지만 또한 대담하고 파괴적이기도 하다. 이는 비고츠키와 분트에 따르면 객관적인 의미에서 때 이르고 시기상조이다(7-72, 13-22 참조). 결국 어린이는 심지어 도구 사용법을 배우기 이전에 기호 사용법을 배운다. 노동을 알기 전에 말을 아는 것이다. 러시아 농부들이 농노제로부터 사회주의로 치열하게 전진했듯이, 어린이는 사회 발생적으로 기초적인 도구 사용 이전에 사회 발생적으로 더 진보한 형태인 기호 사용을 배워야 한다. 따라서 초기 소비에트 연합과 마찬가지로, 어린이 발달은 가장 진보된 과정과 가장 자연적인 과정이 서로 만나 병합되면서 발생하는 위기와 비극으로 가득하게 된다. 두 과정이 결합되어 나타나는 결과는 필연적으로 혁명적인 것이며, 그 산물은 필연적으로 불균등하다.

이 불균등한 산물의 한 예로『생각과 말』에서 기술된 의사 개념 또는 일상적 개념을 들 수 있을 것이다. 이 책은『생각과 말』의 가장 커다란 괴리, 즉 개념 형성에 대한 관점의 차이(『생각과 말』5장은 개념 형성을 점진적인 복합체 구성 과정으로 보는 반면 6장은 과학적 개념에 의한 일상적 개념의 대체 과정으로 본다)를 메울 수 있는 분명한 개념 틀을 제공한다. 우리는 이 책을 비고츠키의 위대한 책인 『생각과 말』의 두 부분을 이어 주는 잃어버린 연결 고리로 생각할 수 있다. 시기적으로도 『생각과 말』의 절반은 이 책 이전에 저술되었으며 다른 절반은 이 책 이후에 저술되었다.

이 책을 통해, 우리는 복합체를 개념 형성의 소박한 단계 혹은 지각이나 어른의 낱말 사용에 대한 반응으로 형성된 지적 해결의 단계로 이해할 수 있다. 우리는 의사 개념과 진개념 사이에 비고츠키가 그은 핵심적인 구분선을, 막연하고 무한히 변화하는 복합체적 성향에 대한 어린이의 숙달과, 마음속에서 낱말 의미의 위계와 경계에 대한 통제권을 획득하는 어린이의 능력으로 설명할 수 있다. 개념 형성 역시도 자유로운 선택의 혁명적 실천인 것이다.

그러나 우리는 비고츠키가 글을 다시 쓰지 않았다는 것을 알고 있다. 이는 그가 얼마 살지 못하리라는 것을 스스로 알고 있었기 때문이다. 따라서 『역사와 발달』은 비고츠키가 스스로의 회복을 염두에 두고 독자들에게 『생각과 말』 속에 존재하는 깊은 괴리를 연결해 주기 위해 쓴 글이 아닐지도 모른다. 이 책은 비고츠키가 쓰지 못했던 수많은 책들 중 하나는 더더욱 아니다. 『역사와 발달』은 훨씬 더 위험하고 위태로우며 궁극적으로 훨씬 더 흥미진진한 책이다. 비고츠키 본인이 실제로 쓴 책인 것이다.

『역사와 발달』은 비고츠키 자신의 혁명적·창조적인 발달의 계기이다. 이 책을 딛고 비고츠키는 행동의 구조 내에서 의식의 비밀을 찾고자 투쟁하던 초기의 비고츠키로부터 그것을 언어의 구조에서 찾은 더욱 성숙한 비고츠키로의 도약을 홀로 이루어 냈다. 그 거대한 도약을 비고츠키와 함께하면서 우리는 최대한 그의 생각에 충실하고자 하였고 역자들의 개입은 가능한 한 배제하고자 하였다. 그러나 이 도약을 위해서 우리는 그를 읽고 또 읽으며 우리말로 다시 써야만 한다. 그럼으로써 비고츠키의 아이디어는 부활하여 다시 도약하게 될 것이다.

이 책으로 비고츠키는 우리가 개개인으로 겪은 유년기 경험들 사이의 불균등성과 다양성을 통합적인 이해로 초월할 수 있도록 도와준다. 비고츠키는 또한 발달의 급속성에 대한 놀라움을 넘어서서 이를 발달의 필연에 대한 명확한 인식으로 대체할 수 있도록 도와준다. 헤겔이 말했듯이 발달의 필연, 즉 외적·내적인 결정성에 대한 인식이야말로 인간의 자유를 구성하는 것이다. 물론 우리는 이 책이 우리의 흥분을 진정시키는 것이 아니라 고양시킨다는 사실을 발견하게 될 테지만, 그럼에도 이 책은 우리의 경탄을 통찰로 바꾸어 줄 것이다. 발달은 언제나 도약과 비약이지만, 비고츠키 이후로 그것은 더 이상 칠흑 같은 어둠 속으로의 도약이 아니게 되었다.

2014년 6월

비고츠키 연구회 일동

---

*본문에 나오는 글상자의 내용은 옮긴이가 덧붙인 설명이며, K는 옮긴이를 의미합니다. 또한 본문에 나오는 진한 글씨는 저자의 강조입니다.

|참고 문헌|

비고츠키, L. S.(2011), 『생각과 말』, 서울: 살림터.

비고츠키, L. S.(2013), 『어린이 자기행동숙달의 역사와 발달 I』, 서울: 살림터.

Glick, J.(1997), Prologue, In Vygotsky, L. S., *Collected Works*, Volume Four, New York and London: Plenum.

John-Steiner, V., Cole, M., Souberman, E., and Scribner, S.(1978), Editors' Preface, In Vygotsky, L. S., *Mind in Society*, Cambridge, MA and London: Harvard University Press.

Piaget, J.(1962), *Play, Imagination and Dreams in Childhood*, New York: Norton.

Schmittau, J. and Morris, A.(2004), The Development of Algebra in the Elementary Mathematics Curriculum of V. V. Davydov, *The Mathematics Educator* 8(1), 60-87.

Thorndike, E. L.(1922), *The Psychology of Arithmetic*, New York: Macmillan.

Van der Veer, R.(1997), Translator's Foreword and Acknowledgments, In Vygotsky, L. S., *Collected Works*, Volume Three, New York and London: Plenum.

Van der Veer, R. and Valsiner, J.(1991), *Understanding Vygotsky: A quest for synthesis*, Oxford and Cambridge, MA: Blackwell.

Yasnitsky, A.(2011), The Vygotsky That We (Do Not) Know: Vygotsky's Main Works and the Chronology of their Composition, *Psyanima* 4, 53-61.

차례

제6장
입말의 발달

Jules-Alexis Muenier, 「La Leçon de catéchisme(The Catechism Lesson)」(1890).
외운 내용을 암송하는 교리문답은 언어적 활동을 자극-반응 수준에서 요구한다.
자극으로부터 멀어질수록 학생들의 반응이 달라지는 모습이 흥미롭다.

6

*6장부터 제시되는 비고츠키의 특별 연구들은 모두 I권에서 이미 이야기한 연구 방법과 분석, 구조, 발생의 개념을 적용한 것들이다. 비고츠키는 연구 방법에 대한 논의(3-82)에서 고등 기능(말)이 저차적 기능(울기, 비명 지르기)의 토대 위에서 일어나지만, 저차적 기능들의 단순한 누적과 연합을 통해 고등 기능을 충분히 설명할 수 없다고 주장한다. 그렇다면 무엇이 말과 같은 고등심리기능의 출현을 충분히 설명할 수 있을 것인가? 저차적 기능들이 창조해 내는 것은 연결된 기능들의 심리적 체계, 즉 '실행 지성'과 '음성音聲 반응'들의 심리적 체계이다. 이 체계는 충분히 발달되지 않았지만, 두 가지 중요한 기능을 갖는다. 하나는 정서적 표현 기능이며 다른 하나는 의사소통 기능이다.

6-1] 입말의 발달은 행동 형성 기제를 추적하고, 이러한 현상에 대한 접근법, 즉 전형적인 조건 반사 이론과 심리학적 접근법을 비교하기에 가장 유용한 현상일 것이다. 무엇보다 말 발달은, 어린이 문화적 행동의 가장 중요한 기능 중 하나가 어린이 문화적 경험 누적의 배후에 어떻게 놓이는지에 대한 역사를 제공한다. 우리가 여기서 어린이 행동 발달의 이 특정한 측면에 대한 고찰로 시작하는 것은 바로 이 주제가 본질적으로 핵심적 가치를 갖기 때문이다.

6-2] 말 발달의 첫 단계는 조건 반사 이론이 모든 새로운 행동 형태

의 발달에 대해 설명하는 것과 완전히 동일하게 발생한다.

6-3] 어떤 의미에서 우리는 어린이의 말은 선천적 반응, 흔히 무조건 반사라고 불리는 유전적 반사에 기반을 둔다는 것을 알고 있다. 이는 다른 모든 조건 반응의 후속 발달을 위한 토대가 된다. 따라서 성인의 말이 발생하는 유전적 토대, 즉 무조건 반사는 어린이가 소리를 지르는 것과 같은 음성 반응이다. 이 반응은 신생아의 경우에도 관찰된다고 알려져 있다.

6-4] 현재 알려진 무조건 반사에 대한 지식으로는 울음 외에 얼마나 많은 선천적 반응이 있는지를 말하기는 어렵다. 그러나 새로운 연구에 따르면 신생아에게 있어 음성 반응이 하나의 무조건 반사가 아니라 밀접하게·연결된 여러 개의 무조건 반사를 나타낸다는 데에는 의심할 여지가 거의 없다. 하지만 이들은 생애 첫 몇 주 동안 모든 조건 반사에 해당하는 방식으로 바뀐다. 특정한 상황에서 반복되고, 그 상황에서 조건적 자극과 결합하여 그 상황을 구성하는 일부가 되면서, 어린이의 음성 반응은 매우 일찍부터, 심지어 생후 첫 주부터 조건적 음성 반사가 된다. 이들은 단지 다양한 내적인 무조건적 자극에 의해서뿐 아니라 어린이의 다양한 선천적 반응과 결합된 조건적 자극에 의해서도 일어난다.

의사가 새로 태어난 아기를 들어 올려, 아기가 울고 숨을 쉴 수 있도록 엉덩이를 찰싹 때릴 때, 의사는 다양한 선천적 반응들(빛의 지각, 고통의 감각, 숨쉬기 본능, 소리를 내는 본능)을 사용한다. 그다음 생후 몇 주 동안, 모든 이러한 선천적 반응들은 변한다. 예를 들어 아기의 일반적인 대상에 대한 지각은 사람에 대한 인지로 변화하며, 사람에 대한 일반적인 지각은 부모에 대한 인지로 변화하고, 부모에 대한 지각은 미소에 대한 인지로 변화한다. 비고츠키는 이것이 모든 조건적 반응의 방식이라고 말한다. 즉 모든 조건적 반응은 특정한 상황에 따라 변화된 본능을 토대로 세워진다는 것이다. 다음으로 그는 조건적 반응이 무조건적 반응 위에 세워지는 것처럼, 일반적으로 고등 행동을 위한 전제 조건인 말 행동 또한 사회적 상황에 의해 변화된 조건적 행동을 토대로 세워진다고 주장할 것이다.

6-5] 말 발달을 단계별로 보여 주는 모노그래프를 쓰는 것을 자신의 첫째 목표로 상정했던 Ch. 뷜러는 40명 이상의 어린이들을 체계적으로 관찰했고, 모든 언어 발달 단계를 순서대로 보여 주었다. 특히, 이 연구자는 음성 반응의 출현과 관련하여 어린이가 말의 도움으로 사회적 접촉 반응을 확립한다는 것을 발견했다.

예를 들어, 할러데이는 자기 자녀인 나이젤의 언어 습득에 대해 개인적으로 적어 놓은 공책에 다음과 같은 관찰 기록을 남겼다. 생후 12일밖에 되지 않은 나이젤이 팔꿈치 안쪽에 부스럼이 생긴 것을 엄마가 알아채자마자 울음을 멈추었다는 것이다. 울음이라는 무조건적 음성 반응이 이제는 엄마가 알아주는 것에 대한 조건적인 반응이 되었기 때문에 고통이 멈추지 않았음에도 나이젤은 울음을 멈춘 것이다. 할러데이는 "그것이 나이젤의 첫 번째 의사소통 행위였다."고 기록한다.

Halliday, M. A. K.(2003), *The Language of Early Childhood*, London: Continuum, p. vii.

*Ch. 뷜러(Charlotte Bühler, 1893~1974)는 후설Husserl과 함께 공부했고, 드레스덴과 비엔나에서 교편을 잡았다. 드레스덴과 비엔나는 뷔르츠부르크 모임의 일원이었던 그녀의 남편과 그녀가 어린이 발달에 대해 연구했던 곳이다. 샤를로트는 비고츠키가 자주 인용하는 H. 헤처와 함께 초기 지능 검사를 개발했다. 그러나 그녀는 발달 시기 구분의 문제, 즉 어린이 발달의 이정표를 세우는 것에 좀 더 관심을 갖고 있었다. 뷜러 부부는 개념 형성은 대부분 구별과 판단의 결과이며, 5세 정도의 아주 이른 시기에 일어난다고 생각하였다. 비고츠키는 이것에 대해 강력하게 논박하였다. 둘 다 유태인이었던 뷜러 부부는 나치의 오

6-6] 만약 아기의 음성 반응이 정확히 어떻게 발달하는지 자세히 열거한다면, 우리는 어린이가 조건 반사 연구를 위한 실험실에서 실험적으로 확립된 경로를 되풀이하는 경향이 있다는 것을 보게 될 것이다. 처음에 조건 반응은 일반화되었다고 불릴 수 있는 단계를 거친다. 즉, 단일한 신호뿐만이 아니라 신호와 관계된 어떤 공통점을 갖는 많은 다른 신호들에 대한 반응으로 나타난다. 그 뒤에 반응은 분화되기 시작한다. 이것은 이 상황에서 신호들 중 하나가 다른 신호들보다 더 자주 발견되기 때문이다. 그 결과 반응은 선택된 자극에 대해서만 나타나기 시작한다.

6-7] 그와 같은 일반화된 반응의 한 사례는 엄마나 간호사를 본 어린이의 음성 반응이다. 처음에 이러한 음성 반응은 모든 사람에 대해 나타나지만 점차 분화되어 엄마를 보거나 젖을 먹일 때 입는 옷(수유 앞치마-K)을 보는 경우에만 나타나게 된다. 예를 들어, Ch. 뷜러는 엄마가 아기를 돌볼 때 흔히 입던 앞치마와 동일한 앞치마를 다른 사람이 입고 나타나자 어린이가 그에 대해 음성적으로 반응하는 것을 관찰했다.

회색 기러기가 부화 직후에 본 움직이는 물체에 '각인'된다는 사실은 콘라드 로렌츠의 연구를 통해서 알려져 있다. 로렌츠 박사를 어미로 알고 따라다니는 새끼 기러기들이 있었는데 이는 그 기러기들이 부화한 후에 처음 본 움직이는 대상이 로렌츠였기 때문이다. 수유 앞치마에 대한 Ch. 뷜러의 예 역시 동일하게 이해할 수 있다. 수유자에 대한 어린이의 반응은 본능적인 것이다. 그러나 이것이 본성상 본능적이라 하더라도 이 반응은 환경에 의해 조정된다. 즉, 본능은 어린이가 수유자를 인식하도록 미리 준비시키지만 수유자가 앞치마를 입을지 혹은 수유 가운을 입을지를 무조건적인 본능이 미리 알려 주지는 않는다. 이러한 제반 사항들은 조건 반응을 통해 학습되는 것이다. 유사한 사례로 개와 빵, 종소리, 침 흘리기를 이용한 파블로프의 고전적인 조건 반사 실험을 들 수 있다. 처음에는 침 흘리는 반응은 매우 일반화된다. 침 흘리기는 빵, 종소리 그리고 심지어는 실험자의 출현이나 발자국 소리에도 일어난다. 그러나 곧 개는 실험자의 모습이나 제공되는 음식의 종류는 바뀌지만 종소리는 변함이 없으며, 종소리가 울리면 고정적으로 음식이 제공된다는 사실을 알아차리기 시작하며 이에 따라 종소리를 다른 자극으로부터 분리한다. 마침내 저차적 심리 기능인 무조건 반응에 기초한 조건 반응이 하나의 분리된 자극과 함께 나타나게 된다. 개를 어린이로 대체하고 종소리를 수유 앞치마로 대체하면 우리는 Ch. 뷜러의 실험에서 파블로프의 실험 결과와 동일한 것을 발견하게 된다.

6-8] 유아의 음성 반응에 관하여 우리가 알고 있는 매우 중요한 또 다른 관점은 다음과 같다. 반응은 따로 떨어져서 발달하는 것이 아니라 전체 반응 집합의 유기적 부분으로서 발달한다. 어린이는 음성 반응 하나만을 보이지 않는다. 항상 일련의 전체적 움직임이 있으며, 그 안에서 음성 반응은 오직 하나의 부분이거나 요소일 뿐이다. 여기에서 발달은 조건 반사 이론으로부터 이미 알려진 양식에 따라 일어난다.

비고츠키는 어린이가 그림의 내용을 고립된 사물의 집합으로 인식하고 반응한다는 스턴의 주장에 강하게 반대했으며, 이것은 우리가 어린이 발달에 대해 알고 있는 모든 것에 반하는 것이라고 말한 바 있다. 우리는 비고츠키가 저차적 수준의 기능조차도 부분으로부터 전체로 통합되는 것이 아니라, 전체로부터 부분으로 분화한다는 생각을 강하게 믿었다는 것을 알 수 있다.

6-9] 전체의 한 부분인 음성 반응은 무질서한 전체의 특정한 외적 인상들과 연결되는 반면 독립적인 음성 반응은 서서히 분화된다. 그 발달 초기의 과정은 다음과 같다. 음성 반응을 포함하는 일군의 무질서한 움직임은 음성 반응을 향하여 점차 분화한다. 음성 반응이 중심적인 것이 되기 시작하는 것이다. 일군의 움직임 전체가 사라지고 음성 반응에 인접한 움직임, 즉 (음성 반응에 대한-K) 얼굴, 어깨, 팔의 모방만이 남는다. 마지막으로, 다른 반응들은 배경으로 물러나면서 음성 반응이 단독으로 나타나기 시작하며 이것은 다른 반응들과 명확히 구별된다.

> 소리를 완전히 소거하고 TV를 보면, 사람들의 표정이나 어깨, 팔이 사람들의 목소리를 '모방'하는 것을 쉽게 관찰할 수 있다. 사람들은 미소를 지으며 문장이 끝났음을 표시하고 몸동작을 통해 강세와 억양을 표현한다. 어린이의 초기 울음에 수반되는 무질서한 움직임은 어느덧 사라지고, 어린이는 감정을 표현하고 주고받는 중심적이고 필수 불가결한 요소로서 음성을 선택한다. 남은 움직임들은 이제 목소리를 모방하도록 결정지어진다. 얼굴 표정은 무작위로 움직이는 것이 아니라 음성을 따라야만 하고, 팔다리의 움직임은 중심적인 음성 반응을 교란하지 않고 강화해야 한다.

음성 반응
얼굴 표정
팔과 어깨의 움직임

> 어린이는 전체 자극-상황 속에서 특정 요소를 구별해 낼 수 있다. 예를 들어 어린이는 수유자가 접근하는 것을 알 수 있으며 수유자가 입은 가운이나 앞치마를 구별해 낼 수 있다. 연합적 기제는 어린이가 자극 중에서 가장 지속적으로 반복되는 것을 선택함으로써 자극을 구별해 낸다고 설명할 것이다. 이 설명에 따르면 수유자가 입은 앞치마

는 지속적·반복적 자극으로 이것을 엄마가 입든, 이모가 입든, 아니면 유모가 입든 아무 상관이 없다는 것이다. 하지만 연합적 기제는 어린이가 자기 자신의 반응을 어떻게 구별해 내는지 설명할 수 없다. 왜냐하면 우는 대신 팔을 흔드는 것, 자음과 모음 대신에 우는 것을 선택하는 것은 어린이의 자유이기 때문이다. 어린이가 단순히 팔을 흔드는 것 대신 우는 것을 선택하거나 우는 것 대신 자음과 모음을 선택하기 위해서는 중심적인 것과 주변적인 것, 본질적인 것과 표면적인 것에 대한 초보적인 의식이 필요하다. 처음에는 단순히 사회적 관찰에서 비롯된 이 초보적인 의식은 인간의 음성이 감정적 경험과 의사소통의 핵심이라는 것을 어린이에게 알려 준다. 아주 어린 아기조차도 목소리를 가장 중심에 놓고 그 주변에 얼굴 표정, 어깨, 팔, 손동작을 배열하는 것이다. 이 설명은 매우 주지주의적인 설명처럼 보일 수 있지만 사실 그렇지 않다. 뒤에서 설명되는 바와 같이, 이와 같은 핵심과 주변부의 구분이 기여하는 기능은 지성적이지도 의사소통적이지도 않으며 정서적이며 표현적이다.

6-10] 어린이 생애의 처음 여섯 달 동안 음성 반응이 가진 고유 기능에 주목하는 것은 중요하다. 생리학자와 심리학자는 모두 유아의 음성 반응 역시 생리학적 토대를 지니는 두 가지 주요 기능을 갖는다는 데 동의한다. 첫 번째 특성은 구舊심리학자들이 표현적 움직임이라 부르는 것이다. 이것은 유기체의 감정적 상태를 외적으로 표현할 때 일어나는 본능적 반응이다. 따라서 고통을 느낀 어린이는 반사적으로 소리를 지르지만, 불쾌감을 느낄 때는 다른 특성의 반응을 나타낸다. 이러한 표현적 움직임이 무엇인가라는 질문에 대해 심리학적 언어로 대답하자면, 우리는 어린이와 환경의 평형 혹은 불균형을 표현하는 모든 감정적 반응의 징후인 음성 반응이라 말할 것이다. 배고픈 어린이와 배부른 아기가 내는 소리가 다르다는 것을 누가 모르겠는가? 유기체 전체 상태의 변화가 생기고 따라서 감정적 반응의 변화와 함께 음성 반응의

변화가 생긴다.

어린이들은 그들이 만들어 내는 무질서한 행동들의 복합체로부터 어떻게 음성을 구분해 낼 수 있을까? 음성이 얼굴 표정이나 팔의 움직임을 모방하는 것이 아니라, 얼굴 표정과 팔의 움직임이 음성을 '모방' 해야 한다고 어린이에게 알려 주는 것이 무엇인가? 도대체 어린이는 이 차이점을 어떻게 구별할 수 있는가?

어떤 언어학자들은 이 질문에 대하여 언어 '본능'이라는 가설을 이용하여 대답해 왔다. 그러나 이 책 I권의 언어에 대한 '자연주의적' 설명에 대한 비고츠키의 비판을 읽어 보면 비고츠키가 이를 부인했다는 것을 당연히 알 수 있다. 따라서 사회적 존재로 태어난 어린이가, 단순히 타인의 행동을 관찰함으로써 얼굴 표정이나 몸짓이 아닌 목소리가 인간의 의사소통의 중심적 역할을 한다는 것을 알아차리게 되는 것은 아닐까? 이는 스턴에 매우 가까운 주지주의적 설명이 될 것이다. 이 책 I권(4장의 마지막 부분)에서 비고츠키는 기호의 자연적 역사와 모방이 말과 같은 고등정신기능의 발달에 필수적이라고 지적했다. 따라서 비고츠키는 완전히 생리적 기능이지만 그럼에도 불구하고 정서적 측면을 포함하는 기능, 즉 배고픔에서부터 논의를 시작한다. 음성 반응은 처음에는 우리가 배고픈 동물에서 볼 수 있는 것과 동일한 기능을 지니며, 음식에 대한 동물의 욕구를 표현한다. 그러나 어린이가 음식을 얻기 위해서는 두 번째 기능인 의사소통 기능이 필요하다. 본질적으로 생리적인 이 두 기능을 바탕으로 하여(어린이의 관점에서 의사소통은 생리적 목적을 지닌다), 어린이는 음성 반응을 다른 반응과 구별한다.

6-11] 이것은 음성 반응의 첫 번째 기능이 감정적이라는 것을 시사한다.

6-12] 음성 반응이 조건 반사가 될 때 나타나는 두 번째 기능은 사회적 접촉 기능이다. 생후 첫 한 달 동안 영아는 주변 사람들로부터의 음성 반응에 대하여 특정한, 즉 연습된 음성 반사를 형성해 왔다. 감정적 반응을 동반하거나 심지어 그것을 대신하기도 하는 조건 반사로서

의 목소리 출현은 다른 사람과의 사회적 접촉에서와 마찬가지로 어린이의 유기체적 상태를 표현하는 기능을 형성하기 시작한다. 어린이의 목소리는 말이 된다. 즉, 가장 기초적인 형태로 도구를 대체하는 말이 된다.

> 음성 반응의 첫째 기능은 생리적이며 자연적이다. 즉, 그것은 어린이가 침팬지와 공유하는 표현적인 움직임이다. 둘째 기능도 역시 생리적이지만 전적으로 자연적인 것은 아니다. 즉, 그것은 발달의 사회적 상황에 대한 대응 속에서 조건적 반응으로 나타난다. 어린이는 음식, 온기, 이동을 필요로 하고, 이것을 얻기 위해 자신을 향한 음성적인 신호들 속에서 억양과 강세의 어떤 측면들을 골라내고, 그것을 모방한다. 갓난아기가 운다. 엄마가 "왜?" 하고 묻지만 아기는 계속해서 운다. 이것은 자연적이다. 그 후 몇 개월이 지나고, 어린이는 아픔이나 불쾌함에 대한 반응으로 우는 대신 "왜애애애?" 하면서 울부짖는다. 이제 어린이의 음성 반응은 단순한 표현적인 움직임이 아니며, 사회적 접촉의 기능을 수행하게 된다. 이때 말은 다른 사람들을 통해서 환경에 대해 작용하는 한 방식이다.

6-13] 따라서 우리는 선역사, 즉 출생 후 1년간은 어린이의 말이 주로 본능적이고 감정적인 무조건 반응의 체계에 온전히 기초를 두고 있으며, 이로부터 분화를 통하여 다소간 독립적인 조건적 음성 반응이 생성된다는 것을 알 수 있다. 이로 인해서 반응 기능에 변화가 일어나게 된다. 이전까지는 어린이가 나타내는 유기체적·감정적 반응의 일부였던 반응 기능이 이제는 사회적 접촉 기능을 수행하기 시작한다.

6-14] 그러나 어린이의 음성 반응은 여전히 진정한 의미의 말이 아니다. 여기서 우리는 문화적 발달을 형성하는 어린이 말 발달을 정확히 이해하는 데 있어 가장 어려운 계기인 통합적 말의 출현에 이르게 된다. 우리가 처음부터, 동일한 과정에 대한 생리학적 관점과 심리학적 관

점 사이의 차이점에 대해 언급했음을 상기하자.

> 이번 장을 시작하면서(6-1 동일한 과정에 대한 생리적 관점과 심리적 관점을 비교하는 데 말이 매우 유용한 자료임을 언급했던 것을 상기하자. 말에 대한 생리적 관점은 생후 1년까지 완벽히 들어맞는 것으로 보인다. 동물들이 자신과 같은 종種이 만들어 내는 소리와 다른 종이 만들어 내는 소리를 구별할 수 있는 것처럼, 어린이는 둘러싼 환경의 다른 소리들과 말을 구별한다. 어린이가 환경 속의 음성 반응을 모방함에 따라 타고난 자연적 자질이 변화하며, 따라서 무조건적 반응이 조건적 반응으로 변화한다. 그러나 어린이가 말소리(마~, 바~와 같이 모음과 자음을 통합하여 내는 소리)와 발화('나 줘', '내가 할 거야'와 같이 단어들이 통합된 구)를 창조하기 시작하자마자, 말에 대한 생리적 설명은 더 이상 불가능해진다. 생리적 설명으로는 왜 어린이가 'ㅁ'과 'ㅂ'을 나누는지, '나 줘'의 '나'와 '내가 할 거야'의 '내'가 같은 대상을 지시한다는 것을 어떻게 알게 되는지를 설명하지 못한다. 이것은 생리적으로 설명할 수 없고, 주지주의적으로 설명할 수도 없다. 어린이는 갑자기 자음과 모음의 본성을 파악하거나 모든 문법적 격格을 이해하게 되는 것이 아니다. 비고츠키는 어린이가 이러한 관계를 분석하지 않고 통합적으로 말하기 시작한다고 기술한다. 비고츠키가 볼 때 생각과 말은 한동안 떨어져서 존재한다.

6-15] 말 발달에서 이 지점에 도달하면서 또 하나 중요한 환경을 덧붙이지 않을 수 없다. 우리는 아기의 음성 반응이 초기에는 상당히 사고와 떨어져 발달한다고 보는 것이다. 갓난아기에게 한 살 반 된 어린이의 사고와 의식을 기대할 수는 결코 없다. 우리는 아기가 울 때 그 아기가 자신의 울음과 다른 사람들의 후속 행동 사이에 무엇이 일어나는지 경험으로부터 이미 알고 있다거나, 아기의 외침이 우리가 다른 사람에게 영향을 행사하기 위해 말할 때의 의도적인 행동이나 메시지와 비교 가능하다고는 전혀 생각할 수 없다는 것이다.

이 책의 I권 5장에서 '타인에 대한 몸짓'과 '스스로에 대한 몸짓'과
관련된 논의가 있었음을 상기하자(5-52~5-55 참조). 비고츠키는 어린
이의 첫 낱말에 대해서도 그와 동일한 헤겔적 분석법을 적용하고 있다.

6-16] 따라서 어린이 말 발달의 첫 번째 국면에서 말 발달이 어린이
사고 발달과 관련이 없다는 것은 의심의 여지가 없다. 즉, 말 발달은 어
린이 지적 과정 발달과 관련되지 않는다는 것이다. 실제로 우리는 백치
와 정신지체 어린이들의 관찰에서 그들 역시 이 발달 단계를 통과한다
는 것을 볼 수 있다. 에딩거는 대뇌 없이 태어난 어린이에게서도 음성
반응을 관찰할 수 있다는 것을 발견하였다.

비고츠키가 오늘날에는 거부감을 줄 수도 있는 용어들(예를 들어
'결함학', '결함이 있는', '비정상')과 함께 이지오뜨이идиоты('백치')와 움
스트비노 웃츠탈리умственно отсталый('정신지체')라는 용어를 사용
한다는 데 주목하자. 하지만 이러한 용어들이 처음부터 모욕적인 말
은 아니었다는 것을 염두에 둘 필요가 있다. 그 용어들은 본래 의학
적 의미를 가지고 있었으며, 그것이 의학계 외부에서 사용되면서 나중
에야 모욕적 의미를 갖게 된 것이다. 정신 장애와 관련된 모든 용어는
'euphemism treadmill(모욕적 의미를 가진 표현을 대체하고자 도입되었으
나, 결국 다시 모욕적 표현이 되는 것)'이 되기 마련이다. 따라서 비고츠키
의 표현을 군이 현대적 표현으로 완곡하게 바꾸는 것은 별 의미가 없
다고 생각된다.

*L. 에딩거(Ludwig Edinger, 1855~1918)는 독일의 의사이자 신경학자
이다. 스스로가 가난했으므로 보편 교육을 옹호하였다. 그는 연구 자
금을 조달하는 데 어려움을 겪었으나 결국 부인의 자금으로 프랑크푸
르트 대학에 신경학부를 설립하는 데 성공했다. 그는 일반적으로 출생
후 얼마 살지 못했던 대뇌 없는 어린이에 대한 많은 관찰을 수행했다.

6-17] 연구들은 말이 초기에는 생각과 독립적으로 발달할 뿐 아니라 생각 또한 말과 독립적으로 발달한다는 것을 보여 준다. 쾰러와 다른 심리학자들은 유인원과 어린이를 대상으로 실험을 설계했다. 원숭이가 간단한 도구와 쉬운 우회로를 통하여 목표를 성취할 수 있는 상황과 동일한 환경에 어린이를 두었을 때, 9~11개월 된 어린이는 유인원과 동일하게 단순한 반응을 보여 주었다. 어린이들은 유인원처럼 줄이나 막대기를 사용하고, 목표물을 이동시키기 위해 다양한 물체를 취하고, 손과 물체를 모두 사용하여 우회로를 찾았다. 달리 말해, 이 연령의 어린이에게는 말과 무관한 단순 반응이 나타난다.

6-18] 우리가 말했듯이, K. 뷜러는 출생 후 9~12개월의 아기는 침팬지와 거의 똑같은 방식으로 도구를 사용하는 것으로 보인다는 점을 지적하고자 이 시기를 침팬지와 같은 연령으로 지칭한다.

6-19] 이렇게 우리는 두 개의 주장에 이른다. 하나의 주장은 말 발달이 초기에는 생각 발달과 독립적으로 일어나며, 초기 단계에서 말 발달은 심각하게 지능 발달이 늦은 어린이에게서나 정상적인 두뇌를 지닌 어린이에게서나 다소간 동일하다는 것이다. 첫 번째 말 발달 단계는 조건 반사 형성의 모든 단계를 거치면서 잘 알려진 조건 반사 형성의 도식을 강하게 입증한다. 따라서 말의 첫 번째 형태는 생각과 무관하게 나타난다. 다른 주장은 말이 형성되지 않은 9~12개월의 어린이가 단순한 도구를 사용하기 시작한다는 것이다. 마치 생각 발달이 그 자체의 경로를 따라 발달하는 것처럼 말 역시 그렇다. 이것은 초기 아동기의 언어 발달에 관련하여 우리가 공식화할 수 있는 가장 중요한 발견이다.

6-20] 전에는 개별적으로 발달하던 말 발달과 생각 발달의 두 노선이 특정한 계기에 만나서 결합하는 것처럼 보이며, 여기서 두 발달 노선은 교차한다. 말은 생각과 결합하여 지적이 되고, 생각은 말과 결합하여 언어적이 된다. 어린이의 문화적 발달의 미래는 이 중심 지점에 의

존하며, 이 중심 지점에 대한 설명이 이 장의 주요 과업이다.

6-21] 우선 우리는 이러한 경우에 대해 제기될 수 있는 피상적 관찰을 보이고자 한다. 어린이 말 발달에 대한 과학적 모노그래프를 저술한 W. 스턴은 생각과 말 발달의 특징을 설명하는 최초의 이론을 제시하였다. 스턴은 정상적인 어린이는 특정한 나이에(아마도 한 살이나 두 살) 생각과 말이 만난다고 주장하였다. 다시 말하면, 전환점이 존재하고 그 후 두 발달은 완전히 새로운 방향으로 나아가기 시작한다. 스턴은 이 계기를 어린이가 평생 하는 발견 중에 가장 위대한 발견이라고 부른다. 스턴에 따르면, 어린이는 모든 것이 이름, 즉 대상에 상응하는, 대상을 상징하는 낱말을 가지고 있음을 발견한다.

6-22] 스턴은 어떤 근거로 1세 또는 2세 어린이가 그러한 발견을 한다고 믿었을까? 스턴은 세 가지 객관적인 주요 징후를 토대로 이를 확립한다.

6-23] 첫 번째 징후. 생각과 말의 노선이 만나는 것과 연관된 위기의 시기에 어린이는 어휘를 비약적으로 확장하기 시작한다. 한때 스무 개 남짓하던 어휘는 이제 확장을 시작하여 때로 2, 3개월 안에 여덟 배로 확장된다. 따라서 첫 번째 표지는 어휘의 갑작스러운 증가이다.

6-24] 두 번째 징후. 어린이에게서 소위 첫 질문의 시기가 나타난다. 어린이는 여러 가지 형태의 대상을 보면서 그것이 뭐라고 불리는지 묻는다. 어린이는 어른이 어떤 대상을 지칭할 때 이름을 사용하지 않는 경우에도 그 대상에 이름이 있다는 것을 알고 있는 것처럼 행동한다.

6-25] 앞의 두 개와 관련된 세 번째 징후. 어린이의 어휘 습득의 특징에 있어서 근본적인 변화, 즉 다른 동물에게서는 전혀 나타나지 않는 인간 말에 전형적인 특징이 나타난다는 것이다. 이 변화는 스턴으로 하여금 말의 조건적 반사 형태가 다른 형태로 완전히 변화했음을 강력하게 믿도록 만들었다. 동물이 낱말과 인간 말을 배울 수는 있지만, 그것

을 동화하는 데에는 특정한 한계가 있다는 것은 잘 알려져 있다. 동물은 그들을 둘러싼 환경에서 인간이 제공하는 만큼의 낱말을 습득할 수 있을 것이다. 어떤 동물도 낱말을 주어진 것 이상으로 사용하지 못하며, 주변 사람들이 이미 이름을 붙이지 않은 대상을 명명한 적이 없다. 따라서 동물과 어린아이들이 낱말을 학습하는 방법은 어휘의 수동적인 확장이다. 새로운 낱말은 어린이에게 조건적인 반사로 발생한다. 즉 어린이가 주변의 사람들로부터 새 낱말을 들었을 때, 어린이는 그 낱말을 대상과 연결 짓게 되고, 그 후에 그것을 활용하게 된다. 만약 우리가 영아가 습득한 낱말의 수를 센다면, 이 어린이가 다른 사람에 의해 주어진 만큼의 낱말을 습득한다는 것을 알 수 있다. 한 살 반이나 두 살 시기는 결정적인 전환점이다. 즉 어린이는 스스로 대상의 이름이 무엇인지 묻고, 자신의 어휘를 능동적으로 확장하기 시작하면서 스스로 모르는 낱말을 찾는다.

앞에서 비고츠키는 언어 습득에 대한 생리적·자연주의적 설명은 어린이가 통합적인 말을 하는 순간 설득력을 잃는다고 주장하였다. 그런 후 다소 주제와 벗어나는 듯하게도 비고츠키는 생각과 말이 서로 분리되어 있다는 생각, 생각과 말이 특정한 지점에서 서로 만난다는 생각 그리고 이러한 융합으로 인해 나타나는 세 가지 징후에 대한 논의를 시작한다. 어떻게 이것이 어린이 말에 대한 자연주의적 설명이 아닌 심리적 설명이 되는지는 다소 알아차리기 어렵다. 그러나 이는 주제에서 벗어난 논의가 아니다. 여기서 우리는 침팬지도 할 수 있는 조건 반응이 아닌, 새롭고·본질적으로 심리적인 무언가를 보게 된다. 어린이는 스스로 질문하기를 통해 '능동적으로' 낱말을 배울 수 있게 되는 것이다. 우리는 어린이가 특정 대상을 가리키는 낱말을 모를 경우 어린이 나름의 낱말을 만들어 내는 것도 알고 있다(예를 들어 기차 대신 '칙칙폭폭'). 이러한 현상은 사소해 보일 수도 있지만 실제로는 전혀 그렇지 않다. 이전에 딱 한 번 들었거나 전혀 들어 본 적이 없는 낱말을 말하는 어린이의 능력은 무한히 생산적이고 중요한 어떤 것, 즉 어린이가 전혀 들어 본 적이 없는 문장을 말할 수 있는 능력의 징후이다. 이는 오직 어린이가 문법적으로 통합된 말, 즉 낱말이 자음과 모음으로 이루어져 있듯 처음, 중간, 끝을 가지고 있는 발화를 생성해 낼 수 있기 때문에 일어나는 현상이다.

6-26] 그러므로 우리는 세 가지 계기를 갖게 된다. 1) 갑작스러운 어휘의 증가, 2) 어린이 질문의 시기('이건 뭐라고 불러요?'라는 질문의 출현), 3) 어린이 어휘의 능동적 확장으로의 이행. 세 번째 계기는 어린이 정신 발달 단계 사이에 경계를 긋는다. 이 세 번째 계기에 따라, 우리는 어떤 어린이의 발달에 위기가 존재하는지 존재하지 않는지 말할 수 있게 된다.

세 번째 계기는 행동 발달의 세 번째 단계에서 네 번째 단계로의 이행, 즉 지성적 해결로부터 의지적·의식적·문화적 행동으로의 이행과 깊은 관련이 있다.

6-27] 이러한 세 계기를 어떻게 해석할 수 있을까? 이 세 번째 징후에서 나타난, 말에서 일어나는 변화는 무엇인가?

6-28] 이러한 계기들을 최초로 확립한 W. 스턴은 다음과 같은 이론으로 나아간다. 어린이는 각 사물이 이름을 가지고 있다는 것을 알고 있는 것처럼 행동한다. 어린이는 모국어에 관해서 우리가 외국어에 관해 행하는 것과 같은 방식으로 행동한다. 우리가 외국에 있다고 가정해 보자. 우리는 몇 단어만을 알고 있다. 새로운 사물을 발견하고는 "이건 뭐라고 부르나요? 이건 뭔가요?"라고 묻게 된다. 스턴은 어린이가 실제로 이러한 발견이나 발명을 하고 있으며, 정신지체아에게는 그러한 발견이 지연되거나, 백치에게는 전혀 일어나지 않는다고 제안한다.

만일 말의 습득이 지적 행위라고 가정한다면, 언어에 관한 한 정신 지체아들을 배제해야 할 것이라고 비고츠키는 지적한다. 그러나 청각 장애인들이 읽고 쓰기를 배울 수 있는 것처럼 정신지체아들도 말을 배울 수 있다(사실 지능지수가 매우 낮은 사람도 여러 개의 언어를 배울 수 있다). 오히려 비고츠키에게 있어 말이란 장애인으로 하여금 그들의 장애를 우회하게 하기 위한 중요한 희망이다. 비고츠키는 전적으로 지능을 통하는 것 외에 말을 숙달하는 뭔가 다른 방법이 틀림없이 존재한다고 말한다.

6-29] 이런 식으로 스턴은 이 발견을 생각의 발달로 설명하고 어린이에게는 단순한 조건 반사와 다른 무엇인가가 존재한다고 말한다. 그의 말에 따르면 기호와 그 의미 사이의 연결과 관계에 대한 파악이 존재한다. 스턴에 따르면 어린이는 기호-가치를 발견한다. 이런 해석은 외적·표현형적 유사성에서 비롯된다. 어린이는 마치 사물의 가치를 발견한 것처럼 행동한다. 이것은 실제로 발견을 시사할 것이다. 그러나 우리는 올바른 발생형적 연구의 토대에서 볼 때, 어떤 과정들의 표현형적 유사성, 즉 동일한 외형을 지닌 현상이 곧 그들이 실제로 같음을 의미하는 것은 아니라는 것을 안다. 고래는 어류처럼 보일 수 있지만 그것이 포유류라는 것을 연구는 밝혀 준다. 이런 일이 이른바 어린이의 발견에서도 유사하게 일어날 수 있다.

6-30] 무엇보다도, 아직 매우 원시적인 정신 단계에 머물고 있는 한 살 반에서 두 살의 어린이가 엄청난 지적 노력을 요구하는 발견을 할 수 있으리라는 점은 믿기 어렵다. 따라서 기호와 그 가치 사이의 관계를 이해하도록 해 주는 그와 같이 복잡한 심리적 경험을 영아가 할 수 있으리라는 점은 의심스럽다. 실험은 긴 인생 경험을 거친 좀 더 성장한 어린이와 어른에게서조차 이러한 발견이 일어나지 않고 그들이 낱말의

조건적 가치를 이해하지 못할 수도 있음을 보여 준다. 즉, 기호와 그 가치 사이의 관계를 이해하지 못하는 것이다.

6-31] 청각 장애아를 연구한 뷜러는 어린이들이 이러한 발견을 늦게, 6세쯤에 한다는 것을 알게 되었다. 진전된 연구들은 청각 장애아들이 말하기를 배울 때 이 발견이 스턴이 기대한 것만큼 그렇게 극적으로 일어나지 않는다는 것을 보여 주었다. 여기서 문제는 어린이가 무엇을 발견하는지보다는 언어가 무엇인지라는 질문과 관련을 맺는다. 문제는 훨씬 더 복잡한 것이다.

6-32] 어린이의 초기 발달을 연구했던 프랑스 연구자 H. 왈롱 또한 어린이가 이 '발견'을 했다고 하기는 어렵다고 생각했다. 왜냐하면 이후의 어린이의 낱말 발달이 전적으로 조건 반사 유형에 따르기 때문이다.

*H. 왈롱(Henri Wallon, 1879~1962)은 군주제를 지지한 보수적 정치가의 손자였으며, 초창기 단계 이론을 발달시킨 사람들 중 하나로 어린이 발달을 여섯 개의 단계로 나누어 기술하였다. 여섯 단계란, 충동적(1개월~3개월), 정서적(3개월~1세), 감각운동적(1세~3세), 인격적(3세~6세), '범주화적' 즉 개념적(6세~11세), 청소년 단계이다. 왈롱의 시기 구분에서 볼 수 있듯이, 그는 위기에 대한 비고츠키의 견해에 동의하였으며, 시기 구분에 대한 비고츠키의 연구는 의심할 여지없이 왈롱에게서 큰 영향을 받았다. 비고츠키는 아마도 이 책을 쓰던 시기인 1931년에 모스크바에서 왈롱을 만났을 것이다. 왈롱은 가까운 친구인, '집단 정신'을 믿는 레비-브륄에게 호의적이었다. 그는 1942년에 공산당에 가입하였고, 샤를르 드 골이 이끈 레지스탕스 조직의 첫 번째 프랑스 지하 정부의 교육부 장관을 맡았다. 비고츠키는 『생각과 말』 3장(3-11, 3-13)에서도 왈롱의 연구에 관해 논의하였다. 왈롱은 어린이가 사용하는 낱말이 대개 사물의 이름이라기보다는 사물의 속성이라고 믿었다. 즉, '야옹'은 '고양이'라는 개념을 나타내는 상징이라기보다 고양이다운 것을 의미하는 형용사였다. 그는 인지는 물론 정서에서 말

의 근원을 찾는 반反주지주의자였으며, 스턴에 반대하는 비고츠키의 협력자였다.

6-33] 간단한 예를 보자. 다윈의 손자는 오리를 '꽥'이라고 부르더니 이 '꽥' 안에 모든 새를 포함시켰다. 그다음 그 낱말은 액체로까지 확장되는데 그 이유는 오리가 물에서 헤엄을 치기 때문이다. 그래서 우유와 어린이용 물약도 모두 '꽥'이라 부르게 된다. 따라서 우유와 닭은 똑같은 이름을 갖는 것처럼 보이는데, 그 이름은 원래 물 위에서 노니는 오리에 붙여졌던 것이다. 그 후 아이는 독수리가 그려진 동전을 보게 되고, 그 동전도 역시 같은 이름을 갖게 되며, '꽥'의 가치를 획득한다.

비고츠키는 『생각과 말』 5-12-7에서도 다윈의 손자에 대한 이 일화를 언급한다. 비고츠키가 우유와 닭이 같은 이름으로 불린다고 말할 때, 비고츠키는 러시아 속담 "Говорят, что кур доят"(그들은 닭이 우유를 준다고 말하지. 즉, '듣는 대로 다 믿지는 마라'는 뜻)을 익살스러운 농담으로 고쳐 말하는 듯하다. '꽥'의 낱말 가치와 관련된 핵심 자질 중 하나인 '새'라는 자질이 '독수리' 문양을 가진 동전에서 발견됨에 따라 이제 동전 역시도 '꽥'의 낱말 가치를 획득하게 된다. 이는 마치 500원이 그 동전의 가치를 갖는 것과 같이 동전이 '꽥'만큼의 가치를 갖는 것과 유사하다는 농담이다.

6-34] 이런 식으로 우리는 종종 많은 변화의 긴 연쇄를 얻게 된다. 그 연쇄 속에서 낱말은 하나의 조건 자극으로부터 다른 수준의 또 다른 조건 자극으로 나아간다. 그러한 가치의 확산은 사실상 스턴의 관점을 반박하는 것이다. 만약 어린이가 실제로 모든 사물이 이름을 가진다는 것을 발견했다면, 따라서 우유가 물처럼 사신의 이름을 가신다는 섯을 발견했다면, 동전이나 금속 단추와 닭을 한 낱말로 부르는 일은 불가능했을 것이다. 왜냐하면 그것들은 어린이에게 있어 기능적으로 다른

역할을 하기 때문이다.

6-35] 이러한 자료들은 스턴의 가정에 대해 의구심을 갖게 한다. 이 가정에서 스턴은 어린이 말 발달을 일반적인 관념주의적 전통의 토대에 둠으로써 어린이 의식 속 영혼의 능동적 역할을 강조하고자 했음을 쉽게 알 수 있다. 스턴은 말의 물질적·사회적 근원과 나란히 정신적 측면을 확증하고자 한다. 이런 이유로 무언가가 어린이에 의해 '발명된다'는 가정이 생긴다. 그러나 이제 막 말소리를 내기 시작하는 어린이들에게 이러한 발견이 일어난다는 것은 타당해 보이지 않는다. 언어의 첫 번째 표지와 연관된, 한 살 반에서 두 살 사이의 어린이들의 기억에 관한 모든 실험들은 그렇게 어린 나이에 이와 유사한 발견을 기대하는 것이 얼마나 터무니없는지를 보여 준다.

6-36] 따라서 스턴의 가정은 무시될 수 있을 것이다. 다음과 같은 또 다른 가정이 남게 된다. 어린이는 낱말의 의미를 발견하지 않으며, 스턴이 보고자 했던 능동적 탐색의 결정적 계기도 존재하지 않는다. 반대로, 어린이는 낱말 의미의 외적 구조를 숙달하며 모든 것이 그 나름의 낱말로 지칭된다는 것을 알게 된다. 이에 따라 어린이는 낱말이 대상을 대표하면서 대상 자체의 자질이 되는 방식으로 낱말과 대상이 결합되는 구조를 소유하게 된다.

6-37] 낱말의 역사를 살펴보면, 그것이 성인 사이에서도 동일한 방식으로 발달함을 알 수 있다. 전혀 주지적 발견이 아닌 기호의 자연적 형성이 어린이 속에서 어떻게 발생하는지 이해하기 위해서는 말이 일반적으로 어떻게 형성되는지를 반드시 살펴보아야만 한다.

비고츠키는 언어가 단번에 발명되는 것이 아니라 사냥, 채집, 농사의 발달과 유사하게 역사적으로 발달했다는 것을 주장하기 위해 어원학을 사용한다. 어원학을 살펴보면, 우리는 언어가 하나의 체계가 아니라 다수의 체계이며, 언어에는 상징적인 지층뿐 아니라 지시적인 지층들이 존재한다는 것을 알게 된다. 비고츠키는 이러한 지시적 지층들이 상징적 지층보다 더 오래되었으며, 그 토대가 된다고 여긴다. 예를 들어 몸짓에서는 기호와 그 의미가 분명하게 분리되지 않는다. 반면 낱말에서는 발음과 의미가 분리될 수 있다. 이것은 같은 의미를 지닌 한국어 낱말과 영어 낱말이 서로 다른 발음을 가지고 있다는 사실에서도 알 수 있다. '배腹'와 '배梨'가 같은 발음을 가지고 있지만 의미가 다르다는 점도 상징과 그 의미가 서로 다른 두 가지라는 것을 보여 준다. 가리키는 몸짓에서 의미를 분리하는 것은 훨씬 어려우며, 웃음이나 눈물에서 의미를 분리하는 것은 불가능하다. 무언가를 가리키는 몸짓은 한국 아기와 다른 나라 아기가 똑같으며, 아기는 기쁠 때 울거나 슬플 때 웃을 수 없다. 아기는 웃음이나 울음소리를 의미로부터 분리할 수 없는 것이다.

6-38] 발화와 낱말의 의미는 자연적으로 진화해 왔다. 의미가 심리적으로 발달해 온 역사는 기호가 어떻게 발달하는지, 첫 번째 기호들이 자연적으로 어린이에게 어떻게 출현하는지, 상징화의 숙달이 반사 기제에 토대하여 그 기제가 조건 반사를 넘어서는 것처럼 보이는 새로운 현상을 어떻게 일으키는지를 드러내는 데 어느 정도 도움을 준다.

비고츠키는 어원학, 즉 낱말의 역사에 대해서 논의하기 시작한다. 이는 다소 생경하게 보일지 모른다. 비고츠키는 정말로 개체 발생이 계통 발생을 재현하는 것이라고, 즉 어린이의 낱말과 발화(말)의 역사가 사회나 문화의 역사와 같다는 주장을 하는 것일까? 전자가 오직 몇 달 동안 일어나는 데 반해 후자는 몇 세기에 걸쳐서 일어난다. 여기서 '흔적 기능'에 관해 비고츠키가 어떻게 이야기했는지를 기억해 볼 필요가 있다. 그는 I권의 2장에서 실마리를 제공하고 있다. 매개된 행위의 존재와 결정적인 중요성을 증명하기 위해 실제 역사적 기능을 사용했다. 그는 제비뽑기와 같은 고대 역사적 기능과 어린이의 자기 행동

6-39] 우리는 낱말이 발명된 것이 아니라는 것을 안다. 그러나 어린이가 창문은 왜 '아크노окно'(창문-K), 문은 왜 '드베리дверь'(문-K)라고 부르는지 묻는 것처럼, 만일 누군가 어떤 대상이 왜 그 낱말로 불리는지 질문한다면 우리 중 대부분은 대답하지 못할 것이다. 게다가 창문은 '문'이라는 소리 복합체로 지칭될 수도 있고, 또 그 반대라고도 가정할 수 있다. 모든 것은 단지 관습일 뿐이다. 그렇지만 우리는 언어가 조건적으로 발명된 낱말에서 비롯된 것이 아니며, 예컨대 창문을 '창문'이라고 부르는 것을 사람들이 동의했다는 사실에서 비롯된 것도 아니라는 것을 안다. 언어는 자연적으로 발생했다. 그래서 언어는 심리적 총체로서, 오리에서 물, 단추에 이르기까지 모두 '꽥'이라는 낱말로 부르는 것을 용인해 주는 조건 반사라는 발달 노선의 경계선을 가로질러 왔음이 틀림없다.

비고츠키는 구체적·시각적 지각에 토대한 복합체적 생각을 언어 발달의 기저가 되는 자연적 생각의 한 형태로 간주한다. 이는 언어의 토대가 사회적 계약이라고 생각한 소쉬르의 근대 언어학의 관점과 매우 다른 것이다. 소쉬르는 언어 사용자들이 낱말의 용법과 문법 규칙에 대한 암묵적인 '합의'를 가지고 있으며, 이는 일정량의 화폐가 특정한 양의 상품에 해당하는 가치를 갖는다는 '합의'에 비견될 수 있다고 생각한다. 여기서 비고츠키가 상품의 생산과 교환의 역사에 대한 마르크스의 아이디어에 깊은 영향을 받았음을 알 수 있다. 마르크스가 상품의 역사적 본성을 드러내고, 사회적 교환가치가 자연적 사용가치로부터 유래되었음을 보여 준 것과 같이, 비고츠키는 낱말 의미의 역사적 본성을 드러내고 낱말 의미가 기호와 의미 사이의 자연적 관계로부터 유래됨을 보여 준다.

6-40] 간단한 예를 들어 보자. 심리언어학자들은 현대 언어에서 두 부류의 낱말이 나타난다고 주장한다. 그중 하나는 시각적으로 구별할 수 있는 것이다. A. A. 포테브냐에 의해 주어진 '피투흐петух'(수탉-K), '보란ворон'(까마귀-K), '골루브голубь'(비둘기-K)와 같은 낱말을 생각해 보자. 비둘기는 '골루브голубь'라고 불리고, '까마귀'는 '바론ворон'이라고 불린다고 말할 수 있는 것처럼 보인다. 그러나 반대로 말하는 것 또한 가능하지 않을까? 이제 만약 '글루보이голубой'(비둘기처럼 푸른색-K)나 '바로노이вороной'(까마귀처럼 검은색-K)나 '프리골루비츠приголубить'(서로 사랑을 속삭이다-K)나 '프로바로니츠проворонить'(입을 떡 벌리고 놀라다-K)나 '피투쉬챠петушиться'(건방지게 뽐내다-K)와 같은 낱말에 대해 생각해 본다면, 정신적인 면에서 그 낱말들 사이의 차이점을 보게 될 것이며, 이 낱말 각각에 매우 중요한 특성이 존재한다는 것을 확인할 수 있을 것이다. '보란'과 '골루브'와 같은 낱말이 왜 그 새들을 가리키는지 이해하기 어려운 반면, '바로노이'와 '글루보이' 같은 낱말은 아주 분명히 이해된다. 왜냐하면 '바로노이'는 이제 새까만 검정을, '글루보이'는 비둘기처럼 푸른색을 의미하기 때문이다. 이

제 더 이상 '글루보이'가 까마귀를 가리키고 '바로노이'가 비둘기를 가리킨다고 말할 수 없다.

까마귀를 비둘기라고 부르거나 비둘기를 까마귀라고 부를 수 있는지 없는지에 관한 모든 논의는, 규칙이 없는 게임을 상상하거나 실제로는 불가능한 뷔리당의 당나귀의 상황에 실제 인간을 놓아 보는 것과 같은 비고츠키의 좀 지나친 '사고 실험' 중 하나로 여겨질지도 모른다. 이처럼 흔한 새들의 이름을 바꾸는 것이 어떻게 우리가 인간 말의 자연적 기원을 이해하는 것을 도와준다는 것일까?

첫째, 그것은 스턴이 믿는 것과는 반대로 명명 기능에 대한 어린이의 이해가 늦게 출현한다는 것을 암시한다. 어린이에게 있어 태양이라는 이름은 태양의 밝기나, 태양이 밤에는 비치지 않는다는 사실만큼이나 명백한 태양의 속성이다. 피아제는 『아동의 세상 개념』(2장 '명칭의 실재론')에서, 어린이들이 이름은 실제 사물이거나 사물의 측면이며, 이름은 사물이 존재하는 것과 똑같이 세상 속에 실제로 존재한다고 믿는다는 것을 보여 준다.

둘째, 그것은 구조주의 언어학자가 믿는 것과는 반대로 언어가 근본적으로 사회적 계약의 형태가 아니라는 것을 암시한다. 소쉬르에 따르면, 언어란 일종의 언어 사용자들 간의 무언의 합의이며 마음대로 수정하거나 폐기할 수 없다. 비고츠키는 이러한 수정이나 폐기가 불가능한 이유는 언어가 시각적 심상 속에 전前 언어적 근원을 갖기 때문이라고 설명한다. 이러한 시각적 심상이 이제 (가리키는 몸짓이 아니라) 말로 부호화되었다 할지라도 그것들은 여전히 임의적이거나 계약적인 것이 아니다. '까마귀'는 우리 모두가 그렇게 부르기로 동의했다는 이유만으로 까마귀를 의미하는 것이 아니다. 그것은 또한 우리가 까마귀라고 부르는 새가 까만색이라고 불리는 색을 가지고 있기 때문에 까마귀를 의미하게 되는 것이다.

셋째, 실제 가르치는 상황과 관련하여 생각해 볼 때, 이름이라는 것이 그 이름이 지시하는 대상의 필수적 특징인지 부수적 특징인지에 대한 논의는 외국어나 좀 더 일반적으로 학문적 개념을 가르치는 데 있어서 핵심적인 문제이다. 외국어 학습을 통해 어린이는 "장미의 이름이 장미가 아니라도 향기롭기는 매한가지다."라는 것을 배울 뿐 아니라, 동일한 사물이 두 가지 이름으로 불릴 수 있으며 하나의 이름이 두 가지 사물을 나타낼 수 있다는 것도 배운다. 이것은 일반화와 추상화 따라서 개념 형성의 토대가 된다.

*Piaget, J.(1929/1951), *The Child's Conception of the World*, London, Routledge and Kegan Paul.

de Saussure, F.(1915/1972), *Cours de linguistique générale*, Paris: Editions Payot.

6-41] '프로바로니츠проворонить' 혹은 '프리골루비츠приголубить'라고 말할 때, 이러한 낱말들은 그들의 잘 알려진 가치뿐 아니라 이 가치와 연관된 소리의 집합 또한 포함하고 있다. 그래서 심리학자들은 '보란ворон'과 같은 낱말에서 두 가지 계기를 구분한다. 하나는 낱말의 **음운론적 형태**(в, о, р, о, н 가 합쳐진 소리)이고, 다른 하나는 특정한 새를 지칭하는 **의미론적 가치**이다.

6-42] '프로바로니츠проворонить'라는 낱말을 예로 들면 우리는 여기서 세 가지의 계기를 발견할 수 있다. 첫째, 소리의 복합, 둘째, 낱말 가치(프로바로니츠는 '입을 크게 벌리다, 까악까악 울다'라는 의미를 갖는다), 셋째, 프로바로니츠라는 낱말을 통해 갖게 되는 모종의 내적 **심상**(까마귀가 부리를 열고 이러한 행동을 한다)과 같은 낱말의 특정한 연합이다. 우리는 모종의 내적 비유, 암시적 그림 또는 모상, 즉 연관된 소리에 기인하는 내적 심상을 가진다. '피투쉬챠петушиться'라고 말할 때 우리는 사람을 수탉에 비유하며 이는 다른 낱말로는 적절히 표현될 수 없는 심상이다. 또한 우리가 '글루보이 니에보голубое небо'(푸른 하늘-K)라고 말할 때 하늘과 비둘기 날개 사이의 비유는 누구에게나 명백하다. 또한 '바로노이 콘вороной конь'(새까만 말-K)이라고 말할 때 '바로노이'

는 까마귀의 날개와 연관된다. 이 모든 경우에서 심상은 그 통합적 의미와 기호를 연결시킴으로써 만들어진다.

6-43] 현대 언어에서 우리는 두 무리의 낱말을 발견한다. 한 무리의 낱말은 심상을 가지는 반면 다른 무리는 심상을 갖고 있지 않다. 포테브냐는 '카푸스타капуста'(양배추-K)라는 낱말과 '포드스니에즈니크 подснежник'(눈풀꽃-K)라는 낱말을 비교하면서, 이 낱말들이 두 개의 서로 다른 부류에 속하는 것처럼 보인다는 것을 지적한다. 왜냐하면 '눈풀꽃'이라는 낱말은 분명한 특징(눈 밑에서 싹이 트며 눈이 녹은 후에 개화하는 꽃)을 전달하지만, '카푸스타'라는 이름은 임의적으로 보이기 때문이다. 그러나 이것은 단지 표현형적인 것이다. 발생적 연구에 의하면 모든 낱말은 자신의 심상을 지니고 있기 때문이다. 그러나 각 낱말의 어원이 복원 가능할지라도 그 심상은 종종 약화된다. '카푸스타'라는 낱말은 라틴어 낱말 카푸트caput, 즉 '머리'와 연관이 있다. 양배추는 머리와 비슷하게 생겼지만, 우리는 이러한 연관을 모르거나 잊어버린다. 심리학자들에게 이 연관은 매우 중요하다. 왜냐하면 이 연관이 없으면 우리는 'к +a +п +y +c +т +a'라는 소리의 집합이 왜 특정한 식물을 나타내는지 이해할 수 없기 때문이다. 사실 각 낱말의 역사는 낱말이 원래는 어떤 심상과 연관을 맺고 있었다는 것을 강하게 암시한다. 그리고 나서, 심리적 발달 법칙에 따라 이러한 낱말들로부터 다른 낱말들이 태어난다. 따라서 낱말은 아무렇게나 만들어지는 것이 아니다. 낱말은 외적 조건화의 결과나 어떤 임의적 계약이 아니라, 다른 낱말로부터 태어나거나 생기는 것이다. 때로는 낡은 가치가 새로운 대상에 전이된 결과로 새로운 낱말이 생긴다.

6-44] 가장 단순한 낱말 몇 개의 역사를 추적해 보자. '브라치 врач'(의사-K)라는 러시아어 낱말의 어원을 살펴보면, 슬라브어 '브라치врати, 보르차트ворчат', 즉 '거짓말하다, 투덜거리다'라는 낱말과

어원이 같다는 것을 알 수 있을 것이다. 그러나 '브라치'라는 낱말의 원래 의미는 '병에 주문을 걸다'라는 뜻이다. 우리는 여기서 소리와 의미 사이의 관련을 형성하는 연결을 확인할 수 있다. 때때로 이러한 연결은 너무도 거리가 멀어서 현대인에게는 이 연결이 낱말 심상과의 결합을 심리적으로 어떻게 이끄는지 이해하기 어려운 경우가 있다.

6-45] '수트키сутки'(하루-K)라는 낱말을 보자. 이는 무슨 뜻인가? 일부 방언학자들이 해석하듯 그것이 본래 방의 앞쪽 구석을 의미했다고 말한다면, 특별한 분석 없이는 이 낱말이 오늘날 어떻게 '하루'라는 의미를 가지게 되었는지를 알기가 극도로 어려울 것이다. 그러나 사실 '하루'는 밤과 낮을 의미하며, 몇 개의 낱말에 대한 비교 분석은 그것이 '스투크누츠стукнуть'(누군가를 치거나 때리거나 공격하다-K)라는 낱말로부터 형성된 것임을 보여 준다. 게다가 만약 우리가 접두사 '수cy'(위, 앞에-K)나 '소co'(상호, 함께-K)와 '트크누츠ткнуть'(치다, 찌르다-K)를 보면, '소트크누츠соткнуть'나 '소트이카츠сотыкать'(낮과 밤이 충돌하는 지점-K)을 얻게 된다. 몇몇 지방에서 '수트키'는 낮과 밤이 부딪치는 시간인 '수메르키сумерки', 즉 '황혼'을 가리킨다. 그래서 낮과 밤이 합쳐져 '수트키'라 불린다.

6-46] 어떤 낱말에서 어근을 식별하는 것은 쉽지만, 그 낱말의 기원을 밝히는 것은 어려운 일이다. 예를 들어 '아쿤окунь'(농어-K)이 '아코око'(눈眼-K), 즉 '큰 눈을 가진 물고기'로부터 파생된 것을 누가 알았겠는가?

> 왜 비고츠키는 낱말의 (형태론적) '어근'과 그 (문화-역사적) '기원'을 구별하는가? 이 단락들 내내, 비고츠키는 소리 복합체(예컨대 '코뿔소' 또는 '하늘소'), 의미(예컨대 아프리카 동물 또는 덩치 큰 날아다니는 딱정벌레) 그리고 심상이나 심상의 체계(예컨대 '코에 뿔이 난 소' 또는 '날아다니는 소')를 명확히 구분해 왔다. 이 심상 체계는 우리를 어근('소', 한국말

에서 크고 거대하며, 엄청난 힘을 가지고 느리게 움직이는 동물)의 문제로 돌아가게 한다. 이 심상 체계는 낱말의 어근이며, 세 가지 이유로 중요하다. 개체 발생적으로 어린이에게 있어서, 어근은 어린이가 상당히 적은 수의 소리 복합체의 집합(기억될 수 있는)으로부터 다수의 의미 집합(이러한 다양한 지시적 기억 장치 없이는 기억하기 어려운)으로 나아가도록 이끌어 준다. 사회 발생적으로 언어학자에게 있어 어근은 과거, 즉 낱말의 기원으로 이끌어 주기 때문에 중요하다. 이러한 기원은, 특히 낱말이 오래된 것일수록 시간이 흐름에 따라 종종 잊힌다. 예를 들어 우리는 낱말 '일日'의 기원이 중국어 낱말 '태양'이라는 것을 안다. 그러나 낱말 '하루'의 기원이 무엇인지는 실제로 아무도 모른다. 계통 발생적으로 비고츠키에게 있어, 어근은 명백하게 언어 자체가 단일한 기원을 갖지 않았다는 것을 암시하기 때문에 또한 중요하다. 언어는 발명되지 않았으며, 따라서 그 기원은 전적으로 지적인 것이 아니다. 대신 물질생활을 촉진하기 위해 발달한 언어는 물질생활의 양식과 함께 발달했다. 그것은 초기 인류의 인구가 오늘날보다 훨씬 더 적었음에도 불구하고 그들이 훨씬 더 많은 다양한 언어를 가지고 있었으리라는 것을 알고도 비고츠키가 놀라지 않은 이유이다. 심지어 오늘날에도 지구 상에서 사용되는 언어의 4분의 1이 파푸아뉴기니 섬에서 발견되며, 영국과 중국과 같은 오랜 역사를 지닌 사회는 당연히 미국이나 호주보다 훨씬 더 많은 수의 방언을 가지고 있다.

6-47] 다른 낱말들의 역사는 더욱 어렵다. 예를 들어 '라즐루카 разлука'(이별-K)와 '루카비лукавый'(교활한-K)라는 낱말에서 활시위의 이미지를 연상할 수 있는 사람이 얼마나 있겠는가? '루크лук'(활-K)를 당겨 활시위가 끊어질 때마다, 이는 '이별'이라 불렸다. '활'이 굽어지기 때문에, 선들은 '프리마야прямая'(똑바른-K)와 '루카바야лукавая'(휘어진-K)로 정의된다.

'루크'가 활을 의미함에 따라 활시위가 끊어져 두 부분으로 나뉘는 것이 '라즐루카', 즉 이별이라 불리게 되었으며 활의 휜 모양은 정도正道에서 벗어난 행동과 관련되어 '일탈된' 혹은 '교활한'의 의미인 '루카비'의 기원이 되었다. 선을 정의하는 용어 중 곡선을 나타내는 '루카바야'는 명백히 휘어진 활시위와 연결된다.

6-48] 따라서 모든 낱말은 다 각자의 역사를 가지고 있으며 이것은 기원적인 형태나 심상과, 예로 든 낱말의 형성을 이끈 연결에 토대를 둔다. 따라서 우리는 이러한 형성의 역사를 드러내기 위해서 특별한 분석을 할 필요가 있다.

6-49] 러시아어에서는 이와 반대의 과정이 매우 자주 발견된다. 포테브냐는 이 과정을 분명히 드러낸다.

6-50] 그러므로, 널리 쓰이는 말 중 일부 문학적 낱말들은 변형된다. '팔리사드니크палисадник'(대정원-K) 대신에 우리는 '폴루사지크полусадик'(앞뜰-K)라고 말한다. 이 낱말의 변형에서 우리는 어떠한 심상을 얻게 된다. '트로투아르Тротуар'(보도를 뜻하는 프랑스어 trottoir를 러시아식으로 쓴 것-K) 대신에 우리는 '플리투아르плитуар'(순수한 러시아 어근 '플리пли'(돌)에 프랑스어 접미사 '투아toir'(길)를 붙인 혼성어-K)라고 말한다. 이러한 변형은 낱말 속의 잠재적 의미와 소리를 연결하는 심상을 이 낱말에 부여한다. A. A. 샤흐마토프는 좀 더 최근의 변형을 제시한다. '데미시조나예Демисезонное'(간절기-K) 외투는 '세미시조나예семисезонное'(사계절의-K) 외투로 변해 왔으며, 이는 발음하기가 더 쉽기 때문이 아니라 그 낱말이 좀 더 분명하게 사계절용 외투를 의미하기 때문이다.

팔리사드니크는 궁전palace 앞의 '대정원'을 의미하는 낱말이다. 이 낱말은 집 앞 정원의 규모와 어울리지 않는 이미지를 가지고 있으므로 러시아인들은 이 외래어를 차용하는 과정에서 러시아어로 유사한 발음을 가지며 반¼을 의미하는 폴루사지크를 통해 '정원'이라는 의미를 전달하게 되었다. '사이間'를 의미하는 라틴어 데미demi로부터 유래된 demiseasonal(간절기)에서 유래된 '세미시조나예семисезонное'라는 말은, 러시아어로 7을 나타내며 demi와 발음이 비슷한 씸семь과 계절을 나타내는 세존сезон이 합쳐져서 만들어진 러시아어 고유의 낱말이다. 이제 이 낱말은 간절기용 코트가 아니라, 러시아 고유의 기후 환경에 어울리는 사계절용 외투라는 새로운 의미를 가지게 된다.

보도를 뜻하는 영어 낱말 'sidewalk'는 어떤 시각적 감각을 가지고 있다. 이는 말 그대로 도로 양쪽에 있는, 걷기 위한 장소라는 의미이다. 그러나 보도를 뜻하는 또 다른 낱말 'pedestrian lane'에는 이러한 시각적 심상이 결여되어 있다. 왜냐하면 이 단어는 라틴어 어원을 가지고 있기 때문에 대부분의 영어 사용자에게 'pedestrian(보행의)'이라는 말이 의미하는 바가 불투명하며, 'lane'(치우다)이라는 단어는 지나치게 일반적인 의미를 가지기 때문이다. 이와 유사하게 화단이라는 뜻의 'flower bed'는 식물원이라는 뜻의 'arboretum'이라는 낱말이 가지지 못한 어떤 시각적 감각을 만들어 내는 양식을 가지고 있다. 우리말에서도 '고기'라는 말을 들었을 경우 살아서 펄떡대는 물고기가 연상되지만 한자어 '육肉'이라는 낱말은 육류와 생선을 모두 지칭하면서 그러한 생생한 이미지를 갖지 못한다.

심상 체계는 즉각적인 감각과 복합체적 감각으로 위계화되며 이를 바탕으로 개념을 나타내는 낱말이 생겨나게 된다. 예를 들어 악기 이름 중 '꽹과리'나 '징'이라는 낱말은 듣는 이에게 악기의 청각적 심상을 직접적으로 전달하며, '소고'나 '장고' 혹은 '용고'라는 낱말은 개별적 의미를 나타내는 낱말이 복합체적으로 합해져서 특정한 의미를 생성하게 되었음을 알 수 있게 한다. 따라서 여기에서도 청자는 '꽹과리'나 '징'만큼 선명하지는 않지만 모종의 시각적 심상을 형성할 수 있게 된다. 그러나 이러한 악기들을 통틀어 나타내는 상위어인 '타악기'에서는 이러한 구체적 심상이 사라지며, 순전히 개념적이고 상징적인 의미를 갖게 된다.

비고츠키의 요지는 역사적으로 과학적이고 학문적인 개념은 후자, 즉 의미의 상징적 양식의 경향을 보인다는 것이다. 이 양식에서 낱말은 어떤 묘사의 역할을 갖지 않으며, 단지 그것을 상징할 뿐이다. 일상적 개념은 전자, 즉 감각을 만드는 시각적이고 묘사적인 양식의 경향을 보인다. 이러한 양식에서 낱말은 지시적인 몸짓에 좀 더 가깝다. 물론, 우리가 순수하게 추상적이고 비역사적인 방식으로 기호를 들여다본다면, 우리는 이러한 사실을 확인할 수 없다. '고기'라는 말이 육류를 나타내는 방식과 '육'이라는 말이 육류를 나타내는 방식은 같기 때문이다. 즉, 소리나 철자는 그 의미론적 가치와 완전히 자의적인 관계를 갖는 것처럼 보인다. 이것이 바로 소쉬르와 구조주의 언어학자들이 언어를 설명하는 방식이다. 그러나 이는 언어를 사용하는 사람에 의해 경험되는 방식과는 다르다. 문화적·사회적인 이유로 인해 어떤 의미 양식은 마음속에 생생한 심상을 불러일으키는가 하면 다른 양식들은 그렇지 않다. 시각적으로 의미를 형성하는 양식이 더욱 오랜 역사를 가지는 반면 좀 더 불명료한 양식들은 주로 외래어로부터 유래된 것은 우연이 아니다.

*А. А. 샤흐마토프(Шахматов, Алексей Александрович, 1864~1920)는

귀족 가문의 자손으로 삶의 대부분을 가문의 사유지가 있는 사라토 프에서 다양한 토지개혁과 농업 진보를 위해 보냈다. 그는 러시아의 중 요한 언어학자로서, 최초의 러시아 표준 사전을 편찬하는 일을 도왔으 며, 또한 『러시아어의 역사』를 저술하였다. 그는 문자를 가지고 있지 않은 언어에 깊은 관심을 갖고 그들의 음성학과 통사론에 관하여 많 은 논문들을 발행하였다.

6-51] 혁명 시기에 처음으로 등장한 낱말들 가운데 하나인, '레이짐 режим'(프랑스어 regime, 즉 정권, 정부-K)을 대신한 낱말 '프리짐прижи м'(압력, 억압-K)에 동일한 설명이 가능하다. 우리는 '구舊프리짐'(억압을 뜻하면서 구정권을 연상시키는 말-K)이 특정한 심상을 연상시키기 때문에 그 말을 사용한다. 이와 유사하게 B.И. 달에 의해 발표된 연구에 따르면 '스핀자크спинжак'(등에 걸치는 자켓-K)라는 낱말은 주로 옷을 등(스핀 спин-K) 뒤로 입기 때문에 생겼다. 따라서 '스핀자크'라는 낱말은 그 형 태에 감각적 가치를 부여한다.

러시아어 '스핀자크спинжак'는 영어 'jacket'과 등을 뜻하는 러시 아어 '스핀спин'의 합성어이다. 한국어 '불고기 버거'라는 말도 '불고 기'라는 한국어에, 샌드위치를 뜻하는 '버거'라는 말이 합쳐진 것이다. '멘붕'이라는 말도 있다. '멘탈 붕괴'를 줄인 것으로 이른바 정신mental 이 무너질 정도로 충격을 받은 상태를 일컫는 말이다. 한 TV 코미디 프로그램에서는 '멘붕'에 학교를 뜻하는 '스쿨'이란 영어 단어를 합쳐 서 '멘붕 스쿨'이라는 코너를 인기리에 방영하기도 하였다. 그 정신 상 태가 도무지 상식적이지 않고 이해가 되지 않는 학생들로 가득 찬 현 재 학교의 모습을 풍자한 것이다.

모든 언어에는 외국어가 모국어에 퍼지면서 생겨난 이와 같은 언어 적 '샌드위치'로 넘쳐난다. '호모섹슈얼'이라는 용어도 그리스어와 라틴 어의 합성어이다. 우리말에서 가장 흔한 예는 언어의 명칭이다. 러시아어, 스페인어 등의 낱말은 각 나라의 이름에 언어를 나타내는 '어語'를 붙인 합성어이다. 비고츠키는 이런 합성어 속에서 외래어의 의미가 일반적으로 불명료하다고 지적한다. 사실 그 불명료성이 어떤 쾌감을 주기도 하는데, 이는 그러한 합성어의 사용이 분명한 심상을 전달하지 않아서 세련되고 현학적으로 보이기 때문이다. 그러나 그 낱말이 대중화되면, 사람들은 좀 더 시각적 뜻을 제공하는 방식으로 발음을 변형한다.

*В.И. 달(Даль Владимир Иванович, 1801~1872)은 러시아 사전 편찬자였다. 그는 비전문적인 민족지 학자였으며, 많은 설화를 수집하는 한편 방대한 『살아 있는 러시아어 대사전』의 편찬을 도왔다.

6-52] 불행히도, 어린이의 말에서 그런 변형의 사례들은 매우 드문데, 어린이 말의 모크레스мокресс(어린이들이 '컴프레스'(습포-K) 대신 사용하는 말)와 마젤린мазелин(어린이들이 '바셀린' 대신 사용하는 말)과 같은 것이 잘 알려져 있다. 이런 변형은 분명하다. 습포는 젖어 있는 것(러시아어로 모크롬мокром-K)이라는 관념과 연관되어 있고, 바셀린은 문질러 바른다(러시아어로 마지바유트мазывают-K)는 것과 연관되어 있다. 이러한 변형과 더불어 소리 구조와 낱말 가치 간의 연결이 생긴다.

우리말에서 이와 비슷한 예로 다음과 같은 것을 들 수 있다. 사진 편집 프로그램인 '포토샵'을 사용하여 사람의 얼굴 사진을 하얗고 잡티 없이 깨끗하게 만드는 것을 '포샵한다'고 말하는데, 우리말에서 '살갗이나 얼굴 따위가 하얗고 말갛다'는 뜻을 가진 '뽀얗다'가 합쳐져서 '뽀샵하다'라는 말로 바뀌었다.

6-53] 논리적 의미를 갖는 어구 중 가장 간단한 사례를 분석했던 A. A. 포테브냐는 그 어구가 (처음에는-K) 글자 그대로의 의미를 가지고 있

었음을 발견했다. 이제 그런 어구는 모두 무의식적인 연결을 갖고 있음이 밝혀졌다. 예를 들어 비유적인 의미로 어떤 낱말을 사용할 때, 우리는 기존의 심상에 의존한다. 따라서 "사실에 뿌리를 박고 서 있다."라고 말할 때, 우리가 잘 알려진 사실의 형태로 무언가 분명한 것을 우리 입장의 토대로 하고 있다는 것이기 때문에, 그것은 '견고하게' 또는 '확실히 서 있다.'는 것을 의미한다. 비록 그 어구가 얼토당토않은 낱말들의 조합을 포함하는 듯 보이지만, 당면한 질문의 관점에서 볼 때 그 의미는 비유적인 것이다. 결국, 사실에 뿌리박고 있다고 말할 때 결코 땅 위 또는 심지어 지구 위에 서 있다는 것을 나타내는 것이 아니다. 우리는 그 용어를 비유적으로 사용하고 있는 것이다. 그러나 어떤 사람이 사실에 뿌리박고 서 있다고 말할 때, 우리는 사실에 뿌리박고 서 있는 사람의 입장과 (실제로, 글자 그대로-K) 지면, 즉 땅 위에 서 있는, 그리고 공중에 매달려 있는 것이 아니라 굳건히 서 있는 사람의 자세를 비교하지 않을 수 없다.

"알렉산더가 서 있다Alexander stands."와 같은 가장 단순한 문장으로 예를 들어 보자. 포테브냐는 이 가장 단순한 문장이 글자 그대로의 의미를 가지고 있다고 말한다. 즉 알렉산더라고 불리는 어떤 사람이 있으며, 알렉산더가 어딘가에 서 있다. 논리 위에 서 있는 것도 아니고 사실 위는 더더욱 아니며, 땅 위에 흙을 밟고 서 있다는 것이다. 그러나 "알렉산더가 서 있다."는 말을 하는 순간 우리는 이 문장이 소리와 의미를 대응시키는 심상 체계와 모종의 무의식적 연결을 지니고 있음을 알게 된다. 러시아 사람들에게 알렉산더라는 이름은 알렉산더 대왕이나 차르 알렉산더와 같은 위대하고 유명한 사람을 떠올리게 한다. 그리고 '서 있다stand'는 말에 들어 있는 'st'에는 stop, stay, stone, statue 등에서와 같이 가만히 정지해 있다는 의미가 함축되어 있다. 이제 우리가 "알렉산더 포테브냐가 사실에 뿌리를 박고 서 있다."라고 말한다면 이것은 전혀 의미 없는 말인 것처럼 보인다. 단단한 땅이 아니라 논리나 사실 위에 서 있다는 것은 말이 되지 않기 때문이다. 그러나 각각의 글자에는 글자 그대로의 의미가 아닌 잠재적 의미가 희미한 그림자처럼 스며 있다는 바로 그 이유 때문에 이 문장은 무의미한 것이 아니다. "알렉산더 포테브냐가 사실에 뿌리를 박고 서 있다."는 말을 들으면 우리는 자신도 모르게 받침대 위에 굳건하게 동상처럼 우뚝 서 있는 기념탑 같은 것을 떠올리게 되는 것이다. 포테브냐가 지적하고자 하는 바는 단순 문장이 원래 글자 그대로 떠오르는 그림과 상당히 가깝다는 것이다. 우리가 어떤 표현을 비유적으로 사용하고 있을 때조차 그 비유적 언어의 기저에는 모종의 그림이 존재하며, 이 그림은 아직 비유가 아니라 생생한 시각적 의미이다. 바로 이 그림이 전혀 말이 되지 않는 말, 생생하게 시각적으로 해석 불가능한 말들과 결합할 때 비로소 우리는 원래의 의미에 더해진 비유적 의미를 얻게 되는 것이다. 여기서 비고츠키는 어떤 것이 비유가 되기 위해서는 먼저 '비유가 아닌 것'이어야만 한다는 것을 지적하고자 한다. 이것은 마치 어떤 것이 상징이 되기 이전에 '상징이 아닌' 자연적 기호여야만 한다는 것과 마찬가지이다.

*A. A. 포테브냐(Alexander Afanasievich Potebnya, 1835~1891) 언어학자, 문학비평가, 민족 심리학자. 주로 독일 언어학자인 훔볼트의 언어에 대한 관점을 활동으로서 확립하면서 포테브냐는 언어를 생각의 모체, 인식의 강력한 요소로 생각했다.

6-54] 따라서 모든 어구와 발화는 비유적인 가치를 지닌다. 어린이 말 발달로 돌아가면, 낱말의 발달에서 확립한 것과 동일한 것을 실험적·임상적인 시도에서 확립할 수 있다는 것을 알 수 있다. 우리의 말 발달이 그러하듯이, 낱말도 임의적으로 생겨나지 않는다. 오히려 어떤 이미지나 조작과 관련된 자연적 기호가 항상 존재한다. 어린이 말에서 기호는 어린이가 그것을 발명함으로써가 아니라, 어린이가 다른 이들로부터 기호를 얻은 후 이 기호들의 기능을 깨닫고 발견하게 됨으로써 생겨난다.

유명한 작곡가이자 지휘자인 레오나드 번스타인은 음악이(특히 리듬과 같은 특정 측면이) 국적에 관계없이 보편적으로 감상되는 이유를 다음과 같이 설명한다. 그는 인간 심장 박동 리듬과 인간 호흡의 '마디'가 음악의 보편적 측면으로 보인다고 지적한다. 다시 말해 음악의 보편적 요소는 인간 언어의 자연적 토대와 동일한 것이다. 번스타인의 주장을 수용하는 것과는 별개로 그보다 넓은 맥락에서 우리는 모든 기호가 어떤 지점에서 자연적, 즉 모상적 혹은 지시적 기원을 가지고 있어야 한다는 것에는 동의할 수 있다. 기호는 웃음, 울음, 호흡, 하품, 젖 먹기와 침 뱉기와 같은 무조건적 반응으로부터 시작되기 때문이다. 서로 다른 언어들 사이의 차이를 설명하는 조건적 반응은 그러한 '모상'과 '지시'에 접합된다. 예를 들어 영어에서는 '빵'이 음식에 대한 비유지만 우리말에서는 '밥'이 음식을 대표하는 말이다. 이러한 차이가 어린이가 모방을 통해 학습하는 변인이자 문화적 의미이다.

6-55] 도구가 고안되었을 때에도 이와 유사한 일이 인류에게 일어났음이 분명하다. 도구가 도구로 되기 위해서는 반드시 특정 상황의 사용에 요구되는 물리적인 특성을 지녀야 한다. 도구로서의 막대기를 생각해 보자. 막대기는 특정 상황에 적합한 모종의 물리적 특성을 지녀야 한다.

여기서 도구로 번역된 말은 '오루디야орудия'이다. 이 말은 '도구'를 의미하는 동시에 또한 '무기'를 뜻하기도 한다. 꼬마 남자아이가 전쟁 놀이에서 칼로 사용할 나무 막대기를 찾는다고 해 보자. 이때 막대기는 길고 곧아야 하며 또한 꼬마가 손에 쥐고 휘두르면서 들고 다닐 수 있을 수 있을 만큼 작고 가벼워야 한다. 이는 원시인들이 실제 전쟁에서 사용하기 위해 사용했던 무기에도 동일하게 적용되는 조건이었을 것이다. 다만, 그들의 경우에는 상대에게 해를 입힐 수 있을 만큼의 날카로움과 둔중함이 덧붙여 요구되었을 것이다. 물론, 사회 발생과 개체 발생을 항상 이런 식으로 견줄 수는 없다(사실 어린이들은 실제 무기를 원하는 것이 아니다). 그러나 그 둘 사이의 비유적 유사점을 항상 무시해 버릴 수도 없는 것이다.

6-56] 마찬가지로, 어떤 심리적 자극이 기호가 되기 위해서 그것은 모종의 심리적 특성을 지녀야 한다. 일반적으로 어린이가 특정 구조 속에 어떤 자극과 연관된 모든 요소를 포용할 때 어린이에게 있어 그 자극이 자연적 기호, 자연적 상징이 된다고 우리는 말할 수 있다.

막대기가 장난감 칼이나 무기가 되려면 특정한 성질을 지녀야 하는 것처럼 심리적 자극이 기호가 되려면 특정한 성질을 지녀야 한다. 즉 주의를 끄는 것이어야만 하며, 기억될 수 있는 것이어야 하고, 다른 자극이나 자극 더미들과 잠재적으로 연결 가능해야만 한다. 일반적으로 말하자면, 자극은 그것과 연결된 범주가 지니는 모든 특성들을 '포함'하고 '포용'하는 구조일 때 비로소 기호가 된다고 할 수 있다. 그러한 자연적 기호는 어떤 대상을 의미할 뿐만 아니라 그 대상의 전체 범주를 의미하기 때문에 상징과 동등한 것이 된다.

'자연적 상징'이라는 말은 모순처럼 보인다. 어떻게 대상과 그 대상의 관념적 범주 전체를 이어 주는 '인공적' 연결에 기반을 둔 상징이 자연적일 수 있는가? 자연적 범주에 속하면서 '동물', '식물'이라고 불리는 대상은 존재하지 않는다. 하물며 '음식'이나 '옷'은 말할 것도 없다. 자연 속에는 각각의 물체들이 존재할 뿐이며 그중 살아 움직이는 대상을 '동물'이라고 부르고, 살아 있으나 생장하기만 하는 것을 '식물'이라고 부르기로 정한 것은 바로 인간이다. 여기서 비고츠키가 타인에 대한 기호와 어린이 자신에 대한 기호(1권 5-55 참조)를 구별하려고 한다는 것을 기억하자. 비고츠키는 타인에 대한 기호가 역사-문화적인 것이며 모든 말은 문화적으로 공유된 일반화라는 사피르의 생각(『생각과 말』 1장 참조)을 받아들였다. 그러나 어린이 자신에 대한 기호는 단지 역사-문화적인 것만이 아니다. 만약 그렇다면 언어 습득은 배변 훈

련이나 젓가락 사용법을 학습하는 것과 다를 바 없게 될 것이다. 어린
이 자신에 대한 기호는 어린이 자신의 자연적 기호에도 그 뿌리를 가
지고 있으며, 그로 인해 발명된 말이나 발명된 문장이 가능한 것이다.
이것이 바로 자연적 상징이라는 모순적이고 역설적인 표현을 통해서
비고츠키가 말하고자 하는 것이다.

6-57] 혹자는 우리가 이야기하고 있는 이 어린이의 은유적 말이 도
대체 어디에 있느냐고 물을지도 모른다. 반사의 의미의 확산이나, 한 수
준에서 다른 수준으로의 반사의 이행을 이해하게 해 주는 기호와 의미
사이의 연결이 어린이 말 발달 어디에 있는가? 물론 어린이에게는 없다.
어린이가 낱말을 배울 때, 단지 외적으로만 받아들일 뿐이다. 이는 왜
우리가 이러한 의미들을 잊어버렸는지, 왜 '수트키сутки'(하루-K)라는
단어가 '수메르키сумерки'(황혼-K)를 의미했고, 더 이전에는 '두 벽 사
이의 이음새'를 의미했었는지 상기해야 하는지를 생각해 본다면 명백하
다. 지금은 그 기원을 알 수 없는 다른 낱말도 마찬가지다. 조건 반사의
법칙에 근거하면, 매개는 생략될 수 있다. 선택 반응에 대해 우리가 이
야기해 온 것을 기억해 보자. 어린이에게 있어 매개는 점차 사라지고 일
종의 '이음새'가 창조된다. 우리의 말이라는 것은 현대어로서의 가치에
불필요해진 매개된 연결들이 떨어져 나간 무수히 많은 이음새들의 결
합이다.

어린이가 낱말을 외적으로만 받아들인다는 것은, 낱말과 제시된 의
미를 직접적으로 연결한다는 뜻이다. 초등학교 2학년을 대상으로 한
다음의 교실 수업 장면을 살펴보자. 학생들은 '새싹'이 아이들을 놀이
에 초대한다고 상상하는 내용을 담은 '새싹의 전화'라는 글을 막 읽
었다.

T: '새싹의 전화'를 읽고 나서 어떤 생각이 들었나요? 주인공 준미

처럼 나무나 풀, 길가에 핀 예쁜 꽃과 대화해 본 경험이 있었나요?

Ss: ……(무응답)

S1: 하하…… 나무가 말을 한다고?

S2: 선생님, 꽃이 어떻게 말을 해요?

T: 예를 들면 등교 길에 길가에 핀 꽃을 보았을 때, 가족들과 들이나 산으로 놀러 간 적이 있죠. 주변에 아름답게 펼쳐진 자연이 여러분을 반겨 주며 말을 거는 것 같다고 느낀 적이 있었나요?

Ss: ……(무응답)

(……)

S2: 저도 우리 동네에 핀 예쁜 꽃이 저에게 손을 흔들며 반갑게 인사한다고 느낀 적이 있어요.

사실 새싹이 전화를 한다는 비유적 의미는 다음과 같은 내적인 의미의 연쇄를 포함한다. "새싹이 돋는다. → 자연의 아름다움이 발현된다. → 이러한 아름다움이 어린이에게 느껴진다. → 어린이가 자연에 친근하게 다가간다(새싹이 전화를 한다)."

그러나 S1과 S2는 연쇄의 처음과 마지막만을 연결하여 마치 자연이 사람처럼 말을 한다고 받아들인다. 교사는 비유적 의미를 설명하기 위해 학생들의 경험을 떠올리게 하지만, S2가 "우리 동네에 핀 예쁜 꽃이 저에게 손을 흔들며 반갑게 인사한다"는 교사의 설명을 거의 그대로 반복하는 것을 보면, 우리는 S2가 여전히 의미를 외적으로 파악하고 있음을 알 수 있다. 여기서 볼 수 있듯이 은유적 언어는 어린이로부터 자연적으로 발생하지 않는다. 어린이에게 자연적으로 발생하는 것은 글자 그대로의 외적 의미이다.

축구를 하다가 손가락뼈가 부러진 어린이를 상상해 보자. 무슨 일이 있었는지 묻는다면 그 어린이는 "손가락이 부러졌어요."라고 대답하지, 의사가 말하는 것처럼 "골절을 입었어요."라고 말하지는 않을 것이다. "손가락이 부러졌어요."라는 말은 어린이가 자신에게 무슨 일이 벌어졌는지, 또 그가 무엇을 했는지에 대해서 묘사하고 있는 것이다. 그러나 '골절'이라는 말을 할 수 있으려면, 어린이는 과정을 하나의 대상으로, 가상의 실체로 기술할 수 있어야만 한다. 다시 말해서 구체적 경험에서 부수적인 부분들을 추상화하고 핵심적인 내용을 일반화함으로써 손가락뼈가 부러졌다는 구체적 사태를 '골절'이라는 일반적인 한 낱말 속에 응축하여 표현할 수 있어야만 하는 것이다. 이와 유사하게 어린이는 "나는 자란다."라고 말하지만, 동물이나 식물의 '성장'을 일종의 가상적 실체로 공부하기 전까지는 '나의 성장'이라는 말을 하지 못한다. 할러데이는 '문법적 은유'는 중학교 과학 수업을 받기 전에는 거의 생길 수 없다고 말한다.

6-58] '쵸르닐라чернила'(잉크-K)라는 낱말을 생각해 보자. 우리는 이 낱말이 어떤 의미인지 아는데 이는 이 낱말이 아직 그리 오래되지 않은 것이기 때문이다. '쵸르닐라'는 '쵸르니черный'(검은색-K)라는 낱말에서 유래되었다. 그러나 이것이 잉크가 항상 검은색이어야만 한다는 것을 뜻하는 것인가? 붉은색, 푸른색 잉크도 나온다. 여기서 보듯이 이름은 색을 토대로 나왔고, 그것은 이제 대상의 다른 속성들과 모순된다. 그래서 낡은 속성들은 버려지고, 그로 인해 이제 낡고 협소한 낱말의 의미와 새롭고 분화된 낱말의 의미 간의 대립, 협소하고 논리적이지 않으며 개별적인 가치와 좀 더 중요하고 공유된 가치 간의 대립이 야기된다. '잉크'라는 원래 명칭은 어디에서 왔을까? 처음으로 눈에 띄는 것이 첫 번째 신호, 즉 무언가 검다는 것이다. 단순한 조건 반사 유형이 '검정'에서 '잉크'로 의미를 전이시킨다. 잉크에서 본질적인 것은 이들이 액체라는 것이다. 검은 것은 본질적으로 액체인가? 아니다. 그러므로 '검정'이라는 신호는 중요한 것이 아니다. 결국에 '잉크'라는 낱말은 특정한 반응과 연관되는데, 이는 그것으로 쓸 수 있다는 것이다. 그리고 잉크가 검은색이라는 사실은 그것을 갖고 쓸 수 있다는 효용만큼 중요

한 것이 아니다. 언어의 전체 역사는 어떻게 이것이 발생하는지를 우리에게 보여 준다.

> 우리는 앞에서 언어 이론은 언어 간 다양성을 설명할 수 있어야 한다고 말했다. 모든 낱말이 그 기원에서 자연적이라면, 왜 모든 언어가 똑같지 않은가? 동일한 문화라도 시기에 따라 똑같은 대상에서 서로 다른 특성을 골라낼 수 있는 것처럼, 서로 다른 문화들이 다양한 대상에서 똑같은 특성들을 골라낼 수 있다. 예를 들어 '뿔이 있음'은 러시아어에서는 소, 라틴어에서는 염소capricornus, 프랑스어에서는 사슴cerf의 본질적인 특징이다.

6-59] 우리가 '코로바корова'(소-K)라고 하는 것과 같이, 유럽에서 사용되는 모든 언어에는 어원적으로 '로가타야рогатая'(뿔이 있는-K)를 뜻하는 낱말이 존재한다. 그러나 이것이 프랑스어에서는 '사슴'을 가리키는 반면 라틴어에서는 '염소'를 가리킨다.

6-60] 특정한 낱말을 듣는 어린이는 이 낱말과 그에 상응하는 대상 사이의 즉각적 회로(혹은 연결)를 형성한다. 이러한 관계 혹은 반사는 어린이에게서 자연스럽게 일어난다. 어린이는 새로운 기호를 발명하지 않기 때문이며 또한 대상의 기호로 낱말을 사용하기 때문이다. 그러나 어린이가 독립적으로 기호를 어떻게 획득하는지 임상적으로 관찰하려 하거나, 이 상황을 실험적으로 창조하려 하면 우리는 실험에서 기호의 출현이 언어가 겪어 나가는 연결 고리와 동일한 단계들을 겪어 나간다는 것을 알 수 있다.

> 어린이는 기존의 낱말을 수용한다. 따라서 어린이는 대상과 낱말 사이의 연합적 고리를 즉각적으로 형성할 수 있다. 어린이는 어원 연구에서 본 것과 같이 대상의 개별 자질을 확인하고 이들을 핵심 자질로 보내는 과정을 거칠 필요가 없는 것이다. 이러한 관계는 반사라고 불릴

수 있을 것이다. 이는 두 가지 이유로 자연적이라고 불릴 수 있다. 먼저 그것은 인위적이지 않다. 그것은 어린이가 만들지 않으며 어린이의 환경(비록 사회적 환경이기는 하지만)으로부터 취해진다. 둘째, 그것은 문화적 일반화의 필터가 아닌 자연적 지각을 통해 접촉하는 대상에 대한 기호로 사용된다. 그러나 우리는 어린이가 (기차를 '칙칙폭폭'이라고 부르는 것과 같이) 자기 나름의 기호를 어떻게 획득하는지 모색할 수 있다. 우리는 집 안에서의 관찰을 통해 임상적으로, 혹은 실험실에서의 통제된 과업을 통해서 이러한 탐구를 할 수 있다. 탐구의 과정에서 우리는 어린이의 기호가 사회 발생에서 거쳐 나가는 것과 동일한 단계를 거친다는 것을 알게 된다. 즉, 기호는 표면적 자질 중 두드러진 하나의 자질을 가리키다가 이러한 자질을 핵심적인 자리로 이동시키고 마침내 전체 범주에 확산시킨다.

우리는 두 가지 방식으로 발생적 접근을 할 수 있다. 하나는 임상적 방식이다. 화장실을 가야 하는 아주 어린 아기의 상황을 예로 들어 보자. 아기는 딜레마에 처한다. 한편으로는 자신이 하고 싶어 하는 일을 부모에게 설명해야 하고 다른 한편으로는 설명에 필요한 어휘들이 부끄러운 것이다. 어린이들이 대변과 소변을 가리키는 낱말을 만들어 내는 경우가 많은 것은 우연이 아니다. 또한 어린이들이 낱말을 임의적으로 만들어 내는 것은 아니다. 이들이 만들어 내는 낱말은 거의 언제나 화장실 내에서 일어나는 일의 소리적, 형태적 특징과 관련을 맺는다. 다른 가능성은 실험적 방식이다. 이는 비고츠키가 이 책의 I권에서 사용한 방법이다. 기억하기에는 지나치게 많은 자극을 제시한 후 어린이가 보조적 자극(기호)을 이용하여 어떻게 기억 과업을 수행하는지 관찰한다. 여기서도 역시 어린이가 임의적으로 행동하지 않는다는 것을 발견하게 된다. 어린이는 특정 요소들을 추출하여, (연합적 유사성, 기능적 연결, 대유적 연쇄 또는 발산적 일반화 등을 통해) 기억 대상에 대한 복합체적 연결을 만들어 낸다. 그러나 두 가지 형태의 발생적 분석은 모두 완전히 동일한 결론을 이끈다. 어린이는 의지적 행동을 통해 관념을 나타냄으로써 자의적으로 행동하는 것이 아니라, 기능으로부터 시작해서 행동이라는 관념을 마지막에 획득하게 되는 것이다.

6-61] 우리는 실험에서 다음과 같은 상황에 어린이를 두었다. 즉 놀이를 하면서 어린이는 상당히 스스럼없이 한 대상을 취하여 다른 대상을 의미하는 데 사용한다. 예를 들어 어린이 놀이에서는 접시나 시계가 어떤 다른 기능을 수행하도록 할 수 있다. 말하자면 칼을 의사라 하고, 잉크 병 뚜껑을 마차, 시계는 약국, 다른 물건들은 약 등등이라고 하자고 한다. 그런 다음 물건들을 가지고 몇몇 단순 행위들을 수행하면 어린이들은 그 행위들의 상징적 가치를 완벽하게 기억한다. 예컨대 어린이는 어떻게 해서 의사가 마차를 타고 환자에게 가서 환자를 진찰하고, 처방을 내린 후 약국에 가서 약을 받았는지와 같은 이야기들을 쉽게 말한다. 어린이는 때로 좀 더 복잡한 것들을 이야기하기도 한다. 어린이가 시계는 약국이고 등등을 잘 기억한다는 사실은 흥미롭다. 가장 핵심적인 것은 더 어린 아이들조차 이 놀이에서 실수를 범하지 않는다는 것이다.

혹자는 다섯 살 때 '무엇이든지 아무거나 다 나타낼 수 있는' 어린이의 능력은 어린이가 겨우 다섯 살에 상징 기능을 숙달했다는 것을 암시하며, 따라서 W. 스턴과 Ch. 뷜러 그리고 주지주의자들이 옳았다고 생각할지도 모른다. 어린이는 다섯 살에 기호 형성을 발명하며, 개념 형성을 위한 본질적인 전제 조건이 다섯 살 어린이에게조차 갖추어져 있다는 것이다. 그러나 여기서 우리는 중요한 두 가지 점을 명심해야 한다. 첫째, 어린이가 낱말의 의미가 아니라 물리적 자극을 사용한다는 점이다. 어린이는 대개 추상적 연결이 아니라 구체적 연결을 만든다. 예를 들어 시계의 숫자들은 기호가 아니라 물리적 대상(약병)으로 해석된다. 언어의 사회 발생과 동일한 어린이 의미 형성의 이러한 구체적·심상적 측면은 다음 문단에서 논의될 것이다. 둘째, 이것은 놀이라는 점이다. 비고츠키가 말하듯이 "어린이는 언제나 놀이에서 자신보다 머리 하나는 더 크며" 놀이는 발달의 다음 영역이다.

6-62] 몇 가지 실험을 거치면서 5세 아이는 관련된 연결을 형성하는 주요한 특징을 점차 식별할 것이다. 어린이 앞에 시계를 두고, 이것이 약국이라고 말해 준다. 그러면 그 시계를 가지고 이어서 무엇을 하든지 간에, 어린이는 이러한 행위들을 '약국'이라는 낱말로 전이한다. 예를 들어 어린이는 시계의 숫자들을 약과 비교하기 시작한다. '약국'은 식별되는 초기 자극이며 기호와 그 가치 사이의 연결을 제공한다.

6-63] 달리 말하면, 어린이는 기호가 일반적인 말 발달 속에서 창조된 것과 동일한 방식과 범위 내에서 스스로 기호를 만든다. 어린이가 두 사물, 즉 약국과 시계 사이의 직접적인 연결을 경험할 때 어린이는 특징들 중 하나, 말하자면 숫자판을 선별하고, 이 특징을 통하여 하나의 기호에 약국과 시계를 연결한다. 이와 비슷하게, 더 어린 아이 앞에 책을 놓고 이것이 '숲'이라고 했을 때, 그 아이는 이 책이 어두운 표지를 하고 있기 때문에 숲이라고 말할 것이다. 왜냐하면 다섯 살 어린이에게 있어서 책이 숲을 나타낸다는 것이 충분하지 않기 때문에 어린이는 그 자극 중 하나, 예를 들자면 검은색 표지 같은 것을 분리해야만 한다. 그리고 이 특징은 기호와 가치 간의 연결로 작용할 것이다.

입말에 관한 이 장과 글말에 대한 다음 장 모두에서, 비고츠키는 놀이가 말의 상징화 기능이 발달하는 데 있어 핵심 노선임을 지적한다. 말 발달 과정에 있는 어린이에게 놀이는 '발달의 다음 영역'이다. 그리고 어린이가 글쓰기를 발달시킬 때, 그리기와 결합된 놀이는 글말이 세워지는 토대이다. 특히 비고츠키는 어린이가 놀이에서 기호를 창조하는 방식이 기호가 사회 발생적으로 창조되는 방식과 동일하다고 주장한다. 비고츠키는 개체 발생과 사회 발생이 일치한다고 말하고자 하는 것인가? S. 홀과 다른 심리학자들은 어린이가 단순히 사회 발생을 반복한다고 주장하며, 로크는 말이 '언어의 안내된 재발견'이라고 주장하지만 이것은 비고츠키의 입장과 다르다. 사실, 비고츠키는 분명히 그 반대 지점, 즉 언어는 결코 발견되는 것이 아니라는 것을 논하고자 한다. 문화의 경우 언어는 물질생활의 산물과 더불어 진화하고, 어린이의 경우 말은 몸짓과 놀이의 산물과 더불어 발달한다. 이것은 언어의 사회 발생과 개체 발생 모두 '기호의 자연적 역사'를 갖는다는 것을 뜻한다. 이것은 어원학에서도 확인되는데, 처음에는 글자 그대로 표현되었던 의미가 시간이 지남에 따라 시각적·비유적으로 표현됨을 알 수 있다. 어린이의 그리기, 놀이, 몸짓 속에서도 동일한 경향이 확인된다.

6-64] 지금까지 말했던 것을 요약해 보자. 어린이 말의 선역사는 그것이 모든 반사가 발달하는 방식으로 발달한다는 것을 보여 준다. 즉, 그것은 조건 반사에 대한 실험 연구에 의해 알려진 모든 발달 단계를 거친다. 특히 말 발달은 본질적으로 생각과 독립적인 방식으로 발달하며, 생각은 어린이 말 발달과는 별개로 발달한다. 그러나 어느 지점에서 생각과 말은 합류한다. 두 살가량의 어린이는 "이건 뭐죠? 뭐라고 불러요?"와 같은 일련의 질문에 이어 어휘의 급격한 증가와 능동적 확장을 보여 준다.

6-65] 우리는 우리가 알고 있는 것에 근거하여, 말과 생각이 교차하는 계기가 어린이의 낱말 가치의 발견이라는 스턴의 가정을 거부해야 한다. 발생적 분석은 발견이라고 말하는 것이 어렵다는 것을 보여 준다. 명백하게도 어린이가 처음에 학습하는 것은 기호와 그것의 가치 간의 내적 연결이 아니라 낱말과 대상 간의 외적 연결이며, 이는 두 자극 간의 단순한 접촉에 의한 조건 반사의 법칙에 따른 것이다. 이것이 바로, 먼저 대상에 대한 인식, 이해가 있고 그 후에 기능적 발달이 존재한다고 가정하기 어려운 이유이다. 사실은 기능의 직접적인 습득이 먼저 존재하며, 오직 이러한 학습을 토대로 할 때 대상에 관한 자각이 생겨난다. 따라서 스턴이 말한 발견의 순간은 훨씬 더 뒤로 미루어지게 된다.

이 장을 마무리하면서 비고츠키는 언어에 대한 두 이론을 대비시 킨다.

a) 관념(대상) → 행위

b) 행위 → 관념(대상)

a)에서 어린이는 자신이 말하고자 하는 대상에 대한 관념을 먼저 획 득하고 그런 후에 지시하기, 묘사하기, 명명하기, 일반화, 추상화 등의 과정으로 나아간다. 어린이는 개념 혹은 최소한 의사 개념을 가지고 이를 사용하기 시작하는 것이다. 다시 말해 어린이는 행위의 대상(동 기, 목적, 행위의 관념)을 소유하고 난 뒤 행위를 통해 실현하는 것이다.

그러나 b)의 경우는 이와 반대이다. 어린이는 자신이 무엇을 왜 하고 있는지 깨닫기 이전에 행위를 한다. 어린이는 가리키기가 무엇인지 알 게 되기 전에 가리키는 행동을 하며, 묘사하는 것이 무엇인지 알기 이 전에 먼저 묘사를 하고, 이름이 무엇인지 알기 이전에 명명하기를 한 다. 다시 말해 행위의 대상이 온전히 이해되기 이전에 기능이 먼저 수 행되는 것이다.

저차적 심리 기능에 대해서 a)의 입장이 많은 부분을 설명해 준다. 어린이는 지각을 통해 관념을 획득한 후 행동을 한다. 고차적 기능에 대해서도 a)의 설명이 터무니없는 것은 아니다. 어린이가 그림을 가리 키며 그것이 무엇인지 묻거나, 아기가 어떻게 생기는지 묻거나, 돈이나 도덕, 신과 죽음 등에 대하여 질문을 하는 경우 우리는 사실 a)의 설 명이 옳다고 생각할 수 있다. 어린이가 머릿속에 관념을 먼저 가지고서 그에 대해 질문을 하는 것으로 이해할 수 있는 것이다.

그러나 이 상황에는 대개 상투적으로 주어지는 대답이 있게 마련 이며 어린이는 별 의문 없이 그러한 대답을 받아들인다. 그러한 상황 에서 관념은 최종화되고 종결된 것으로 협상의 여지가 없다. 이와 유 사한 일은 도덕 시간에도 일어난다. 어린이가 볼 때 규범은 비판적으 로 사고하고 타당성을 판단하는 대상이 아니라 수용하고 따라야 하는 대상일 뿐이다. '효'라는 말과 그것이 포함하는 행동을 알았다고 해서 '효'의 관념을 내재화했다고 말할 수는 없다.

발생적인 접근을 해 보자. 비고츠키는 I권 3장에서 사물이 아닌 과정으로, 기술이 아닌 설명으로, 최종 결과물이 아닌 핵심적 계기의 상호작용으로 분석을 하자고 제안한 바 있다. 실체가 아닌 과정으로부터 시작하며, 어린이의 질문과 말을 순수히 기술적 방식이 아닌 설명적 방식으로 접근하고, 끝이 아닌 처음부터 시작해 보자. 이는 개념 발달에 대한 연구에서 비고츠키와 사카로프가 택한 방식이기도 하다. 그들은 개념의 정의로부터 시작하지 않았다. 그렇게 하면 기능이 아닌 관념으로부터 시작하는 셈이 되기 때문이다.

●입말의 발달

이 책에는 말에 관한 장이 두 개 있다. 맨 앞 장인 6장과 개별 심리 기능에 관한 논의의 맨 마지막인 장인 11장이 그것이다. 왜 그럴까?

II권의 대부분의 장들은 '자연적' 발달 상태와 '문화적' 발달 상태를 구분하면서 시작한다. 이 장의 맨 앞에서도 비고츠키는 동물에서 발생하는 것과 동일한, 신경 생리학적 반응에 지나지 않는 '말' 형태를 다룬다. 이 '반응'은 신경 생리학적으로는 내적으로 나타나지만, 기능적으로는 환경을 향한다. 반대로 성인의 말은, 기원상 철저히 사회적임에도 불구하고, 기능적으로는 자신을 향하는 잠재성을 지닌다.

비고츠키의 과업은 어떻게 신경 생리학적 반응에서 성인의 말로 나아가는지 보여 주는 것이다. 그러나 그런 가운데 비고츠키는 환경을 향하는 자연적 기능과 인격을 향한 문화적 기능 간의 거대한 차이를 연결하는 방법과 관련하여 가장 널리 퍼져 있는 믿음이 거짓임을 밝혀야 한다. 이는 말은 애초에 시작부터 마음의 기능이기 때문에, 그 차이가 처음부터 전혀 존재하지 않았다는 것이 스턴의 믿음이다.

이것은 한 장으로 논의될 분량을 넘어선다. 많은 독자들에게는 스턴에 대한 비고츠키의 집착이 이 장에서 (그리고 11장에서는 훨씬 더) 과도하게 초점을 잃은 것처럼 보일 것이다. 그러나 최근 노암 촘스키는, 스턴이 이전에 그랬듯이, 의사소통은 거의 어떤 발달적 중요성도 지니지 않는 순수한 주변적 현상이며, 생각이 언제나 언어의 주된 기능이었다고 주장하기 시작했다.

비고츠키는 말로 하는 생각이 개인 간 의사소통에서 사용되는 말보다 양적으로 훨씬 더 많다는 주장에 동의할지도 모른다. 이는 마치 일상생활에서 입말이 글말보다 더 빠르고, 더 자주, 더 흔하게 사용되는 것과 같다. 그러나 비고츠키에게 이것은 말로 하는 생각의 발생적 우선성을 암시하는 것도 아니며, 발달에서 의사소통의 중요성을 감소시키는 것도 아니다. 이는 입말이 훨씬 많이 사용된다고 해서 글말이 교육에서 주변으로 밀려나는 것은 아닌 것과 마찬가지이다. 비고츠키에게 있어 심리적 기능들이 존재하는 방식이나 심지어 그 기능을 묘사하는 것으로는 충분하지 않다. 그 잠재력을 설명하려면, 우리는 그것이 무엇이었고 무엇을 해 왔는지를 돌아보아야 한다.

I. 도입부에서 비고츠키는 신생아의 선천적 '음성 반응'에서부터 주위를 둘러싼 움직임에 반응하는 6개월 된 어린 아기의 조건적 반응에 이르기까지 생각과 별개로 이루어지는 말 발달을 추적한다(6-1~6-20).

A. 비고츠키는 출생에서 시작한다(6-3). 출생 시 울음은 '음성 반응'뿐만 아니라 선천적 반응과 연결된 전체적인 복합체(예컨대 숨 들이쉬고 내쉬기, 얼굴 빨개지기, 팔다리

의 움직임)를 포함하는 듯 보인다.

B. 비고츠키는 한편으로 이것들이 어떻게 다른 종류의 조건적인 자극과 연결되고(6-7), 다른 한편으로 어떻게 개별적 반응들로 분화되는지 기술한다(6-9).

C. 음성 반응은 이제 조건적인 것이 되었지만 여전히 전체 반응 구조의 일부이다. 이 구조는 한편으로 더 오래되고 무조건적인 기능, 즉 감정적이며 표현적인 기능을 갖는다(6-10~11). 그렇지만 다른 한편으로 그것은 더 새롭고 조건적인 기능, 즉 사회적 접촉의 기능을 갖게 된다(6-12).

D. 그럼에도 불구하고 비고츠키는 음성 반응이 사회적 접촉 기능 속에서조차 여전히 '반응'이라는 것을 우리에게 상기시킨다. 즉, 생각을 시작할 수 있는 능동적이고 의식적인 주체를 아직은 포함하고 있지 않은 것이다. 의식과 생각은 의사소통의 원인이 아니며 오히려 그것의 결과이다. 생각과 말 사이의 이런 통합의 계기가 이 장의 진짜 주제이다(6-13~6-20).

II. 통합의 계기와 그 경과를 다루기 전에 비고츠키는 W. 스턴의 이론에 대해 비판적인 태도를 취한다. 그는 스턴의 경험적 발견은 받아들이고 그것에 대한 주지주의적 해석은 거부한다(6-21~6-36).

A. 비고츠키는 어린이의 음성 '반응'이 더 이상 단순한 조건 반사가 아님을 가리키는 세 개의 '계기'가 존재한다는 스턴의 의견에 동의한다.

1. 어린이의 어휘는 2, 3개월 안에 여덟 배로 확장된다(6-23).

2. "이건 뭐야?"라고 묻는 '첫 질문의 시기'가 존재한다. 이에 반해 "왜?"라는 질문은 훨씬 나중에 나타난다(6-24).

3. 가장 중요한 것은 어휘의 획득 방식에 있어서 변화가 나타난다는 것이다. 어린이의 어휘 습득은 더 이상 수동적인 조건 반사가 아니며, 의미에 대한 능동적인 추구이다(6-25).

B. 스턴은 이 사실로부터 어린이가 기호와 의미 사이의 자의적·관습적·체계적 관계를 이해했다는 결론을 내린다(6-29). 이것은 다음과 같은 것을 의미할 것이다. 1) 어린이는 기호의 자의적 본질을 안다(어떤 소리든 기호가 될 수 있다). 2) 어린이는 기호가 사회적·문화적 관습에 의존한다는 것을 안다(즉, 다양한 문화 집단은 서로 다른 기호를 사용한다). 3) 어린이는 기호가 체계를 만든다는 사실을 안다(예를 들어 모든 명사에는 수가 존재하고, 모든 동사에는 부정 형태가 존재한다).

C. 그러나 비고츠키는 스턴의 결론을 거부한다. 그는 다수의 어른들조차 이 관계를 충분히 이해하지 못함을 지적한다(6-30). 그는 어린이가 서로 다른 다수의 사물에 대하여 동일한 소리 형태를 사용하며, 이때 사물들 간의 관계가 안정적이지 않고 변한다는 것에 주목한다. 예를 들어 어린이에게 '꽥'은 오리를 의미할 수도 있고, 새나 새가 수영하는 물, 혹은 자신이 먹을 약이나 우유를 의미할 수도 있는 것이다. 비고츠키는 어린이에게는 닭에서 우유가 나올 수 있다고 농담을 던진다(6-33). 어린이의 의미는 안정적이지 않다. 그것은 연못 위의 물결처럼 더 많은 가치들을

포함하면서 점점 더 확장되는 것처럼 보인다. 만약 어린이가 "모든 것이 각각의 이름을 가지고 있다."는 것을 진정 발견했다면 이와 같은 현상은 불가능할 것이라고 비고츠키는 말한다(6-30~6-36).

III. 문제는 이 낱말 의미의 실제 발달 단계가 거의 알려져 있지 않다는 것이다. 스턴이 지적한 바와 같이, 낱말이 더 이상 단순한 조건 반사가 아니라는 것을 나타내는 '세계기' 동안 어린이는 어른으로부터 낱말을 받는다. 그러나 비고츠키에게는 이것이 어린이가 어른으로부터 의미를 전수받는다는 것을 뜻하지는 않는다. 이를 증명하는 증거를 얻는 것은 매우 어렵다. 비고츠키는 먼저 어원학으로 눈을 돌리고 그런 후 역할극을 이용한 실험을 통해 증거를 수집한다(6-37~6-63).

A. 비고츠키는 낱말은 조건 반응이 실험실에서 형성되는 방식으로 발명되지 않는다고 한다(6-38). 반대로, 낱말은 역사를 통해 진화한다. 비고츠키는 초기의 낱말은 자의적인 것이 아니라 지시적인 것이었다고 지적한다. 이들 기호 중 일부는 다른 기호를 지시하게 되었고 이에 따라 현대의 언어학자들은 '까마귀'나 '비둘기'같이 이론적으로 상호 교환 사용이 가능한 낱말들과 '비둘기 파랑'이나 '까마귀 검정'과 같이 다른 기호와 연계되어 있기 때문에 교환 사용이 불가능한 낱말들을 구분하게 되었다(6-40).

B. 비고츠키는 의미의 세 가지 '계기'를 구분한다. 첫 번째는 우리가 어떤 낱말을 발음할 때 만들어 내는 음성 복합체, 두 번째는 사전에서 찾게 되는 특정 낱말의 의미인 자의적 가치, 세 번째는 내적 심상(예를 들어 '하품'을 의미하는 러시아어 낱말은 '까마귀'라는 낱말을 포함하고 있다. 이는 하품을 많이 하는 러시아 까마귀들의 심상에서 따온 낱말이다)이다(6-42). 일부 언어학자들은 (예컨대 '눈물꽃'과 같은) 어떤 낱말은 의미하는 방식이 '회화적'인 반면 ('양배추'와 같은) 어떤 낱말은 단지 자의적인 기호라고 생각하는 듯하다. 그러나 비고츠키는 흔히 불투명하고 관습적이며 자의적이라고 생각되는 낱말들도 이전에는 시각적·지시적·회화적이었음을 보여 준다(6-44, 6-48). 그는 이를 입증하는 여러 가지 사례들을 제시한다(6-45~47).

C. 그러나 낱말이 회화적인 의미에서 불투명한 의미로 발달하는 것과 마찬가지로, 반대 방향으로 거슬러 올라가 추상적 의미에서 구체적 의미로 발달할 수도 있다. 비고츠키는 이에 대한 여러 가지 사례를 제시한다. 예컨대 보도를 의미하는 프랑스어 트로투아르trottoir에 러시아어로 돌을 의미하는 '폴리'를 붙여 폴리투아르라는 신조어를 만듦으로서 낱말에 구체적인 의미를 부여한다. 비고츠키는 어린이의 언어에서는 추상적 표현에 구체적 의미가 부여된 사례가 거의 없다고 지적한다. 왜냐하면 어린이가 낱말을 사용할 때 겉으로 보기에 어른과 똑같은 방식으로 사용하기 때문이다(6-57).

D. 이어서 비고츠키는 낱말의 의미가 지각적인 것에서 개념적인 것으로 발달한다는 것을 보여 주는 실험적 증거를 찾는다. 그는 아주 어린 아이도 대상을 이용하여 이야기를 할 수 있다는 점을 지적한다. 즉, 칼은 의사를 시계는 약국을 의미하는

것이다(6-61). 그러나 그는 5세 어린이가 대상에서 지시적 특성을 식별하는 경향이 있다는 것 또한 지적한다. 예컨대 시계 판의 숫자는 약국 선반의 약들을 지시하게 된다. 그는 어린이의 마음에서조차 낱말의 의미는 역사를 가지고 있다는 결론을 내린다. 낱말은, 아테네가 제우스의 머릿속에서 태어났듯이 어린이의 마음속에서 완전히 발달한 형태로 나타나는 것이 아니다(6-63).

IV. 비고츠키는 어원학적이고 실험적인 이 모든 증거로부터 세 가지 결론을 내린다 (6-64~6-65).

A. 다른 모든 반응과 같이 '음성 반응'이 먼저 발달해야 한다. 그것은 처음에는 자연적·선천적(그리고 대개 정서적)이며, 나중에야 비로소 사회적·조건적(그리고 대개 의사소통적)이 된다.

B. 음성 반응은 조건적 반응이 되고 나서야 생각과 결합할 수 있게 되며, 스턴이 말했듯이 이 계기는 실제로 어휘의 폭발적 팽창, 질문의 출현, 어린이에 의해 시작되는 사용 가능한 의미의 능동적 확장으로 드러난다.

C. 가장 중요한 것은 이러한 세 계기들이 어린이 의미 발달의 시작이지 끝이 아니라는 것이다. 낱말의 의미는 갑자기 발견되는 것이 아니라, 완성하는 데 수년이 걸리는 예술 작업이나 과학적 탐구처럼 길고 어려운 과정이다.

D. 어린이의 낱말 의미 구성과 마찬가지로, 말에 대한 비고츠키의 논의 역시 끊임없이 진행되는 길고 어려운 과정이다. 그것은 여러 장을 통한 논의를 필요로 한다. 먼저 그는 어린이의 '외적 활동'(이 장의 음성 반응, 다음 장의 쓰기, 그다음 장의 산술)을 탐구할 것이다. 그러고 나서 그는 이 기능들의 더욱 '내적인' 심리적 결과물(주의와 기억)을 탐구할 것이다. 그러고 난 후에야 그는 고등하고 더욱 의지적인 말의 형태인 말로 하는 생각(11장)에 대해 논의할 것이다.

제7장

글말 발달의 선역사

32개월 된 우리나라 여아의 아동화.
본인의 모습을 그리고 그림 아래에 자신의 이름을 써 두었다.
그리기의 모상적 기능과 지시적 기능이 상징의 토대를 형성하는 모습을 볼 수 있다.

7-1] 쓰기가 어린이의 문화 발달 과정에서 수행하는 어마어마한 역할에 비해 쓰기가 학교의 교수-학습обучения에서 차지하는 비중은 실제로 너무나 작다. 오늘날까지도 쓰기 교수-학습은 협소한 실천적 토대에만 놓여 있다. 어린이는 글자를 골라 모아서 낱말을 만드는 것을 배우지만 글말을 배우지는 않는다. 글말의 기제가 두드러지게 부각되면서 글말 자체가 가려지며 이로 인해 쓰기와 읽기의 기제를 학습하는 것이 그것을 주의 깊게 사용하는 것보다 우세하게 된다. 이와 유사한 것이 농아에게 입말을 가르치는 경우에 일어났다. 이 경우 교사는 또박또박 말하는 능력을 발전시키고, 개별 소리와 그 정확한 발음을 익히도록 하는 데 모든 주의를 기울였다. 그 결과 어린이는 우물거리는 말밖에 할 수 없게 되었다.

비고츠키의 시대에 펜은 비쌌고, 잉크는 흔하지 않았다. 그래서 펜을 쓸 때는 잉크를 정성스레 잘 찍어서 사용해야 했다. 종이도 항상 구할 수 있는 것은 아니었다. 비고츠키가 처음으로 운영했던 출판사는 종이 부족으로 문을 닫아야 했다. 이 원고의 대부분도 지도 뒷면, 도서관 색인 카드 뒷면이나 종잇조각에 쓰였다. 따라서 쓰기를 배우는 러시아 어린이에게 펜과 잉크를 다루는 것은 상대적으로 값비싼 기구를 다루는 것을 배운다는 것을 의미했다. 이것은 교사가 서법, 즉 반

듯하고 아름다운 필기체(인쇄체와는 상당히 다르다)를 가르치는 데 많은 시간을 할애했다는 것을 뜻한다. 비고츠키는 어린이가 쓰기가 무엇인지 알기 전에, 다시 말해 글말이 입말과 어떻게 다른지, 왜 사람들이 생각의 수단으로 대화와는 매우 다른 글말을 필요로 하는지 배우기 전에 쓰기 기제를 배우는 데만 골몰한다고 불평했다. 그가 지적했듯이 이는 청각 장애인들에게 독순술과 발음을 가르치는 것과 비슷한 결과를 낳았다. 기제가 강조되면 될수록 의미는 덜 강조된다. 그러나 의미가 없이는 기제가 결코 정확할 수 없다.

7-2] 이 방법에 반대하는 이들이 옳게 지적했듯이, 어린이가 배운 것은 말이 아니라 낱말의 발음이다. 쓰기를 가르칠 때에도 똑같은 일이 벌어진다. 학생이 배우는 것은 글말이 아니라 낱말의 맞춤법이며, 쓰기 기능이 전통적인 바르고 깨끗한 손글씨 쓰기에서 크게 벗어나지 못하는 대부분의 이유가 바로 이것이다. 역사적인 이유를 들어 이런 상황을 주로 설명할 수 있다. 즉 그렇게 많은 읽기, 쓰기 교수 방법이 존재함에도 불구하고, 실제 가르침에 있어서 적합하고 합리적이며 과학적이고 실용적인 글말 교수 방법이 개발되지 못했던 것이다. 따라서 이 유형의 말을 어린이에게 가르치는 문제는 오늘날까지 해결되지 않은 채 남아 있다. 어린이 스스로 성장하는 입말의 학습과는 달리 글말의 교수-학습은 모두 인공적인 훈련에 의존하고 있다. 이 훈련은 교사나 학생에게 어마어마한 주의와 노력을 요구하며 그에 따라 자기 충족적인 어떤 것에 불과하게 되고, 상대적으로 살아 있는 글쓰기는 멀리 떨어진 국면으로 물러나는 것이다. 쓰기 교수는 자연적으로 발달하는 어린이의 욕구나 어린이 자신의 행동에 기반을 두고 있지 않으며, 교사의 손을 통해 어린이에게 외적으로 주어진다. 이것은 피아노 연주와 같은 기능을 숙달하는 방식과 유사하다. 이러한 상황에서 학생은 손기술을 발달시키고 악보를 보고 바로 연주하는 것을 배울 수는 있으나 음악의 정수

를 터득할 수는 없는 것이다.

비고츠키가 손글씨가 '자기 충족적'이라고 할 때 그것은 모듈화되고 일반화할 수 없는 좁은 의미의 기술을 뜻한다. 손다이크는 이러한 기술에 흥미가 있었으나, 비고츠키는 그렇지 않았다. '태권도, 피아노, 미술, 서예'를 '산술, 문해력'과 비교해 보자. 전자가 '자기 충족적인' 선택적인 과정으로 여겨지고 후자가 필수적인 과정으로 여겨지는 데에는 타당한 이유가 있다. 선택적인 과정은 모듈화되어 있어서, 태권도를 배운다고 해서 그것이 산술이나 국어에 도움이 되지는 않는다. 그러나 필수적인 과정은 일반화할 수 있는 지식의 형태이다. 따라서 피아노를 배울 때 산술이 도움이 되고, 서예를 배울 때는 글을 읽고 쓸 줄 아는 것이 도움이 되며, 심지어 태권도를 배울 때조차 국어 능력이 도움이 된다. 어떤 교과든 다소 기술적 측면이 존재한다. 영어 교과를 예로 들면 발음과 철자는 지식이라기보다는 기술에 가깝다. 발음은 읽기에 도움이 되지 않고, 손글씨는 듣기에 도움이 되지 않는다. 그러나 문법과 어휘는 읽기, 쓰기, 듣기, 말하기 모두에 도움이 된다. 여기서도 비고츠키가 고등행동형태(지성, 의식, 의지)는 본능과 습관으로 환원될 수 없다고 주장했던 것과 마찬가지의 하향식, 목적론적 접근법을 사용하는 것을 볼 수 있다. 쓰기는 기술에 토대하고 있을지라도, 기술로 환원될 수는 없는 것이다.

7-3] 쓰기 기제에 대한 이러한 편중은 문제의 실천적 측면뿐 아니라 이론적 공식화에도 영향을 미쳤다. 심리학 역시 정상적 쓰기를 손 근육 분화의 문제나 (종이의-K) 줄 간격이 넓은지 좁은지의 문제 등으로 간주했다. 그리고 상징과 기호 체계와 같이 그 숙달이 어린이 문화 발달에서 결정적 계기를 나타내는 글말의 문제 자체는 심리학에서 미미하게 다루어졌을 뿐이다.

7-4] 현재 많은 연구가 있음에도 불구하고 우리는 여전히 일관되고 완전한 어린이 글말 발달의 역사를 기술할 수 없다. 우리는 이 발달의

전환점만을 확인할 수 있을 뿐이며, 주요 단계들의 밑그림을 그릴 수 있을 뿐이다. 어린이에게 글말 숙달은 고유하고 고도로 복잡한, 기호 상징체계의 숙달을 뜻한다.

7-5] H. 들라크루아가 정확히 말하듯이, 이 체계의 독특성은 그것이 이차 상징화이며, 점진적으로 직접적 상징화가 된다는 것이다. 이것은 글말이, 관습적으로 입말의 소리와 낱말을 나타내고, 그런 후 실제 대상과 관계를 나타내는 기호의 체계로 이루어져 있다는 것을 의미한다. 매개적 연결, 구체적으로는 입말과의 연결은 점차 사라지고, 글말은 지시된 대상과 그들 사이의 관계를 직접적으로 나타내는 기호 체계가 된다.

*H. 들라크루아(Henri Delacroix, 1873~1937)는 베르그송의 제자이자 윌리엄 제임스의 추종자였다. 제임스처럼 그는 종교 심리학에 흥미가 있었으며 기독교 신비주의 연구에 참여했다. 그는 파리 소르본 대학의 심리학 교수가 되었으며, 『예술 심리학』과 생각과 말에 관한 몇몇 저작을 남겼다. 동일한 제목의 비고츠키의 저술은 들라크루아에 훨씬 앞선 것이다.

7-6] 이러한 복잡한 기호 체계의 숙달이 오직 기계적이고 외적으로 부여된 방법, 즉 발음과 인위적 훈련을 통해서 이루어질 수 없다는 것은 분명하다. 글말의 숙달은 학교로부터 어린이에게 외적으로 생겨나는 것처럼 보이지만 실제로 그것은 어린이 고등행동기능의 오랜 발달의 산물임이 분명하다. 오직 역사적 관점에서 쓰기 교수-학습으로 접근함으로써, 즉 이것을 어린이 문화적 발달 역사의 계기로 이해하려고 시도함으로써만이 우리는 쓰기 심리학 전체에 관한 올바른 결론에 도달할 수 있게 된다.

책 I권 5장(5-80~5-83) 산술의 선역사에 관한 비고츠키의 논의를 기억하자. 비고츠키의 요점은 발달이 단순히 외부로부터 어린이의 선역사에 덧붙여지는 것이 아니라, 반드시 정신 내적 자원의 재조직을 어떤 식으로든 항상 포함해야 한다는 것이다.

7-7] 어린이 글말의 역사를 연구하는 데에는 엄청난 어려움이 따른다. 글말의 발달은, 현재 자료로 미루어 생각한다면, 단일한 노선을 따라 일어나지 않으며 연속적인 형태를 보이지 않는다. 어린이 글말 발달의 역사에서 우리는 예측 불가능한 변형을 발견한다. 즉, 한 형태의 글말이 다른 형태로 변형되는 것이다. 볼드윈의 아름다운 표현을 따르면 이것은 진화인 만큼 또한 퇴화이다. 이 말이 의미하는 바는 새로운 형태를 발생시키고 발전시키며 전진시키는 과정과 더불어 낡은 형태가 사그라지고 사멸되며 퇴화되는 과정이 함께 일어난다는 것이다.

7-8] 어린이의 문화적 발달 역사에서와 마찬가지로 여기서도 발달 노선의 갑작스러운 변화, 간극, 균열이 관찰된다. 글말 발달 노선은 때때로 사라졌다가 어디에선가 갑자기 새로운 노선이 외부로부터 나타난다. 언뜻 보기에 처음 노선과 새로운 노선의 시작 사이에는 그 어떤 연관도 결코 존재하지 않는 것처럼 보일 수 있다. 그러나 순전히 진화적인 과정으로서의 소박한 발달 개념, 즉 점진적인 증가와 한 형태에서 다른 형태로 이행하는 미묘한 움직임의 연속적 축적을 통해서만 발달이 일어난다는 생각은 실제로 벌어지고 있는 과정의 본질을 보지 못할 수 있다. 모든 발달 과정을 성장 과정으로 생각하고자 하는 경향이 있는 사람들만이, 앞서 언급된 균열과 약화, 변형에도 불구하고 어린이의 쓰기 역사는 단일한 발달 노선으로 바르게 표현될 수 있음을 부정할 수 있을 것이다.

7-9] 우리는 어린이 문화적 발달 과정이 어린이 심리 발달 과정 전

체와 마찬가지로 혁명적 발달의 사례를 보여 준다는 것을 이미 알고 있다. 우리는 지금까지 인간 행동에서의 문화적 발달 유형이 어린이의 유기체적 성숙과 문화적 환경 사이의 복잡한 상호작용으로부터 비롯되었다는 것을 살펴보았다. 이(상호작용-K)는 필연적으로 이러한 혁명적 발달의 사례를 끊임없이 제공한다. 이 혁명적 발달 유형은 일반적으로 과학에서는 새로운 것이 아니며 오직 아동심리학에서만 새로운 것이다. 그렇기 때문에 매우 대담하게 고안된 몇몇 연구에도 불구하고, 글말의 역사를 역사적 과정이자 단일한 발달 과정으로 일관되게 제시하고자 한 아동심리학자는 아직 없다.

7-10] 쓰기 학습의 심리적인 측면은 어린이 행동의 외적이며 기계적이고 이질적인 형태로서가 아니라 이 행동 발달의 특정한 계기, 즉 필연적으로 생겨나는 특정한 지점, 그 지점을 준비해 왔고 또한 가능하게 한 모든 것들과 발생적으로 연결된 특정한 지점으로 제시되어야만 할 것이다. 글말의 발달은 최우선적이고 가장 명백한 문화적 발달 노선에 속한다. 왜냐하면 글말 발달이 인간의 문화 발달 과정에서 발달되고 검증된 외적 체계의 숙달과 연관되어 있기 때문이다. 그렇지만 이런 외적 자원의 체계가 어린이의 심리적 기능, 즉 그의 특수한 행동 형태가 되기 위해서는, 다시 말해 인간의 글말이 어린이의 글말이 되기 위해서는 복잡한 발달 과정이 요구된다. 이제 우리는 이에 대해서 물론 가장 일반적인 용어로만 조사해야 할 것이다.

> 글말이 최우선적이고 가장 명백한 문화적 발달 노선이라고 할 때, 비고츠키는 개체 발생이 아니라 사회 발생에 대해 말하고 있다. 역사에 관해 말하고 있는 것이다. 우리가 파악할 수 있는 역사는 '쓰기' 이전에는 존재하지 않았다. 우리가 볼 때 글로 기록된 역사는 사회 발생에 대한 가장 명백한 최우선적 증거이다. 인간의 글말이 어린이의 글말이 되어야 한다고 할 때, 비고츠키는 사회 발생이 아니라 개체 발생에

대해 말하고 있다. 어린이가 이 최우선적이고 가장 명백한 문화적 발달 노선을 자신의 것으로 취하는 것은 단순히 사회 발생의 산물을 모방하는 것으로 이루어질 수 없다. 비고츠키가 보여 주듯 이것은 어린이가 심리적 욕구를 느끼는 활동(놀이와 그리기)을 통해서 이루어진다. 그러나 입말이 아닌 이러한 활동이 쓰기의 선역사라는 것은 분명하지 않다. 주류 이론은 쓰기의 선역사가 입말이라고 말한다. 심지어 통속적 유물론으로 인해 당시 '마르크스주의' 심리학자로 여겨진 반사학자들과 행동주의자들조차도 쓰기가 기본적으로 입말 위에 세워진 '이차적' 상징화의 점차적인 축적이라고 믿었다. 오직 발달에 대한 혁명적인 이해만이 놀이와 그리기가 쓰기의 진정한 선역사임을 보여 줄 수 있다.

7-11] 지금까지 논의에서 보듯 분명한 것은 글말의 발달은 긴 역사를 가지고 있으며 극도로 복잡하고, 어린이가 학교에 들어가 쓰기를 배우기 전부터 시작된다. 과학적 연구의 첫 번째 과업은 어린이 글말의 선역사를 밝히고, 어린이로 하여금 쓰게 만드는 것이 무엇인지 보이며, 선역사가 통과해야 하는 중요한 계기들이 무엇인지 그리고 그것이 학교 교수-학습과 어떤 관련을 맺는지를 보여 주는 것이다. 어린이 글말의 선역사는 종종 특별한 분석 없이는 그에 이르는 단계를 밝혀내기 어려운 형태로 발생한다. 불리한 외적 조건하에서는 그것이 너무 변형되고 지연되며 지하로 숨어들어가기 때문에 확실하게 발견되거나 확립될 수 없다. 그러므로 우리가 위에서 살펴본 바와 같이 어린이 글말의 숨겨진 선역사가 통과하는 결정적 계기를 추적할 수 있는 가장 신뢰할 만한 방법은 실험적 연구이다. 우리의 주요 관심사인 현상들을 연구하기 위해서는 먼저 그것들을 이끌어 내고 앞으로 가져와서 그것들이 어떻게 발생하고 구체화되는지를 살펴볼 필요가 있다. 다시 말해, 발생적 연구 방법과 동일한 원칙을 사용하여 내적으로 깊숙이 감춰지고 축소되거나 직접적 관찰이 불가능하게 된 과정의 숨겨진 연결을 발견하고자 한다.

비고츠키가 나중에 말하겠지만, 어린이 글말의 진정한 선역사는 놀이와 그리기이다. 놀이와 그리기는 관찰하기 쉬운 것들이며, 지하로 숨어들어가게 하는 것 자체가 불가능하다. 그런데 어째서 비고츠키는 글말의 선역사를 발견하는 것이 매우 어려운 일이며 그 선역사가 불리한 조건으로 인해 지하로 숨어들어가게 된다고 하였을까?

1) 놀이와 그리기는 글말의 중요한 뿌리로 여겨지지 않는다. 바로 그 이유 때문에 우리는 놀이와 그리기를 지하로 숨어들도록 만들고 있다. 어린이들의 만화 그리기는 장려되기보다는 지적되는 일이고, 2) 어린이 만화들은 상당수 폭력이나 성적인 내용과 같은 금지된 주제들로 가득 차 있으며 매우 왜곡되어 있다. 이런 만화에서는 그림이 글말로 옮겨가도록 도와주는 정신적 과정이나 언어적 과정을 거의 찾아보기 힘들다. 3) 그리기와 글말의 연결성이 우리나 어린이에게 투명하게 잘 보이지 않는다. 다음과 같은 이야기를 가르친다고 가정해 보자.

"옛날 옛적에 한 당나귀가 살고 있었습니다. 그 당나귀의 이름은 당당이었습니다. 당당이는 늙고 병이 들었습니다. 그러던 어느 날, 당당이의 주인은 배가 고팠습니다. 그래서 아내에게 말했습니다. '오늘 저녁에 당나귀 고기 어때요?' 당당이는 그 말을 듣고 도망쳤습니다. 과연 당당이는 어디로 가야 할까요? 어떻게 해야 할까요?"

이 내용은 어른에게는 전혀 어렵지 않겠지만 어린아이에게는 여러 면에서 어려울 수 있다. 처음의 세 문장은 끝말잇기처럼 앞 문장의 마지막 단어가 그다음 문장의 맨 앞에 나오면서 단순 고리를 형성한다. 그러나 '그러던'이라는 단어는 이 흐름을 방해하고 '어느 날'이라는 단어는 전혀 다른 상황을 만들어 내면서 이야기는 완전히 새로운 방향으로 전개된다. 즉, 당나귀 주인의 말을 직접 인용하는가 하면("오늘 저녁에 당나귀 고기 어때요?") 당나귀의 생각 과정을 의미하는 혼잣말을 소설 풍으로 나타내기도 한다(어디로 가야 할까요? 어떻게 해야 할까요?)

이제 어린이가 이 이야기를 네 칸 만화로 그린다고 가정해 보자. 첫 칸에 당나귀를 그리고, 그다음 칸에 당나귀 주인이 배고파서 저녁을 먹고 싶다고 생각하는 것을 그린다. 세 번째 칸에는 주인과 아내가 당나귀 고기를 먹으면 좋겠다고 말하는 장면을 그리고, 마지막에 당나귀가 도망치면서 어디로 가야 할지, 어떻게 해야 할지 고민하는 장면을 그릴 수 있을 것이다.

이 이야기를 만화로 표현해 보면 비고츠키가 옳았다는 것을 알 수 있다. 말풍선으로 표현될 수 있는 말의 양은 매우 적지만, 그림으로 표현될 수 있는 글말의 양 그리고 무엇보다 글말의 질이 실제로 상당함을 알 수 있다. 만화는 명백히 말로 표현되지 않은 생각 과정과 감정 과정을 쉽게 포함할 수 있는 것이다. 따라서 우리는 그림을 입말이 아닌 글말로 분석해야 한다.

7-12] 쓰기 발달의 역사는 어린이 최초의 시각적 그림 기호로 시작되며, 말 출현과 동일한 기호의 자연적 역사에 바탕을 두고 있다. 몸짓은 최초의 시각적 기호이며, 씨앗 속에 미래의 참나무가 들어 있듯이 몸짓 속에 어린이의 미래의 문해가 들어 있다. 몸짓은 허공에 쓰는 것이고, 쓰인 기호는 종종 고정된 몸짓일 뿐이다.

비고츠키는 글말의 역사가 (입말이 아니라) 몸짓에까지 거슬러 올라간다고 말한다. 따라서 쓰인 기호는 종이 위에 남겨진 몸짓이라고 말할 수 있으며 여기에 글말과 그리기의 관련성이 있다. 여기에는 서로 다른 두 가지 발달 노선, 즉 입말 발달 노선과 글말 발달 노선이 연관되어 있음을 알 수 있다. 두 발달 노선 모두 몸짓에 뿌리를 두고 있다.

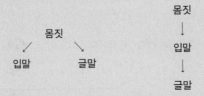

입말의 몸짓은 음향적 신호와 쉽게 연관된다. 예를 들어, 우리가 말을 할 때 강조하고자 하는 부분의 억양과 리듬은 몸짓에 수반된다. 반대로 글말의 몸짓은 시각적 신호와 연관된다. 예를 들어 간단한 약도를 허공에 그리며 길을 가르쳐 주는 경우이다. 이러한 설명은 오른쪽의 전통적인 설명과는 완전히 다르다. 전통적으로 글말은 단순히 이차적 상징으로 간주되었다. 비고츠키는 주류 이론의 기저에 자리 잡고 있는 것이 바로 오른쪽 체계라고 지적한다. 사실 이는 여전히 주류 이론의 체계이다. 쓰기에 대한 위와 같은 이해는 영어 교육에서 파닉스 교육과 음소 인식 교육에 대한 강조를 불러왔으며, 영어를 읽고 쓰는 것보다 듣고 말하는 것이 우선이라는 가정을 당연히 받아들이도록 하였다.

7-13] W. 분트는 그림 문자 혹은 상형 문자와 몸짓 사이의 연결을 지적하였다. 분트에 의하면, 시각적 몸짓이 단지 그림 기호의 표상인 경우가 매우 흔하다. 다른 경우, 이와는 반대로 기호가 몸짓을 포착하여 보존하기도 한다. 따라서 아메리카 인디언들이 사용한 그림 기호는 손이나 손가락의 움직임을 가리키는 지점들 사이를 선으로 이은 것이다. 그림 기호에 나타난 지시선은 검지의 움직임을 나타낸다. 지금은 그림 문자가 수화와 분리되어 독립적으로 존재하지만, 모든 그림 글자의 상

징적 심상들은 수화를 참조해야만 이해될 수 있다고 분트는 말한다. 어린이에게서 실험적으로 도출한 상형 문자적 쓰기에 대한 아래의 연구에서, 비록 이것이 훨씬 나중에 일어나는 일이며 또한 아마도 발달에 있어서 선행 단계로의 퇴행을 나타내는 것이기는 하지만, 위와 동일하게 가리키는 몸짓을 선으로 표현한 것을 보게 될 것이다. 비록 이것이 실험자에 의해 시간상 전치轉置되기는 했으나 문자 기호와 몸짓 사이의 발생적 연결은 명확히 표현된다. 이에 대해서는 개별적으로 상세히 논의할 것이다.

위 문단은 W. 분트의 『민족심리학』(1900)을 인용하고 있다. 이 책에서 분트는 아메리카 인디언의 상형 문자가 단순히 손동작이 기록된 것이라 주장한다. 예를 들어 아메리카 인디언 다코타족은 '출산하다'를 집게손가락이 엄마의 자궁으로부터 아기의 움직임을 따라가는 몸짓으로 표현한다(다코타족은 서서 출산을 한다).

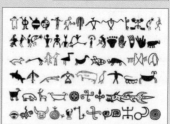

몇몇 아메리카 인디언의 상형 문자들은 지시적이고(그림 첫 번째, 두 번째, 마지막 줄), 어떤 상형 문자들(세 번째 줄)은 분명히 모상적이고 어떤 것들(마지막 줄)은 상징적이다.

입말처럼 아메리카 인디언의 글말에도 다양한 지층들이 존재한다는 것을 확인할 수 있다. 입말에는 순수한 관습적 상징은 물론 자연적 기호와 몸짓의 유물이 남아 있다. 관습적 상징은 늦게 출현하지만 이것 역시 스스로의 이미지를 이용해 언어를 심상화하는 경향이 있다. 이러한 예는 아메리카 인디언뿐만이 아니라 우리 일상에서도 쉽게 찾아볼 수 있다. 사람들은 사진을 찍을 때 두 개의 손가락을 이용하여 시각적 기호(승리를 표현하는 문자 'V')를 표현한다. 반대로 사람들은 이모티콘(T. T, ^.^)을 사용하면서, 몸짓을 표현하기 위해 시각적 기호를 사용하기도 한다. 이와 관련한 실험에서 비고츠키는 어떤 어린이들이 선을 그려서 가리키는 몸짓을 표현한다는 것에 관심이 있었다. 그는 이것을 말 이전의 발달 단계로의 회귀라 말한다. 이는 말을 포함하지 않는, 쓰인 기호와 몸짓 간의 분명한 발생적 연결을 보여 준다.

7-14] 이제 우리는 쓰기 기호에 발생적으로 연결된 두 가지 계기의 윤곽을 보여 주고자 한다. 첫 번째 계기는 어린이가 쓴 낙서이다. 우리가 많은 실험에서 흔히 관찰했던 것처럼, 어린이는 나타내고자 하는 것을 몸짓으로 표현하면서 극화하고, 연필은 오직 그가 몸짓으로 나타냈던 것을 보충할 뿐이다. 이에 대한 심리학 문헌에서의 언급은 우리가 알고 있는 한 단 한 건뿐이다. 우리는 이러한 관찰의 부족이 발생적 입장에서 극히 중요한 이 현상에 대해 부주의했다는 것으로 쉽게 설명될 수 있다고 생각한다.

글을 쓸 줄 모르는 어린이에게 종이를 주고, 쓰라고 해 보자. 이야기를 들려주고 쓰라고 하면, 어린이는 극화나 몸짓을 이용하여 이야기를 표현하려고 할 것이다. 예를 들어 벽을 오르는 흉내를 통해 벽을 오르는 원숭이를 표현하거나, 탁자를 가로질러 손을 옆으로 움직임으로써 선로를 따라 내려오는 기차를 나타낼 수 있다. 그리고 나서 어린이는 이 몸짓들을 종이에 표현한다. 그러나 종이에 그린 그림은 실제로는 단지 어린이가 몸짓으로 했던 것을 보충할 뿐이다. 예를 들어 다음 그림을 그린 어린이를 상상해 보자. 이 어린이는 허공에 손가락으로 기관차를 그리거나, 먼저 기관차의 검은색을 칠했을지도 모른다. 아니면 기관차가 얼마나 빨리 움직이는지를 보여 주려는 생각으로 그림을 그렸을지도 모른다.
증기 기관차 그림-『어린이의 상상과 창조』
(비고츠키, 2014)

7-15] 따라서 스턴은 그리기와 몸짓이 먼 동족관계임을 가리키는 주

목할 만한 관찰을 한다. 네 살 된 어린이가 자기 그림에 의미를 부여하기 위해 손동작을 자주 사용했다. 이것은 낙서하기가, 일반적으로 서툰 그리기로 대체된 지 몇 개월 후에 일어났다. 예를 들어, 한 번은 모기에 물린 것이 공격적인 손동작으로 상징적으로 표현되었다. 또 한 번은 커튼이 쳐진 방이 어둡다는 것을 표현하고 싶을 때 어린이는 마치 커튼을 내리듯이 그림판에 선을 아래로 힘 있게 그렸다. 그 동작은 내려진 커튼을 묘사하는 것이 아니라 커튼을 내리는 동작을 표현한 것이다.

7-16] 우리는 그러한 관찰들을 많이 제시할 수 있을 것이다. 달리는 것을 그리고자 하는 어린이는 손가락 움직임으로 시작하며, 그 결과로 종이 위에 그려진 선과 점들은 달리는 모습을 묘사하게 된다. 높이 뛰는 것을 묘사하고 싶을 때는 높이 뛰는 것을 묘사하는 손동작을 만들려고 할 것이며, 종이 위에는 이러한 움직임의 흔적들이 남는다. 우리는 이러한 어린이의 첫 그림을 진정한 의미의 그림이라기보다는 몸짓으로 간주하고자 한다. 또한 우리는 동일한 현상의 결과로, 복잡한 대상을 그리는 어린이가 대상의 개별 부분이 아니라 전반적 특성(둥근 모양의 인상들과 같은)을 전달한다는, 실험적으로 검증된 사실이 일어난다고 간주하고자 한다. 손을 사용해서 원통형의 병을 곡선으로 표현할 때, 어린이는 어떤 둥근 몸짓을 만들어 낸다. 우리가 고찰하고 있는 어린이 발달 국면은 이러한 연령대 어린이를 특징짓는 일반적으로 능동적인 심리 표현과 완벽하게 일치한다. 그리고 그것은 어린이의 첫 번째 그림 양식과 특징을 모두 정리한 바슈신스키(바쿠신스키-K)의 연구에서 발견된다. 이는 어린이가 복잡하거나 추상적인 개념을 묘사하는 경우에도 마찬가지이다. 어린이는 그리는 대신 가리키고, 연필은 가리키는 몸짓을 고정할 뿐이다. 어린이에게 좋은 날씨를 그려 보라고 하면, 어린이는 종이 아랫부분에서 손을 수평으로 부드럽게 움직이면서 "이건 땅이에요."라고 설명한다. 그다음에 그 위에 일련의 혼란스러운 선과 점들을 그리

고는 "그리고 이건 좋은 날씨에요."라고 설명한다. 이러한 특별한 관찰들을 통해 우리는 그림 속에 나타난 심상과 몸짓 사이의 유사성을 살펴볼 수 있었고 다섯 살 어린이로부터 상징적 몸짓에 의해 만들어진 시각적 심상을 얻을 수 있었다.

> 바슈신스키는 러시아어판 인쇄본의 오자로 보인다. 비고츠키는 분명히 바쿠신스키를 언급하는 것으로 보인다.
>
> *바쿠신스키(Бакушинский, Анатолий Васильевич, 1883~1939)는 1924년부터 1939년까지 모스크바 대학의 교수였다. 그는 1917년부터 1925년에는 모스크바에 있는 츠베트코프 갤러리, 1924년부터 1939년에는 트레티야코프 갤러리에서 일했으며, 여행 가이드 훈련 방법과 어린이를 포함한 미학 교육의 원칙들을 연구했다.

7-17] 몸짓과 글말 간의 발생적 연결을 형성하는 두 번째 계기는 우리를 어린이의 놀이로 이끈다. 놀이에서 어떤 대상이 다른 대상을 대신하여 기호가 됨으로써 그것을 매우 쉽게 대체한다는 것은 잘 알려져 있다. 또한 우리는 여기서 장난감과 그것이 나타내는 대상 간의 유사성이 많고 적음은 크게 중요하지 않다는 것을 알고 있다. 더욱 중요한 것은 기능적 사용, 즉 그것을 가지고 표현적 몸짓을 수행하는 능력이다. 우리가 보기에 이것이 바로 어린이 놀이의 상징적 기능을 이해하는 핵심이다. 헝겊 뭉치나 나뭇조각이 놀이에서는 작은 아기가 된다. 왜냐하면 어린이가 작은 아기를 팔에 안고 젖을 먹이는 몸짓을 할 수 있기 때문이다. 대상에 기호의 기능을 주고 의미를 부여하는 것은 바로 어린이의 행위이다. 어린이의 상징적·표상적 활동 전체는 가리키는 몸짓으로 가득 차 있다. 따라서 막대기는 말馬이 된다. 왜냐하면 어린이가 그것을 다리 사이에 놓을 수 있고, 이때 막대기가 의미하는 것이 말이라는 것을 가리키는 몸짓을 할 수 있기 때문이다.

7-18] 이런 식으로 어린이의 상징적 놀이는 특정한 장난감의 가치를 나타내고 가리키는 몸짓을 수반하는 매우 복잡한 말 체계로 이해될 수 있다. 그림이 처음에는 몸짓의 도움을 받다가 궁극적으로 독립적인 기호가 되는 것처럼, 장난감 자체는 오직 이러한 지시적 몸짓을 토대로 해서 의미를 획득한다.

7-19] 오직 이러한 관점에서만 아직까지 어떤 적절한 이론적 설명도 주어지지 않은 두 가지 사실이 과학적으로 설명될 수 있다.

7-20] 첫 번째 사실. 놀이에서 모든 것은 아무것이나 다 될 수 있다. 이것은 가치를 부여하는 몸짓들을 통해서만 그 대상이 기호의 기능과 가치를 획득하게 된다는 사실로 설명될 수 있다. 따라서 가치는 대상이 아니라 몸짓에 있다는 것이 분명하다. 이것이 바로 어린이가 각각의 경우에 구체적으로 무엇을 사용할 것인지 상대적으로 무관심한 이유이다. 대상은 단지 적절한 상징적 몸짓을 위한 작용점이다.

> 두세 살가량의 아주 어린 아이가 정성껏 포장된 선물을 받았을 때, 아이가 실제 선물보다 오히려 선물 포장을 벗기고 상자를 여는 행동에 더 관심을 가지는 경우를 볼 수 있다. 비고츠키는 이것을 다음과 같이 설명한다. 어린이는 대상이 행동 유도성을 갖는 것으로 받아들인다. 따라서 자기 충족적이고 완전한 대상인 장난감에는 상대적으로 흥미가 없을 수 있다. 그러나 상자는 다양한 행동이 작용될 수 있는 가능성을 가지고 있다. 즉 포장을 벗겨야 하고 뚜껑을 열 수도 있고 닫을 수도 있으며, 포장지를 씹다가 뱉을 수도 있다.

7-21] 두 번째 사실. 네다섯 살 어린이의 놀이 초기에 조건적·언어적 의미가 나타난다는 것이다. 어린이들은 다음과 같이 자기들끼리 합의한다. "이건 집이고, 이건 접시" 등등. 이 연령에서 이미 풍부한 구어적 의사소통, 상호 설득 그리고 각각의 움직임, 대상, 행동에 대한 의미

부여가 존재한다. 어린이는 몸짓뿐 아니라 대화를 하고, 자신에게 놀이를 설명하며, 그것을 전체로 조직하여 (역할-K) 놀이의 원래 형태가 사실상 촉발하는 몸짓, 기호를 사용한 말 외에는 다른 것이 아님을 분명히 보여 준다. 우리는 기호와 몸짓을 통해 대상을 해방시키는 계기가 놀이 속에 이미 있음을 발견한다. 놀이가 지속되는 동안 계속 사용된 몸짓의 의미는 대상으로 전이되어 해당하는 몸짓 없이도 특정 대상과 관계를 조건적으로 나타내게 된다.

> 비고츠키는 어린이의 상징적 놀이가 실제로는 일종의 이야기하기, 즉 낱말과 글자 대신 대상과 몸짓을 사용한 말 체계라고 말한다. 이 때문에 비고츠키는 '소꿉놀이', '병원놀이', '학교놀이'와 같은 놀이를 '대상 쓰기(대상을 이용한 쓰기)'라고 부른다. 이 체계는 이와 같이 대상을 이용한 '쓰기'의 두 기원에 상응하는 두 가지 사실을 설명한다.
>
> 첫째, 쓰기에는 개인 내적 기원이 존재한다. 어린이는 의자 밑으로 기어들어감으로써 의자를 집으로 변화시키고, 책을 핥거나 칼과 포크로 두드림으로써 접시로 바꾼다. 둘째는 쓰기의 개인 간적 기원이다. 어린이는 의자를 나무나 다리 혹은 기어들어갈 수 있는 다른 물체가 아닌 집이라고 부르는 데 합의한다. 어린이는 책을 주전자, 프라이팬, 쟁반이 아닌 접시라고 하는 데 합의한다.

7-22] 우리는 기호의 독립적 기원을 대상을 통해 실험적으로 추적하고자 했으며, 어린이의 쓰기에서 일종의 대상 활용 쓰기 단계를 (실험에서) 확립할 수 있었다. 이미 지적한 것처럼 이 실험은 놀이 형식으로 수행되었다. 즉, 어린이에게 익숙한 각각의 대상들은 놀이에 등장하는 어떤 사물이나 사람들을 의미하도록 장난하듯 주어졌다. 예를 들어 책은 집을 나타내고, 열쇠들은 아이들을 나타내며, 연필은 유모를, 시계는 약국을, 칼은 의사를, 잉크스탠드의 뚜껑은 마차를 나타냈다. 그런 다음 우리는 이 물건들을 가지고 몸짓을 사용해서 간단한 이야기를 해

주었으며, 이 실험은 어린이가 그 이야기를 쉽게 읽을 수 있다는 것을 보여 주었다.

소비에트의 택시였던 마차의 운전 면허증(왼쪽)과 금속 뚜껑이 달린 러시아 전통 잉크스탠드.

7-23] 예를 들어 마차를 타고 집에 도착한 의사는 문을 두드리고 유모는 그를 집 안으로 안내한다. 의사는 어린이들을 진찰하고 처방전을 써 준 후 떠난다. 유모는 약국에 다녀와서 어린이들에게 약을 준다. 대부분의 세 살 어린이들은 이와 같은 상징적인 이야기를 쉽게 읽을 수 있다. 네다섯 살 어린이들은 다음과 같은 훨씬 더 복잡한 이야기를 읽어 낼 수 있다. 한 남자가 숲 속을 걸어가다가 늑대의 공격을 받고 물린다. 이 남자는 늑대로부터 도망쳐서 생명을 구한다. 의사는 이 남자를 치료해 주고 부상을 입은 이 사람은 약국에 갔다가 집으로 돌아온다. 사냥꾼은 늑대를 잡으러 숲으로 들어간다. 여기서 대상들 간의 유사성이 상징적인 이야기를 이해하는 데 그다지 중요한 역할을 하지 않는다는 점은 주목할 만하다. 단지 대상들이 이야기에 해당하는 몸짓을 할 수 있게 하고 이 몸짓을 하는 작용점으로서 역할을 할 수 있어야 한다는 점이 중요하다. 이 때문에 어린이는 해당되는 몸짓의 구조와 관련 없는 대상을 사용하는 것을 완강히 거부한다.

7-24] 따라서 탁자에 놓여 있는 작은 물건들을 가지고 하는 놀이에서, 어린이가 참여를 완강히 거부하는 경우가 있다. 만약 우리가 어린이의 손가락을 잡아서 책 위에 올려놓고 "이제 그냥 장난으로 이것을 어린이라고 하자!"라고 말한다면, 어린이는 그런 놀이는 있을 수 없다고

말할 것이다. 손가락은 신체에 붙어 있기 때문에 해당되는 가리키기 몸짓을 수행하기에 적합한 대상이 될 수 없다. 똑같은 이유로 옷장이나 구경하는 사람과 같이 방 안에 있는 큰 대상은 놀이에 이용될 수 없다.

> 비고츠키가 앞 장(6-55)에서 도구가 도구로 기능하기 위해서는 특정한 물리적 특성을 지녀야 한다고 지적했음을 상기하자. 침팬지는 밀짚모자나 수건을 이용하여 바나나를 딸 수 없으며, 어린이는 막대 대신 식탁을 이용하여 말타기 놀이를 할 수는 없다. 여기서 비고츠키는 이 사실을 이용하여 기호 역시 특정한 심리적 특성을 지녀야 한다고 주장한다. 이러한 특성은 초기에는 도구에 요구되는 물리적 특성과 유사하다. 기호-수단은 인간 행동, 즉 의미를 만드는 몸짓과 조화를 이루어야 한다. 따라서 기호-재료는 단순히 그 자체가 아닌 무언가 다른 것을 상징할 수 있도록 눈에 잘 띄고 이동이 쉬우며 인식하기 쉬워야 한다. 작고 분리가 가능한 물체가 기호-재료로서 이상적일 수 있으나, 소리가 훨씬 더 좋을 것이다.

7-25] 이와 같이, 우리가 어린이의 입말을 염두에 두고 말했던 말의 두 가지 기능의 구분을 실험으로 매우 명료하게 보게 된다. 대상 자체가 대체의 기능을 수행한다. 즉 연필은 유모를, 시계는 약국을 대체한다. 그러나 가리키는 몸짓만이 이런 의미를 주고 그것을 지시한다. 이런 가리키는 몸짓의 영향에 따라 더 큰 어린이들은 사물의 의미를 대체할 뿐 아니라 그것(사물의 본질적 의미-K)을 추출하는 경향성을 보인다. 이는 최초의 극도로 중요한 어린이의 '발견'을 초래한다. 이런 식으로 우리가 책을 가져와서 이것이 숲이라고 말할 때 어린이는 스스로 "그래요, 맞아요, 이건 숲이에요. 왜냐하면 검고 어둡기 때문이죠."라고 덧붙일 것이다.

> 기호는 그것이 입말이든 글말이든 몸짓이든 간에 두 가지 기능을

해야 한다. 기호는 명명하기를 통해 대상 전체를 나타내야만 하고, 대상을 개념으로 상징하는 어떤 관념적·본질적 측면(예를 들어, 어린이의 개별성, 말의 승마 가능성, 집의 주거 가능성, 숲의 어두움 등)을 추출할 수 있어야만 한다. 즉 기호는 상징화해야 한다는 것이다. 비고츠키는 손가락, 옷장, 사람처럼 대상을 대체할 수 있지만 (어린이의 개별성과 이동성과 같은) 본질적인 특성을 가리킬 수 없는 것을 어린이에게 제시함으로써, 이 둘을 실험적으로 구분한다.

7-26] 이와 같이 어린이는 대상의 특징 중 하나를 추출한다. 이는 그에게 책이 숲을 상징해야 한다는 것을 가리킨다. 같은 방식으로 잉크스탠드의 금속 뚜껑이 마차를 가리킬 때, 어린이는 그 뚜껑에 손가락을 대고 "여기가 앉는 자리예요."라고 말한다. 시계가 약국을 나타낼 때, 한 어린이는 숫자를 가리키며 "여기 약국 안에 약들이 있어요."라고 말하고, 또 다른 어린이는 고리를 가리키며 "그리고 여기에 입구, 약국의 문이 있어요."라고 말한다. 어린이는 늑대의 역할을 하는 작은 병을 들고 열려 있는 병목을 가리키며 "그리고 여기가 늑대 입이에요."라고 말한다. 실험자가 마개를 가리키며 "이것이 무엇이지?"라는 질문을 하면 어린이는 "그리고 여기, 늑대가 마개를 잡았고, 이빨로 물고 있어요."라고 말한다.

비고츠키가 말하는 종류의 회중시계. 숫자판 위의 긴 로마 숫자는 약병과 유사하고 태엽 감는 고리는 문을 열고 들어오는 사람을 가리킬 수 있다는 점에 주목하자.

7-27] 우리는 이 모든 예들에서 같은 것을 본다. 즉 익숙한 사물의

구조는 그것이 획득한 새로운 가치의 영향을 받아 바뀌는 것으로 보인다. 시계가 이제 약국을 나타낸다는 사실에 영향을 받아, 하나의 특징이 새로운 기호의 기능을 가지게 된다. 즉, 시계가 어떻게 약국을 의미하게 되는지를 설명해 주는 것이다. 사물의 일상적 구조(마개가 병을 막고 있다)가 새로운 구조(늑대가 이빨로 마개를 꽉 물고 있다)로 나타나기 시작한다. 구조상의 변화가 너무 커서 어린이가 때로는 대상의 상징적 의미에 얽매이는 모습이 많은 실험에서 나타난다. 모든 놀이를 통틀어 시계는 약국을 의미한 반면 다른 물건들의 의미는 빠르게 자주 바뀌었다. 그런데 우리가 새로운 놀이에 접어들면서 새로운 행위 과정에 따라 그 시계를 놓고 "여기 있는 건 빵집이야."라고 말하자 어린이는 손을 세워 시계 위에 올려놓고 시계를 반으로 나누고는 그 반쪽을 가리키며 이렇게 말했다. "좋아요. 여기는 약국이고, 여기는 빵집이에요." 이런 식으로 오래된 가치는 자립적으로 되었으며 새로운 가치를 위한 수단을 제공했다. 이 독립적 가치의 획득은 놀이의 밖에서조차 포착된다. 칼이 떨어지면 어린이는 "의사가 떨어졌어요."라고 외치는 것이다.

이전에는 중요하지 않았던 부분에 새로운 중요성을 부여하고, 이전에 매우 중요했던 특성들은 그 중요성을 상실하면서 새로운 가치는 새로운 구조를 갖게 된다. 예를 들어 시계가 시계일 때에는 그 숫자가 길다거나 홀쭉하다는 것은 중요하지 않았다. 하지만 시계가 약국이 되면, 그 숫자의 모양은 새로운 의미를 갖게 된다. 마찬가지로, 시계 바늘은 시계를 시계로 사용할 때는 매우 중요하지만 시계를 약국으로 사용할 때에는 아무런 역할도 하지 않는다. 이러한 구조상의 변화는 매우 튼튼해서, 때때로 어린이가 한 놀이에서 다른 놀이로 옮겨 갈 때에도 유지된다. 비고츠키는 이 튼튼한 구조상의 변화 속에서 상징적 의미의 독립을 본다. 즉 약국으로서의 시계의 특징은 원래의 시계다움보다 더 오래 살아남고, 심지어 탁자에서 떨어지는 칼에도 칼이 아닌 의사로서의 의미가 여전히 남아 있는 것이다.

7-28] 따라서 대상은 지시적인 몸짓 없이도 획득된 가치를 보존하였다. 기호에서 추출과 표상의 역사를 추적하면서 우리는 말과 낱말 의미의 발달에서 이와 유사한 것을 상기하지 않을 수 없다. 앞에서 보았듯이 낱말은 그 낱말의 가치를 가리키는 은유적 기호를 통해 가치를 획득하였다. '잉크черния'라는 낱말은 기존의 가치를 통해, 즉 '검정черное'을 가리키는 기호를 거쳐서, 글씨를 쓰는 데 사용되는 액체를 가리키게 되었다. 어린이에게 시계가 약국을 의미했던 것과 같이 숫자는 약을 가리키게 되었다. 이와 같이 기호는 어린이의 몸짓과는 별도로 독립적이고 객관적으로 발달하게 되었으며, 여기서 우리는 어린이 글말에 있어 두 번째 위대한 시대를 발견한다.

> 기호의 형성에 있어서 최초의 위대한 계기는, 책과 같은 대상이 그 속성(예컨대 어두운 색의 표지)에 의해 책이 아닌 전혀 다른 것을 의미할 수 있다는 것을 어린가 발견하는 것이다. 책은 어둡다는 속성 덕분에 숲이 없이도 숲을 의미할 수 있게 되는 것이다. 두 번째의 위대한 계기는, 의미가 그 의미를 담고 있는 물체보다 더 오래 지속된다는 것을 어린가 발견하는 것이다. 즉 숲이 가지는 속성은 실제 숲 없이는 물론이고, 심지어 숲을 의미하는 책 없이도 존재한다. 이는 숫자 7이 일곱 개의 구체적 물체 없이도, 1에서 7까지 세지 않고도 존재하는 것과 마찬가지이다. 어린이는 하나의 놀이에서 생겨난 의미가 다른 놀이에서도 지속됨을 발견한다. 마찬가지로, 낱말의 의미는 대상의 한 속성으로부터 생겨나지만 이는 다른 속성과 더불어 지속된다. 예컨대 잉크를 의미하는 낱말은 '검다'라는 속성으로부터 유래하였으나 원래의 속성이 좀 더 본질적인 속성, 즉 글쓰기를 할 때 사용하는 액체라는 속성으로 대체된 이후에도 여전히 본래의 명칭을 유지한다.

7-29] 그리기 또한 마찬가지다. 여기서 우리는 글말이 어린이에게서 자연적으로 발생하지는 않는다는 것을 알게 된다. 우리는 최초의 그림

이 연필을 쥔 손의 몸짓에서 출현한다고 말했다. 여기서 우리는 그림이 독립적으로 대상을 나타내기 시작한다는 것을 보게 된다. 이는 그려진 선들이 각각에 해당하는 명칭을 얻는다는 사실에서 알 수 있다.

> 비고츠키가 앞서 막대기에 '말馬'이라는 의미를 부여하는 것이 어린 이의 몸짓이라는 것에 주목했음을 상기하자. 그는 이런 방식으로 실제 말馬의 의미가 어떻게 말馬로부터 떨어져서 몸짓에 달라붙게 되는지 설명한다. 다음 문단에서 비고츠키는 어린이가 어떻게 몸짓으로부터 의미를 떨어뜨려 그 의미를 막대기 자체에 부여하는지 설명한다.

7-30] Ch. 뷜러는 어린이의 그리기 발달이 점진적인 진보의 과정이라고 언급했다. 즉, 구어적 명명은 뒤따라 일어나는 것에서 동시에 일어나는 것으로 이동되어야만 한다. 결국에는 이름이 실제적 그리기에 앞서게 된다. 이것은 어떤 것을 묘사하려는 의도가 그려진 모양에 뒤따르는 명명하기에서 나온다는 것을 의미한다. 말은 앞으로 이동하여 중요한 정신 과정의 매개로 작용한다.

7-31] 학령기 어린이가 쓰기 교수-학습을 위해서 어떻게 심리적으로 성숙하는지를 탐구하고자 한 H. 혜처는, 이 질문을 넓은 의미에서 실험적으로 조사한 최초의 인물이었다. 그녀는 쓰기 교수-학습에 있어 매우 중요한, 대상의 상징적 표현 기능을 어린이가 어떻게 발달시키는지를 밝히고자 하였다. 혜처는 이를 위해 3세에서 6세 어린이의 상징적 기능의 발달을 실험적으로 밝혀내야만 했다. 그 실험은 네 개의 일련의 주요한 실험들로 이루어졌다. 첫 번째는 놀이에서의 상징적 기능을 조사하는 것이었다. 어린이에게는 놀이에서 어머니나 아버지를 모방하여 그들이 하루 동안 하는 일을 해 보도록 요구하였다. 놀이 과정에서 물체에 대한 조건적 해석이 일어났으며, 연구자들은 놀이에서 물체에 할당된 상징적 기능을 추적할 수 있었다. 여기서 어머니와 아버지는 색연

필로 채색될 수 있는 만들기 재료로 나타났다. 두 번째, 세 번째 실험은 상응하는 의미를 명명하는 계기에 특별히 주목했다. 그리고 마지막으로 네 번째 실험에서는 어린이가 '우체부' 역할 놀이를 하는 동안, 다양한 색의 블록들이 우체부가 배달하는 전보, 신문, 우편환, 소포, 편지, 카드 등에 해당하는 다양한 유형의 의미를 나타내는 것과 같은 기호의 순수한 조건적 연합을 인식할 수 있는지 여부가 조사되었다.

*H. 헤처(Hildegard Hetzer, 1899~1991)는 샤를로트 뷜러가 가난한 노동자 계급의 어린이들을 연구하기 시작했을 때 비엔나 유치원에서 함께 일했다. 그녀는 지능에 관한 연구에 참여하게 되었으며 1927년에 뷜러의 지도 아래 박사 학위를 받고 1931년에는 교수가 되었다. 1세에서 6세까지의 어린이들을 위한 지능 검사 도구가 그녀의 이름으로 제작되었다. 독일과 오스트리아의 합병 이후 그녀는 오스트리아에 머물며 유망한 폴란드 어린이들(폴란드어를 쓰지만 인종적으로 독일인처럼 보이는 어린이들)을 '독일인화'하는 전문 기관에서 일하게 되었다. 헤처가 나치의 손에 죽게 될 어린이들의 목숨을 구했을지는 모르지만, 그녀가 나치 특별 경찰인 SS 및 '강제 수용소' 체제와 협력했다는 사실은 부정할 수 없다.

7-32] 이런 식으로 실험 연구는 상징적 기능을 조사한다는 조건에서만 공통점을 가지는 활동들을 한데 묶었으며, 이 모든 활동들과 글말 발달의 발생적 연결을 확립하려 했다.

7-33] 헤처의 실험을 통해 우리는 놀이에서 시각적 몸짓과 낱말의 도움으로 상징적 의미가 어떻게 발달하는지를 극명하게 볼 수 있다. 여기서 어린이의 자기중심적 말이 광범위하게 나타난다. 일부 어린이들은 움직임과 얼굴 표정만을 이용해 표현하며 상징적 수단으로 말은 사용하지 않은 반면, 다른 어린이들은 행동과 함께 말을 사용하였다. 즉 말

을 하면서 행동을 하였다. 세 번째 집단에서는 다른 활동 형태의 도움 없이 오직 언어적 표현만을 사용하는 경향이 두드러지기 시작하였다. 마지막으로 네 번째 집단은 거의 놀이를 하지 않으며 어린이들이 사용한 유일한 표현 수단은 말이었다. 얼굴 표정과 몸짓은 배경으로 물러나게 되었다.

7-34] 실험은 몇 해에 걸쳐 순수한 행위 놀이의 비율은 점차 감소하고 말의 사용이 많아지기 시작한다는 것을 보여 준다. 헤처는 이 연구의 가장 중요한 결론이 발생적이라고 말한다. 즉 3세와 6세 어린이 놀이의 차이점은 기호의 지각이 아니라 다양한 형태의 표상이 사용되는 방식에 있다는 사실이다. 우리가 볼 때 이것은 본질적으로 초기 단계 놀이의 상징적 표상이 직접 글말 발달로 이어지는 특별한 형태의 말임을 보여 주는 가장 중요한 발견이다.

7-35] 발달 과정에서 명명하기는 그 과정의 시작으로 점점 더 가까이 이동하고, 따라서 그 과정은 낱말이 요구했던 것만을 기록하는 성질을 지니게 된다. 3세 어린이조차도 만들기의 표상적 기능을 이해하며, 4세 어린이는 만들기를 시작하기도 전에 자신의 창조물에 이름을 붙인다. 똑같은 현상이 그림을 그릴 때도 발생한다. 3세 아이는 그림의 상징적 의미를 미리 알지 못하며, 7세에 이르러서야 완전하게 이해한다는 것이 드러난다. 이전의 분석은 우리가 심리적 관점에서 어린이의 그리기를 고유한 형태의 어린이 말로 간주해야만 한다는 것을 의심의 여지없이 입증한다.

문자 기호의 창조에는 두 가지 중요한 계기가 존재한다. 첫째 무엇인가가 다른 어떤 것을 대표할 수 있다는 것에 대한 이해가 존재한다. 둘째 '다른 어떤 것'이 지니는 의미가 실제로 그것을 대표하기 위해 우리가 사용하는 '무엇인가'와 독립적이라는 것에 대한 이해가 존재한다. 따라서 세 살 정도의 어린이는 '무엇인가'가 '다른 어떤 것'을 대표할 수 있다는 것을 이해할 수 있는 반면, 네 살 정도의 어린이는 '다른 어떤 것'으로부터 시작해서, 그것을 대표하는 '무엇인가'를 만들어 낸다. 어린이가 기호와 그 의미 간의 체계적 관계와 그 의미의 완전한 독립성을 실제로 이해하는 것은 일곱 살이 되어서이다. 이것은 '대상 활용 쓰기'와 그리기 모두에 대해 사실이다.

7-36] 알려진 바와 같이 어린이는 초기에는 기억에 따라 그린다. 어린이 앞에 어머니를 앉히거나 또는 어떤 물체를 놓고 그리라고 하면 어린이는 대상을 단 한 번도 보지 않으며, 결과적으로 보이는 것이 아닌 알고 있는 것을 그린다. 이를 더 잘 보여 주는 증거는 그 그림이 대상에 대한 어린이의 실제 지각을 무시할 뿐 아니라 그와 직접적으로 모순된다는 것이다. 이는 뷜러가 뢴트겐 이미지라고 부른 것이다. 어린이는 옷을 모두 입은 사람을 그리고는 다리, 배, 주머니 속 지갑과 지갑 속 돈까지 그린다. 이는 그가 볼 수 있는 것이 아니라 알고 있는 것이다. 어린이는 사람의 옆모습을 그릴 때 두 번째 눈을 덧붙이고, 마부의 옆모습을 그리면서 두 번째 다리를 덧붙인다. 마지막으로 어린이의 그림에서 묘사되는 대상의 매우 중요한 부분이 생략될 수 있다. 예를 들어 어린이는 목과 몸통을 빼고 머리에 곧장 발을 연결하여 그린다. 이 모든 것은 Ch. 뷜러가 제시한 것처럼 어린이는 말을 하는 것과 같이 그린다는 것을 증명한다.

앞에서 비고츠키가 두 기능(대상을 나타내는 기능과 대상의 본질을 가리키는 기능)을 '실험적으로 분리'했던 것을 상기하자. 그는 손가락이 어린이를 나타낼 수 있지만, 탁자에 놓여 있는 작은 물건들을 가지고 하는 놀이에서는 어린이의 본질을 가리킬 수는 없음을 보였다. 비고츠키는 여기서도 유사한 일을 한다. 그는 어린이가 대상이 아니라 낱말의 의미를 그리고 있음을 보이고자 한다. 그러자면 낱말의 의미 그리기와 대상 그리기를 어떤 식으로든 실험적으로 구분해 내야만 한다. 비고츠키는 어린이가 낱말의 의미를 그리고 있다는 주장을 지지하는 근거로 다음의 세 가지를 제시한다. 먼저, 그림을 그릴 때 어린이는 대상에 신경을 쓰지 않고 자신의 생각에 떠오르는 낱말의 의미에 따라 그린다. 둘째, 어린이는 직접 볼 수 없는 것들, 예컨대 주머니 속 지갑이나 지갑 속 돈 등을 그린다. 마지막으로 어린이는 목이나 상체와 같이 눈에 보이는 것을 그리지 않는다. 이러한 현상은 어린이가 목이나 상체보다는 얼굴이나 다리처럼 더욱 의미 있고 행동과 연관이 깊은 부분에 집중한 결과로 나타난다.

왼쪽 그림은 어린이가 전차 운전사인 아버지를 그린 것으로서 소위 '뢴트겐'(X-레이) 그림이라 불린다(비고츠키, 『어린이의 상상과 창조』). 이 그림은 옷 속에 있는 팔과 다리, 모든 단추까지 묘사하고 있다. 오른쪽 그림은 같은 책에 제시된 목과 상체를 생략하고 머리와 다리를 그린 어린이의 '두족화頭足畵'이다.

7-37] 이 점에서 우리는 어린이의 그리기를 글말의 예비 단계로 간주할 수 있다. 어린이의 그리기는 심리적으로 그래픽графическая 말, 즉 어떤 것에 대한 그래픽 이야기로서 기능한다. 어린이의 그리기 기법은 그림들이 바로 그래픽 이야기, 즉 어린이의 글말이라는 것을 의심의 여지없이 보여 준다. 이런 이유로 Ch. 뷜러가 어린이의 그림 자체는 표상이라기보다는 말에 더 가깝다고 말한 것은 옳다.

물론 '그래픽'이라는 말이 컴퓨터 그래픽을 의미하는 것은 아니다. 여기서 비고츠키가 말한 그래픽은 그림처럼 표현된 상형 문자와 같은 어떤 시각적인 것을 의미한다. 여기서 굳이 그래픽이라는 낱말을 그대로 쓴 데에는 세 가지 이유가 있다. 첫째, 비고츠키 스스로 러시아어가 아닌 '그래픽'이라는 외국어를 그대로 사용하고 있다. 둘째, 그는 '그래픽'의 어원에 그린다는 뜻뿐만 아니라 쓴다는 뜻이 포함되어 있음을 지적한다. 끝으로 그는 쓰기와 그리기가 공통적으로 표현적 기능을 가지고 있음을 보여 주고자 했다. 다만 어린이가 발달함에 따라 쓰기가 그리기보다 점점 더 많은 영역을 차지하게 된다.

7-38] J. 설리가 보여 준 바와 같이 어린이는 표상에 연연하지 않는다. 어린이는 자연주의자이기보다는 상징주의자이며 묘사하는 대상을 가리키고자 할 뿐, 대상과의 완전하고 정확한 유사성에는 신경 쓰지 않는다. 어린이는 대상을 나타내기보다는 식별하고 명명하고자 한다.

러시아어 이조브라제니유изображению를 번역한 '표상'은 두 가지 의미를 지닌다. 여기서 표상은 표면적 형상이나 이미지를 가리킨다. 하지만 때로는(7-34 참조) 구체적 대상의 관념이나 대상의 상징화를 나타낼 때 사용되기도 한다.

*J. 설리(James Sully, 1843~1924)는 런던 대학에서 심리학을 강의했으며 심리학 연구실을 설립하였다. 그는 헬름홀츠(신경 자극의 속도를 처음으로 발견한 독일 생리학자)와 함께 수학하였으며 논리학, 철학, 종교학 등 다양한 분야의 책을 저술하였다. 그중에는 아동심리학과 관련된 두 권의 중요한 저서도 있는데, 비고츠키는 그중 하나를 이 문단에서 인용하고 있다. 심리학자로서 설리의 관점은 A. 베인을 비롯한 다른 영국 경험주의자의 관점과 가까웠다. 그는 연합주의자였으며 기계적 원자론적 관점을 가지고 있었으나, 이는 비고츠키가 강력하게 반박하는 것이다.

7-39] Ch. 뷜러가 옳게 지적했듯이 어린이는 언어적 말하기가 장족의 발달을 이루어 습관이 되었을 때 그리기를 시작한다. 그녀는 그때에 이르면 말은 스스로의 법칙에 따라 정신생활의 대부분을 지배하고 형성한다고 말한다. 그 일부가 그리기이며, 그리기는 결국에는 말에 흡수된다고 말할 수 있다. 왜냐하면 현대 사회에서 평균적 교육을 받은 사람의 시각 그림 능력 전체는 문자를 통해 표현되기 때문이다. 이 시기 어린이의 기억은 단순한 심상을 포함하지 않는다. 대신 어린이는 기억의 대부분을 말이나 말로 표현될 수 있는 성향과 판단으로 포장한다.

7-40] 어린이가 그림을 그리면서 기억이라는 새로운 보물을 꺼내 보일 때, 그것은 마치 이야기하는 것처럼 말을 통해 이루어진다. 이 방법의 주요 특질은 모든 언어적 묘사가 필수적으로 당연히 요구하는 어느 정도의 추상화를 포함한다는 것이다. 따라서 우리는 그리기가 언어적 말이라는 토대에서 나온 그래픽 말이라는 것을 안다. 어린이의 초기 그림들을 특징짓는 스키마는 대상의 본질적이고 지속적인 특징만을 전달하는 언어적 개념과 유사하다.

7-41] 글말과는 달리 이 단계의 말(그래픽 말-K)은 일차적 상징주의이다. 어린이는 낱말을 그리는 것이 아니라 대상과 대상에 대한 표상을 제시한다. 그러나 이 발달은 기계적으로 발현되는 당연한 것이 결코 아니다. 종이 위의 단순한 *끄적거림*으로부터 무언가를 의미하고 묘사하는 기호로서 연필 자국을 사용하는 것으로 이행하는 결정적 계기가 있다. Ch. 뷜러가 말한 것과 같이 어린이에게 선들이 무언가를 의미할 수 있다는 발견보다 깨우침이 먼저 일어나야만 한다는 데에 모든 심리학자들은 동의한다. 설리는 이 발견에 대해 다음과 같은 예시로 설명한다. 어린이가 어떤 의미나 가치 없이 무작위로 휘어진 선들을 그리다가 갑자기 유사성이 어린이의 주의를 끌면서 어린이는 신나게 "연기다! 연

기다!"라고 외친다.

이전 단락에서 비고츠키는 어린이의 그림이 사실은 이야기의 한 형태라는 것을 강조했다. 어린이는 대상의 색, 질감, 모양, 크기를 사실적으로 나타내려고 하지 않는다. 대신에 어린이는 대상에 대한 말, 즉 대상을 가리키고 표시하는 이름이나 대상에 관련된 경험(이야기)을 나타내려고 한다. 그러나 이 문단에서 갑자기 상반된 논의가 나타난다. 어린이가 말이 아니라 대상을 나타낸다는 것이다. 이는 분명히 모순처럼 보이지만 기억해야 할 것이 세 가지 있다. 첫째, 비고츠키가 여기서 말하고 있는 것은 그리기의 최초의 계기, 즉 그리기를 할 수 있다는 첫 발견이다. 둘째, 비고츠키에 의하면, 이 첫 발견조차 저절로 주어지는 것이 아니며 어린이는 이 발견을 위해 노력해야 한다(다음 단락에서 보게 되듯이 비고츠키는 어린이가 타인으로부터의 도움을 필요로 한다고 말한다). 셋째, 어린이가 말이 아닌 대상을 나타낸다는 것은 다른 이들의 관점으로서 비고츠키의 관점과 완전히 일치하지 않는다. 비고츠키는 바로 다음 단락에서 이 점을 분명히 한다.

1차 수준:
말하기 → 의미(2~3세)
그리기 → 의미(3~4세)

2차 수준:
낱말 '그리기'(즉 쓰기) → 말하기(낱말을 '낱자로 읽기') → 의미(5~7세)

1차 수준의 그리기는 말이다. 그러나 2차 수준의 그리기는 말을 그리는 것이다.

7-42] 대부분의 심리학자들은 어린이가 그리기 과정에서 자신이 그린 그림과 이런저런 대상들 간의 유사성을 끄집어내고, 이로부터 그 그림이 기호의 기능을 획득한다고 주장한다. 실제는 오히려 이와 다를 수 있다. 즉, 어린이는 다양한 상황에서 어떤 모양이 무엇인가를 나타낼 수 있다는 사실에 직면한다. 따라서 어린이는 보통 자신의 그림에 앞서, 다

른 사람의 그림 속에서 먼저 사물을 인식할 것이다. 그러나 그려진 것이 무엇인지 인식하는 과정은 초기 아동기에 흔히 나타남에도 불구하고, 관찰에 의하면, 그것은 상징 기능에 대한 최초의 자각이 아니다. 어린이가 그림을 보고 대상과 비슷한 점을 발견하는 경우, 처음에는 그것을 표상이나 상징이 아닌 유사한 대상으로 간주한다.

비고츠키는 난해하지만 매우 중요한 시도를 하고 있다. 그는 기호가 무엇인지 아직 이해하지 못한 누군가에게 기호의 세계가 어떻게 보이는가를 보여 주려는 것이다. 이것을 이해해야만 기호가 어디로부터 오는지 알 수 있다. 우리가 앞 단락에서 보았던 것처럼 비고츠키는 어린이의 첫 번째 기호 사용이 기계적이거나 주어진 것이라고 보지 않았다. 또한 그것이 주지주의적인 것이라고 생각하지도 않았다. 어린이의 앞에는 기호가 무엇인지 충분히 파악하기까지 길고 긴 여정이 놓여 있는 것이다. 대신 어린이는 그림을 대상으로 이해한다. 하늘 위의 구름처럼 그것은 다른 어떤 것처럼 보일 수도 있다. 그렇지만 그것은 다른 어떤 것도 아니고 또한 다른 어떤 것을 나타내지도 않는다. 어린이에게 그림을 보여 주면서 "이건 네 그림이야!"라고 말한다고 가정해 보자. 어린이는 그 그림을 본다. 그림은 자기처럼 보이기도 한다. 하지만 어린이가 보기에 그림은 사람이 아니고 자기 자신도 아니다. 따라서 이 어린이는 '그건 내 그림이야.'라고 생각하게 될 것이다. 그렇지만 그 어린이가 의미한 것은 그림이 양말이나 신발처럼 자기의 소유라는 것이다. 어린이는 그림을 기호가 아닌 대상으로 본다.

7-43] 한 어린 소녀에게 그 아이의 인형을 그린 그림을 보여 주었더니 이 소녀는 "인형이다! 내 것과 똑같이 생겼네!"라고 외쳤다. 이에 대해 가능한 해석은 이 아이가 그림을 자신의 인형과 동일한 또 다른 대상으로 간주했으리라는 것이다. 대상에 대한 이해와 그림이 대상을 묘사한다는 것에 대한 이해가 동시에 존재한다는 것을 입증할 증거는 전혀 찾아볼 수 없다고 헤처는 말한다. 이 소녀에게 그림은 인형 그림이

아니라 자신의 인형과 닮은 다른 인형인 것이다. 이에 대한 증거로 어린이는 오랜 기간 동안 그림을 대상으로 다룬다는 사실을 들 수 있다. K. 뷜러는 이 소녀가 초록색 종이 위에 선들과 꽃들을 그린 후 이들을 손으로 끄집어내려 하는 것을 관찰하였다.

7-44] 나의 주의를 사로잡은 것은 이미 자기 그림과 다른 사람의 그림에 똑바로 이름을 붙일 줄 아는 큰 어린이가 계속해서 그림을 사물로 간주했다는 것이다. 예를 들어 사람의 뒷모습이 그려진 그림을 보여 주었을 때, 어린이는 얼굴을 보기 위해 그림을 뒤집었다. 심지어 다섯 살짜리 어린이조차 "얼굴은 어디 있니? 코는 어디 있니?"와 같은 질문에 대해, 그림을 뒤집어 보고 난 후에야 없다거나 그려져 있지 않다고 대답하는 것을 여전히 관찰할 수 있었다.

> 여기에는 인용 표시가 없으나, 이 문단은 뷜러 부부 중 한 명이 헤처와 함께 빈의 유치원에서 수행한 그리기 실험에 대한 인용인 것으로 보인다.

7-45] 우리는 일차적·상징적 표상이 특별히 말에서 기인하며 그 외에 모든 다른 기호의 상징적인 의미는 말을 토대로 창조된 것이라는 관점을 헤처가 견지한 데에는 그럴 만한 이유가 있다고 생각한다. 사실 명명의 순간이 그리기를 시작하는 때로 이동하는 것 또한 어린이의 그리기가 말의 강력한 영향하에서 발달한다는 것을 아주 명확하게 보여 준다. 우리가 어린이에게 다소 복잡한 구절을 기호로 묘사해 보라고 제안하여 실험적으로 관찰했던 것과 같이 그것은 곧 진정한 쓰기가 된다. 우리는 이미 말한 바와 같이 그림에서 몸짓의 발현(뻗은 팔, 가리키는 손가락), 혹은 몸짓을 대체하여 이런 식으로 필터의 역할을 하며 낱말의 표상적 기능과 지시적 기능을 구분하는 선을 보았다.

헤처는 말이 일차적 상징 기능이라고 말한다. 그러나 모든 문화적 고등행동형태처럼 쓰기는 하나가 아니라 두 개의 근원을 갖는다. 하나는 상징 기능이며 이 기능은 한 대상이 다른 것을 나타내게 되는 놀이에서 확립된다. 다른 근원은 그리기이다. 그리기는 처음에는 상징적이지 않다. 만약 내가 끄적거린다면 그것은 상징이 아니다. 만약 내가 색을 칠한다면 그것은 상징이 아니다. 심지어 내가 만약 물고기나 할아버지 또는 물고기를 보고 있는 할아버지를 그린다 할지라도, 그것은 기호일 뿐 상징은 아니다. 왜냐하면 어린이가 무엇인가가 다른 어떤 것을 대표한다는 것에 동의할 때에만 상징이 될 수 있고 그 의미가 임의적, 조건적일 수 있기 때문이다. 비고츠키는 몸짓이 표현적 기능을 '걸러 낼' 수 있게 해 준다고 말한다. 과연 몸짓은 어떻게 해서 추상화, 특성-기술, 즉 지시적 기능('가리키는' 기능)으로부터 그림-묘사, 즉 표현적 기능('사진' 기능)을 걸러 낼 수 있도록 해 주는가? 손가락을 그린 어린이의 그림을 살펴보자. 손가락은 그냥 손가락일 수 있다. 그 경우 문어의 촉수나 게 다리를 닮았을 것이다. 그러나 손가락은 가리키는 도구일 수 있다. 이 경우 전혀 손가락처럼 보이지 않을 수 있으며 중요한 것은 대상을 가리키는 기능을 수행할 수 있는가 하는 것이다. 다음의 두 그림을 보자.

위의 그림은 네 살짜리 어린이가 그린 '수족관에서 물고기를 보고 있는 할아버지'이다. 이 그림에서 어린이는 물고기의 시점에서 할아버지를 보고 있다는 데 주목하자(할아버지의 턱 앞에서 헤엄치고 있는 물고기를 보자). 어린이는 할아버지의 손가락을 촉수처럼 표현했다. 여기서 어린이는 손가락을 특정 물고기를 가리키는 도구로서가 아니라 단지 대상으로 여기는 것이다. 이 그림을 좀 더 큰 일본 어린이(그림 아래에서 알 수 있듯이 어린이는 이미 '우주'라는 한자를 쓸 수 있다)가

7-46] 이 실험들에서 가장 분명한 것은 학령기 어린이들이 순수한
그림 문자적 쓰기로부터 추상적 상징 기호로 분리된 관계와 의미를 나
타내는 표의 문자적 쓰기로 이행하는 경향을 보인다는 것이다. 우리는
문장의 모든 단어를 각각 그림으로 나타낸 학령기 어린이들 중 한 사례
에서 쓰기에서의 말의 지배적 역할을 아주 분명하게 목격했다. 따라서
"나는 양들을 볼 수는 없지만 거기에 있다."라는 문장은 다음과 같이
묘사된다. 사람 모습('나'), 눈을 가린 사람 모습('볼 수 없다'), 두 마리의
양('양들'), 검지와 나무 몇 그루, 그 나무들 뒤에 양이 보인다('거기에 있
다'). "나는 당신을 존경합니다."라는 문장도 다음과 같이 표현된다. 머
리('나')와 다른 머리('당신'), 두 사람 모습, 그 둘 중 한 사람은 모자를
들고 있다('존경한다').

해 황폐화되었고 많은 학령기의 어린이들이 읽고 쓸 수 없었으며, 그리기와 쓰기는 아직 분화되지 않았다. 따라서 비고츠키는 본문에서처럼 입말이 숙달되어 문장을 개별적 대상(주어와 목적어)과 개별적 관계(서술어, 수식어, 피수식어)로 나누는 방법은 알고 있지만, 쓰는 법은 모르는 학령기 어린이를 관찰할 수 있었을 것이다.

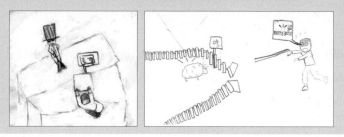

7-47] 이런 식으로 우리는 그림이 얼마나 충실하게 문장을 따르고 입말이 어떻게 어린이 그림 속으로 도입되는지 알 수 있다. 과제를 수행하는 가운데 어린이는 종종 적당한 표현 수단을 실제로 발견을 하거나 발명해야만 한다. 이렇게 해서 우리는 어린이의 쓰기와 그리기 발달에 있어 말 발달이 본질적인 것임을 사실상 확인할 수 있다.

비고츠키는 왜 이것을 진정한, 실제적 발견이라고 했을까? 비고츠키는 쓰기가 어떻게 발달하는지에 대한 주지주의적 설명을 줄곧 비판해 왔다. 비고츠키는 어린이가 의미는 기호와 다소 독립적으로 존재한다는 생각을 이해하기 전에 기호가 의미를 나타낸다는 생각을 먼저 이해한다는 유물론적인 관점을 이미 확립했다. 만약 관념주의자와 주지주의자가 옳다면 두 번째 생각이 첫 번째 것보다 앞서 나올 것이다. 비고츠키는 어린이가 표현적 기능을 발견하는 것과 동시에 언어의 상징적, 지시적, 추상적 기능을 발견한다는 생각 또한 비판했다. 언어의 상징적, 지시적, 추상적 기능은 수년이 지난 후에야 나타난다. 이에 반해 어린이는 진정한 발견을 한다. 발화를 분리 가능한 낱말과 분리 가능한 관계들로 그리기 위해서 어린이는 말 속에서는 실제로 분리되지 않는 낱말을 어떻게 분리할 수 있는지 이해해야만 한다. 이는 어려운 과업이다. 혼자 듣기만 해서는 결코 할 수 없는 일이다. 이런 발견이야말로 진정한 발견이다. 이 발견은 종이, 연필, 소리와 같은 감각적인 물질들을 다룸으로써 가능해지는 것이다. 어린이가 언어를 한순간에 발견한다는 스턴의 주장은 환각에 불과하다.

7-48] 스턴은 어린이의 자연스러운 쓰기를 관찰하면서 이것이 어떻게 일어나며, 쓰기의 전체 과정이 어떻게 펼쳐지는지를 보여 주는 여러 가지 사례를 제공한다. 혼자 쓰기를 배우는 어린이는 종이 하단의 왼쪽에서부터 오른쪽으로, 한 줄씩 위로 쌓아 올리며 글을 쓰는 등의 방식을 보인다.

왜 어린이들은 위에서 아래로 써 나가는 것이 아니라 아래에서 위로 쓰는 것일까? 위에서 아래로 글을 쓰는 이를 본 경험이 없는 어린이들은 아마도 쓰기라는 것이 글을 쌓아 올리는 것, 혹은 물잔에 물을 붓는 것과 같이 글을 채우는 것과 비슷하다고 생각할 수도 있을 것이다.

7-49] 우리의 일반적 연구와 관련하여 A. P. 루리야는 상징적 쓰기를 체계적으로 연구하기 위해 상징적 쓰기의 발견을 실험적으로 유발하고 추적하고자 시도했다. 어린이의 쓰기 역사는 교사가 처음으로 연필을 쥐어 주고 글자 쓰는 법을 보여 주었을 때보다 훨씬 전에 시작되었음을 그의 연구는 보여 주었다. 만일 이러한 어린이 쓰기의 선역사를 알지 못한다면, 우리는 어린이가 어떻게 가장 복잡한 문화적 행동 장치 중의 하나인 글말을 그렇게 빨리 숙달할 수 있는지 이해할 수 없을 것이다. 그렇다면 우리는 이것이 오직 어린이가 학교생활 첫해에 여러 가지 장치를 숙달하고 정교화한 조건에서야 일어날 수 있음을 이해해야 한다. 이 장치들은 어린이를 곧장 쓰기 과정으로 인도한다. 이런 장치들

은 개념의 숙달과 기록의 기법을 모두 준비하고 크게 촉진시킨다. 실험에서 루리야는 아직 쓸 줄 모르는 어린이로 하여금 모종의 원시적 기록을 하도록 강제하는 상황을 만들었다. 그는 어린이에게 특정한 수의 문장들을 기억하도록 하였는데, 대개 그 양은 어린이의 기계적 기억 능력을 상당히 넘어서는 것이었다. 어린이 자신이 기억할 수 없다는 것을 깨달았을 때, 실험자는 어린이에게 종이를 주고 제시된 문장을 어떻게든 표시하고 기록하게 하였다.

*A. P. 루리야(Алекса́ндр Рома́нович Лу́рия, 1902~1977)는 유명한 의사의 아들이었다. 루리야는 카잔에서 대학생 신분으로 프로이트를 연구하기 시작했으며, 비공식적으로 도스토예프스키의 손녀를 정신 분석했다. 모스크바로 옮긴 후 루리야는 코르닐로프의 심리학 실험실에 들어갔고 거기서 비고츠키를 만났다. 그는 이 단락과 다음 단락에서 묘사된 '도구적' 시기 동안 비고츠키와 함께 많은 논문과 책을 공동 저술했다. 후에 루리야는 모스크바를 떠나 하리코프에서 의학을 연구했다. 제2차 세계 대전 후 루리야는 신경 생리학 특히 뇌손상에 흥미를 갖게 되었고 신경 생리학의 창시자가 되었다. 또한 그는 문화-역사적 심리학 창시자의 일원이자 비고츠키 학파의 지도자 중 하나이다.

『부서진 세상을 가진 사람』(한국어판 제목 『지워진 기억을 쫓는 남자』)로 유명해진 자신의 환자 자셰츠키(왼쪽)와 함께한 루리야(오른쪽).

루리야는 『마음의 형성』, pp. 50~51에서 다음과 같이 쓰고 있다.
"1929년에 우리는 초기의 '상징' 활동에 대한 연구에 전념했다. 상징 활동이란 어린이들이 숙달이 요구되는 자극에 의미를 부여하는 활동에 참가하게 되는 방식을 가리키는 것이다. 어린이는 상징 활동에 따라 그들 자신의 도구적, 매개적 활동을 창조하게 된다. 우리는 어린이들이 일련의 추상적 낱말들을 기억하는 것을 돕기 위해 그림 문자, 즉 어린이 스스로가 원하는 그림들을 발명해 보게 하자고 생각했다. 실제로 매우 초기 단계의 어린이는 기억에 도움이 되는 그림 자극을 만들어 낼 능력이 없었다. 예를 들어 네 살 어린이에게 '선생님이 화가 났다.'는 구절을 기억하게 도와주는 무언가를 그려 보라고 하자 그 반응은 웃으면서 종이에 간단한 표시를 하는 것이었다. 어린이는 자신의 활동에 대해 이야기를 했으나, 이야기와 어린이의 몸동작은 기억이라는 과제와 연관되지 않았고, 어떤 도구적인 관계를 배태하고 있지도 않았다. 그 어린이는 그 구절뿐만이 아니라 전체 과업의 목적까지 잊어버렸다. 우리는 좀 더 큰 어린이들에게서 유용한 성과가 산출되기 시작하는 것을 보게 되었다. 그 어린이들은 구절의 본질적 요소(귀머거리 소년을 그릴 때에는 머리를 그리되 귀는 그리지 않았다)를 담아내는 그림을 그렸을 뿐 아니라 그 어린이들의 묘사는 흥미로운 특성을 지니고 있었다. 비고츠키가 지적했듯이, 이 어린이들은 그림을 그린 후에 그렇게 하도록 지시하지 않았는데도 불구하고 실험자에게 그 자극의 특징을 설명했다. 예를 들어 '교활한 노파'라는 구절에 대해, 한 어린이는 큰 눈을 가진 노파 그림을 그렸다. 실험자에게 돌아서서 어린이는 '눈이 얼마나 큰지 보세요.'라고 말했다. 더 큰 어린이들과 실험했을 때, 우리는 어른을 향한 이러한 '주의를 끄는' 말이 사라졌다는 것을 발견했다. 대신에 그것은 '내부로 들어가' 어린이가 자신의 산출물을 만드는 데 사용되었다."

Luria, A.(1979), *The making of mind,* Cambridge, MA and London: Harvard University Press.

7-50] 종종 어린이는 제안에 직면해서 쓸 수 없다고 말하면서 당혹해했지만, 연필과 종이의 도움으로 어떻게 기억할 수 있는지를 어떤 식으로든 알아낼 수 있도록 지속적인 조언이 제공되었다. 이런 식으로 연구자는 어린이에게 어떤 수단을 제공하고 어린이가 그것을 어떻게 자신의 것으로 만드는지를 관찰했고 또한 실험 대상에게 있어 연필 획이 어

느 정도까지 더 이상 단순 표시가 아닌 기억과 적절한 표기를 위한 기호가 되는지를 관찰하였다. 이 장치는 원숭이들이 막대기를 잡을 때까지 기다리지 않고, 막대기가 도구로 사용되어야만 하는 상황 속에 원숭이를 두고 그 손에 막대기를 쥐어 준 후 어떤 일이 일어나는지 살핀 쾰러의 실험을 연상시킨다.

7-51] 실험은 3~4세 어린이들이 쓰기를 수단으로 다루지 못한다는 것을 보여 준다. 그들은 주어진 문구를 순전히 기계적인 방식으로 기록하며 심지어 문장을 듣기도 전에 계속 끄적거린다. 어른을 모방하여 쓰기는 하지만 어린이는 아직까지는 일련의 기억술적 기호로 쓰기를 사용할 수 없는 단계에 있기 때문에, 기록이 주어진 문구를 기억하는 데 도움이 되지 않으며, 심지어 기억 과정에서 자신이 기록한 것을 쳐다보지도 않는다. 그러나 이 실험을 계속하면 상황이 갑자기 상당히 변하기 시작한다는 것을 확인할 수 있다. 우리는 자료에서 우리가 말했던 모든 것에서 확연히 벗어나는 놀라운 예를 가끔 발견한다. 어린이는 생각 없이 쓰며 의미 없는 휘갈김과 끄적임을 구별하지 않지만, 문장을 기억해서 말할 때는 매우 구체적인 표시를 가리키고 어떤 표시가 무엇을 의미하는지 실수 없이 여러 번 계속해서 보여 주면서 그가 읽기를 하고 있다는 인상을 준다.

우리는 이 어린이들(짐작컨대, 더 큰 어린이들)의 행동이 비고츠키가 예견한 바로 그것이었다는 것을 알 수 있다. 어린이들은 대상에 적합하며 정신 내적 의사소통의 수단으로 기능하게 될 일종의 '적절한 수단'을 창조한 것이며, 이것이 어린이의 기억을 매개할 것이다. 그러나 이것은 정신 간 의사소통 양식으로 기능하지는 못할 것이다. 그것은 사회적인 것이 아니라, 손수건의 매듭이나 손가락에 묶인 실 혹은 자기중심적 말처럼 오히려 개인적이고 심리적인 것이다. 물론 이것은 정상적인 발달이 아니다. 정상적 발달은 기호가 타인에게 기능하고 나서

7-52] 그러고 나서 어린이는 자신의 표시에 완전히 새로운 관계를 발달시키며 그 표시들은 그의 첫 번째 기억술적 기호로 전환된다. 예를 들어 어린이는 종이 위에 선들을 여기저기 그리고 각각의 선을 특정 어구와 관련짓는다. 구석의 한 선은 소를 의미하고 위쪽의 다른 선은 굴뚝 청소부를 의미하는 등 독특한 지형도가 나타난다. 따라서 선들은 기억을 위한 원시적 기호, 즉 재현 대상에 대한 기호이다. 이 첫 번째 단계에서 우리가 미래 쓰기의 기억술적 전조를 보는 데에는 타당한 이유가 있다. 어린이는 이제 미분화된 선들을 점차 기호로 변형시킨다. 즉, 상징적인 선과 휘갈김은 모양과 그림으로 대체되고 그들은 결국 그 자리를 기호에 내어준다. 실험을 통해서 우리는 이 발견의 순간을 묘사할 수 있을 뿐 아니라 그것이 알려진 요인들에 따라 어떻게 진행되는지를 알 수 있다. 주어진 문장에 도입되어 수와 형태를 나타내는 기호는 동일한 선과 휘갈김으로 특정한 지각과 심상을 표현하는 무의미하고 터무니없는 기록의 특징을 처음으로 탈피한다.

선으로 표시하는 것은 소가 마당 구석에 있기 때문이고, 굴뚝 청소부를 종이 위쪽에 선으로 표시하는 것은 굴뚝 청소부가 지붕 꼭대기에서 일하기 때문이다. 이 단계를 지나면 어린이는 좀 더 분화된 선들을 사용하기 시작한다. 즉, 선의 길이가 달라질 수 있으며 이 서로 다른 길이의 선들은 서로 다른 길이의 문장이나 단어들을 의미할 수 있는 것이다. 비고츠키는 이런 선들을 가리켜 '상징적 획'이라고 말했다. 이 '상징적 획'의 단계는 모양과 그림 단계로 대체된다. 이 모양과 그림들은 수와 형태를 가리키는 데 사용되면서 마침내 기호가 된다.

7-53] 제시된 자료에 양을 나타내는 정보를 더함으로써, 심지어 4~5세 어린이에게서조차, 그 양을 반영하는 분화된 기록을 손쉽게 얻을 수 있다. 숫자 기록의 필요가 문자를 최초로 탄생시킨 것인지도 모른다. 마찬가지로 어린이가 쓰기를 발견하는 데 사용한 기제 속에서 색과 모양의 포함이 주도적 역할을 할 수 있다. "까만 파이프에서 까만 연기가 나온다.", "겨울에 눈은 희다.", "꼬리가 긴 쥐.", "리알랴는 눈이 두 개이고 코는 하나이다."와 같은 문장들은 가리키는 몸짓의 역할을 하던 쓰기로부터 이미 모종의 심상의 흔적을 지닌 쓰기로 이행하도록 어린이를 신속하게 이끈다. 이로부터 어린이는 그림으로 곧장 넘어가며 따라서 우리는 그림 문자 쓰기로의 이행을 목격하게 된다. 어린이의 그림 문자 쓰기는 특히 쉽게 발달하는데, 그것은 알다시피 어린이의 그리기가 사실 일종의 그래픽 말이기 때문이다. 그러나 실험에서 알 수 있듯이 여기서도 역시 어린이는 끊임없는 갈등을 경험한다. 즉 (말의-K) 수단으로서의 그리기는 종종 자기 충족적인 즉각적 과정으로서의 그림 그리기와 뒤섞인다.

7-54] 이러한 현상은 주어진 문장을 연상적으로 그리는 것으로부터 시작해서 그와는 관련이 없는 그림을 그려 나가는 지체 아동들에게서 특히 쉽게 찾아볼 수 있다. 어린이는 기록하는 것이 아니라 그림을 그

리기 시작한다. 어린이의 이러한 그림 문자적 쓰기는 그림이 문장의 내용을 직접적으로 전달할 수 없게 될 경우, 점차 표의 문자적 쓰기로 옮겨 가게 된다. 어린이가 우회적 방법을 택해서 그리기 어려운 부분을 묘사하는 대신 쉽게 나타낼 수 있는 도식을 보이거나, 혹은 이와는 반대로 종종 주어진 문장의 배경적 가치를 나타내는 상황 전체를 그린다는 것을 실험은 보여 주었다.

7-55] 상징적 쓰기로의 전이는, 우리의 실험에 의해 드러났듯이, 많은 수의 간단한 몸짓이나 몸짓을 표시하는 선들의 출현으로 드러난다고 이미 말한 바 있다. 글자를 알지만 쓸 줄 모르는 어린이의 쓰기를 조사함으로써, 우리는 그것이 지금까지 기술했던 것과 동일한 단계를 통과한다는 것을 발견한다. 쓰기의 발달은 어떤 단일한 장치의 지속적인 향상 속에서뿐만 아니라 하나의 장치에서 또 다른 장치로의 전이를 특징짓는 커다란 도약 속에서도 일어난다. 글자를 쓰는 법은 알지만 아직 쓰기 자체의 기제를 알아내지 못한 어린이는 여전히 미분화된 방식으로 글을 쓴다. 그 어린이는 개개의 문자를 부분으로 나누고 나서 그것을 재생산하지 못한다.

어떤 엄마들은 취학 전 자녀에게 장보기 목록을 작성하게 하고 나중에 장을 볼 때 자녀에게 그것을 다시 읽게 함으로써 쓰기를 촉진시킨다. 다음의 예를 보자. 당연하게도 어린이는 팝콘을 제일 먼저 쓴다. (여기서 특히 숫자 '2'와 문자 'p'와 'q'에서 위에서 아래로 내려가는 획의 길이가 다소 과장되어 있음을 볼 수 있지만) 이 어린이는 비고츠키가 어린이 쓰기의 시작을 나타낸다고 말한 '몸짓' 표시를 사용하지 않는다. 이는 이 어린이의 쓰기가 얼마간 성숙한 단계에 있다는 것을 드러낸다. 확실히 이 어린이는 글자와 그림 문자를 함께 사용하였다. 복수를 나타내는 형태소 's'를 하나의 분리된 낱말인 것처럼 쓴 것으로 보인다는 데 주의하자.

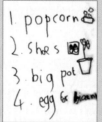

7-56] 글자를 알고 낱말을 개별 소리로 나눌 수 있는 어린이가 쓰기 기제의 완전한 숙달에 즉각 도달하는 것은 아니라는 것을 실험은 보여주었다. 더구나 우리가 방금 언급했던 것에서조차 글말로의 실질적 이행을 특징짓는 가장 중요한 계기는 여전히 빠져 있다. 모든 지점에서 문자 기호는 대상이나 행위를 직접적으로 의미하는 일차 상징이며, 우리가 기술한 단계의 어린이는 입말을 문자 상징 사용을 통해 나타내는 이차 상징화에 아직 이르지 않았다는 것을 쉽게 이해할 수 있다.

비고츠키는 일차적 상징화(A는 B를 나타낸다)와 이차적 상징화(A는 B를 나타내고, B는 C를 나타낸다)를 구별했던 들라크루아의 구분을 수용한다. 글자를 알고 있고 낱말을 개별 소리로 발음할 수 있는 어린이조차도 일차적 상징화만을 사용하는 것은 왜일까? 그 까닭은 그 어린이에게 문자는 소리만을 나타내는 것이기 때문이다. 그것은 낱말을 나타내는 것이 아니다. 문자를 쓸 수 있는 일부 어린이들이 여전히 올바르게 띄어쓰기하는 데 심한 어려움을 겪는 것은 바로 이 때문이다(7-55 박스 그림에서 2번, 3번 목록 참조). 우리는 외국어 수업에서도 동일한 과정을 볼 수 있다. 이런 이유로 어린이들은 그들이 말하고 있는 것을 전혀 이해하지 못하면서도 큰 소리로 읽을 수 있을 것이다.

7-57] 이를 위해서 어린이는 사물뿐 아니라 말도 그릴 수 있다는 중대한 발견을 해야만 한다. 오직 이 발견을 통해 인류가 낱말과 글자를 쓰는 놀라운 방법을 갖게 된 것처럼, 어린이 또한 이를 통해 글자를 쓸 수 있게 된다. 심리적 관점에서 볼 때 이것은 사물 그리기에서 말 그리기의 이행과 같은 방식으로 해석될 수 있을 것이다. 관련된 연구들이 아직까지 확실한 결과를 내지 못했으며 확립된 쓰기 학습 방법으로는 그 이행을 관찰할 수 없었기 때문에, 아직까지는 이러한 이행이 어떻게 발생하는지 정확하게 관찰하기는 어렵다. 한 가지는 확실하다. 어린이의 (단지 쓰기 습관의 숙달이 아닌) 진짜 글말은 아마도 사물 그리기에서 낱

말 그리기로 옮겨 가는 방식으로 발달한다는 것이다. 글말의 다양한 교수-학습 방법은 여러 가지 경로를 취한다. 많은 방법들이 문자 상징과 음성 상징의 결합 도구로서 보조적 몸짓을 활용하는 반면, 다른 방법들은 대상과 일치하는 그려진 이미지를 사용한다. 쓰기의 비밀을 가르치고 배우는 것은 곧 이러한 자연적 이행을 적절하게 준비하고 조직하는 것을 배우는 것이다. 이것이 일단 성취되기만 하면 어린이는 쓰기 기제를 숙달하게 되고 앞으로 남은 것은 이를 향상시키는 것뿐이다.

한편으로 파닉스(문자 상징과 음성 상징을 결합하는 방법), 다른 한편으로 총체적 언어(글과 그림 간의 관계에 관심을 기울이게 하는 방법) 사이의 '읽기 전쟁'은 이러한 분쟁이 계속되는 것처럼 보일 수 있다. 이러한 분쟁은 정치와 돈이 연관되므로 어른들에게는 매우 중요할지도 모른다. 그러나 파닉스든 총체적 언어든 어린이의 글말을 발달시킬 수 있는 방법의 기저에는 문자가 소리에 대한 표상으로 의미를 나타내는 이차 상징임을 이해해야 한다는 동일한 통찰이 놓여 있다고 비고츠키는 말한다. 예를 들어 한 아이가 "엄마? 내 이름 '그려줘!'"라고 말했을 때 아이는 자기 이름의 소리와 의미 사이의 관계를 '그려' 보여 달라는 것이다. 본문에 나타나는 "한 가지는 확실하다. ……아마도……"라는 표현은 모순이다. '확실하다'와 '아마도'는 함께 사용될 수 없는 표현이기 때문이다. 비고츠키가 퇴고를 했다면 이 부분을 고쳐 썼을지 모르지만, 우리는 그의 초고인 원문에 나타나 있는 대로 이 어색한 표현을 유지한다. 비고츠키는 짧은 생애 동안 매우 많은 저술을 남겼으며 따라서 남아 있는 그의 원고들은 모두 퇴고가 되지 않은 초고 상태의 원고들이다. 게다가 그는 깨끗하게 쓰는 것을 좋아해서 실제 그의 원고는 고쳐 쓴 흔적이 거의 없다. 이는 그가 쓴 첫 번째 원고가 곧 마지막 원고임을 의미한다. 위와 같은 어색한 표현을 통해서 우리는 비고츠키의 실제 사고 과정을 엿볼 수 있다. 즉 그는 처음에는 "한 가지는 확실하다."라고 쓰다가 곧이어, 관련된 연구들이 확실한 결론을 내지 못했고 기존의 쓰기 학습 방법들이 관찰할 만한 성과를 내지 못했다는 사실을 고려하면서 어떤 것도 확실한 것은 없음을 깨닫게 된다.

7-58] 현재의 심리학적 지식 상태에서는 이 단계들―놀이, 그리기, 쓰기―이 본질적으로 총체적인 글말 발달 과정의 서로 다른 하나의 계기들로 표현될 수 있다고 간주하는 것은 과장되어 보일 수 있다. 하나의 장치에서 다른 장치로의 이행 사이에 놓인 간격과 도약이 너무 커서 각각의 계기들을 충분히 명백하게 연결할 수 없는 것처럼 보인다. 그러나 실험들과 심리학적 분석에 의하면, 쓰기 과정이 얼마나 복잡해 보이든지 간에, 즉 표면적으로는 왔다 갔다 하고 불규칙하고 혼란스럽게 보이지만 사실상 우리 앞에 글말의 고등 형태로 이끄는 쓰기 역사의 단일한 노선이 놓여 있다는 결론에 도달한다. 우리가 앞으로 간략히 다뤄 볼 고등 형태에서는 글말이라는 이차 상징이 다시 일차 상징이 된다. 애초에 (소리를 가리키던-K) 문자 상징들은 이제 낱말(의 의미를-K)을 가리키는 기능을 한다. 글말의 이해는 입말을 통해 이루어졌다. 그러나 그것은 점차 감소되며, 쓰기가 입말처럼 잘 지각되어 직접적인 상징이 됨에 따라 입말 형태의 매개적 연결은 사라진다. 어린이가 쓰기의 발견에서 경험하는 핵심적인 계기를 이해하기 위해서는, 어린이의 전체 문화 발달에서 얼마나 거대한 전환점이 글말의 숙달과 읽기 능력을 통해 만들어졌는지, 이에 따라 어린이의 문화 발달이 인류의 천재들이 글말로 창조했던 모든 것을 통해 풍요로워질 것인지 상상하기만 하면 된다.

행동만을 연구하는 심리학이나 오직 활동에만 관심을 가지는 이론에 있어서 놀이, 그리기, 쓰기는 서로 관련을 맺을 수 없다. 이 활동들의 동기와 목적 그리고 조작이 서로 다르기 때문에 이들은 동일한 발달 과정의 일부가 될 수 없다. 마찬가지로, 오늘날의 교육자들에게 있어 모국어 학습과 외국어 학습을 단일 과정의 일부로 바라보는 것은 매우 어려운 일이다. 그럼에도 불구하고 비고츠키는 바로 그러한 관점을 채택하고 있다. 그는 행동의 표면적 형태가 아닌 기저에 놓여 있는 의미적 과정을 보기 때문이다. 다른 심리학자들이 세 가지 과정을 보는 곳에서 비고츠키가 단일 과정을 보듯이 그는 다른 심리학자들이 단일 과정이라고 간주하는 데서 세 가지의 서로 다른 과정을 본다. Ⅰ권에서 티치너는 복합 반응 시간이 단순 반응 시간과 같음을 보여 주는 데이터를 통해 발달의 마지막 국면이 단순히 최초의 단계로 회귀하는 것이라고 가정했다(3-35). 이러한 관점을 읽기에 적용하면 파닉스 교육에 이르게 된다. 즉 읽기 학습이 낱자를 단어로 조합하는 과정, 그리고 단어를 문장으로 조합하는 과정을 점진적으로 자동화하는 것으로 간주되는 것이다. 그것은 동일한 과정이며 단지 연습을 통해 점차 빨라질 뿐이다. 비고츠키의 생각은 이와 매우 다르다. 『생각과 말』에서 그는 소리가 수반되지 않는 언어적 사고가 발달하는 다음의 세 단계를 추적한다. 타인을 향한 외적 말 → 자신을 향한 외적 말 → 내적 말. 이와 매우 비슷한 일이 읽기에서도 일어나며 특히, 읽기가 매우 일상적이며 묵독이 당연시되는 사회에서도 일어난다(서양에서는 17, 18세기까지도 묵독이 전형적인 읽기 형태로 생각되지 않았다).

1차 상징화	2차 상징화	1차 상징화
문자 상징(글자) ⇩ 소리(발화된 말)	문자 상징(글자) ⇩ 소리(발화된 말) ⇩ 낱말(사고)	문자 상징(낱말) ⇩ 낱말 의미(사고)

우리는 여기서 다시 한 번 헤겔의 3단계를 발견하게 된다. 생각은 잠재적인 '즉자적' 생각으로 고립되어 있지만 이후 주변 환경을 통해 '대타적'으로 변화되고 마침내 '대자적' 존재로서 기능을 수행하게 된다. 이렇듯 과정의 마지막은 처음뿐 아니라 중간과도 질적으로 다르다. 오직 이 과정의 마지막에 이르러서야 어린이는 수 세기 전에 살았던 인간들의 정신과 '매개 없이' 접촉할 수 있게 된다. 『생각과 말』의 말미에서 비고츠키는 외적 말이 없이도 이해가 가능한 세계를 소망하며 러시아 시인 페트를 인용한다. 그러한 세계는 묵독을 통해 마침내 모든 어린이에게 가능해진다.

7-59] 이제 이 글말의 고등 형태의 발달에 있어 중요한 것은 바로 음독音讀과 묵독默讀의 문제이다.

7-60] 읽기에 대한 연구는, 음독을 장려했던 옛 학교들과는 반대로, 묵독이 사회적으로 가장 중요한 글말의 형태이며 다른 두 개의 주요 장점을 지녔다는 것을 보여 준다. 학교 학습 첫해의 막바지에 이르면 줄당 눈 멈춤 횟수에 있어서 묵독은 음독을 능가한다. 당연히 눈의 움직임과 글자 지각 과정은 묵독에 의해서 촉진된다. 즉 움직임이 율동감 있게 되면서 시선이 역방향으로 움직이는 일이 더 적어지는 것이다. 시각적 상징을 음성화하는 것은 이를 더욱 어렵게 하고, 말 반응은 지각을 둔하게 하거나 가로막으며 주의를 분산시킨다. 의외로 읽기 과정뿐 아니라 이해조차도 묵독의 덕을 본다. 연구들은 읽기 속도와 이해 사이에 상관성이 존재함을 보여 준다. 사람들은 보통 천천히 읽으면 더 잘 이해한다고 생각하지만, 실제로는 빨리 읽으면 더 잘 이해한다. 왜냐하면 서로 다른 과정이 다른 속도로 일어나며 이해 속도는 읽는 속도보다 더 빠르기 때문이다.

19세기 후반 다수의 프랑스 학자들(자발 1879, 라마레 1883)이 독서 중 눈의 물리적 움직임에 관해 연구하였으며, 비고츠키도 이것을 읽었을 듯하다. 능숙한 독자의 눈은 초당 4회 정도 도약한다고 알려져 있다. 도약 안구 운동 또는 단속성 운동이라 불리는 이 운동saccade은 20~40msec 동안 지속되는데 그동안 시야가 흐려지고 눈은 어떤 정보도 받아들이지 않게 된다. 이 도약과 도약 사이에 눈은 1~20개의 상징들을 받아들일 수 있으며 이 받아들이는 정보량이 읽기 유창성과 관계가 있다. 능숙한 독자는 도약 수가 적

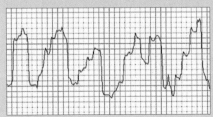

눈의 좌우 움직임을 기계적 방법을 이용하여 기록한 그래프.

고, 도약 시간이 짧으며, 시선이 고정되어 있는 시간이 더 길어서 더 많은 양의 정보를 받아들인다. 또한 지나간 정보를 찾기 위해 되돌아가는 횟수가 훨씬 적다.

7-61] 음독을 하는 동안 소리 내어 읽는 바로 그 부분보다 눈이 앞서 나가게 되면서 시각적 간격이 생긴다. 읽는 동안 눈이 멈춘 곳과 그 순간에 발음되고 있는 소리를 조사해 보면, 이 시각-소리 간격을 얻게된다. 연구들은 이 간격이 점점 증가하며 읽기 속도와 더불어 증가하고, 능숙한 독자일수록 더 넓은 시각-소리 간격을 갖는다는 것을 보여 준다. 이런 방식으로 우리는 시각 상징들이 소리 상징으로부터 점점 더 자유로워진다는 것을 확인하였다. 학령기가 바로 내적 말이 형성되는 시기라는 것을 상기한다면, 내적 말의 지각을 위한 강력한 수단이 묵독에 있다고 볼 수 있다.

비고츠키가 '시각-소리' 간격이라고 부르는 것은 오늘날 'fixation-speech interval'이라 불린다. 비고츠키는 내적 말이 자기중심적 말 외에 또 다른 근원(묵독)을 갖는다고 말하는 것으로 보인다.

7-62] 불행히도 지금까지의 실험 연구는 읽기를 감각-운동 습관으로서 연구했을 뿐, 매우 복잡한 차원의 정신 과정으로서 연구하지 않았다. 하지만 심지어 여기서도 다수의 기제들이 읽기 자료의 유형에 의존하고 있음이 연구를 통해 발견된다. 시각적 기제의 작동은 어느 정도까지 이해 과정에 종속된다. 읽기에 있어서 이해를 어떻게 개념화할 수 있는가? 이 질문에 대해 지금 당장 명확한 답을 할 수는 없지만, 지금까지 우리가 알고 있는 전부에 의하면, 다른 모든 과정과 마찬가지로 글말 법칙의 적용은 특정한 발달 단계에서 내적인 과정이 된다는 것을 우리는 믿게 된다. 무엇보다 발생적 측면에서 볼 때, 보통 독해라고

불리는 것은 시각적 상징에 매개된 반응이 발달하는 과정 속에 주어진 하나의 계기로서 규정되어야 한다.

> 사람들이 책을 읽는 방식은 운전하면서 교통 표지판을 읽는 방식과 매우 다르다. 이 두 방식의 차이는 단순히 눈의 움직임과 같은 외적 행동의 차이에 있지 않다. 이해 방식의 차이는 더욱더 깊고 심오하다. 하지만 이해 방식의 차이를 연구하는 것은 매우 어려운 일이다. 비고츠키 시대나 우리 시대나 읽기를 연구하는 주요 방법은 크게 발전하지 않았다. 자발은 실험 대상의 눈꺼풀에 바늘을 꽂아서 안구 도약 운동을 측정했으며, 기술이 어느 정도 변화되었을 뿐, 기본적인 연구 방법은 백 년이 더 지난 지금도 여전히 사용되고 있다. 심지어 심리학자들이 이해를 연구한다고 할 때조차 이해를 수량화하는 방식(분당 단어 수, 백 단어당 발생 오류 수 등)은 읽기 과정들 간에 존재하는 질적 차이를 모호하게 하는 경향이 있다. 이 문제에 대한 비고츠키의 해결책은 이 책 Ⅰ권 3장에 나타나 있다. 하나의 과정을 이해하기 위해서는 그 과정이 전혀 다른 어떤 과정으로부터 진화되어 온 것임을 볼 수 있어야만 한다. 이것이 바로 이 장에서 쓰기 상징뿐만 아니라 시각적 상징에 대한 반응 일반을 다루는 이유이다. 문자소와 음소를 서로 짝짓고, 그다음 음소가 그 과정에서 사라지면서 문자소가 지닌 의미가 소리의 매개 없이 직접 전달되는 과정은 모두 읽기로 향하는 하나의 장구한 질적 변화 과정의 서로 다른 계기들로서 이해되어야만 한다. 이 질적 변화 과정의 맨 처음으로 돌아가면, 거기에는 겉으로 보기에 읽기와 전혀 상관없는 과정들, 즉 놀이와 그리기가 존재한다.

7-63] 우리가 볼 때 이해는 각 문장에서 언급된 모든 대상의 심상을 읽는 것으로 이루어지지 않음이 명백하다. 이해는 대상을 은유적으로 부활시키는 것이나 심지어 (대상에-K) 상응하는 낱말을 소리 내어 부르는 것에 국한되지 않는다. 그보다, 이해는 주의를 빠르게 이동시키고 다양한 주의의 초점을 선택하면서 기호를 조작하고 그에 가치를 부

여하는 것이다.

> 『생각과 말』 7장에서 비고츠키는 낱말을 둘러싼 뜻 가치의 '영역'이
> 있고 '의미 가치'는 이 영역 중 가장 안정적인 의미를 '표준'으로서 선
> 택한 것이라고 말했다. 물론 뜻 영역에서의 다른 부분들도 역시 낱말
> 의 의미가 될 수 있는 잠재적 가치를 내포하고 있다. 비고츠키는 여기
> 서 동일한 생각을 문장 수준으로 확장하고 있다. 전체적 발화는 어떤
> 상황이나 의미의 영역을 가리키는 지시적 기호이다. 이해는 주의의 초
> 점에 특정한 의미의 영역을 선택하고 다른 부분은 제외하는 과정을
> 포함한다.

7-64] 정신지체자들의 읽기에서 이해가 따르지 못하는 읽기의 인상
적인 예를 발견할 수 있다. 예를 들어 Г. Я. 트로신은 글을 읽을 때 각
각의 단어 하나하나에 대해 기뻐하는 정신지체자에 대해 기술한다. "신
의 새(아, 새, 새―흥분된 즐거움)는 알지 못한다(알지 못한다!―동일한 표현
으로)" 또는 "비테 백작이 상트페테르부르크(상트페테르부르크, 상트페테
르부르크!)에 왔다(왔다! 왔다!)" 등등.

> 비고츠키는 비정상 아동의 읽기에서 이해와 감각운동적 특징이 분
> 리되어 있지 않다고 주장한다. 그 어린이들은 낱말을 하나하나 읽는다.
> 그러나 정상적 읽기에서는 이해가 '숨어들어감'에 따라 이해와 감각운
> 동적 특징은 빠르게 분리된다. '신의 새' 구절은 나중에 라흐마니노프
> 에 의해 아름다운 단막 오페라로 만들어진 푸시킨의 장시 「집시들」에
> 나오는 것이며, 비테 백작은 차르 니콜라이 2세 아래에서 수상을 지낸
> 인물이다.
>
> *Г. Я. 트로신(Трошин, Григорий Яковлевич,
> 1874~1938)은 러시아의 정신과 의사이자 교육자였으
> 며, 교육 인류학에 대한 두 권짜리 저작을 저술했다.
> 그는 또한 비교 심리학과 '도덕이 결여된' 어린이에 흥
>

7-65] 모든 기호에 대한 주의의 집중, 즉 주의를 통제하고 우리가 관계의 체계라고 부를 수 있는 내적 공간 안에서 이를 조작할 수 있는 능력의 부재가 정신지체자의 텍스트 '이해'에서 나타나는 주요 특징이다. 이와 대조적으로 관계를 설정하고, 중요한 것에 집중하고 개별적인 요소로부터 전체 뜻으로 이동하는 과정이 정상적 이해라고 부를 수 있는 것이다.

7-66] 어린이 글말 발달의 역사에 대해 개략적으로 설명하면, 우리는 다음과 같은 네 가지 매우 중요한 실제적 결론에 도달하게 된다.

7-67] 첫째, 쓰기 교수-학습은 당연히 학령기 이전으로 옮겨져야 한다. 헤처의 실험이 가리키는 것처럼 유아가 쓰기의 상징적 기능을 발견하는 것이 사실이라면, 쓰기 지도는 유아 교육이 책임져야 한다. 그리고 사실 심리적 관점에서 볼 때 쓰기 교수-학습이 지나치게 늦게 시작됨을 시사하는 많은 계기들을 볼 수 있다.

7-68] П. П. 블론스키는 어린이의 쓰기 교수-학습에 관한 논의에서, 어린이가 4세 반에 문해력을 습득한다면 천재라 볼 수 있고, 4세 반에서 5세 3개월 사이에 이를 배울 수 있다면 수재라고 볼 수 있다고 구체적으로 제시했다. 더 나아가 대부분의 유럽과 북미 국가들에서는 읽기 쓰기 학습이 보통 6세에 시작된다고 알려져 있다.

7-69] 3세 어린이의 80%가 이미 기호와 의미 간의 조건적 결합을 습득했으며, 6세 어린이는 이미 이런 조작이 가능하다는 것을 헤처의 연구는 보여 준다. 그녀의 관찰에 따르면 3세와 6세 사이의 정신적 발달은 임의적 기호를 사용한 조작 자체의 발달이 아니라, 어린이의 주의와 기억의 성공적 형성으로 특징지어진다. 헤처는 읽기와 쓰기가 상징적 쓰기의 숙달과 연결되어 있으므로 3세 어린이 대부분이 읽기와 쓰기를 학습할 수 있다고 믿는다. 헤처의 자료는 일차 상징만을 입증할 수 있을 뿐이며, 그녀가 쓰기는 이차 상징화라는 것을 무시한 것은 사실이다. 그녀는 3~4세 어린이에게 문해를 가르치는 교육을 아주 정당하게 비판한다. 그녀는 유치원에서 읽기와 쓰기를 가르치는 M. 몬테소리의 교육 체제와 그를 따르는 다수의 프랑스 학교 기관을 지적한다. 심리적인 측면에서 그것은 불가능하지는 않지만, 어린이의 주의와 기억의 결핍 때문에 어려운 것이라고 헤처는 말한다.

*M. 몬테소리(Maria Montessori, 1870~1952)는 최초로 의사가 된 이탈리아 여성들 중 한 명이다. 몬테소리는 개인의 책임, 가톨릭 신앙, 조기 문해를 강조하는 교육 방법을 창안하였다. 이는 1916년경 러시아를 포함하여 전 세계적으로 잘 알려지게 되었다. 1936년까지 몬테소리는 이탈리아 파시스트 정권의 강력한 지지를 받았다. 무솔리니는 이탈리아 몬테소리 협회의 수장이었다. 1936년 몬테소리와 무솔리니는 정부 기금 문제로 사이가 틀어졌다. 비고츠키는 소비에트 정부가 적극적으로 추진하였던 조기 문해 교육을 인정한다. 그러나 비고츠키는 몬테소리가 제안한 이론적 토대, 즉 조기 문해 교육이 어린이의 손에 맞게 특

1990~1998년에 이탈리아에서 발행된 1000리라 지폐 속의 마리아 몬테소리.

수하게 고안된 펜을 다루는 어린이의 능력과 관련이 있다는 생각이나 성인 중심 과업에 대해 매우 비판적이다.

7-70] C. 버트는 5세에 의무 교육이 시작되지만, 자리만 있다면 3~5세 어린이들이 알파벳을 가르치는 학교에 입학할 수 있는 영국에 대해 자세히 기술한다. 4세 무렵 대부분의 어린이들은 읽을 수 있게 된다. 몬테소리는 조기 읽기 쓰기 교수-학습을 강력하게 지지하는 입장을 가지고 있다. 그녀는 4세 어린이에게 읽기와 쓰기를 가르친다. 대개 그녀의 유치원에 있는 모든 어린이들은 놀이와 예비 연습을 통해 4세에 쓰기를 시작하고, 5세 어린이들은 초등학교 1학년 어린이만큼 쓰기에 능숙하다. 이는 독일과 비교했을 때 2년이 빠른 것이다.

*C. 버트 경(Sir Cyril Burt, 1883~1971)은 갈톤 가문의 의사의 아들이었고, 프랜시스 갈톤의 우생학 연구에 큰 관심을 갖게 되었다. 프랜시스 갈톤은 인종 차별적인 '갈톤 사진' 방법을 고안했다. 비고츠키는 『생각과 말』 5-2-5에서 '갈톤 사진' 방법을 개념 형성의 모델로 이용하는 것을 비판했다. C. 버트는 옥스퍼드에서 W. 맥도걸과 함께 심리학을 공부했고, 후에 리버풀에서 Ch. 쉐링턴 문하에서 연구했다. 그의 후기 제자였던 A. 젠슨은 오늘날 지능에 대한 인종-유전적 설명의 주요 지지자이다. 그는 비범한 지능을 타고난 사람들의 조직인 멘사의 설립자 중 한 명이었다. 1909년에 그는 학령기 어린이를 대상으로 한 실험에 참여하게 되었다. 공립학교에 다니는 노동자 계급의 어린이와 부유층을 위한 예비 학교에 다니는 어린이 간의 광범위한 차이를 찾아내기 위한 실험이었다. 이 단락에서 비고츠키가 언급하듯이, 버트는 그 차이가 유전에 기인한다고 결론을 내렸다. 그는 여생의 대부분을 지능이 대부분 유전적인 것임을 입증하는 데 보냈다. 그의 사후에 이런 연구의 거의 대부분이 매우 엉성하거나 기만적인 것이었음이 밝혀졌다. 예를 들어, 다섯 개의 서로 다른 연구에서 쌍둥이 간의 지능의 상관관

계가 소수점 이하 세 자리까지 일치했다고 했지만 이는 통계학적으로 터무니없는 것이다. 최근에 일부 연구자들이 그런 기만이 그의 조수에 의해서 만들어진 것이라고 주장하는 시도가 있었다. 그렇지만 이는 그의 작업을 토대로 연구를 했던 젠슨, 헤른슈타인, 머레이 같은 심리학자들을 대체로 포함하는 것이다.

7-71] 몬테소리 접근법의 독창성은 문해력을 손의 발달 과정의 자연적 계기로 간주하는 것이다. 즉, 어린이에게 있어 쓰기의 어려움은 글자를 모른다는 데 있는 것이 아니라 손의 소근육 발달의 부재에 있다는 것이다. 몬테소리는 어린이가 쓰기가 아니라 선 그리기와 그림 그리기를 통해 배운다는 것을 엄격한 훈련을 통해 확증하려 하였다. 어린이는 실제적 쓰기 과정 이전에 쓰기에 관하여 배우게 되고, 이런 이유로 직접적이고, 갑작스러우며 자연스럽게 쓰기를 시작한다. 쓰기를 배우는 과정 자체는 시간이 거의 걸리지 않는다. 4세 어린이 중 두 명은 6주 이내에 자기 혼자서 편지를 쓸 수 있었다. 책과 연필이 널리 쓰이고, 특히 읽고 쓸 수 있는 손위 어린이가 있는 가정 내에서의 어린이 발달의 관찰을 통해, 우리는 4~5세 어린이가 마치 구어를 숙달한 것과 같이 자연스럽게 읽기와 쓰기를 숙달하는 것을 알고 있다. 어린이는 개별적 숫자와 글자들을 쓰기 시작하며, 표지판을 읽기 시작하고, 글자를 가지고 적절히 낱말을 만들며, 몬테소리 유치원에서 조직한 것(활동-K)을 자연스럽게 수행한다.

7-72] 몬테소리의 경험은 첫눈에 보이는 것보다 훨씬 더 복잡한 것으로 판명된다. 한편으로 학교의 쓰기 교수-학습은 너무 늦게 이루어진다. 운동 기능과 상징 기능에 관한 한 4~5세 무렵의 어린이들이 그 기제를 숙달하는 것은 당연하기 때문이다. 그러나 다른 한편으로는 6세나 심지어 8세에도 쓰기 교수-학습은 시기상조이다. 즉 (쓰기 교수-

학습은-K) 분트가 어린이의 초기 말 발달을 이해한 것과 같은 의미에서 인위적이다. 이것은 쓰기에 대한 필요가 성숙하고 쓰기가 필요해지기 이전에 어린이가 문해를 위한 기술을 먼저 갖춘다는 것을 의미한다. 근육 활동과 쓰기에 대한 상징적 지각이 놀이로부터 매우 손쉽게 일어나지만, 우리는 그것(쓰기-K)이 행동에서 수행하는 심리적 중요성이 어린이의 놀이를 훨씬 넘어섬을 잊어서는 안 된다.

'쓰기 교수-학습이 6세 심지어 8세에조차도 시기상조'라는 말은 시기상조니 가르쳐서는 안 된다는 의미가 아니라, 6~8세가 되어도 어린이 스스로 쓰기의 필요를 느끼지 않는다는 뜻이다. 누가 보아도 어린이가 국회에 공식적인 편지를 쓰거나 날마다 뉴스를 읽을 일은 거의 없으며, 어린이 개인의 심리적 측면에서 볼 때도 글말은 놀이에 꼭 필요한 것은 아니다. 분트는 어린아이는 자신이 원하는 것을 몸짓만으로도 충분히 얻을 수 있기 때문에 말 발달의 필요를 느끼지 않으며, 어린이의 말 발달은 그것의 필요를 숙지한 부모나 교사에 의해 '인위적'으로 이루어지는 것이라고 말한다. 따라서 이 문단에서 비고츠키는 분트를 인용하여 쓰기의 수단이 쓰기의 필요가 나타나기 훨씬 이전에 준비된다는 것을 말하고자 한다. 어린이의 문해 발달은 '잠재적으로' 이미 존재한다. 이러한 사실, 즉 전제 조건들이 종종 그 실제적인 필요가 나타나기 이전에 이미 갖추어진다는 사실은 고등 문화 행동들에 있어서 매우 분명하며, 이 사실로부터 근접발달영역이 창조된다.

7-73] 이러한 의미에서 몬테소리의 비판자들이 몬테소리의 자연주의적 해부학으로부터 도출된 발달에 대한 제한적 이해가 기계적이고 수동적인 어린이를 낳는다고 지적하는 것은 옳다. 헤센은 다음과 같이 말한다. "6주 안에 4~5세의 어린이들이 우리를 놀라게 할 만한 필체로 쓰는 것을 배운다. 그러나 어린이 필체의 정확함과 세련됨으로부터 잠시 눈을 돌려 쓰인 글의 내용을 들여다보자. 몬테소리의 어린들은 무엇

을 쓰는가? '탈라니 아저씨와 몬테소리 원장님의 행복한 부활절을 기원합니다.' '우리는 우리들의 교장 선생님이자 선생님인 몬테소리 의사 선생님을 사랑합니다.' '어린이 집, 캄파냐 거리' 등등."

*S. 헤센(Sergius Hessen, 1887~1950)은 폴란드 교육자였다. 그는 1909년에 하이델베르크에서 박사 학위를 받고 상트페테르부르크 대학에서 철학을 가르쳤으며, 1935년까지 소비에트에서 살다가, 폴란드로 돌아가서 역사와 자신의 문화적 교육 체계를 가르쳤다. 그는 슈프랑거, 케르셴슈타이너, 무초우와 함께 몬테소리를 비판했으며, 프뢰벨의 유치원 교육 체계를 지지했다.

7-74] 우리는 취학 전 연령의 아이들에게 읽기와 쓰기를 가르칠 수 있다는 것을 부인하는 것이 아니며, 오히려 학교에 입학하는 어린이들이 이미 읽고 쓰는 법을 아는 것이 바람직하다고 생각한다. 그러나 교수-학습은 읽기와 쓰기가 어린이에게 무언가를 위해 필요한 것이 되도록 계획되지 않으면 안 된다. 만약 그 기술들이 단지 웃어른에게 형식적인 축하 글을 쓰는 데에만 사용되고 최초로 얻어지는 말이 명백히 교사에 의해 촉발된다면, 그러한 행위에 참여하는 것은 순전히 기계적 성질을 띠게 되어 곧 어린이를 지루하게 만들게 되고 어린이의 능동성을 일깨울 수 없으며 어린이의 인격을 형성하지 못할 것이 분명하다. 어린이 스스로 읽기와 쓰기를 필요로 하지 않으면 안 된다.

7-75] 여기에서 몬테소리 학교 실험뿐 아니라 학교에서의 쓰기 교수-학습을 특징짓는 근본적인 모순이 매우 명백하게 드러난다. 즉, 쓰기는 복잡한 문화적 활동이 아니라 특정한 운동 기능으로 학습되고 가르쳐진다. 따라서 우리는 쓰기 교수-학습을 학령기 이전으로 앞당기는 첫 번째 질문과 더불어, 살아 있는 산술의 필요성에 비교될 수 있는 살아 있는 쓰기의 필요성을 보게 된다. 이는 쓰기가 어린이들에게 유의미

해야 하고, 자연적 필요성 즉 삶에 필요한 어린이 과업 속에 포함되어 있는 욕구에 의해 야기되어야 함을 의미한다. 그제서야 우리는 그것이 손과 손가락의 습관이 아닌 진정으로 새롭고 복잡한 형태의 말로 어린이에게서 발달될 것임을 확신할 수 있다.

비고츠키가 '살아 있는' 산술과 '살아 있는' 쓰기에 대해 말할 때 의미한 것은 무엇인가? 또 쓰기가 어린이에게 어떤 의미를 갖기 위해서는, 일상생활과 연관된 어떤 필요에서 나온 주제라야 한다고 말할 때 그가 의미한 것은 무엇인가? 여기에 몬테소리 유치원에서 조직된 과업 ("손은 깨끗이", "신발은 가지런히")이 포함되는가? 비고츠키는 '필요'를 매우 일반적으로 정의하고 있다. 유기체의 필요란 행동을 하도록 만드는 것이며, 예를 들어 음식에 대한 필요는 고양이로 하여금 쥐를 잡아먹는 행동을 하게 만든다. 이러한 이유로, 어린이 발달에서 놀이의 역할에 대한 강의에서 비고츠키는 필요가 어린이 행동의 동기가 되는 어떤 것으로 폭넓게 정의될 수 있다고 말한다(1978: 92). 이 정의에 따르면 "손은 깨끗이"와 "신발은 가지런히"와 같은 표지판을 게시하는 것은 필요로 간주되지 않는다. 어린이는 필요에 의해서가 아니라 어른이 요구하기 때문에 손을 깨끗이 씻거나 신발을 가지런히 놓는다. 반면 놀이는 실제로 행동의 동기가 된다. 이와 같이 비고츠키가 쓰기를 위한 '즉자적' 필요(잠재적 필요), '대타적' 필요(어린이가 아니라 부모와 교사에 의해 지각되는 필요), 마지막으로 '대자적' 필요(어린이에 의해 분명히 인식되고 그에 따른 행동이 이루어지는 필요)를 거듭 구분한 것에 주목하자.

7-76] 헤처와 같은 많은 교육자들은 읽기 쓰기 교수-학습에 대한 일반적인 몬테소리 정신에 동의하지 않을 것이다. 그럼에도 그들은 쓰기 교수-학습을 유치원으로 이전하는 것을 지지한다. 그러나 여기에서도 문제에 대한 그릇된 접근과 쓰기의 중요성에 대한 과소평가를 보게 된다. 이런 교육자들은 말처럼 읽기와 쓰기도 (기술이라는-K) 낱말의 본질적 의미에서 감각-운동적 기술과 더 관련되어 있다고 말한다. 쓰기에

대한 그런 접근보다 더 잘못된 것은 없다. 우리는 쓰기의 최종적 발달에 앞서 얼마나 복잡한 선역사가 요구되는지, 쓰기가 발달하고 확립되기까지 얼마나 큰 비약과 변형 그리고 발견이 필요한지 보았다. 우리는 어떻게 말이 어린이 행동에서 근본적 변화를 만들어 내는지를 안다. 따라서 우리는 읽기와 쓰기를 숙달하는 것이 단순한 감각-운동적 기술이라고 생각할 수 없다. 학교에서 이루어지는 가장 진보적이고 해방적인 문해 교수-학습의 방법에서조차 학생들에게 부과하는 까다로운 요구는, 읽기와 쓰기가 학교 수업의 교과가 될 수 없다는 사실이 아니라, 그 모든 방법들이 글말의 핵심성을 설명하는 대신 어린이에게 쓰기 기술을 준다는 사실로 설명된다. 읽고 쓰는 능력과 말하는 능력, 스스로 옷을 입고 벗는 능력과 그림을 그리는 기본적 능력 간에는 어떠한 근본적 차이도 없다고 헤처가 말한 것도 그리 놀라운 게 아니다. 헤처는 몬테소리가 보여 주었던, 쓰기 능력은 대체로 '근육의 힘'에 불과하다는 사실에서 이점을 발견한다.

당시에는 새로운 몬테소리 유치원 교수법과 기존의 프뢰벨 교수법 사이에는 모종의 대립 관계가 있었다. 두 학교 모두 유치원에서의 문해 교육을 지지했다. 그리고 몬테소리의 경우에는 특별히 고안된 펜, 프뢰벨의 경우에는 특수한 블록(은물)과 같은 교구를 판매했다. 몬테소리 학파는 신체(특히 손)의 물리적 성장에 맞추는 것을 뜻하는 '자연적' 방법을 주장했으며, 프뢰벨 학파는 문해란 말과 같이 신체적 기능일 뿐 아니라 심리적 기능이라고 주장했다. 비고츠키는 쓰기가 말의 한 형태라는 것에 동의한다. 표면적으로 보면 프뢰벨 학파는 단순히 사물을 갖고 하는 놀이를 강조한 반면, 몬테소리 학파는 그리기를 강조한다. 그런데 왜 비고츠키는 이 둘을 모두 거부하는가? 비고츠키는 쓰기는 결국 기능이라는 생각에 반대한다. 무엇보다 쓰기는 신체 기능처럼 점진적으로 발달하지 않는다. 쓰기는 놀이나 그리기와 같이 겉으로 보기에 관련이 없는 것처럼 보이는 활동들로부터 발달한다. 둘째, 쓰기는 혼자서 옷 입기, 이 닦기, 세수하기처럼 특정한 신체적 혹은 정신적 능력을 단순히 더해 가는 것이 아니다. 쓰기는 어린이가 어떻게 하는지 알고 있던 모든 것들을 혁명적인 방식으로 완전하게 재구조화한다. 어린이의 마음이 쓰기가 일어나도록 만드는 것이 아니라, 쓰기가 어린이의 마음을 일어나도록 만든다고 하는 것이 더 사실에 가까울 것이다. 비록 두 접근 모두 어린이 중심적이고 진보적이긴 하지만, 이들 모두 엄청난 양의 베끼기와 같은 엄격하고 매우 힘든 훈련을 강조한다. 이것은 교실에서 문학과 같은 문화적 활동을 하는 것이 불가능하기 때문이 아니라, 우리가 문화적 활동을 생리적 활동, 즉 손으로 쓰기 같은 활동으로 대체하고 있기 때문이다. 복잡한 문화적 실천을 신체적 기능으로 대체함에 따라, 우리는 문해 활동의 전체적 핵심을 놓치고, 그것을 흥미 없고 반복적인 것으로 만든다.

7-77] 우리는 이를 특히 몬테소리 방법의 최고 취약점으로 본다. 몬테소리에 의하면 쓰기는 순수한 근육 활동이며, 따라서 그녀의 어린이들은 내용 없는 편지를 쓴다. 쓰는 능력과 옷을 입는 능력 사이에는 근본적인 차이점이 있으며, 이것이 우리가 이 장을 통틀어 강조하고자 했던 것이다. 쓰기에 있어서 운동 근육 조절의 측면은 분명 중요한 역할을 수행하지만 이는 종속적인 것이며, 몬테소리가 실패할 수밖에 없었던 이유는 이에 대한 이해가 없었기 때문이다.

7-78] 이로부터 어떤 결론이 도출될 수 있는가?

7-79] W. 스턴은 4세 어린이에게 읽기 교수-학습이 필요하다는 몬테소리의 관점을 반박하였으며 모든 문명화된 국가에서 똑같이 생애 일곱 번째 해에 이 공부(읽기-K)가 시작되는 것이 우연이 아니라고 생각한다. 이를 뒷받침하기 위해 스턴은 M. 무초우의 관찰을 인용한다. 즉, 몬테소리 유치원에서 어린이들이 읽기와 쓰기에 관심을 가지는 것은 놀이가 부족하기 때문이라는 것이다. 어린이가 상상과 흥미 그리고 독립

적 놀이의 발달을 위해 더 많은 수업과 관찰, 작업을 할 수 있도록 F. 프뢰벨의 체계에 따라 꾸며진 정원에서 읽기와 쓰기에 관심을 기울이는 이 연령의 어린이는 거의 없었다. 무초우의 의견은 어린이가 지도 없이 스스로 읽기와 쓰기의 욕구에 이르는 방식에 대한 관찰로부터 간접적인 확증을 얻는다. 스턴에 의하면, 여기에서 이 능력의 성숙은 매우 다른 경로를 취한다.

*M. 무초우(Martha Muchow, 1892~1933)는 스턴의 제자였으며, 프뢰벨 학파와 밀접했다. 비고츠키는『생각과 말』2장 말미(2-9-14)에서 피아제의 결론의 한계를 입증하기 위해 무초우의 연구를 인용한다. 비고츠키와 마찬가지로 무초우 역시 거리의 아이들에게 관심이 있었다. 히틀러가 권력을 잡았을 때 무초우는 유태인이자 공산주의자로 고발당했으며, 강제 수용소 감금을 피하기 위해 스스로 목숨을 끊었다.

7-80] 앞에서 인용된 우리의 모든 관찰의 목적은 읽고 쓰는 능력이 옷을 입고 벗는 능력과 근본적으로 얼마나 다른지를 보여 주려는 것이었다. 우리는 어린이가 쓰기 교수-학습에 접근하는 방식의 독창성과 복잡성을 모두 드러내려고 노력했다. 교육의 과정을 심리적으로 조사하면서 종종 마주치게 되는 문제에 대한 거친 단순화는, 최고의 교육자들조차 쓰기와 옷 입기 기술을 본질적으로 동일한 것으로 간주하는 경향을 보인다는 것에서 가장 명백히 나타난다. 진정한 심리적 분석은 그것들이 얼마나 다른지 그리고 쓰기를 가르치는 것이 얼마나 복잡한 발달 경로를 취하는지를 보여 주며, 모든 교사는 실천적 경험으로부터 이것을 알고 있다. 쓰기를 기능으로 가르치는 것은 어린이의 문화적 발달이 아니라 생명 없는 편지와 손가락 운동을 이끌 뿐이다. 누구나 몬테

소리 어린이들의 편지를 읽으면 그들의 훌륭한 필체에 놀라게 되지만, 이 어린이들이 건반을 누르는 것을 배웠지만 자신의 손가락이 만들어 내는 음악은 듣지 못한다는 인상을 떨쳐 낼 수 없다.

7-81] 우리의 연구로부터 실제적 결론으로 내세우고자 하는 세 번째 입장은 자연스러운 쓰기 학습이 필요하다는 것이다. 몬테소리는 여기서 많은 것을 성취했다. 그녀는 이 활동의 운동적 측면은 자연스러운 어린이 놀이 과정에서 비롯될 수 있으며, 쓰기는 부과되는 것이 아니라 어린이와 함께 경작되어야 한다는 것을 보여 주었다. 그녀는 자연스러운 쓰기 발달 경로를 제시했다. 이 경로에서 어린이는 외적 훈련이 아니라, 발달의 자연스러운 하나의 계기로서 쓰기에 도달한다. 몬테소리는 유치원 교수-학습에 자연적 요소가 존재한다는 것을 보여 주었으며, 이는 최고의 교수-학습 방법은 어린이에게 읽기와 쓰기를 가르치는 것이 아니라 두 습관이 놀이의 목적이 되도록 하는 것을 의미한다. 그렇게 되기 위해서 쓰기는 반드시, 예컨대 말이 그러하듯, 어린이 삶의 요소가 되어야 한다. 이렇게 말을 배우는 방식으로, 어린이들은 읽고 쓰는 것을 혼자 힘으로 배울 수 있다.

7-77에서 비고츠키는 몬테소리 교수법의 최대 약점이 쓰기를 근육 발달의 문제로 생각하는 것이라고 말했다. 그러나 여기서 비고츠키는 몬테소리가 많은 것을 성취했다고 말한다. 즉 몬테소리는 그리기와 놀이를 통해 운동 활동을 끌어내었고, 어린이에게 쓰기를 강요하는 대신 쓰기가 어린이와 함께 자랄 수 있도록 만들었으며, 자연스러운 쓰기 발달 경로를 제시했다는 것이다. 비고츠키는 몬테소리에 대한 생각을 바꾼 것일까? 그렇지 않다. 1장 맨 앞(1-6)에서 비고츠키는 발달에 대한 자연주의적 접근법이 발달 초기에 중요한 역할을 한다고 주장했다. 그러나 그 역할은 고등심리기능이 본질상 자연적이지 않다는 사실 때문에 한계를 갖는다. 다음 단락에서 비고츠키는 몬테소리가 저차적, 자연주의적, 선천적 심리 기능에서 성취한 것들이 고등의, 문화적·사

회적 심리 기능에서도 성취될 수 있다고 주장한다.

7-82] 읽기 쓰기 교수-학습의 자연스러운 방법은 어린이를 둘러싼 상황을 적절하게 조직하는 것이다. 놀이 과정에서 어린이에게 읽기 쓰기가 반드시 필요해야만 한다. 몬테소리가 손의 운동 기능에 대해 성취한 것은 글말의 내적 측면과 기능적 습득에 대해 이루어져야만 한다. 어린이에게 쓰기의 내적 이해에 도달하고자 하게 만드는 욕구는 (운동 기능의 성장과 같이-K) 자연스러울 수 있다. 예를 들어 글자를 써야 하는 필요는 어린이 발달 과정 속에서 마주치게 될 것이다. 우리는 이를 매우 일반적인 방법으로만 나타낼 수 있다. 몬테소리에게 손의 노동과 선의 숙달이 쓰기 기능의 발달을 위한 예비 훈련인 것처럼, 우리가 제시한 계기들―그리기와 놀이―은 어린이의 글말 발달의 예비 단계로 기여할 것이다. 교육자는 어린이에게 적합하도록 활동을 배치하고 하나의 글말 형식에서 다른 글말 형식으로의 복잡한 이행 전체를 조직해야 한다. 교사는 어린이들이 결정적 계기들을 거쳐, 마침내 대상뿐 아니라 말 또한 그릴 수 있는 깨달음에 이르도록 안내해야 한다. 그러나 그러한 쓰기 교수-학습 방법의 개발은 미래의 문제이다.

비고츠키의 미래는 당연히 우리의 현재이다. 따라서 우리는 비고츠키의 방법을 좀 더 특정한 방식으로 제시해 보고자 한다. 어린이의 관점에서 영어 쓰기의 가장 불필요한 것 중 하나가 아마도 3인칭 단수 동사에 's'를 덧붙이는 것일 것이다. 예를 들어 'He work' 대신에 'He works'라고 써야 하는 것일 것이다. 그리고 아마도 또 하나의 불필요한 것 중 하나는 관사 'a'와 정관사 'the'를 쓰는 것일 것이다. 어린이는 이들의 필요성을 못 느끼기 때문에 사용하지 않는다. 초등 영어 교육 현장 연구에서 우리는 이를 활용한 게임을 만들어 적용해 볼 수 있다. 어린이는 과학 교과에서 비롯된 복잡한 문장을 결합하여 정확하게 표현할 수 있다.

> RED TEAM: "The light beam bends in the water.
> BLUE TEAM: (이유 묻기 '공격') Why?
> RED TEAM: Because water refract light."
> TEACHER: No.
>
> 교사가 게임 규칙을 통해 어린이를 3인칭 단수 동사에 붙는 's'와 정관사 'the'를 사용하는 상황에 놓음으로써, 어린이는 기능에 대한 필요성을 느끼게 되고, 게임에 이기기 위해 그것들을 사용하게 된다. 물론 이 게임을 하는 것은 과학 학습과는 다르다. 그러나 언어의 내적 측면인 규칙의 기능적인 적용은 같다고 볼 수 있다.

7-83] 실제적 필요조건을 요약해서 하나로 정리하자면 다음과 같이 말할 수 있을 것이다. 우리가 살펴본 바에 의하면 단순한 경필 쓰기가 아닌 글말의 교수-학습이 필요하다.

7-84] M. 몬테소리는 정상아뿐 아니라 동일한 지적 연령을 가진 정신지체아도 자신의 방법으로 가르쳤으며, 그 방법은 정신지체아에게 최초로 적용했던 세갱의 교수법을 발전시킨 것이라고 올바르게 지적했다. 몬테소리는 몇몇 정신지체아에게 철자법과 경필 쓰기를 성공적으로 가르쳐서 그들이 정상아들과 함께 일반적인 시험을 볼 수 있을 정도였다. 그 정신지체아들의 시험 수행 정도는 매우 좋았다.

> 몬테소리는 본인이 사용한 방법이 세갱이 정신지체아를 가르치기 위해 사용했던 방식에서 유래한 것이라고 말한다. 이것은 몬테소리가 운동 기능과 육체노동을 강조한 이유를 설명해 주는데, 왜냐하면 그것들이 정신지체아들이 일반적으로 갖게 되는 직업이 되기 때문이다. 비고츠키는 이로부터 몬테소리의 방법이 정상아에게는 불필요하다고 결론짓지 않는다. 비고츠키에게 정상아와 정신지체아의 발달 모두가 운동 기능으로부터 시작하기 때문이다. 몬테소리 유치원에서 정상아와 동일한 정신 연령을 지닌 어린이들(4~5세의 정신 연령)이 쓰기를 배운다

는 사실은 정상아와 정신지체아 사이의 두 가지 공통점을 제공해 준다. 첫째, 두 경우 모두 시험을 통과할 수 있다는 의미에서 어린이들이 성공적으로 읽기와 쓰기를 학습할 수 있다. 둘째, 두 경우 모두 어린이들이 자신이 하고 있는 것을 이해하지 못하며, 글을 쓸 필요성을 파악하지 못한다. 따라서 두 경우 모두 진정한 글말 학습이 아니다.

7-85] 따라서 우리는 두 가지의 매우 중요한 시사를 얻는다. 첫째는 (정상아와-K) 동일한 지적 연령을 가진 정신지체아도 읽기와 쓰기를 숙달할 수 있다는 것이다. 그러나 이는 우리가 앞에서 논의한 바 있는 글말 교수-학습에 대한 살아 있는 필요성의 부재를 더더욱 부각시킨다. 헤처가 어린이가 유아기에 글말을 아직 이해하지 못한다는 사실과, 그 결과 몬테소리의 주장은 교육적 가치가 없음을 지적하면서 몬테소리의 원칙을 거부한 것은 바로 이들 방법 때문이었다. 기계적으로 읽는 능력은 어린이의 문화적 발달과 읽기 쓰기 교육을 진전시키기보다는 지연시키는 경우가 흔하다. 헤처에 따르면 교수-학습은 어린이가 글말을 숙달하기 위해 필요한 심리적 성숙에 다다르기 전에 시작되어야 한다. 또한 헤처는 학습 방법과 관련해서 읽기 쓰기가 어린이 그리기를 통해 준비되고 학교 교육보다는 놀이 과정에서 나타나는 유치원 교육 방법을 지지하였다.

몬테소리와 헤처 사이의 시비를 가리는 것은 비고츠키의 관심사가 아니었다. 이들 두 사람 모두 그리기와 대상 놀이에 기반을 둔 방법을 발전시켰다는 점에서는 옳지만, 글말을 전체적으로 새로운 의식의 양식이라고 보지 못하고 신체적 기능이나 정신적 기능으로 보았다는 점에서는 둘 다 잘못되었다.

이 둘을 비교할 때 비고츠키의 주요 관심사는 다음과 같은 것이었다. 즉 어린이가 교사가 요구하는 대답을 하는 것처럼, 어린이의 학습을 향상시키는 방법들이 존재하지만, 발달에도 꼭 그러하다는 것은 아니다. 다시 말해 교사가 요구하는 대답을 잘해도 그것이 곧 어린이를 자발적 고등행동형태로 이끄는 것은 아니라는 것이다. 다음 장 말미에서도 동일한 결론을 볼 수 있다. 그리기와 놀이라는 형태와 마찬가지로 산술에 있어서도 어떤 방법은 한때는 한 걸음 나아간 것이었으나 지금은 어린이의 발목을 잡고 있는 원시적 방법을 단순히 강화하는 반면, 또 다른 방법은 어린이를 문화적으로 고등한 행동을 향해 나아가게 한다.

7-86] 단순히 표면적인 인증 여부를 떠나, 글말 자체의 숙달이 매우 중요하기 때문에 때때로 연구자들은 정신지체아를 읽을 수 있는 부류와 읽지 못하는 부류로 간단히 나눈다. 사실 말의 숙달 정도에 따라 정신지체아를 나누게 된다면, 전혀 언어에 능숙하지 못한 사람을 백치白痴, 입말만을 할 수 있는 치우癡愚, 쓰기 숙달이 가능한 우둔愚鈍으로 불릴 수 있다. 그러나 더 중요하고 더 어려운 과제는 우둔아에게 읽기와 쓰기의 기제뿐 아니라 실제 글말, 즉 그들의 생각을 글로 쓰고 표현하는 능력 또한 숙달하도록 가르치는 것이다. 우리는 이 문제에 대한 우둔아의 반응이 정상아보다 더 창조적임을 이미 알고 있다. 정신지체아는 글말을 숙달하기 위해 더 창조적인 노력을 경주해야 한다. 우둔아에게 있어 글말은 정상아보다 더 창조적인 행동이기 때문이다. 정상아에게서 관찰한 글말 발달의 동일한 계기를 우둔아가 얼마나 큰 어려움과 창조적 힘을 소모하면서 겪어 나가는지를 우리는 실험을 통해 보았다. 이런 의미에서 읽기 발달과 읽기 자체에 대한 이해는 문화 발달의 정점이며 우둔아는 이것이 충분히 가능하다고 말할 수 있다.

현재는 사용하지 않는 백치, 치우, 우둔이라는 용어를 사용한 것은 비고츠키가 저술했던 당시에 사용하던 용어를 그대로 살려 쓴 것이다.

현재에는 이를 모두 지적장애라는 용어로 사용하며 그 정도에 따라 1~3급으로 나눈다. 이 단락의 첫 부분에서 비고츠키는 그 당시 심리학자들이 정신지체아들을 분류하는 방식으로 이미 글말의 발달적 중요성을 인정했다는 것을 우리에게 상기시켜 준다. 그들은 말을 하지 못하는 '백치', 글말을 하지 못하는 '치우', 글말이 가능한 이를 '우둔'으로 나누었다. 이러한 용어는, 현재 IQ수치를 사용하여 다소 더 세밀한 등급을 사용한다는 것을 제외하고는 오늘날 사용되는 용어들과 별반 다르지 않다. 단락의 두 번째 부분에서 비고츠키는 우리에게 정상적 발달을 포함하는 모든 발달이 우회로를 갖는다는 것을 상기시켜 준다 (I권 1-146~148 참조). 그러나 정신지체아에게는 이러한 우회로가 훨씬 더 간접적일 것이다. 예를 들어 정신지체아가 낱말의 철자를 하나하나 파악한 다음 그것을 크게 말하는 것은 단순히 낱말을 인식하는 것보다 더 복합적인 상상을 포함하며, 낱말들을 묶어 한 문장으로 합하는 것은 단번에 전체 단락을 읽는 것보다 더 큰 창조적 통합을 요구한다. 글말은 어린이에게 장애가 있든 없든 문화적 성취의 왕관이라고 비고츠키는 말한다. 그것은 거대한 왕국의 지평을 열어 주지만, 다른 한편으로는 문화적 유산이라는 거대한 짐을 사용자의 어깨 위에 부과한다.

7-87] 시각 장애아의 경우, 우리는 읽기 쓰기가 단순한 미세 운동 기능이나 근육 활동의 범위를 얼마나 넘어서는지를 실험적 증거를 통해 보았다. 눈이 보이지 않는 경우 완전히 다른 내용의 기능이 요구되므로, 근육 활동은 눈이 보이는 경우와 완전히 다르다. 그러나 완전히 다른 관점, 즉 심리적 측면에서 보았을 때 시각 장애아의 문해력은 (정상아와-K) 동일하다. 시각 장애아는 글말을 시각 기능 체계로서 숙달할 수 없다. 따라서 기호와 관련된 모든 활동의 발달에서, 우리가 이미 말 발달과 관련하여 지적했던 것처럼 커다란 지연을 겪게 된다. 그리기의 결핍은 시각 장애아의 쓰기 발달을 크게 지연시키지만, 놀이에서 몸

짓 또한 대상에 의미와 목적을 부여하기 때문에 놀이는 직접적으로 쓰기를 이끌어 낸다. 시각 장애인은 문자를 나타내는 볼록한 점의 도움으로 읽고 쓴다. 시각 장애아가 두 개의 손가락을 이용하여 (점자를-K) 읽을 때 운동 기능은 완전히 독창적이다. 왜냐하면 촉각은 시각과 완전히 다르게 구성되기 때문이다.

7-88] 이는 우리에게 완전히 다른 운동 기능으로 보일 수 있으나, 시각 장애인도 심리적으로 정상인과 같은 과정을 통과한다고 들라크루아는 말한다. 주의는 점차적으로 기호에서 그것이 의미하는 바로 전환되며, 이해 과정은 정확히 같은 방식으로 발달하고 성립된다. 시각 장애인의 쓰기 발달에서 우리는 비정상아의 문화적 발달이 어떻게 실현되는지에 대한 매우 훌륭한 사례를 보았다. 기호 체계의 역사적 발달과 어린이 자신의 발달 사이의 불일치가 있는 곳에 우리는 특별한 문화적 기법, 즉 심리적으로 동일한 기능을 수행하는 특별한 기호 체계를 창조한다.

7-89] 청각 장애인의 글말의 특이성은 지금까지 충분히 인정받지 못하고 있으며, 청각 장애인의 언어 교수-학습의 모든 과정에서 가장 파괴적인 실수는 아마도 입말을 먼저 가르치고 그다음에 글말을 가르치는 것일 것이다. 하지만 그것은 그 반대로 이루어져야 한다. 청각 장애아의 주된 말 유형, 즉 일차 상징화는 글말이 되어야 한다. 읽기와 쓰기는 이 어린이들이 말을 배워 감에 따라 전개되어야 하며, 말은 쓰인 자료를 읽는 형태로 주어져야 한다. 따라서 글말이 청각 장애아의 언어 발달의 주된 경로가 되는 것이다. 만약 우리가 청각 장애아에게 단순한 글씨 연습이 아닌 글말을 가르친다면, 우리는 이 어린이를 고등한 발달 수준으로 이끌 수 있다. 다른 사람들과의 (음성적-K) 접촉을 통해서는 결코 이 수준에 도달할 수 없으며 오직 책을 읽는 것을 통해서만 도달할 수 있다.

●글말 발달의 선역사

이 장의 편집본은, 1978년에 출간되어 비고츠키에 대한 폭발적 관심을 불러일으킨, 비고츠키와 그의 제자들의 연구 모음집인 『마인드 인 소사이어티』의 마지막 장에서 '문자언어 이전의 과정'이라는 제목으로 소개되었다. 그러나 6장에서 비고츠키가 설명하고자 한 '말'이 추상적인 체계로서의 '언어'가 아니라 오히려 심리적 생각 기능과 연결된 구체적인 활동으로서의 말인 것처럼, 이 장의 '글말' 또한 어린이의 구체적인 쓰기 활동을 가리키며, 그 강조점이 어린이의 독립적 주도성과, 쓰기가 어린이 발달에서 야기하는 기능에 주어지기 때문에 단순히 읽기가 아닌 실제적 쓰기 활동에 방점이 찍힌다.

이 책의 마지막 장인 15장에서 비고츠키는 '선역사'가 무엇을 의미하는지 설명할 것이다. 무엇보다 먼저 그는 그것이 문자 그대로 역사 이전의 시기, 즉 인간이 말이 아닌 실제 대상을 나타내는 표지로 기록을 남겼던 시기를 의미한다고 설명한다. 이 기록들은 사건을 기록한 것이 아니라 대상을 기록한 것이기 때문에, 이야기story가 아니라 선역사 pre-history인 것이다. 둘째로, 선역사는 어린이의 일생에서 이야기를 말할 수 있기 이전의 시기, 즉 쓰기나 심지어는 말하기를 습득하기 이전의 시기를 의미하기도 한다. 비고츠키는 대부분의 사람들이 이 선역사의 시기에 일어난 사건들을 거의 기억하지 못한다는 사실이 매우 중요하다고 생각한다. 비고츠키는 역사가 선역사로부터 나타났듯이, 기억은 말로부터 나타났다고 결론짓는다(15-34).

이 장에서 비고츠키는 처음부터, 쓰기가 어린이의 말을 그대로 옮긴 것에 불과한 것이 아니라고 주장한다. 쓰기와 말하기는 몸짓을 선역사 시기의 공통 조상으로 갖는다. 비고츠키는 시각적 표상을 나타내기 위해 사용되는 두 가지 쓰기 전 단계의 방법, 즉 장난감과 그림을 연구 대상으로 제시한다. 비고츠키는 몬테소리가 쓰기의 '자연적 역사'를 발견하기 위해 노력한 점은 인정하지만, 이 자연적 역사를 생리학에서 찾으려고 했던 그녀의 접근 방법은 거부한다.

앞 장에서 비고츠키는 감정적·표현적인 음성 반응으로부터 시각적·지시적인 낱말 의미로의 혁명적 도약으로 말의 자연적 역사를 확립하려고 했다. 이제 이 장에서 그는 교사에 의해 문해 활동으로 발달될 수 있는 또 다른 혁명적 도약들, 즉 놀이, 그리기, 쓰기를 제시한다.

I. 비고츠키는 기계적인 쓰기를 맹목적으로 숭배하는 당시의 쓰기 교수법에 대한 비판으로 시작한다(7-1~5). 비고츠키는 이론적으로는 쓰기가 발화된 낱말에 대한 기호 체계이므로 이는 '실제' 대상과 관계를 나타낸다는 점을 인정한다(7-5). 그러나 비고츠키는 쓰기 발달이 다른 중요한 심리적 기능들 및 그 외적 활동과 마찬가지로 비선형적이며(7-7), 혁명적이며(7-9), 후속 형태와 명백히 연결되지는 않는 과도적 형태로 특징지

어진다고 말한다(7-11). 그리기는 연필을 갖고 하는 몸짓과 거의 같은 것으로 판명된다. 그림을 그리는 어린이의 행동은 종종 그들의 말에 수반되며, 그림은 종이 위에 남은 행동의 흔적이다(7-16). 놀이는 몸짓으로 통합되는 장난감, 도구, 기호를 이용한 고도로 복잡한 형태의 말로 여기에서 모상적·지시적·상징적 의미가 혼재한다(7-1~7-22).

II. 비고츠키는 대상을 가지고 하는 놀이와 그리기에 대한 실험적 연구에 눈길을 돌린다. Ch. 뷜러와 H. 헤처의 실험에 대해 논의하면서 비고츠키는, 그들의 자료가 쓰인 기호를 사용하는 능력이 발달한다는 것을 보여 준다는 점에는 동의하지만, 이 능력이 어린이가 놀이를 하거나 그리기를 시작하는 즉시 나타나는 것은 아니라는 점을 강조한다(7-23~7-65).

A. 비고츠키는 대상을 이용한 놀이가 세 살쯤에 시작되어 다섯 살쯤에 고도로 발달한다는 점을 언급한다(7-23). 그러나 그는 놀이에 사용되는 대상이 그것에 의미를 부여하는 몸짓의 행동 가능성을 내포하고 있어야 한다는 점 또한 지적한다(7-24). 이는 어린이가 대상이 지닌 모종의 특성을 추출하도록 인도한다. 이 과정은 잉크를 의미하는 러시아어 낱말이 처음에는 검다는 특성에서 추출되어 나중에 글 쓰는 수단으로서의 속성으로 일반화되었던 앞 장의 사례를 상기시킨다(7-28). 따라서 그는 어린이가 매우 일찍부터 대상과 의미 사이의 관계가 가지는 '조건적' 본성을 배운다는 것을 수용하지만(7-31), 대상과 의미 사이를 이어 주는 '몸짓'이 완전히 사라지려면 상당한 기간이 소요된다는 점을 덧붙인다(7-33).
B. 이제 비고츠키는 그리기에 대해 논의한다. 어린이가 단순히 반응하는 것이 아니라 행위를 시작하고 계획하는 능력을 발달시킴에 따라, 그림 속 대상에 명칭을 부여하는 행위는 그림을 그리고 난 후에서, 그림 그리는 도중으로, 마침내 그리기 이전으로 이동한다는 것을 처음으로 지적한 사람은 뷜러였다(7-29). 뷜러는 또한 어린이가 그림을 그리면서 자신이 그리는 대상을 바라보지 않는다는 점을 지적하면서 어린이의 그림은 그의 지각이 아닌 기억을 나타내는 것이라고 결론짓는다(7-36). 그러나 비고츠키는 어린이의 그림이 대상에 대한 어린이의 정신적 표상을 나타내는 기호라는 점에는 동의하지 않는다. 그는 어린이가 그림을 대상의 표상이 아니라 대상의 특이한 복제품으로 생각하는 듯하다고 지적한다. 예를 들어 어린이는 자신이 종이 위에 그린 선들을 손으로 끄집어내려고 하는가 하면 뒤통수를 그린 그림을 뒤집어 반대편에 얼굴이 있는지 확인하려고 한다(7-42~7-44). 어린이의 그림에서 변화하는 것은 표상의 기계적·기술적 방법이 아니라 어린이가 표상 자체와 관계를 맺는 방식이다. 즉, 처음에는 그림 문자적 쓰기였던 것이 표의 문자적 쓰기로 변하는 것이다(7-46). 비고츠키는 대상을 이용하는 놀이에서와 마찬가지로 그리기에서도 결정적인 변화는 말의 영향하에 일어난다고 결론짓는다(7-47).
C. 비고츠키는 동료인 A. R. 루리야가 수행한 일련의 실험들을 덧붙인다. 이 실험들은 본질적으로 쾰러의 방법을 적용한 것들이다. 쾰러가 침팬지에게 과일을 보여 주고 이를 획득하는 데 도움이 되는 막대나 상자 등을 제공한 것과 같이 루리야는 쓰

기를 하지 못하는 어린이에게 기록이 필요한 과업을 부여하고 어린이에게 쓰기에 필요한 도구를 제공한 후 일어나는 일을 관찰하였다. 이 실험으로부터 '기능적 이중자극법'이 발전되었다(7-50). 루리야는 최소한 세 가지의 구분된 단계들을 확인하였다. 1단계에서 쓰기는, 심지어 어린가 때때로 표시들을 지적하면서 그 표시가 무엇을 말하는지 기억하는 경우가 있더라도, 어른의 행위에 대한 모방일 뿐 객관적인 의미를 가지지 않는다(7-51). 2단계에서 쓰기는 그림 문자적, 표의 문자적으로 변한다. 이 이행에서 숫자는 중요한 역할을 하는 것으로 보인다. 하나의 표시는 한 대상을 나타내고 그런 후 양의 관념을 나타낸다(7-52~53). 3단계에서 마침내 어린이는 출발점인 '말 그리기'의 관념으로 돌아가 진정한 의미에서의 쓰기를 취한다. 비고츠키는 이로부터 놀이-그리기-쓰기라는 발생적이고, 또한 교육적인 순서를 도출한다(7-58).

D. 이러한 단계별 이행에 있어 말은 중요한 역할을 하며 묵독으로의 이행에 있어서도 예외가 아니다. 비고츠키는 묵독이 학교 교육의 첫해부터 책을 읽을 때 시선의 역방향 움직임을 감소시키고 눈이 새로운 정보를 수용하는 단속적 도약을 확장시킨다는 것을 실험적 연구가 보여 주었다는 점을 지적하면서, 묵독이 사실상 이해를 향상시킨다고 결론 내린다. 그는 어린이가 소리 내어 읽을 때 눈이 빠르게 수용하는 정보와 말이 느리게 제공하는 정보 사이의 격차가 생기며, 후자는 전자가 발달할 수 있는 시간과 공간을 양보하면서 궁극적으로 소멸되어야 한다고 주장한다. 이런 식으로 묵독은 소리 없는, 말로 하는 생각과 유사하게 발달한다(7-59~7-65).

III. 비고츠키는 네 가지 교육적 권고로 이 장을 마친다(7-66~7-89).

A. 비고츠키는 전 학령기에 쓰기 학습을 시작하는 것을 옹호한다(7-67). 한국에서 이것은 혁명적 제안이 아니지만, 그 당시에는 강력한 옹호자(몬테소리, 버트)와 반대자(스턴, 무초우)들 사이에 큰 논란거리였다. 비고츠키는 뷜러와 헤처의 입장을 공유했다. 그들은 쓰기를 가르치는 것이 가능하다고 생각했으며, '자연적 방법'을 이용한 몬테소리의 성공에 박수를 보냈다. 그러나 그들은 가르치고 있는 것이 진정한 의미의 쓰기인지에 대해서는 회의적이었다.

B. 비고츠키는 전 학령기의 쓰기와 읽기가 몬테소리가 실행했던 기계적인 감각-운동적 습관의 훈련으로 환원될 수 없다고 말한다. 의심할 여지없이 쓰기에는 자연적 토대가 존재하며, 그것은 이 시기에 발달하는 어린이의 다른 개인적 기술과 여러 가지 면에서 비교될 수 있다(7-76). 몬테소리 방법의 위험은 어린이가 이 자연적 단계에 너무 오래 머무르거나, 경필 쓰기에 불과한 쓰기만을 배울 우려가 있다는 것이다.

C. 비고츠키는 쓰기의 문화적 의미를 전수할 수 있는 '자연적' 방법을 찾아야 한다고 주장한다. 물론 비고츠키는 이미 이 자연적 방법의 토대(놀이와 그리기)를 지적했다.

D. 비고츠키는 단순히 글자와 베껴 쓰기를 가르치기보다, 어린이가 글말의 필요성을

느끼도록 가르쳐야 한다고 말한다. 이를 증명하기 위해, 비고츠키는 특수 교육의 사례를 지적한다. 쓰기는 한편으로 '치우'와 정신지체를 나누기도 하고, 다른 한편으로 지체아가 노력을 통해 문화적 발달의 모든 보물에 이르는 우회로를 찾을 수 있게 해 준다(7-86). 비고츠키는 청각 장애아에게 글말을 먼저 가르쳐야 하며, 입말은 글말을 소리로 받아 옮긴 것이 되어야 한다는 역제안을 하면서 이 장을 끝낸다(7-89).

제8장

산술 조작의 발달

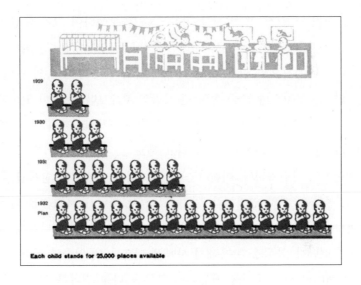

O. 노이라트의 아이소타입 연구소에서 개발한 그림그래프.
도시의 탁아시설 증가치를 그림과 숫자를 혼합한 형태로 보여 주고 있다

8-1] 배열의 원칙, 즉 양에 특정한 구조를 부여하여 그것을 한눈에 보고 알 수 있게 만드는 것은 지금도 여전히 큰 양을 다루는 기본적인 심리적 조작 원칙으로 잘 알려져 있다. 도열해 있는 부대 속의 군인 한 명의 부재는 무질서한 군중 속의 한 사람의 부재보다 훨씬 더 알아채기 쉽다. 만약 우리가 노래나 시를 듣는데 박자가 생략되거나 운이 맞지 않는다면 운율이나 분절법을 모른다고 해도 그 생략을 느끼게 될 것이다. 어린이도 마찬가지다. 어린이는 한 덩어리의 무질서한 항목을 취해서 그것들을 군대의 연대처럼 정렬하고 즉각 하나가 빠졌음을 알아낸다. 어린이는 단위 규격의 가치를 아주 잘 알고 있다. 이는 다음의 예에서 잘 드러난다. 블록을 사용해서 사물을 만드는 데 익숙한 어린이들은 모형 트랙터와 같은 물건을 만들어서 블록을 나눈 결과를 확인하기 시작할 것이다. 모든 어린이들이 동일한 방식으로 트랙터를 만들고, 각자 트랙터를 만들기에 충분한 블록을 갖고 있는지를 알아볼 수 있다. 어린이는 이 트랙터들을 이용해서 분배의 결과를 비교한다.

> 6장에서 비고츠키는 입말이 시각적 몸짓으로부터 시작되어 상징적 표현으로 발달한다고 말한다. 그러나 '배보다 배꼽이 크다'나 '멘붕'과 같은 은유적 표현에서 여전히 상징적 표현의 시각적 근원을 발견할 수

있다. 7장에서 비고츠키는 글말이 시각적 그림과 대상 놀이로부터 시작되어 상징적 표현으로 발달한다고 말한다. 그러나 한문이나 간판의 글자에서 여전히 상징적 표현의 시각적 근원을 발견할 수 있다. 이 장에서 비고츠키는 같은 방법을 사용한다. 블록과 같은 산술 표현의 시각적 형태로부터 시작하여 상징적 표현 즉 수와 계산으로 나아간다. 그러나 막대그래프나 그림그래프(인구가 많은 나라를 큰 사람으로 표현하고, 인구가 적은 나라는 작은 사람으로 표현), 혹은 어마어마한 수치를 말할 때 사용되는 '지구를 몇 바퀴 돌 정도로 많다'와 같은 언어 표현에서도 여전히 상징적 표현의 시각적 근원을 발견할 수 있다.

8-4에서처럼 블록을 이용해서 트랙터나 시계를 만들면 아마도 다음과 같을 것이다.

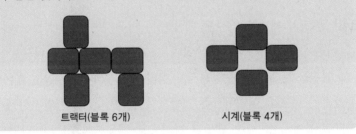

트랙터(블록 6개)   시계(블록 4개)

8-2] 어린이가 이러한 모형의 구성 자체를 목적이 아닌 산술적 놀이, 즉 수단과 증명으로 본다는 것은 주목할 만하다. 어린이 모두가 트랙터를 만드는데 한 어린이만 "나는 시계를 만들었어."라고 말한다면, 다른 어린이들은 그 시계를 분해해서 트랙터를 만들라고 요구할 것이다. 어린이들이 만든 것은 비교가 가능해야 한다. 그것은 계산의 단위이다. 어린이들은 모두가 트랙터를 만들고 한 명만 시계를 만든다면 이에 반대할 것이다. 그들은 증명 수단을 박탈당했다고 생각할 것이다. 즉 공통분모가 없다는 것이다.

비고츠키는 동일한 활동을 조금씩 다른 방식으로 다양하게 조망한다. 즉 동일한 활동이 움직임과 의미의 체계라는 뜻에서는 하나의 '놀이'가 되며, 블록들이 동일하게 분배되었다는 것을 보증한다는 점에서는 '수단'이 되며, 수학적 문제를 기하학적으로 증명한다는 점에서는 '증명'이라고 할 수 있다. 이후 8-8에서 어린이는 완전히 추상적인 형태를 사용하며, 이를 통해 어린이는 십진법 체계를 매우 유사하게 표현하게 된다. 비고츠키는 트랙터와 시계라는 말 대신 형태나 모형이라는 말을 쓰기도 한다. 주로 사용되는 '형태(피구르Фигур)'는 더욱 추상적인 낱말이며, '모형(모젤модель)'은 좀 더 구체적인 낱말이다. 비고츠키에게 있어 동일한 생각을 이렇게 조금씩 다른 방식으로 나타내는 것은 발달이라는 관념을 표현하는 중요한 수단이다.

8-3] 증명의 계기를 더 어렵게 만드는 더욱 흥미로운 실험 사례들이 있다. 어린이들은 다양한 색깔, 형태, 크기를 가진 연필을 나누어야 했다. 이 연필들은, 모양이 동일해서 트랙터 모양을 만들기 쉬운 블록이나 바둑알과는 다르다. 어린이들은 그들의 산술 관점에서는 완전히 옳지만 우리의 관점에서 볼 때는 잘못된 방식으로 행동한다. 그들은 다양한 연필들을 무리 짓기 시작하지만 그 결과는 모두 다르게 나타난다. 그다음은 어린이들이 무리를 똑같이 만들려고 한다. 즉 한 연필은 위에 다른 연필은 아래에 둔다. 마지막으로 어린이들은 연필 막대기를 만든다. 모든 연필은 막대기로 줄 세워지며 각자 하나의 막대기를 얻게 된다. 그러나 어떤 것은 다섯 개의 짧은 것(연필-K)으로, 다른 것은 두 개는 긴 것(연필-K)으로 이루어진다. 산술적 관점에서 이것은 잘못된 분배이지만 어린이들이 의존하고 있는 형식적 관점에서는 옳은 것이다.

우리는 비고츠키의 방법이 흔히 과정에 개입하여 그것을 더 어렵게 만드는 것임을 알고 있다. 예를 들어, 『생각과 말』 2장의 자기중심적 말에 대한 연구에서 어린이에게 하늘이나 바다를 그리라고 하고 파란색 연필을 감춘다. 이와 유사하게 I권에서는 어린이에게 기억해야 할 자극을 두 개(한 손에 하나씩)가 아니라 열 개(한 손가락에 하나씩)나 제공한다(I권 5-107 참조). 그리고 어린이가 썰매 그림을 보면 말 건반을 치고 칼 그림을 보면 빵 건반을 치는 것에 익숙해졌을 때, 비고츠키는 건반에 붙은 그림을 바꾸어 버린다(I권 5-123 참조). 어린이의 관점에서 보았을 때 비고츠키는 매우 성가신 실험자였을 것이다.

동일한 방법이 여기에서 사용된다. 어린이들은 블록들을 분배하는 완벽하게 좋은 방법을 알고 있다. 그러나 실험자는 블록이 아닌 다양한 모양과 크기의 연필을 제공함으로써 그들의 방식을 방해한다. 물론 어린이들은 먼저 블록을 가지고 했듯이 다양한 무리의 연필들을 늘어놓는다. 그러나 어린이들은 곧 연필의 길이가 서로 달라서 똑같이 나눌 수 없다는 것을 발견하게 된다. 다음 단계는 두 명의 어린이가 그들이 가진 연필을 나란히 늘어놓아 하나씩 비교하는 것이다. 만약 한쪽의 연필이 너무 길다면 다른 어린이가 짧은 연필 하나를 주어서 길이를 맞출 것이다. 결국 최종 단계에 이르러서 어린이 각자는 똑같은 길이의 '막대기'를 갖게 된다.

1단계: 연필의 개수가 같음.

어린이 A: ＿＿ ＿＿ ＿＿＿

어린이 B: ＿＿ ＿ ＿＿＿

어린이 C: ＿＿＿ ＿＿＿ ＿＿

2단계: 연필의 길이 비교.

어린이 A: ＿＿＿

어린이 C: ＿＿＿＿＿

3단계: 연필의 총 길이가 같음.

어린이 A: ＿＿ ＿＿ ＿＿＿

어린이 B: ＿＿ ＿＿ ＿ ＿＿＿

어린이 C: ＿＿＿ ＿＿＿＿

8-4] 또 다른 매우 흥미 있는 계기는 다음과 같다. 우리는 일반적으

로 제수除數보다 큰 나머지를 가질 수 없지만, 어린이들이 마주치는 상황은 다르다. 어린이는 '트랙터'에 맞추어 나누기를 한다. 나누기는 다음과 같이 진행된다. 어린이들은 즉시 몇 개의 트랙터나 시계를 만든다. 트랙터를 만드는 데는 여섯 개의 블록이 필요하며, 그 놀이에는 네 명이 참여한다. 블록이 다섯 개 남은 상황을 상상해 보자. 네 명의 어린이에게 다섯 개의 블록을 나누어 줄 수 있는가? 그렇다. 하지만 다섯 개의 블록으로는 트랙터를 만들 수 없으며, 결과적으로 어린이에게 있어 다섯 개의 블록—제수보다 더 큰 수—이 나머지가 된다. 이것은 주어진 나누기 방법으로는 나눌 수 없는 양이다.

8-5] 이러한 사실들에서 우리는 나누기가 이미 매개된 조작이라는 실험적 증거를 포착했다. 어린이들은 네 명에게 다섯 조각을 분배하는 것을 거부하고 그것들을 나머지로 취급한다. 어린이는 시각을 사용하는 대신, 트랙터나 시계와 같이 측정 단위로 쓰이는 특정한 모양을 선택하여 나눈다. 만일 단위가 여섯 개의 조각이나 블록으로 이루어졌다면, 다섯 조각이 나머지가 된다. 다시 말해, 매개되지 않은 산술을 통해서는 불가능한 상황이다.

8-6] 비매개적 산술에서 매개적 산술로의 이행, 즉 눈의 반응으로부터 트랙터, 시계 또는 막대기와 같은 보조(수단-K)에 대한 반응으로의 이행 속에서, 우리는 어린이 산술 발달의 가장 중요한 계기를 목격한다.

8-7] 심각한 정신지체아에 대한 란쉬부르크와 그의 제자들의 관찰은, 양에 대한 직접적인 반응으로부터 단위로 사용되는 보조 수단에 대한 반응으로의 이행이 이들 어린이에게서는 일어나기 어렵다는 것을 보여 주었다. 심각하게 지체된 이들에게 십진법 체계는 거의 접근 불가능한 어려운 것으로 판명되었다. 이러한 어린이들은 십 이상을 셀 수 없다. 즉 그 체계 자체가 그들에게 동화될 수 없다. 란쉬부르크가 말한 바와 같이 어린이의 발달에는 산술 동화가 얼마나 잘 일어날 것인지 예측

할 수 있는 중요한 징후가 있다. 만약 어린이가 내가 말한 나누기 방법에 의존하지 않는다면 이 어린이가 문화적 산술을 획득할 수 없을 것이라고 충분히 예상할 수 있다. 수 세기 발달의 첫 번째 수확은 직접적 지각의 수 세기로부터 수를 특정한 기호와 동일시하여 그 기호를 가지고 조작하기 시작하는 간접적 수 세기로의 이행이다.

> 본문의 '나'는 비고츠키 본인을 가리킨다. 8장은 비고츠키의 강의록 중 일부로서 곳곳에 구어체가 나타난다.
>
>
> *P. 란쉬부르크(Pál Ranschburg, 1870~1945) 분트의 제자이자, 헝가리의 실험 심리학자였으며 1899년에 헝가리 최초의 심리학 실험실을 설립했다. 1918년 부다페스트 대학교의 교수가 되었으며, 그곳에서 문해와 청소년 비행, 특히 무엇보다 정신지체에 관한 연구를 하였다. 그는 난독증이라는 용어를 처음 만들어 낸 사람이기도 하다. 란쉬부르크는 유태인이었으나 헝가리에 머물렀고 1943년 하반기에 책을 출판하기까지 했는데 이것은 호르티 치하의 헝가리 최초의 파시스트 정부가 히틀러의 유태인 정책을 전적으로 수용하지 않았기 때문에 가능했다. 란쉬부르크는 소련군의 부다페스트 포위 작전 당시 희생되었는데 이때 오만 명에 달하는 헝가리인과 거의 모든 유태인들이 나치 민병에 의해 살해당했다.

8-8] 전 학령기 산술(에 대한 논의-K)을 마무리 짓기 위해서 그 발달을 종결짓는 최종 단계를 제시하고자 한다. 곧 더 나이 든 어린이는 '트랙터'나 '시계'로 나누는 것이 그들이 직면한 즉각적 과업으로부터 에너지, 주의, 시간을 낭비하게 한다는 사실과 마주하게 된다. 어린이는 산술적인 난관에 직면하게 되는데 그런 것 중 하나가 나머지가 제수를 초과하는 경우이다. 어린이는 또 다른, 더 단순한 조작 형태로 나아간다. 어린이는 '트랙터'나 '시계' 같은 특정한 형태가 아니라, 숫자에 대응하

고 단위로 공유될 수 있는 주어진 공간적·추상적 형태를 기초 수단으로 사용하기 시작한다.

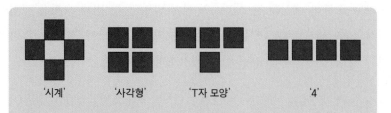

'시계'   '사각형'   'T자 모양'   '4'

우리는 어린이들이 이런 모양들과 같은 수 세기 단위를 만들고 사용하는 것이나 놀이에서 점수를 기록할 때 한자正를 사용하는 것을 쉽게 떠올릴 수 있다. 여기서 공간적 배열이 수를 나타내는 하나의 단순한 방법이며, 어떤 형태적 의미도 갖지 않는다는 것에 주목하자. 이와 같은 공간적 수 세기 배열은 주사위, 도미노 같은 놀이에 여전히 존재하고 있다. 도미노와 주사위의 점들은 숫자 외에 어떤 의미도 없다. 이런 방식으로 만들어진 십의 단위를 통해서 어린이는 십진법 체계에 매우 근접하게 된다는 것에 주목하자. 그렇지만 다음 단락에서 비고츠키가 말했듯이 어린이가 십진법 체계를 스스로 만들어 낼 수 있을지 없을지는 알 수 없다. 왜냐하면 윤리적 이유로 십진법을 가르치지 않고 어린이가 스스로 십진법 체계를 만들어 낼 때까지 하염없이 기다릴 수는 없기 때문이다.

8-9] 이것이 우리가 추적할 수 있는 전 학령기 산술 발달의 최종 단계인 것으로 보인다. 어린이가 학교에 가서 우리의 수 세기 형태를 배우지 않고 자연적·생득적 경로를 따라 계속 발달한다면 추후의 발달이 어떤 경로를 취할지 알 수 없다. 실제로 우리는 이를 관찰할 수 없다. 어린이 발달에서는 거의 언제나 매우 중요한 계기, 즉 하나의 산술 형태와 어른이 가르쳐 주는 다른 산술 형태 사이의 충돌이 존재한다. 교육자와 심리학자는 어린이 산술의 문화적 동화가 갈등적이라는 것을 알아야 한다.

8-10] 다시 말해서 이러한 발달은 어린이가 스스로 발달시킨 양을 조작하는 형태들과 어른에 의해 제공된 형태들 사이에 특정한 변화, 대치, 충돌을 지니고 있다. 지금까지는 심리학자들과 수학자들이 두 진영으로 나뉘어 있었다. 어떤 이들은 산술 학습의 과정이 다소 선형적이며, 학교 수학을 준비하는 전 학령기 수학은 어린이가 말하기 전에 옹알이를 하는 것처럼 자연스러운 것이라고 말한다. 학교 교사는 단지 어린이들이 같은 방향을 향해 더 나아가도록 이끌고 인도할 뿐이다. 다른 수학자들은 그 과정이 완전히 다르다고 주장한다. 전 학령기와 학령기 단계 사이에 특정한 차이, 즉 한 노선에서 다른 노선으로의 변화가 존재한다. 이러한 변화는 어린이 산술 발달의 전환점을 표시한다.

8-11] 어린이는 직접적 지각으로부터 간접적 경험, 즉 우리가 사용하는 기호, 숫자 그리고 그 표기 규칙들의 숙달로 나아가며, 이 규칙들은 대상에 대한 조작이 수 체계 조작으로 대체된다는 사실로 이루어진다. 만약 우리가 특정한 수의 물건을 특정한 수의 참가자들에게 분배하고 싶다면, 먼저 물건의 수와 참가자의 수를 계산한다. 그러고 나서 나눗셈을 한다. 어린이가 수에 대한 직접적 반응으로부터 기호에 대한 추상적 조작으로 이행하는 계기는 충돌의 계기이다. 그것은 이전의 발달 노선과 학교 기호의 동화로 시작되는 발달 노선 사이의 충돌을 만들어 낸다.

8-12] 우리는 완전히 선형적인 발달을 상상할 수는 없다. 거기에는 항상 도약과 단절과 굴절이 있다. 한편으로는 진짜로 수를 센다고는 볼 수 없지만, 다른 한편으로는 이미 자연적 산술을 시작한 어린이들을 관찰하는 것은 흥미로운 일이다. 이를 통해 우리는 이 두 가지 방법들이 서로 충돌하고 밀어내는 것을 보게 된다. 따라서 우리는 중심적이고 잘 알려진 산술의 방법론적 논쟁에 이르게 된다. 어떻게—모형으로 세기, 아니면 수를 이용한 세기를 강제함으로써—셈하기를 가르칠 것인가?

8-13] 지금까지 수 세기와 어린이 지각의 관계를 살펴보았다. 우리는 발달의 첫 단계에 수 세기의 보조 수단이 존재한다는 것을 보았다. 도열한 군인들과 군중들 속에서 한 사람이 빠진 것을 알아채는 것에 관한 간단한 예를 제시했다. 시각적 인상의 특정한 배열과 규칙성, 즉 형태는 양을 바르게 파악하는 가장 중요한 기둥들 중 하나이다. 어린이 발달에 있어 이 첫 단계―배열 형태와 그것에 대한 지각―는 가장 중요하다. 이것이 수 지각 발달을 위한 자극인 것이다. 간단한 도미노 게임을 해 보면 수 세기를 할 줄 모르는 어린이도 2를 나타내는 모양끼리 짝을 지음으로써 놀이를 할 수 있음을 볼 수 있다. 질서 있는 형태가 원시적인 산술을 매우 높은 수준의 산술 발달로 향하도록 자극하고 촉진한다는 것은 아주 명백하다. 이것은 다른 수 세기 체계에서는 다른 대상들이 사용될 수 있다는 것을 시사한다. 언제나 똑같은 단위를 사용해서 셀 수는 없다는 것이 명백하다.

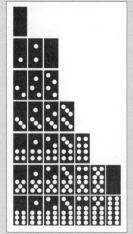

사실 도미노는 매우 오래된 놀이이다. 우리나라에서는 모 피자 회사의 상표로 사용되거나, 수많은 수의 도미노들을 다양한 모양으로 세워 놓고 연속적으로 무너뜨리는 놀이를 의미하지만, 이 단락에서 말하는 도미노 게임은 이런 것과는 거리가 멀다. 도미노를 무너뜨리는 놀이는 도미노 게임의 규칙을 이해하기에는 너무 어린 아이들이 도미노를 일렬로 세워 놓고 놀면서 생겨난 것이다. 도미노 게임의 규칙은 다음과 같다. 각각의 도미노는 한 면이 반으로 나뉘어 양쪽 끝에 1~6까지의 숫자가 쓰여 있다. 놀이하는 사람들에게 정해진 숫자의 도미노(7개 정도)를 주고, 도미노 한 개를 한가운데에 내려놓는다. 그런 다음 순서에 따라 돌아가면서 도미노를 하나씩 내려놓는다. 이때 바닥에 놓

8-14] 형태를 지각하는 기능은 수 세기 숙달에 선행한다. 따라서 만약 어린이가 블록들을 십자 모양으로 간주한다면 어린이는 하나를 더 생각하게 된다. 즉, 그 어린이는 형태적으로 수직과 수평으로 두 줄 모두에 속하는 중앙에 있는 동일한 블록을 두 번 세는 것이다. 어린이는 이 블록을 건너뛰어야 한다는 것, 즉 그것을 형태 밖에 두어야 한다는 것을 알지 못한다. 그런 연구는 최근에 우리 동료(루리야-K)에 의해서도 수행되었다. 연령이 높고 문화적으로 더 발달한 어린이일수록 그런 실수를 덜 한다는 것을 보여 주는 자료들이 수집되었다. 만약 우리가 더 복잡한 형태(서로 교차하는 두 개의 사각형 모양의 블록들)를 놓는다면 양쪽 사각형 모두에 포함되는 블록들이 생겨난다. 여기서 수 세기는 더 혼란스러워진다. 일반적인 원칙으로 우리는 다음과 같은 입장을 표명할 수 있다. 형태를 극복한 어린이는 올바른 수를 제시하고, 형태에 집중하는 어린이는 결국에는 잘못된 수를 제시하게 된다. 그러나 우리가 어린이의 혼동을 완화하기 위해서 다른 색상으로 된 사각형을 제시하기만 하면 어린이의 오류 횟수가 줄어드는 것을 보게 된다.

본문에 나오는 십자 모양 블록과 교차하는 두 개의 사각형 모양의 블록은 루리야의 논문 『어린이의 문화적 행동』("The Cultural Behavior of the Child", in *The Vygotsky Reader*, van der Veer and Valsiner(eds.), Blackwell: 1994, p. 49)에 나오는 다음 그림과 같은 것으로 보인다. 루리야는 다음과 같이 말한다.

"우리가 만일 어린이 앞에 블록들을 아무렇게나 던져 주고 그 수를 세어 보라고 한다면, 그 과업이 그렇게 쉽지 않다는 것이 드러날 것이다. 그런데 만약 이 블록들을 명확한 형태로, 예컨대 십자가, 사각형 등으로 바꾼다면 상황은 달라질 것이다. 어린이는 블록들을 하나의 단일한 체계의 요소로서 실수 없이 빠르게 셀 수 있게 될 것이다. 우리는 경험을 통해 적당한 체계가 7~8세의 어린이로 하여금 수 세기를 가능하게 만든다는 것을 알게 되었다. 블록들을 두 개의 교차선의 모양 즉 십자 모양으로 배열하고, 어린이로 하여금 수를 세게 하면 항상 다음과 같은 규칙이 관찰될 것이다. 어린이는 같은 블록을 그 블록이 속해 있는 체계의 수만큼 센다. 그러므로 십자 모양의 교차점에 있는 블록이나 두 사각형 모양의 교차점에 있는 블록을 두 번 세게 될 것이고 (아래 그림), 세 선이 겹쳐서 형성되는 별 모양 속에 있는 블록은 세 번 세게 될 것이다. 그 연령에서 어린이의 수 세기 체계는 그의 관찰 영역을 지배하는 자연적 법칙에 전적으로 의존한다. 그 단계에서 수 세기는 형태에 따라 결정된다. 상당한 시간이 흐른 뒤에야 문화적 수 세기 과정은 관찰 영역으로부터 벗어나 자유로워지며, 어린이는 상황에 관계없이 요소들의 수를 바르게 세게 된다.”

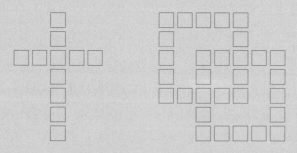

비고츠키가 산술에 관한 두 가지 생각 양식 간에 충돌이 존재한다고 주장할 때, 그는 하나의 양식이 제거되어 완전히 다른 양식으로 대체되는, 즉 겹치거나 교차하는 부분이 전혀 없는 두 개의 서로 다른 단계가 있다고 주장하는 것이 아니다. 예를 들어 막대그래프와 로마 숫자를 사용하는 성인의 산술 문화 속에 남아 있는 시각적 근원을 생각해 본다면, 상황이 생각보다 훨씬 더 복잡하다는 것을 쉽게 알 수 있다. 어린이가 시각적인 형태와 추상적인 수 사이의 충돌을 매우 쉽게 해결할 수 있다고 상상할 수도 있다. 어린이가 해야 하는 것은 단지 주어진 형태를 이용해서 물건을 세는 것뿐이다. 그러나 어린이들이 그렇게 셀 수 있을 때조차, 어린이들은 형태에 현혹되는 경향이 있다. 시각적 형태와 추상적 수는 수에 대한 매우 다른 두 가지 생각 양식이다. 수 세기는 부분에서 전체로 나아가며 종합적인 반면, 모양에 대한 지각은 전체에서 부분으로 나아가며 분석적이다. 이들은 이야기와 대화 또는 생각과 말만큼이나 서로 다른 것이다.

루리야의 실험은 이를 보여 준다. 어린이는 셀 수 있지만 잘못 센다. 왜냐하면 어린이가 단순히 하나의 그림으로부터 다른 그림으로 나아가기 때문이다. 따라서 십자 모양의 중심을 두 번 세게 된다. 만일 우리가 두 개의 교차하는 사각형을 이용한다면, 어린이는 두 번의 실수를 할 것이고, 세 개의 교차하는 그림을 이용하면 세 번의 실수를 하게 될 것이다. 그러나 다른 색깔로 그림을 칠한다면 실수는 사라질 것이다. 하지만 이것은 어린이가 올바른 산술 체계를 사용해서가 아니다. 우리가 한 것은 모양에 기초한 그림을 색깔에 기초한 그림으로 대체한 것일 뿐이며, 이것은 학교 산술로 나아간 것이 아니라 오히려 후퇴한 것이다.

이제 우리는 비고츠키가 자유주의적인 레이 진영과 보수적인 손다이크 진영 어느 쪽에도 동조하지 않은 이유를 알 수 있다. 비고츠키는 전 학령기 수학의 비선형적 본성과, 어린이 의지에 반하여 어린이가 필요나 희망을 느끼지 못하는 학교 수학을 강요하는 것의 교육적 무용성을 명백히 인식했을 뿐만 아니라, 시각적 수학이 한때는 강력한 견인차가 될 수 있으나, 바로 다음 순간 어린이의 발목을 잡는 족쇄가 될 수도 있음을 이해했다.

8-15] '자연적' 산술과 '문화적' 산술 사이의 전환점에 서 있는 어린이에게 형태 지각과 산술 조작의 비율에 있어서의 근본적인 변화가 일어난다. 이전에는 형태가 산술 조작을 도왔다면 이제는 방해하기 시작한다. 이제 우리는 교사와 심리학자를 두 진영으로 나누는 주요 방법론적 논쟁에 접근한다. 어떤 저자들은 어린이의 산술이 수 형태에 대한

직접적 지각으로부터 발달하며 따라서 수 형태—막대기, 점, 수 모형, 짝—를 배울 필요가 있다고 말한다. 다른 이들은 양量이 언제나 특정한 형태로 나타나는 수 형태를 어린이에게 가르칠 것이 아니라, 수 형태를 제거하고 가능한 한 빨리 간접적 수 세기로 넘어가야 한다고 말한다. W. 레이를 비롯한 수 형태 방법의 지지자들은 다수의 실험을 통해 수 형태와 시각적 심상을 통해 산술 조작을 하는 어린이가 그러한 조작을 더욱 빠르게 숙달한다는 것을 보여 준 바 있다.

*W. 오거스트 레이(Wilhelm August Lay, 1862~1926)는 모이만의 제자였다(그러나 후에 모이만은 레이의 저작에 대해 '아마추어적'이라고 비판한다). 매우 가난한 가정에서 태어나 초등교육만을 받았고 교사가 된 후에 다시 대학에 진학하여 모이만 밑에서 박사 학위를 받았다. 학위 취득 후 다시 교사로 돌아가 학생들을 가르치면서 저술 활동과 연구 활동을 계속하였고 교수가 되었다. 레이는 과학 교육에 깊은 관심을 가지고 있었다. 그는 과학이 텍스트를 통해 배우는 '인문학'과는 달리, 경험을 통해 학습되는 과목이 되어야 한다고 믿었다. 심리학에 대한 그의 관점은 본질적으로 생물학적이다. 이는 자연적 지각에 기반을 둔 교수학습 방법에 대한 그의 신념과 일맥상통한다.

비고츠키가 인용하고 있는 레이의 저서는 『Experimental Pedagogics』(1908)인 것으로 보인다.

8-16] 논쟁이 해결된 것처럼 보일 수도 있다. 실험은 다른 방법보다 훨씬 더 좋은 효과를 내는 분명하고도 쉬운 방법을 보여 주었다. 그러나 논쟁은 사실상 실험 증거들이 나온 이후에야 일어났다. 어린이가 한 수단을 다른 수단보다 쉽게 숙달한다는 사실로 문제가 해결되는 것은 아니다. 이전 발달 단계 전체가 이러한 방식으로 양과 연관을 맺도록 어린이를 준비시켰기 때문에 어린이는 수 세기 조작을 더 쉽게 숙달한다. 우리는 전 학령기의 산술 전체가 대체로 산술적 양의 직접적 지각

이자 양에 대한 직접적 조작임을 보았다. 그러나 문제는 이러한 기법이 과연 성인이 어린이에게 가르치는 산술로 이끄는가 하는 것이다.

트랙터, 시계, 막대기, 사각형, 도미노, 주사위 그리고 추상적 단위들 (예컨대 십 단위 수 모형)을 사용하면 어린이가 더욱 빨리 배운다는 것이 실험을 통해 증명된다고 비고츠키는 말한다. 그러나 어린이는 이전의 자연적 수학 발달 덕분에 더욱 빨리 배우는 것일 뿐이다. 이 성공의 기저에 상징적 수학의 희생이 없다고 과연 확신할 수 있는가? 이 문제 는 이론적인 문제이다. 예를 들어 만일 우리가 사각형에 색을 칠하면, 어린이가 교차점에 있는 사각형을 두 번 셈해서는 안 된다는 것을 더 욱 빨리 배우게 되리라는 것을 루리야의 실험은 보여 준다. 그러나 비 고츠키의 이론은 이것이 상징적 표현으로 나아가게 하는 것이 아니라, 오히려 시각적 산술로 되돌아가게 한다는 것을 암시한다.

8-17] 이것은 오직 특정 조건하에서만 해결될 것이다. 만약 우리가 학교의 산술 발달이 전 학령기 산술 발달의 직접적 연장이라는 관점 을 취한다면, 수 형태의 지지자들이 옳을 것이다. 그들은 어린이가 '자 연적' 산술에 속했을 때 행하던 것을 특정한 체계적 방법론적 접근법 하에서도 계속 행한다고 말할 것이다. 만약 우리가 다른 관점을 취해서 전 학령기 산술이 학교 산술과 다르고, 어린이가 직접적 지각으로부터 간접적 지각으로 이행한다는 것을 고려한다면 그것은 명백히 달라질 것이다. 즉 수 형태를 조작하는 것이 어린이에게 더 쉬울지라도, 그것은 문화적 산술의 일부가 아니며 그 방향으로부터 이탈하는 것이다. 수 형 태 조작은 어린이가 벗어나야 할 양과 형태 지각 사이의 밀접한 관계를 오히려 강화시키며, 어린이를 저차적 발달 단계에 머무르게 할 것이다.

이 장의 앞부분에서 비고츠키는 이미 '매개된' 수학 형태로 트랙터, 시계, 막대기 등에 대해 언급했다. 그런데 여기서는 그것들이 매개된 수학 형태라기보다 '많고 적음'에 대한 직접적 지각과 더 밀접하게 관련된 직접적인 수 세기의 한 형태라고 생각하는 것처럼 보인다. 비고츠키는 서로 모순되는 말을 하고 있는 것인가? 그렇지 않다. 비고츠키가 트랙터, 시계, 막대기와 같은 수 형태가 이미 '매개된' 것이라고 말할 때, 비고츠키는 그것들이 '나머지', '제수', '몫'과 같은 개념을 낳았다는 사실을 지적하고 있는 것이다. 따라서 양에 대한 직접적 지각과 비교할 때 수 형태의 사용은 더 매개된 것이다. 그렇지만 학교 수학과 비교할 때 그것은 덜 매개된 것이다.

덜 매개된		더 매개된
많고 적음의 지각 더 직접적인 자연적, 전 학령기 수학	모형과 형태 점, 주사위, 도미노	수 세기와 계산 덜 직접적인 상징적, 학교 수학

8-18] 따라서 우리의 주요 입장은 다음과 같다. 어린이는 특정 발달 단계에서 자신의 산술의 한계를 이해하고, 매개된 산술로의 이행에 착수한다. '트랙터'나 '시계', 또는 다른 형태들이 숫자의 역할을 하게 된다. 여기에 우리의 수 세기 체계와 직접적 형태 지각 사이에 충돌이 존재한다. 학교 수학은 전환점이다. 전 학령기 산술이 학교와 충돌할지라도, 이것이 학교가 어린이에게 순수하게 기계적으로 접근한다는 의미는 아니다. 그 충돌은 진전된 수 세기 발달이라는 새로운 단계로 이끈다.

8-10에서 비고츠키는 매우 다른 두 진영이 있다고 지적했다. 자연적 산술은 장려되어야 하며, 점차적으로 학교 수학에 이르도록 발달되어야 한다고 주장한 빌헬름 레이와 같은 심리학자들에 의해 선도된 자유주의적 그룹과, 자연적 산술은 막다른 골목과 같아서 반드시 근절되어야 하고 수를 세는 체계(구구단 외우기)로 대체되어야 한다고 믿은 손다이크와 같은 행동주의적 그룹이 있다. 비고츠키는 어느 입장에 서 있을까? 한편으로 그는 발달의 연속성을 믿는다. 전 학령기 수학은 수

를 세는 데에 필수적인 전제 조건이다. 다른 한편으로는 그는 고통 없는, 위기 없는 진화를 믿지 않는다. 전 학령기 수학은 우리가 아는 한 학교 수학으로 발달되지 않는다. 그리고 사실 어린이는 수년 동안 큰 수를 세는 데에 어려움을 겪는다. 예를 들어 252를 쓸 때 250을 먼저 쓰고 2를 덧붙여 '2502'로 쓰는 것이다. 물론 비고츠키는 덧셈이 단순히 덧셈표나 구구단의 반복 암기에 의해 학습된다는 손다이크의 연합적 생각을 거부한다. 수 세기는 계산하기와 마찬가지로 창조적 활동이며, 사고 활동이자, 질로부터 양을 추상화해서 다음 것으로 일반화하는 활동이며, 아무리 많은 반복도 이 창조성을 숨길 수는 없다.

그러나 비고츠키는 또한 전 학령기 산술이 점차적으로 진화하여 학교 산술에 이른다는 생각도 거부한다. 만일 네 명의 어린이가 24개의 블록을 나누고자 하지만, 수를 셀 수 없다고 가정했을 때, 그 어린이들은 트랙터나 시계 등을 하나하나 만들어야 할 것이다. 이 상황에서 어린이들은 물리적 대상(블록)을 다루고 그것들로 모양을 만든다. 이 네 명의 어린이들이 위에서 논의한 이행적 시기에 있다고 가정해 보자. 그들은 셀 수는 있지만 수 세기 체계를 숙달하지는 못했다. 그들은 어휘는 가지고 있으나, 문법은 가지고 있지 않은 것과 같다. 왜냐하면 자리값을 이해하지 못해서 결과적으로 10 이상은 셀 수 없기 때문이다. 이 상황에서 네 명의 어린이들은 트랙터나 시계 같은 모양을 필요로 하지 않는다. 그러나 그들은 여전히 물리적 대상을 이용할 것이다. 왜냐하면 그들은 '너 하나, 나 하나' 같은 방식으로 하나씩 세기 때문이다. 만약 이들에게 수를 세고 계산할 수 있는 형이나 누나가 있다고 상상해 보자. 이 형이나 누나들은 물리적 대상을 필요로 하지 않는다. 그들은 단지 24를 4로 나누어 6을 얻는다. 그리고 6개의 블록을 동생들에게 각각 나누어 준다. 표면적으로는 그들의 행동이 블록을 사용하는 동생들의 행동과 유사하게 보일 수 있다. 그러나 발생적 분석은 이것이 완전히 다른 것이라는 것을 보여 준다. 왜냐하면 물리적 대상을 다루는 것이 수 체계를 다루는 것으로 대체되었기 때문이다.

●산술 조작의 발달

매우 짧은 이 장 또한 7장과 같이 일종의 선역사이다. 줄을 맞추어 선 군인들 중에 빠진 사람을 찾는 것이 무질서한 군중 속에서 빠진 사람을 찾는 것보다 더 쉽다고 지적하는 첫 문단부터, 산술 교육이 '자연적 방법'(예컨대 수 '형태'와 모형)에 기반을 해야 하는지 '문화적 방법'(예컨대 측정)에 기반을 해야 하는지에 대한, 교사들의 흥미를 끄는 핵심적 질문을 남겨 둔 마지막 문단에 이르기까지, 이 장 내내 비고츠키는 수 조작의 자연적 토대를 강조한다.

뉴욕의 진 슈미타우의 작업은 비고츠키가 이 장에서 제기한 질문에 대한 경험적 해답을 제공하는 것을 도와준다. 수 개념을 도입하기 위해 양의 측정을 이용하는 소비에트와는 반대로, 전통적으로 한국과 미국은 지각과 대상 세기를 사용해 왔다. 슈미타우는 양을 측정하는 방법이 대상을 세는 방법보다 어렵기는 하지만, 장기적으로는 어린이가 부분과 전체 간의 관계를 더 잘 파악할 수 있도록 돕는다는 것을 보여 주었다.

예를 들어 측정을 이용하도록 훈련받은 어린이는 분수 배우기, 자신의 나이가 정확히 얼마인지 대답하기(예컨대 6과 3/4살, 즉 6년 9개월), "민호는 도시락으로 과자를 가져왔다. 그는 동생에게 과자를 두 개 주었다. 학교에 가는 길에, 그는 진호와 인호를 만났고 그들 각각에게 과자 하나를 주었다. 그가 학교에 와서 도시락을 열어 놓았더니 까치가 와서 과자 하나를 훔쳐갔다. 그가 점심을 먹을 때 남아 있는 과자는 두 개뿐이었다. 그가 집을 떠날 때 가지고 있던 과자는 몇 개인가?"와 같은 질문에 훨씬 더 쉽게 대답할 수 있다. 슈미타우의 방법을 사용한 어린이 중 일부는 심지어 초등학교를 졸업하기 전에 대수를 공부하기 시작했다(Schmittau, J. 2004, The Mathematics Educator, The Development of Algebra in the Elementary Mathematics, Curriculum of V. V. Davydov. Vol. 8, No. 1, 60-87 참조).

이 장의 맨 마지막 부분에서야 비로소 학교 산술이 언급된다. 비고츠키의 논의 대부분은 I권(5-78~5-81과 5-134~5-141)에서 탐구했던, 전 학령기에 존재하는 산술의 근원을 설명하는 데 할애된다. 여기서 비고츠키는 어린이가 지각에 기반을 한 비매개적이고 주로 자연적인 산술 형태로부터 기호 체계에 기반을 한 매개적이고 주로 문화적인 산술 형태로 어떻게 도약하는지에 흥미가 있다. 학교 산술은 13장(13-23~13-29)에서 좀 더 상세히 논의될 것이다. 자연적 산술로부터 문화적 산술로의 이행이 '어떻게' 이루어지는지 대답할 수 있어야만, 교사들은 가르치는 과정 속에서 그 이행이 언제 일어나야 하는지 실제로 결정할 수 있다.

I. 비고츠키는 전 학령기 어린이들이 블록을 나누어 가질 때 종종 특정한 표준 모형, 말하자면 트랙터나 시계 따위의 수 형태를 만들어서 사용한다는 것을 언급하면서 시작

한다(8-1). 어린이들이 트랙터나 시계를 만드는 것은 놀이를 위해서가 아니라 서로 같은 수의 블록을 나누어 갖기 위해서이다(8-2). 서로 길이가 다른 연필들을 나눌 때 어린이들은 연필의 개수를 세는 것이 아니라, 대신 각각의 어린이가 같은 길이의 연필을 받도록 하기 위해 연필의 끝과 끝을 연결하여 표준 '막대기'를 만들어 낸다(8-3). 이런 방법들은 모두 매개된 것이다. 그들은 양의 직접적인 일대일 비교를 사용하지 않고 대신 매개하는 인공물, 즉 정량화를 위한 도구를 사용한다(8-5).

II. 이어서 비고츠키는 어린이 산술 발달에서 결정적인 계기는 사실 어린이 스스로 고안한 전 학령기의 수 세기 장치들로부터 학교에서 사용하는 수 체계로의 이행이 아니라고 말한다. 대신 비고츠키는 어린이 수학 발달에서 결정적인 계기는 자연적 '가늠'과 '추측'으로부터 매개된 산술로 이행하는 것이며, 어린이가 이런 종류의 '수 형태'를 사용하는 순간 그 계기를 거치게 된다고 말한다(8-6). 물론 이런 형태적인 산술을 사용하는 능력은 정신 발달의 지체 여부에 대한 훌륭한 진단 자료가 될 수 있음이 란쉬부르크의 연구 속에 드러나 있다. 그리고 또한 이런 방법을 정련하는 것(예를 들어 나머지에 대한 문제에 주목하고 그것을 해결하려고 노력하는 것)을 통해 어린이는 문화적인 수학의 실제 기호 체계까지는 아니더라도 그 기저에 흐르는 원칙을 파악하게 된다(8-8).

III. 형태적인 산술에서 문화적인 산술로의 이행이 점진적인 재편을 의미하는 것은 아니라고 비고츠키는 말한다(8-9). 비고츠키는 이것이 여전히 교육자와 아동심리학자들 간에 논쟁거리가 되고 있는 문제라는 것에 주목한다(8-10). 만약 어린이가 블록으로 모형을 만드는 체계를 재편하여 어린이 스스로 수 체계를 창조하도록 내버려 둔다면 어떤 일이 발생하게 될지 알 수 없다고 비고츠키는 말한다. 과연 어린이는, 예컨대 열 개의 블록 모음과 같은 추상적인 단위를 창조함으로써 학교 수학을 처음부터 다시 고안해 낼 수 있을까? 그러나 순전히 자연적인 산술에서 매개적인 산술로의 이행에서와 마찬가지로 전 학령기의 매개적 산술에서 문화적 산술로의 이행은 분명한 단절을 수반한다고 비고츠키는 말한다. 즉, 어린이는 대상물을 갖고 작업하는 것(또는 대상물로 구성된 대상물)에서 기호를 갖고 작업하는 것으로 이동해야만 한다(8-12).

IV. 비고츠키에 따르면 핵심 문제는 지각과 계산 간의 차이, 즉 자연적 기능에 의한 것과 형태에 의해 매개된 것 간의 차이이다(8-13). 비고츠키는 어린이들에게, 사각형의 배열로 이루어진 형태를 사각형을 세어서 나누도록 한 루리야의 실험(8-14)을 논한다. 어린이들은 형태가 겹치는 부분(예컨대 십자가 모양에서 사각형이 겹치는 부분)을 제대로 세지 못하지만, 형태가 시각적으로 구분된 경우(예컨대 가로줄과 세로줄의 사각형 색깔이 다른 경우)에는 올바르게 세기를 할 수 있었다. 그는 또한 시각적 배열을 지닌 수를 가르치는 것이 어린이들이 수 세기 조작을 좀 더 빨리 숙달할 수 있도록 돕는다는 것을 보여 주는 W. 레이의 실험(8-15)에 대해서도 논한다. 그럼에도 불구하고 비고츠키는 질문은 아직 풀리지 않았다고 한다(8-17). 어린이의 수 형태가 문화적인 산술로 단절 없이 성장하는지는 확인하기 어렵다. 이와 반대로 발달의 특정 단계에서 어린이 자신의 형태-기

반 산술은 진척을 돕기보다는 지연시키게 될 것이고 어린이는 이로부터 자유로워져야
만 하는 것처럼 보인다. 어린이는 스스로를 해방시켜야만 한다. 하지만 이런 자기-해방
은 어린이의 산술과 학교의 산술 간의 외적 갈등이 내적 갈등으로 바뀔 때에만 가능한
것이다(8-18).

제9장
주의의 숙달

Joshua Reynolds, 「Portrait of Master Bunbury」(1781).
레이놀즈 당시 어린이 초상화는 흔했으나, 가만히 앉아 있기를 지루해하는 표정이
대부분이었다. 레이놀즈는 그림을 그리는 동안 귀신 이야기를 들려줌으로써
어린이가 주의를 기울이는 모습을 포착하여 나타냈다.

9-1] 어린이 주의 발달의 역사는 어린이 행동 조직화 발달의 역사이다. 이 역사는 출생 순간부터 시작된다. 초기에 주의는 잘 알려진 생리적 지배성дominant의 원칙에 따라 반응의 흐름을 조직하는 유전적 신경 기제를 통해 수행된다. 이 원칙은 신경계의 작용을 조직하는 계기가, 다른 반사 과정을 억제하고 이를 통해서 증가하는 단일 자극에 압도적인 초점을 맞추는 것임을 확립한다. 이 지배적 신경 과정이 우리가 주의라고 부르는 행동 과정을 위한 유기체적 토대가 된다.

> 소비에트 심리학은 철학이 아니라 생리학으로부터 발전해 왔다. 베흐테레프와 파블로프는 생리학자였다. 그들은 심리적 행동이 생리적 행동과 마찬가지로 자극에 대한 반응으로 구성된다고 믿었다. 그런데 여기에는 문제가 있었다. 단일한 자극에 대하여 다양한 반응들이 나타나는 경우가 있다. 이것은 각각의 유기체가 반응을 선택하기 때문인가? 우흐톰스키는 R. 아베나리우스의 경험주의 철학을 일부 차용하여 이것을 '지배성'의 이론으로 설명했다. 여느 훌륭한 경험주의자들처럼 우흐톰스키도 실험으로 시작한다. 우흐톰스키는 고양이에게 발로 차는 근육 반응을 유도하기 위해 전기 자극을 주었다. 어느 날 고양이는 마침 배설을 하려던 참이었다. 그런데 실험 조수는 이 사실을 모르고 고양이에게 자극을 주었다. 그랬더니 고양이는 발로 차지 않고 훨씬 더 왕성하고 정력적으로 배설을 했다. 여기서 우흐톰스키는 다른 반응을

차단하고 신경의 힘을 하나의 반응으로 모아 내는 지배적 반응이 존재
한다는 것을 이론화했다. 즉, 전기 자극이 발로 차는 반응을 차단하고
배설하려는 충동을 증가시켰다는 것이다. '지배성' 원칙은 일종의 '승
자독식'의 원칙이다. 가장 강력한 반응이 유기체의 모든 에너지를 가져
간다.

보다시피 '지배성' 이론은 전혀 과학적 설명이 아니다. 이 이론은 왜
하나의 반응이 나머지 다른 것을 정복해 버리는지에 대해 설명해 주
지 않는다. 단지 그러한 현상이 나타난다고 말할 뿐이다. 또한 이 이론
은 어떻게 두 개의 자극에 동시에 주의를 기울일 수 있는지 설명하려
고 하지 않는다. 단지 그것이 불가능하다고 말할 뿐이다. 이런 이유로
'지배성' 이론은 (정서적으로 지친 인간이 신체적 고통에 주의를 집중시키기
위해 자해하게 되는 이유를 설명해 주는 등) 정신의학적으로는 부분적인
의미가 있을지 모르지만, 오늘날 생리학에서는 중요하지 않은 이론이
다. 이 이론은 또한 '경쟁 모형'의 형태로 언어학에서도 사용되는데, 학
습자의 주의를 끌기 위해 다양한 문법 모형이 경쟁한다는 것이다.

*А. А. 우흐톰스키(Ухтомский, Алексей Алексеевич, 1875~1942)는
러시아의 성직자였다. 파블로프처럼 그는 생리학자이자 강력한 반볼셰
비키주의자였다. 그는 지배성에 대한 연구 업적을 인정받아, 비고츠키
가 이 책을 쓴 직후인 1932년에 레닌상을 수상했다. 그는 레닌그라드
봉쇄 기간에 사망했다.

9-2] 어린이 주의 발달에 대한 이 첫 번째 장은 어린이 반사에 대한
발생적 연구를 통해 추적될 수 있다. 이 연구는 어린이의 행동에서 새
로운 지배성이 하나씩 차례로 어떻게 나타나며, 이들에 기반을 둔 복잡
한 조건 반사들이 이들을 통해서 대뇌 피질에서 어떻게 형성되기 시작
하는지를 확립한다. 조건 반사의 형성이 적절한 지배성의 발달에 의존
하고 있음에 주목하는 것은 대단히 중요하다. 예를 들면, 발생적 연구
들은 조건 반응의 형성과 중추신경계에서 지배적 과정의 발달 사이의

관계를 보여 주었다. 이는 B. M. 베흐테레프에 따르면, 조건 반사는 수용적인 표면으로부터만 형성될 수 있기 때문이다. 이 수용적 표면으로부터 지배성의 기능적 효과가 중추신경계에 일어난다.

비고츠키는 주의의 근본적 기원이 생리학적으로 탐구될 수 있음을 인정한다. 당시 생리학자들은 어린이를, 모든 주의를 독점하여 다른 모든 자극들을 대체하는 '지배적' 반응에 사로잡힌 존재로 파악했다. 그리고 발달은 서로 다른 '지배성'의 연속으로 묘사되었다. 이 '지배적' 반응만이 조건화될 수 있다. 예를 들어 신생아에게 빨기 반응은 지배적 반응이며 어린이를 세워 안아서 젖을 먹도록 조건화할 수도 있고 누워서 먹도록 조건화할 수도 있다. 하지만 이 조건화된 반응은 그 이전에 존재하는 음식에 대한 지배적 반응에 의존하는 것이다. 이 지배적 반응은 신생아의 입과 같은 수용적 지각 표면을 통해 그리고 이로부터 자극되는 중추신경계를 통해 발생하는 기능적 반응이다.

9-3] 새로 태어난 아기는 오직 두 가지 지배성을 지닌다. 이는 음식과 자세 잡기 지배성으로, (아기의-K) 자세 변화에서 나타난다. 베흐테레프는 이 지배성의 존재로는 그들 사이에 오직 하나의 관계만이 가능하다고 말했다. 즉 모유 수유에 알맞은 위치에 어린이를 놓았을 때 일어나는 음식 반응으로서의 조건 반사이다. 상응하는 지배성이 출현할 때까지는 다른 수용적 표면과 관계된 다른 어떤 반사도 생겨날 수 없다. 점차적으로 어린이는 시각적·청각적, 그리고 다른 지배성을 발달시키며, 이들의 출현을 통해서만 눈과 귀의 새로운 조건 반사가 형성될 수 있다.

입과 같은 수용적 지각 표면이 자극되었을 때, 빠는 행동을 하는 아기의 빨기 반사는 선천적인 것이다. 하지만 출생 직후 신생아가 젖병을 빠는 것을 선천적인 것이라 하기는 어려울 것이다. 종소리를 듣고 침을 흘리는 개와 같이 젖병으로 수유하는 아기도 조건 반사, 즉 인공적인 자극에 대하여 자연적 반응을 하는 것이다. 베흐테레프가 말하는 것은 다음과 같다. 수유와 수유 자세는 지배성 반응, 즉 다른 모든 반응을 차단하는 반응이다. 아기가 특정 자세로 놓인다. 그리고 젖을 먹는다. 처음에는 특정한 자세와 젖 먹기 사이에 오직 하나의 관계만이 가능하다. 즉 수유 자세에 놓이면 젖을 먹는 것이다. 하지만 아기가 점차 엄마의 모습이나 목소리와 같은 다른 지배성을 발달시켜 나감에 따라 수유 자세에 놓이지 않더라도 누워서 먹는 등 다르게 반응할 가능성도 생긴다. 다음 문단에서 비고츠키는 자연적 반응에 기초한 이러한 비자연적 반응의 발달은 계통 발생과 개체 발생에서도 모두 전형적으로 나타난다고 주장한다. 물론 이것은 이러한 발달이 계통 발생과 개체 발생의 경우에서 똑같은 식으로 일어난다는 뜻은 아니다.

9-4]　따라서 지배적 과정은 어린이 대뇌 피질에서 새로운 연결이 형성되는 토대가 되며 이러한 연결들의 특성과 경향을 결정한다. 각 지배성의 자연적 성숙을 포괄하는 어린이 발달 시기를 우리는 주의 발달의 자연적 시기 또는 원시적 시기라 부른다. 이 명칭은 이 시기의 주의 발달이 어린이의 일반적인 유기적 발달, 특히 그중에서도 중추신경계의 구조적·기능적 발달의 결과라는 사실로부터 유래된 것이다.

9-5]　따라서 이 시기의 주의 발달의 중심에는 어린이의 성장, 성숙 및 신경 기관과 기능의 발달이라는 순수한 유기적 과정이 존재한다. 이는 극명하게 관찰되는, 저차적 유기체로부터 고등 유기체로의 진화적 주의 발달 과정과 매우 유사한 과정이다. 우리는 어린이의 유기체적 주의 발달이 주의의 진화와 평행하게 일어나거나 진화를 반복한다고 말하려는 것은 결코 아니다. 그러나 우리는 이 과정들이 발달 유형 면에서 유사하다고 강조하고자 한다. 양쪽 모두, 특별한 행동 기능인 주의 발달의 심장부에는 상응하는 신경 과정의 유기체적 발달 또는 성숙이 있다.

비고츠키는 '개체 발생이 계통 발생을 반복'하며, 어린이 발달은 일종의 빠르게 진행되는 진화라고 주장한 헤켈의 생물 진화적 법칙(발생 반복설)을 수용하지 않는다. 그는 이를 거부한다(1권 1-86 참조). 그러나 비고츠키는 이들 사이에 매우 도움이 될 수 있는 비유가 존재한다고 말한다(1-108). 고등 발달은 항상 저차적 발달의 토대 위에서 일어난다. 진화에서는 생물적 발달이 문화적 요소와 무관하게 발생하는 것이 극명히 관찰된다. 반면 사회 발달에서는 생물적인 것과 문화적인 것이 결합됨으로써 역사적 발달이 발생한다. 따라서 둘 사이에는 평행적 관계가 없다. 마찬가지로, 아동 발달은 신경 발달과 정신 발달의 결합을 통해 일어난다는 것을 알 수 있다. 이는 이원론적 입장이 아니다. 철저한 일원론적 입장이자 유물론적 입장이다. 이것은 고등 발달이 본질적으로 다르다는 것을 인식하는 것뿐 아니라, 왜 그래야 하는지를 설명한다. 왜냐하면 고등 발달은 저차적 발달의 토대 위에서 일어남으로써 비로소 고등한 것이 되기 때문이다.

9-6] 어린이 인생의 첫해에 압도적 위치를 차지하는 이 과정은 잠시도 멈추거나 끝나지 않으며, 유년기를 통틀어, 심지어 그 후 일생 동안 지속된다. 성인에게서 관찰되는, 어린이에 비하면 상대적인 평형과 안정성은 이 과정이 굉장히 느려지거나 방향이 변화했음을 나타내기는 하지만 멈추는 것을 의미하지는 않는다. 하지만 이런 식의 늦어지고 지체된 과정 및 유기체적 변화는 일상적인 주의의 작용에 영향을 미치며, 이러한 의존성은 명백히 손상된 과정들 특히 외상적 변화를 회복하는 상황에서 유독 생생하고 분명하게 드러난다.

뇌의 무게가 출생 후 첫 4년 동안 매우 빠르게 증가해서 출생 당시의 네 배에 달한다는 것은 『역사와 발달』 I권(1-52)에서 이미 언급한 바 있다. 비고츠키에 의하면 순전히 생물적인 이러한 변화는 어른이 되면서 천천히 일어나거나 안정되고 평형에 도달할 수는 있지만 그럼에도 불구하고 평생 동안 지속된다. 확실히 비고츠키는 일리옌코프를 비롯한 소비에트 아동심리학자들과 철학자들이 흔히 생각했듯 '심리적 발달은 자연적으로 이루어지는 것이 아니라 100% 키워지는 것이다.'라는 입장을 믿지 않는다. 비고츠키는 뇌가 손상된 사람들을 연구하였으며(심하게 매를 맞아 뇌가 손상된 어린이들과 루리야의 환자였던 자세츠키처럼 머리에 총상을 입은 병사들) 정상적 심리 발달은 물론이고, 심지어 일상적 주의 기능조차도 정상적인 뇌 조직에 의존한다는 것을 알았다. 그는 특히 상처를 입어 손상된 뇌 조직을 다시 기능하도록 시도할 때 이 사실을 분명히 알 수 있다고 말한다. 이러한 사실은 꼭 비고츠키처럼 실험을 통하지 않더라도 알코올이 주의력과 판단력, 중요한 시각적 특징에 주의를 집중하는 능력 등을 급속히 떨어뜨리는 것만 봐도 알 수 있다.

9-7] 그러나 주의 발달의 기저에 놓여 있는 유기체적 과정의 가치는 곧 질적으로 다른 유형인 새롭게 발달된 주의 과정, 즉 문화적 발달의 과정과 대비되며 점차 배경 속으로 물러나게 된다. 주의의 문화적 발달이 의미하는 바는 주의 작동의 진화와 자기-변형, 그것의 숙달과 인간 권위에의 복속, 즉 이전 장들에서 묘사했던 다른 행동 기능들의 문화적 발달과 유사한 노선을 따르는 과정들이다.

9-8] 따라서 심리학적 연구는 주의의 발달에서 우리가 이미 친숙한 두 가지의 주요 노선을 명확히 구분할 수 있음을 보여 준다. 우리는 주의의 자연적 발달 노선과 문화적 발달 노선을 식별할 수 있다. 우리는 주의 발달의 두 노선 사이에 존재하는 관계에 대해 여기서 숙고하지는 않을 것이다. 이 문제는 앞 장들에서 충분히 다루어졌기 때문이다. 우리의 과업은 두 번째 노선, 즉 주의의 문화적 발달의 역사가 취하는 경로를 추적하여 도식적으로 길을 그리는 것이다.

9-9] 주의의 문화적 발달은, 엄밀히 말해, 매우 어린 나이에도 어린

이와 주위에 있는 어른들 사이의 첫 번째 사회적 접촉을 통해 시작된다. 모든 문화적 발달처럼, 이는 사회적 발달이다.

9-10] 주의를 포함한 모든 기능의 문화적 발달은 사회적 인간이 공동체 생활과 활동 속에서 많은 인공적 자극, 즉 기호를 생산하는 것이다. 사회적 행동이 기호의 도움으로 조직됨에 따라, 기호는 인간이 자신의 행동 과정에 대한 통제를 획득하는 일차적 수단이 된다.

9-11] 주의의 발생적 기제의 역사를 추적하기 위해, 우리는 앞서 기술된 다른 과정들에 대한 조사 방법과 동일한 방법을 수행했다. 우리는 어린이가 외적 자극-수단을 사용하여 자기 자신의 주의를 숙달하는 과업을 대면하는 상황을 실험에서 만들어 내고자 하였다. 이런 실험을 구현하는 과제는 기능적 이중자극법을 발전시켜 매개된 주의 과정 연구에 적용한 우리의 동료 A. H. 레온티예프에게 맡겨졌다. 실험의 핵심은 특정 과정에 초점을 맞춘 채 장시간의 지속적인 주의가 요구되는 과업을 어린이에게 부과하는 것이었다.

기능적 이중자극법은 비고츠키의 주요 실험 방법을 일컫는다. 어린이는 한 세트의 자극(실험자의 지시 사항 등)에 특정하게 반응하는 과업을 부여받는다. 이러한 과업은 보통 어린이의 능력 범위를 벗어난다. 과업 제시 후 어린이는 과업 해결 활동 과정에서 사용될 수 있는 다른 세트의 자극(도구 또는 기호)을 제시받는다. 예를 들면, 색 카드는 어린이가 금지색을 기억하는 데 도움이 될 수 있으며 그림은 지시와 그에 해당하는 건반의 위치를 짝짓는 매개로 사용될 수 있다.

*A. H. 레온티예프(Леóнтьев, Алексéй Николáевич, 1903~1979)는 1924년부터 1931년까지 비고츠키의 제자로서 공부하였고, 1931년 모스크바에서 하라코프로 옮겨 자신의 연구소를 설립했다. 그는 언어의 중요성, 고등심리기능 분석의 단위, 활동이 차지하는 지위 등 심리학의 제 분야의 여러 가지 문제에 대해 비고츠키와 생각을 달리하였다. 그러나 그는 기능적 이중자극법을 비롯한 연구 방법에 있어서는 비고츠

키와 동일한 방법을 사용하였다. 정치적 압력으로 레온티예프는 다원주의를 버리고 라이센코의 학설을 따랐다. 그러나 스탈린 사후 비고츠키의 원고들을 세상에 알린 것도 또한 레온티예프였다.

모스크바에서 비고츠키의 제자였을 당시의 레온티예프 (1924년)

9-12] 어린이와 함께 "'예'나 '아니오'를 말하지 않기, 그리고 검은색, 흰색이라는 말하지 않기" 등의 금지 규칙을 지켜 말하고, 틀리면 벌칙이 있는 '묻고 답하기 놀이'를 한다. 그리고 어린이에게 질문을 한다. 몇몇 질문은 특정한 색깔 이름을 넣어야만 대답할 수 있는 것이다. 예를 들어 "학교에 다니니?", "책상이 무슨 색이야?", "노는 것 좋아하니?", "시골에 가 본 적 있어?", "풀들이 무슨 색이지?", "병원에 가 본 적 있니?", "의사 선생님을 본 적이 있어?", "의사 선생님 가운은 무슨 색이지?" 등등. 어린이는 '검은색과 흰색' 또는 '빨강과 파랑'과 같은 금지색을 말하지 않고 또 같은 색을 두 번 말하지 않기라는 지시를 지키면서 최대한 빨리 질문들에 대답해야 한다. 이 실험은 요구 조건을 충족시키는 것이 가능하게 설계되었다. 다만 그러기 위해서는 지속적인 주의가 필요하다. 만약 어린이가 규칙을 어기고 금지색을 말하거나 같은 색을 반복해서 말하면 벌칙을 받거나 놀이에서 지게 된다.

9-13] 이런 방식으로 설계된 실험은 이 과업이 취학 전 어린이에게는 극히 어렵고, 심지어 8~9세 어린이조차 실수 없이는 수행하지 못할 정도로 어렵다는 것을 보여 준다. 사실 이 상황은 어린이가 내적 과정에 주의를 기울일 것을 요구한다. 어린이에게 자신의 능력 밖에 있는 내적 주의를 조절할 것을 요구하는 것이다. 어린이가 검정, 흰색, 보라, 빨강, 초록, 파랑, 노랑, 갈색, 회색 같은 색 카드의 도움을 받으면 실험의

경로는 근본적으로 변화한다. 어린이는 이런 외적 도움을 내적 사용—자신의 주의를 집중하고 모아 내는—으로 즉각 전환하고 직접적인 주의로부터 간접적인 주의로 이동한다. 우리가 말했듯이 어린이는 자신의 내적 주의를 숙달해야만 하기 때문에 외적 자극을 조작한다. 따라서 내적 조작은 외적 조작의 반복이거나 적어도 외적 조작과 연결되어 있다. 따라서 우리는 그것을 객관적으로 연구할 기회를 갖게 된다. 우리 앞에 펼쳐지는 것은 이중 자극 기법의 노선을 따라 설계된 실험이다.

비고츠키는 이 장을 '지배성' 이론으로 시작했다. 지배성 이론은 동물들이 왜 하나 이상의 자극에 동시에 주의를 기울일 수 없는지를 설명하려는 이론이다. 하지만 인간은 언제나 둘 이상의 자극에 주의를 기울일 수 있다. 즉, 단순히 대화하는 것조차 소리, 얼굴 표정, 몸짓, 그 밖의 자극들에 동시에 주의를 기울이는 것을 요구한다. 따라서 인간의 심리 기능을 설명하는 데 있어서 지배성 이론은 부족한 이론일 수밖에 없다. 그러나 금지색 실험 과정에서 우리는 비고츠키가 의미하려고 했던 바와 마주하게 된다. 처음에 어린이들은 실제로 제시된 두 자극 중 하나에만 주의를 기울인다. 카드를 무시하고 질문에 대답하거나 질문을 무시하고 카드만 응시하는 것이다. 이는 저차적 심리 기능(저차적 지각과 저차적 주의)이 실제로 자기 충족적이고 독립적이라는 것을 보여 준다.

9-14] 어린이 앞에는 두 세트의 자극이 놓인다. 첫 번째는 실험자의 질문이고 두 번째는 색 카드들이다. 두 번째 자극들은 정신 조작이 다른 여러 자극들로 향하도록 하는 수단이 된다. 즉, 올바른 답에 주의를 고정시키도록 도와주는 것이다. 보조 자극 도입의 결과는 대개 바로 즉각 나타나 오답의 수는 급속도로 줄어든다. 이는 주의의 안정성이 증가했으며 어린이가 자극의 도움을 통해 이 과정을 숙달하였음을 가리킨다.

이 문단에서 비고츠키는 한 어린이를 대상으로 학습 실험을 함으로써 매개의 효과를 미소 발생적으로 보여 준다. 그러나 매개적 도구를 활용하거나 이용하는 어린이의 능력이 뇌 발달뿐 아니라 문화적 발달, 특히 언어 발달(질문을 구체화하고 지시를 따르는 어린이의 능력)에 따라 변하기 때문에, 다음 단락에서 비고츠키는 개체 발생적인 발달의 평행 사변형에 대해 언급한다.

9-15] 이중 자극으로 구성된 이 실험에서 연령에 따른 집중과 주의의 두 형태(자연적 주의와 문화적 주의-K)의 발달을 생각해 보자. 전 학령기 어린이에게는 두 가지 형태의 주의가 서로 아주 가깝다. 그 둘 사이의 차이는 초등학교와 특히 중학교 시기에 크게 벌어졌다가, 성인이 되면서 다시 좁혀진다. 전 학령기 어린이로부터 성인으로의 주의 발달을 추적하면 우리는 다음과 같은 결론을 얻게 된다. 간접적 주의 활동과 직접적 주의 활동에서의 차이는 전 학령기부터 증가하여 중학교 시기에 최대로 벌어진 후 다시 좁혀진다. 주의 발달의 기본적인 발생적 법칙을 보여 주는 두 곡선에서 다음 장에서 설명하게 될 기억 발달의 평행사변형과 본질적으로 비슷한 그림을 쉽게 확인하게 된다.

'두 형태'란 집중(주의)의 자연적 형태와 문화적 형태를 가리키는 것이다. 기능적으로 두 형태는 동일하다. 즉 두 형태 모두 전경과 배경을 구분하고, 핵심 내용을 선택하고 중요하지 않은 내용을 무시하며, 지각과 기억을 경제적·효율적으로 사용하는 기능을 한다. 그러나 구조적으로 두 형태는 완전히 다르다. 우리가 보았듯이, 하나는 독립적이고 구체적 지각 경로(청각적·시각적)에 기초하는 한편, 다른 하나는 통합적이고 낱말 의미에 기초한다. 기능적·구조적 사실로부터 쉽게 예견할수 있듯이, 주의의 자연적 형태와 문화적 형태는 발생적으로 때로는 동일하고 때로는 다르다. 두 형태는 전 학령기 어린이와 성인에서 동일하다. 그러나 이는 표현형적으로 볼 때만 사실이다. 발생형적으로 말해서 전 학령기 어린이는 문화적 형태의 주의가 아직 발달하지 않았으며 성인은 자연적 형태의 주의가 더 이상 사용되지 않기 때문에 겉으로는 동일해 보인다는 것을 비고츠키는 보여 준다.

학령기 어린이들은 주의의 자연적 형태와 문화적 형태가 매우 다르다. 카드를 이용할 때, 학령기 어린이들의 성공률은 저학년에서 급격히 증가하다가(카드를 효과적으로 사용하기 때문에), 고학년으로 갈수록 서서히 증가한다(천장 효과로 인해 학생들의 성공률이 매우 높게 유지되기 때문에). 카드가 없을 때 학령기 어린이들의 성공률은 서서히 증가하다가(어린이들의 자연적인 심리적 기능은 느리게 성숙하기 때문에), 청소년기에 이르러 급격히 증가한다(어린이들이 어떤 외적 도구 없이도, 내적으로 조작을 매개할 수 있기 때문에). 이것이 '평행사변형'을 만들게 된다(『도구와 기호』 4-53 참조).

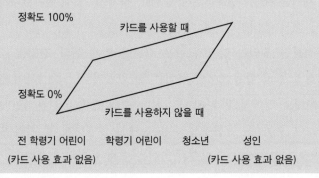

9-16] 매개된 주의의 발달 순서를 설명하기 위해, 우리는 그 실험이 다양한 연령 수준에서 어떻게 일어나는지 간략하게 추적할 필요가 있다. 여기서 우리는 먼저 전 학령기 어린이의 경우 두 가지 주의 집중 방식에서 오답 수의 차이가 미미하며, 새로운 방법의 도입이 과정의 경로를 의미 있게 변화시키지는 않는다는 것을 확립할 것이다. 전 학령기 어린이는 자기 바로 앞에 있는 자극-수단을 전혀 의미 있게 사용하지 않는다. 그 어린이는 종종 문제와 무관하게 카드를 가지고 놀며, 때로는 생각나는 대로 카드 하나를 집어서 대답에 참고로 사용한다. 과업

을 가장 성공적으로 수행하는 어린이는 보조물로 여러 장의 카드를 사용하기 시작한다. 이 어린이는 금지색들, 즉 검은색과 흰색을 골라 따로 놓아두고, 자기 앞에 남아 있는 카드들의 색만을 말한다. 그러나 어린이는 자기 앞에 놓여 있는 카드들 중에서 이미 말한 색 카드를 치우려고 하지는 않는다.

9-17] 제안된 장치의 충분한 사용은 대개 학령기가 되어서야 비로소 시작된다. 내적 조작은 외적이 되고 어린이는 외적 자극-수단을 통해 자신의 주의를 숙달한다. 이제 실험 대상 어린이 중 하나가 말했듯이, 카드는 '되는' 색과 '안 되는' 색으로 명확히 구분되기 시작한다. 금지색에는 이미 사용된 색들이 더해진다. 이미 이 색깔들을 말했기 때문이다. 이 실험에서 관찰된 어린이들은 장치에 복종하여 전체 조작을 기계화하려는 모습을 명백히 보여 주었다. 그 어린이들이 질문의 의미에는 주의를 기울이지 않고 오직 색깔에만 이끌려 카드를 보고 대답했기 때문에 이는 종종 무의미한 답을 낳았다.

> 어린이들이 무의미한 대답을 내놓은 것은 이들이 질문 자체의 내용에 집중하기보다는 놀이의 규칙에 맞도록 질문에 대답하는 것에 집중했기 때문이다. 예를 들어 실험자가 학교 책상의 색이 무엇인지 물었을 때 어린이들은 자신들이 책상 위에 올려둔 '되는' 카드를 보고 '자주색'이라고 말하기도 하였다.

9-18] 따라서 초등학교 연령에서 자극-수단의 사용은 내적 주의 작동의 생산성을 빠르게 증가시키지만, 실제로 반응의 질이 떨어지는 것을 초래하며, 이에 따라 주어진 장치의 목적이 파괴된다. 고학년 어린이들은 가장 완벽하고 가장 정확하게 외적 수단을 사용하며, 저학년 어린이들이 보였던 카드에 완전히 종속되는 모습을 보이지 않는다.

9-19] 이에 따라 오답률은 감소한다. 전 학령기 어린이에게 매개된

주의는 오답률을 거의 감소시키지는 않지만, 초등 저학년 학생들에게서는 오답률이 반 정도로 감소하고, 더 높은 연령의 학생들에게서는 10배까지 감소한다. 따라서 우리는 주의 과정 숙달의 점차적 향상과 그 과정의 권위에 대한 복종을 만들어 내는 매개된 주의의 발달에 대한, 말하자면 일관된 그림을 갖게 된다. 유독 어른의 경우에만 카드 사용으로 인한 오답율 감소가 매우 미미하다는 것에 우리는 다시 한 번 주목한다.

9-20] 자발적 주의 발달 과정에서 핵심적인 역할을 하는 이러한 사실(카드가 성인의 과업 해결에 도움이 되지 않는다는 사실-K)을 설명하기 위해, 우리는 특정한 순서에 따라 배열된 실험에 의지하였으며 이는 (매개된, 비매개된-K) 두 가지의 주의 과정의 확립을 나타내는 발달 곡선들이 각 어린이에 있어 유사한 움직임을 나타냄을 보여 준다. 만일 이 실험들을 전 학령기 어린이를 대상으로 장기간에 걸쳐 반복한다면 이 조작은 비교적 짧은 시간 안에 동일한 일반적 방식으로 나타날 것이다. 실험 과정에서 어린이의 행동은 다음의 단계를 일관되게 밟아 나갈 것이다. 1) 불완전하고 부적절한 카드 사용, 2) 외적 수단의 적극적인 사용과 그것에 대한 완전한 복종으로의 이행, 3) 외적 도구를 이용하여 내적 과업을 수행하기 위한 적절한 카드 사용, 4) 성인들이 사용하는 행동 유형으로의 이행.

비고츠키는 전 학령기 어린이를 대상으로 한 실험에 대해 기술하고 있다. 물론 이것이 우리에게 '발달의 평행사변형'을 제시하는 것은 아니다. 발달의 평행사변형(그리고 그것이 실제로 보여 주는 근접발달영역)은 단지 미소 발생이 아니라 개체 발생을 나타낸다(근접발달영역은 단순한 근접학습영역이 아니다). 그러나 이것은 궁극적으로 매개적 수단을 성공적으로 사용하도록 인도한다. 우리는 이를 다음과 같이 기술할 수 있다.

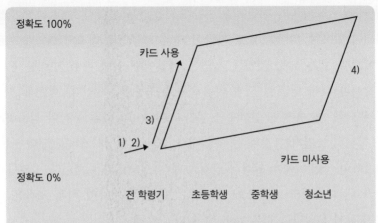

정확도 100%

카드 사용

3)

1) 2)

정확도 0%

카드 미사용

4)

전 학령기   초등학생   중학생   청소년

위 화살표는 미소 발생 과정을 보여 주는 반면, 평행사변형은 개체 발생 과정을 보여 줌에 유의하자.

1) 카드 미사용(카드는 무시한 채 오직 질문에만 주의를 기울임)

2) 카드에 대한 완전한 복종(질문은 무시한 채 오직 카드에만 주의를 기울임)

3) 카드의 적절한 사용(카드와 질문을 동시에 염두에 두기)

4) 카드 미사용(성인의 특징)

9-21] 카드 사용으로의 이행에서 우리 실험에 참여한 성인은, 언뜻 보기에는 이상할지도 모르지만, 표면적으로는 전 학령기 어린이들과 같은 방식으로 행동한다. 성인들 역시 카드를 거의 사용하지 않았고, 전체 조작은 이미 준準외적 장치의 특징을 이미 갖추었다. 그들은 카드에 손을 대지 않고 '마음속으로' 이미 말한 색깔은 제외해야 함을 스스로에게 말하는 것처럼 보인다. 성인들은 고도로 발달된 내적 조작으로 인해 외적 수단들을 불완전하게 사용하는 것이다. 어린이들과 함께한 장기간의 실험 결과에서 나타난 동일한 행동을 보면, 이것이 과정의 '내적 변혁', 즉 외적으로 매개된 과정으로부터 내적으로 매개된 과정으로의 이행 때문이라고 믿을 만한 충분한 이유가 있다.

9-22] 전 학령기 어린이와는 반대로 성인은 자발적 주의 과정이 발달되어 있으며, 외적인 보조 자극이 내적 자극으로 대체되었을 때 어린이에게서 보게 되는 것처럼, 성인은 낱말이나 어떤 다른 방식을 통해 금지색과 이미 언급된 색에 마음속으로 집중할 수 있다. 객관적 결과로 판단할 때, 유사한 실험에서 성인과 어린이의 외적 조작이 감소하거나 서서히 소멸되는 것과 동시에 내적 주의는 현저하게 증가된다. 이에 근거하여, 어린이에게 있어서 간접적 주의 형태로의 이행이라는 영향에 따라 내적 과정의 재구조화, 즉 내적 변혁이 일어나며 외적 조작은 내적 조작이 되었다고 결론 내릴 수 있다.

객관적인 결과만 놓고 본다면, 우리는 '발달의 평행사변형'과 같은 것을 얻게 된다. 발달의 평행사변형은 전 학령기 어린이들의 정확도가 매우 낮고(0%), 성인은 정확도가 매우 높다(100%)는 것을 보여 준다. 또한 이는 어린이와 성인 사이에 매우 다른 두 가지 경로가 존재한다는 것을 보여 준다. 어린이는 외적 매개를 사용하며 성인은 (궁극적으로) 오로지 내적 매개만을 사용한다. 이 평행사변형은 매우 그럴듯해 보인다. 이것은 근접발달영역의 '지도'에 가까운 것을 제공하는 것처럼 보인다. 위의 직선은 어린이가 도움을 받아 수행할 수 있는 것을 보여 주며, 아래 직선은 어린이가 도움 없이도 수행할 수 있는 것을 보여 준다. 그러나 이런 방식, 즉 객관적인 결과만을 보여 주는 '발달의 평행사변형'으로 데이터를 다루는 데에는 적어도 두 가지 문제점이 있다.

첫 번째 문제점은 객관적 결과만을 들여다보면 성인과 어린이의 유사성이 분명히 드러나지 않는다는 것이다. 사실 성인과 어린이 모두 카드를 무시한다. 이것이 바로 여기서 비고츠키가 설명하고자 하는 문제이다. 비고츠키가 다음으로 설명하고자 하는 두 번째 문제점은 객관적 결과들만 들여다보면 차이점들이 분명히 드러나지 않는다는 것이다. 물론 '카드 사용' 직선에서의 최초 점수의 '상승'은 색 카드의 숙달에 기인한다. 그러나 매개된 카드들은 '미사용' 직선에서의 두 번째 '상승'의 원인이 아니다. 그것은 모종의 내적 매개에 기인한다. 유사하게 '카드 사용' 직선의 완만한 부분은 천장 효과 때문이다. 즉 카드들은 이미 그 효용성을 충분히 발휘하였으며, 여기서 나타나는 오류는 아마도 부주의나 잘못된 이해로부터 기인된 것으로 설명될 수 있을 것이다. 그러나 '미사용' 직선의 완만한 부분은 자연적 주의가 점진적으로 발달한다는 사실에 기인한다. 이것은 이 그래프가 매우 다른 발달 과정을 하나의 변수로 나타내고 있다는 의미이다. 비고츠키는 이를 인지하고 있었으며, 다음 문단에서 이 오도된 양적 데이터가 보여 주는 결과에 대한 훌륭한 질적 분석을 제공한다.

9-23] 이것은 조작의 구조를 분석한 데이터에 의해 뒷받침된다. 데이터는 동일한 문제가 다양한 내적 조작들을 통해 해결될 수 있다는 것을 보여 준다. 시야 밖으로 금지색을 치우고 자신 앞에 남아 있는 색깔을 염두에 둘 때 어린이는, 비네의 표현에 따르면, 주의를 모의하는 것이다. 어린이는 하나의 조작을 똑같은 효과가 있기는 하지만 근본적으로는 아무 상관이 없는 다른 조작으로 대체한다. 우리는 과정의 표현형적 형태와 발생형적 형태 사이의 심오한 차이를 거듭 깨닫게 된다.

이 책 I권(4-58)에서 비고츠키는 비네가 기억술적인 장치들을 언급하기 위해 '모의'라는 용어를 사용하는 것에 대해 불만을 표했다. 시험 감독자였던 비네가 '모의'라는 낱말로 의미하고자 했던 것은 요즘 우리가 시험에서 '부정행위(커닝)'나 '요령'이라고 부르는 것이다. 시험에 나올 내용을 기억하는 대신 어린이가 자기 손 위에 내용 정리를 써 놓거나, 다른 어린이 것을 훔쳐보거나, 엉뚱한 선택들을 지우거나 어떤 규칙(정답은 보통 오답보다 더 길다)을 깨닫는 것 등이 모두 '모의'에 포함된다. 그러나 비고츠키의 관점에서 본다면 이런 것들은 모두 외적인 매개 형태이다. 그리고 비고츠키는 논리적 기억과 같은 내적 형태의 매개들이 외적 매개로부터의 내적 변혁이라고 믿었기 때문에, 그것들(외적매개)이 단지 해결의 모의나 대체품이 아니라 해결책을 향한 본질적인 단계들이라고 믿는다. 그러나 그는 이런 단계들이 올바른 해결책과는

제9장 주의의 숙달 179

다르며, 여러 가지 모의들도 서로 질적으로 다르다는 것을 인정한다. 그것들이 올바른 해결책과 다른 까닭은 자연적 기억(금지색에 대한)을 카드에 대한 지각으로 대체하는 방식으로 작동하기 때문이다. 그러나 카드를 사용하는 다른 방식들이 존재하고 이에 대해서는 다음 단락에서 논의될 것이다. 표면적으로 보기에, 카드를 보는 것은 기억을 지각으로 대체하는 것처럼 보인다. 그러나 실제로 일어나고 있는 것은 기억에 대한 주의가 도구에 대한 주의로 대체되고 있는 것이다.

9-24] 때로 어린이는 이 문제를 상당히 다른 방식으로 해결한다. 어린이는 금지색 카드를 따로 치우지 않는다. 대신 그 카드들을 뽑아서 자기 앞에 놓고 거기에 시선을 고정한다. 이때 외적 방법은 내적 조작과 정확하게 일치하고, 우리 앞에 놓인 조작은 하나의 매개된 주의이다. 이 조작을 통해 답을 구하는 과정 자체가 재구조화된다. 어린이는 주어진 질문에 대하여 반드시 올바른, 즉 의미 있는 답을 해야 하고, 특정 색을 말하면 안 된다는 것과 같은 주어진 규정을 지켜야 한다. 특정한 주의의 방향은 답을 모색하는 과정을 우회적인 방식으로 변형하고 재구성한다. 어린이의 응답은 점점 더 질적으로 향상된다. 녹색이 금지된 어린이는 잔디가 무슨 색이냐는 질문에 대하여 직접적으로 대답하는 대신 다음과 같이 대답할 것이다. "잔디는 가을에는 노란색으로 변해요." "토마토는 빨간색이니?"라는 질문에 대하여 빨간색이 금지되었을 때 어린이는 "토마토는 덜 익었을 때는 녹색이에요."라고 답한다. 실험 대상은 이런 식으로 더욱 어려운 사고 과정으로 옮겨 가면서 새로운 상황에 놓이게 된다.

앞 문단에서 비고츠키는 외적 매개를 사용한 해결책과 내적 매개를 사용한 해결책이 서로 다르다는 것을 인정하였다. 다만 비네는 외적 매개를 사용한 해결책이 내적 매개를 '모의'한 것이라 보았지만 비고츠키는 그것들이 발생적으로 연결되어 있다고 생각한다. 이 문단에서 비고츠키는 두 개의 서로 다른 외적으로 매개된 해결책을 구별한다. 이 경우에도 이 둘은 서로 연결되어 있는 동시에 구별된다.

첫 번째 해결책을 살펴보자. 어린이는 단순히 금지색 카드를 자신의 시야 밖으로 치운다. 예를 들어 빨간색과 파란색이 금지되었다면 빨간색과 파란색 카드를 치우는 것이다. 그런 후, 질문에 대한 답에서 새로운 색이 언급될 때마다 어린이는 자기 앞에 놓인 정렬된 카드 중에서 그 색을 빼내어 금지색을 모아둔 카드 더미로 보내야만 한다. 이런 방법을 사용할 때 어린이는 오직 어느 색이 허락되고 어느 색은 안 되는가에만 주의를 기울이기 때문에, 질문에는 거의 주의를 기울이지 못한다. 따라서 "잔디는 보라색이에요." 또는 "토마토는 파란색이에요."와 같은 엉뚱한 대답을 하게 되는 것이다.

두 번째 해결책에서 어린이는 다른 방향으로 나아간다. 금지색 카드를 치우는 대신, 자기 앞에 정렬해 놓는다. 이렇게 하는 것은 언어 과정을 더욱더 요구한다. 예를 들면 어린이는 반드시 질문을 주의 깊게 듣고, 답을 입 밖에 내기 전에 마음속으로 순간적으로 생각하면서 그것이 허용되는 답인지 확인하기 위해서 카드를 바라보아야 한다. 어린이는 반드시 자발적인 기억을 지니고 있어야만 하는 것이다. 어린이는 무엇보다도 부정하기를 숙달해야만 하고, 특정 색을 말하면 안 된다는 것을 스스로에게 말해 줄 수 있어야 한다.

질적으로 다른 이 두 해결책이 발달적 가치라는 점에서도 동등하지 않음을 분명히 알 수 있다. 두 번째 방법이 첫 번째 방법보다 내적 매개에 질적으로 더 가깝다. 이런 의미에서 두 번째 방법이 더 고등한 정신 기능을 필요로 한다고 혹은 어린이에게 더 높은 수준의 자기-조절과 자기 행동 통제를 제공한다고 말할 수 있다.

9-25] 일반적으로 말해서 이것이 주의 발달의 문화적 역사이다. T. 리보가 처음으로 인간의 문화적 발달의 문제와 자발적 주의의 관계라는 문제를 제기했을 때 말했듯이, 그것의 발생은 매우 정교하면서도 아주 복잡하지만 실제에 부합한다고 말할 수 있다.

9-26] T. 리보는 분명 자발적 주의를 인류의 문화적 역사의 산물로 간주한 최초의 심리학자였다. 그는 비자발적 주의를 '자연적', 자발적(주의-K)을 '인공적'이라고 칭하였다. 그는 "인공물은 스스로의 과업을 수행하는 데 자연적 힘을 사용한다. 내가 이러한 형태의 주의를 인공적이라고 부르는 것은 바로 이러한 의미에서이다(1897, p. 30)."라고 말했다.

> 리보는 다음과 같이 쓴다. "주의에는 두 가지 구별된 형태가 있다. 하나는 즉각적이고 자연 발생적이며 다른 하나는 의지적이고 인공적이다. 심리학자들이 대체로 무시해 온 첫 번째 유형의 주의는 진정하고 원시적이며 근본적인 형태의 것이다. 대부분의 심리학자들이 유일한 연구 대상으로 삼은 두 번째 유형의 주의는 단지 모방이며 교육과 훈련, 형성의 결과일 뿐이다. 이는 본질적으로 불안정하며 유동적이므로 그 모든 재료를 즉각적 주의로부터 취하며 오직 그것을 통해서만 실현된다. 그것은 단지 자연적 주의를 완성하는 도구일 뿐이며 문명화의 산물이다."
>
> Ribot, Th.(1889), *Psychologie de l'attention*(Psychology of the Attention), Paris: Félix Alcan.
>
> 위의 인용으로부터 리보가 얼마나 뿌리 깊은 연합주의자였는지를 알 수 있을 뿐 아니라 또한 후기 행동주의자들이 단순히 18, 19세기 연합주의자들의 주장을 반복하고 있음도 확인할 수 있다. 리보에게 있어 의지적 주의는 자연적 주의의 과정으로 간단히 환원될 수 있다. 리보는 상상 역시도 자연적 경험의 재조합으로 환원된다고 주장한다(『어린이의 상상과 창조』 참조).

9-27] 자발적 주의가 어떻게 출현하게 되는지의 질문에 대하여 그는, 인간 사회의 발달에서 원시적 야만 상태로부터 조직화된 사회 상태

로 이동한 것과 동일한 과정을 밟아 인간이 인지 발달 영역에서 비자발적 주의의 지배로부터 자발적 주의의 지배로 이동한다고 말한다. "후자는 문명화의 결과이자 원인이다(같은 책, p. 33)."

> 비고츠키는 리보가 제시한 예시에 대해 의구심을 갖는다. 그리고 여기에는 타당한 이유가 있다. 리보는 숲에서 생활하는 데에는, 농사를 짓는 데 요구되는 방식의 자발적 주의가 필요하지 않다고 생각한다. 그렇지만 어로와 수렵에는 엄청난 집중력과 예측 능력이 요구된다. 농사꾼이 농작물에 대해 알아야 하듯이 사냥꾼은 계절에 따른 동물의 행태가 어떤지 알아야 하는 것이다. 더구나 동물들이 어떤 이유로 이동한다면 사냥꾼은 단순한 행태를 아는 것 이상의 예측을 해야만 한다. 비록 리보의 논거가 틀렸다고 할지라도 비고츠키는 이 단락과 다음 단락에서 주의의 발달을 사회 발달과 연결시키려던 리보의 시도가 심리학에서 주의의 문제에 대한 접근 방식에 있어서 거대한 변화를 일으켰으며, 최초로 역사적이며 문화적인 국면을 덧붙였다는 것을 지적하고 있다.

9-28] 사회의 발달과 자발적 주의의 발달을 연결시키는 데 있어서 역사적으로 리보가 얼마나 타당했는지는 당분간 제쳐 놓더라도, 우리는 리보에 의해 제시된 질문의 공식화가 주의에 대한 관점에 엄청난 변화를 일으켰으며 최초로 역사적 설명을 위한 토대를 마련했다는 것에 주목하지 않을 수 없다.

9-29] 리보의 견해에 따르면, 자발적 주의는 자연에 대한 사회적 적응이라는 특정 조건에서 일어난 자연적 주의의 역사적 형태이다. 리보는 사람들이 다양한 이유(사냥감의 부족, 인구 증가, 황폐화, 강력한 이웃 부족)로 일단 자연 상태를 떠나게 되면, 그들은 죽든지 더 복잡한 삶의 조건, 즉 노동에 적응할 필요에 직면하게 되며, 자발적 주의는 점차 생존을 위한 새로운 투쟁 형태에서 가장 중요한 요소가 되었다고 말한다.

9-30] 일단 인간이 본질적으로 재미는 없지만 필수적 삶의 수단인 노동을 수행하기 시작하면서, 자발적 주의가 인간 세상에 서광을 비추기 시작했다. 문명의 발생 이전에는 주의가 거의 존재하지 않았으며, 단지 번쩍이는 번개의 스쳐 지나가는 광채처럼 순간적으로 나타났을 뿐이라는 것은 누구나 쉽사리 말할 수 있다.

9-31] T. 리보는 자발적 주의의 사회적 본성을 최초로 지적했고, 이런 형태의 주의는 발달된 것이며 발달 전반은 외부에서 내부로 향한다는 것을 보여 주었다. 자발적 주의는 점차 내적 조작으로 변환되며, 이 내적으로 작동하던 주의는 어떤 특정한 발달 시기에 마침내 제2의 천성이 되어 이 기술의 성취가 완성된다. 특정한 상황과 특정한 환경에 인간을 두기만 하면 나머지는 자연적으로 이루어질 것이라는 것이다.

9-32] 그러나 리보의 이론은 자발적 주의의 기제에 관해서는 불분명하며 그 개체 발생에 대해 명확한 그림을 제시하지 않는 것으로 보인다. 리보의 기제는 흔히 훈련으로 환원된다. 그것은 자발적 주의의 출현을, 오늘날의 표현으로 하자면, 자연적 주의를 유도하는 어떤 자극을 신호하는 먼 자극에 대한 단순 반사로 일어나는 것으로 설명한다. 이러한 기제가 비자발적 주의로부터 자발적 (주의-K)로의 이행의 기저에 놓여 있음은 의심의 여지가 없지만 이것이 가장 전형적이고 가장 중요한 것은 아니다. 오히려 그것은 생득적 행동으로부터 획득된 행동으로의 이행 모두를 일반적으로 설명하는 데 있어서 종속적 역할을 수행한다.

> 먼 자극을 지각한다는 것은 다음과 같은 의미이다. 예를 들어 나는 나의 이름을 부르는 소리를 듣고, 다른 자극을 신호하게 된다. 즉 나의 근육에 머리를 돌리라는 신호를 보내고 여러 사람들의 얼굴에 초점을 맞추어 둘러보는 것이다. 리보에게 있어 이러한 신호들은 본질적으로 자발적 주의이다. 그런 후 나는 나의 어머니의 얼굴을 인식하고 다른 모든 동물들이 그 어미를 보았을 때와 마찬가지로 자연적으로 반응한

다. 리보에게 있어 이는 비자발적 주의이다. 적절한 훈련을 통해 나는 이와 동일한 방식으로 나의 아내나 친구의 얼굴에 반응할 수 있다. 필요한 것은 오직 특정한 적응 기간 동안 특정한 환경에 놓이는 것이다. 비고츠키는 이런 종류의 자극 반응의 연쇄가 실제 일어나는 것을 인정한다. 그러나 그는 이러한 설명이 다른 대부분의 연합적 설명과 마찬가지로 지나치게 일반적임을 지적한다. 그러한 자극 반응의 연쇄는 무조건 반응으로부터 조건적 반응으로의 모든 이행 과정에서 일어난다. 조건적 반응은 자연 반응을 일으키는 자연적 자극에 대한 대용물인 인공적 자극에 따라 일어나며, 이런 식으로 이전에 자연적 본능이었던 것이 인공적 습관으로 형성되는 것이다. 그러나 이는 진정 지적 반응을 설명할 수 없으며 자유 의지의 발현을 설명할 수 없다(본능, 습관, 지성, 자유 의지의 구분에 대한 설명은 I권 4장 참조). 비고츠키에게 자발적 주의는 오직 자유 의지의 작용으로만 진정 이해될 수 있다. 리보는 주의의 하위 두 유형만을 다루고 있음이 명백하다. 그 때문에 오직 농경 부족들만이 자발적 주의를 발달시킬 수 있다는 리보의 주장은 명확히 설명되지 않는다. 왜냐하면 수렵 부족뿐 아니라 심지어 동물들조차 조건화된 습관에 토대한 주의를 발달시킬 수 있기 때문이다. 비고츠키는 바로 이 점에 대해 다음 문단에서 비판한다.

> 자유로운, 자발적 주의
> 완전히 내적 변혁됨, 내적으로 매개되어 있음
> (예: 자기 동기화된 놀이, 예술적 창조, 과학적 사고)

> 지적으로 자기-지향된, 그러나 여전히 외적으로 매개된
> 의식적 주의
> (예: 숙제에 대한 지적 집중)

> 타인에 의해 통제된 소박하고 외적으로 매개된 주의
> (예: 학교 수업에 대한 습관적 주의)

> 자연적, 비자발적 주의
> (예: 번쩍이는 불빛에 대한 본능적 주의)

9-33] 리보가 설명했듯이 이러한 관점에서 볼 때 동물 또한 자발적 주의를 가진다. 그 경우에는 자발적 주의가 어째서 문명의 산물인지 이해하기 어렵다. 리보는 동물도 훈련과 지도의 영향에 따라 비자발적 주의에서 자발적 주의로의 이행을 겪는다는 것을 자세히 증명할 필요는 없다고 말한다. 비네는 우리가 동물에게 사용할 수 있는 수단이 제한되어 있을 뿐임을 강조한다. 이는 아마도 조건 반사 이론이 보여 준 바와 같이 동물에 있어 조건적 주의를 야기할 수 있는 광범위한 조건 반사에 대한 지식이 부족하기 때문인 것이다.

리보의 강점은 그가 자발적 주의에 대해 사회적·역사적 설명을 요구한 최초의 사람이었다는 것이다. 그러나 리보의 설명 자체는 환경에 대한 적응과 자극-반응 연합에 지나지 않았다. 인간은 숲에서 농장으로 이동한다. 인간은 장기간의 자극에 대한 장기간의 반응을 통해 새로운 환경에 적응한다. 그러나 동물 역시 반복된 자극을 통해 새로운 환경에 적응한다. 동물도 사람과 마찬가지로 결핍과 과밀에 대한 반응으로 이동하기 때문에, 사실상 동물 행동이 인간과 다를 이유가 없다. 그런데 어째서 동물은 자발적 주의를 갖지 못하는가? 비네는 동물도 자발적 주의를 발달시킬 수 있으나, 이를 위해 우리가 어떤 자극을 사용해야 할지 모를 뿐이라고 말한다. 동물은 어쩌면 인간의 언어에 해당하는 비밀스러운 무언가를 가지고 있을지도 모른다는 것이다. 다음 문단에서 비고츠키는 리보와 비네의 관점 모두가 자발적 주의가 무엇인지 그리고 무엇보다도 심리적 과정을 소유하고 숙달한다는 것이 무엇을 의미하는지에 대한 근본적 오해에서 비롯된 것임을 지적한다.

9-34] T. 리보는 동물의 주의를 통제하는 것이 동물이 아니라 단지 사람이기 때문에, 동물의 주의가 훈련을 통해서조차 자발적인 것이 될 수 없다는 기본적 사실에 주목하지 않는다. 동물은 인간의 주의 발달의 가장 큰 특징인 이행, 즉 타인의 통제로부터 스스로에 의한 통제로, 복종으로부터 지배로의 이행을 일으키지 않는다. 이러한 리보의 오류는

그가 자발적 주의의 형성 기제를 알지 못했으며 일반적인 주의와 행동에서 역사적 발달을 일으키는 수단을 고려하지 않았기 때문에 생긴 것이다. 기호를 통한 행동 숙달 성향을 파악할 수 있는 기제를 확립해야만, 어린이가 어떻게 외적 영향으로부터 내적인 자발적 주의로 이행하는지 이해할 수 있다.

리보가 훈련된 동물이 자유롭지 않다는 것을 인식조차 하지 못했던 까닭은 그가 자발적 주의의 형성 기제를 무시했기 때문이라고 비고츠키는 말한다. 물론 리보가 이를 완전히 무시한 것은 아니었다. 그는 자발적 주의가 적응 때문에 일어난다고 말한다. 문제는, 만일 모든 발달이 적응 때문에 일어난다면, 진정한 자유로운 자발적 기능은 결코 발달될 수 없다는 것이다. 이에 따르면 오직 환경에 의해 속박된 행동, 즉 자유롭지 않은 행동만이 발달할 수 있다.

9-35] 우리는 실험에 의해 확립된 자발적 주의의 발생에 관한 데이터를 사용하여 이 이행을 추적하고자 했다.

그 실험에 관한 내용은 훨씬 뒤인 **9-65~9-110**에서 기술될 것이다.

9-36] 최근에 P. P. 블론스키는 능동적인 자발적 주의는 의심할 바 없이 발달의 최종 산물이라고 지적하면서 리보의 생각에 동조했다. 리보가 완전히 깨어 있음과 동일시하고자 했던, 삶의 가장 초기에 발생하는 원시적 주의는 비자발적(자발적 주의?-K)과는 다르다. 왜냐하면 그가 보기에 후자는 주로 생각에 의해 결정되고 가장 발달된 형태의 주의이기 때문이다.

이 문단에서 비자발적 주의가 주로 생각에 의해 규정된다거나, 그것이 가장 발달된 형태의 주의라는 것은 말이 되지 않는 것처럼 보인다. 그럼에도 불구하고 러시아 원전에는 그렇게 쓰여 있다. 이에 대한 세 가지 설명이 가능하다.

첫째, 보존 상태가 열악했던 비고츠키의 원고를 전사하는 과정에서 실수가 있었을 수 있다. 그러나 그렇다고는 해도 편집자나 영어 번역자가 이를 인지했다고 보이지 않으며, 이에 대한 언급은 어디에도 없다. 둘째, 리보와 블론스키가 의미한 비자발적 주의를 티치너가 말한 비자발적 주의의 최종 단계, 즉 완전히 자동화된 주의를 묘사한 것으로 볼 수 있을 것이다. 하지만 이런 가능성은 많지 않아 보인다. 리보와 블론스키 모두 티치너와 가까운 사이가 아니었으며, 따라서 그의 생각을 사용하고자 하지 않았을 것이다. 셋째, 비고츠키 자신의 실수였을 수 있다. 왜냐하면 이 원고를 쓰고 있을 때 그는 이미 다음 목표였던 티치너에 관해 생각하고 있었기 때문에 생각이 글을 앞섰을 수 있다. 이것이 가장 타당한 설명으로 보인다. 어떤 경우든 비고츠키가 이에 동의하지 않았음은 매우 분명하다.

I권(5-39)은 수면과 각성의 24시간 주기 리듬과 심리학적 발달 단계를 연관 지은 블론스키의 이론에 대해 매우 짧지만 두드러지게 관용적인 기술을 보여 준다(블론스키와 비고츠키는 친구였다).

9-37] 이와 같이 자발적 주의 문제에 대한 발생적 접근은 명확하게 드러났다. 그러나 이러한 형태의 주의의 발생에 대해서 명확히 밝혀진 바가 없으며, 더 중요한 것은 그것의 발달을 특징짓는 방식에 대한 분석도 없다는 것이다. 우리는 이러한 문제들이 우리의 발견에 비추어 볼 때, 연구자들에 의해 확립된 가장 중요한 주의의 법칙에 의해서 설명될 수 있다고 생각하며, 이는 이제 자발적 주의의 전체 발달 과정에서 한 위치를 차지하게 될 것이다.

9-38] E. 티치너가 발전시킨 주의에 대한 발생적 이론 중 가장 진보된 입장은 흔히 알려진 뜻에서 구분되는, 즉 수동적이고 비자발적인지 혹은 능동적이고 자발적인지에 따라 구분되는 두 형태의 주의가 사실은 상이한 심리 발달 단계의 특징이라는 사실에 토대하고 있다. 그것들은 초기 형태에 비해 후기 형태가 상대적으로 복잡하다는 점에서만 서

로 다를 뿐, 동일한 유형의 의식을 보여 준다. 그러나 그것들은 우리 심리의 성장에 있어서 상이한 지점에서 나타난다. 티치너는 그것들이 출현하는 조건으로 이 둘을 구별하고 각각의 특징을 설명하고자 한다.

9-39] 분석은 저자(티치너-K)로 하여금 비자발적 주의와 자발적 주의가 사실은 일차적 주의와 이차적 주의이며, 일차적 주의는 특정한 발달 단계, 즉 자발적 주의 발달의 가장 초기 단계라는 결론으로 이끈다. 이차적 주의는 주체와 객체의 관계가 본질적으로 다르다는 특징이 있다. 인상 자체만으로는 주의를 끌거나 유지할 수 없다. 반대로 우리는 스스로의 노력으로 다양한 경험에 대한 주의를 유지하는 것처럼 보인다.

9-40] 기하학 문제는 우리에게 천둥소리와 같은 강력한 인상을 남기지는 않는다. 그러나 (기하학 문제는-K) 주의를 끌 수 있으며, 티치너는 이러한 주의를 이차적 주의라고 불렀다. 그가 볼 때 이차적 주의는 복잡한 신경 조직화의 필연적 결과이며 충돌*의 흔적이 존재하는 한 이차적이거나 능동적이다. 이차적 주의의 기원이 일차적 주의라는 주장에 대한 타당한 근거로, 이차적 주의가 끊임없이 일차적 주의로 변형된다는 일상의 경험적 사실보다 더 좋은 것은 거의 없을 것이다. 티치너에게 있어 바로 이것이 일차적 자발적 주의이며, 이것은 그 본질적 차이가 주로 발생적 차이로 이루어진 주의 발달의 세 단계를 확립시킬 수 있도록 해 준다.

*과업(기하학 문제)과 천둥소리의 인상 간의 충돌-러시아어판 편집자 각주.

9-41] 그는 주의 전체가 인간 정신에서 세 단계에 걸쳐 발견된다고 말한다. 이차적 주의가 진정한 자발적 주의의 단계를 위한 필수 전제 조건임에도 불구하고, 이차적 주의는 이행적 단계, 충돌의 단계, 신경 에너지 유용流用의 단계이다. 티치너의 관점에 따르면, 세 가지 상태

의 주의가 존재하지만, 정신 과정으로서의 주의에는 한 가지 유형만이 있을 뿐이다. 이 세 단계는 복잡성에 있어서 차이를 보여 줄 뿐 그 경험 자체의 특성의 차이를 보여 주는 것은 아니다.

비고츠키는 3장(3-35~3-36)에서 티치너에 대해 상당히 비판적이었다. 티치너가 순수한 표현형적(티치너 자신은 '구조적' 유사성이라고 말할 것이다)으로 볼 때 주의의 세 번째 단계가 첫 번째 단계와 같다고 주장하였기 때문이다. 티치너는 기술적 심리학자였다. 그는 자신의 방법을 통해 정밀하게 기술된 심리적 경험들을 목록화하려고 하였다. 몇몇 경우는 목록화하기가 매우 까다롭다. 예를 들어 흥미가 지루함으로, 짜증이 분노로, 초조함이 공포로 바뀌는 정확한 순간을 기술하기란 쉬운 일이 아니다. 그러나 그 반응 시간만큼은 기술하기 쉽다. 티치너는 스스로를 '구조주의자'라고 불렀으며, 따라서 그는 상상력이 부족하게도 주의의 세 가지 유형을 '일차적', '이차적', '삼차적' 단계로 명명한다. 일차적 주의는 천둥소리 같은 시끄럽고 예상치 못한 소음을 들었을 때 경험하게 되는 즉각적인 유형의 것이다. 이차적 주의는 어려운 기하학 문제를 풀기 위해 집중하고 있을 때 경험하게 되는 유형의 것이다. 삼차적 주의는 수없이 반복해 왔던 무언가(심지어 그것이 기하학 증명일지라도)를 할 때 경험하게 되는 유형의 것이다. 티치너는 정확하게 기술하는 것에 집중한 나머지, 일차적 주의와 삼차적 주의 사이에는 객관적으로나 주관적으로나 아무런 차이가 없다는 것을 인정할 수밖에 없었다. 일차적 주의와 삼차적 주의 모두 동일한 시간이 소요되며, 의도적·자발적 행위의 느낌을 포함하지 않는다.

9-42] 그러므로 주의를 발생적으로 정의하려는 티치너의 시도에서 우리는 티치너가 각각의 연령에 적용하고자 한 이론을 본다. 그는 다음과 같이 주장한다. 삶을 전체로 보았을 때 학습과 교육의 시기는 이차적 주의 시기라고 말할 수 있으며, 뒤따라오는 성숙한 독립적 활동 시기는 자발적 종류의 일차적 주의 시기라고 말할 수 있다. 티치너의 이론

은 우리가 발생적 연구에서 확립한 데이터와 가장 가까워 보인다.

9-43] 모든 문화적 행동 발달에서 우리가 염두에 두고 있는 네 개의 주요 단계 중 세 개를 티치너가 언급하고 있다는 것은 확실하다. 티치너의 일차적 주의는 우리가 말하는 원시적 혹은 자연적 주의와 같은 선상에 있다. 이차적 단계는 외적으로 매개된 주의에 해당되며, 마지막으로 세 번째 단계는 우리의 네 번째 내적-변혁вращивания** 단계에 해당한다. 여기서 빠진 단계는 이차적 이행 단계, 즉 소박한 심리적 단계이며, 이는 우리 실험에서 분명하게 추적하기 어려웠지만 임상적 관찰에서 특히 비정상아들에게서 나타난다.

티치너의 모형은 리보의 모형과는 상당히 다른 의미에서 발생적이다. 그것은 사회 발생적이기보다 미소 발생적이며, 주의 깊은 실험적 관찰과 자기-관찰(예를 들어 큰 소리에 놀란 대학원생을 관찰하거나, 매우 오랜 시간 동안 그들을 방에서 기다리게 한 후 지루함이 초조함으로 바뀌거나, 초조함이 노여움으로 바뀌는 순간을 관찰하기)에 기초하고 있다.

티치너의 주의 모형은 1층과 3층이 똑같은 빵으로 만들어진 샌드위치에 비유될 수 있다.

삼차적 주의: 숙련된 전문가의 문제 해결, 운전이나 악기 연주와 같이 자동화된

이차적 주의: 이행적 단계, 예를 들어 기하학 문제에 집중하기, 운전 배우기, 처음 악보를 보고 연주하기 등

일차적 주의: 경적 소리에 본능적으로 반응하기, 공연 중에 울리는 핸드폰

반대로 비고츠키의 모형은 피라미드와 비슷하며, 비고츠키는 잠정적으로 네 층을 확립했다(그러나 비고츠키는 미래의 심리학자와 교사들이 더 많은 층들을 발견하리라고 기대했다. I권 4-50 참조). 각 층은 아래층에 의존하면서도 통제한다는 의미로 더 '높아'지며, 위층으로 올라갈수록 제한된 수의 도구와 기호들(궁극적으로 낱말 의미)에 의해 활성화된다

는 의미에서 더 '좁아'진다.

충분히 내적 변혁되고, 내적으로 매개된,
따라서 자유로운 행동
(티치너의 샌드위치의 맨 위층과 유사)

외적으로 매개되고, 의식적인, 따라서 지적인 행동
(티치너의 샌드위치의 중간층과 유사)

매개의 소박한 사용: 그 심리적 본질에 대한 이해 없이
'트랙터'를 수 세기에 이용하기, 의인화적 사고,
흔적 기능을 '주술적'으로 사용하기
(티치너의 샌드위치에 대응하는 층은 없음)

자연적 주의: 큰 소리나 밝은 색에 무의식적으로 집중하기
(티치너의 샌드위치의 맨 아래층과 유사)

**일차적 주의에서 이차적 주의로 그리고 삼차적 주의로의 이행이라는 티치너의 분석은 비고츠키와는 다른 주의에 대한 정의와 이행의 조건에서 기인한다.-러시아어판 편집자 각주.

9-44] 더 나아가 티치너는 조금의 의심도 없이 자발적 주의가 그 기능하는 방식이 아닌 발생하는 방식에서 비자발적 주의와 다르다는 것을 확립하였다. 다시 말해서 주의의 발달은 유기체적 변화의 유형과 강조가 아니라 행동 형태의 진화 유형에 따라 성취된다. 그러나 비록 티치너의 이론이 주의의 문제에 발생적으로 적합해 보이기는 하지만, 이는 개별 단계들에 대한 순전히 외적인 표현형적 기술에 토대하고 있으며 발달 기제 혹은 각각의 과정들이 작용하는 기제를 보여 주지 못한다. 따라서 티치너는 과정의 객관적 기능이 아니라 경험을 파고듦으로써 이전 형태와 대비되는 이차적 주의의 구조의 본성을 보여 주지 않는다. 그의 관점에서는 파생적인 일차적 주의가 그 시작점보다 높은 수준으로

고양되는 이유가 명확하지 않은 채 남게 된다. 그는 이차적 주의가 주의의 본래 형태와의 갈등으로부터, 지각의 특성으로부터, 상호 호환이 불가한 운동 작용들 사이의 투쟁으로부터 기인한다고 바르게 말한다. 그러나 결국 이러한 갈등은 매우 이른 연령의 어린이들에게 일어난다. 자발적 주의의 출현을 설명할 때, 자연적 자극들과 그 사이의 상호 관계와 더불어, 사회적 자극이 어린이에게 중요하며 그의 주의를 조절한다는 사실을 고려하지 않는다면 바로 우리의 주의가 처음에는 외적 인상이나 직접적 흥미에 종속되어 있다가 나중에서야 이러한 경험이나 흥미를 숙달하기 시작하게 되는 이유와 과정이 불명확하게 남게 된다.

9-45] 자발적 주의에서 비자발적 주의로의 이행에 대한 순수한 경험적 기술이라는 이 동일한 약점, 이차적 단계의 질적 특성은 물론 이러한 이행의 발생과 기제를 명확히 나타내는 능력의 부족은 자발적 주의가 점진적으로 비자발적 주의로 변한다는 것을 발견했던 E. 모이만의 진술에서도 명백하다. 이 경우, 앞서 언급한 대로, 자발적 주의가 그 기제의 유기체적 토대가 아니라 심리적 행동 구조에서 비자발적 주의와 다르다는 것을 실험적 증거를 통해 볼 수 있다.

*E. 모이만(Ernst Meumann, 1863~1915)은 분트의 동료이며, 후에 취리히, 라이프치히와 함부르크에서 철학과 교육학 교수를 역임하였다. 그는 실험주의자였으며, 그가 한 많은 실험은 기억과 관련이 있다. 리보의 심리학처럼 그의 심리학 역시 연합주의적이다. 그는 N. 엘리스와 같은 사람들이 여전히 주장하듯이 반복이 기억의 핵심이라 믿었다. 그는 실제 단어를 기억하는 것과 전혀 상관이 없는 무의미 낱말을 암기시킴으로써 기억을 연구하는 방법을 발달시켰다. 이 방법은 오늘날에도 여전히 사용되고 있다. 이는 관찰해야 할 대상을 보기보다는 관찰하기 쉬운 대상을 연구하는 전형적인 사례이다. 다음 단락에서 비고츠키는 이 순수한 경험적 접근의 오류를 지적한다. 사람들에게 무의미 낱말을 기억하는 데 주의를 기울이게 하면, 그들은 금방 지루해한다. 규칙적

으로 밝은 불빛을 보거나 큰 소리를 들을 때에도 같은 일이 일어난다. 따라서 모이만은 자발적 주의와 비자발적 주의 모두에서 심장박동 수가 점차 느려진다는 것을 발견한다.

9-46] 실험에서 모이만은 자발적 주의와 비자발적 주의에서 똑같이 나타나는 동일한 증상을 발견했다. 즉 맥박이 느려지는데, 이는 이마도 실험 대상의 자발적 주의가 비자발적 주의로 끊임없이 빠르게 변화되었기 때문일 것이다. 그러나 다른 연구자들은 자발적 주의와 비자발적 주의에서 반대의 증상을 발견했다. 즉 비자발적 주의의 증상은 본성상 정서에 더 가까웠으며, 놀라거나 당황했을 때 나타나는 증상과 일치한 반면, 자발적 주의는 자발적 행동과 관련된 증상을 나타냈다.

9-47] 그 차이는 우리가 제안한 주의의 발생에 비추어 설명될 수 있다고 생각한다. 한 경우에서 우리는 주의 확립의 계기에 대해 말하고 있다. 이는 다른 기능들에서와 마찬가지로 행동을 통제하는 자발적 과정이다. 다른 경우에서는 이미 확립되어 주의 기제가 자동적으로 작동되고 있는 과정에 대해 말하고 있다. 다시 말해, 징후의 차이는 주의 발달 단계의 차이이다.

이 문단에서 말하는 '그 차이'는 신체적 증상에 대한 연구자들의 입장 차이를 가리킨다. 모이만을 비롯한 몇몇 연구자들은 자발적 주의와 비자발적 주의가 나타내는 신체적 증상이 같다는 것을 발견한다. 한편 다른 이들은 이 두 주의가 나타내는 신체적 증상이 서로 다르다는 것을 발견한다. 즉 자발적 주의의 신체적 증상은 자발적 행동의 증상과 매우 흡사하고, 비자발적 주의의 신체적 증상은 정서의 증상과 매우 유사하다는 것이다. 비고츠키는 이들 연구자들이 주의의 서로 다른 두 계기를 말하고 있음을 지적한다. 전자의 연구자들은 주의가 확립되는 계기에 대하여 말하고 있다. 이 계기는 외적 환경에 의해 확립되었는가 아니면 자유 의지에 의해 확립되었는가 여부에 따라 매우 다르며 이 차이로부터 서로 다른 신체적 증상이 나타날 것임을 알 수 있다. 후자의 연구자들은 주의의 작동에 대하여 말하고 있다. 외적 환경에 의해 확립된 주의나 자유 의지에 의해 확립된 주의는 모두 동일하게 작동한다. 예를 들어, 달려오는 차를 피하려고 뛸 때의 신체적 증상은 가만히 있다가 뛰기로 생각하고 뛸 때의 신체적 증상과 사뭇 다를 것이다. 그러나 일단 뛰기 시작한 후에는 이 두 경우에 있어서 신체적 증상은 상당히 유사할 것이다.

9-48] 이제 주관적 분석이라는 측면에서 볼 때 이해할 수 없는 노력의 경험이라 불리는 하나의 복잡한 현상에 대해 매우 간략하게 생각해 보자. 그것은 자발적 주의 속에서 어떻게 일어나는가? 우리는 그것이 우리가 주의 숙달이라고 명명한 또 다른 복잡한 활동으로부터 뻗어 나온다고 믿는다. 주의 기제가 자동적으로 작동하기 시작하면 이 힘은 당연히 사라지게 마련이다. 갈등과 투쟁이 일어나는 다른 과정들이 존재하며, 그 속에는 다른 노선을 통해서 과정들에 주의를 돌리려는 시도가 존재한다. 이 모든 것이 노력을 기울이지 않고, 주체의 심각한 내적 작업, 즉 자발적 주의가 당면하는 저항으로 측정될 수 있는 작업 없이 이루어진다면 이것은 기적일 것이다.

누군가 옆에서 총을 쏜다면 우리는 놀라서 펄쩍 뛰게 되지만, 이 경우 뛰는 것이 얼마나 어려운지 혹은 쉬운지를 설명할 수는 없다. 이때 뛰는 행동은 비의지적이며 행위자의 어떠한 노력도 관계되지 않은 반응이기 때문에 주관적 분석을 통해 규정할 수는 없다. 주관적인 분석은 오직 주체가 주의를 기울이고 있는 대상에 대해서만 유효하기 때문이다.

9-49] 순수한 주관적 분석의 결함은 리보의 발자취를 따랐던 르보달론느의 연구에서도 나타난다. 그는 (주의의-K) 구조가 직접적인지 혹

은 간접적이고 매개되어 있는지에 따라 주의를 구별할 것을 최초로 제안했으며, 이 경우 도구로 사용된 보조적 수단이나 자극을 통하여 대상에 주의를 기울일 수 있다는 사실에서 자발적 주의 발달의 가장 주요한 특징을 볼 수 있다는 것을 인식했다. 이런 관점에서 르보 달론느는 주의를 지성적인 조작, 즉 하나나 그 이상의 다른 사물을 통하거나 또는 그 도움으로 사물을 바라보는 것으로 정의했다. 이렇게 이해하게 되면 주의는 도구적으로 안내된 조작 혹은 지성적 조작이 되며 주의의 주체와 대상 사이에 모종의 보조적 장치를 위치시킨다.

여기서 '도구'라는 낱말은 비유적으로 사용된 것이지 실제적인 도구를 의미하지는 않는다. 예들 들어 부부가 아이를 데리고 공원을 거닐고 있는데 개 한 마리를 보게 되었다고 상상해 보자. 아빠는 개에게 잠깐 주의를 기울이고 개라는 것을 인식할 것이다. 그리고 더 이상 주의를 기울이지 않을 것이다. 왜냐하면 그의 스키마는 더 이상의 어떤 것도 요구하지 않기 때문이다. 그는 나중에 그 개가 하얀 털로 덮인 양처럼 보였다는 것을 기억조차 하지 못할 것이다. 개를 아주 좋아하는 엄마는 좀 더 많은 주의를 기울이고 나중에 그 개가 아름다운 프렌치 푸들이었다는 것을 기억할 것이다. 르보 달론느는 이 두 종류의 주의가 자발적인 것이지만 서로 다른 도구(즉, '개' 또는 '프렌치 푸들'과 같은 서로 다른 스키마)에 의해 매개되었다고 말할 것이다. 이 스키마는 관찰자와 대상 사이에 위치하는 것이다. 엄마, 아빠와는 달리 그렇게 큰 동물을 본 적이 없었던 아이는 훨씬 덜 매개된 방식으로 반응을 하고, 무의식으로 도망치기 시작할 것이다. 이는 물론 비자발적인 주의이다.

*G. 르보 달론느(Gabriel Charles Revault d'Allonnes, 1872~1949)는 프랑스 태생의 의사이자 심리학자였다. 치매에 대한 연구를 했고, 주의에 대한 연구로 알려지게 되었다.

9-50] 이 저자는 주의가 매개되는지 여부와 매개되는 방법과 수단

에 따라 달라지는 다양한 (주의의-K) 형태에 대해 논의한다. 그러나 그가 항상 염두에 두고 있는 것은 오직 특정한 대상에 주의를 기울이는 방법이 되는 내적 수단, 특히 도식이었다. 르보 달론느는 수단이 외적으로 될 수 있으며 그것이 처음에는 당연히 외부에 있었다는 생각을 전혀 하지 못했고 따라서 (베르그송의 생각을 이어받은) 그의 '스키마'는 순전히 지성적인 유형의 일차적 요인이다. 만약 우리가 이 경우 논의되는 것이 분명 티치너가 말했던 자발적인 일차적 주의 단계 혹은 네 번째 단계라는 점을 고려한다면 (르보 달론느의-K) 이 이론 역시 거꾸로 뒤집혀서 더욱 진정으로 조망될 수 있을 것이다.

　　르보 달론느의 '내적' 장치를 실제 도구가 내면화된 것으로 생각함으로써, 우리는 '그의 생각을 똑바로 세울 수 있으며' 매개된 기억에 대한 유물론적 이론을 세울 수 있다. 르보 달론느에게 있어 '개'라는 스키마는 (칸트의 선험과 같이) 이미 존재하는 지적 사실이다. 예컨대 엄마는 '푸들'이라는 구체적 스키마를 통해, 아빠는 개라는 일반적인 스키마를 통해 개를 인식하게 된다. 그러나 이것을 뒤집어 생각해 볼 수 있다. 어린아이가 '개'의 스키마를 갖고 있지 않다면, 개에 대한 아이의 경험은 부모나 친구들이 사용한 낱말에 의해 매개된다. 개에 대한 아이의 경험은 구어적 낱말이라는 실제적·물질적 도구를 통해 조용하고, 내적인 스키마로 변형된다.

　　*H. 베르그송(Henri-Louis Bergson, 1859~1941)은 관념론적 심리학자이자 철학자였다. 그는 노벨상에 심리학 부문이 없기 때문에 노벨 문학상을 받았으며, 윌리엄 제임스, 마르셀 프루스트, 질 들뢰즈에 중대한 영향을 미쳤다. 그는 강력한 반주지주의자이자, 반기계주의적 심리학이라는 점에서 제임스와 같았으나, 제임스와는 달리 심리학과 심지어는 철학조차 '생명력'과 (경험에 선행하고 경험을 규정하는 일차적인 지적 사실로 간주되는) 스키마를 통해 설명하고자 하는 신비주의적 관점을 가졌다. 프랑스의 친나치 비시 정부는 유태인을 핍박하는 법을 도입했으나 유태인 가정에서 태어난 베르그송에게는 적용을 면제하였다. 베

9-51] 르보 달론느는 발달의 최종 단계에 대한 분석을 출발점으로 삼았고 전체 과정에 대한 추적을 결여함으로써 순전히 관념적인 가정에 도달하지만, 이러한 스키마의 실제 형성 과정을 보여 주지 못한다.

9-52] 실험적 분석과 앞서 제시한 심리학에서 제기된 입장에 기초하여, 우리는 자발적 주의 과정을 다음과 같이 이해하게 된다. 이 과정은 본능적인 주의 과정 발달의 한 단계로 간주되어야 하며, 그 발달의 일반 법칙과 특성은 다른 문화적 행동 형태의 발달에 대해 우리가 확립할 수 있었던 것과 완벽히 일치한다. 이제 우리는 자발적 주의가 매개된 주의 과정, 즉 고등행동형태에 있어서 문화화와 교육의 일반적 법칙에 전적으로 종속된 과정의 내적 변혁이라고 말할 수 있을 것이다. 이는 그 내용, 구조, 기능이 단순히 자연적·유기적 주의 발달의 결과가 아니라, 외적인 자극-장치의 영향하에서 일어난 변화와 재구조화의 결과라는 것을 의미한다.

9-53] 자발적 주의와 비자발적 주의가 의지와 본능과 동일한 관계를 갖는다고 규정짓는 (정확하지만 너무 일반적인 관찰인) 잘 알려진 입장 대신, 우리는 자발적 주의와 비자발적 주의가 논리적 기억과 기억 기능 또는 개념적 사고와 혼합적 사고 사이의 관계와 동일한 관계를 갖는다고 말할 수 있을 것이다.

> 비고츠키는 자발적 주의와 비자발적 주의를 의지와 본능과 같은 방식으로 관계 지우는 것은 너무 일반적이라고 말한다. 이는 자발적 주의, 논리적 기억 그리고 심지어 개념적 사고조차 의지의 한 사례일 뿐이며, 비자발적 주의, 저차적 기억(니마) 기능, 혼합주의는 더 본능적인 자연적·원시적 행동의 사례라는 것을 암시한다.

비고츠키가 말하는 기억 기능이란 아마도 직관상적 기억('잔상')과 같이 인간이 동물과 공유하는 단순한 기억 같은 것을 의미할 것이다.

의지적 (자발적) 행동	본능적(자연적 또는 원시적) 행동
자발적 주의(예: 놀이, 예술적 창조)	비자발적 주의(예: 소음, 밝은 빛)
논리적 기억(이야기. 서사, 역사, 민간 신화 같은 문화적 기억)	기억 기능(직관상적 기억, '잔상')
개념적(과학적, 예술적, 윤리적) 사고	혼합주의(예: 좋아하는 것과 싫어하는 것)

9-54] 우리가 이끌어 낸 결론을 공고히 하고 모종의 이론적 일반화로 나아가기 위해서는 우리 연구에 있어서 지극히 중요한 논점을 실험적으로 명확히 해야만 한다. 우리는 자연적 주의로부터 자발적 주의로의 경로가 비매개적 조작으로부터 매개적 조작으로의 이동이라는 가정으로부터 나아갔다. 우리는 다른 모든 정신 과정을 통해 이 경로에 대해 대체로 알고 있다. 그러나 다음과 같은 문제가 떠오른다. 주의에 있어서 이 과정의 매개는 어떻게 일어나는가?

9-55] 우리는 모든 매개가 문화적 발달의 대상인 자연적 조작 법칙의 토대 위에서만 가능하다는 것을 아주 잘 알고 있다. 예를 들어 기억에서 자극-기호와 자극-대상 간의 관계와 같은 기억술적 조작은 우리에게 잘 알려진 자연적인 구조 형성 법칙의 토대 위에 창조된다. 이제 우리는 하나가 다른 하나의 주의를 끄는 도구적 자극으로 작동하도록 하기 위해서는 두 자극 사이에 어떠한 자연적-심리적 관계가 존재해야 하는가를 발견할 필요가 있다. 매개된 주의가 가능하게 되는 일반적인 자연 조건은 무엇인가? 주의 법칙의 자연적인 역사는 무엇인가? 이것과 관련된 두 번째 질문은 연구가 자연적 주의로부터 도구적 주의로의 실제 이행에 대하여 살아 있는 자료를 밝혀내야 한다는 것이다.

9-56] 주의의 역사에 근본적인 중요성을 가지는 이러한 질문에 답하기 위해 우리는 복잡한 실험적 연구를 실시하였다. 이제 여기에 대해

상세히 논의해 보자.

9-57] 우리는 가장 순수한 형태의 주의는 관찰이 불가능하다는 가정으로부터 출발하였다. 잘 알려진 대로, 이 때문에 어떤 심리학자들은 기억, 사고, 지각, 의지 등의 과정에서 일어나는 모든 변화를 설명하는 데 주의를 사용하였으며, 반대로 다른 이들은 특정 정신 기능으로서 주의 과정의 존재를 전적으로 부인하며 푸코, E. 루빈과 같이 심리학 사전에서 그 낱말을 삭제하였다. 끝으로 또 다른 사람들은 경우별로 다른 주의 기능의 특정성을 염두에 두고, 하나가 아닌 여러 가지 주의들에 대해 논의할 것을 제안했다. 이는 사실 심리학이 통합된 주의 기능을 특정 기능들로 해체시키는 길을 취했음을 의미했다. 우리는 독일 저자(N. 아흐)의 연구와 르보 달론느의 주의에 관한 이론에서 이에 대한 두드러진 예시를 보게 된다.

*N. 아흐(Narziss Ach, 1871~1946)는 뷔르츠부르크 심리학자로서 후에 베를린과 괴팅겐에서 심리학 교수로 재직했다. 그는 뷔르츠부르크 학파로서 연합주의를 거부하고 과업은 '결정적인 경향성' 또는 오랜 기간 동안 행동을 조절할 수 있는 목표를 수반한다고 주장했다. 각 과업에는 단순한 연합의 모음이라기보다는 그것을 해결할 수 있는 사고를 결정하는 사고방식이 있다는 것이다. 후에 비고츠키는 이러한 주장은 마치 표적이 포탄의 궤적을 결정한다는 주장과 같다고 풍자한다. 그러나 비고츠키의 제자였던 레온티예프는 이 주장을 그의 활동 이론에 채택하여 활동과 행위를 오로지 동기와 목적으로 설명한다. 1933년, 아흐는 라이프치히에서 열린 학회에서 나치당에 의한 권력의 강탈을 인정하고, 새로운 정권을 지지하기 위하여 나치 심리학을 구상한 논문을 발표했다. 그는 또한 위대한 1세대 유태계 심리학자들과 그들의 동료들, 동조자들(막스 베르트하이머, 오토 셀츠, 에드문트 후설, 쿠르트 레빈, 쿠르트 코프카, 볼프강 쾰러를 포함하는 분트의 제자들) 모두를 제거하도록 승인하였다. 엔쉬와 슈프랑거에게 이것은 인종을 바탕으로 한 심리학

을 의미하였다. 다시 말하면, 순전히 자연적 측면으로부터 정신적 초인을 발전시키는 과제에 접근하는, 생물학적 토대를 가진 심리학이다.

*M. 푸코(Marcel Foucault, 1865~1947)는 몽펠리에 대학의 철학과 교수로서 1906년에 대학에 심리학 실험실을 설립하였다. 그는 학교 심리학에 관한 연구를 저술하였고 착시와 같은 정신 물리학에 관심이 있었다.

*E. 루빈(Edgar Rubin, 1886~1951)은 덴마크 심리학자이다. 그는 위대한 물리학자인 닐스 보어의 사촌이자 가까운 친구였으며, 해롤드 회프딩과 게오르크 엘리아스 뮐러의 제자였다. 루빈은 처음에는 모이만과 에빙하우스의 '무의미한 철자'에 관심이 있었지만 그것은 무의미하며 어떻게 정신이 의미를 찾는지에 관해 아무것도 알려 주지 않는다고 결론지었다. 그 후 그는 현재 사용되는 유의미한 '전경-배경' 검사(그림 참조)를 개발했다. 이로 인해 전경과 배경의 관계에 관한 기본적 법칙(1. 둘러싸인 공간은 둘러싸고 있는 공간보다 더 전경으로 보이기 쉽다 2. 어두운 색깔은 밝은 색깔보다 더 전경으로 보이기 쉽다)이라는 중요한 발견을 하게 되었다. 형태주의 심리학자들(베르트하이머, 코프카, 쾰러)은 그의 발견에 매우 흥미가 있었지만 루빈은 그 무리에 속하기에는 경험적 성향이 컸다.

루빈의 꽃병

9-58] 우리는 주의 과정이 서로 다른 방식으로 진행될 수 있으며, 앞서 제시된 실험에서 명백히 드러나듯이 다양한 활동 형태 속에서 다양한 종류의 주의가 다루어짐을 알고 있다. 우리는 주의가 가장 순수

한 형태로 역할을 하는 가장 원시적이고 자연적인 활동을 찾아내야 한다. 그것은 우리에게 문화적 주의의 특정성을 탐험할 수 있는 기회를 제공할 것이다. 그러한 활동으로서 우리는 닭, 침팬지 그리고 어린이를 대상으로 한 쾰러의 실험에서 처음으로 시도된, 구조적 관계에 있어서의 선택 반응을 택했다.

> 비고츠키는 고등의 문화적·의지적 행동으로서의 주의가 갖는 특정한 성질을 탐구하고자 한다. 그런데 어째서 닭이나 침팬지의 데이터를 언급하는 것인가? 이 책의 1권 3장과 4장을 주의 깊게 읽은 독자라면 그 이유를 정확히 이해할 것이다. 주어진 심리 기능을 설명하기 위해서는 반드시 그것이 아닌 것에서부터 시작해야만 한다. 그 밖의 다른 설명들은 미발달된 주의는 그것이 발달하기 이전에도 이미 발달된 주의라고 보아야 한다든가, 발달된 주의는 미발달 주의가 완전히 발달된 형태의 주의라는 식의, 본질적으로 순환론적 설명에 불과하다. 비고츠키는 문화적 주의를 설명하기 위해서 그것이 아닌 것, 즉 '순수하게 자연적인' 닭과 침팬지의 주의로부터 시작한다. 이렇게 함으로써 주의의 진정한 자연적 출발점으로 돌아가서 주의를 이미 종결된 대상으로서가 아니라 과정으로서 역사적으로 기술할 수 있게 되며, 또한 궁극적으로는 종결된 대상을 기술하는 것에 그치는 것이 아니라 과정을 설명할 수 있게 된다. 쾰러와 달리 비고츠키는 발달의 과정에 간섭하여 속도를 늦춤으로써 그 과정을 관찰한다.

9-59] 실험에서 쾰러는 닭에게 곡식 낟알이 흩뿌려진 연회색과 진회색 종이를 보여 주었다. 연회색 종이에서는 쪼아 먹지 못하게 닭을 쫓아 버리는 반면, 닭이 진회색 종이에 접근할 때에는 마음대로 곡식을 쪼아 먹도록 허락하였다. 수많은 반복의 결과로 닭은 진회색에 긍정적 반응을 형성하고 연회색 종이에는 부정적 반응을 형성하였다. 그러고 나서 닭에게 새롭게 짝지어진 종이를 제공하는 결정적 실험을 하였다. 즉, 하나는 흰색, 다른 하나는 처음 실험에서 사용했던 것과 같은 연회

색 종이를 제시하였다. 닭은 연회색, 즉 초기 실험에서 부정적 반응을 형성했던 색깔의 종이에 긍정적인 반응을 보였다. 유사하게, 이전에 사용했던 진회색과 검은 종이로 이루어진 새로운 짝을 제시하면, 닭은 검은 종이에 긍정적 반응을 보이며, 이전 실험에서 긍정적 반응을 이끌어냈던 진회색 종이에 부정적 반응을 보였다.

9-60] 약간 변형되었지만 동일한 실험이 침팬지와 어린이에게 수행되었다. 실험 결과는 주목할 만한 것이었다. 이러한 조건에서 동물과 어린이는 색깔의 절대적인 성질이 아니라 전체 구조, 즉 두 색깔의 관계에 대하여 반응한다는 것이 이 실험에서 밝혀졌다. 이 때문에 이전의 훈련이 새로운 상황으로 전이될 가능성이 존재한다. 이 전이와 관련해서 동물과 어린이는 모든 심리적 구조의 근본적인 법칙, 즉 부분의 심리적 특성과 기능은 전체의 특성에 의해 규정된다는 것을 매우 명확하게 보여 주었다. 연회색 종이는 그것이 짝지어진 두 색깔 중 밝은 색일 경우 부정적 반응을 일으켰다. 새로운 짝에 포함되어서 그것이 어두운 쪽이 되면 긍정적 반응을 일으켰다. 같은 식으로 진회색을 검은색과 짝지우면, 그 가치는 긍정적인 것에서 부정적인 것으로 바뀌었다. 동물과 어린이는 모두 회색의 절대적인 명도에 대하여 반응하는 것이 아니라, 두 색깔 중 더 어두운 색깔에 반응한다.

9-61] W. 쾰러는 실험에 성공하기 위해서는 매우 다른 색으로 채색된 아주 넓은 표면을 사용해야 하며, 색깔들의 관계를 시각적으로 눈에 띄게 만드는 종류의 환경을 선택해야만 한다고 지적한다. 유인원의 선택 반응에 대한 이전 실험에서 쾰러가 겪은 어려움은 주어진 반응과 주어진 자극 간의 연결을 형성하는 것이 아니라, 선택하는 동안 조건 자극으로 사용된 주어진 시각장의 속성에 주의를 기울이게 하는 것이었다.

퀼러 실험의 본래 목적은 정확히 무엇이었을까? 그리고 그 실험들을 수정하여 되풀이한 비고츠키의 목적은 무엇이었을까? 행동주의자들은 자유 의지, 심지어 지성까지도 신화라고 믿는다. 손다이크, 힐, 스키너는 닭, 침팬지, 심지어 어린이의 반응조차도 자극과 반응으로 환원될 수 있다고 주장한다. 이와 대조적으로 형태주의 심리학자들은 지성이 신화가 아니라고 믿는다. 퀼러는 닭조차도 구체적인 자극보다는 오히려 관계(예를 들어 더 어두운지 더 밝은지와 같은)에 반응할 수 있다는 것을 보여 준다. 퀼러(그리고 이후의 피아제)에게 구조는 실제로 자극과 반응을 선행하고 결정하는 것이다. 한편으로 비고츠키는 지성은 신화가 아니며, 침팬지나 닭에게서도 발견될 수 있다는 퀼러의 주장에 동의한다. 그러나 다른 한편으로 그는 자유 의지나 자발적 주의가 지성과 동일하다는 주장에는 동의하지 않는다. 비고츠키는 주의 반응이 어떻게 형성되는지, 그리고 그것이 어떻게 어린이가 자발적으로 조절할 수 있는 고등 기능으로 발달하는지 정확하게 알고자 한다. 따라서 그는 퀼러가 제안한 것을 정반대로, 즉 선택 반응을 억제함으로써 선택 반응의 형성을 관찰할 것이다. 이것은 비고츠키가 I권 3장(3-64)에서 제안했던 것이다.

9-62] 유인원의 주의를 촉발하고 이끌려는 연구자는 두 가지 매우 상이한 과업에 직면하고 있음을 잊어서는 안 된다. 첫 번째는 유인원의 주의가 실험을 향하도록 하는 것이다. 이는 유인원이 갑자기 실험 조건에 관심을 끊어 버리면 불가능하게 된다. 첫 번째 문제는 비교적 쉽게 해결된다. 유인원의 주의를 끌고 실험의 목적에 맞게 조절하기 위해서는 먹이를 획득하는 것을 목적으로 삼고, 주의를 끌거나 분산시키거나 흐트러뜨리는 모든 것을 실험 상황에서 제거하는 것으로 충분하다. 여전히 두 번째 문제가 있는데 이는 더욱 어렵다. 즉, 결합이 형성되어야 하는 기호에 유인원이 주의를 기울이도록 하는 것이다. 퀼러는 그 자체로 동물의 주의를 끌 수 있는 두드러진 기호를 선택할 것을 추천한다.

기호들은 극명히 구별되는 차이와 넓은 표면을 가지고 있어야 하며 밋밋한 배경을 바탕으로 제시되어야 한다.

> 비고츠키는 지각과 주의의 차이를 인식하였다. 그는 지각과 주의를 서로 분리하고자 하였고, 심지어는 주의 끌기와 주의 조절하기도 분리하고자 하였다. 어린이의 주의를 환기하는 수업 기법이 주의를 끌 수 있을지언정 조절하도록 하는 데는 효과가 없는 경우가 흔히 있다. 예를 들어 박수를 치거나 종을 치면 학생들이 조용해지지만 그 자체로서 교과 내용을 가르치지는 못한다. 더욱이, 주의를 끄는 기법은 정보를 전달하는 데 사실상 방해가 될 수도 있다. 예를 들어 알록달록 색칠된 세계 지도를 보고 학생들은 태평양이 푸른색인 것과 같이, 일본은 분홍색인 국가라고 생각할 수도 있는 것이다.

9-63] 우리는 실험에서 바로 주의를 끄는 것과 관련하여 상당한 변화를 주었다. 우리는 정상 어린이와 비정상 어린이를 대상으로 한 실험에서 쾰러의 조언을 무시한 채 대신 어린이들에게 다음의 시나리오를 제공하였다. 어린이는 그의 앞에 있는 두 개의 컵 중에 하나를 선택해야 했는데, 하나는 도토리가 들어 있고 다른 하나는 비어 있었다. 두 컵은 각각 연회색과 진회색의 작은 사각형 색종이가 붙어 있는 흰색 마분지로 만들어진 동일한 사각형의 덮개로 덮여 있었으며 색종이의 크기는 전체 면적의 4분의 1을 넘지 않았다.

9-64] 이와 같이 우리는 주어진 예에서 주의가 어떻게 조절되는지 보기 위해서, 일부러 눈에 잘 띄지 않는 특질признак을 선택했다. 일련의 후속 (실험-K) 중에서 첫 번째 연결만을 나타내는 우리 실험의 목적이 쾰러의 목적과 정반대이기 때문에 우리는 이런 변화를 준 것이다. 쾰러는 일차적으로 연결에 흥미를 가지고 있었으며, 따라서 이 연결을 위해 특히 주의의 방향을 적절히 확립하기 위해 유리한 조건을 만들고 싶어 했다. 우리에게 있어, 연결의 형성 과정은 이미 쾰러의 실험에서

알려져 있기 때문에, 우리는 주의의 작용을 추적할 수 있는 과정에만 흥미가 있었다.

9-65] 3세 어린이를 대상으로 한 전형적 실험이 어떻게 진행되는지를 간략히 묘사해 보자. 그 어린이의 주의 전체는 즉각적으로 목표에 집중되었으며, 그는 이행해야 할 조작을 이해하지 못했다. 실험 초기 및 종종 과정 중간에, 어린이는 컵 모두를 잡으려 하였으며, 열고 싶은 컵을 손가락을 가리키라고 하면, 양손을 다 뻗었기 때문에, 하나의 컵만을 가리킬 수 있다고 상기시켜 줘야만 했다. 두 컵 중에 열고 싶은 컵 하나만을 가리키라는 지시를 받을 때마다, 어린이는 즉각적으로 "도토리가 들어 있는 걸 원해요." 또는 "어떤 것이든 들어 있는 걸 원해요." 라고 대답했다. 어린이가 이기면, 실험자가 무엇을 하고 있는지에 대해서는 전혀 관심을 갖지 않은 채 도토리를 열정적으로 움켜쥐었다. 어린이가 졌을 경우에는 "잠깐만요. 이제 맞힐 거예요." 또는 "이제 내가 이길 거예요."라고 말하였다. 연달아 세 번 오른쪽 컵에서 도토리를 찾는데 성공하자마자, 그는 위치에 대한 반응을 발달시켰으며, 이 규칙이 위반된 경우에 그는 무작위로 추측하기 시작했다.

9-66] 이 연령의 어린이가 보여 준 일련의 성공과 실패에서 발견할 수 있었던 가장 진전된 반응은 결정 직전의 망설임이다. 하지만 그 망설임 속에는 어린이가 선택을 하기 위해 사용했을 수 있는 특질признак의 인식을 시사하는 것이 아무것도 없었다. 30번의 시도 끝에 어린이는 진회색에 긍정적 반응을 보이기 시작했으며 이는 얼마간 지속되었다. 그러나 이는 결정적 실험에서는 성공하지 못했으며 처음 상황으로 돌아갔을 때도 성공하지 못했다. 왜 이쪽 컵, 혹은 다른 쪽 컵을 선택했느냐는 질문에 대한 대답은 "도토리가 거기 있으니까요.", "더 이상 틀리고 싶지 않았거든요." 등이었으며, 이들 대답은 컵 덮개의 유무에 대해서는 무시하는 것처럼 보였다.

피아제의 실험을 재연한 비고츠키의 실험에도 익스페리멘툼 크루시스experimentum crucis, 즉 결정적 실험이 존재했듯이(『생각과 말』 7장 3절 자기중심적 말의 계수 측정 실험) 쾰러도 결정적 실험을 수행한다. 쾰러에게 있어서 문제는 닭과 침팬지, 어린이가 구체적인 색깔에 반응할 것인가, 두 색깔의 관계에 반응할 것인가 하는 것이었다. 따라서 쾰러에게 있어 결정적 실험은 연회색과 짝지어 긍정적인 반응을 얻었던 진회색을 검은색과 짝짓는 것이다. 만약 어린이가 구체적인 자극에 반응하고 있는 것이라면 단순히 진회색 종이를 선택할 것이다. 그러나 만약 두 색깔의 관계에 반응하고 있는 것이라면 이 어린이는 검은색 종이를 선택할 것이다. 앞 문단에서 보았듯이 세 살 어린이는 지성적이다. 이 어린이는 오른쪽 컵에서 연속으로 세 번 도토리가 나오자 가설을 세운다. 그쪽에서 도토리가 나오지 않으면 이 어린이는 가설을 포기하고 추측으로 되돌아간다. 따라서 이 상황에서 어린이가 더 어두운 색깔의 종이에 긍정적인 반응을 하더라도 별로 놀라울 것이 없다. 그러나 비고츠키가 종이의 색을 바꾸어 진회색과 검은색 짝을 내놓자마자 어린이는 추측에 실패한다. 그리고 다시 맨 처음 상황으로 되돌아갔을 때에도 '장소 가설'이 부정되었을 때의 반응, 즉 단순히 추측으로 되돌아간다. 비고츠키는 어린이가 자신의 선택을 정당화함에 있어 덮개의 존재를 언급조차 하지 않는다는 점에 주목한다. 어린이들은 마치 덮개가 없는 것처럼 말했으며, 가장 중요한 것은 눈에 보이지 않는 도토리였다. 어린이는 도토리의 기호가 될 '특성'에 주의를 기울이고 있지 않다. 이 '전조'는 아직 기호가 아니며, 어린이에게 아직 인식되지 않은 무의미한 것이다.

9-67] 묘사된 실험에서는 어린이가 그 상황에 만족할 만큼 충분히 이기는 것과 지는 것이 반복되었다(즉, 실험의 결과가 그 자체로 어린이에게 만족스러웠다-K). 어린이의 주의는 항상 목표에 고정된 채 남아 있었다. 아주 긴 훈련을 통해 쾰러와 같은 결과를 이끌어 내는 것이 가능했겠지만, 우리의 목표는 쾰러에 의해 확립된 사실들을 다시 확인하거나

증명하거나 반복하는 것이 아니었기 때문에 우리는 이 실험에 대해 흥미를 잃기 시작했다. 더 많은 실험들이 반복되었다면 어린이들이 성공했겠지만 일반적으로 어린이의 주의는 회색 종이로 이끌어지지는 않는다.

9-68] 동일한 상황에서 5세 어린이는 이기건 지건 상관없이 선택한 이유에 대해 다음과 같이 답한다. "나는 이 컵을 원했기 때문에 선택했어요." 그러나 실험의 객관적 과정은 이 어린이가 주로 시행착오의 원칙에 따라 반응하였음을 보여 준다. 그는 방금 전에 선택해서 게임에 지게 되었던 그 컵을 다시 선택한다. 23번째 시도에서 이 어린이는 도토리를 빼앗기지 않으려 한다. "마지막 도토리도 뺏길 순 없어요. 내가 가질 거예요." 그리고 24번째 시도에서는 한참 동안을 눈으로 자세히 관찰한다. 연속해서 세 번 게임에서 진 후, 49번째 실험에서 어린이는 울음을 터뜨린다. "아저씨랑은 더 안 놀 거예요. 아저씨랑은!" 어린이가 진정이 된 후, 컵을 선택한 동기에 대한 질문에 어린이는 다음과 같이 말한다. "도토리가 컵에서 컵으로 옮겨 다녀요. 내 생각엔 그래요."

이 문단에서 실험 절차가 분명히 밝혀지지 않은 부분('이 어린이는 도토리를 빼앗기지 않으려 한다')이 있다. 비고츠키는 출판 목적으로 이 글을 쓰고 있지는 않았던 것으로 보인다. 실험 절차에 대해서는 두 가지 가능성을 생각해 볼 수 있다. 하나는 다음과 같다. 어린이가 도토리를 찾지 못함에도 불구하고 계속해서 잘못된 컵(밝은 색 종이가 붙은 컵)을 선택한다. 실험자는 어두운 색 종이가 붙은 컵을 열어 보여 도토리가 그 속에 있다는 것을 보여 준다. 이는 어린이가 놀이를 계속할 수 있도록 동기를 부여했을 것이다. 또한 이것은 어린이가 도토리는 컵에서 컵으로 옮겨 다닌다고 생각한 이유도 설명해 줄 수 있다. 이는 앞 문단의 내용(9-65), 즉 어린이가 자신이 획득한 도토리를 열정적으로 잡아채는 동안 실험자는 다음 도토리를 숨겼다는 내용과도 일맥상통한다. 이 문장은 어린이는 자신이 선택하지 않은 컵에 있는 도토리를 잡아채고는 실험자에게 돌려주지 않으려 했다고 이해할 수 있다. 다음 번 시도에서 실험자가 도토리가 든 컵을 어린이에게 보여 주자 어린이는 오랫동안 눈으로 컵을 자세히 관찰하지만 여전히 핵심적인 특징을 알아채지 못한다. '전조'는 아직 기호가 되지 못한 것이다. 두 번째 가능성은 '금지색 놀이'(9-12 참조)처럼 이 놀이에도 벌칙 제도가 포함되어 있는 경우이다. 어린이가 잘못된 컵을 고르면 어린이는 자신이 획득한 도토리 중 하나를 잃게 된다. 그러나 이는 어린이가 도토리를 얻기 전까지는 이 실험이 시작될 수 없다는 것을 의미한다. 물론 처음에 어린이에게 몇 개의 도토리를 준 다음에 실험을 시작했을 수도 있다. 이 경우 미리 주어지는 도토리의 개수에 따라 실험은 매우 어려운 양상으로 전개될 수 있다. 예컨대 처음에 다섯 개의 도토리를 주었다면 어린이가 다섯 번 연속으로 실패하면 놀이가 끝나 버리거나 아니면 음수를 도입해야 하는 상황이 발생하기 때문이다. 이러한 방법은 복잡하고 조직하기 어려워 보이지만 그럼에도, '금지색 놀이'에서 도입된 방법이며 또한 9-100에서 기술될 엘리아스버그의 실험에서 이용된 방법이기도 하다.

9-69] 그 후에 우리는 다음과 같이 진행하였다. 우리는 어린이의 눈 앞에서 컵 안에 도토리를 넣고 덮개에 붙은 진회색 종이 위에 그의 손가락을 놓았다. 그다음에는 다른 컵에도 똑같은 일을 하였다. 즉, 빈 컵의 덮개에 붙은 연회색 종이를 가리켰다.

9-70] 51번째 실험에서 어린이는 게임에 이기고 그 이유를 설명한다. "저기에 회색 종이가 있고 여기에 회색 종이가 있어요." 결정적 실험에서 어린이는 즉시 보상을 받고 자신의 선택의 동기를 밝힌다. "회색 종이가 있고 또 검은색 종이가 있기 때문이에요." 흰색과 회색의 종이를 가지고 한 실험에서 다시 한 번 올바른 선택을 하고 말한다. "아, 여기 진회색이 있어요. 더 어두운 색에 도토리가 있어요. 난 이기는 법을 몰랐어요. 난 어두운 색 종이가 있는 곳에 도토리가 있다는 걸 몰랐어

요." 그다음 날도 며칠이 지난 후에도 어린이는 그 방법을 기억하고 바르게 적용함으로써 오류 없이 즉각 승리했다.

9-71] 이 실험들에서 가장 중요한 계기는 주목하는 순간을 가리키는 계기, 즉 어린이가 자신의 반응과 연결해야 하는 특질에 대해 주의를 환기시키기에 충분한 부가적 자극을 제공하는 몸짓이 바로 그것이다. 최소한의 부가적 힌트만으로도 주어진 색깔뿐 아니라 결정적 실험에 관해서도 어린이의 정서적 분출이 즉각 해소되도록 전체 과정을 만들기에 충분하다. 우리는 새로운 회색 종이가 놓이자 혼란으로 넘어지고 때로는 쓰러지며 때로는 폭발적으로 반응하는 닭에 대한 쾰러의 훌륭한 논평을 상기하게 된다.

'부가적 힌트'란 명백히 어린이의 손가락을 덮개 위의 종이에 두는 것을 말하며, '정서적 분출'이란 물론 9-68에서 설명된 어린이의 떼쓰기를 나타내는 것이다. 쾰러의 결정적 실험에서는, 닭에게 새롭고 훨씬 더 짙은 회색 종이나 때로 검은색 종이가 주어졌다. 닭도 어린이처럼 가끔 화를 내기도 하고 좌절하기도 한다. 비고츠키는 이 둘의 정서적 반응이 유사함에도 불구하고, 학습 능력에는 엄청난 차이가 있다는 것에 경탄한다.

9-72] 우리는 이 실험에서 무엇인가로 어린이의 주의를 잡아끈 몸짓이라는 계기로부터 자발적 주의 발달을 위한 첫 번째 가장 기초적 자연적 조건을 알 수 있다고 말할 수 있다. 우리와는 달리 모든 수단을 동원하여 동물의 주의의 방향을 방해하지 않고 촉진시키고 이 결과가 즉각적인 조건적 연결의 형성임을 보여 주려 했던 쾰러는 이 점에서 유인원을 이용하는 것이 다른 동물들에 비해 고도로 편리하다고 말했다. 유인원들은 손으로 과일을 꺼내는 대신 (과일)상자를 가리킬 수 있는 막대기를 제공받는다. 실제 학습 과정은 단축될 수 있다. 왜냐하면 쾰

러가 말하듯이, 그는 유인원이 바나나가 바로 거기에 있음을 가리키는 선택을 위한 자극이 되는 물질에 주의를 기울이도록 온갖 수단을 사용했기 때문이다. 쾰러에게는 별로 중요치 않았던 부가적 계기(세부 사항-K) 속에서 특별히 중요한 것이 발견된다. 쾰러 자신도 지적하듯이 이러한 종류의 실험은 원칙에 대한 언어적 설명이 아니라 원시적 설명을 포함한다. 그의 방법이 동물들의 다음 선택의 정확도에 있어 우수한 결과를 낳았음은 지적할 필요가 있다. 여기서 우리는 언어의 일차적 기능이 주의를 방향 짓는 수단이라는 것을 알 수 있다.

9-73] K. 뷜러는 또한 이 경우에 시작부터 두 종이를 가리키는 것은 침팬지를 올바른 경로에 강제적으로 놓는 것이라고 믿는다. 즉, "이 대상들에 주목해라. 여기서 빠진 것은 더 밝은 종이와 함께 있는 상자 속에서 음식을 찾게 될 것이라고 침팬지에게 말해 주는 것이다."

9-74] 따라서 이 실험에서 우리는 자발적 주의의 자연적 근원을 지시 기능에서 발견하게 된다. 즉, 쾰러는 특별한 형태의 유사 언어를 만들어 유인원에게 주의를 기울일 대상을 가리켰으며 유인원 역시 뷜러에게 자신이 어떤 상자를 선택했는지 가리켰다.

우리는 이 실험에서 주의의 형성이 이 책 I권 5장(5-50~5-51 참조)에서 기술된 세 가지 계기의 또 다른 사례라는 것을 분명히 알 수 있다. 첫째로 인식되지도, 보이지도, 이해되지도 않은 '무작위 특질'이 존재한다. 그리고 나서 보이고 인식되지만 이해되지는 않은(어린이가 일관되게 둘 중 하나의 종이를 선택하지만 더 어두운 종이라는 원칙을 이해하지 못할 때처럼) '전조'나 '특질'이 존재한다. 그리고 마지막으로 진정한 '기호'가 존재한다. 기호는 그 자체를 넘어서서 추상화와 일반화가 가능한 의미(언어적 의미)로 주의를 돌리게 한다.

쾰러는 이 실험을 통해 관계에 대한 이해(예컨대 더 어두운, 더 밝은)가 실제로 특정 자극(예컨대 특정한 종잇조각)에 대한 이해에 선행한다

잠재된 기호 (미분화된 특질)	전조 (사회적으로 분화된 특질, 객관적 기호)	기호 (심리적으로 의미 있는 특질, 주관적 기호)
미분화된 말소리	지시	말
미분화된 시각적 자극	몸짓	글말
무작위 특질 (인식되지도, 보이지도, 이해되지도 않음)	전조 (보이고 인식되지만 이해되지는 않음)	진정한 기호

는 것을 증명하려고 했다. 이는 퀼러와 손다이크의 논쟁의 일부이기도 하지만, 그것은 또한 영국 경험주의(로크, 흄)와 독일 철학(칸트, 헤겔, 괴테, 마르크스 그리고 물론 베르트하이머, 코프카, 퀼러 자신) 간의 세기에 걸친 오래된 전쟁 속에서 일어난 하나의 전투이기도 하다.

그러나 비고츠키의 목적은 다소 다르다. 그는 어떻게 주의가 무작위 특질(비非기호)을 지시된 특질(전조)로, 지시된 특질을 추상화된 특질(진정한 기호)로 변화시키는지 보여 주고자 한다.

예를 들어, 전체적으로는 삼각형 모양이지만 한쪽 끝이 약간 깨진 파란색 나무 블록에 대해 생각해 보자. 어린이가 그것이 단순히 파란색이고 나무로 만들었고 흠이 있다는 것을 인식했을 때, 어린이는 단지 의미 없는 특질을 무작위로 인식하고 있는 것이다. 그 블록은 기호도 아니고 전조도 아니며 특질들의 무작위적 혼합(비非기호)일 뿐이다. 이제 우리가 어린이에게 변의 수를 세는 법을 보여 준다고 상상해 보자. 우리는 변을 가리키며 '하나, 둘, 셋'이라고 말한다. 이 세 개의 변은 이제 지시된 특질(전조, 즉 진정한 기호를 미리 나타내는 징후)이 된다. 그러나 그 블록은 어린이에게 아직은 기호가 아니다. 어린이에게 꼭짓점(즉 각)의 수를 세어 보라고 요구했을 때, 어린이는 세지 못할 것이다. 왜냐하면 블록이 약간 깨져서, 꼭짓점이 변만큼 뚜렷하게 구별되지 않기 때문이다. 그 블록은 더 이상 비非기호가 아니지만, 아직 진정한 기호도 아니다. 좀 더 나이 든 어린이는 이것이 가능하다. 그 어린이는 '하나, 둘, 셋'이라고 말하며, 깨진 귀퉁이를 무시하고 꼭짓점의 수를 센다. 이런 어린이는 그 블록의 흠을 무시한 것처럼 색깔과 재료를 무시하고, 빨간색 삼각형과 플라스틱 삼각형이 모두 삼각형이라는 범주에 포함됨을 이해한다. 이 어린이는 심지어 블록을 '블록'이라고 부르지도 않으며, 블록을 '삼각형'이라고 부른다. 그것은 진정한 기호가 된다. 우리는 여기서 I권 5장(5-51~5-55)에서 비고츠키가 가리키는 몸짓을 기술할 때 이용한 것과 정확히 동일한 계기들(즉자적, 대타적, 대자적)을 보게 된다. 또한 가리키는 몸짓이 사실상 비非기호와 기호를 연결하는 핵심 계기라는 것을 알 수 있다. 이런 이유로 그것을 '전조', 즉 기호를 미리 나타내는 징후라고 부를 수 있다.

9-75] 다른 한편으로 우리는 실험에서 언어적 지시를 없애기 위해 어린이들에게 원시적 지시만을 해야 했다. 사실, 우리는 처음부터 어린이에게 도토리가 더 어두운 덮개를 가진 컵 안에 있다고 말할 수 있었을 것이며, 문제는 진작에 해결되었을 것이다. 그러나 우리 실험의 모든 관심은 다음에서 볼 수 있다. 우리는 하나의 경로로 언어적 지시 속에 용해되고 합쳐진 것을 해부하고 분석하였으며, 따라서 언어적 시 속에 혼합된 형태로 표현형적으로 존재하는 두 가지 본질적 요소의 발생형을 밝혀내었다.

문제의 열쇠가 되는 두 장의 종이를 가리키기 위해 막대기를 사용함으로써 쾰러는 일종의 침팬지를 위한 언어를 창조한 반면, 비고츠키는 실험에서 언어적 요소를 제거해야만 했다. 이는 침팬지와의 비교를 가능하게 하기 위해서이기도 했지만, 무엇보다 비언어적 지시와 언어적 일반화 및 추상화라는 두 계기들을 구별하기 위함이었다. 이 두 계기들은 언어 사용에서 '표현형적으로' 혼합된다. 왜냐하면 언어를 사용할 때 우리는 구어적 상징과 몸짓이나 표정, 억양 및 특정 상황을 결합하기 때문이다. 그러나 이 실험에서 두 계기는 발생형적으로 구별된다. 왜냐하면 우리는 어린이에게 해결 방법을 말하는 것이 아니라, 어린이가 단순히 목표가 아니라 수단에 주의를 기울일 준비가 되었을 때 해결 방법을 단지 보여 줄 뿐이기 때문이다.

9-76] 사실 우리 실험뿐이 아니라 쾰러의 실험도 두 가지 회색 음영 중에서 더 어두운 것을 선택하는 반응을 형성하는 과정이, 쾰러 또한 분리하고자 했던 두 가지 심리적 계기를 포함한다는 것은 분명하다. 첫째, 주의를 기울이는 계기, 즉 특질(전조-K)을 식별하고 회색 종이에 고정하는 계기가 존재하며, 그것 없이 그 연결 형성 과정은 불가능하다. 그리고 둘째, 그 연결 자체의 실제적 형성이 일어난다. 언어적 지시는 두 계기를 모두 포함하며 즉각적으로 두 계기를 창조한다. 그것은 적절한 표시로 어린이의 주의를 이끈다. 즉 그것은 주의를 고정시킬 뿐 아니라 필요한 연결도 만든다. 연구 과업은 지시 속에서 두 계기를 분리하는 것이었다. 발생적 분석의 첫 부분은 쾰러에 의해 이루어졌다. 구조적 관계들이 유인원에 의해 쉽게 그리고 한 번에 형성될 수 있다는 것을 보여 주기 위해, 쾰러는 눈에 잘 띄는 특질(전조-K)을 사용함으로써 처음부터 주의를 고정시키는 효과를 연구하고자 했으며, 지시에 의해 직접적으로 주의를 확립하고자 시도했다. 그리고 사실 일단 주의가 확립되면, 쾰러는 선택 반응에서 구조적 연결을 형성하는 법칙을 순수한 형태로 탐구할 수 있었다.

9-77] 분석의 두 번째 부분에서 고정, 즉 주의의 역할을 보여 주기 위해 우리는 두 협력 과정—주의의 고정과 연결의 형성—을 분해된 형태로 제시하고자 했다. 우리의 실험에서 어린이는 부분적으로는 색에 대한 고정의 결핍(색종이가 어린이의 주의를 끌지 않도록 의도적으로 실험이 설계되었음을 상기하자) 때문에 부분적으로는 이 게임이 추측 게임이라는 잘못된 고정과 도토리가 컵에서 컵으로 움직인다는 가정 때문에 자연적 연결을 형성하지 않았다.

9-78] 따라서 다음의 사실에는 의심의 여지가 없다. 어린이가 겪는 어려움은 바로 자신의 주의에 관련된 어려움이다. 이 어려움들은 불끈 화를 내거나, 울기, 혹은 실험 거부 등에서 가장 생생하게 드러났다. 여

기서 우리는 연결 자체의 확립이 아닌 오직 주의의 고정과 관련해서만 역할을 수행할 수 있는 계기를 보았다. 그리고 진전된 탐구를 통해 우리는 혼란과 정서적 좌절을 극복하려는 이 추진력에 의존하여 그 과정이 어떻게 발달하기 시작하는지 지적으로 명확하고, 투명하게, 순수한 형태로 보았다.

9-79] 이 연결은 저절로 확립된다. 그리고 결정적 실험들은 전이가 맨 처음 시도부터 이루어질 수 있다는 것을 보여 준다. 그다음에 이 연결은 쾰러가 발견했던 자연적인 법칙을 따라서 발달한다. 우리에게 그 결정적 실험들은 통제적 성질을 갖는데, 이는 우리의 안내하는 몸짓이나 지시가 어린이의 주의로만 지향되었다는 것을 확인해 주며, 비록 어린이가 그 상황을 완전히 깨닫고 이에 대해 깊게 생각한 후인 세 번째 전이 이후에야 이 관계에 대한 언어적 공식화가 발달되었지만, 지각장의 구조적 관계에 대한 직접적인 관찰을 토대로 어린이가 이 관계를 깨닫게 된다는 것을 확인해 준다. 따라서 우리의 지시(50번째 실험) 이후에 어린이는 이겼지만(51, 52번째 실험) 여전히 잘못된 동기를 제시했다. "여기에 회색이 있네, 여기도 회색이네." 어린이는 그다음(53, 54번째 실험)에 처음으로 반응에 대한 올바른 동기를 다음과 같이 제시했다. "왜냐하면 이것은 회색이지만 이것은 검은색이에요." 그리고 끝에 가서야 어린이는 그 형태를 바꾸었다. "아하, 여기, 어두운 회색, 더 어두운 곳. 그게 도토리예요! 아까는 어떻게 이기는지 몰랐어요!" 그렇지만 이런 결과에서 만약 우리가 또 다른 실험을 시도하지 않았다면 우리의 확신은 불충분한 것이 되었을지도 모른다. 또 다른 실험에서 주의 고정이 확립되었음에도 불구하고 연결에 대한 자기-학습은 지체되었고, 따라서 여기서 주의를 기울이는 것 그 자체만으로는 필요한 연결을 이끌어 내지 못한다.

어린이는 제시된 연회색과 진회색 간의 연결을 성립시키는 것을 배운다. 말하자면 그것은 진회색과 도토리 간의 연결이다. 그런 다음 이 연결을 검은색으로 전이해야만 하는데, 이때 진회색은 부정적인 것이 되고, 검은색이 긍정적인 것이 된다. 그런 다음 어린이는 또다시 두 개의 서로 다른 색깔들(예를 들어, 연빨강 색과 진빨강 색)에 대해서 전이해야만 할 것이다. 결국 이러한 세 번째 전이 이후에야 어린이는 그것을 숙고한 후 언어화할 수 있다. 그런데 어린이가 실제적인 원칙을 언어화하기 위해서는 긴 시간이 소요된다. 어린이는 처음에는 단순히 '회색'과 '회색'이라고 말하지만, 이 말은 어떤 정보도 전달하지 못한다. 그런 다음 어린이는 회색과 검은색을 구별할 수 있게 된다. 그렇지만 어린이가 '더 어두운 곳이요.'라고 그 원칙을 일반적 형태로 진술할 수 있는 것은 맨 나중의 일이다. 물론 어린이가 단지 '조건적으로 강화되었을 뿐'이라고 보는 것은 여전히 가능하다. 그래서 비고츠키는 아주 다른 상황으로 전환한다. 즉 실험자가 어린이가 발견한 원칙에 따르지 않고 변화를 준다면 어떤 일이 발생할 것인가? 이에 대한 탐구는 다음 문단의 결정적 실험을 통해 이루어진다.

9-80] 유사한 실험에 처했던 다른 어린이는 처음부터 끝까지 자리를 지켰다. 그래서 그는 주의를 기울였을 뿐 아니라 문제의 언어적 공식화도 들었다. 이후 곧바로 시작된 결정적 실험에서 어린이는 놀이에서 이겼고 특정한 컵을 선택한 이유를 물었을 때 다음과 같이 대답했다. "거기에 도토리가 있으니까요. 여기에는 회색 종이가 있고 거기에는 도토리가 있어요." 어린이는 놀이에 진 것은 실수의 결과가 아니라고 생각하며 "이제 이길 거예요."라고 말했다. 아홉 번째 실험에서 실험자는 손가락으로 지시하면서 또다시 어린이가 색깔에 주의를 기울이도록 하였으며 그렇게 하자 20번째 실험까지는 대부분의 경우 어린이가 이겼다. 그럼에도 그 사이 간간이 어린이가 지기도 했는데 (13번째, 14번째 시도) 이 경우 자신의 선택에 대해 다음과 같이 변명하였다. "아저씨가 그렇

게 말했으니까요.", "아저씨가 이 컵에 도토리를 두 번 넣었으니까요."

> 앞에서 어린이는 우선 공간에 대한 긍정적 반응을 형성하였다. 즉, 어린이는 오른쪽 컵을 계속해서 선택하였는데 이는 단지 어린이가 오른쪽의 컵에서 세 번 연속으로 도토리를 발견했기 때문이다. 또 다른 어린이는 더 어두운 색의 종이를 선택하는 것을 학습했으나 이는 상황에 종속적인 반응이었다. 어린이는 이 반응을 결정적 실험으로 전이시키지 못했고, 원래의 상황으로 돌아갔을 때 또다시 시행착오의 단계로 후퇴하였다. 그렇다면 우리는 어린이가 기호를 올바르게 이해했다는 것을 어떻게 알 수 있을까? 기호의 사용은 보상과는 전혀 무관한가? 만일 보상이 사라진다면 어떻게 될까? 이는 모든 교육자들에게 있어 본질적인 질문이다. 비고츠키는 지시가 실제 결과와 맞아떨어지지 않도록 실험을 설계하였다. 그 결과 어린이는 도토리를 발견하는 데 실패하게 되지만 그러한 경우에도 어린이는 자신이나 실험자를 비난하는 대신 계속해서 기호에 따르는 모습을 보인다. 이것은 무의식적인 성공의 결과가 아니라 기호를 의식적이고 주의 깊게 사용한 결과임을 알 수 있다. 색깔과 보상 사이의 관계가 설정된 후에 또다시 무산되도록 계획된, 이러한 유형의 통제 실험은 엘리아스버그의 원래 실험에서도 사용되었다(『The Vygotsky Reader』, p. 78 참조).

9-81] 계속된 결정적 실험에서 어린이는 대개는 성공했지만 약간의 실패도 있었다. 어린이는 가끔 설명으로 "이것은 약간 회색이며 또 이것은 약간 검은색이에요."라고 말하곤 했다. 우리는 여기에서 연결을 형성하는 데 어려움을 겪는 것을 본다. 즉 주의의 고정과 실험자의 지시만으로는 성공에 도달할 수 없는 것이다. 다음 날 아침, 동일한 지침의 실험이 반복되자, 어린이는 바로 이기고 제시된 지침을 바르게 이행한다. 이렇게 하여 우리는 순수한 지시의 계기, 지시의 고정을 만들어 내는 계기, 후속된 연결 형성 과정과는 독립적으로 기능하는 계기를 실험적으로 확립했다고 결론 내릴 수 있다.

9-82] 이 계기에 대해 논의하고 분석해 보자. 이제 실험의 핵심 계기가 지침(즉 지시, 막대기로 가리키기, 손가락 올려 주기-K)이라고 말하는 것보다 성공의 이유를 더 잘 설명할 수는 없다. 그러나 지침의 생리학적 역할을 어떻게 이해할 것인가? 불행하게도 우리는 주의의 기초를 이루는 생리적 과정에 관해서 가설 이외에는 아무것도 가지고 있지 않다. 그러나 후자(가설-K)를 어떻게 상상하든, 주의의 생리적 효과에 대한 가장 그럴듯한 설명은 지배성의 원칙이며, 원칙적으로 그 기제는 티치너에 의해 확립된 일반적 운동 법칙이다.

앞서 보았던 것처럼, 지배성 원칙은 실제로 어떤 설명도 하지 못한다. 예를 들어 고속도로에서 운전하고 있는 상황을 상상해 보자. 오른쪽 차선에 굉장히 큰 트럭이 있다. 이것이 아주 큰 자극임에도 불구하고 능숙한 운전자라면 여기에 주의를 기울이지 않을 것이다. 대신 운전자는 전방에 나타난 아주 작은 자극에 모든 주의를 집중할 것이다. '저 작은 점은 앞창에 붙은 먼지인가, 아니면 맞은편에서 역주행으로 달려오는 차인가?' 이와 같은 고도의 선택적 반응을 어떻게 설명해야 할까? 우리는 이를 문화적-역사적으로 쉽게 설명할 수 있다. 우리는 차를 운전하는 문화를 가진 공동체의 일원이고 이 문화는 비극적인 교통사고의 역사를 갖고 있다. 오른쪽의 트럭은 그저 시끄러운 방해꾼일 뿐이지만 전방의 물체는 정면충돌의 잠재적인 위험 요소라는 것을 운전자는 아주 잘 알고 있다. 그렇지만 우리는 이를 자연적으로는 설명할 수 없다. 왜냐하면 동물로서의 인간은 작고, 조용하고, 멀리 떨어진 자극이 아니라 크고, 시끄럽고, 근접한 자극에 주의를 기울이도록 진화되었기 때문이다. 그럼에도 불구하고 생리학자들(뮐러, 우흐톰스키)은 자연적인 설명을 하려고 시도한다. 그들의 설명이 일차적인 자연적 주의와 이차적이고 종속적인 문화적 주의 간의 관계에 대한 리보의 설명과 유사하다는 것은 놀랍지 않다. 그들에 따르면 주의는 '촉매' 과정, 즉 자연적 과정을 보조하는 과정이다. 이는 리보가 문화적 주의는 단지 자연적 과정을 보조할 뿐이라고 말했던 것(9-27 참조)과 거의 유사하다. 촉매로서 주의는 어떤 감각 과정들은 크게 확대하고 다른 것들은 축소시키기도 한다. 그렇지만 그것은 과정을 빠르게 하거나 강화하거나 방향을 바꿀 수 있을 뿐, 과정 자체를 변형시키거나 재구조화하지 않는다.

9-83] G. 뮐러는 주의에 관한 촉매 이론을 발달시켜 왔으며, 헤링은 신경 연결 통로의 민감화에 관하여 이야기하지만, 지배성의 본질적 특성은 강도에 있는 것이 아니라 민감성과 무엇보다 자극을 독점하는 능력임을 지적한 A. A. 우흐톰스키의 주장이 가장 중요한 것으로 보인다. 우흐톰스키는 지배적 반응이 처음 생각하기에 그럴 것같이 폭발적 반응과 가까운 것이 아니라, 오히려 촉매 반응과 가깝다고 결론짓는다.

*G. E. 뮐러(George Elias Müller, 1850~1934)는 독일의 연합주의자이자 초기 실험 심리학자. 주의에 관한 그의 연구는 티치너에게 영향을 미쳤으며, 그를 통해 비고츠키에게도 영향을 끼쳤다. 우리가 확인할 수 있듯이 그는 주의를 문화적 과정이 아닌 신경 과정으로 간주하고 있다. 그가 주의를 '촉매적'으로 간주한다는 것의 의미는 자극과 반응의 연합을 포함하는 실제 신경 과정에 직접 참여하는 것이 아니라, 그 속에 포함되지 않으면서 반응에 작용한다는 의미이다. 이로써 그는 심리학의 형태주의적 관념에 반대한다. 형태주의자에게 주의는 자극과 반응처럼 조작적 구조의 한 부분이기 때문이다.

*K. E. K. 헤링(Karl Ewald Konstantin Hering, 1834~1918)은 주로 색 지각에 관해 연구한 생리학자이다. 그는 주요 삼원색의 감지에 기반을 둔 뉴턴의 색 지각 이론을 거부하고, 현재 인쇄 기술의 기초이지만, 인간의 색 지각에 대해서는 적용되지 않는 색채 대립에 바탕한 색 지각 이론을 주장하였다(5-25 참조).

9-84] 우리는 다양한 과정들의 촉매 작용의 가장 일반적 형태는 지

시에 의해 이루어진다고 가정해야 한다. 실험 과정을 지켜보던 유인원과 어린이가 회색을 본다. 우리가 이 회색을 가리켰을 때, 그들은 새로운 경로를 창조하는 것이 아니라 단지 적합한 신경 경로를 민감화하거나 촉진시켰을 뿐이다. 따라서 이 부가적인 자극의 도움으로 우리는 대뇌 피질에 형성된 영역들 사이의 관계, 즉 우리의 행동을 방향 짓는 중대한 역할을 하는 관계에 개입한다. 우흐톰스키는 영역 간 영향이 상당히 강력한 요인으로 간주되어야 한다고 말한다. 우리의 간섭 덕분에 신경 회로 속에서 에너지의 재분배가 일어난다. 쾰러의 실험에서 발견되었듯이, 우리는 열정의 열기 속에서 유인원과 인간의 충만한 주의가 보조적 대상과 도구에 분산되지 않고 목표를 곧장 향하게 된다는 것을 알고 있다.

9-85] И. П. 파블로프는 내적 반사들 중 하나를 "이게 뭐지?" 반사라고 기술한다. 그는 환경의 최소한의 변화나 변이는 동물에게 불균형 상태를 만들어서, 즉각적으로 관찰 가능한 지배적인 경계 반사, 새로운 계기에 대한 예상과 변화에 대한 지향을 불러일으킨다고 말한다. 엄밀히 말해서 우리는 어린이가 직면하는 상황에 대해 "이게 뭐지?" 반사를 만들어 내는 중이다. 그것은 저울에 분동을 추가하는 것과 같이, 교착 상태를 깨뜨리고 지배적인 내적-중심 관계에 변화를 준다.

9-86] 이런 식으로 우리는 다음과 같은 결론에 도달한다. 기호가 주의에 미치는 영향의 자연적 토대는 기억 속에 기호를 위한 새로운 경로를 만드는 것이 아니라, 관련된 과정을 촉진하고 추가적인 "이게 뭐지?" 반사를 일으키면서 영역 사이의 관계를 변화시키는 것이다. 우리는 어린이가 이런 식으로 자발적 주의를 발달시킨다고 가정한다. 우리의 최초 낱말은 지침의 기능을 수행한다.

9-87] 동시에 우리는 이전에 어떤 연구자도 제시하지 않았던 말의 본래적 기능에 다가선 것처럼 보인다. 말의 본래적 기능은 낱말이 어린

이에게 의미를 갖는다는 것도 아니고, 낱말에 상응하는 새로운 연결이 있다는 것도 아니라 본래의 낱말은 지침이라는 사실에 있다. 지침으로서의 낱말은 말 발달의 일차적 기능이며, 이로부터 다른 모든 기능들이 발달한다.

> 비고츠키가 이 실험을 사용하여 말의 본래적 기능을 추측해 내는 것은 지나친 일로 보일지도 모른다. 그의 가장 어린 실험 대상은 두세 살로 보이며 이들은 이미 다양한 말의 기능을 사용할 수 있다. 그러나 비고츠키가 이 단락에서 하고자 하는 것은 문화적 주의에 대한 자연적 토대를 확립하는 것이다. 이 자연적 토대가 말의 자연적 토대와 연결되어야 한다는 것은 타당해 보인다. 이 자연적 토대는 상징적 기능이 아니라 지시적 기능이다. 그런데 모상적 기능이 아닌 이유는 무엇인가? 대상의 '대타적' 기능이 아니라 '즉자적' 기능은 왜 자연적 토대가 될 수 없는가? 이것이 바로 비고츠키가 다음 문단에서 논의하고자 하는 것이다.

9-88] 이런 식으로, 어린이의 주의 발달은 삶의 첫날부터 두 종류의 자극들로 구성된 복잡한 환경 속에 놓인다. 한편으로는 사물, 대상, 현상들은 자신의 고유한 특성을 바탕으로 어린이의 주의를 끈다. 다른 한편으로는 촉매-자극, 즉 낱말은 어린이의 주의를 집중시킨다. 처음부터 어린이의 주의는 유도된 주의이다. 처음에는 성인에 의해 유도되다가, 점차 말을 숙달하게 됨에 따라 어린이는, 먼저 타인의 주의에 대해 그다음에는 자신의 주의에 대해, 주의 자체를 다루는 수단을 획득하기 시작한다. 비유하자면, 우리는 삶의 첫 시기 동안 어린이의 주의는 이런저런 파도의 힘에 따라 앞뒤로 흔들리는 공과 같이 움직이는 것이 아니라, 마치 해안으로 이끄는 별도로 준설된 물길을 통하듯이 움직인다고 말할 수 있을 것이다. 낱말은 처음부터 일종의 경험 획득을 위해 확립된 통로이다.

비고츠키는 어린이의 주의가 단순히 바람과 파도에 의해 이리저리 흔들리는 동물의 주의 같은 것이 아니라, 잘 만들어진 물길, 즉 낱말 의미를 따른다고 말한다. 이러한 물길은 안전한 항구로 이끌 뿐만 아니라, 드넓은 경험의 바다로 이끄는 통로가 된다.

| NOT TO BE USED FOR NAVIGATION | | | | | |
| KOREA | INCHEON VTS | PLAN OF VTS AREA | EDITION No. 001 | REVISION DATE 03-Apr-2011 | PAGE No. INC 2 |

배가 인천 항구로 출입할 수 있도록 바다에 만들어진 귀항용(아래쪽) 물길과 외항용(위쪽) 물길을 보여 주는 지도. 영종도에 위치한 인천 국제공항이 지도 위쪽에 보인다.

9-89] 이러한 가장 중요한 말의 일차적 기능을 고려하지 않는 사람은 절대로 어린이의 모든 고등 심리 경험의 구성을 이해할 수 없을 것이다. 이렇게 함으로써 우리는 친숙한 경로에 이르게 된다. 우리는 어린이 문화적 발달의 일반적 순서가 다음과 같음을 알고 있다. 먼저 어린이와 함께 행동하는 타인들이 존재하며, 이후에 어린이는 그들과 상호작용한다. 마침내 어린이는 타인을 향해 행동하기 시작하며, 종국에는 그 자신을 향해 행동하기 시작한다.

9-90] 이것이 말, 생각 그리고 다른 모든 고등 행동 과정 발달의 전모이다. 이는 자발적 주의의 경우에도 해당된다. 처음에 어른은 낱말로서 환경 속의 대상을 가리키는—말하자면—부가적 화살표를 만들어 내고 낱말을 통해서 강력한 자극-지침을 생성함으로써 어린이의 주의

를 유도한다. 그런 다음 어린이는 이 가리키기에 능동적으로 참여하기 시작하고, 어른의 주의를 관심 대상으로 돌리는 유도 수단으로 낱말과 소리를 사용하기 시작한다.

> 교사라면 누구나 '주의 집중'이 교실 발화에서 일차적 기능이라는 것을 잘 이해한다. 이는 미소 발생적으로 사실이며, 개체 발생적으로도 사실이다. 왜냐하면 미소 발생적으로 주의를 집중하는 것으로 수업을 시작해야 하고, 개체 발생적으로 고학년보다 저학년에서 주의를 집중하기 위한 교사의 노력이 훨씬 많이 필요하기 때문이다. 처음에 어린이는 그냥 볼 뿐, 주목하지는 않는다. 성인이 "여기 보세요!"라고 말함으로써 어린이의 의지적인 주목 기능을 유도해 낸다. 이는 소음이나 단순한 시각적 자극이 아니라 새로운 소식, 즉 언어적 자극에 집중시키는 것이다. 어린이는 "나 좀 보세요!"라고 말하면서 다른 이의 주의를 통제할 수 있게 된다. 그러나 오직 '나 혼자서 살펴보겠어.'라는 결심을 통해서만, 어린이는 자신의 목적을 위해 자신의 주의를 통제할 수 있게 된다.

9-91] 모이만이 의지적-정서적 단계라고 불렀던 어린이 언어 발달의 단계는 그의 의견에 따르면 어린이의 주관적인 조건만을 포함하며, 우리의 의견에 따르면 지침으로서의 말의 단계이다. 예를 들어 스턴이 성인의 언어로 "엄마, 의자에 앉혀 주세요."라고 번역한 "엄마"라는 어린이의 말은 사실은 엄마를 향한 지침이다. 즉, 그것은 의자로 주의를 돌리려는 것이다. 만약 우리가 이 "엄마"에 대한 가장 정확하고 원시적인 내용을 제시하고자 한다면, 그것을 처음에 자기에게 주의를 끌기 위해 엄마의 고개를 잡아서 돌리고 의자를 가리키는 어린이의 몸짓으로 번역해야만 할 것이다. 이것에 동의하면서 뷜러는 비교의 원칙에서 무엇보다 중요한 것은 지침의 기능이며, 그것 없이는 관계의 지각도 있을 수 없다고 말한다. 더욱이 관계에 대한 이해로 이끄는 오직 하나의 경

로—기호를 통한 경로만 있을 뿐이며, 관계에 대한 직접적인 지각은 더 이상 존재할 수 없다. 그것이 이런 종류(관계에 대한 비매개적 지식-K)에 대한 모든 연구들이 지금까지 성공하지 못한 이유이다.

비고츠키는 『생각과 말』 3장에서 말이 순수하게 의지적-정서적인 기원을 갖는다는 모이만의 관점과 순수하게 주지주의적 기원을 갖는다는 스턴의 관점 모두를 비판적으로 논의한다. 비고츠키는 어린이의 첫 낱말을 '번역'하는 문제가 방법에 대한 일종의 시금석이라고 말한다. 모이만에게 그것은 순수하게 주관적이며 결핍이나 욕망과 관련이 있다. 반대로 스턴은 그것이 지적이며 환경 속의 대상들과 관련되어 있다고 간주한다. 비고츠키의 요점은 어린이의 필요가 주관성을 향한 경향과 객관성을 향한 경향 모두를 지배한다는 것이다. 그러나 여기서 비고츠키는 어린이의 첫 낱말은 결코 낱말로 번역될 수 없다고 말한다. 왜냐하면 그것을 번역하려는 모든 시도는 목적론적이며, 어린이 말 속에 배아적 형태의 성인 언어가 있다고 가정하기 때문이다. 따라서 비고츠키는 어린이의 첫 낱말을 몸짓으로 번역하고자 한다. 물론 가리키는 몸짓은 주관적이면서 동시에 객관적이다.

뷜러는 어째서 직접적인 관계의 지각이 존재할 수 없다고 주장하는가? 물론 우리는 두 물체를 함께 놓고 비교할 수 있다. 그러나 우리가 지각하는 것은 둘 사이의 관계가 아니라 완전히 다른 두 개의 물체일 뿐이다. 우리는 두 물체가 서로를 비교 가능하게 만드는 어떤 추상화할 수 있는 특징을 가진 것으로 보지 않는다면, 실제로 두 물체 사이의 관계를 지각할 수 없다. 그 추상적 특징이 바로 기호가 지시하는 것이다.

9-92] 이제 우리는 후속 실험에 대해 기술할 것이다. 앞에서 지적한 바와 같이, 일부 어린이들은 두 색 중 더 어두운 쪽에 선택 반응을 확립하였다. 이제 우리는 주요 노선으로부터 멀리 떨어뜨리는 것처럼 보일 수도 있는 주요 실험의 두 번째 부분으로 나아가, 어린이의 자연적

과정을 보여 주는 또 다른 표현, 즉 추상을 가능하다면 순수한 형태로 추적하고자 한다. 전체적인 상황으로부터 무언가가 선택될 때 언제나 주의가 추상에 있어서 핵심적인 역할을 한다는 사실은 '주의'라는 낱말로 확립된 개념이 애초에 이해되지 않았을 경우에만 반박될 수 있다.

비고츠키는 심리학에서 원자론과 전체론이 지배하던 시기에 글을 썼다. 원자론적 접근은 정신 과정들 특히 지적 과정들 사이에 명확한 구분을 짓고자 했고, 전체론은 흔히 개별적인 지적 과정으로 간주되는 과정들이 사실은 근원적 전체의 일부임을 보이고자 하였다. 이 문단과, 이어서 소개되는 실험에서 비고츠키는 일반화(쾰러가 닭을 이용해 실시한 '결정적 실험'에서 기술된)와 추상화(아래에서 나오는 엘리아스버그의 실험에서 기술된)의 과정을 하나의 정신 과정, 즉 주의로 결합할 것을 강력히 주장한다. 쾰러는 닭에게 진하기가 다른 회색을 제시하고 더 진한 회색에 모이가 있다는 일반화를 형성하도록 훈련시킨다. 엘리아스버그는 어린이에게 여러 가지 색깔의 컵을 제시하고 이들로 하여금 컵의 색깔을 추상화하게 한 후 이를 다른 컵으로 일반화하도록 한다. 예컨대 어떤 빨간 컵 속에 도토리가 들어 있지 않았다면 다른 빨간 컵들에도 도토리가 없으며, 어떤 흰 컵 속에 도토리가 들어 있다면 다른 모든 흰 컵에도 도토리가 있으리라는 것이다. 비고츠키는 이 두 실험을 결합하고자 한다. 어린이는 먼저 회색이 어느 정도 진한지를 보고 어떤 컵에 도토리가 들어 있는지 확인하고, 그 컵의 색을 이용해 다른 컵으로 일반화해야 하는 것이다.

경험적으로, 이 실험의 목적은 일반화와 추상화 같은 의식의 서로 다른 심리적 활동들이 실제로 구분될 수 있음을 보이는 것이다. 이론적인 목적은 이 두 조작들이 원칙적으로 그리고 또한 고등한 생각 수준에서 서로 연결되어 있음을 보이는 것이다.

9-93] 어린아이의 추상화 과정에서 주의 활동을 추적하는 것은 우리에게 대단히 유익하다. 이를 위해 우리는 엘리아스버그가 발달시킨 실험 방법을 사용하되 우리가 직면한 다른 문제들과 연관 지어 약간 변

형시켰다. 주요 조작이 매우 명확하게 연구되었으므로, 다시 한 번 우리는 자료를 얻기 위해 다른 목표를 정해서 다른 사람의 실험을 반복한다. 우리는 엘리아스버그와는 달리 어린이에게서 일어나는 추상화의 자연적 과정 자체에는 관심이 없으며, 오히려 이 과정의 전개에 있어 주의가 하는 역할에 흥미가 있다.

> *W. G. 엘리아스버그(Wladimir G. Eliasberg, 1887~1969) 독일의 유태인 심리학자이며 러시아에서 자라고 베를린과 하이델베르그에서 수학하였다. 『생각과 말』에서 비고츠키는 주로 그의 '옹알이'에 관심을 가졌으나 여기서는 장애 어린이의 특수 교육에 대한 엘리아스버그의 연구를 언급한다. 엘리아스버그는 놀이와 그리기가 글말의 선역사라고 믿었으며 비고츠키는 이 생각을 이 책의 8장에서 깊이 다룬다. 또한 엘리아스버그는 비고츠키가 이 장에서 사용하는 도토리가 든 컵 맞히기 게임을 개발한 사람이기도 하다. 그는 프라하로 이주하였다가 2차 세계대전 중에 미국으로 이주하였으며 뛰어난 심리치료사로서 생을 마감하였다.

9-94] 우리는 어린이를 다음과 같은 상황에 두었다. 어린이 앞에 일렬로 또는 아무렇게나 배열된 몇 개의 완전히 똑같은 컵을 놓는다. 그 컵들은 두 종류의 다른 색깔을 가진 판지로 덮여 있었다. 어떤 덮개, 예를 들어 파란 덮개 아래에는 도토리가 있고, 다른 덮개, 예를 들어 빨간색 아래에는 아무것도 없었다. 그런 상황에서 어린이는 어떻게 행동할까? 엘리아스버그의 실험이 보여 주고, 우리의 실험이 확증했듯이, 어린이는 처음에는 무작위로 한두 개의 컵을 열어 본 후, 바로 확신을 가지고 특정한 색깔의 덮개를 가진 컵들만 열기 시작한다. 우리 실험에서는 먼저 다섯 살 어린이를 결정적 실험(앞에서 기술된)으로 시험하여 긍정적 성공을 거두었다. 검은색 종이를 선택한 이유를 물었을 때, 어린이는 짜증스럽게 대답했다. "이유는 어제 설명했으니까, 더 이상 그것에

관해 이야기할 필요는 없어요."

9-95] 따라서 이전 실험의 결과가 뒷받침된다. 일단 이것이 확증되면, 우리는 더 나아갈 수 있다. 어린이 앞에 컵 11개를 활모양으로 배열하고, 그중 도토리가 든 5개는 파란 덮개를 덮고, 나머지는 아무것도 넣지 않고 빨간색 덮개를 덮는다. 설명을 원하는 어린이는 바로 질문한다. "어떻게 이겨요?" 그는 추측해서 파란색 덮개를 열어서 도토리를 보고는 모든 파란색을 고른다("작은 파란 덮개 밑에는 항상 도토리가 있어"). 세 살 어린이는 실험에서 "빨간 것에는 없어."라고 덧붙인다. 빨간 컵들은 건드리지도 않고, "빨간 컵들만 남네."라고 말한다.

9-96] 두 번째 실험에서는 흰색이 부정이고 주황색이 긍정이다. 어린이는 흰색 덮개를 재빨리 열어 보고 제자리에 돌려놓았다. 그리고 주황색을 들추어 본 다음, 주황색 컵들을 모두 다 열었다. 흰색 컵들은 그대로 두고 어린이는 "작은 흰색 컵들 속에는 아무것도 없어요."라고 말한다. 세 번째 실험에서는 검은색이 부정이고 파란색이 긍정이다. 어린이는 파란색은 모두 열고 검은색은 그대로 둔다. 실험자의 "검은색은 안 열어 보니?"와 같은 제안에 어린이는 "거기엔 아무것도 없어요."라고 대답한다. 따라서 우리는 일차적 추상화 실험이 엘리아스버그의 말처럼 완벽하게 정상적으로 매끄럽게 일어난다고 말할 수 있다.

> 어째서 어린이는 다른 컵은 열어 보려고도 하지 않는가? 다음 문단에서 명확히 드러나듯, 이 실험에는 벌칙제가 이용되었다. 만약 어린이가 잘못된 추측을 하면, 획득했던 도토리를 빼앗기게 된다.

9-97] 우리는 세 살짜리 어린이를 대상으로 실험을 하였다. 주황색은 부정, 파란색은 긍정이었다. 어린이는 즉각 주황색 덮개를 열고 벌금을 낸 후, "빨간 것들에는 아무것도 없어."라고 말하며 파란색 덮개를 모두 열었다. 그런 다음 우리가 대화로 어린이의 관심을 분산시키기 시

작했고 어린이는 늘어놓은 컵을 빨간 것과 하얀 것 모두 열어 보기 시작했다. 어린이는 요구된 특성을 추상화하거나 필요한 관계를 인식하지 못한다. 어린이는 (덮개 위의-K) 카드를 뒤섞으면서 놀았고, 문제에 대한 올바른 해결책으로부터 모든 컵을 단지 열어 보는 것으로 이행하였다. 좀 더 주의를 분산시키자 어린이는 이전과 같이 모든 컵을 열어 보고, 도토리를 다 잃은 후 울어 버렸다. 네 번째 실험에서 어린이는 이제 대단히 산만해져서 처음부터 끝까지 거의 연속으로 모든 컵을 다 열었다. "빨간 것에는 아무것도 없어요."라는 이전의 일반화 대신에 그는 "여기는 없고, 여기는 있네, 내가 이겼어." 등과 같이 말하였다. 따라서 우리는 두 어린이에게서, 비록 정도는 다르지만 자연적인 일차적 추상화 과정이 있다는 것과, 더 어린 어린이의 경우에 그의 주의가 분산되었을 때 색깔에 더 이상 주의를 기울이지 못하고 단순히 연속으로 모든 컵을 열어 버리는 정도까지 그 과정이 방해되었다는 것을 확립할 수 있었다.

이 원고는 출판을 목적으로 하지 않았기 때문에 실험에 대한 세부적인 기술이 부족한 경우가 종종 있다. 예를 들어 이 문단에서 실험이 3세 어린이(아마도 9-95에 언급되었던 3세 어린이)를 데리고 시작했음에도 불구하고 문단의 끝부분에서는 두 어린이(추측하건대 9-94에서 언급되었던 5세 어린이를 포함한 것일 수 있다)에 대한 언급이 나온다. 또한 실험이 빨간색과 파란색 컵으로 시작하였음에도 불구하고 어린이의 주의를 분산시킨 후 컵의 색깔이 갑자기 빨간색과 하얀색이 된다. 주의 분산 실험 중에 실험자가 파란 컵을 흰 컵으로 바꾸었거나 아마도 그 색이 컵의 색이 아니라 덮개에 붙인 종잇조각의 색을 나타낼 수도 있는 것으로 보인다. 그 경우에 덮개 위에 있는 카드만이 컵에 도토리가 있는지 여부에 대한 분명한 단서를 제공해 주었을 것이지만, 주의가 분산된 어린이는 스스로 카드를 섞어 버림으로써 이런 단서를 파괴해 버린다. 어린이가 우는 것은 당연하다.

비고츠키는 왜 색의 추상화를 자연적이라고 부르는가? 첫째로 그것은 지각에 기초하고 있다. 즉 색은 무게나 크기와는 달리 비교를 하기 위해 별도의 측정 도구를 필요로 하지 않는다. 둘째로 그것은 닭과 침팬지도 할 수 있는 것이고 따라서 문화적인 기호나 낱말 의미를 필요로 하지 않기 때문이다. 셋째로 3세와 5세 어린이는 거의 동일한 능력을 지닌 것처럼 보이는데, 이것은 종이 띠로 매개된 주의에서는 사실이 아니다. 매개된 주의는 어린이가 실험자의 주의 분산에 저항할 수 있게 돕는다. 3세 어린이는 5세 어린이보다 훨씬 더 쉽게 주의가 분산된다. 그러면 비고츠키는 왜 이것을 일차적 추상화라고 부르는가? 첫째로 그것은 실제의 구체적인 대상으로부터의 추상화(파란색과 흰색 컵에는 실제로 도토리가 들어 있다)이지, 기호 의미나 숫자와 같이 상상의, 관념적인 대상으로부터의 추상화(색은 모든 놀이에서 이기는 열쇠이다)가 아니다. 둘째로 '이번에는 빨간색 컵이 비어 있다.'와 같은 규칙은 이번 실험에만 적용될 뿐, '첫 번째 컵에 도토리가 있으면 그것과 같은 색의 컵에는 다 도토리가 들어 있다.'와 같은 일반적인 원칙으로 공식화되지 않는다. 셋째로 어느 색에 도토리가 있는가를 결정하는 데 종이 띠를 이용하는 이차적 조작과 비교할 때, 색의 추상화는 일차적이다.

9-98] 그런 후 대단히 흥미로운 상황이 전개된다. 놀이를 향한 어린이의 근본적 주의는 거의 감소 없이 지속되고 (이전과-K) 같은 감정으로 이기고 지면서 동일한 주의를 기울이며 계속 도토리를 찾는다. 다만 이 어린이는 다른 어린이가 놀이하는 것을 보았으며 심지어 이기는 방법을 어느 정도 정의 내릴 수 있었음에도 불구하고 (컵의-K) 색깔은 더 이상 반응에 영향을 미치지 못한다. 이런 식으로 주의를 조금만 흐트러뜨려 색 덮개로부터 주의를 전환시키면 완전히 새로운 형태의 어린이 행동을 얻게 된다. 분명 우리는 앞의 실험과 반대되는 것을 하고 있다. 앞에서는 필요한 계기로 어린이의 주의를 이끌었지만 여기서는 필요한 추상으로부터 주의를 멀리 떼어 놓았다. 앞에서는 기대만큼 강하지 않은 과정을 촉진시키려 한 반면 지금은 이를 부정적으로 촉진시키려 한

다. 앞에서 우리의 작은 힌트가 어떻게 지적 과정 전체를 해방시켰는지 실험을 통해 보일 수 있었다면, 여기서는 주의를 분산시키는 것이 어떻게 이 조작의 수준을 떨어뜨리는지 실험을 통해 보일 수 있다.

9-99] 우리는 보조적 자극을 통해 통제 가능한 매개된 주의의 일차적 형태를 지시(가리키기-K)에서 본다고 이미 말했다. 여기에서 우리는 동일한 증거의 반대 측면을 보며, 우리가 색깔에 집중된 주의를 분산시킬 때 과정들이 어떻게 변하는지 이제 확립할 수 있을 것이다. 특질 признак을 향했던 매개된 주의는 이제 직접적으로 목표를 향한다. 우리는 주의가 결여되었던 이전 실험에서는 주의를 증가시키고 강화시켰다. 거기서 우리는 주요한 계기에 초점을 맞춤으로써 도토리와 도토리를 넣은 컵에 대한 비매개적 주의로부터 도토리와 컵의 선택이 아닌 지시적 특질, 즉 진하기에 대한 매개적 주의로의 명확한 이행을 보았다. 이 속에서 우리는 자연적 주의와 매개된 주의라는 두 가지 주요 형태와 직접적 주의로부터 간접적 주의로의 이행을 본다.

9-100] 다음 실험에 대한 기술로 나아가 보자. 다섯 살 어린이가 이전 실험과 같은 상황에 놓이는데, 유일한 차이점은 이제 실험 대상은 단 하나의 컵만을 열어 보도록 허용되었다는 것이다. 추측이 맞으면 계속해서 다음 것을 열어 볼 수 있지만, 실패하면 놀이에 지게 된다. 바꾸어 말하면, 어린이는 시행착오를 통해 두 색 중 어느 것이 맞는지 미리 결정할 수 있는 기회가 없이 선택을 해야만 하는 것이다. 더구나 매 실험마다 색이 바뀌었기 때문에, 어린이는 해답을 미리 알 수도 없다. 그러고 나서 우리는 지금까지 해 왔던 두 실험, 즉 쾰러의 방법과 엘리아스버그의 기법을 결합시킨다. 우리는 여러 가지 색의 상자 위에 흰색 또는 검은색의 종이 띠를 붙였으며, 이는 어린이에게 어떻게 행동해야 하는지를 표시해 주는 것이었다. 이러한 종이 띠들은 어린이가 실험 자체로부터 추출해야만 했던 지시(즉 더 어두운 종이가 항상 도토리를 표시한

다)를 포함했다. 우리 실험에서 검은색 띠들이 주황색(긍정적이었던-K) 상자들에 붙여졌다. 어린이는 곧바로 원칙을 발견하고, 검은색 띠가 붙은 주황색 상자를 택한 후, 주황색 상자들을 다 열고 멈춘다. "여기까지!" 선택한 이유를 물었을 때 어린이는 "난 어디를 보아야 할지 몰랐어요. 난 빨간색을 하고 싶어서, 빨간색을 선택했어요."라고 대답한다.

비고츠키가 『생각과 말』 6장에서 말했듯이, 일반화와 추상화는 모두 개념 형성 과정의 일부이다(『생각과 말』 543쪽 참조). 그러나 일반화와 추상화는 적어도 이론적으로는 별개의 지적 조작이다. 일반화는 양을 더하는 과정, 예컨대 그룹이나 집합에 대상을 추가하는 것임에 반해, 추상화는 질을 제거하는 과정, 즉 블록의 변에 집중하기 위해 색깔을 무시하거나 어린이의 수 개념 형성에서 양에 집중하기 위해 질을 완전히 무시하는 것이다. 실제로는, 대상들을 추가하여 복합적 대상 그룹을 형성함으로써, 어린이는 어떤 특성은 무시하고 어떤 특성은 강조하는 법을 배운다. 예를 들어 흠이 있는 작은 파란색 나무 삼각형에 커다란 빨간색 플라스틱 삼각형을 추가함으로써 어린이는 상태, 크기, 색깔, 재료를 무시하고 변과 각을 강조하는 법을 배운다. 이 두 조작은 논리적으로 다르고 심지어 대치될지라도, 개념 형성 등에서 종종 동시에 일어난다. 위 실험에서는 일반화와 추상화가 동시에 일어난다. 쾰러의 실험은 일반화를 포함한다. 어린이는 '더 진한 색 대 더 연한 색'이라는 범주를 형성해야 한다. 엘리아스버그의 실험은 추상화를 포함한다. 어린이는 어떤 색깔에 도토리가 있으면, 그 색깔의 모든 컵에 도토리가 있을 것이라고 추론해야 한다. 여기서 비고츠키는 두 개의 실험을 완전히 하나의 실험으로 결합한다. 어린이는 먼저 작은 종이 띠를 이용해 어떤 색깔의 덮개가 도토리를 숨기고 있는지 판단하고 나서, 이를 일반화한다. 그 실험 설계는 아마도 다음과 같을 것이다.

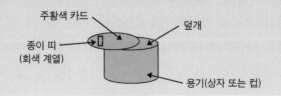

9-101] 다음 실험에서 우리는 흰색을 긍정으로 빨간색을 부정으로
설정했다. 빨간색 상자들에 회색 띠를 붙였고, 흰색 상자들에는 검은색
띠를 붙였다. 어린이는 잠시 생각한 후 빨간색 컵을 열고 놀이에서 진
다. 실험은 회색과 흰색 띠를 이용하여 계속되었다. 어린이는 또다시 놀
이에서 진다. 왜 그걸 선택했는지 질문을 하면 어린이는 "그냥 내가 그
걸 원해서요."라고 답한다. 우리는 어린이가 서로 독립적인 두 개의 매
우 잘 확립된 조작, 즉 두 가지 회색 계열 중 선택하는 조작과 두 색깔
중에서 선택하는 조작을 따로따로는 꽤 잘 수행하는 것을 본다. 그리고
결과적으로 그 과정은 다시 한 번 맹목적 시도들과 시행착오의 최초 단
계로 회귀하게 된다.

> 왜 비고츠키는 두 조작들 모두 숙달되었다고 말하는 것일까? 한 실
> 험에서는 빨간 카드 밑에 도토리가 있었고, 다른 실험에서는 더 어두
> 운 종이가 붙은 덮개 밑에 도토리가 있었다. 따라서 하나의 전조(카드
> 덮개의 색깔)는 빨간색이 긍정임을 암시한다. 그러나 또 다른 전조(카드
> 덮개에 붙은 종이 띠)는 빨간색이 부정임을 암시한다. 왜냐하면 빨간색
> 에 더 밝은 색 종이 띠가 붙어 있었기 때문이다. 어린이가 선택을 망설
> 이고 있다는 사실로 미루어, 두 개의 전조에 모두 주의를 기울인다는
> 것을 알 수 있다. 어린이는 단순히 종이 띠를 무시하고 빨간색을 바로
> 선택하지는 않는다. 그러나 또한 어린이는 그 둘을 조합하지 못한다.
> 잘못된 전조(덮개의 색깔)를 선택했을 때 어린이는 작은 종이 띠를 이
> 용해서 그 띠를 다른 전조를 가리키는 전조 즉 골라야 할 정답 색으
> 로 사용하는 대신, 단순한 시행착오로 돌아간다.

9-102] 무엇이 전체 조작을 방해한 것인가? 우리의 방법에서 회색
기호는 중요한 역할을 하지만 최소화되었다. 어린이는 그 띠를 보고, 회
색 띠가 붙은 덮개를 골라 선택하기 시작하기도 하지만, 그러고는 띠에
는 전혀 주의를 기울이지 않고 그것의 인도를 받지도 않는다. (도토리

와-K) 띠들에 대해 확립된 관계가 지속됨에도 불구하고, 그 띠들은 어린이에게는 지표가 아니며, 이정표도 아니다.

> '띠들에 대해 확립된 관계가 지속'된다는 것은 도토리와 종이 띠의 객관적 관계가 그대로라는 의미이다. 즉, 도토리는 언제나 밝은 띠가 아니라 더 어두운 띠가 붙은 컵에 들어 있다. 이 관계가 왜 주관적으로 유지되지 않은 것일까? 다시 말해서 어린이는 어째서 그 관계를 기억하고 문제 해결에 이용하지 못한 것일까? 여기에는 두 가지 가능성이 있다. 하나는 기억의 문제이다. 어린이는 종이 띠에 대해서 혹은 종이 띠의 색깔이 의미하는 바에 대해서 잊어버렸을 수 있다. 다른 하나는 분산된 주의이다. 어린이는 한 번의 실수도 없이 열한 번이나 도토리를 획득한 후에 컵의 색깔에 완전히 주의를 빼앗겨 더 이상 종이 띠에 대해서는 관심을 기울이지 않게 되었을 수 있다.

9-103] 이제 똑같이 동일한 결과를 이끌어 내는 두 가지 가능성이 존재한다. 어떤 경우에는 작은 종이 띠를 이전 실험에서 사용했던 것과 동일한 것으로 대체하여 같은 방식으로 붙였다. 문제는 즉각 올바르게 해결되었다. "이제 나는 어두운 색 종이가 있는 곳에 도토리가 있다는 것을 알았어요. 이제 이걸로 나는 맞힐 수 있어요."라고 어린이는 말한다. 그리고 변화가 있을 때 올바르게 문제를 해결하고, 어린이는 "아하, 이게 어두운 색 종이예요."라고 외치기도 한다. 그러나 어린이는 완전히 다른 방식—기존의 연결을 되살리는 것이 아니라 단지 주의를 기울이는 것으로 동일한 결과에 이르기도 한다. 새로운 실험에서 컵을 놓을 때 우리는 이전의 종이 표지를 이제는 눈에 띄지 않게 이전의 3분의 1 크기로 또 제시하였다. 어린이의 시선이 머뭇거리며 컵 주변을 도는 것을 보면서, 우리는 회색 종이로 주의를 끌기 위해 그 종이 중 하나에 어린이의 손가락을 다시 놓았다. 이런 최소한의 힌트로도 어린이가 망설임을 멈추고 그가 직면한 선택 문제를 풀도록 하는 데 충분하다.

비고츠키의 해결책은 기능적이다. 이 두 해결책에서는 어린이의 오류가 주의력의 분산에 의한 것인지 아니면 기억의 오류에 의한 것인지 발생적으로 구별되지 않는다. 예를 들어 어린이의 손가락을 종이띠 위에 올려놓더라도, 어린이는 단순히 이전 실험을 기억하여 "아하! 아저씨가 아까 그렇게 했던 게 기억나요. 도토리는 더 어두운 쪽에 들어 있었죠."라고 반응할 수 있는 것이다. 이들 기능적으로 유사하고 발생적으로 상이한 두 해결책은 때로는 이런 실험실이 아닌 교실 상황에서 더욱 잘 구별될 수 있다. 예를 들어 영어 시간에 베짱이와 개미의 대화를 가르친다고 생각해 보자. 외우기 힘든 긴 대화를 의도적으로 제시하면, 어린이는 어느 시점엔가 기억에 의존하기를 멈추고(외울 수가 없으므로) 쓰인 대본에 주의를 기울일 것이다. 서로 다른 이 두 가지가 실험실에서는 구별되지 않는 데 반해 교실에서는 구별되는 것은 물론, 이 일이 벌어지는 시점을 정확하게 포착할 수도 있을 것이다. 대본이 없이도 이 방법을 사용해 볼 수 있다. 어린이는 어느 순간엔가 기억에 의존하기를 멈추고 개미와 베짱이가 처한 상황을 상상해서 말하기 시작할 것이다. 그리고 마찬가지로 여기서도 우리는 이 일이 벌어지는 순간을 정확하게 포착할 수 있다. 그 순간에 전체 억양이 어린이 자신의 목소리로 나타나며, 발음은 더욱 자연스러워지고, 특히 문법은 훨씬 단순해진다.

9-104] 표지 덕분에 어린이는 실험의 지침을 즉각 파악하고, 회색 기호의 도움으로 회색과 빨강의 두 가지 색 중 하나를 선택하며 이 색깔의 도움으로 올바른 컵들을 추출하고 모두 골라낸다.

9-105] 그런 방식으로 선택과 추상의 두 번째 조작은 단순하고 쉬운 힌트, 즉 주의의 고정 덕분에 실로 매끄럽게 전개된다. 우리는 이 마지막 실험에서 가장 의미 있는 몇 가지 계기를 제시하고자 한다.

9-106] 첫째, 이 경우에 주의를 끄는 효과는 이전 연결을 직접적으로 회생시키는 것과 완전히 똑같다. 처음과 똑같은 회색 종이를 사용한

경우, 결과는 이미 동화된 이전 연결의 재생을 통해 올바른 선택에 이르렀다. 단순히 주의를 끌어서 신호를 강화한 경우에도 동일한 일이 이 연결에 일어났다. 따라서 집게손가락은 어린이의 주의를 지휘한다. 그러나 주의의 지휘는 새로운 추상화 과정뿐만이 아니라 이전의 조건적 연결을 작동시키고 소생시킨다. 우리는 어린이에게 새로운 환경에서 회색 기호의 효과에 대한 언어적 지시를 상기시킬 수도 있었지만, 이 경우 어린이의 경험과 지시는 두 개의 서로 다른 조작 즉 요구된 연결을 완성하는 조작과 주의를 기울이는 조작의 결합이 될 것이다. 우리는 두 계기를 분리된 상태로 제시하기 위해, 두 계기를 두 개의 평행한 실험으로 분리하고자 했다.

종이 띠를 사용한 쾰러의 실험과 색 덮개를 이용한 엘리아스버그의 실험이 평행하게, 즉 따로따로 진행되었다. 어린이의 관점에서 볼 때 이 둘은 동일한 결과, 즉 도토리를 획득하는 것으로 수렴된다. 그러나 실험자가 볼 때 이 실험들은 서로 다른 두 개의 계기들을 겨냥하고 있다. 쾰러의 실험은 일반화와 관련되어 있으며 '주의'의 계기를 관찰하는 것이 그 목적이다. 어린이가 종이 띠에 주의를 기울임으로써 도토리를 발견하기 때문이다. 엘리아스버그의 실험은 추상화와 관련이 있으며 '연결'의 계기, 비고츠키의 표현으로는 덮개와 도토리 사이의 연결이 이루어지는 순간을 보고자 한다.

쾰러: 종이 띠를 인식하고 회색의 진하기를 비교한다. ——————————▶ X

엘리아스버그: 덮개의 색깔과 도토리를 연결한다. ——————————▶ X

이런 방식으로 비고츠키는 두 계기들을 분리된 상태로 제시한다. 물론 두 개의 평행적 실험을 하나의 실험으로 합치면서 비고츠키는 이 둘을 재결합한다. 이로 인해 비고츠키가 어린이의 손가락을 종이 띠 위에 올려 둘 때 어린이가 종이 띠에 주목하는 것인지 아니면 기존의 연결을 기억하는 것인지, 아니면 이 두 가지 모두를 동시에 하는 것인지 명확히 구분되지 않는다.

비고츠키: 종이 띠 주목하기　　　색 덮개와 도토리 연결하기
——————————————————→X———————————————→X

　비고츠키는 만일 어린이에게 언어적 지시를 제시한다면("더 어두운 종이 띠 밑에 도토리가 있어", "그 색깔 덮개가 있는 다른 상자도 열어 봐") 이 두 계기들을 구분하는 것이 불가능하다는 것을 지적한다. 마찬가지로 더 진한 색 종이 띠가 항상 같은 색깔의 덮개에 붙어 있다는 것을 어린이가 알게 된 후에, 어린이가 종이 띠를 확인하는지 혹은 덮개를 확인하는지도 구분할 수 없다. 언어적 지시를 사용할 경우 어린이는 주목하기와 연결 형성을 한 번에 동시에 한다. 지시에 사용하는 명사(종이 띠, 색깔, 덮개)는 어린이의 주의를 환기시키며, 동사(보도록 해, 찾아 봐)는 명사들 사이의 관계 혹은 연결을 드러낸다. 이 둘을 동시에 사용하지 않고서는 언어적 지시를 제시할 수 없고 따라서 지시 속에는 이 둘이 필연적으로 혼합된다.

9-107] 둘째로, 어린이는 대단히 복잡한 매개된 자연적 과정을 발견한다. 어린이의 주의는 이중으로 매개된다. 주의의 주요 방향은 항상 같다. 어린이는 색의 추상화를 토대로 도토리를 찾고, 그러므로 어린이의 주의는 이미 색에 유도되었다. 그러나 두 가지 색 중에서 올바른 선택을 하기 위해서 어린이는 반드시 두 개의 회색 카드에 의해 안내되어야 한다. 따라서 어린이의 주의는 매개된다. 우리 앞에 있는 것은 이미 알고 있는 바와 같이 기억에 관한 연구에서 발견된 매개된 자연적 과정이다. 이 경우에 우리가 어린이를 위해 간접적인 조작을 창조하고 어린이의 최초 주의를 안내하며 오직 그 후에야 어린이 스스로 같은 일을 수행하기 시작한다는 것이 중요하다.

9-108] 마지막으로, 셋째로 어린이에게 회색 띠들은 기능적으로 지침의 의미를 갖게 된다. 첫 번째 실험에서 이 띠들은 어린이에게 있어

컵을 선택하기 위해 사용된 전조였는데, 이제는 색깔을 선택하는 데 사용되고 있다. 이 회색들이 '예'나 '아니오', '+'나 '-'를 의미하도록 설정된 낱말의 역할을 수행한다고 말하는 것은 옳지 않을 것이다. 그러나 이들은 어린이의 주의를 조정하고 특정 경로를 따라 인도하는 기호의 역할을 하는 동시에, 대략적 의미와 유사한 것을 가지게 된다. 이 실험의 가장 큰 특징은 두 개의 기능—지시 기호, 기억 기호—의 연결로 보인다. 왜냐하면 우리는 회색 띠들의 기능을 살펴봄으로써 의미의 일차적 형성을 어떻게 모형화할 수 있는지를 이해하려고 하기 때문이다.

9-109] 초기 실험에서 어린이는 올바른 문제 해결을 위해 색깔의 특성을 바르게 추상화해야만 했지만, 이 추상화는 기호의 안내를 따른 주의 집중 덕분에 가능하다는 것을 기억해 보자. 우리가 보기에 추상화가 작동하도록 하는 지침은 하나의 전조에 대해서 어떤 특정한 의미를 부여하는 심리적 모형이며, 달리 말하면 이는 최초의 기호 형성 모형인 것이다.

9-110] 우리의 실험은 어린이의 자발적 주의의 형성 과정을 밝힌 것으로 보인다. 이 반응은 올바른 주의 안내로부터 직접적으로 나타난다.

9-111] 이를 토대로 엘리아스버그는 주의를 지시의 기능으로 정의한다. 즉 지각된 것이, 이전에는 지배적으로 작용하지 않았거나 심지어 지각조차 되지 않았던 신호를 지각하도록 하는 또 다른 지시가 된다고 그는 말한다. 기호와 의미는 처음에는 서로 완전히 독립적일 수 있지만, 지시를 통해서 서로에 대한 관계가 확립된다. 엘리아스버그가 보기에 그의 실험의 이점은 명명 기능 가설을 포함하지 않는 주의의 계기를 관찰할 수 있다는 것이다. 그는 자신의 실험과 아흐의 실험을 비교하면서, 아흐의 실험에서는 이름이 대상의 다른 특성들과 분리되지 않았지만, (자신의 실험에서는-K) 낱말을 사용하여 대상을 의미하고 그것을 지시함으로써 낱말을 대상과 특정한 관계에 두게 된다는 것을 지적한다.

성인이나 성숙한 어린이들은 타인의 주의를 통제하기 위해 흔히 명명 기능을 사용한다. '여보'나 '엄마'와 같은 표현은 상대방의 주의를 끄는 기능과 특정 사람에 대한 호칭의 기능을 모두 포함한다. 그러나 이는 어린아이들에게는 불가능하다. 어린아이들에게는 알고 있는 명칭보다 주의를 기울여야 하는 대상의 수가 훨씬 많다. 더군다나 아주 어린 유아들은 명명 기능을 전혀 가지고 있지 않다. 실제로 한 초보 운전자인 엄마가 운전하는 자동차 뒷좌석에 앉아 있던 세 살짜리 유아는 운전에만 집중하는 엄마가 못마땅했다. 이 어린이는 '엄마!' 하고 외쳤지만 엄마는 이를 무시했다. 화가 난 어린이는 아빠와 같은 굵은 목소리로 '여보!'라고 불렀다. 이 어린이가 명명 기능보다 지시 기능을 더욱 잘 이해하고 있음이 여기서 잘 드러난다. 엘리아스버그는 흔히 동시에 일어나는 이 두 기능들 간의 관계를 기술하기 위해서, 즉 한 기능이 어떻게 다른 기능으로부터 나타나는지 파악하기 위해서는 이 둘이 분리되어야 함을 정확히 인식하고 있다. 그는 명명 기능을 배제하도록 자신의 실험을 설계하였다. 컵 위의 색 카드들은 컵이나 도토리의 유무를 나타내는 명칭이 아니라 오직 전조였을 뿐이다. 관념론자였던 아흐는 이 둘 사이에 구분이 필요한 까닭을 전혀 이해하지 못했다. 비고츠키는 엘리아스버그의 관점에 동의한다.

9-112] 아흐 또한 주의 집중이 개념 형성을 이끈다는 것을 강조한다. 개념에 관한 장에서 우리는 사실, 개념을 나타내는 낱말이 처음에는 대상의 이러저러한 특질을 가리키고, 이러한 특질들에 주의를 집중시키는 지침의 역할로 출현하며, 그 이후에야 비로소 대상을 가리키는 기호가 됨을 보게 될 것이다. 아흐는 낱말이 주의를 끄는 수단이며, 동일한 이름을 갖는 많은 대상들이 공통 특성을 할당받고, 이 이름을 토대로 식별되며, 이를 통해 개념 형성에 이른다고 말했다.

이 문단에서 비고츠키가 말한 '개념에 관한 장'은 이 책에는 존재하지 않는다. 오히려 『생각과 말』에 '개념에 관한 장(5장, 6장)'이 존재하며 여기서 말한 내용은 그것을 가리키는 것으로 보인다. 개념은 구체적 지각들을 중첩시킴으로써 공통 특질은 강화되고 차이는 제거되는 방식으로 자동적으로 생겨날까? 갈톤은 그렇게 믿었다. 그러나 갈톤의 이야기에 따른다면, 펭귄이나 타조가 어째서 참새나 까치와 같은 조류인지 이해할 수 없을 것이다. 펭귄과 타조는 하늘을 난다는 새들의 공통 특질을 가지고 있지는 않으나 둘 다 '새다움'이라는 추상적 본성을 갖는다. 대상에 이름이 부여되는 것과 동시에 개념이 '주어지는가'? 아흐는 그렇게 믿었다. 그러나 새라는 명칭을 배움과 동시에 '새다움'의 본성이 한꺼번에 파악된다고 생각하기는 어렵다. 실험자에 의해 낱말은 주어질 수 있으나 개념은 주어질 수 없기 때문이다. 비고츠키는 어느 쪽도 믿지 않았다. 그는 낱말을 사용하여 특정한 특질을 가리켜서 특질들을 추상화하고 일반화함으로써 개념이 형성되는 과정을 보여 주려 했다. 우리는 입말에 관한 장(6장)에서 러시아어로 잉크를 뜻하는 '쵸르닐라'라는 낱말이 처음에는 검정이라는 특질을 가리키지만, 붉은색과 푸른색 잉크가 나왔을 때 그것이 어떻게 단지 검정이 아닌 잉크의 '잉크다움'을 의미하게 되는지 보았다. 이것이 바로 '낱말은 주의를 위한 물길로 기능한다.'고 말할 때 비고츠키가 의미한 것이다. 그러나 그 물길은 사회에 의해 만들어진다.

9-113] 이름 또는 낱말은 주의의 지침이며, 새로운 개념 형성의 원동력이다. 예를 들어 뇌의 부상으로 인해 언어 체계가 손상되면, 낱말을 통해서 주의를 고정하는 기능 전체가 손상된다.

9-114] 따라서 아흐는 낱말이 어린이의 사회적 경험을 형성하여 그의 생각을 잘 닦여진 경로를 통해 내보내는 일종의 배출구라고 옳게 지적한다. 아흐가 생각하기에 사춘기에 주의는 말의 영향하에 점점 더 추상적 관계로 집중되며, 이것이 추상적 개념의 형성을 이끈다. 그러므로 주의를 집중하는 수단 그리고 개념을 형성하는 방법으로서의 언어의

사용은 교육에 있어서 지극히 중요하다. 아흐가 타당하게 지적하듯이, 우리는 말을 사용한 주의의 고정이라는 바로 이 개념을 따라 개별 심리학이 지닌 한계를 넘어서 사회 심리학의 영역으로 들어간다.

9-115] 우리는 다른 방향에서, 자발적 주의는 사회적 현상이라고 T. 리보에 의해 이미 언급된 주장에 도달했다. 따라서 우리는 처음부터 언어나 말로 안내되는 자발적 주의의 과정은 이미 언급했던 것처럼 지각에 의해 지배되기보다는 오히려 어린이가 성인에게 종속된 과정이라는 것을 안다. 언어를 이용해 성인은 어린이의 주의를 안내한다. 오직 이런 토대 위에서만 어린이는 자신의 주의를 점차 숙달하기 시작한다. 따라서 아흐가 낱말의 기능적 효과가 의사소통의 사회적 계기를 가능하게 한다고 말한 것이 옳다고 우리는 생각한다.

리보는 자발적 주의가 수렵시대에는 필요하지 않았으나 경작을 하면서 필요하게 되었다고 설명하면서 이것이 이차적이며 자연적인 주의에 기초한 것이라고 주장했다(9-25~9-34 참조). 그렇지만 아흐는 자발적 주의가 공통된 특징에 주의를 기울이는 과정 속에서 나타나며, 아주 어린 아이에게는 필요하지 않지만 명칭을 이해하기 위해서 필요하게 된다고 주장한다. 이 둘이 어떻게 옳을 수 있을까? 먼저 비고츠키는 자발적 주의의 기원에 대한 질문에 대해 리보가 사회 발생적으로 말하고 있는 반면 아흐는 개체 발생적으로 말하고 있다는, 즉 둘이 서로 다른 측면에서 접근하고 있다는 것을 지적한다. 둘째 이 둘 모두는 동일한 기본 사실을 지적하고 있는데 그것은 자발적 주의가 그 기원에 있어서 사회적이며 따라서 개인 심리학을 넘어서야만 설명될 수 있다는 것이다.

9-116] 아흐가 조사한 아주 어린 연령의 실험 대상들조차 언어를 의사소통의 수단으로 오래전부터 사용해 왔다고 W. 엘리아스버그는 바르게 말한다. 오직 언어의 본래적이고 일차적 기능, 즉 의사소통 기능의

토대 위에서만 그 미래의 역할인 주의의 통제가 형성될 수 있음에 주목해야 한다.

9-117] 이로부터 우리는 통각적 주의가 정신 과정을 결정하는 것이 아니라, 정신적 연결이 주의를 안내하고 분배한다고 결론 내릴 수 있다. '주의'라는 낱말 자체는 단지 명확성의 정도를 규정하는 데에만 기여할 뿐이다. 엘리아스버그는 생각 집중 과정 자체를 다른 의지적 요인과 함께 설명한다. 그의 연구에는 주의를 결정하는 이러한 일차적 요인의 본성이 드러나 있지 않다. 우리의 관점에서 볼 때, 주의를 형성하는 일차적 조건은 내적인 '의지적' 기능이 아니며, 자발적 주의의 출현을 이끄는 문화적·역사적으로 정교화된 조작이다. 지시는 주의 집중의 시작이며, 인간이 스스로 검지로 특수한 자발적 주의의 기관을 만들어 낸 것은 주목할 만한 일이다. 그것(검지檢指, указательного пальца, pointing finger-K)은 이 기능 때문에 대부분의 언어에서 그런 명칭을 부여받았다. 최초의 지표는 일종의 인공적인 검지였으며, 우리는 최초의 낱말이 주의 집중을 위해 그와 유사한 지표의 역할을 했음을 말 발달의 역사 속에서 보아 왔다. 따라서 자발적 주의의 역사는 검지의 역사와 함께 시작되어야 한다.

비고츠키는 왜 '인간이 스스로 검지로 특수한 자발적 주의의 기관을 만들어 내었다.'고 말하는 것인가? 인간은 검지를 자연적으로 가지고 태어나지만, 이는 가리키기 기능을 위해 진화된 것이 아니다. 오히려 검지는 '굴절 적응'된 것이다. 굴절 적응이란 어떤 기능이 다른 기능으로 적용된 것으로서, 이것은 '혀'에도 적용된다. 혀는 애초에 먹는 기능을 위해 진화되었으며, 그것이 말 기능으로 굴절 적응되었다. 혀나 손가락과는 달리 최초의 '지시 막대'는 진정한 의미의 도구였다. 이 도구는 바로 인간 신체 외부의 자연으로부터 굴절 적용된 막대기이며, 이는 인공의 손가락으로 사용되었다. 검지가 대부분의 인간 언어에서 검지(檢指, указательного пальца, pointing finger) 등과 같이 불린다는 사실에 관한 비고츠키의 지적은, 낱말의 최초의 의미가 본질적 기능을 가리키는 것이라는 그의 주장을 상기시킨다. 물론 검지의 본질적인 자연적 기능은 가리키기가 아니다. 검지는 본래 집는 기능을 하는 기관이다. 하지만 검지의 본질적인 '인간' 기능은 가리키기이다.

9-118] 자발적 주의 발달의 역사는 대체로 비정상 아동을 통해 추적될 수 있다. 우리는 이미 (입말에 관한 장에서) 몸짓에 의존하는 농아 어린이로부터 가리키는 기능의 우선성을 보았다. 농아 어린이는 자기 앞에 있는 사람들이나 물건들에 관해 다른 사람에게 이야기할 때, 주의를 끌기 위해 그것들을 가리킨다. 우리는 청각 장애 어린이의 언어 속에서 지시 기능이 어떻게 독립적 의미를 획득하는지 볼 수 있다. 예를 들어, 수화에서 치아는 네 가지의 다른 가치 1) 치아, 2) 흰색, 3) 단단함, 그리고 마지막으로 4) 돌의 뜻을 가질 수 있다. 따라서 농아가 대화 속에서 이 모든 네 가지 개념에 대한 조건적 상징인 치아를 표현할 때, 그는 우리가 치아의 속성 중 어느 것에 주의를 기울여야 할지 보여 주기 위해 가리키는 몸짓을 추가로 사용해야 한다. 농아는 우리의 추상화를 인도해야 한다. 치아가 치아를 의미하는 경우 그는 간단히 (치아를-K) 가리키는 몸짓을 하며, '단단함'의 의미로 사용할 때는 치아를 두드리며, 흰색을 가리키는 경우 치아를 가로질러 손가락을 움직이며, 마지막으로 치아가 돌을 의미한다는 것을 보여 주고 싶을 경우 던지는 동작을 한다. 청각 장애 아동의 언어에서 우리는 낱말에 고유한 조건적 지시 기능과 기억 기능을 분명히 보게 된다. 두 지점의 분리는 수화의 원시성을 보여 준다.

비고츠키는 농아가 치아를 가리키는 수화를 사용할 때 '우리의 추상화를 인도해야 한다.'고 말한다. 이것은 농아가 치아를 통해 추상화하여 전면에 내세우고자 하는 바를 명확히 해야 한다는 의미이다. 실제 치아인가, 흰색인가, 단단함인가, 아니면 돌과의 유사성인가? 영어에서 매운 음식이나 더운 날씨를 가리킬 때 똑같이 'hot'이라는 낱말을 사용할 때나, 우리말에서 음식이나 나이를 모두 '먹는다'는 표현을 사용하는 것도 이와 동일한 예이다. 사실 동음이의어나 은유가 사용될 때에는 표현을 분명하게 하기 위해서 어떤 추가적 형태의 주의가 언제나 필요하다. 따라서 왜 비고츠키가 수화를 원시적이라 여겼는지 이해하기 어렵다. 그러나 비고츠키의 목적은 분명하다. 그는 '원시성'에서 끌어낸 자료를 사용하여 자신의 주장을 '부정적 증명'으로 마치는 경우가 많다. 행동의 문화적 형태들은 문화적이기 때문에 널리 사용된다. 문화적 형태들은 널리 사용되기 때문에 정상인의 신체에 알맞게 적응된다. 장애인들이 장애가 있다는 것은 문화적 행동의 주류적 형태에 대해 장애를 지닌다는 의미이다. 그리고 이러한 이유로 비고츠키는 장애를 그가 원시성이라고 부른 것, 즉 문화적 행동이 결핍되거나 손상된 경우 발달이 일어나는 모습을 보여 주는 사례로 간주한다(1권 1장 참조).

9-119] 우리가 살펴본 바와 같이, 초기의 자발적 주의의 발달은 검지로 시작된다. 다시 말해, 처음에 성인들은 어린이의 주의를 감독하고 지시하기 시작한다. 청각 장애자에게 있어 초기 접촉은 몸짓을 수단으로 하여 발생하는데, 그러나 여기에는 낱말이 결여되어 있다. 농아는 낱말과 연결된 주의를 지시하는 모든 지침을 결여하고 있으므로, 자발적 주의가 매우 천천히 발달한다. 이런 주의의 일반적 유형은 주로 원시적인 것 혹은 외적으로 매개된 것으로 특징지어질 수 있다.

9-120] 이제 막 언급된 추상화와 관련된 실험이 청각 장애 어린이를 대상으로 수행되었다. 이 실험은 청각 장애 어린이들이 추상화 과정을 위해 필요한 일차적 주의 집중 과정을 가지고 있다는 것을 보여 준다.

이 실험에서 6, 7세가량의 선천적 청각 장애 어린이들은 정상적인 3세 어린이처럼 행동했다. 즉 색깔과 성공 사이의 관계를 쉽게 발견하였으며, 그것을 긍정적으로든 부정적으로든 추상화할 수 있었다. 새로운 색깔들의 짝으로 넘어갔을 때 이 어린이들은 종종 성공했으나, 이것은 특별한 도움이 없이는 거의 불가능하였다.

9-121] W. 엘리아스버그는 이런 사실이 생각에 끼치는 말의 영향에 대한 자신의 생각을 입증해 준다고 본다. 청각 장애자에게 있어 원시적 주의 과정은 손상되지 않았지만 의미에 의해 조직되는 복잡한 주의 형태의 발달은 대단히 지연된다. 사실 6세 농아가 상이한 언어 체계 즉 종종 논리적으로 표현될 수 없는 원시적인 통사 구조를 가진 몸짓을 지니고 있다는 엘리아스버그의 말을 우리는 잊어서는 안 된다. 따라서 이러한 어린이의 행동을 조직하는 형태에 대한 질문은 엘리아스버그에게 열린 질문으로 남아 있다.

> 수화는 몸짓의 체계가 아니며, 그 통사 구조는 입말만큼이나 논리적이다. 그러나 엘리아스버그와 마찬가지로 비고츠키 또한 수화를 몸짓과 비논리적 통사 구조를 가진 '다른 언어 체계'라고 말한다. 그들은 아마도 수화를 전혀 모르거나 수화를 제2언어로 배운 정상적인 부모 밑에서 자란 농아 어린이에 대해 말하는 것으로 보인다. 이 어린이들은 대개 아무 언어도 배우지 못하며, 일부 어린이들은 비전문가인 부모로부터 매우 불완전한 형태의 수화를 배울 뿐이다. 비고츠키가 청각 장애 어린이의 '말'이 지시적 단계에 있다고 말할 때, 그는 어린이들이 자연 발생적으로 발달시킨 몸짓 체계에 대해 말하고 있는 것이다. 이 자연 발생적인 기호 형태는 정상아의 옹알이에 비견될 수 있으며, 수전 골딘-매도우Susan Goldin-Meadow의 『The Resilience of Language』(2003)에 잘 기술되어 있다.

9-122] 우리는 농아 어린이를 대상으로 특별한 실험을 실시하였으

며 이는 다음을 보여 주었다. 농아 어린이는 주의를 유도하는 외적인 보조 장치를 사실상 별 어려움 없이 사용할 수 있었다. 농아 어린이의 주의를 유도하는 것은 그들의 자발적 주의의 낮은 발달 수준과 이들이 가진 매우 원시적인 주의 기능들과는 무관하게 훨씬 더 쉬웠던 것으로 보인다. 말(수화-K) 자체가 여전히 원시적인 지시적 단계에 있고 이와 더불어 어린이는 조작 숙달에 있어 원시적 수준에 머물러 있기 때문에, 청각 장애아에게 있어 지시적 몸짓은 그가 가진 모든 것이었다. 이로 인해, 사소한 시각적 기호조차 농아 어린이에게는 곧 그의 주의를 이끄는 지시적 기호가 된다. 그러나 농아 어린이에게 기호의 지시적 기능과 상징적 기능의 복잡한 결합은 어렵다.

예를 들어 '신'을 뜻하기 위해 하늘을 가리키는 것은 실제로 거기에 있는 것을 가리키는 것이 아니라 상징을 하는 것이다. 상징적 언어를 결여한 어린이는 무언가를 상징하는 데 어려움을 겪는다. 그들은 오직 실제로 그 자리에 존재하는 물체만을 가리킬 수 있기 때문이다. 그러나 수화는 가리키기와 명명하기가 실제로 어떻게 결합되는지에 대한 좋은 사례를 보여 준다. 이는 특히 9-118에서 농아 어린이가 몸짓을 사용하여 치아의 흰색, 단단함, 돌과 같은 성질을 표현하는 예에 잘 드러나 있다. 그러나 이런 농아 어린이의 몸짓은 그가 자연 발생적으로 발달시킨 원시적 몸짓 체계의 부분이 아니라는 데에 주목하자. 이러한 몸짓은 진정한 상징적 언어이다.

9-123] 그러므로 우리는 농아 어린이에게서 얼핏 보기에 자기모순적인 두 징후의 결합을 발견하며 이는 전혀 예상치 못한 것이었다. 한편으로 지시적 기능을 상징적 기능과 연결하는 낱말이 부족하기 때문에 자발적 주의는 저차적 발달 수준에 머물며 외적 기호 지시 단계에서 멈춘다. 이런 이유로 명백하게 나타나지 않은 대상에 대한 지시적 의미가 거의 발견되지 않는다. 이러한 주의의 내적 기호가 빈곤한 것은 농

아 어린이가 지닌 가장 큰 특징이다. 다른 한편으로 농아 어린이는 그 정반대의 특징도 가지고 있다. 농아 어린이는 정상 어린이보다 간접적 주의를 더 많이 사용하려는 경향을 보인다. 정상 어린이가 습관적이고 자동적으로 낱말에 영향을 받는 반면, 농아 어린이에게 이것은 여전히 새로운 과정이며, 어린이가 어떤 어려움에 처하게 되면 문제를 해결하는 직접적 경로에서 멀어져 간접적 주의에 의지하려는 경향이 매우 강하다.

> 비고츠키는 청각 장애 어린이가 아주 미미한 시각적 변화에도 민감하다는 것을 이미 지적했다(9-122). 여기서 그는 상징적 언어를 결여한 청각 장애 어린이가 몸짓에 대한 의존으로 인해 상징적 매개를 결여한 반면, 다른 한편으로 보면 이들이 오히려 들을 수 있는 정상 어린이보다 상징적 매개를 더 쉽게 찾아낸다는 것을 지적한다. 예를 들면, 독순술을 배우지 않은 청각 장애 어린이조차 상대방의 입술 움직임과 얼굴 표정을 살필 것이며, 귀를 통해서도 상징 의미를 취할 수 있는 정상아보다 오히려 좀 더 주의 깊게 살필 것이다. 또한 우리가 말이 통하지 않는 나라를 여행할 때 그 나라 사람들이 하는 말과 얼굴 표정에 평소보다 더욱 주의를 기울이게 되는 것도 이와 유사한 예이다. 엘리아스버그의 실험에서 어린이는 컵 속에 도토리가 있는지 여부를 결정하는 매개 도구로서 덮개의 색깔을 이용하였다. 이것을 변용한 비고츠키의 실험에서는 어린이는 색깔 덮개 위에 붙은 작은 회색 종이 띠의 진하기를 보고 결정을 내리게 되어 있다. 말을 자동화하고 언어 지시에 의존하는 정상 어린이에 비하여 청각 장애 어린이가 이 실험 과업을 더 잘 수행했으며, 주의를 흐트러뜨리려는 실험자의 시도에도 주의가 쉽게 분산되지 않았다.

9-124] W. 엘리아스버그는 어린이를 대상으로 한 자신의 모든 실험을 관통하는 붉은 실인 일반적 현상으로, 보조 수단의 사용, 예를 들어 직접적 주의로부터 간접적 주의로의 이행을 바르게 지적한다. 보통

이러한 특징은 대개 말에 의존적이지 않다. 실험 중에 아무 말도 하지 않고 필요한 일이 있을 때만 두 낱말로 된 문장으로 말을 하는 어린이는 그 실험을 다른 쌍의 색깔로 즉시 전이시키며, 결국 그 어린이를 대상으로 한 실험은 마치 그 어린이가 '어떤 두 색깔이든 특질признак인 것은 하나뿐이다.'라는 규칙을 공식화한 것처럼 진행된다. 반대로 외적인 언어적 공식화는 어린이가 어려운 상황에 처한 바로 그 순간에 나타날 것이다. 곤란한 상황에서 자기중심적 말이 출현하는 우리의 실험을 상기해 보자. 추상화에 대한 실험에서도 어린이가 어려움을 겪을 때마다 자기중심적 말이 나타난다. 난관의 순간에 보조 수단이 등장한다. 그것은 우리의 모든 실험으로부터 이끌어 낼 수 있는 일반적 규칙이다.

'붉은 실'은 찾으려고 마음먹으면 쉽게 눈에 띄지만 그렇지 않은 경우에는 그냥 지나치기도 쉽다. 비고츠키가 붉은 실에 대한 언급을 하는 것은 이와 같이 매우 두드러짐에도 불구하고 간과하기 쉬운 논리적 연결로 이어진 현상들을 설명하기 위함이다. 이 문단에서 붉은 실은 종이 띠에 주목하거나, 상자 덮개를 가리키거나 혹은 실험자가 어린이의 손가락을 종이 띠에 얹어 놓는 행위의 의미를 이해하는 등의, 보조적 장치를 사용할 수 있는 준비 태세를 일컫는다. 기호를 사용하기 위한 준비 태세는 말에 의존하지 않는다. 어린이는 말을 하지 않고도 얼마든지 문제를 해결한다. 물론 문제 풀이에 곤란을 겪는 어린이들의 경우에는 자기중심적 말이 등장한다. 모국어를 배우지 못한 채 자라난 농아 어린이가 지시적 의미에 주의를 기울이며 문제 해결을 위해 매개된 주의에 예민하게 반응하고, 이를 사용하는 것을 통해 몸짓에 결여된 상징적 기능을 보상하는 것과 같이, 문제 해결에 곤란을 겪는 정상아는 흔히 말에 의존한다. 위에서 비고츠키는 '곤란한 상황에서 자기중심적 말이 출현하는 우리의 실험'에 대해 언급하지만, 이 원고에는 자기중심적 말에 대한 실험을 설명하는 부분이 없다. 어린이의 자기중심적 말을 주제로 한 실험에 대한 기술은 『생각과 말』 2장과 7장에 상세히 제시된다. 여기서 우리는 본 원고가 출판을 위해 쓰였다

9-125] 어린이의 매개된 조작으로의 의존 여부는 무엇보다 두 가지 요인, 즉 어린이의 전체적 정신 발달과 언어, 숫자 등과 같은 기술적 보조물의 숙달에 의해 결정된다. 병리학적 사례에서 어린이가 상응하는 결함을 보상하기 위하여 보조물을 사용하는 정도가 지성의 판단 기준으로 간주될 수 있다는 것은 매우 중요하다. 우리가 지적한 바와 같이, 말이 가장 저발달된 어린이는 극복할 수 없는 어려움에 직면하게 될 때 즉시 언어적 공식화에 의존한다. 이는 심지어 3세 어린이에게도 적용된다. 그러나 보조적 수단의 중요성은 병리학적 사례로 넘어가는 순간 보편적인 것이 된다. 가장 중요한 사고 기관인 언어가 결핍된 실어증 환자는 보조적인 시각 자극을 사용하는 경향을 보여 주며 이 시각적 자극들은 사고의 수단이 된다. 따라서 어려움은 가장 중요한 사고 수단이 박탈되었다는 사실뿐 아니라 복잡한 말 수단이 복잡한 관계의 확립에 덜 적절한 다른 것으로 대체되었다는 사실에도 있다.

실험에서 매개된 주의에 대한 어린이의 의존 여부를 결정하는 두 개의 요인이 있다. 첫째는 정신 발달이고, 둘째는 말하기나 수 세기 같은 보조적 장치에 대한 숙달이다. 비고츠키의 요점은 이런 두 요인이 서로 다르며 어떤 면에서는 모순적이라는 것이다. 어린이의 말이 덜 숙달되면 과업 수행 정도가 더 낮다. 그런데 어린이들의 과업 수행 정도가 낮으면 낮을수록 어린이들은 과업에 대해 더 많이 말하고자 할 것이다. 이것은 아직 말을 배우는 중인 세 살 어린이들의 경우에도 사실이다. 이런 보조적 수단의 사용은 실어증 환자에게 보편적이 된다. 말을 할 수 없는 사람이 더 많은 말을 필요로 한다는 사실이 역설적일 수도 있으나 모순적인 것은 아니다. 비고츠키에 있어 '보조적 수단'은 말과 몸짓을 모두 포함한다. 사실, 세 살 어린이에게 그 둘은 그리 다른 것도 아니다. 어린이는 과업을 수행할 수 없을 때 부족한 과업 수행 능력을 말과 몸짓으로 보상한다. 그리고 실어증이 있는 어린이는 몸짓을 사용하려는 훨씬 더 강한 경향을 지니게 된다. 장애는 어린이로 하여금 정상적인 경로보다 더 강력하게 발달의 우회로로 들어가게 한다.

"먼저 된 자로서 나중 되고, 나중 된 자로서 먼저 될 자가 많으니라."(마가복음 10장 31절)

9-126] 모든 실어증 환자는 지성에 직접적으로 영향을 미치는 손상을 입지 않았음에도 불구하고 (의미-K) 운반자로부터 (의미-K) 관계를 구별하는 데 어려움을 느낀다. 이러한 특성을 말 발달이 지체된 어린이의 행동과 비교하면서, 엘리아스버그는 주의 과정이 그 자체로 말에 의존하지는 않지만 말의 부재는 복잡한 사고 발달을 심각하게 저해한다는 결론을 내린다. 그리고 끝으로, 모든 실험 대상을 연구한 결과로부터 도출되는 일반적 법칙은 수단의 사용 방식이 결정적이라는 것이다. 엘리아스버그에 따르면 수단은 보통 해당 손상을 보완하는 것을 목적으로 한다. 우리가 손상에 대해 아직 모른다면, 이 모든 것은 손상을 진단하는 데 도움을 줄 것이다.

만일 누군가 주변에서 불을 발견한다면, 운반자(그의 시선)와 관계(불을 보는 것) 사이에는 큰 차이점이 없다. 만일 그가 불을 가리킨다면, 운반자(불을 가리키는 그의 손가락)와 관계(가리켜진 불) 사이에는 차이점이 생긴다. 그러나 이 차이점을 구분하는 것은 쉽지 않다. 그가 다른 손을 들어 불을 가리키던 손가락을 가리킴으로써 관계와 운반자를 구분하려고 시도할 때, 손가락을 가리키는 또 다른 손가락은 더 이상 불을 가리키는 것이 아니다. 이 두 손가락은 결코 동일한 운반자가 아닌 것이다. 그의 손가락이 실제로 불을 가리킬 때에만 그것은 불을 가리키는 손가락이 된다. 그 경우에만 그의 대화 상대는 손가락이 아닌 불에 주의를 기울인다.

언어에 있어서는 운반자와 그것이 운반하는 관계를 구분하는 것이 매우 쉬워진다. 하나의 관계가 다양한 운반자를 통해 전달될 수 있다. 예를 들어 불이 났을 때 '불이야!', '무언가가 타고 있어!', 혹은 '저길 봐!'라고 외칠 수 있다. 게다가 '불'이라는 낱말은 실제 불처럼 생기지도 않았다. 심지어 '불'이라는 낱말은 실제 불을 가리키지도 않는다. 외국어에서 운반자와 관계의 괴리는 절대적으로 불가피해진다. 실제로 교사들이 낱말의 의미를 설명하는 데 많은 시간을 할애하는 이유는 바로 운반자를 아는 것이 그것이 운반하는 관계를 이해하는 것과는 전혀 다르기 때문이다. 그러나 가리키는 것만으로 이루어진 언어가 있다면 어떤 일이 일어날까? 이러한 언어 아래에서는 관계로부터 운반자를 분리하지 못하게 될 것이다. 이렇게 관계로부터 운반자를 분리하지 못하는 사람이 특정한 종이 띠가 도토리를 포함하고 있는 컵을 상징하는 특정한 덮개를 나타낸다는 것을 이해하지 못함은 물론이고 도토리를 컵과, 컵을 덮개와, 덮개를 종이 띠와 구분하지 못하리라는 것을 쉽게 생각할 수 있다. 엘리아스버그는 실어증 환자의 기초 정신 능력이 전혀 손상되지 않을 수도 있다는 가능성을 지적한다. 그러나 말의 손상으로 인해 정신 능력이 발달하지 않는다. 정신적 문제로 보이는 것이 사실은 단지 말의 문제이며, 발달의 보조적 수단(예: 수화)이 있다면 발달의 지체가 반드시 정신 장애로 진전되는 것은 아니다. 실어증이 말의 문제이지 정신 장애가 아니라는 것을 어떻게 알 수 있을까? 비고츠키는 보상하려는 성향이 중요한 실마리라고 말한다. 몸짓을 하는 실어증 환자는 단지 우리에게 무언가를 말하려고 하는 것이 아니다. 바로 발달하려는 것이다.

9-127] 따라서 우리는 손상이 이중으로 작용한다는 것을 안다. 우리는 특수아의 행동 발달을 이런 입장에서 고려하고자 한다. 엘리아스버그가 옳게 말했던 것처럼, 그리고 우리가 실험을 통해 확립했던 것처럼 손상은 정상 어린이에게 어려움이 작용하는 것과 같은 방식으로 작

용한다. 한편으로 손상은 조작 수준을 저하시킨다. 동등한 작업이 청각 장애아에게는 불가능하거나 아주 어려운 것일 수도 있다. 이것은 손상이 미치는 부정적인 결과이다. 그러나 다른 한편으로 모든 다른 어려움과 마찬가지로 그것은 어린이를 더 고등한 발달 경로인 매개된 주의 경로로 밀어 올린다. 이미 살펴보았듯이 실어증 어린이와 농아 어린이가 정상아보다 훨씬 더 자주 이에 의존한다.

비고츠키는 발달의 관점에서 보았을 때, 장애란 그저 또 다른 형태의 어려움에 불과하다고 말한다. 개체 발생적으로 장애는 실제로 진보적·선도적 역할을 할 수 있다. 보상 과정에서 장애 어린이는 비장애 어린이보다 간접적·매개적 형태의 주의를 더욱 추구하는 경향을 보인다. 어려움이 발달을 이끈다는 것은 사회 발생적으로(즉 역사적으로)도 사실이다. 비고츠키가 지적하듯이, 신체 형태는 훨씬 더디게 변화하기 때문에, 전통적인 문화적 행동은 항상 표준적·안정적·정상적 정신 생리학에 유리하게 진화해 왔다. 그러나 바로 이러한 이유로 새롭고 더 진보적인 문화적 행동 형태를 발달시키는 사회는 약한 사람, 병든 사람, 노인이나 어린이들을 소중히 여기고 보호하는 사회인 것이다. 보편적 교육, 보편적 의료는 '비정상적' 정신 생리학을 '정상적' 정신 생리학과 잠재적으로 동일하게 취급할 것을 요구하는 사회에서만 발달한다. 어려움이 발달을 이끈다는 것은 미소 발생적으로(즉 교실에서)도 사실이다. 자유주의적 교육자들 사이에는 단순하고 쉽고 재미있는 과업이 협력을 촉진한다는 공통된 믿음이 존재한다. 그러나 교사들은 교실 경험을 통해, 바로 이러한 조건하에서 어린이들은 생각 없이 서로 경쟁하며 '더 약한' 동료와의 협력을 거부한다는 것을 잘 알고 있다. 협력을 촉진하기 위해 교사에게 필요한 것은 아마도 발달을 촉진하는 것일 것이다. 즉 가장 '강한' 어린이조차도 혼자서는 감당할 수 없을 만큼 복잡하고 어렵고 힘든 과업을 제시하여 공동의 이익을 위해서는 협력하지 않을 수 없게 만드는 것이다.

9-128] 농아 어린이의 심리학과 교육학에 있어 손상의 이중적 영향은 결정적이다. 손상은 동시에 보상을 통해 평형화하는 경향을 생성하며 이 보상 혹은 조정이 주로 어린이의 문화적 발달 경로를 통해 일어나기 때문이다. 농아 어린이의 비극 특히 주의 발달의 비극은 어린이가 정상아에 비해 선천적으로 부족한 주의를 타고난다는 것이 아니라 주의가 문화적 발달로부터 이탈한다는 것이다. 정상아의 경우 타인의 말을 통한 문화화의 과정을 거쳐 획득되는 문화적 발달이 청각 장애 어린이의 경우에는 지연된다. 그의 주의는 마치 폐허에 놓여 있는 것과 같다. 이는 성인이나 정상아의 주의처럼 돌보아지거나 변형되지 않으며, 말에 의해 유도되지도 않는다. 그것은 오랫동안 경작되지 않았기 때문에 검지의 단계, 즉 외적이고 기초적인 조작 내에 머무른다. 그러나 이러한 비극으로부터 탈피하는 길은 농아 어린이에게도 정상아와 동일한 유형의 주의가 가능하다는 사실에 있다. 원칙적으로 농아 어린이는 동일한 목적지에 당도할 수 있지만, 적절한 기술적 수단을 가지고 있지 않은 것이다. 정상아의 경우 말의 숙달이 자발적 주의 형성에 선행하고, 말이 그 자연적 속성으로 인해 주의를 이끄는 수단이 된다는 사실은 청각 장애 어린이가 겪는 발달상의 어려움을 가장 명백히 드러낸다고 생각된다. 이와는 반대로 농아 어린이의 경우, 자발적 주의의 발달이 말에 선행해야 하며 이 때문에 둘 다 미약하게 나타난다. 정신지체아가 정상아와 무엇보다 다른 점은 내적 과정의 조직을 향할 때 자발적 주의가 미약하다는 것이다. 이 때문에 정신지체아에게 고등 사고 과정과 개념 형성은 어렵다.

9-129] 주의 발달 경로는 총체적인 말 발달을 따라 놓인다. (농아 어린이의 경우-K) 말의 고등 기능의 발달에 있어 전반적인 지체가 있음에도 (교육의-K) 전체 방점을 발음과 외적 측면에 두는 농아 어린이의 언어 발달에 대한 최근 경향으로 인해 앞서 언급한 청각 장애 어린이들의

주의가 등한시되고 있다.

9-130] P. 솔리에는 최초로 주의력 결핍을 토대로 정신지체 아동의 심리학을 창설하고자 하였다. 리보를 따라서 그는 자연 발생적 주의와 자발적 주의를 구분하였고, 후자를 기준으로 삼아 정신지체 아동을 다양한 정도의 지체로 구분하였다. 그의 의견에 따르면 백치는 일반적으로 주의가 어렵고 미약하며, 이것이 백치의 본질이다. 극단적 백치의 경우 자발적 주의가 전혀 존재하지 않는 반면, 다른 정도의 정신지체의 세 가지는 전형적으로 자발적 주의가 희박하거나, 간헐적이거나, 쉽게 일어나지만 불안정하며, 오직 자동적으로만 작용한다.

*P. 솔리에(Paul Sollier, 1861~1933)는 신경학자이며, 프로이트, 브로이어, 투레트와 마찬가지로 장-마틴 샤르코와 함께 심리학과 최면에 대해 연구했다. 비고츠키가 말했듯이, 그는 최초로 지체된 주의를 이용하여 정신지체 이론의 토대를 쌓았다. 그는 또한 죽어가는 사람의 '파노라마적 기억(거의 죽을 뻔한 경험을 가진 사람들이 보고한, 자신의 전 생애가 눈앞에 흘러가듯 펼쳐지는 느낌)'을 최초로 연구한 사람 중 하나였다. 그는 어느 정도는 당대의 지도적 학자인 피에르 자네와의 불일치로 인해 교수가 되지는 못했으나, 그의 환자 중에는 젊은 마르셀 프루스트가 있었다. 프루스트는 나중에 무의식적 기억에 관한 솔리에의 이론을 『잃어버린 시간을 찾아서』로 소설화했다.

9-131] 솔리에에 따르면, 치우의 가장 큰 특징은 주의의 불안정성이다. 솔리에의 이론은 현재 그 가치가 많이 바랬고 모든 부진성의 징후들을 설명하기 위해 하나의 기능, 즉 주의의 상실만을 그 기준으로 삼은 것은 지지받을 수 없다. 그러나 솔리에의 명백한 장점은 정신지체 어린이들에게서 발견되는 특징이 자발적 주의의 결핍으로부터 만들어진다는 사실을 발견했다는 데 있다. 비록 솔리에는 우리가 여기서 확립하고자 하는 입장에 관해 세겡과 논쟁하였지만, 그가 자발적 주의에 관해

이야기할 때 당연히 주의가 의지적 행위라는 점에서 솔리에는 세겡과 관점을 같이하였다. 그러므로 트로신이 올바르게 지적했듯이 솔리에와 세겡의 논쟁은 오해에 기초한 것이다.

세겡과 솔리에의 논쟁은 다음과 같이 간략히 설명될 수 있다. 솔리에와 세겡은 모두 정신 장애가 하나의 요소에 기인한다고 생각했지만, 그 요소의 본성에 대해서는 서로 동의하지 않는다. 솔리에는 그 요소가 '주의'라고 믿으며, 세겡은 그것이 '의지'라고 믿는다. 세겡에게 주의란 일종의 의지 즉 생각을 집중시키는 의지일 뿐이며, 솔리에에게 의지란 일종의 주의 즉 행위를 목적에 집중시키기 위해 사용하는 주의일 뿐이다. 비고츠키가 볼 때, 정신은 복잡하게 통합된 전체이며 그 속에서는 하나의 문제가 온갖 종류의 장애를 야기할 수 있다. 비고츠키는 '의지'라는 용어보다는 자기행동숙달이라고 말하는 것을 선호했다(I권 4-17 참조). 그러나 여기서 비고츠키는 세겡을 지지한다. 즉 주의는 일종의 행동이며 어린이의 과업은 그것을 숙달하는 것이다. 여기서 비고츠키는 트로신과 마찬가지로 전체 논쟁에 대해서 부정적인 것으로 보인다. 주의와 의지는 원인과 결과가 아니다. 주의는 의지를 실현하며, 의지는 주의를 통해 현실화된다. 다음 문단에서 다루게 될 솔리에, 세겡, 비네 사이의 논쟁은 오늘날 심리학자들에게 거의 관심을 불러일으키지 못한다. 그러나 그것은 여전히 부모들 사이에서는 지속적인 논쟁거리일 것이다. 어떤 부모들에게는 '의지'나 '주의'가 학교에서 자녀들이 성공하는 열쇠라고 생각할 것이다. 반면 다른 부모들은 비네-시몬 테스트를 통해 측정된 '지능'이라고 불리는 것이 그 열쇠라고 믿을 것이다. 다음 문단에서 비고츠키는 비네의 '지능'이 실제로 의지적 행위(예를 들어 상담자와 시선을 맞추려는 의지, 수학 문제를 푸는 데 집중하려는 의지)를 통해 측정된다는 것을 지적한다. 비네는 그것이 단지 우연히 의지화된 정신의 작용일 뿐이라고 주장한다. 그러나 이는 그것이 우연히 정신적이 된 의지의 작용이라고 말하는 것과 다를 바 없다.

9-132] A. 비네는 세겡과 솔리에의 연구가 터무니없다고 하면서, 지

체 어린이의 의존성을 의지의 유약함으로 여기는 생각 전체를 거부하며 그들의 관점을 논박하였으나, 실험 결과 그는 동일한 결론에 다다랐다. 정신지체를 네 단계로 나눈 그들의 구분을 공유하면서 사실상 그는 동일한 의지적 행위들, 예를 들면 자발적 응시, 생각과 몸짓을 표현하는 능력 등을 사용하였다. 비네는 이 행위들이 자신에게 있어서는 의지가 아니라 마음에 의한 의지의 발현이라고 말할 수도 있다. 그러나 (지체 어린이의-K) 특이성의 본질을 의지와 주의로 환원함에 있어서 세갱과 솔리에는 이를 넓은 의미로 이해하고 있었다. 모든 저발달을 하나의 기능으로 환원하는 것이 실수임은 의심할 여지가 없다. 그러나 손상이 가장 복잡한 심리 현상임에도 불구하고, 정신지체에는 가장 특징적인 측면이 존재한다. 세갱과 비네, 그리고 솔리에가 그들 서로 간의 부정에도 불구하고 사실상 이 입장에서 합치되는 것에는 그만한 이유가 있다. 만약 의지에 발생적 의미를 더하여 이해한다면 즉 사람의 행동 과정 숙달의 하나의 단계로 이해한다면, 백치를 포함한 비정상 아동의 정신적 저발달에 있어서 가장 큰 특징은 물론, 이미 지적한 것처럼, 유기체적 발달과 문화적 발달의 분기이다.

9-133] 정상아의 경우 일치하는 두 개의 발달 노선이 비정상아의 경우에는 갈라진다. 문화적 행동 수단들은 역사적으로 인간의 정상적 정신 생리학적 기관의 토대 위에서 만들어진다. 이런 수단들은 손상을 지닌 어린이에게는 적합하지 않은 것들이다. 청각 장애아의 경우 그 불일치는 듣기의 결핍에서 기인하는 것이고 따라서 이는 말 발달에서 생기는 순전히 기계적인 지연으로 특징지어질 수 있다. 반면에 정신지체아의 경우에 취약점은 중심 기관에 있다. 즉 듣기는 보존되어 있지만 지성의 미발달로 인해 말 기능 모두를 숙달할 수 없기 때문에 주의 기능 역시 숙달될 수 없다.

9-134] 백치의 학습 능력은 (시선의-K) 고정과 통각이 상응한다는

법칙을 토대로 하여 주어진 대상에 대한 시선의 고정으로 규정될 수 있다. 이러한 토대 위에서는 백치에 대한 어떠한 교육도 불가하며 이들은 처치와 교육적 영향으로부터 완전히 동떨어져 있다고 볼 수 있다. 우리는 주의를 기울이는 능력이 모종의 지각된 전조를 촉진시키는 자연적 장치를 필요로 한다는 것을 이미 보았다. 만일 이 과정이 없다면 그리고 시각적 지배성 자체가 발달하지 않는다면, B. M. 베흐테레프의 연구에서 보았던 바와 같이 이 기관(눈-K)에는 조건적 반응이 절대 있을 수 없다. 치우癡愚는 이미 대상에 고정할 수 있고 수동적 주의를 숙달하였으므로 학습을 할 수 있다.

9-135] 결정적인 후속 단계는 수동적 주의로부터 능동적 주의로 이동하는 것이며, 헬러에 따르면 이들의 차이는 본질이 아니라 정도에 있다. 하나의 차이점은 능동적 통각 속에 서로 경쟁하는 몇몇 표상에 대한 주의가 존재하며 어린이가 그것들 중 하나를 선택해야 한다는 사실에 있다. 선택의 출현은 수동적 주의로부터 능동적 주의로의 전이의 계기를 의미한다. 진정한 의미에서 선택이라는 낱말에 알맞은 의지적 행위는 오직 이 고등 단계에서만 가능하다. 이러한 점에서 헬러는 선택 방법, 즉 어린이 앞에 여러 가지 대상을 늘어놓고 실험자의 말에 따라 그에 알맞은 대상을 선택하고 가리키도록 요구하는 방법을 이용하여 정신지체 어린이를 가르칠 것을 제안한다.

> *Th. 헬러(Theodor Heller, 1869~1938)는 오스트리아의 교사, 의사, 교육학자였다. 그는 라이프치히에서 분트의 제자였으며, 시각 장애와 심각한 지체 장애에 관해 연구했다. 그는 크라프-에빙과 함께 비엔나에 최초의 '특수 교육' 연구소 중 하나를 설립했다. 그는 매우 어린 아동의 치매를 전문적으로 연구하였으며, 또한 실제로 매우 지적이지만 운동 장애를 앓고 있는 어린이들과 치매 어린이들을 구별하는 법을 사람들에게 가르쳤다. 그는 또한 독일 특수 교육의 창설자이기도 했으며, 나치

의 장애인 몰살을 반대하였다. 나치의 오스트리아 침공 시 그는 나치를 규탄하고 자결했다. 그의 아내와 딸도 나치 수용소에서 사망했다.

9-136] 우리 역시 여기에 커다란 심리적 가치를 부여한다. 이 방법을 통해 정상 어린이들에게는 매우 자연적으로 일어나는 낱말의 가리키기 기능의 지속과 강화만을 보기 때문이다. 우리는 어린이에게 이 활동이 일반적으로 인위적이며 흥미를 끌 수 없다는 사실을 지적하고자 한다. 이 점은 근본적인 문제라기보다 기술적인 문제이다. 놀이에 도입된 선택 반응은 어린이의 주의를 유도하기 시작하는 강력한 수단이다.

9-137] 실제로 적용한다면, 이 기법의 후속 발달을 위해서는 어린이 스스로 적절한 낱말을 말하고 원하는 대상을 선택하는 환경 다시 말해 어린이가 능동적인 주의의 자극을 자기 자신에게 적용하는 법을 배우는 환경이 마련되어야 한다. 치우는 처음부터 상이한 대상에 즉각적으로 주의를 기울이지만, 이 기능은 대개 극단적으로 약하고 불안정하여, 정상아에게 있어 부주의 또는 주의 산만이라고 불리는 평소 상태가 치우의 특징이다. 마지막으로 정신지체의 가장 약한 형태인 정신 쇠약은 대상에 대한 구체적 지각으로부터 추상화하는 개념적 사고의 저발달로 특징지어진다.

비고츠키는 왜 '선택 반응'이 그토록 중요하다는 데 동의하는가? 결국 어린이의 관점에서 볼 때 그것은 단지 일종의 '잡아채기 게임'이거나 '돌잡이'일 뿐이다. 비고츠키는 '선택 반응'이 자네의 법칙을 특수 교육에 실제로 적용한 것이라고 본다. 즉 그러한 행동 형태는 처음에는 타인에 의해 자신에게 적용되며, 그다음에 자신에 의해 스스로에게 적용된다. 그것은 또한 헤겔의 개념 형성 법칙(『역사와 발달』 1권 5-51~5-56 참조)의 예이기도 하다. 먼저 대상이 '즉자적'으로 존재한다. 그다음에 그것은 자신이 아니라 타인에 대해 즉 '대타적'으로 존재한다. 최종적으로 내가 그것을 명명할 수 있기 때문에 그것은 '대자적'으로 존재한다. 선택의 '대상'이 물리적 대상이 아니라 대상들로부터 이상적으로 추상화한 것일 때, 개념이 형성될 수 있다. 예를 들어 어린이가 선택하는 것이 '두 개의 사과'가 아니라 두 개의 사과의 '둘임'일 때, 어린이는 수 개념을 형성할 수 있다. 어린이가 스스로 대상을 명명하고 선택하는 계기 속에서, 세 개의 결정적인 발달 계기가 결합된다. 첫째 수동적 행동으로부터 능동적 행동으로의 이행의 계기가 존재한다. 어린이는 반응하기 위해 자극을 기다리지 않는다. 어린이 스스로가 자극이 된다. 둘째 타인 통제로부터 자기 통제로의 이행이 존재한다. 어린이는 자신의 손에 '주권'을 획득한다. 셋째 언어 발달의 관점에서 볼 때 가장 중요한, 눈에 보이는 대상을 가리키는 것으로부터 눈에 보이지 않는 개념을 상징하는 것으로의 이행이 존재한다. 단순히 대상을 보는 것만으로는 이름을 알 수 없다. 왜냐하면 사회 문화적으로 볼 때 이름이란 구체적으로 지각된 대상이 아니라 일반적 개념에 부여되기 때문이다. 따라서 대상을 명명하기 전에 어린이는 그 개념을 마음속에 지니고 있어야만 한다.

9-138] 이 손상은 정신 쇠약의 경우에서 실험적으로 정확하게 확립될 수 있을 것이며, 따라서 이는 주의를 통제하는 능력의 부재뿐 아니라 개념 형성의 실패를 보여 줄 수 있다. 그러나 주의를 조절하는 본질적인 능력이 추상화 과정이라는 것을 보여 준 우리의 실험을 기억한다면, 개념의 결핍이 경도 지체자가 말로 안내되는 매우 까다로운 물길을 따라 자신의 주의를 인도할 능력이 없다는 사실에 기인함이 분명할 것이다. 고등한 형태의 자발적 주의가 저발달되었기 때문에, 개념 발달과 관련된 말의 고등 기능이 이들에게서는 처음부터 가능하지 않다.

●주의의 숙달

 이 장에서 비고츠키는 어린이의 외적 활동(말, 쓰기, 산술)에서 벗어나 어린이의 내적
변혁의 결과인 문화적으로 수정된 심리 기능(주의, 기억, 생각)으로 주의를 돌린다. 이 9
장은 비고츠키가 자신의 주장을 일련의 긴 실험을 통해 보여 주고 있기 때문에 다른 장
보다 내용이 많은 감이 있다. 그러나 이 장을 비롯한 후속 장들은 앞선 장들과 동일한
논의 노선을 따른다.
 거기에는 그럴 만한 이유가 있다. 외적 활동과 그것이 발생시키는 심리 기능은 자연
적 발달에서 문화적 발달로 이행하는 단일 과정의 시작과 끝이다. 그래서 비고츠키는
언제나 외부 환경에 대한 어린이의 생득적 반응을 토대로 하는 자연적 발달 노선에서
시작한다. 그런 다음, 이것을 문화적 환경에 대한 '조건' 반응과 대조하면서 문화적 행
동이 어떻게 자연적 행동으로부터 일어나며, 어린이 자신의 활동이 어떻게 이행적 형태
를 창조하는지를 보여 준다. 어린이가 문화적 행동 형태를 잘 조절할 수 있게 되면, 그
어린이는 외적 과업뿐 아니라 자신의 내적 과정까지도 숙달하는 위치에 서게 된다. 비
고츠키는 자신의 분석에 대한 근거로서 병리 발생적 증거를 사용한다. 즉 질병과 장애
의 경우에 나타나는 기능의 원시적·자연적 형태를 밝히는 것이다.
 다른 장과의 유사성에도 불구하고, 주의에 관한 이 장에는 놀라운 전환점들이 존재
한다. 예를 들어 비고츠키는 역사-유물론적 설명을 자처하는 리보의 이론을 거부한다.
리보는 생산적 관계의 차이를 통해 수렵-채집인들이 획득하지 못한 자발적 주의를 어
떻게 농부들이 획득하는지 설명한다(9-32~34). 덧붙여 비고츠키는 의지와 본능이 연결
되어 있는 것과 동일한 방식으로 자발적 주의와 비자발적 주의가 연결되어 있다는 주
장은 너무 일반적이라고 말한다. 그는 자발적 주의와 비자발적 주의는 논리적 기억과
자연적 기억이 연결된 방식, 개념적 생각과 혼합적 생각이 연결된 방식으로 연결되었다
는 좀 더 세밀한 주장을 펼친다(9-53). 끝으로 비고츠키는 말에서와 마찬가지로 발달의
핵심적 계기가 되는 것은 가리키는 몸짓이라는 것을 발견한다. 주의의 자연적 역사는
검지의 자연적 역사인 것이다(9-117).

 I. 이 장의 첫 부분에서 비고츠키는 발달의 자연적 역사에 대해 설명하고(9-1~9-7),
어린이 행동의 문화적 형태가 어떻게 발달하는지 레온티에프의 금지색 카드 실험을 통
해서 보여 주며(9-11~9-24), 문화적 기억에 대한 리보의 설명을 반박한다(9-25~9-34).

 A. 비고츠키는 '지배성'(한 자극이 다른 자극을 가로막으면서 주체의 반응을 지배하는 경향)
  이라 불리는 원칙에 의해 통제되는 자연적 주의에 대한 논의로 시작한다. 아기는
  태어나면서 두 가지의 지배성(수유, 수유 자세)을 가지지만 시각적·청각적·촉각적

발달과 함께 점차 눈, 귀, 손의 움직임과 연결된 '조건' 반사를 발달시킨다. 비고츠키는 이 모든 반사가 신경계의 유기체적 발달(예컨대 뇌 조직의 성장)을 토대로 발달한다고 지적하며 심지어 이 유기체적 발달을 진화에서 일어나는 것에 비유한다(9-6). 이 유기체적 성장은 성인이 되어서도 멈추지 않으며 단지 느려질 뿐이다. 그것은 주의 조작의 기저에 놓여 있으며 인간은 노화와 함께 점차 이 순수한 유기체적 주의 과정으로 회귀하는 모습을 보인다(9-7). 비고츠키는 주의 역시 두 개의 서로 얽힌 발달 노선에 대한 이야기라고 말한다(9-8).

B. 비고츠키는 레온티예프의 '금지색' 실험(어린이는 금지색이나 동일한 색을 두 번 이상 이용하지 않으면서 일련의 질문에 답해야 한다)을 이용하여 문화적 주의의 개체 발생적 출현을 보여 준다. 이 과업은 어린아이들에게는 너무 어려우므로 실험자는 도움의 수단으로 일련의 색 카드를 제공한다. 전 학령기 어린이들은 도움 카드를 별로 사용하지 못하지만, 좀 더 큰 어린이들은 카드를 이용하여 처음에는 이 과업의 성공도가 두드러지게 향상되는 모습을 보이다가 곧 천장 효과가 나타난다. 보조 카드를 사용하지 않는 주의는 처음에는 더 느리게 향상되지만 이후 빠른 속도로 향상되어 성인의 경우 보조 카드의 사용은 과업 달성에 별로 영향을 미치지 않게 된다. 매개된 노선과 비매개된 노선은 발달의 평행사변형을 형성한다(9-16). 비고츠키는 외적 수단이 이제 내적으로 변혁되었으며 매개된 주의의 기능이 되었다고 결론짓는다(9-22).

C. 비고츠키는 역사적 설명을 위해 사회 발생으로 눈을 돌린다. 프랑스 연합주의자인 리보는 자연적 주의와 문화적 주의를 최초로 구분하였으며, 그 구분이 자발적 주의를 필요로 했던 반복적이지만 생산적인 농업의 산물이라고 주장하며 주의에 문화적 의미를 부여한다. 더 나아가 리보는 발달의 일반적 방향이 외적 활동으로부터 내적 심리 기능으로 향한다는 사실을 수용한다. 이 모두는 비고츠키가 개체 발생에서 찾은 증거들과 일맥상통하는 것으로 보인다(9-25~9-31).

D. 그럼에도 비고츠키는 리보의 입장을 전면적으로 반박한다. 첫째, 그는 리보가 자발적 주의를 조건 반사로 환원한다고 말한다. 조건 반사는 문화적 주의의 토대가 될 수는 있겠지만 그 본질이 될 수는 없다. 둘째, 그는 리보가 문화적 주의에서 특히 인간에게만 고유한 것을 보여 주지 못한다고 지적한다. 사실 리보는 동물도 자발적 주의를 가질 수 있다고 말했기 때문에 자발적 주의를 위해 문명이 필요한 이유는 전혀 분명하지 않다. 셋째, 리보는 자기 통제로의 이행이라는 핵심을 빼놓았다. 바로 이로 인해 리보는 동물 훈련을 자발적 주의의 사례로 간주한 것이다. 넷째, 리보는 인간이 스스로의 주의에 대한 통제를 확립하는 실제적 기제에 대해 전혀 알려 줄 수 없다(9-32~9-34).

II. 이러한 리보의 입장의 결함을 제거하기 위해, 비고츠키는 주의에 대한 다른 이론 (블론스키, 티치너, 모이만, 르보 달론느의 이론)에 대해 논의하고 비판한다(9-35~9-58).

A. 비고츠키는 블론스키가, 리보에 찬성하여, 자발적 주의에 대한 사회 발생적 접근

법을 취했다고 말한다(9-36). 비고츠키는 설명적 기제가 결핍되어 있음을 다시 한 번 지적하고, 더욱 상세한 설명을 얻기 위해 좀 더 미소 발생적인 티치너의 연구를 언급한다. 티치너는 주의 발달에는 샌드위치 같이 세 층이 있음을 관찰한다. 일차적 주의(예컨대 불시의 갑작스러운 큰 소음에 대한)와 자동화된 주의(예컨대 숙련된 운전자의 일상적 운전에서의)는 의식적인 통제하에 있지 않다. 즉 자동화된 주의를 확립하는 이행 단계만이 의도적이고 의식적이다(9-37~9-42). 비고츠키는 이 '샌드위치'가 자신의 연구에서 확립한 모든 문화적 행동 숙달의 네 단계(1권 5-100~5-129) 중 세 단계(원시적 또는 자연적 주의, 외적으로 조건화된 주의, 내적-변혁을 통한 숙달)와 깔끔하게 일치함을 지적한다(9-43). 빠진 단계는, 비고츠키 또한 실험에서 관찰하기 어렵다는 것을 발견했던, 두 번째의 소박한, 또는 마법적 주의의 단계이다(9-43). 비고츠키는 자신의 설명에 대한 확증에 만족스러워하지만, 그럼에도 불구하고 티치너의 도식이 너무 경험적임을 발견한다. 그것은 자극-반응 상황에 대한 관찰에만 기반을 하고 있기 때문에, 어린이가 어떻게 자극을 조절하고 자기 자신의 행동을 숙달하는지 설명할 수 없다(9-44).

B. 이 경험주의는 모이만의 연구에서 훨씬 더 명백하다. 왜냐하면 모이만은 맥박의 변화에 대한 관찰에 기반을 해서는 자발적 주의와 비자발적 주의를 명백히 구분하는 것이 불가능하다는 것을 발견하기 때문이다. 즉 실험 대상이 자극에 익숙해지자마자 맥박이 느려진다. 이것은 다른 연구자들이 발견한 것(공포나 놀람을 수반하는 비자발적 주의는 맥박을 증가시키는 경향이 있다)과 모순될 뿐 아니라, 주의에 대한 통제를 확립하는 계기와 주의에 대한 통제를 발휘하는 계기 간의 핵심 차이를 무시한다. 비고츠키는 전자는 자동화될 수 없으며 투쟁을 요구하지만, 일단 통제가 확립되면 자동적으로 작동할 수 있다는 것을 상기시킨다. 흥미롭게도 모이만에 대한 비고츠키의 비판은, 모이만이 맥박수와 같은 객관적 증상을 관찰할지라도, 모이만이 주관주의적이라는 혐의를 포함한다. 비고츠키가 말하고자 하는 것은, 티치너와 마찬가지로 모이만이 자신의 관찰을 실험 대상의 경험에 제한하며, 그의 관찰 범위 속에 도구와 기호를 이용한 실험 대상의 객관적 활동과 실험 대상이 주의를 기울여야 하는 객관적 조건을 포함하지 않는다는 것이다(9-45~9-48).

C. 다음으로 이 주관주의는 비고츠키가 이어서 다루는 르보 달론느의 연구에서 훨씬 더 명백히 드러난다. 비고츠키는 르보 달론느가 비고츠키의 접근법에서 핵심적인 구분, 즉 매개된 주의와 비매개된 주의를 최초로 구분했다고 지적한다. 문제는 르보 달론느가 의존하는 매개 수단이 정신 스키마일 뿐이며, 르보 달론느는 이러한 정신 스키마가 어떻게 발생하는지 설명할 방법을 전혀 갖고 있지 않다는 것이다. 이런 식으로 르보 달론느는 실제로 시작이 아니라 끝에서 시작한다. 즉 그는 최고의 행동 형태, 즉 자유 의지를 가정하고 그로부터 저차적 행동 형태를 이끌어 내려고 한다. 비고츠키는 전체 이론을 뒤집자고 제안한다. 즉 자유 의지는 자발적 주의 발달의 원인이 아니라 결과이다. 낱말 의미와 같은 정신 스키마는 자발적 주의의 원인이 아니라 개체 발생적 결과이다(9-46~9-52).

D. 비고츠키는 주의가 '순수한' 형태로는 나타나지 않는다는 관찰을 함으로써, 현재 이론들에 대한 논의의 결론을 내린다. 즉 그것은 언제나 무엇인가에 대한 주의이며 어떤 다른 목적을 위한 주의이다. 따라서 어떤 심리학자들(예컨대 블론스키, 리보, 솔리에, 세겡, 비네)에게 있어, 주의는 의식과 같은 범위를 가지며 기억, 생각, 지각 그리고 의지를 포함한다. 다른 심리학자들(예컨대 마르셀 푸코, 루빈)에게 있어서, 개별 기능으로서의 주의는 허구이며 그러한 것은 존재하지 않는다. 그러나 세 번째 그룹의 심리학자들(예컨대 아흐, 르보 달론느)에게 있어서, 주의는 다른 기능들과 구별될 수 있을 뿐 아니라, 다양한 유형으로 나뉠 수 있다. 이러한 심리학자들에게는 주의라는 명목하에 하나의 기능이 아니라 완전히 다른 다양한 기능들이 존재한다. 이러한 다양한 기능들의 바탕이 되고 이들을 통합시키는 자연적 토대를 발견하기 위해서는, 비고츠키는 더 많은 실험이 필요하며, 그 실험은 가장 자연적이고 기본적인 주의 형태로부터 시작해서 그로부터 고등 형태를 이끌어 내야 한다고 말한다(9-53~9-58).

III. 이 절에서 비고츠키와 그의 동료들은 쾰러와 엘리아스버그의 연구를 이용한 일련의 실험을 구성한다. 실험은 주의의 최초 형태로부터 시작되어야 한다. 즉 주의의 자연적 형태와 함께 시작되어서 어떻게 고등 형태가 이를 토대로 발생할 수 있는지 보여 주어야 한다. 그러나 무엇보다도 특정한 과업에 반응하는 주관적 상태에 대한 관찰로 제한되어서는 안 되며 주의를 통제하는 객관적 수단의 생산과 숙달이 반드시 포함되어야 한다(9-59~9-119).

A. 비고츠키는 닭을 이용한 쾰러의 실험을 묘사한다. 그의 형태주의적 실험은 본래 닭들이 단순히 자극에 반응하는 것이 아니라 게슈탈트, 즉 자극 사이의 관계에 반응한다는 것을 보여 주기 위해 설계되었다. 예를 들어 닭 앞에, 곡식을 놓은 밝은 회색 종이와 어두운 회색 종이를 놓고, 닭에게 오로지 밝은 회색 종이 위의 곡식만을 먹도록 허용하였다. 그런 후 만일 밝은 회색 종이와 흰 종이를 제시한다면, 최소한 어떤 닭들은 밝은 회색 종이를 무시하고 더 밝은 색인 흰 종이에 관심을 옮길 것이다. 실험 결과를 명확히 얻기 위해 쾰러는 매우 큰 종이를 사용하고 종이들의 색 차이가 두드러지게 함으로써, 주의를 분산시킬 만한 계기를 제거하였다. 비고츠키는 자극-반응 회로의 형성을 방해하는 방법을 사용하여(I권 3-64 참조), 덮개 위에 작은 회색 종이가 놓인 컵에 도토리를 넣음으로써 크기와 색 차이를 최소화한다. 닭과는 달리 어린이는 과제를 해결하지 못하고 눈물을 터뜨린다(사실 비고츠키는 쾰러의 실험에서도 실험자가 또 다른 밝기의 회색 종이를 내놓자 몇몇 닭들이 화를 내었음을 상기시킨다). 그러나 위기 후에 실험자는 어린이 눈앞에서 도토리를 넣고 컵 덮개의 종이를 손가락으로 가리킴으로써 어린이에게 조용히 비밀을 알려 준다. 이제 어린이는 문제를 해결할 수 있게 될 뿐 아니라 해결 방법을 말로 설명할 수 있게 되었다. 비고츠키는 이 실험에서 두 개의 구별된 주의의 계기가 존재한다고 지적한다. 즉 즉각적으로 지각이 가능한 특징(회색의 진하기)에 대해 주

의를 기울이는 것과 보이지 않는 목표(도토리의 존재)와의 관계에 대해 주의를 기울이는 것이다. 그 어린이가 처음에 경험한 어려움들은 최초의 지각적 계기, 올바른 특징에 주의를 기울이는 것과 관련이 있다(9-78). 그러나 닭과는 달리 어린이는 두 계기를 하나의 언어적 계기로 결합할 수 있다("도토리는 더 밝은 색 종이 아래 있다"). 따라서 비고츠키는 질문한다. 만일 우리가 이 언어적 일반화가 거짓일 수 있다는 것을 보여 줌으로써 두 개의 계기를 분리한다면 어떻게 될 것인가?(9-79)

B. 그 후에 비고츠키는 첫 번째 실험에 참가했던 어린이를 대상으로 일련의 '평행 실험'을 실시한다. 여기서 종이에 대한 주의는 분명히 확립되지만 보상에 대한 연결의 신뢰성은 떨어진다. 이를 통해 비고츠키는 언어적 지시가 그것이 제공하는 실제 연결보다 사실상 더 강력하다는 것을 보여 줄 수 있다. 즉 닭과는 달리 어린이는 종이의 색깔이 보상의 출현에 결정적인 단서라고 확신할 수 없을지라도 그 색 종이에 대한 주의를 지속적으로 유지할 것이다(9-81). 비고츠키는 이것이 주의에 관한 생리학적 이론에 근거해서는 매우 설명하기 어렵지만(9-82), 언어적 자극은 자극들이 서로 균형을 유지하는 상황에서 균형을 깨뜨리는 특성(1권 2장에서 제비뽑기가 수행한 방법과 같이)을 가진 것으로 보일 수 있다고 지적한다. 낱말이 외적 사건에 대한 신뢰할 수 없는 표상인 경우조차, 낱말이 힘을 유지하는 이유는 어린이가 낱말들을 표상적이기보다는 지시적인 것으로 간주하기 때문이다. 비고츠키는 낱말이 어린이의 주의를 신체적 자극의 격랑으로부터 항구로 인도하는 해저 수로와 같은 역할을 하며 어린이가 이 수로를 익히기만 하면 홀로 배를 조종할 수 있게 된다고 말한다(9-88). 비고츠키는 이것이 바로 모든 말이 발달했던 방법임을 우리에게 상기시킨다. 즉 먼저 타인에 의한 가리키는 몸짓이 있고, 그러고 나서 자신의 욕구를 추구하는 과정에서 가리키는 몸짓을 파악하는 혁명적인 과정이 일어난다(9-90). 어린이의 첫 낱말의 의미가 무엇인가에 대한 문제로 돌아가서, 비고츠키는 그것을 실험자의 소리 없이 가리키는 몸짓에 비유한다. 다만 이 경우, 엄마의 주의를 돌리는 것은 바로 어린이이다(9-91).

C. 이제 비고츠키는 추상화에 대해 연구하기 위해 엘리아스버그에 의해 실시된 일련의 유사한 실험으로 돌아간다. 첫째, 작은 정사각형의 회색 종이를 사용하는 대신, 실험자는 덮개 위에 놓인 다양한 색깔의 카드를 사용한다. 도토리를 찾기 위해 어린이는 덮개의 시각적 요소가 문제를 해결하기 위한 열쇠라는 원리를 추출해야만 하며 이 원리가 "도토리는 항상 더 밝은 색 종이 아래에 있다."는 일종의 일반적 원리를 준수하지 않는다는 것도 발견해야 한다(9-95). 둘째, 어린이는 한 개가 아니라 11개의 컵을 제공받으며, 그중 오직 하나만 열어 볼 수 있다. 도토리를 찾기 위해 어린이는 컵 하나를 통해 도토리의 존재 여부와 컵 덮개의 색깔 사이의 관계를 추상화해야만 하며, 이를 다른 모든 컵에 적용시켜야만 한다(9-96). 셋째, 이전 실험에서는 실험자가 어린이의 주의를 필요한 특징으로 이끌었다면, 이제 여기서는 실험 대상을 대화에 참여하도록 만들어 어린이로 하여금 어떤 색깔이 도토리와 관련이 있는지를 기억하기 어렵게 만든다. 그러자 한 경우 산만해진 어린이는 컵 덮개의 카드들을 뒤섞음으로써 문제 해결의 수단을 망쳐 버렸다

(9-97). 비고츠키는 이러한 환경 아래에서 어린이는 원시적이고 심지어 자연적인 주의 전략, 다시 말해 무작위 추측으로 돌아가며, 이는 자발적 주의가 조건적이고 따라서 문화적인 본성을 가지며 그것의 뿌리는 개인 간 상호작용이라는 사실을 확증한다고 결론짓는다(9-99). 일련의 마지막 실험에서 비고츠키는 두 가지 실험을 결합한다. 어린이 앞에는 일련의 컵들이 제시되고, 어린이는 오직 한 번만 추측하도록 허용받는다. 그러나 단서는 색깔 있는 덮개에 붙여진 거의 알아보기 힘들게 음영 처리된 회색의 정사각형 종이의 형태로 제공될 뿐이다(9-100). 이러한 조건하에서 어린이는 다시 자연적인 시행착오의 전략들로 돌아간다. 그러나 만일 더 큰 종이가 다시 사용되거나, 실험자가 다시 해결 방법을 지적한다면 어린이는 즉각 더 성공적인 전략들로 회귀할 것이다(9-103~9-105).

D. 비고츠키는 세 가지 중요한 결론을 제시하고 그것들을 일반화하고 추상화한다(9-106~117).

1. 두 가지 교정 방법(더 큰 카드를 사용하는 것과 더 작은 카드를 가리키는 것) 모두 동일한 방식으로 작동한다. 그것들은 기존의 연합을 재확립한다(9-106). 언어적 지시도 같은 효과를 발생시킬 수 있었겠지만, 이는 지각 가능한 자극들(카드들)에 주의를 기울이고, 보이지 않는 관계(도토리)를 이해하는 두 개의 상이한 계기들을 융합한 결과일 수 있다.

2. 주의를 매개하는 과정은 매우 복잡할 수 있다. 그것은 하나 이상의 주의의 계기(사각형 종이의 음영, 컵의 색깔, 도토리의 존재 여부)를 포함할 수 있다. 따라서 주의의 초점을 여러 번 이동시켜야 한다. 매개된 주의의 경로가 창조되어야 하며, 오직 그래야만 적절히 사용될 수 있다(9-107).

3. 기호들이 이와 같이 결합될 때(예를 들어 회색 종이가 컵의 색깔을 가리키고 다시 컵의 색깔이 도토리의 존재 여부를 가리킬 때), 각각의 기호들은 다른 기능들(예를 들어 지시와 기억)을 포함할 수 있는 공통의 기능을 획득한다. 여기에서 비고츠키는 단순한 기호 의미 모형, 즉 아직 낱말은 아니지만 이미 그 자체인 동시에 다른 무언가를 가리키는 모형을 발견한다(9-108).

가리키기 또한 위의 II절의 말미에 제시된 수수께끼의 해결책을 제공한다. 가리키기를 통해 주의가 어떻게 환경과 신체로부터 기본적 재료를 제공받는 단일한 자연적 토대로부터, 아흐와 같은 심리학자들이 주의와 완전히 별개라고 주장했던 말, 기억, 생각, 개념 형성을 포함하는 문화적 기능의 전체 집합으로 발달할 수 있는지 이해할 수 있다. 비고츠키에게 엘리아스버그의 실험의 강점은 개념 형성에 대한 '명목론적' 관점을 반박한다는 데 있었다. 아흐는 개념 형성을 위해서는, 어린이들이 개념의 이름들을 배우고 단순히 그것들을 기억하기만 하면 된다고 주장하였다(『생각과 말』 5장 1절에 있는 아흐의 'Suchmethode[선택 방법]'에 대한 비판과 수정 참조). 비고츠키는 개념 형성에서 어떤 특징들이 추출되고, 일반화되어, 추상화된다는 점에는 동의한다. 그러나 그는 이름 그 자체가 이러한 작용들을 수행할 수 있다는 주장에는 동의하지 않는다. 비고츠키는 (르보 달론느가 제안했던 것과 마찬가지로) 주의가 정신 스키마를 이끄는 것이 아니라 정신 스키마가 주의를 이끈다는 점은 동의하지만, (르보 달론느의 생각과는 반대로) 이러한 정신 스키마가 외적인 기원을 갖는다고 결론짓는다. 이런 이유로 비고츠키는 자발적 주의의 역사이자 개념의 선역사는 검지의 역사라고 말한다(9-117).

IV. 비고츠키는 이 장을 우회적이고 간접적인 발달 경로에 대한 관찰, 즉 '비정상' 어린이의 발달에서 얻은 관찰로 마무리한다(9-118~9-138).

A. 비고츠키가 여러 언어를 구사했다는 것은 잘 알려진 사실이지만, 수화에 대해서는 잘 알지 못했던 것으로 보인다. 그는 수화가 동음이의어를 많이 포함하고 있다는 사실은 그 언어가 얼마나 '원시적인지' 보여 준다고 생각한다. 수화는 가리키기를 많이 포함하기 때문에, 청각 장애인은 낱말 의미와 그에 따른 개념 형성에 있어 지체된다고 비고츠키는 믿은 것으로 보인다(오늘날 우리는 적어도 수화 공동체의 구성원에 대해서만큼은 이 입장이 옳지 않음을 알고 있다)(9-118~9-121). 비고츠키는 청각 장애아가 비-청각 장애아보다 더 쉽게 가리키기를 통해 정보를 획득하지만, 복잡한 연결의 형성(예를 들어 도토리의 유무와 다른 신호 사이의 관계의 형성)은 어려워한다는 것을 입증하는 것으로 보이는 실험을 설명한다. 그는 이런 상황에서 정상아는 자기중심적인 말을 사용하는데, 청각 장애아는 추상화를 위한 이런 도움을 구할 수 없음을 지적한다(9-124).

B. 어린이의 매개된(즉, 문화적) 조작의 발달을 이끄는 요인은 두 가지가 있다고 비고츠키는 말한다. 즉 어린이의 일반적인 정신 발달과 말, 쓰기, 수와 같은 특수한 문화적 장치의 숙달이다. 그런데 이런 요인들은 연결되어 있다. 문화적 장치들이 시각 장애, 청각 장애, 실어증을 지닌 어린이들이 사용할 수 있도록 고안되지 않았다는 이유로 인해, 문화적 장치를 박탈당한 어린이는 일반적 정신 발달의 경로가 막혀 있음을 발견하게 된다. 왜냐하면 비록 말의 결핍을 주의 깊은 관찰로 보상할 수 있을지라도, 시각 체계는 복잡한 시간적 연결을 확립하는 데 말의 유용성을 쫓아갈 수 없기 때문이다. 정상아의 경우에 말은 자발적 주의에 선행하여 그것을 가능하게 하지만, 청각 장애아의 경우에 발달은 그와 반대로 진행되어야 한다고 비고츠키는 말한다. 그렇지만 비고츠키는 문화적 장치들로부터 소외된 어린이가 보조 수단을 찾아내는 데 정상아보다 훨씬 더 적극적이라고 지적한다. 비고츠키에서 이것은 적절한 수단이 주어진다면 비정상아도 정상적인 발달을 할 수 있다는 것을 분명하게 입증하는 것이다(9-128). 비고츠키에게 있어 오직 말만이 적절한 수단이 될 수 있다(9-129). 비고츠키는 청각 장애아에 대한 당시의 말하기 교수가 고등한 말 기능을 희생시키고 그 대신 분명한 발음(예를 들어 입말 모방)을 과하게 강조하고 있음을 지적한다. 그렇지만 그의 해결책은, 우리가 이미 봤던 것처럼, 수화를 가르치는 것이 아니라 문해를 가르치는 것이다(7-89 참조).

C. 그다음 비고츠키는 매개된 조작의 발달, 즉 어린이의 전체적 정신 발달을 이끄는 다른 요인에 대해 논의한다. 그는 솔리에, 세겡, 비네 간에 있었던, 정신지체가 단일 기능의 장애에서 기인할 수 있는지, 그리고 그 기능을 '주의'라고 부를지 '의지'

라고 부를지에 대한 논쟁을 약간의 혐오감을 갖고 논의한다. 비고츠키는 세 사람 모두 주의를 의지라는 용어로 정의하기 때문에, 거의 비슷한 결론에 도달한다고 지적한다. 즉 정신지체아에게 결여된 것은 의지로 환원될 수 있다는 것이다. 비고 츠키는 이와 반대로 결여된 것은 의지적 행동 발달을 위한 적절한 수단이며, 말과 다른 문화적 장치들이 인간의 정상적 심리 조직에 맞게 진화했기 때문에 정신지체아에게는 이것이 결여된다고 결론짓는다. 시각 장애자나 청각 장애자에게 적절한 브라유 점자나 수화처럼 정신지체아에게도 적절한 방법을 고안하는 것이 가능하도록 해야 한다(9-130~9-133).

D. 그들의 논의가 불러온 피해는 막대하다. 왜냐하면 일부의 경우, 전혀 있지도 않은 정신적 장애를 인공적으로 만들어 낸 것처럼 보이기 때문이다. 비고츠키는 일부 정신 장애 어린이들은 시선을 고정하지 못한다는 것을 지적하며, 이 경우에는 어떠한 문화적 발달도 불가능하다고 결론짓는다(9-134). 그렇지만 시선을 고정할 수 있는 어린이를 가르치지 못할 이유는 없다. 비고츠키는 헬러가 이 책 I권의 3, 4, 5장에서 소개되었던 '선택 반응'과 매우 유사해 보이는 방법을 사용하여 정신지체아들을 가르쳤다는 것을 주목한다. 그는 몇몇 어린이의 경우에는 낱말을 배울 수 있었으며, 대상을 선택하는 데 낱말을 사용할 수 있었음을 제시한다. 비고츠키는 말미에서 아주 소수의 경우를 제외하고, 정신 발달은 타고난 자질보다는 문화적 장치의 사용에 의존하는 것으로 밝혀졌으며, 일단 이런 문화적 장치들이 주어지기만 하면 개념 발달이 시작될 수 있다는 희망적인 전망으로 마무리한다(9-134~9-138).

제10장
기억 기능과 기억술 기능의 발달

刘松年(1174~1224),「傀儡嬰戏图轴」
송나라 시대 어린이들의 인형극 놀이를 묘사한 그림이다. 아직 글을 모르는 어린이들은
두루마리에 이야기를 순서대로 그려서 공연 대본을 매개하는 기억 도구로 삼고 있다.

10

제목에서 '기억мнемических'은 단순히 자연적 기억을 의미하고, '기억술мнемотехнических'은 기술적인 수단, 즉 매개적인 기억에 의해 뒷받침되는 문화적 기억을 뜻한다. 기억мнемических과 기억술мнемотехнических은 기억을 의미하는 '니마мнема'라는 말로부터 파생된 표현이다. 본래 러시아어에서 '기억하다'는 동사는 'память'이지만, 비고츠키는 자연적 기억과 매개적 기억 사이의 구분되지만 연결되어 있는 관계를 표현하기 위해 의도적으로 외국어 낱말을 차용하여 제목으로 사용하고 있다.

10-1] 기억에 대한 분야에서 심리학은 오래전부터 두 개의 기본적인 노선—자연적인 발달과 문화적인 발달—을 구분해 왔다. 이것은 우리가 우리의 모든 연구 과정을 통해서 추적하고자 했던 것이다.

10-2] 아주 오래전부터 심리학은 기억을 유기체적 기능으로 간주하기 시작했고, 아주 초기부터 이 기능이 생리학적 토대를 가지고 있다는 공식화에 동의했다. E. 모이만이 옳게 지적했던 것처럼 전통 심리학에서 기억은 바로 생리적 기능으로 주로 연구되었고, 아주 초기의 심리학자들은 유기체적 물질이 지닌 좀 더 일반적인 속성들로 기억을 설명했다.

10-3] E. 헤링에 따르면 기억은 모든 조직물의 기본적 속성이다. 실제로, 우리 신경 물질의 가소성пластичность은 외적 요인의 영향을

받아 변화하는 능력과 (변화를 통해-K) 재생산된 것을 간직하려는 성향에서 나타난다. 이로 인해 기억하기는 비유적으로 수레바퀴로 길에 바퀴 자국을 다지는 것과 같이 신경에 길을 닦는 것이나 혹은 종이를 접어서 접힌 자국을 만드는 것과 비교된다.

10-4] A. 세몬은 기억의 유기체적 토대를 기술하기 위해 '니마мнема'라는 특수 용어를 도입했다. 그러나 심리학적 개념과 생리학적 개념에 접근할 때 종종 그렇듯이 그는 이 개념을 일종의 영적 기능으로, 즉 관념론적으로 간주하기 시작했다. 그러나 우리는 '니마'라는 낱말이 뇌와 신경 조직의 다양한 자질들의 기능으로 나타나는 유기체적 기억 기능의 집합을 가장 잘 나타낸다고 믿는다. 지금 많은 심리학자들이 니마 또는 기억 기능에 대해 말하는 것은 이런 의미이며, 이런 식으로 자연적 또는 선천적 기억을 강조한다.

러시아판에는 A. 세몬이라고 나오지만, 이는 R. 세몬을 지칭하는 것이 분명하다.

*R. 세몬(Richard Wolfgang Semon, 1859~1918)은 진화생물학자이자 동물학자였으며, 진화에 대한 라마르크의 관점(즉 획득 형질의 유전)을 사회 진화에 적용하고자 했다. 비고츠키와 달리 그는 관념론적 독일 심리학자들처럼 정신-생리학적 병행론을 믿었다. 그것은 이원론의 한 형태로, 모든 심리적 상태에 대해 정밀한 신경 변화로 구성된 객관적 대응물이 존재한다는 생각이다. 기억에 있어서 그것들은 신경계의 민감한 부분에 무언가를 남기는 일종의 '쓰기', 즉 '니마mneme' 또는 '기억 흔적engram'이라 불렸다. 그는 기억에 관한 책(1921년에 영어로 번역된 『The Mneme』)을 저술했으며, 비고츠키는 아마도 다음 책을 참조한 것으로 보인다.

Semon, R.(1920), *Die Mneme als erhaltendes Prinzip im Wechsel des organischen Geschehens,* Leipzig: Verlag von Wilhelm Engelmann.

10-5] 게다가 심리학은 오래전부터 기억 기술, 또는 기억(니마)술이라 불려왔던 것에 대해 알고 있었으며 이를 통해 기억 과정은 특별한 기술 수단을 통해 조절함으로써 숙달하는 예술로 이해되었다. 원래 기억술은 실용적인 기술로 출현하였으며, 여기에는 가장 다양화된 과업들과 응용들이 포함되었다. 그러나 기억술의 이론적 연구는 무계획적인 방식으로 실행되었으며, 대부분의 심리학자들은 기억술에서 모든 문화적 발달의 기저에 놓여 있는 진정 진실한 원칙과 이 원칙이 만물박사와 직업 마술사의 손에 들어가 왜곡된 형태로 무작위적으로 나타나는 방식을 구분하지 못했다. 이러한 이유로 우리는 특정한 외적 기술 수단을 사용하고 자기 기억을 숙달하는 것으로 향하는 모든 기억 기법들이 기억술이라는 이름 속에 포함되어야 한다고 제안한다.

> 비고츠키의 첫 번째 과업은 '니마(자연적 기억)' 발달에 대한 연구와 '기억술'에 대한 연구를 모으는 것이었다. '니마'에 대한 심리학적 연구는 강물이 흘러 물길이 생기듯이 생각은 뇌에 물리적 흔적을 남긴다고 생각한 생리학자와 '니마'가 영혼의 기능이라고 생각한 관념론자로 나뉘었다. '기억술'에 대한 심리학적 연구는 훨씬 더 다양하게 갈라진다. 비고츠키는 그 연구가 경험적으로, 무작위로, 되는 대로 발달했다고 이야기하며 그 이유를 설명한다. 첫째로 기억술은 꽃꽂이, 바구니 짜기, 뜨개질 등과 같은 실용적 기술이나 일상적 기능으로 발달했다. 그래서 그 적용의 다양성과 구체성(부기, 쇼핑, 요리 등)은 기억술에 대한 연구를 혼란스럽게 만드는 경향이 있었다. 둘째로 기억술은 비고츠키와 루리야가 『The Mind of a Mnemonist』(한국판 『모든 것을 기억하는 남자』)에서 연구했던 솔로몬 셰르셉스키와 같은 예외적 사례에 대한 임상적 연구를 통하여 발달했다. 이러한 사례 연구의 대부분은 텔레비전 퀴즈 쇼에 나올 법한 '만물박사'나 서커스 공연자나 직업 마술사에 대한 것이었다.

10-6] 그러므로 이제부터 우리는 심리학에서 오랫동안 받아들여져

왔던 용어인 기억과 기억술의 개념을 한쪽은 자연적이거나 유기체적 기억 기능을 지칭하고 다른 한쪽은 기억을 위한 문화적 실천을 지칭하는 다소 변형된 의미로 사용할 것이다.

10-7] 기억과 기억술을 분리하지 못함으로써 기억 발달 문제에 있어서 가장 유감스러운 결과가 야기되었으며, 기억술적 기억 기능 연구의 부족은 많은 심리학자와 철학자들이 이중 기억의 문제에 관해 완전히 잘못 진술하도록 만들었다. 예를 들어, 심리학자들은 생각의 과정을 실험적으로 연구해서 두 종류의 기억, 즉 한편으로 표상 기억과 다른 한편으로 생각 기억이 존재하며, 이 서로 다른 유형의 기억들이 서로 다른 법칙에 종속되어 있다는 결론에 다다랐다.

10-8] A. 베르그송은 물질과 기억에 대한 연구에서 두 개의 기억, 즉 뇌의 기억과 영혼의 기억이 존재하며, 이들이 각각 고유한 법칙을 갖는다는 결론을 내렸다.

> 비고츠키가 쓴 주석에는 H. 베르그송이라고 제대로 쓰여 있는 반면, 러시아어판 본문에는 A. 베르그송이라고 잘못 쓰여 있다. 베르그송은『물질과 기억』(Matière et mémoire, 1896)에서 두 유형의 기억이 존재한다고 주장했다. 즉 뇌와 현재에 닻을 내린 육체적 기억과 과거의 경험에 닻을 내린 정신적 기억이 그것이다. 베르그송은 이것을 데카르트 철학을 비판하는 데 사용했다. 즉, 데카르트가 육체와 정신을 두 개의 분리된 실체로 규정하는 것은 옳지 못하며, 실제로 이 둘은 분리되어 있지만 그들을 분리하는 것은 공간이 아니며 시간이라는 것이다(베르그송에 대해서는 9-50 참조).

10-9] 마지막으로 S. 프로이트 역시 정신이 두 개의 구분된 그러나 하나의 체계 안에서 내적으로 연결된 요소들로 이루어져 있다고 가정해야만 정신 활동을 설명할 수 있다는 결론에 이르렀다.

10-10] 우리는 오직 과학적 방법을 이용하여 기억과 기억술 간의 차

이를 조사함으로써만 두 종류의 기억에 관한 이러한 뒤얽힌 문제를 바로 세우고 그 문제에 대한 과학적 설명을 제공할 수 있다고 생각한다.

10-11] 우리는 기억에 대한 발생적 연구에서 동일한 교착 상태를 발견했으며, 많은 양의 실험적 연구에도 불구하고 기초적 질문이 다음과 같은 논란의 여지를 남긴 채 불명확하게 남겨져 있다. 즉 기억은 유년기에 현격히 발달하는가, 모든 연령의 어린이에 있어서 한쪽이나 다른 쪽으로 약간 변할 뿐 계속 한자리에 머무는 것인가, 아니면 마지막으로 많은 자료들이 제안하듯 퇴화되며 어떤 의미에서는 어린이의 성장과 성숙에 따라 감소하는가 하는 문제이다. 그리고 이 주요 논쟁은 우리가 논의한 기억 발달의 두 노선의 분리를 기반으로 해서만 해결될 수 있을 것으로 보인다.

10-12] 연구에서 우리는 두 가지 유형의 기억, 즉 두 가지 기억 방법을 직접 비교함으로써 두 조작의 기본적 구성 요소, 그 구조와 발생을 비교 분석을 통해 알아내고자 하였다. 실험에서, 우리는 어린이에게 일련의 낱말(주로 명사들로, 특정 사물에 대한 이름들)을 기억하는 과업을 제시하였다. 우리는 기억의 실험심리연구의 표준 과정에 따라 실험을 설계하였으며, 유일한 차이점은 우리가 어린이에게 일련의 낱말들 전체가 순서대로 기억될 수 없음을 명확히 밝히려고 한 것뿐이다. 그리고 나서 우리는 새로운 기억 방법을 제시하였다. 즉, 어린이에게 그림 빙고의 일련의 그림 카드 또는 각각 구체적 사물이나 기하학적 도형, 실선, 점선 등을 묘사하는 특수 제작된 그림 카드들을 제공하였다. 우리는 이 보조적 자료를 다양한 순서와 다양한 방법으로 소개하였다. 때때로 우리는 어린이에게 "아마도 이 카드들이 기억에 도움이 되지 않을까?"라고 말하면서 단순히 카드를 제공할 뿐 이 카드들이 실제로 어떻게 기억에 도움이 되는지에 대해서는 어떠한 설명도 하지 않았다. 다른 실험에서는 자세한 지시사항(우리는 기억을 하려면 낱말들을 어떻게든 적절한 카드

와 짝지어야 한다고 설명했다)을 제공하고 심지어 예시를 들기도 하였다. 새로운 기억의 방법들로의 이행이 어떻게 발생하는지, 그것이 어느 정도까지 독립적인 발명이며 어느 정도까지가 모방인지, 이해는 어떤 역할을 하는지 등을 탐구하기 위해 다양한 방법들이 고안되었다. 이들은 앞으로 다루어질 논점이다. 지금은 어린이가 자연적·선천적 기억으로부터 매개된 기억, 즉 기억술적 기억으로 이행한다고 말해 두자. 어린이 조작의 총체적 본성은 즉각적으로 변화되고, 각각의 주어진 낱말은 즉시 그림을 떠올리게 만든다. 어린이는 한 낱말과 그림 사이의 연결을 형성하고, 그런 후 다른 낱말로 계속 넘어간다.

10-13] 전체 실험의 마지막에서 어린이는 그림을 봄으로써 그가 기억한 모든 낱말들을 재생산하였으며 자신이 낱말과 그림 사이에 확립한 연결을 설명하였다. 우리는 자료를 제시하는 데 두 가지 방법을 사용하였다. 1) 그림들은 낱말에 따라 엄격하게 구조화된 방법으로 어린이에게 제공되었으며, 따라서 모든 낱말은 실험자가 사전에 선택한 그림과 짝을 이루었다. 2) 그림들은 어린이 앞에 자유롭게 놓였으며 따라서 실험은 실험 대상이 자신의 입장에서 그 낱말을 기억하는 데 적당한 그림을 골라야만 한다는 사실에 의해서 복잡해졌다. 그런 다음 낱말의 난이도와, 그림과의 밀접성의 정도, 그리고 그림 자체를 변화시킴으로써 이 경우 어린이의 기억 과정을 추적할 수 있었다.

10-14] 그 연구들은 어린이가 유치원 연령일 때 이미 기억하기 위해 그림들을 보조적으로 사용하는 조작을 숙달할 수 있으며 그것을 바르게 적용할 수 있다는 것을 보여 주었다. 이러한 자연적 기억 방식으로부터 기억술적 기억 방식으로의 직접적인 이행을 관찰한 사람이라면 누구나 자신이 본 것이 선천적 기억에서 문화적 기억으로의 변화가 실험적으로 촉발된 것이라는 인상을 지울 수 없을 것이다. 기억 과정은 즉시 재구성되어 주어진 낱말의 기억은 기호의 역할을 하는 카드를 통

해서 이루어진다. 그런 기억에서 신경 과정의 움직임은 삼각형(그림 2)으로 묘사될 수 있으며 이는 다음을 의미한다. 즉 자연적 기억 속에 두 점 간에 부과된 연결이 존재한다면, 기억술적 기억 속에는 처음부터 중립적인 새로운 자극-카드가 도입되고, 이 카드는 처음부터 중립적 연결 과정을 새로운 방향으로 이끄는 기억술적 기호의 역할을 하게 되며, 하나의 연결을 두 개의 신경적 연결로 대체한다.

I권 3-73에 제시된 선택 반응 실험에 관한 '그림 2'를 토대로 여기에서 기억 삼각형을 재구성해 보자. 비고츠키가 강조하고 싶었던 것은 자연적 기억과 문화적 기억 간의 구조적인 차이이다. 자연적 기억은 다음과 같이 그려볼 수 있을 것이다. 여기서 T는 교사나 실험자, S는 학생이나 피실험자를 나타낸다.

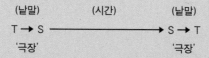

베르그송이 말했던 것처럼 이 두 지점은 시간적으로 분리된다. 이 것을 피실험자의 뇌에서 일어나는 신경적 연결로 생각할 수도 있는데, 왜냐하면 낱말(TaS)이 먼저 지각된 후 기억되기 때문이다. 그 낱말은 단순한 연합적 연결인 반복을 통해서 '연합적으로' 기억된다.

이와 반대로, 기억술적인 기억은 다음과 같을 것이다.

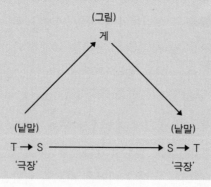

그림은 다음의 세 가지 의미에서 '중립적인' 자극이다. 첫째, 신경 연결은 전기-화학적인 것으로 여겨졌는데, 여기에서 그림은 전기적으로 (+)도 (-)도 아니다. 이런 의미에서 그림은 '중립적인' 것이다. 둘째, 그림은 특정 관계로 '대전帶電'되어야 한다. 예를 들면 어린이가 게를 극장과 어떻게 연결시킬지를 결정해야 하는 것이다(10-16 참고). 셋째, 그림은 낱말과의 관련을 염두에 두고 제시된 것이 아니다. 여기서 그림은 언어가 (인간 경험의 매우 구체적인 측면에 맞추어 디자인된 숫자나 음표와는 대조적인) '중립적인 기호'라고 볼로시노프가 말할 때 의미하는 바 '중립적인 기호'의 한 종류이다.

10-15] 이 신경 연결들을 완성함으로써 얻는 이익은 새로운 기억 방법을 숙달하고, 그렇게 함으로써 해당하는 연결을 마음대로 회상해 낼 수 있다는 사실이다. 그러나 실험은 이러한 도식이 실제로 일어나는 과정과 일치하지 않는다는 것을 보여 주었다. 새로운 연결의 형성은 낱말, 대상, 기호를 단순히 연합적으로 수렴하는 데 결코 제한되지 않으며 반대로, 두 자극 모두를 구성 요소로 포함하는 복잡한 구조를 능동적으로 창조하는 것과 관련되어 있음을 쉽게 알 수 있다. 예를 들어 '죽음'이라는 낱말이 주어지면 어린이는 '낙타' 그림을 선택하고 다음과 같은 구조를 생성한다. "낙타가 사막에서 방황하다가 목이 말라 죽는다." 연합 심리학의 관점에서 본다면 두 요인 사이의 단순 연합이 아닌 이처럼 상대적으로 복잡한 구조가 어째서 훨씬 더 쉽고 편하게 잘 기억되는지 설명하는 것이 불가능할 것이다.

10-16] 만일 실험에서 일어나는 것이 옛 연결의 부활이나 옛 연결에 의한 새로운 기억의 지탱이라고 가정한다면, 우리는 다른 모든 구조에서도 동일한 것을 발견하리라 기대해야 할 것이다. 그러나 실험은 상반된 것을 암시한다. 실험은 대부분의 경우 어린이가 옛 것을 재생하는 것이 아니라 전적으로 새로운 구조를 창조해 낸다는 것을 보여 준다.

예를 들어 어린이가 바닷가의 게를 묘사한 그림을 사용해서 '극장'이라는 단어를 외울 때, 이 어린이는 특수한 지지 구조를 창조해 낸다. "이 게는 바닥에 놓인 돌들을 바라보아요. 돌들은 아름다워요. 돌들은 게에게 극장이에요." 첫 번째 예에서 어린이가 복원한 것이 그가 여러 번 들었던 이야기(낙타가 사막에서 갈증으로 죽는 이야기-K)라고 할 수 있다면, 이 두 번째 예에서 어린이는 최초로 '게'와 '극장'을 함께 엮고 있는 것이다. 이 구조는 어린이에 의해, 바로 기억을 위해서 만들어진 것이다. 연합적 관점에서 보자면, 이 복잡한 구조가 어째서 단순한 연합적 관계보다 더 기억하기 쉬운지를 설명하는 것은 지극히 어렵다.

10-17] 우리의 모든 실험이 가지는 발견적 의미는 다음과 같다. 실험들은 두 자극 간의 연결이 단순 일치나 접근으로 만들어진다는 연합 법칙과 대조되는 기억의 구조의 법칙의 타당성을 간접적으로 입증한다. 구조의 법칙은 다음과 같다. 관계는 오직 구조, 즉 서로 만나게 되는 두 요소들이 기능적 부분을 이루는 새로운 전체에 의해 형성되며, 구조가 견고하면 견고할수록 기억이 용이하고 우수하다.

10-18] 그림을 이용한 두 가지 기억의 사례는 위의 두 계기를 생생하게 구분할 수 있다. 그림을 선택할 때 어린이는 주어진 낱말과 가장 유사한 것을 선택하며, 주로 이미 알고 있던 구조를 찾아서 사용한다. 모든 그림들이 기존 구조를 환기시키고 그들 중 가장 강한 것이 지속되기 때문에, 어린이의 과거 경험에 확립된 연결이 기반이 된다. 선택 과정의 심리학적 요점은 본질적으로 기존 구조의 '회상припоминание'이다. 개념상의 역설적 의미를 걱정하지 않는다면, 우리는 이 경우 기억하기가 본질적으로 회상이라고 말할 수 있을 것이다. 이 낱말을 통해 우리가 염두에 두는 것은 기존 구조의 복원과 회복이다. 따라서 '죽음'이라는 낱말에 '낙타' 그림을 선택한 어린이는 이 둘을 모두 포함한 이야기를 '회상한다припоминает.' 어린이가 미리 결정된 그림을 이용하여

주어진 단어를 기억해야 할 때, 즉 그에게 (연결의-K) 선택권이 없어서 사실상 '회상'이 불가능한 경우는 이와 매우 다르다. 이때 어린이는 새로운 구조를 능동적으로 창조하는 길을 취하며, 이것이 기억 숙달 과정의 핵심이다. 그러므로 심리학적 관점으로 본다면 이 실험은 기억이 아니라 능동적 구조 창조를 연구한 것이다.

비고츠키는 흔히 사용되지 않는 프리파미나니아припоминание라는 낱말을 사용한다. 이 낱말은, '기억помнание'이라는 낱말에 '전조признак'에서 사용된 'при(pre, with, of)'라는 접두어가 붙은 것이다. 실제 '프리파미나니아'는 '기억 이전의 것을 기억하는 것(pre-membering)'을 의미한다. 여기서 비고츠키가 지적하는 생각은, 기존 연결이 되살아나는 것은 이 연결이 전생으로부터 기억되기 때문이거나 요소들이 '재결집'하고 '재소환'되기 때문이라는 플라톤주의적인 관념이다. 이런 경우 이는 자발적이거나 고등한 연결이 아닌 연합적 연결이다. 비고츠키가 언급한 역설적 요소는 그리스어인 'άμνησιν(anamnesis, 회상)'의 의미로부터 도출된다(그리스 정교회의 영향으로 러시아 철학에서 그리스어는 매우 중요하다). 회상은 두 가지로 사용된다. 첫째는 플라톤주의적인 방식이다. 플라톤은 이 낱말을 우리가 전생에서 얻은 지식을 지칭하는 데 사용하였다. 그는 이를 '플라톤의 문제', 즉 '고등한 구조가 저차적 구조를 이해하는 데 필수적임에도 불구하고 어떻게 저차적 구조가 이해되는가'를 해결할 때 사용하였다. 예를 들어, 유한한 인간들이 어떻게 영원한 진리를 이해할 수 있는가? 플라톤은 우리가 영원한 진리를 전혀 이해하지 못하며, 불사의 영혼만이 전생으로부터 진리를 기억할 뿐이라고 말함으로써 이 문제를 해결한다. 둘째는 신학적인 방식이다. 최후의 만찬에서 그리스도는 그의 몸과 피를 제자들에게 주며 'τοδτο ποιεῖτε εἰς τὴν ἐμὴν ἀνάμνησιν(이것을 행하여 나를 기념하라)'라 말했다. 같은 방식으로 그리스 정교회에서 성찬식을 거행할 때, 신도들이 최후의 만찬의 자리에 실제로 없었음에도 불구하고 그 기억이 신자들에게 일깨워진다고 믿어진다(로마 가톨릭은 성변화를 통해 일깨워지는 것은, 기억이 아니라 그리스도의 실제 피와 몸이라고 가르친다).

10-19] 이와 관련하여 우리는 또한 재생산에서의 오류를 언급할 수 있을 것이다. 이 오류들은 자유 선택의 경우에 가장 빈번하게 일어나며, 가장 중요하게는 선택이 회상으로 환원되는 경우에 일어난다. 그러한 실험에서 어린이는 '사자를 쏘았다'는 구조를 형성하기 위해 '쏘다'라는 낱말에 사자 그림을 선택한다. 이를 재생산하면서 그는 동일한 구조를 사용하여 '총'이라는 낱말을 상기한다. 창조된 구조에서 그런 실수들은 극도로 드물다. 우리가 알 수 있듯이, 이 경우에는 기억되어야 할 낱말에 전체 구조의 초점을 맞추는 새로운 요인들이 효력을 발휘하게 될 것이다. 이에 대해서는 다음에 논할 것이다.

> 한 경우에는 어린이에게 그림을 선택할 '자유'가 주어진다. 그러나 그 어린이는 선택을 하면서, 자유롭게 구조를 선택할 능력을 잃는다. 왜냐하면 자유롭게 선택된 사자 그림은, 예를 들어 사자 사냥에 관한 이야기와 같이, '쏘다'라는 낱말과 연관된 '낡은' 연결을 이미 갖고 있기 때문이다. 다른 경우에 어린이는 특정 그림을 선택하도록 '강제'된다. 그러나 그림은 강제적으로 주어졌지만 어린이는 새로운 구조를 만들어 낼 수 있는 자유를 얻게 된다. 왜냐하면 주어진 '게' 그림과 '극장'이라는 낱말을 연결할 수 있는 기존의 이야기는 어린이에게 존재하지 않기 때문이다. 우리는 종종 비고츠키를 피아제와 듀이와 같은 선상에서 해방적이고, 아동 중심적인 교육과 연관 짓는다. 물론, 비고츠키는 발달의 최종 목표가 자유 의지라는 점에서 '해방적'이고, 어린이가 자신의 행동을 통제함으로써 스스로 해방의 주체가 된다는 점에서 '아동 중심적'이라고 할 수 있다. 그러나 우리가 위의 간단한 사례를 살펴본다면, 비고츠키의 자유 의지에 관한 생각이 허용과는 거리가 있으며, 그의 아동 중심적 생각은 쉽고, 재미있고, 신나는 활동과 거리가 멀다는 것을 알 수 있다. 쉽고 자유로운 선택은 어린이를 낡은 구조에 얽매이도록 하며, 어렵고, 강요된, 자유롭지 않은 선택은 어린이의 상상과 창조력을 자유롭게 만든다.

10-20] 실험들은 문화적 기억 발달 과정에서 변화가 일어난다는 매우 중요한 증거를 제공한다. 어떤 정신 작용 대신 다른 작용이 나타나는 것이다. 즉, 고등심리기능 발달의 전형적인 특징인 기능의 대체가 일어난다. 모든 이차적-조작의 기억은 외적으로 동일한 모습을 가지며 동일한 결과, 즉 주어진 낱말의 재생을 이끈다. 그러나 어린이가 그 결과에 도달하는 방식은 완전히 다르다. 첫 번째 경우에 '기억mnema', 즉 유기체적 의미에서의 기억의 효과가 다루어졌다면, 두 번째 경우에 어린이는 비교하기, 공통점 추출하기, 상상하기 등과 같은 조작으로 직접적 기억을 대체하며, 이는 필요한 구조의 창조를 초래한다. 어린이는 그림을 생각하면서 짧은 이야기를 만들거나 무언가 새로운 것을 상상한다. 이 새로운 기능들은 모두 기억의 역할을 수행하며, 단순한 기억 형태를 대체한다. 그리고 우리는 직접적 기억 조작과 그것을 대체하는 보조물 (즉 도구나 기호-K)을 이용한 다른 조작들을 명확히 구별할 수 있다.

10-21] 보조물을 이용한 조작은 그 결과로 드러나는 구조 전체를 어느 정도 복원할 수 있지만, 기억의 문제 자체는 여전히 해결된 것은 아니다. 주어진 구조 전체를 복원하는 것으로는 충분치 않다. 중요한 것은 그 속에서 기억해야 할 낱말을 찾아낼 수 있느냐는 것이다. 구조 내에서의 주어진 낱말의 추출은 전체 기억 조작의 핵심이며, 기억의 진정한 기능이다.

10-22] 기억술적 기억을 분석함으로써 우리는 서로 조합되어 기억술적 조작이 일어나도록 만드는 세 가지 기본 조작을 밝힐 수 있을 것이다.

10-23] 첫 번째는 조건적으로 도구적 행위라고 칭할 수 있는 것이다. 이것은 기호를 사용하는 경우, 즉 기억 조작에서 기호가 수단으로 관여하는 경우를 일반적으로 가리킨다. 그런 다음, 단순 기억이든 비교든 혹은 공통 전조나 그 외 무언가를 발견하는 것이든 상관없이 새로

운 구조를 창조하는 무궁무진하고 변화무쌍한 조작이 나타난다. 그리고 마지막으로 세 번째의 가장 중요한 조작, 즉 기억되고 재생되어야 하는 낱말을 더 크고 새로운 구조 틀 속에서 추출하는 조작이 나타난다. 엄밀히 말해서 이것은 진정한 의미에서 안내 기능 혹은 주의 기능의 산물이다. 여기에서 전체 구조가 통합되어 재생산되며, 기억과 재생산의 순간에 바로 그 낱말을 떠올리는 것은 그것에 주의를 집중함으로써만 가능하기 때문이다. 주어진 낱말은 마치 X 표시가 된 것처럼 강조되어 주의의 장의 중심에 놓인다.

10-24] 세 부분 모두가 기억술 조작에 포함되어 있다는 증거는 다음과 같다. 이들 각각이 다른 두 부분 없이도 존재할 수 있다는 것이다. 따라서 구조를 형성하지 못하면서 첫 번째 조작을 완벽하게 숙달하는 경우가 종종 있다. 어린이는 카드를 이용하여 기억하는 법을 잘 알고 있으며 매우 여러 번 성공적으로 기억했다. 이 경우 어린이는 무엇보다도 그림을 참조할 것이다. 그러나 이 시점의 어린이에게는 구조를 창조하는 과정이 불가능하다.

다음 문단에서 비고츠키는 먼저 도구적 행위(그림을 선택하거나 그림 속에서 전조를 선택하는 행위)와 구조의 창조(짧은 이야기 만들기)와 주어진 낱말의 추출(주어진 낱말의 재생)을 구분하고 있다. 비고츠키는 특정한 조건하에서 그것들이 다른 것과 상관없이 일어날 수 있기 때문에 서로 독립적이라는 것을 보여 준다.

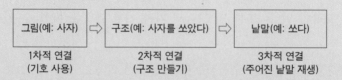

첫째, 비고츠키는 2차적 연결이 실험적으로 '누락'될 수 있다는 것을 보여 준다. 어린이는 낱말에서 주의를 돌려 구조를 형성할 수 없다. 예를 들어, 어린이는 '쏘다'를 생각하지만 그것을 총이나 사자와 연결 짓지 못한다. 다만 우리가 어린이들에게 "사자를 보면 사냥꾼이 어떻게 하지?"라고 묻기만 해도 어린이는 기억을 할 것이다(10-26). 둘째, 비고츠키는 1차적 연결도 실험적으로 '누락'될 수 있다는 것을 보여 준다. 사자와 사냥에 대한 이야기를 만드는 데 매우 능숙하고, '쏘다'라는 낱말을 기억하는 어린이가 그림에는 전혀 주의를 기울이지 않았고, 그림이 기호로 사용될 수 있다는 것을 깨닫지도 못했다(10-27). 셋째, 비고츠키는 3차적 연결도 실험적으로 '누락'될 수 있다는 것을 보여 준다. 그는 표적을 벗어난 구조들을 갖게 될 가능성을 보여 주는 것으로 이를 입증한다. 즉, 사자 그림은 '사자를 쏘았다'는 구조를 형성하지만 이때 기억된 낱말은 '쏘다'가 아니라 '총'이다(10-28).

10-25] 우리가 자주 관찰해 왔던 것처럼, 목표 낱말과 상응하는 그림의 관계가 지나치게 어려워지는 순간 어린이의 조합 능력, 상상, 추상화, 생각과 다른 기능들은 곧 역할 수행을 거부한다. 바로 이 곤란한 상태, 즉 적절한 관계를 세우지 못하는 상태가 종종 구조 형성의 출발점이 된다. 연결의 결여가 연결의 역할을 수행하기 시작한다. 정말 터무니없이 그것과 아무 관계도 없는 것이, 말도 안 되는 유형의 구조를 그려 내면서 이것의 전조로서 기억된다. 실험 대상들 중 한 명이 "나는 이것을 장례식의 못처럼 기억했어요."라고 하는 것처럼.

'장례식의 못'은 일종의 러시아 속담으로서, '분필과 치즈', '물고기가 자전거를 필요로 하다'와 같은 영어 속담이나 '소머리에 말 주둥이'와 같은 중국 속담, '돼지 목의 진주'와 같은 우리 속담과 같은 것이다. 이들 속담은 연결의 결여, 관계의 부재가 그 자체로 고정된 관계가 되어 버린 예들이다. 관계의 부재는 어린이의 우스갯소리에서 흔히 찾아볼 수 있다. 어린이는 '분필과 치즈를 섞는' 농담을 잘하며, '물고기가 자전거를 타는' 그림을 그리기도 하고, 역할 놀이를 하면서 '돼지 목에다 진주'를 걸기도 하는 것이다. 그렇다면 어린이가 게 그림과 극장이라는 단어를 연결한 것도 앞서 말한 관계의 부재의 한 예인가? 그렇지 않다. 게와 극장의 예에서 어린이는 관계를 숙달하였으며 그 관계를 설명할 수 있다. '장례식의 못'의 관계에는 어떤 이유도 설명도 없다. 그러나 비고츠키가 지적했듯이, 장례식과 못의 관계는 창의적 기억하기로 나아가는 한 단계이다. 왜냐하면 기성의 이야기로는 기억에 한계가 있으며 반드시 새로운 이야기가 만들어져야 한다는 것을 이 단계가 보여 주기 때문이다.

10-26] 우리는 낱말에 기울인 유별난 주의 집중, 즉 주어진 낱말로부터 벗어나거나 그 의미를 확대하거나 그 속에서 어떤 세부 사항을 강조하는 능력의 부재가 필수적인 보조적 구조의 형성에 방해가 되었다는 것에 주목했다. 그러나 주어진 낱말에 고정된 어린이의 주의를 돌리거나 대등한 낱말과 연결하거나 그 낱말의 특정 측면에 초점을 맞추는 것만으로도 원하는 구조가 형성되었다. 이러한 경우에서 우리는 기억술적 기억의 두 번째 연결 고리(즉 구조와 낱말 재생 간의 연결 고리-K)를 실험적으로 이끌어 낸다.

10-27] 우리는 종종 그 반대를 목격한다. 어린이는 구조 자체를 형성할 능력이 있고, 특히 우리가 질문을 하면 매우 쉽게 형성한다. 그러나 첫 번째 조작 계기가 존재하지 않는다. 즉 그는 이런 종류의 구조를 세우는 것이 기억에 사용될 수 있는 것을 알지 못하며, 이 구조의 두 부분이 서로 엮여서 한쪽이 다른 쪽을 재생하는 데 사용될 수 있는 것을 알지 못한다. 그림이 기호로 사용될 수 있는 것을 알지 못하는 것이다. 이것은 구조를 상상하도록 인도된 어린이가 스스로 이야기를 만들어 내기는 하지만 카드를 보지도 않고, 그림을 기호로 사용할 줄 모르는 것을 보면 특히 명백하다. 말하자면 우리는 여기서 첫 번째 연결을 실험적으로 분리한 것이다.

10-28] 마지막으로 우리는 세 번째 연결, 즉 자발적 기억에서 가장

중요한 역할을 하는 안내 기능을 실험적으로 확인할 수 있다. 이 연결은 나타난 심상의 더미들로부터 선택이 이루어져야 한다는 사실에 토대하고 있다. 우리는 올바른 선택이 어떻게 이루어져야 하는지 보여 주는 특별한 표지나 기호가 있다면 도움이 될 것이라고 생각한다. 위에서 언급한 바 있는 표적을 벗어난 회상에서 잘못된 선택의 사례를 볼 수 있다. 어린이는 주어진 구조를 참조하여 낱말을 재생하기도 하고, 심지어 구조 전체를 기억하기도 하지만, 설정된 낱말을 재생하지 못한다.

10-29] 아동심리학은 기억의 문제에 대해 이 기능 발달의 주요 경로를 아직 밝히지 못했다. 기억은 아동기에 상당히 발달하는가, 그렇지 않은가? 이제까지의 결과는 명백한 답을 주지 못한다. 그로 인해 심리학자들은 지극히 모순된 결론에 이르게 되었다.

10-30] 따라서 베인은 6~10세 사이에 기억 능력이 최대에 이르며, 그 후에는 발달하지 않고 감퇴된다고 믿었다. 다른 이들은 어린이의 기억은 지속적으로 향상되는 것이라고 주장했다. 마지막으로 모이만과 같은 또 다른 저자는 기억 개념을 다양한 기능들로 분리하고, 하나의 기능 즉 기억 능력은 급속하게 발달하지만 다른 능력—즉각적 기억—은 감퇴한다는 것을 보여 주고자 했다. 이런 공식화에서는 기억 문제 자체가 고유한 경로를 지닌 두 개의 분리된 통로로 나뉘는 문제가 된다. 문제를 이렇게 나누어서 파악해야만 과학적 해결책이 존재할 수 있을 것이다.

*A. 베인(Alexander Bain, 1818~1903)은 데이비드 흄과 존 로크의 전통을 잇는 영국 경험주의자였다. 아마도 분트나 제임스 이전의 19세기 가장 중요한 심리학자일 것이다. 비고츠키가 이 책 3장에서 과정을 사물로 다루고, 설명하기보다 기술하고, 연구 대상을 종결된 심리적 현상으로 취급하는 분석 형태를 기술할 때 비고츠키가 비판하는 것은 베인, 분트, 제임스 모두에 대한 것이다. 베인은 모순적이었다. 한편으로

그는 심리학은 생리학처럼 과학이어야 하며 영혼의 불멸성과 관련된 브렌타노와 같은 형이상학적 입장은 심리학에서 버려져야 한다고 주장했다. 그렇지만 다른 한편으로 그 자신의 이론 또한 형이상학적인 것이었다. 베인은 상당한 생리학적 지식을 심리학에 적용하면서, 정신 생리학적 평행론이라는 이원론을 고안했다. 즉, 신체적 상태와 심리적 상태가 평행선처럼 나란하며 서로 상응하는 지점이 있기는 하지만 결코 접촉하지 않는다는 것이다. 베인은 신념이 행동을 위한 신체적 준비 태세에 대한 심리적 평행물이지만, 신념이 신체적 준비 태세에 영향을 끼치거나 직접적으로 영향을 받지도 않는다고 믿었다. 예컨대 찬물로 샤워를 할 때 수도꼭지를 트는 순간 차가운 물이 떨어질 것을 이미 알고 있지만, 그러한 심리적 준비가 실제로 찬물이 닿았을 때 깜짝 놀라는 신체적 반응을 막지는 못한다는 것이다. 유사하게 베인은 반사 행동은 의지에 대한 신체적 평행물이라고 믿었다. 따라서 그는 프로이트처럼 인간 의도의 많은 부분이 의식적이지 않다고 결론지었다.

10-31] 어린이의 기억은 어떤 면에서 진화하고 있으며, 다른 면에서는 퇴화를 겪고 있는 것처럼 보인다. 기억 곡선은 갈라지며 한 가지는 올라가고 다른 가지는 내려간다. 기억은 향상되는 동시에 감퇴된다. 연구자들이 수집한 모든 증거는 기억 그 자체, 즉 기억의 유기체적 토대가 명백히, 유년기에 뚜렷하게 발달하지는 않으며 심지어 퇴화할 수도 있음을 암시한다. 그러나 어린이의 기억 능력은 대단히 빠르고 매우 두드러지게 성장한다. 변화, 즉 기억 발달의 급격하고 강력한 향상의 본질은 기억이 능동적·의지적이 되고 어린이가 자신의 기억을 숙달하며, 본능적·기계적 기억으로부터 지적 기능에 기초한 기억으로 나아가고 의지적 기억을 만들어 낸다는 것이다.

10-32] 심리학에서는 유년기 기억의 발달이 일어나는 두 영역이 오랫동안 언급되어 왔다. 첫째 기억의 지성화, 둘째 기억의 능동적이고 의지적인 본성이 그것이다. 그러나 심리학자들 중 그 누구도 두 과정 중

어떤 것이 기억 속에서 일어나고 있는지 더 정확히 밝혀내지 못했다. 모든 연구들은 유년기 기억 발달의 열쇠는 반드시 기억 과정에서 일어나는 변화를 밝혀내야만 한다는 결론으로 우리를 이끈다. 우리의 목표는 이 기제들의 진화를 계속 따라가서 이들이 앞서 기술했던 네 개의 주요 단계들을 거침을 보여 주는 것이다.

매우 어린 아이들은 종종 색깔이나 모양 또는 전화번호와 같은 세부적인 것들에 대한 놀라운 기억력을 보여 주지만, 방금 본 영화의 줄거리는 잘 기억하지 못한다. 반대로 좀 더 나이 든 어린이들은 영화의 줄거리는 잘 기억하지만, 영화에 나오는 주인공이 무엇을 입고 있었는지는 동생들만큼 잘 기억하지 못한다. 비고츠키는 기억에 대한 강의(영문판 비고츠키 선집 1권)와 심리학적 체계에 대한 글(영문판 비고츠키 선집 3권, p. 99)에서 이를 "어린아이는 생각하기 위해 기억하지만, 청소년은 기억하기 위해 생각한다."와 같은 경구로 표현한다. 비고츠키가 말하고자 하는 것은, '할머니'라는 낱말을 정의해 보라고 하면 어린아이는 비누 냄새, 부드러운 손길과 같은 세부적인 사항을 묘사하지만, 좀 더 나이 든 어린이는 먼저 생각을 하고 난 후 '부모님의 엄마'라는 정의를 기억해 낸다는 것이다. 이 사실 자체는 학령기 어린이가 일상적 개념보다 학문적 개념을 더 잘 정의하고 설명할 수 있다는 사실을 설명해 준다(『생각과 말』 6장 참조). 그러나 그 차이 자체는 어떻게 설명될 수 있을까? 비고츠키는 기억(mnema, 즉 자연적 기억)이 이성적이고, 논리적이고, 지적인 것이 된다고 말한다. 예를 들어 청소년은 심상 대신 낱말 의미로 생각하는 법을 배운다. 동시에 기억술은 문화적 기억을 의지적이고 통제 가능하게 만든다. 이 과정은 다른 고등 심리 과정들과 마찬가지로 자연적 단계, 소박한 단계, 외적 기호 단계, 내적 기호 단계의 4단계를 거쳐 발달한다(『역사와 발달』 1권 5장 끝부분 참조). 이것은 "생각은 언어화되고, 말은 지적인 것이 된다."는 『생각과 말』 4-2-24의 논의와 매우 흡사하다.

10-33] 우리는 연구를 통해 어린이 기억 발달의 세 가지 방식을 비

교 추적하고자 하였다. 이미 언급한 바와 같이 우리는 비슷한 암기 난이도의 일련의 낱말을 제시하였다. 그 낱말들은 세 가지 다른 방식으로 기억되었다. 단순한 자연적 기억 방법, 그림을 지정해 주는 기억술적 방법, 자유롭게 선택하는 기억술적 방법이 그것이다. 수집된 자료에서 드러나듯 기억에 관한 세 가지 방식은 연령대에 따라 매우 특징적이고 독특한 진화를 드러낸다. 만일 직접적 기억을 통해 유지된 낱말의 평균 비율을 자연적 기억 계수로, 두 번째 방법을 통해 유지된 낱말의 평균 비율을 기억술적 기억 계수로 부르는 것에 동의하고, 어린이 발달 과정에서 두 계수 사이의 관계를 추적하고자 한다면, 우리는 다음과 같은 기본적 사실이 다양한 연구 조건하에서 일관되게 획득되어 왔다고 말할 수 있다. 어린이 발달 과정에서 두 요인 사이의 관계는 고정된 값을 가지는 것이 아니라 달라지며, 이 변화는 매우 규칙적이다.

10-34] 전 학령기에는 이 두 계수가 매우 유사하여 두 기억 방식의 차이를 무시해도 좋을 정도이므로 기억술적 암기는 기억의 증대에 분명한 영향을 미치지 못한다. 기호로 무장한 어린이는 기호가 없을 때와 거의 유사하게 기억을 한다. 더 이른 연령에서는 심지어 계수들 사이에 역전 관계가 나타난다. 그림을 이용한 기억으로의 이행은 너무도 복잡한 과제라서 단지 어린이를 방해하고 균형을 무너뜨릴 뿐이다. 어린이의 주의가 분산되고 그림들은 어린이를 혼란스럽게 한다. 이 경우 흔히 초기 유년기의 매우 특징적인 행동이 나타난다. 그림은 연합적 연쇄에 수동적으로 포함되고 어린이는 때때로 낱말과 그림 사이의 연결을 발견하지만, 또한 동시에 그림을 보면서 그에 해당하는 낱말을 떠올리지 못하고 그림에 이름을 붙이거나 그와 연관된 다른 낱말을 말한다. 우리는 잘못 사용된 기호가 어떻게 어린이의 올바른 기억을 혼란스럽게 하고 과업을 가로막거나 방해하는지 볼 수 있다. 기억술적 계수는 기억 мнема 계수보다 작다.

이 문단에서 설명하는 직접 기억과 간접 기억의 상관관계는 주의
발달을 연구한 레온티예프의 금지색 카드 실험에서도 유사하게 나타난
다(9-16 참조).

10-35] 그러나 우리가 두 계수의 상관관계를 계속 추적하면, 어린
이 성장 과정에서 두 곡선이 분기하기 시작하는 것을 보게 된다. 직접
적 기억은 (이전 연구에서 결정된 대로) 매우 느리게 상승하고 거의 평평
한 진보를 하는 반면, 기억술적 기억은 매우 빠르게 발달하여 두 계수
의 크기를 나타내는 곡선들은 큰 차이가 난다. 그 둘 사이의 가장 큰
차이는 전 학령기 즈음에 나타나며, 그 이후 두 곡선은 다시 방향을 바
꾼다. 직접적 기억 과정을 가리키는 아래쪽 곡선은 급속히 상승하기 시
작하여 극적으로 위쪽 곡선을 따라잡는 반면, 위쪽 곡선은 보다 천천
히 상승하여 거의 비슷한 수준에 머무른다.

10-36] 이 주요한 지점이 지난 후 곡선 간의 상관관계는 급격하게
변화한다. 점점 차이가 증가하는 것을 보이던 이전의 관찰과는 달리 위
쪽 곡선의 성장세가 지연되고 아래쪽 곡선의 성장세가 가파르게 상승
하는 것에 기인하는, 곡선들의 수렴 경향성을 이제 우리는 한 번 더 보
게 된다. 우리는 단일한 점으로 수렴하는 곡선들의 경향에 대해 다시
한 번 말할 수 있다. 자연적 기억과 문화적 기억 발달 모두를 보여 주
는 이 두 곡선들은 매우 특징적인 관계를 형성한다. 이 두 개의 볼록한
곡선들은 오목한 면들을 각각 서로 마주하고 있으면서 하위 한계와 상
위 한계에서 수렴한다. 우리가 기억의 평행사변형이라고 부르는 이런 관
습적인 도해적 묘사는 우리의 관점에서 지극히 중요한 기억의 기초적인
발생 법칙을 확립한다.

10-37] 이 현상은 A. H. 레온티예프에 의해 실험 데이터 처리 과정
에서 처음으로 발견되었으며, 그는 최초로 그것을 법칙으로 공식화하였

다. 많은 수의 어린이와 성인들로부터 자료가 수집되었기 때문에 우리는 그것이 기억의 발생 곡선, 더 정확히 말하면 두 기억 경로 발달의 발생 곡선이라고 결론 내릴 수 있다.

"발달의 평행사변형의 구체적 데이터와 그림은 A. N. 레온티예프의 『정신 발달의 문제』(Problems of the Development of the Mind, Moscow, 1959) 346, 347, 348쪽(그림 39, 40, 41)에서 찾을 수 있다."- 러시아어판 편집자 각주.

아래 그림은 레온티예프의 책에 나오는 그림 39, 40, 41을 보여 준다. '첫 번째 계열(무의미 낱말)'은 포함되지 않았다. 두 번째 계열은 그림 없이 '팔', '책', '빵', '집', '달', '마루', '형제', '칼', '숲'과 같은 실제 러시아 낱말로 구성되었다. 세 번째 계열 또한 비슷한 난이도를 지닌 '눈', '새', '놀이', '말', '우유', '의자', '밤' 등의 실제 러시아 낱말로 구성되었으며 소파, 버섯, 젖소, 세숫대야, 탁자, 산딸기, 펜대, 비행기, 지도, 솔, 삽, 갈퀴, 자동차, 나무, 꽃 등과 같은 그림과 함께 제시되었다.

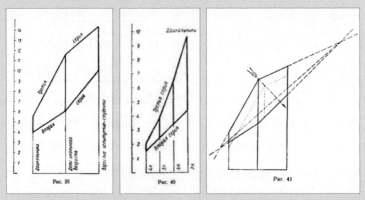

그림 39는 두 번째 계열(아래 곡선)과 세 번째 계열 (위 곡선)을 보여 준다. 첫 번째 부분은 전 학령기 어린이를 의미하며, 두 번째 부분은 학령기 어린이를 의미한다.

그림 40은 4세에서 7세까지의 전 학령기 어린이만 보여 준다.

그림 41은 실제 데이터를 보여 주는 것이 아니다. 레온티예프는 두 곡선이 한 점에서 수렴되는 것을 보여 줄 수 있는 과업을 찾는 것이 불

가능하며, 만약 그런 과업들이 있어서 어떻게든 세 번째 계열을 복잡하게 만든다면 그 계수가 화살표 방향으로 떨어질 것이라고 예상할 수 있다고 말한다. 그러므로 레온티예프가 여기서 보여 준 수렴점은 전적으로 가설적인 것이다. 점선들은 수렴을 보여 주는 실제 데이터가 없다는 것을 가리킨다. 비고츠키는『생각과 말』6장(6-5-2)에서도 유사한 추측을 이용하여 가설적인 그래프를 그린다. 이는 말할 필요도 없이 오늘날의 과학적 연구에서는 받아들여질 수 없는 것이다. 세 가지 문제점이 존재한다.

a) 공시적共時的 데이터가 통시적通時的 데이터로 취급될 수 있다는 가정

b) 가설적 데이터의 사용

c) 소수의 쉬운 과제에 의해 야기되는 천장 효과

이러한 실험 방법의 문제들은 실제적인 것이지만 해결될 수 있다. 부모라면 자녀를 대상으로 이 실험을 두 살, 세 살, 네 살 등일 때 수행할 수 있을 것이다. 초등학교 교사 또한 동일한 학급 어린이들을 대상으로 학년에 따라 종단적으로 연구할 수 있을 것이다. 외국어 낱말을 사용해서 그 과업을 더 어렵게 만들 수 있을 것이다.

10-38] 좀 더 성장한 이 어린이 집단에서 발견된 두 기억 방식의 진화에서 나타난 것과 동일한 특성이 모든 어린이 혹은 어린이 집단이 성장함에 따라 나타날 것이라고 말할 수 있다. 다시 말해서 이 곡선들 속에서 성인으로 변화하는 과정에 있는 어린이의 기억 발달에서 발견되는 경로를 볼 수 있다.

10-39] 비록 가설적이지만 기억의 평행사변형에 관해 설명하고자 한다. 어린이 고등심리기능 발달에 대해 우리가 알고 있는 것에 비추어 설명하자면 다음과 같다. 기억술적 기억은 외적 자극-기호를 통해 기억을 숙달하는 과정으로 간주되어야 한다. 이 조작은 수년에 걸쳐야만, 오직 점진적으로만, 오직 문화적 발달의 성장과 더불어서만 가능하다.

그림의 왼쪽에서 나타나는 두 곡선의 분기는 대체로 변하지 않는 자연적 기억과 더불어 나타나는 문화적 기억의 성장이 이 과정(두 기억의 과정-K)을 점차 숙달한다는 사실로 구성된다. 어린이의 기억은 급속히 증가하며, 이는 어린이가 기억 과정을 숙달하여 그것들을 유도하고, 통제하는 것을 빠르게 배운다는 것을 의미한다. 두 기억 형태의 분기는 학령기에 최대로 벌어지며, 이때 어린이는 문화적 발달의 거대한 진전을 이루지만, 비매개적 기억은 거의 같은 수준에 머무른다.

발달의 평행사변형은 학령기에 일어나는 매개적 기억과 비매개적 기억 사이의 분기를 보여 준다. 예를 들어 발달의 평행사변형은 어린이들의 낱말과 개념을 기억하는 능력은 점점 향상되는 반면 색, 형태, 크기 등을 기억하는 능력은 꼭 그렇지만은 않은 까닭을 보여 준다. 또한 어린이들의 메모 이용 능력은 점점 향상되는 반면 얼굴 인식 능력이 반드시 그렇지만은 않은 이유를 보여 준다. 이렇게 발달의 평행사변형은 매개적 주의와 자연적 주의를 사용하는 금지색 실험에서 나타나는 어린이들의 점수 차이와, 매개적 기억과 비매개적 기억을 사용하는 낱말 회상 실험에서 나타나는 점수의 차이를 보여 준다. 이는 심지어 비고츠키가 『생각과 말』 6장에서 사용한 피아제의 문장 완성 실험에서 어린이들이 보여 주는 수행의 차이도 기술할 수 있다. 왜냐하면 과학적 개념은 언어화된 기억에 의존하는 반면 일상적 개념은 자연적 기억에 의존하기 때문이다. 그러나 기술은 설명이 아니다. 그렇게 오랜 기간 동안 자연적 기억이 매개적 기억보다 뒤처지는 이유는 무엇일까? 이들은 어째서 서로 나란히 증가, 확장되지 않는 것일까? 비고츠키는 자극-기호(메모, 낱말 의미, 개념)의 숙달이 즉각적으로 일어나지 않는다고 말한다. 이러한 숙달은 먼저 학문적 과업과 더불어 일어나며 그런 후에야 비로소 어린이의 일상생활로 연장된다. 이는 발달의 평행사변형의 아래쪽 곡선이 오랜 동안 뒤처지는 이유를 설명한다. 이 차이는 학령기에 최대로 벌어진다. 이런 식으로 비고츠키는 평행사변형의 왼쪽 부분의 분기를 설명한다. 그렇다면 평행사변형의 오른쪽 부분의 수

렴은 어떻게 설명될까? 비고츠키는 어린이가 낱말 의미를 내면화하고 이를 이용하여 자연적 기억을 문화적 기억의 심상 속에서 재구성한다고 말한다. 이 때문에 비매개적 기억은 뒤늦게 급격하게 증가하는 것이다. 이와 동일하게 어린이의 일상적 개념 또한 과학적 개념의 심상 속에서 재구성된다고 생각할 수 있다. 이에 따라 어린이는 '어머니'를 실제의 인물로서뿐 아니라 추상적인 관계를 나타내는 개념으로도 생각할 수 있게 된다.

그러나 이 두 곡선은 서로 수렴한다. 그렇다면 매개적 기억이 추후에 지체되고 거의 평평해져서 결국 비매개적 발달과 만나게 되는 이유는 무엇인가? 비고츠키는 이것이 '실험이 수행되었던 특별한 조건'으로 인해 일어난다고 말하며, 레온티예프도 실험이 너무 쉬워서 일어난 천장 효과라며 비고츠키의 설명을 인정한다. 이는 분명한 사실이다. 따라서 두 곡선의 수렴이 일반적 요인과 실험상의 특정한 요인이라는 두 가지 이질적인 요인에 의해 영향을 받은 결과이므로 전체 도식이 무효화된다고 할 수 있다. 그러나 천장 효과는 실험실 바깥에도 존재한다. 예를 들어 고등학교 졸업 후 어떤 학생들은 과학을 배우지 않으며, 어떤 학생들은 인문학을 배우지 않는다. 그러나 고등학교에서 습득된 학문적 개념이 여러 해가 지나도 여전히 일상적 개념을 재구성하는 데 영향을 미치는 것이 가능하다.

10-40] 곡선에서의 추후 움직임들은 실험이 수행되었던 특정한 조건들에 부분적으로 기인함에 틀림없다.

10-41] 기억을 위해 제시된 자료의 총량이 너무 적어서 학령기 어린이조차 거의 만점에 도달할 수 있었다. 이는 기억술적 기억 곡선의 증가율이 점차 줄어드는 현상을 대체로 설명한다. 그러나 기억해야 할 낱말을 수십, 심지어 수백 개를 제시한다면, 곡선이 다시 한 번 가파르게 오르는 것을 우리의 실험이 보여 준다는 것을 쉽게 확인하게 될 것이다.

10-42] 첫눈에 보기에도 가장 흥미롭고 경이로운 것은 우리가 전혀

기대하지 않았던 연령에서 나타나는 직접적 기억의 성장 곡선이다. 직접적 기억의 이러한 급격한 증가 현상은 매개의 영향을 받아 즉각적 기억에서 일어난 깊은 내적 변화를 통해 예비적으로 설명될 수 있을 것이다. 우리의 신념에 따르면, 기억술적 기억 기술에 내적 변혁вращивание이 일어난 것이 아닌가 한다. 즉 어린이는 기호의 외적 사용으로부터 내적 적용으로 전환하였다. 이런 식으로 사실상 직접적 기억은 오직 내적 기호에만 토대한 기억술적 기억이 된 것이다.

10-43] 우리는 세 가지 고찰을 통해 여기에 이르게 된다. 첫째, 다양한 측면에서 간접적으로 제공된, 우리의 가정을 지지하는 실험적 증거이다. 특히 이것은 많은 경우에서 우리가 수행한 관찰에 적용된다. 직접적 기억에 있어서 어린이와 특히 성인은 기억술에 의존하며, 이 목적을 달성하기 위해 주위에 있는 대상과 내적 연결과 이해를 사용한다. 기억에 대한 이전의 실험 연구들에서, 광범위한 보조적 수단의 사용이라 지칭된 모든 것이 여기서도 마찬가지로 적용된다. G. 뮐러는 자연적 보조물은 기억술과 동일한 원칙에 토대하고 있으며, 자연적 기억술 또는 외적인 것을 토대로 나타나는 내적 기억술로 불릴 수 있음을 바르게 보여주었다.

> 비고츠키가 비매개적 기억 곡선의 상승이 일반적인 법칙의 지위를 갖는다고 말하는 데는 세 가지 이유가 있다. 그는 이 문단과 이어지는 두 문단에서 그 세 가지 이유를 제시한다. 첫째, 10-43에서 비고츠키는 뮐러와 같은 몇몇 연구자들이 기억에 대한 다양한 '자연적' 보조물을 발견했음을 언급한다. 이 자연적 보조물들은 사적인 농담(예컨대 방금 만났던 마음에 들지 않는 사람을 동물에 비유하여 연상할 때)에서 표지물(예컨대 온 길을 되돌아가서 교차점을 상기함으로써 지갑을 두고 온 식당을 찾을 때)이나 단순 반복(예컨대 전화번호를 기억하기 위해 반복적으로 되뇔 때)에 이르기까지 다양하다. 뮐러가 지적했듯이, 이 모든 것들은 기억술(심상의 이용, 정보의 공간적 구성, 반복)과 같은 원리를 갖는다. 둘째,

10-44에서 비고츠키는 10대와 성인들이 점점 더 많은 기억 과업을 수행해야 함에도 불구하고, 메모나 몸짓, 지시의 도움을 받고 싶어 하지 않는다는 것을 발견한다. 이는 역할 놀이를 하는 어린이들을 찍은 영상에서 매우 두드러지게 나타난다. 대사를 기억해 낼 때 어린이들은 손짓을 하지 않으려고 등 뒤에 손을 고정시키며, 힌트를 얻는 것으로 보이지 않으려고 짝을 쳐다보는 대신 바닥을 쳐다볼 것이다. 셋째, 10-44와 10-45에서 비고츠키는 금지색 실험(그리고 또한 I권 5장 말미에 나오는 수 세기와 말 학습에서 발견된 세 종류의 내적 변혁)은 물론 선택 반응 실험(I권 3, 4, 5장 참조)을 상기시킨다. 이 실험들에서 모든 과정은 외적 매개 단계 직후 이어지는 내적 매개 단계를 포함하는 듯이 보였다. 그는 기억에 대한 일련의 연구들 끝에서 수행된 많은 특수 연구들이 그러한 '내적 변혁' 단계가 존재함을 암시한다고 말한다.

10-44] 실험에 의해 제시된 다음 고찰은 청소년, 특히 성인이 외적 자극의 도움을 사용하여 기억하는 것이 아니라, 그 대신 내적 자원, 즉 이전 실험에서 기억된 단어의 내용과의 능동적인 연결, 특정한 구조 속에서 단어를 조직화하는 방법 등을 사용하는 경향이 있다는 것이다. 끝으로, 앞에서 언급되었고 부분적으로는 뒤에서 언급될 종류의 실험 데이터는 어린이가 선택 반응 실험과 다른 실험 모두에서 외적 수단으로부터 내적 수단 사용으로 옮겨 가는 것을 실험 과정 중에 보여 준다.

10-45] 마지막으로 전체 실험들에 대한 고찰을 통해 내적 변혁 과정을 추적하려는 목적을 가진 특수 연구가 완성된다. 예를 들어 우리는 구체적 상황에서 매개된 내적 기억을 훈련시킨 바가 있다. 이러한 연구들은 특별히 구성된 일련의 실험에서 어린이가 비교적 짧은 기간에 외적인 기억술적 기억을 거쳐 내적 기억으로 나아간다는 것을 보여 준다. 이 실험들의 곡선은 기억의 평행사변형의 발생 곡선과 매우 유사하다.

10-46] 우리가 얻은 데이터를 토대로 하여, 특별한 과업에서 내적

변혁이 일어나도록 훈련받은 어린이에게 일어난 것이 일반적인 기억 발달에 대해서도 무한히 확장된 형태로 일어날 것이라고 가정할 수 있을 것이다. 물론 지금은 오직 발달에 대해 가설적으로 설명하는 것만이 가능할 뿐이며 곡선에서 상징적으로 나타난 이 과정이 실제로 어떻게 전개될지는 아직 이야기할 수 없다.

이 문단과 다음 문단에서 비고츠키는 특수한 기억 훈련 방법이 일반화될 수 없어 모든 기억 과업이 서로 다를 수밖에 없다는 것을 염려한다. 사실 손다이크와 같은 심리학자들은 모든 기억 과업이 서로 다르다고 주장했다. 초등학교 영어 시간에 흔히 마주치는 어휘 기억 과업을 예로 들어 보자. '어제yesterday'라는 낱말과 '칼knife'이라는 낱말을 기억하는 것은 서로 다른 과업이다. 더 나아가서 어휘를 기억하는 일은 물건을 둔 장소 따위를 기억하는 일과 매우 다르며, 요리법을 기억하는 것은 또 완전히 다른 일이다. 10-47에서 비고츠키는 우리가 살고 있는 세상이 물고기가 사는 바닷물처럼 동질적인 것이 아니라는 점을 상기시킨다. 우리는 땅 위에 살고 있고, 기억 과업은 이 다양한 풍경에 맞추어 적응된 것이다. 따라서 기억은 '지질학적'이다. 우리의 기억 속에는 상이한 과업들에 반응하면서 진화해 온 상이한 전략들이 존재하는 것이다. 사실 이것은 교사들에게는 심히 좋지 않은 소식이며, 학습자들에게는 더더욱 그러하다. 왜냐하면 그러한 생각에 따르면 모든 기억 과업들은 서로 다르고 그 각각이 서로 다른 훈련을 요구할 것이기 때문이다. 그러나 비고츠키는 각기 다른 기억 과업들 사이에 공통된 기반암이 놓여 있음을 지적한다. 우리가 모든 고등심리기능 발달에서 기본적으로 동일한 네 단계(원시적 단계, 소박한 단계, 외적 단계, 내적 단계)를 발견하는 것도 그러한 이유이다. 숟가락과 포크, 칼은 환경과의 상호작용이라는 면에서 볼 때 서로 다른 모양을 하고 있다. 하지만 다른 한편으로 인간이라는 사용자와의 상호작용이라는 면에서 볼 때는 손잡이라는 공통점을 지닌다. 이와 유사하게 기억 또한 다른 고등심리기능과 마찬가지로 공통된 심리적 기반을 가진다고 유추하는 것이 설득력 있어 보인다.

10-47] 특별히 조직된 실험에서 우리가 본 것과 유사한 것이 실제로 존재하는가? 즉, 어린이는 개개의 고유한 과업을 해결하는 각각의 상황에서 외부 기호로부터 내부 기호로 이행하는가? 그리고 내적으로 변혁된 기호를 쌓아 나감으로써, 그리고 개별 지점들을 축적하고 결합함으로써 기억이 발달하는가? 한편으로는 이 가설을 지지하는 증거들이 많이 있다. 다양한 상황 속에서의 어린이가 다양한 과업들을 완전히 다른 방식으로 해결한다는 것이 관찰되었기 때문이다. 다시 말해 어린이의 기억은 발생적으로 결코 하나의 수준이 아니다. 즉 다양한 발달 단계들의 복잡한 지질학적 계층화를 나타낸다. 그러나 다른 한편으로는 어린이의 기억 발달이 이러한 각각의 과정들에 제한된다거나 각각의 과업이 결정적 역할을 한다고 누구도 가정할 수 없다.

10-48] 그런 각각의 지점들이 기억 발달을 실제로 수행한다기보다는 발달의 과정을 예비한다고 볼 수 있을 것이다. 그리고 발달 자체는 강력한 충격에 의해서 일어나며, 기호로 사용될 수 있는 소위 표상 또는 흔적 자극의 체계를 풍부하게 제공할 만큼 보조물이나 조작들 자체가 충분히 발달했을 때 구조적 유형의 내적 변혁이 일어난다고 볼 수 있을 것이다.

개별적 과업에서 형성되는 기호들 간의 관계가 궁극적으로 '구조적 내적 변혁'을 준비한다는 문장의 의미는 5-133 문단을 되짚어 봄으로써 이해할 수 있다.

"마지막으로 외적 조작의 내부로의 이행의 세 번째이자 가장 중요한 유형은 어린이가 과정의 구조 자체를 습득하고 외적 기호를 사용하는 규칙을 배우는 것이다. 그러나 어린이는 더 많은 내적 자극(즉 낱말 의미-K)을 가지고 있고 외적 자극보다 더 잘 다루기 때문에, 그 구조 자체를 숙달한 결과 어린이는 조작에서 내적 유형의 구조의 사용으로 이동할 수 있다. 어린이는 "그림은 더 이상 필요 없어요. 저 혼자 할 거예

요."라고 말하며 언어적 자극을 사용하기 시작한다."(『역사와 발달』 I권 5-133)

비고츠키는 어린이들이 기호를 하나씩 개별적으로 내면화한다고 보기는 어렵다고 말한다. 그러한 유형의 내면화('봉합' 유형)는 너무 단편적이기 때문이다. 그는 이처럼 한 땀 한 땀 기호를 내면화하는 것은 어린이의 기억 구조를 완전히 재구조화하도록 하는 주요한 구조적 변화를 예비할 뿐이라고 말한다. 단일 과업들의 수행을 위해 사용한 '장치'들이 궁극적으로 의지적 기억에 도움이 되는 자기만의 기호를 창조하도록 하는 구조적인 내적 변혁으로 어린이를 인도한다.

10-49] 따라서 우리는 모든 고등심리기능의 발달에 대해 앞에서 요약했던 발생적 도식에 따라 기억 발달을 제시할 수 있을 것이다. 우리는 실제 데이터에 의해 제시된 기억 변화 과정을 이 도식에 맞추어 배열할 수 있을 것이다. 우리는 초기 기억 발달이 순수한 기계적 암기 즉 우리 도식에서 기능 발달의 원시적 단계에 해당한다고 말할 수 있을 것이다. 기초 운동 기능(발음-K), 쉬운 말 습득, 많은 대상들에 대한 기억과 삶의 첫해에 획득된 기초적 기억 자원(자연적 기억-K)의 일반적 훈련에서 매우 명백히 나타나는 어린이들의 뛰어난 기억은 원시적 기억에 기인하며, 그것과 비교해 볼 때 모든 기억의 후속적인 축적은 점진적일 뿐이다.

10-50] 기억을 적용하는 소박한 심리학의 단계가 존재하며 이는 실험을 통해 명확히 추적될 수 있다. 이 단계는 그림이 기억에 도움이 된다는 것을 일단 알게 된 어린이가 나중에 또다시 그림의 도움을 받으려 해도 어떻게 해야 하는지 모른다는 사실로 이루어져 있다. 우리의 실험에서 그에 해당하는 한 사례가 아래에 제시된다. 그러나 이 두 번째 단계에서 기억이 어떻게 발달하는지에 대한 관찰은 사실상 완벽하게 이루어지지는 못하였다.

원시적 기억은 유년기에 점진적으로만 향상되거나 전혀 향상되지 않는다. 반면 외적 기호를 이용한 기억은 매우 급격히 향상되며, 충분히 내적으로 변혁된 내적 기호를 이용한 기억 또한 그렇다. 그렇다면 소박한 기억은 어떨까? 점진적으로 향상되는 것일까 아니면 급격히 향상되는 것일까? 비고츠키는 이 질문에 대답하기 어렵다고 말한다. 아마도 이는 소박한 단계가 외적 기호 단계를 예비하는 무의식적인 단계이기 때문일 것이다. 어린이는 소박한 단계에서 그림을 사용하기는 하지만 일관되게 구조를 형성하지는 못한다. 그러나 아래 데이터를 살펴보자. 교사는 어린이에게 대륙의 이름을 기억시키고자 미국에서 만들어진(북아메리카부터 시작하는) 노래를 사용하고 있다.

North America, South America, Europe, Africa, Asia
Don't forget Antarctica, don't forget Oceania!
(북아메리카, 남아메리카, 유럽, 아프리카, 아시아
남극을 잊지 말아요. 오세아니아를 잊지 말아요.)

어린이는 기억을 위해 아시아로 시작하여 노래를 재배열한다. 그러나 어린이들은 이를 기억 전략의 한 부분으로서 의식적으로 시도하는 것이 아니다. 이러한 시도가 기억에 아무런 효과가 없음은 아래 데이터에 잘 나타나 있다.

KT: Let's play a memorizing game in groups. This will be like '가족오락관', so each of the members in your group have to say the names of the continents in order. If you can remember all the 7 continents, you win. And the winners will get this······ 꿈틀이!(showing the students a bag of gummy worms.)
한국인 교사: 모둠별로 기억 게임을 해 봅시다. 이 게임은 가족오락관 같은 거예요. 각 모둠의 학생들은 대륙의 이름을 순서대로 말해야 합니다. 여러분들이 7개의 대륙 이름을 모두 기억할 수 있다면 게임에서 이기게 됩니다. 이기면 꿈틀이를 받게 될 거예요(학생들에게 꿈틀이 젤리가 든 봉지를 보여 준다).

Ss: Wow! 꿈틀이! I want.

(Trying to memorize the 7 continents together in groups.)

학생들: 와, 꿈틀이다. 먹고 싶다.

(모둠별로 7개의 대륙 이름을 외우려고 시도한다.)

FT: Okay, Group 1! Dong-wu start!

원어민 교사: 자, 1모둠 차례입니다. 동우, 시작하세요.

Group 1: Asia-Africa-Europe……-South America(Barely remembered South America quoting somebody said '쌌다메리카')

모둠 1: 아시아, 아프리카, 유럽……. (누군가 말한 쌌다메리카를 따라 말하며) 쌌다메리카!

Group 2: North America-Asia-Europe-South America-Africa.

모둠 2: 북아메리카, 아시아, 유럽, 남아메리카, 아프리카.

KT: And? What else? You said 4(sic). Try to use the song! The song goes like, 'Don't forget?'

한국인 교사: 또? 무엇이 있지요? 여러분은 4개를 말했어요. 노래를 생각해 보세요. 노래에 이런 부분이 있었지요? '잊지 말아요……?'

S10: Antarctica.

학생 10: 남극.

KT: Don't forget.

한국인 교사: 잊지 말아요.

Ss: Oceania.

학생들: 오세아니아.

KT: Okay. So group 3 goes next.

한국인 교사: 좋아요. 3모둠 해 볼까요.

Group 3: Asia-South America-North America-Africa-Europe-Oceania.

10-51] 그다음에 외적인 기억술적 기억의 단계가 나타나며, 이 단계에 이어서 내적 변혁 또는 논리적 기억의 단계가 나타난다. 실험에서 드러난 것과 같이 여기서 기억의 노선이 두 갈래로 나뉜다. 외적인 기억술적 기호로부터 갈라진 두 경로는 기억의 후속 발달을 이끈다. 첫째 경로는 기억의 외적 과정으로부터 내적 과정으로의 이행, 즉 소위 의지적 기억의 발달이다. 그러나 실험에서 우리는 어린이가 기억 발달의 또 다른 경로를 만드는 것을 관찰할 수 있었다. 어린이는 체계적 '기록' 방법, 즉 글자를 발달시키기 시작한다. 심리학적 연구는 쓰기가 기억의 보조 수단으로부터 진화해 왔음을 보여 주었다. 나무에 새긴 최초의 칼자국, 기억을 위해 묶었던 매듭은 현대 쓰기의 시초였다.

10-52] 동일한 일이 어린이에게서 일어난다. 처음에는 자연적인 방식으로, 즉 직접적 기억을 통해 상기해야 할 일련의 숫자들을 어린이에

게 제시하고, 실험 대상이 이 과업을 불가능하다고 여기게 되면 그에게 주판을 제공하여 기억하도록 한다. 어린이는 비매개적 기억으로부터 숫자를 주판에 기록하는 방법으로 나아가며 전체 체계의 내적 조작은 즉각적으로 변화된다.

10-53] 실험들은 대여섯 개의 일련의 숫자를 자연적으로 기억하는 것이 어린아이들에게는 불가능하다는 것을 보여 주었다. 주판을 사용하면 명명된 각각의 숫자는 각각의 줄에 할당된 후, 구슬의 수로 표현된다. 어린이는 좀 난처해하다가 0을 하나의 구슬로 표시하고, 그것을 맨 앞줄에 위치시킴으로써 1과 구분한다. 두 자리 숫자는 두 줄에 걸쳐 펼쳐지며 어린이는 그것을 십의 자리와 일의 자리로 분해하지 않지만, 다시 그 숫자를 읽을 때에는 두 줄의 숫자를 모두 (합쳐서-K) 읽을 것이다. 주판에 놓인 하나의 구슬이 1, 0 혹은 두 자리 숫자의 일부분을 의미할 수 있기에 여기서 우리는 자연적 기억과 인위적 기억 사이의 흥미로운 관계에 대해 주목한다. 어린이가 구슬 하나를 (옮겨서 다른 구슬 옆에-K) 나란히 놓거나, 이렇게 인위적 기억과 결합된 자연적 기억을 사용하여 놓을 때 (기억 방법의-K) 구별이 일어난다. 따라서 어린이는 이미 다양한 기억 방법에 통달하여, "내가 기억한 것은 이 방법이에요."라고 말한다. 주판의 순서가 기억되어야 할 수들의 순서와 언제나 일치하는 것은 아니었으나, 어린이는 놀이에서 자연적 기억을 이용하여 원래 순서를 재구성한다.

> 산술, 말, 쓰기 그리고 주의에서와 마찬가지로 비고츠키는 어린이가 명시적 지시 없이 어떻게 스스로 고등 기억을 만들어 내는지에 관심이 있다. 이번에도 어린이는 그들이 감당할 수 없는 과업과 도구(주판)를 제공받는다. 어린이는 주판을 제대로 사용할 수 없다. 특히 어린이는 0을 나타내기를 어려워하는데, 이는 0을 나타내기 위해 주판알 하나를 놓으면, 그것이 0이 아닌 1을 나타내기 때문이다. 따라서 어린이는 맨

윗줄에 위치한 주판알 하나는 1이 아
니라 0을 나타낸다고 스스로 결정한
다. 두 자리 숫자는 두 줄에 걸쳐 기록
된다. 어린이는 십진법을 사용하지 않
고 대신, 예컨대 17을 나타나기 위해
한 줄에는 여덟 개를 놓고, 다른 한 줄
에는 아홉 개를 놓는 것으로 기록한
다. 어린이는 두 개의 줄에서 주판알
을 세어 17이라는 숫자를 읽어 내야 한다. 숫자들은 주판 위에 기록되
어 있기 때문에 어린이는 숫자를 기억할 필요가 없다. 그러나 어린이
는 어떤 줄이 숫자를 나타내는지, 어떤 줄이 0을 나타내는지, 어떤 줄
들이 두 자리 수를 나타내는지 기억해야 하고, 무엇보다 숫자들이 나
열된 순서를 기억해야 한다. 비고츠키가 지적했던 것처럼 이 체계는 자
연적 기억과 인공적 기억을 결합한다. 어떤 정보는 단순히 주판을 보
는 것만으로 간접적으로 기억될 수 있다. 그러나 숫자들의 순서나 첫
줄의 주판알은 1이 아니라 0이라는 등의 다른 정보는 직접적으로 기
억되어야 한다. 비고츠키는 어린이가 스스로 "이렇게 했지."나 "저렇게
했지."라고 말하면서 이 두 방법을 구별하고 있음을 지적한다. 이와 같
이 단일한 복합 기능 속에 자연적 기능과 인공적 기능이 결합되는 현
상은 문화적 행동에 있어서 매우 일반적인 현상이다. 즉 모든 체계는
자연적 기능과 인공적 기능을 포함한다. 예를 들어 낱말 철자를 기억
하려면 기계적 암기와 규칙 사용 기능이 모두 필요한 것이다. 그러나
비고츠키가 그것에 대해 '흥미롭다'고 말한 데에는 매우 합당한 이유
가 있다. 그것은 개체 발생 경로를 반영하며, 어쩌면 사회 발생 경로조
차 반영할 수도 있다. 즉 어린이는 자연적 체계를 사용하여 인공적 체
계를 '작동'시키며, 사회는 인간이라는 종種이 타고난 자연적 자질 위
에 인공적 기억 체계를 건설한다.

10-54] 이런 방식으로 일련의 숫자를 기억하기 위한 주판 표시법의
사용은 자연적 기억 방법과 인공적 기억 방법의 결합을 이끈다. 자연적

기억은 1, 0 그리고 11을 구별하거나, 순서를 재생하고 두 자리 숫자를 읽는 데, 그리고 인공적 기억은 0을 표시하거나 기록하고 10 이상의 수를 기록하는 데 포함된다. 따라서 일반적인 기본 법칙이 존재하며, 우리는 그것을 기록을 사용하는 모든 기억의 사례로 확장하려고 한다. 즉 자연적 과정은 인공적 장치에 종속되는 기능이라는 것이다. 자연적 과정은 인공적 방법이 없는 곳에서 사용되며, 인공적 방법의 사용을 촉진시키는 경향이 있다.

> 주판의 사용에서 자연적 방법과 인공적 방법이 모두 관찰된다. 어떤 구슬이 0을 나타내고 어떤 구슬이 1을 나타내는지를 기억하기 위해서는 자연적 기억이 이용된다. 숫자 11에서 1이 하나가 아니라 11의 부분이라는 사실을 기억하기 위해서도 자연적 기억이 사용된다. 두 자리 숫자를 읽을 때 17이라고 말하는 대신 9와 8로 읽는 것 역시 어린이가 자연적 기억을 사용하는 사례이다. 0을 인식하고 기록하기 위해서는 인공적인 기억도 필요하다. 특정 구슬을 0으로 지정하는 것 자체가 자의적이고 인공적인 행위이다. 두 자릿수를 기억하는 데에도 인공적 기억이 필요하다. 17을 9와 8로 나눈 것은 자의적이고 인공적이기 때문이다.

10-55] 인공적 장치의 사용은 자연적 활동의 부담을 덜어 주며, 어린이에게 긍정적 반응을 일으켜서 작업과의 관계를 극적으로 변화시킨다. 숫자 열이 복잡해짐에 따라 기록 체계는 점점 더 복잡해지며, 개개의 기호를 구별하기 위해서는 더 많은 자연적 기억의 노력이 요구된다. 기억 과업에서 쓰기가 탄생하는 자발적 과정과 동일한 것이 다른 실험들에서도 관찰되었다. 예를 들어 우리가 어린이에게 숫자 열을 제시하면, 어린이가 어떻게 완전히 이질적이고 중립적인 재료를 조작 속에 포함시키고 자신의 기억 수단이 되는 특별한 표시나 기록을 하기 시작하는지를 관찰할 수 있을 것이다.

10-47에서 비고츠키는 기호가 ('봉합' 내적 변혁을 통해서) 하나씩 개별적으로 학습되어야 하는지, 아니면 어린이가 주도적으로 시작하여 자신만의 기호를 만들어 내는 '구조적인' 내적 변혁이 존재하는지를 묻는다. 10-48에서 그는 개별 기호의 학습은 어린이가 그 자신만의 기호를 만들어 내는 것을 예비한다고 말한다. 그렇다면 그다음 단계는 무엇인가? 주판 실험은 어린이가 기존의 문화적 기호를 받아들일 능력이 아직 없다는 것을 보여 준다(어린이는 주판을 바르게 사용하지 못한다). 그러나 어린이는 스스로 자연적 기억과 문화적 기억술을 새롭게 조합하는 능력을 갖고 있음이 드러난다. 예를 들어 어린이는 어느 줄이 '0'을 나타내고 어느 줄이 '1'을 나타내는지에 대한 기억과 구슬을 이용하여 세는 능력을 결합시킬 수 있다. 그러나 기존의 기호 또는 블록, 칩과 같은 기존의 도구들은 종이나 끈에 비하면 중립적이라고 할 수 없다. 구슬이나 블록, 칩들은 다른 변형 없이도 바로 수를 세는 데 사용될 수 있다. 그러나 끈이나 종이를 수 세기에 사용하려면 어린이는 능동적으로 그것을 변형하여 자신만의 체계를 만들어야 한다. 다음 문단에서 비고츠키는 문화적 기억의 상이한 두 발달 노선을 제시한다. 하나는 논리를 통해서 발달하는 노선이다. 예를 들어 한 개의 블록이나 구슬이 '1'을 의미하고 두 개의 블록이나 구슬이 '2'를 의미한다거나 또는 어떤 그림이 어떤 구조를 의미하고 어떤 구조가 어떤 단어를 의미하는 식이다. 또 다른 하나의 노선은 글말을 통해 발달하는 노선이다.

10-56] 실험에서 어린이는 수를 셀 줄 모르는 사람들 사이에 널리 퍼져 있는 수의 기록인 신표를 만들어 낸다. 종잇조각들, (수 세기 용-K) 칩, 끈, 블록 등의 물건들이 앞에 놓였고, 어린이는 이 물건들에서 필요로 하는 기능적 의미를 발견했다. 어린이는 표시를 하는 데 모상을 사용한다. 즉 어린이는 전형적으로 매듭을 이용한 '쓰기'나 메모를 쓸 종이를 떼어 내거나 찢어 내는 것 등에 의존한다. 무엇보다 중요한 것은 어린이가 내적 기억의 문제를 해결하기 위해 일련의 외적 조작을 생산

하고 있다는 것이다. 모든 사람들이 알고 있을 법한 이 결과, 즉 쓰기를 이용해서 기억한다는 사실은 얼핏 보기에는 진부한 것처럼 보이지만, 이는 발생적 사실이 실험적으로 발견된 것이다. 따라서 우리는 첫째, 이 행의 정확한 계기, 즉 쓰기가 발명되는 계기를 추적할 수 있는 기회와 둘째, 비매개적 기억에서 매개적 기억으로 이행하는 동안 어린이에게 나타나는 심오한 변화를 자세히 밝혀낼 기회를 가지게 된다.

10-57] 그러므로 우리는 문화적 기억의 후속 발달의 두 가지 주요 노선을 실험적으로 확립했다고 간주할 수 있을 것이다. 한 노선은 논리 적 기억을 이끌고, 다른 노선은 쓰기를 이끈다. 후자의 노선에 관해서 는 쓰기에 관한 장에서 특별히 추적하고자 하였다. 기억 발달의 이 두 노선 사이의 중간 지점이 구어적 기억의 개념, 즉 낱말로 기억하기이다.

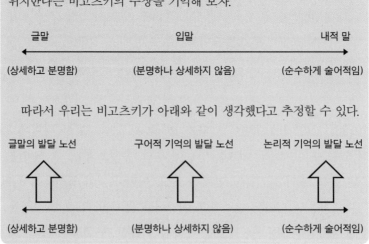

논리적 기억과 쓰기라는 (서로 평행한) 두 노선 사이에 어떻게 그들 의 중간적인 개념이 존재할 수 있는 것일까?『생각과 말』7장에서 입말 이 그 분명함과 상세함 측면에서 쓰기와 내적 말 사이의 중간 지점에 위치한다는 비고츠키의 주장을 기억해 보자.

글말	입말	내적 말
←————————————————————————————————————→		
(상세하고 분명함)	(분명하나 상세하지 않음)	(순수하게 술어적임)

따라서 우리는 비고츠키가 아래와 같이 생각했다고 추정할 수 있다.

글말의 발달 노선	구어적 기억의 발달 노선	논리적 기억의 발달 노선
⬆	⬆	⬆
←————————————————————————————————————→		
(상세하고 분명함)	(분명하나 상세하지 않음)	(순수하게 술어적임)

10-58] G. 콩페레의 말을 인용하면, 언어가 기억의 과정에서 중대한

변화를 일으키는 기억술적 도구라는 사실은 심리학에서 오래전부터 알려져 있었다. 언어적 기억은 본질적으로 기호의 도움을 받는 기억, 즉 매개된 기억이기 때문이다. 우리는 사물이나 사건을 기억하는 것이 아니라 그에 대한 언어적 기록을 기억한다. 우리는 편집하고, 순서를 정하며, 요약하고, 낱말을 이용하여 기억할 대상을 깊이 변화시킨다.

> 물론 비고츠키는 언어를 '마음의 도구'라고 부르는 것에 동의하지 않을 것이다(2-174, 2-176참조). 그러나 특정 사건에 대한 서사를 형성하는 과정에서 기억이 이를 상당히 혹은 완전히 변화시킨다는 것은 사실인 것으로 보인다. 사람들의 최초의 기억들이 서사적이라는 것 또한 사실이다. 다음 문단에서 비고츠키는 언어화된 기억과 직관상적 기억 혹은 비언어화된 기억을 구분하려 한다. 물론 이 둘 모두는 결국 낱말을 통해 표출되어야 한다.
>
> *J-G. 콩페레(Jules-Gabriel Compayré, 1843~1913)는 남부 프랑스 출신의 교육자이자 온건파 정치인이었다. 그는 루소, 페스탈로치, 헤르바르트와 같은 소위 '위대한 교육자'들에 대한 책으로 유명하다.

10-59] 우리는 완벽히 똑같은 조건하에서 어떤 그림에 대한 직관상적(эйдетического, eidetic-K) 묘사와 동일한 그림에 대한 언어적 묘사를 실험적으로 비교하고자 했다. 직관상적 그림 묘사 또한 낱말로 표현되기 때문에, 즉 본질적으로 같은 종류의 기록이기 때문에, 기억에서 두 과정의 차이점을 포착하기가 어렵다. 그러나 여전히 낱말로 된 기억은 비매개적 방식으로 만들어진 기억과 어느 정도 달라 보일 수 있다.

> 아이데틱Eidetic은 직관상直觀像 혹은 직접적인 기억만을 갖고 있는 정신 장애의 일종이다. 직관상은 순간적으로 밝은 빛을 보고 난 후 남는 잔상에 비유될 수 있는 기억이다. 이는 '플래시 기억'이라고도 불린다. 이는 이러한 기억이 사진을 찍을 때 터지는 플래시같이 매우 순간적이고 또한 사진처럼 이미지를 있는 그대로 저장하기 때문이다. 반면

언어적 기술記述은 정상 기억을 가진 사람의 기술이다. 그러한 기술은 언제나 특정한 관점을 취하며 제시된 그림 속의 인물이나 대상들에 대한 '이야기'를 포함하는 경우가 흔하다.

10-60] 비네의 말에 따르면 언어적 기억의 존재는 모든 사람들이 자신만의 기억술을 갖고 있다는 사실을 보여 준다. 우리는 그림을 사용한 기억 실험에서 어린이가 기억하는 것이 그림이 아니라 이름이나 언어적 기록이라는 사례들을 종종 만나게 된다. 재생되어야 할 그림의 이름을 바꾸기만 해도 요구된 낱말이 재생될 수 없었다. 처음에 '호랑이'라고 제목이 붙여졌던 그림이 후에 어린이에 의해 '암사자'로 명명되었고, 이것이 낱말의 재생을 방해했다. 그러나 우리가 본래 이름을 어린이에게 상기시키면 그 조작은 가능해진다.

10-61] 의도적으로 두 가지 이름을 가질 수 있는 그림을 제공하거나, 실험 과정 속에서 동일한 그림의 이름을 인위적으로 변화시킴으로써, 우리는 두 개의 자극 즉 그림과 낱말 외에도 그 둘 사이에 삽입된 제3의 자극, 즉 그림의 이름이 존재한다는 것을 반복적으로 확인할 수 있었다. 우리는 기억과 재생을 하는 도중에 질문을 하거나, 잘못된 이름을 제시하거나, 이름을 바꾸거나, 두 가지 이름을 가진 그림을 사용하는 등, 이름의 역할을 실험적으로 부각시키고자 하였다. 예를 들자면, 어린이에게 '다투다'라는 낱말을 제시하였다. 그 어린이는 두 마리 황소가 묘사된 그림을 고르고는, "여기(그림을 가리키며)는 밭이에요."라고 설명하면서 '일하다'라는 낱말을 재생한다. 이 그림은 이전에는 '다투다'라는 낱말과 연결되어 "두 소가 간다."라고 명명되었다. 이제 이 그림의 새로운 이름은 '밭'이며, 이는 '일하다'라는 새로운 낱말과 연결된다.

10-62] H. 베르그송은 유명한 저서 『물질과 기억』에서 자신의 이론을 펼치며 이론적으로 서로 독립적인 두 기억이 존재한다는 것을 보이

려 했다. 하나는 기계적 운동 기억이며 이는 습관의 형성을 이끈다. 또 다른 것은 의지적 행동과 관련이 있는 정신 기억이며 이는 독립적 혹은 자발적 기억의 형태를 취한다. 베르그송은 이 두 기억의 조합을 가능 하게 하는 한 예를 제시한다. 우리가 어떤 것을 학습하고 있다고 생각 해 보자. 우리는 배우면서 무엇인가를 여러 번 반복한다. 수많은 반복 의 결과, 세부 동작들에 신경 쓰지 않은 채 이들을 전체적 동작의 결과 에 종합하여 녹이게 되는 운동 습관처럼 그것을 재생할 수 있게 된다. 이것이 첫째 유형의 기억이다. 그러나 이 기억의 결과와는 별개로 나는 그 학습에 대한 또 다른 기억을 가지게 될 수도 있다. 즉 내가 처음에 는 어떻게 했고, 여섯 번째는 어떻게 했으며, 그리고 마지막에는 어떻게 연습했는지를 기억할 수도 있다. 나는 그 하나의 기억 과정을 회상할 수 있는 것이며, 이 회상이 둘째 유형의 기억이다.

10-63] 베르그송은 첫 번째 기억이 뇌 기능의 산물이며 두 번째 기 억은 영적 기능의 산물이라고 말한다. 그러나 가장 주목할 만한 것은 베르그송이 이 두 기억 사이의 차이점을 언급하면서 두 번째 기억 형태 와 기억술 장치의 일치를 직접적으로 지적한 것이다. 그는 기억 기술 장 치를 분해한다면 이것이 숨겨진 자연 발생적 기억을 표면으로 떠올려 이를 능동적 기억으로 사용할 수 있도록 하는 것을 목적으로 삼는 과 학이라는 것을 알게 될 것이라고 말한다.

　자연 발생적 기억을 표면으로 떠올려 능동적 기억으로 삼는다는 것 은, 지갑을 잃어버린 식당을 다시 찾아가기 위해서 무의식적으로 지나 온 길이나 간판을 의식적으로 떠올려 되짚어가는 경우를 예로 들 수 있다.
　생명주의를 전적으로 거부하는 비고츠키가 베르그송에 우호적인 입 장을 표현하는 것은 의외로 보일 수도 있다. 베르그송에 대한 비고츠 키의 태도는 헤겔에 대한 마르크스의 입장과 공통점이 많다. 마르크스는 헤겔이 기술한 정신의 과정(정신과 그 정신을 구현하는 인간의 역사)을 취해 사회적 과정(인간 사회와 사회 계급 그리고 계급들을 추동하는 관념의 역사)의 기술로 변환시켰다. 비고츠키 역시 유사한 일을 시도한다. 10-6에서 보았듯이 베르그송은 뇌는 현재에 살고 마음은 과거에 산다고 믿었다. 왜냐하면 우리를 진정한 인간으로 만들어 주는 것은 인간의 기억이기 때문이다. 그러나 인간의 기억을 진정 인간답게 만들어 주는 것은 무엇일까? 비고츠키는 이 질문의 대답이 '영혼'이 아니라 기억 기술, 즉 기억을 하도록 해 주는 사회적 장치와 문화적 인공물이라고 생각한다. 따라서 베르그송이 '영적' 기억과 기억 기술이 연결되어 있다고 생각했다는 사실은 비고츠키가 볼 때 매우 의미심장한 일이었다.

10-64] 기억술은 우리에게 어떤 장치를 제시하는가? 기술은 개인에 의해 어느 정도 무의식적으로 선택되는 것이다. 기억술사의 재주는 특출한 생각, 짧은 구절, 단순한 낱말들을 내용 전체를 상기시키는 하나의 산문 구절로 포착하는 것이다. 여기서 우리는 철학적 전망을 활짝 열어 주는 굉장히 중요한 지점에 이르게 된다. 현재의 연구에서 이 중 무엇도 상세히 다룰 수는 없다. 다만 기억 속에서 영혼의 속박에 대한 증거를 보았던 또 다른 위대한 철학자―스피노자―를 지나가면서 간단히 회상해 보자. 그는 기억이 작동하지 않는 한 정신적 결정으로부터 어떤 행동도 취할 수 없다고 말했다. 사실, 의도에 대한 연구에서 기억이 하는 결정적인 역할은, 우리의 모든 의도가 그것들을 순차적으로 구현하도록 하는 기억이라는 주어진 장치와 얼마나 깊이 연관되어 있는지를 보여 준다. 모이만이 의지적 행동에 대한 분석에서 그것이 기억술적 조작과 아주 닮아 있다는 결론에 이른 것은 놀라운 일이 아니다.

비고츠키는 스피노자의 『윤리학』의 다음 구절을 언급하고 있다.

"우리는 기억이 개입하지 않는다면 정신 결정에서 어떤 행동도 취할 수 없다. 예를 들어 낱말을 마음에 떠올리지 못한다면 우리는 그 낱말을 말할 수 없다. 이제 어떤 것을 기억하거나 망각하는 것은 자유로운 마음의 힘 내부에 있는 것이 아니다. 따라서 우리가 정신 결정으로부터 침묵을 지키거나 혼자서 말할 수 있는 마음의 힘이란 기억된 사물의 경우에만 제한된다는 믿음이 따라온다."(Ethics, 제3부, 정리 2)

비고츠키가 '또 다른 위대한 철학자'로 스피노자를 언급할 때, 동시에 그는 베르그송을 염두에 두고 있다. 관념주의 철학자인 베르그송을 위대하다고 칭하는 것은 이상해 보일 수 있다. 그러나 인간의 자유에 대해 강한 믿음을 가진 비고츠키가 자유 의지를 거부한 스피노자를 위대한 철학자로 간주하는 것은 훨씬 더 이상해 보일지도 모른다. 실제로 비고츠키가 여기서 인용하고 있는 전체 구절은 자유 의지에 대한 거부이다. 즉 우리의 자유로운 의사 결정은 기억을 포함하며, 우리는 기억을 통제할 수 없기 때문에 자유롭게 행동할 수 없다는 것이다. 그러나 스피노자와 같이 비고츠키는 개인이 자신의 행동을 통제하는 능력을 갖고 있는지에 대해서는 회의적이다. 우리의 행동은 사회에 의해 통제되고, 문화적 인공물을 통해 조절된다. 개인이 간접적 통제를 발휘할 수 있는 것은 한편으로는 민주주의를 통해서이며, 다른 한편으로는 도구와 기호의 숙달을 통해서일 뿐이다. 비고츠키는 베르그송에 대해 그러했듯이(그리고 마르크스가 헤겔에 대해 그러했듯이), 정신적 주장을 취해 사회적 주장으로 재구성하고 있다.

10-65] H. 회프딩은 스피노자의 말을 인용하여 각각의 의도가 그에 참여하는 기억의 방식에 따라 구분됨을 인정한다. 그는 셰익스피어에게서 "결심은 기억의 노예에 불과하다."를 인용한다. 그러나 우리는 자유 의지에 대한 장에서 이 주제를 다시 한 번 간단히 다룰 것이다.

이 구절은 햄릿의 3막 2장에서 온 것이다. 거기서 햄릿은 어머니와 클라우디우스를 질책하는 연극을 왕 앞에 상연한다. 연극 속에서 왕

10-66] 끝으로 비정상아의 기억 발달에 대해 언급하고자 한다. 앞
에서 설명한 실험을 비정상아(정신지체아)에 적용했을 때, 우리는 그 어
린이의 기계적·원시적 기억이 매개된 기억보다 우세하다는 것을 발견
했다.

10-67] 이것이 바로 이 어린이가 고등 기억 형태로의 전이를 그토록
어려워하는 이유이지만, 원칙적으로 이 기억은 정상아의 기억과 전혀
다르지 않다. 따라서 이러한 연구들은 우리가 일반적으로 정신지체아
의 기억에 관해 알고 있는 것과 완전히 부합하는 것을 보여 준다.

10-68] 수집된 자료들은 세 가지 기본 입장을 확립한다. 첫째, 원시
적인 직관상적 기억은 정상아보다 정신지체아에게서 더 일반적이다. 둘
째, 능동적 기억 기능은 정상아보다 정신지체아에서 일반적으로 낮다.
셋째, 정신지체아들이 종종 특출한 기억술적 기억 능력을 가진다는 사
실에 대해서 현재까지 거의 설명된 바 없다. 뛰어난 기억술을 지닌 사
람은 어떤 특정 영역에서 (특출난-K) 기억을 가진다. 이러한 어린이들을
많이 수용하는 각 기관들은 뛰어난 기계적 기억을 지닌 어린이를 골라
낼 수 있을 것이다. 만약 우리가 정신지체아의 발달에서 두 노선 즉 자
연적 노선과 문화적 노선을 구별해 낼 수 있다면 이 사례들을 과학적

으로 설명할 수 있게 된다. 그리고 그 노선의 구별이 이 장 전체의 주요 논점이었다.

비고츠키는 종종 정신 병리학적 증거로 장을 끝마치곤 한다. 그런데 여기서는 그가 제시한 세 가지 입장들이 서로 모순되는 것처럼 보인다. 첫째, 그는 정신 장애아가 종종 잘 발달된 직관상적 기억을 가지고 있다고 말한다. 이는 잘 발달된 자연적 기억이지 문화적 기억이 아니다. 왜냐하면 문화적 기억은 언어화된 기억이며 따라서 직관상적이라기보다는 선택적인 것이기 때문이다. 둘째, 그는 정신 장애아가 종종 덜 발달된 능동적 기억을 가진다고 말한다. 이 또한 자연적 기억은 잘 발달되었지만 문화적 기억은 그렇지 않다는 것을 시사한다. 문화적 기억은 의식적이며 의지적이지만 자연적 기억은 그렇지 않기 때문이다. 셋째, 그는 어떤 정신 장애아들은 매우 뛰어난 기억술적 능력을 갖고 있다고 말한다. 물론 이것은 잘 발달된 문화적 기억이다. 그렇다면 셋째 입장과 첫째 입장은 모순되는 것처럼 보인다. 이것을 어떻게 설명할 수 있을까?

첫째, 일부 기억술적 능력들이 매우 특화된 영역에 한정되어 있다는 것은 분명하다. 예를 들어 영화 '레인맨'에서 자폐증을 앓고 있는 주인공은 블랙잭에서 모든 카드의 모양과 순서를 통째로 기억한다. 둘째, 비고츠키가 말했던 것처럼 한 영역에서의 장애가 다른 영역에서의 보상을 수반하는 경우가 종종 있다. 예를 들어 『지워진 기억을 쫓는 남자』에서 자세츠키는 쓰기를 통해서 잃어버린 기억을 보상한다. 셋째, 비고츠키는 문화적 기억 발달에서의 두 가지 기본적 노선을 구별했다. 즉 특정한 구조에 아주 특화된 논리적 노선과, 추상적 논리보다는 말과 공유된 경험에 기초한 쓰기 노선을 구별한 것이다. 어린이는 문화적 기억의 특정한 논리적 형태에는 능숙하지만, 글말은 완벽히 숙달하지 못할 수 있다.

● 기억 기능과 기억술 기능의 발달

9장과 마찬가지로, 이 장은 어린이의 자연적 발달에서 문화적 발달로의 이제 익숙해진 논의 과정을 따른다. 이 장은 강력한 병리 발생적 증거와 더불어 마무리되며, 일련의 실험들이 사례로 포함된다. 이 실험 설계는 단어 시험을 본 적이 있는 이에게는 친숙할 것이다. 즉, 어린이는 외우기 불가능하게 긴 단어 목록을 제시 받는다. 다만 어린이에게는 기억 장치(그림카드)가 더불어 제시된다. 앞 장의 색 카드를 사용한 레온티에프의 '금지색' 실험에서와 마찬가지로 발달의 평행사변형이 나타난다. 처음에는 매개적 기억이 빠르고 비매개적 기억은 느리게 증가하지만, 곧 매개적 기억에 천장 효과가 나타나고 비매개적 기억이 급속히 증가하는 것이다.

이제 비고츠키는 이 평행사변형을 일반 법칙으로 확립한다. 그뿐 아니라 이 평행사변형은 모든 문화적 기능의 발달 속에 네 단계가 존재하고 있다는 생각을 뒷받침하는 데 사용된다. 이 장의 경우에 비추어 보면 그 네 단계는 다음과 같다. 비매개적 기억과 매개적 기억이 구분되지 않는 자연적/원시적 단계, 매개적 수단이 어린이 자신의 능력으로 오인되어 마법적 힘을 부여받게 되는 소박한 단계, 어린이가 자신의 행동을 숙달하기 위해 점차 매개적 수단을 사용하는 외적 매개 단계, 끝으로 매개적 수단이 심리적 기능으로 재구조화되어 어린이가 자신의 생각 과정을 숙달하는 내적 변혁의 단계이다.

종종 그렇듯이 비고츠키는 의외의 논의를 펼친다. 흔히 기억은 수동적인 것으로서 보수적, 재생산적, 과거 지향적인 심리 기능으로 간주된다. 그러나 카드 놀이를 하는 어린이의 예에서 상반된 사실을 관찰하게 된다. 카드 놀이를 숙달하는 과정에서 이 어린이에게는 두 종류의 선택이 제공되었다. 하나는 '자유 선택'으로서, 어린이는 기억 과제를 수행하기 위해 카드를 스스로 선택할 수 있었다. 또 다른 하나는 '자유롭지 않은(강제된) 선택'으로서, 기억 과제 수행을 위한 카드가 어린이의 의사와 상관없이 무작위로 주어졌다. 어린이의 기억은 바로 이 '자유롭지 않은 선택'에 직면하여 능동적·창의적으로 변화하였으며, 풍부한 상상력이 동원되었다. 이는 어린이의 말이 어린이의 생각 발달을 예견하고 궁극적으로는 형성한다는 내용을 다루는 11장으로 우리를 이끈다.

I. 이 장의 첫 11개의 문단에서 비고츠키는 두 유형의 기억을 기능이 아니라 발생과 구조에 따라 구분하는 새로운 접근법을 확립한다. 기본적 구분에는 새로울 것이 없다. 즉 오래전에 세몬이 '니마mnema'라고 불렀던 자연적 기억과, TV 프로그램에 등장하여 뛰어난 기억력을 보여 주는 이들에게서 발견되는 문화적 기억 사이의 구분은 예전부터 존재해 왔다. 초기 연구자들은 심지어 자연적 기억을 물질의 기본적 속성으로 간주하여, 니마는 본질적으로 길에 마차 바퀴 자국이 나거나, 종이가 여러 번 접혀 자국이 남는 것과 같은 과정이 신경 체계로 전이된 것이라고 주장하였다. 문제는 문화적 기억을

연구한 방법이 부적절했다는 것이다. 문화적 기억은 무시되어도 좋은 기이한 현상으로 치부되었거나, 자연적 기억과 완전히 격리되어 문화적 기억이 어떻게 자연적 기억과 더불어 발달하고 그와 상호작용하는지 확인할 수 없는 방식으로 연구되었다(베르그송과 프로이트). 이로 인해 어린이의 기억력이 어린이의 성숙에 따라 증가하는지 감소하는지 혹은 거의 그대로 유지되는지와 같은 기본적 질문에 답하는 것조차 매우 어렵게 되었다(10-1~10-11).

Ⅱ. 다음 32개 문단에서, 비고츠키는 실험적 방법을 통해 어린이의 기억이 발달하는지, 쇠퇴하는지, 아니면 그대로 유지되는지에 대한 질문을 다룬다(10-12~10-45).

A. 비고츠키는 어린이의 자연적 기억(어린이가 어떤 외적 보조물 없이도 기억할 수 있는 것)과 매개된 기억(어린이가 그림 카드와 같은 다양한 보조물을 사용하여 기억할 수 있는 것)을 비교하는 일련의 실험들을 묘사한다. 이론적으로 비고츠키는 어린이의 보조물 사용을 문화적 기호에 기반을 둔 자연적 기억의 재구성으로 본다. 그는 Ⅰ권 3장(3-73)의 매개 삼각형을 상기시킨다. 직접적인 자극-반응 연결에서는 어린이가 환경에 의존적인 존재였다면, 매개 삼각형에서는 어린이가 자극-반응 연결을 통제하는 능동적인 존재가 된다. 어린이 기억을 통제하는 변수가 다양하게 조절된다. 즉 어떤 경우에는 낱말에 어울리는 보조물이 적절하게 제공되며, 어떤 경우에는 어린이가 알맞은 그림을 선택하고 예측 가능한 관계(예컨대 '낙타'와 '죽음')를 선택해야 하며, 어떤 경우에는 어린이에게 '강제된 선택'이 주어져서 어린이는 새로운 구조(예컨대 '게'와 '극장'은, 바닷속에 있는 예쁜 돌들을 보며 마치 극장에 와 있는 것 같다고 감탄하는 게의 이야기를 통해 연결된다)를 창조해야만 한다(10-12~10-16).
B. 비고츠키는 그 실험 결과가 여러 측면에서 연합주의적 가정을 무효화하고 구조주의적(형태주의적) 주장을 확증함을 발견한다. 첫째, 구조적 반응(낱말-그림-낱말)은 복잡하면 복잡할수록, 더 간단한 연합주의적 반응(낱말-낱말)보다 더 기억하기 쉬워 보인다. 둘째, 어린이가 완전히 새로운 구조를 창조하는 '강제된 선택'이, 어린이가 친숙한 연합적 연결을 선택하는 경향이 있는 '자유 선택'보다 더 일관된 기억을 낳는 것처럼 보인다. 셋째, 어린이가 구조에 더 많은 공을 들일수록, 최종 기억이 더 정확해지는 경향이 있다. 비고츠키가 속도를 유효한 변수로 간주하지 않는다는 것은 주목할 만한 가치가 있다. 실제로 실험 대상의 반응을 늦춤으로써 반응을 더 쉽게 연구하고 더 쉽게 자기-통제하에 둘 수 있다(10-17~10-21).
C. 비고츠키는 기억술 장치의 구성이 세 가지 계기로 이루어져 있음을 보여 준다. 즉 기억을 위해 기호를 취하는 도구적 행위, 기호와 기억해야 하는 낱말 간의 연결의 창조, 마지막으로 기호의 사용을 통한 낱말의 회상이 그것이다. 이 계기들은 서로 독립적이며 개별적으로 분리하여 격리시킬 수 있지만, 그렇게 하면 연결이 붕괴되는 결과를 낳는다(10-22~10-28).
  1. 어린이는 기호(그림)가 낱말을 기억하는 데 도움이 된다는 것을 이해하지 못할 수 있다. 어떤 경우, 어린이는 낱말을 가지고 구조(이야기)를 창조할 수 있지만

그 이야기를 하며 그림을 사용할 수는 없었다(10-23, 10-27).

2. 어린이는 낱말에서 주의를 돌리지 못하거나 기호와 낱말 사이의 어떤 연결도 발견하지 못하기 때문에 구조를 창조하지 못할 수 있다(10-25~10-26). 어떤 경우에는 연결의 결여가 부조리한 '연결'을 낳기도 한다(예컨대 "나는 그것을 장례식의 못처럼 기억했어요").

3. 때때로 어린이는 그림을 찾고 구조까지도 다시 기억해 내지만, 올바른 낱말을 회상해 내지 못할 수 있다(10-28). 어떤 경우, 어린이는 다른 낱말을 기억하기도 한다(예컨대 사자 그림을 보고 목표 낱말인 '쏘다' 대신에 '총'이라는 낱말을 회상한다).

D. 비고츠키는 어린이의 기억이 유년기 동안 향상되는지 아닌지에 대한 원래 문제로 돌아간다. 그는 혼란 상황을 지적한다. 즉 어떤 심리학자들(베인)은 6~10세 이후에 기억이 저하된다고 하고, 어떤 심리학자들은 기억이 계속 향상된다고 하며, 어떤 심리학자들(모이만)은 한 종류의 기억은 향상되고 다른 종류의 기억은 쇠퇴한다고 말한다. 세 번째 무리의 심리학자들은 기억을 다양한 유형으로 구분하는 장점을 갖는다(비고츠키의 실험이 그랬듯이). 그다음 비고츠키는 그의 실험 결과가 발달의 평행사변형의 형성을 보여 준다고 주장한다. 즉 매개된 기억은 빠르게 증가한 후 평평해지는 반면, 자연적 기억은 거의 평평하다가 빠르게 증가한다. 비고츠키는 매개된 기억의 첫 번째 상승이 외적 매개에 기인하지만, 자연적 기억의 두 번째 상승은 자연적 기억이 내적으로 매개되었기 때문에 일어난다고 결론 내린다. 그는 이에 대한 세 가지의 단편적 증거를 인용한다.

1. 이것을 확증하는 다른 실험 데이터, 예컨대 '내적' 또는 자연적 '기억술'에 대한 뮐러의 연구(10-43).

2. 청소년들은 그림을 필요로 하지 않지만 그림을 이용하는 어린이들과 비슷한 점수를 얻는다(10-44).

3. 기억술적 기억 과정은, 과정과 결과 모두에서, 선택과 주의의 과정과 매우 유사하며, 두 과정 모두 명확한 내면화의 시기를 거친다(10-44~10-45).

III. 비고츠키는 의구심을 갖는다. 이 절에서 그는 실험에서 관찰한 것이 실제로 실험실 밖의 발달로 일반화될 수 있는지 묻는다. 문화적 기억이 낱말과 그림 사이에 확립되었던 것처럼 단편적인 '구조들'로 발달하는가? 아니면 문화적 기억 전체를 한번에 가능하게 하는 어떤 일반적인 체계가 존재하는가? 답을 찾기 위해, 그는 그 이후의 기억 발달(논리적 기억과 쓰기)의 두 가지 기본 경로를 추적할 수 있게 하는 주관을 사용한 유사한 실험을 제시한다. 그러고 나서 그는 어느 것이 가장 효과적인 기억술적 도움을 제공하는지 질문한다(10-46~10-65).

A. 이미 10-14에서 비고츠키는 자신의 실험을 관찰한 사람이라면 누구나 그것이 자연적 기억에서 문화적 기억으로 실험적으로 유도된 이행을 보여 준다는 것을 느낄 수밖에 없을 것이라고 말하였다. 이제 그는 자신의 실험의 증거가 시사적이기는 하나 결정적이라고 말하기에는 거리가 있다는 것을 인정한다. 개별적인 '봉합'

이라는 내적 변혁(1권 5-131에서 묘사된 종류의)이 아니라, 대규모의 구조적인 내적 변혁(1권 5-132에서 묘사된 종류의)이 일어나는 것이 아닐까? 만일 후자의 경우가 사실이라면, 그는 내적 변혁에 선행하는 단계가 다른 외적, 내적 심리 기능들(말, 쓰기, 산술, 자발적 주의)의 단계와 유사해야 한다고 주장한다. 다시 말해 순수하게 기계적인 암기의 단계(10-49), 어린이가 그림에 마법적 자질들을 부여하지만 낱말을 기억하는 데는 실패하는 소박한, 마법적 기억의 단계(이 소박하게 매개된 기억에 대한 사례들은 어린가 그림의 이름은 기억하지만 목표 낱말은 기억하지 못하는 10-59와 10-60에 나타나 있다), 외적 기억의 단계와 마지막으로 완전한 내적 변혁의 단계가 존재해야만 한다(10-51).

B. 여기서 비고츠키는 주판을 사용하여 숫자들의 순서를 기억하는 실험을 탐색한다. 어린이는 아직 주판을 사용하는 법을 모르기 때문에, 주판 사용법을 다시 고안 해야만 하며 0이나 두 자리 수를 기록하는 데 있어 특히 어려움을 겪게 된다. 비 고츠키는 결과적으로 나타난 체계가 자연적 기억(예를 들어 특정한 주판알이 0이나 두 자리 수의 일부를 상징한다는 것을 직접적으로 기억하기)과 문화적 기억(1에서 9까지 의 주판 사용 방식에 따라 표현하기) 모두를 포함하는 혼합적 체계라고 지적한다. 그 는 이 혼합적 체계에서 자연적 기억이 문화적 기억에 종속된다고 지적한다. 다시 말해 자연적 기억은 문화적 기억을 보완하기 위해 사용되며 어떤 문화적 수단도 구할 수 없을 때(예를 들어 0이나 두 자리 수의 경우와 같은)에 대용물로 사용된다(10-52~10-56).

C. 비고츠키는 관습적·문화적 기억의 갈래가 단순히 논리적(하나의 주판알이 1을 상징 한다)인 반면, 발명된, 더 자연적인 기억의 갈래는 어떤 것이 다른 무언가를 상징 함(즉 하나의 주판알이 1이 아니라 0이나 두 자리 수의 일부를 상징하는 것)을 기억하는 것을 포함한다고 지적한다. 그러고 나서 그는 혼합된 자연적-문화적 기억 형태의 이 두 갈래가 문화적 기억 자체 내의 상이한 두 가지 발달 경로를 나타낸다는 놀 라운 주장을 펼친다. 즉 전자는 모상에 기초한 논리적 기억을 후자는 말로 하는 생각이나 쓰기와 같이 낱말에 기초한 기억을 나타낸다. 그는 이 둘을 따로 떼어 놓는 것이 매우 어렵다는 것을 시인하는데, 이는 예를 들어 모상(예를 들어 그림들) 에 근거한 기억도 여전히 말로 표현되어야 하기 때문이다. 그러나 그는 그림에 기 초한 실험에서 몇몇 어린이들이 그림이 아니라 그림의 제목을 기억하는 것을 발견 했으며 이는 그림에 잘못된 제목을 붙이는 사례로 증명될 수 있다(예를 들어 '싸움' 이라는 말을 회상해야 하는 두 마리 소의 그림에 '일'이라는 제목을 붙이는 경우). 이는 비 고츠키에게 덜 모상적이면서 더 언어화된 어떤 기억의 양식들이 존재한다는 것을 의미하며, 따라서 이것은 덜 단편적이면서 좀 더 체계적인 기억 매개(이미지가 아닌 언어에 기초한)의 수단을 시사한다(10-57~10-60).

D. 이제 비고츠키는 유심론적 심리학자인 베르그송에게로 관심을 돌린다. 비고츠키 는 베르그송이 이원론자임을 확인한 바 있다. 즉 그는 기계적인 '뇌의 기억'과 의 지와 정신에 종속된 '영혼의 기억'을 믿었다(10-8). 베르그송은 이 둘을 결합하였 다. 그는 학습을 반복함으로써 갈톤의 사진과 같이 많은 경험으로 구성된 기억을

형성한다고 지적한다. 그러나 하나의 경험을 (오류나 모범 사례와 같은) 모종의 방식으로 두드러진 것으로 선택하는 것은 순수한 의지의 힘을 통해서도 역시 가능하며, 이러한 선택을 하는 수단은 기계적인 것이 아니라 기억술적인 것이라고 말한다. 비고츠키는 기억술과 의지 사이에 연결을 암시한 베르그송에게 전적으로 동의한다. 왜냐하면 우리가 보았듯이 어떤 과정의 통제를 가능하게 하는 것은 매개의 본성이기 때문이다. 이어서 비고츠키는 베르그송과 스피노자, 심지어 셰익스피어에 의해 암시된 기억과 자유 의지 사이의 연결을 다룬 후, 이에 대해 12장에서 다시 다룰 것을 약속한다(10-61~10-66).

IV. 세 개의 마무리 단락에서, 비고츠키는 자연적/원시적 기억과 문화적 기억 간의 관계에 대한 병리 발생적 자료들을 살핀다. 첫째, 그는 정신지체아를 대상으로 그림 실험을 재현했을 때, 비매개적 기억이 매개적인 기억을 압도한다는 것이 분명하게 드러난다고 말한다. 그는 이것이 매개적인 수단들로 이행해 가는 것에서의 어려움(예를 들어, 말하기 능력, 읽고 쓰는 능력, 기본적인 계산 능력의 발달에서 정신지체아가 만나게 되는 어려움들) 때문이라고 보지만, 이것은 또한 지체 어린이의 기억이 원칙적으로 정상 어린이의 기억과 전혀 다르지 않음을 보여 준다고 덧붙인다. 그는 그런 어린이들이 어떤 특수화된 영역(예컨대 날짜를 완벽하게 기억하는 자폐 어린이)에서 수많은 예외적인 자연적 기억의 사례들을 보여 준다는 것을 지적하면서 이 장을 마무리한다. 비록 하나의 기억 형태에 대한 결핍을 다른 기억 형태로 보상하는 과정이 과학적으로 아직 설명되지는 않았지만, 비고츠키는 자연적 기억과 문화적 기억을 분리함으로써 이에 대한 설명이 모색될 수 있을 것이라고 확신한다(10-66~10-67).

제11장

말과 생각의 발달

Фёдор Решетников, 「Опять двойка(Another F)」(1952).
'거듭된 낙제'로 번역될 수 있는 레시트니코프의 작품에서 생각 발달의 다양한 계기를
발견할 수 있다. 개는 친숙한 어린 주인의 등장에 조건 반사적으로 반응하고 있지만
피오네르 단원으로서 동생을 가르쳤어야 할 의무가 있는 누나는 동생의 시험 성적에
반응하고 있다. 엄마는 아들을 혼낼 채비를 하고 있지만, 전쟁터에 아빠를 보낸
어린 아들의 모자람이 결코 아들만의 탓은 아님을 염두에 두고 있다.
그러나 무엇보다도 소년 자신은 시험 점수에 반응하기보다는 시험 전날
책 대신 스케이트를 가방에 넣었던 자신의 행위를 되돌아보고 있는 듯하다.

11

앞 장이 완성된 구조를 가진 하나의 장이었다면, 이번 장은 비고츠키가 잘 쓰지 않는 '나'라는 표현에서 미루어 볼 때 강의이거나 혹은 강의에 기초한 것으로 보인다.

11-1] 이 장의 주제가 되는 대상인 말과 생각의 발달, 특히 유년기의 고등 생각 형태의 발달은 어렵고도 복잡하다. 이러한 이유로 나는 가장 단순한 것, 즉 가장 잘 알려진 구체적 사실로 시작하고자 한다. 이는 너무나 기초적이어서 문제를 극도로 단순화했다는 비난을 받을 만하다는 걱정이 들기도 한다. 그러나 나는 이 거대하고 복잡한 문제를 그 이론적 측면으로부터 직접적으로 접근하는 것 외에는 다른 방법이 없다고 본다.

11-2] 나는 아주 잘 알려진 실험으로 시작하려고 한다. 그 실험은 그림에 대해 어린이가 말한 이야기를 가지고 어린이의 생각 발달에서의 가장 중요한 단계들을 규명하려고 시도한 것이다. 우리는 이 방법이 비네가 제안한 것이고 스턴에 의해서 널리 사용되었다는 것, 그리고 극히 단순하고 분명하다는 점을 알고 있다. 우리는 도시나 농촌의 가족 또는 감옥에 갇힌 죄수들을 묘사한 단순한 그림을 3세, 7세, 12세 어린이에게 보여 주고 각각의 어린이들이 동일한 이야기를 어떻게 묘사하는지

알아본다. 연구자들은 모든 어린이들이 동일한 생각 대상을 제공받았기 때문에 어린이의 이야기를 보면 가장 중요한 생각의 초기 단계의 발달을 알 수 있다고 말한다.

11-3] 그러한 실험들로부터 어떤 결론이 나오는지도 잘 알려져 있다. 그런데 이는 생각에 관한 대부분의 심리학이 토대하고 있는 발견들이기도 하다. 전 학령기 어린이들이 그림에 관해 이야기할 때 개별 대상들을 명명한다는 것이 드러나며, 이로부터 전 학령기 어린이들은 세상을 개별 사물과 대상들의 체계로 생각한다는 결론이 내려진다. 학령기 어린이는 대상들이나 사람들이 만드는 단순한 행위와 심상들에 대해 말하며, 따라서 학령기 어린이는 세상을 행동하는 대상들과 사람들의 체계로 생각한다는 결론이 내려진다. 마지막으로 우리는 좀 더 나이 든 학령기 어린이는 전조의 단계로 이행한 후, 관계의 단계로 이행하며, 개별 대상들 간의 복잡한 관계를 파악한다는 것을 알고 있다. 따라서 좀 더 나이 든 학령기 어린이는 세상을 사람과 사물들이 상호작용하는 복잡한 관계들의 체계로 지각한다는 결론이 내려진다.

스턴의 그림에 대한 어린이의 단계별 반응은 예를 들면 다음과 같을 것이다.

• 3-7세 어린이: 방이 있다. 탁자가 있다. 침대가 있다. 접시가 있다. 창문이 있다. 의자가 있다. 그림이 있다. 벽에 시계가 있다. 개가 있다. 사람들이 있다.

• 7-12세 어린이: 여자는 남자에게 음식을 차려 주고 있다. 소년은 먹고 있다. 그 남자는 여자를 보고 있다.

• 12세 이상 어린이: 이것은 두 아이를 둔 농부 가족이다. 엄마는 아침 식사로 신선한 우유 한 주전자를 가져온다. 어린 소년은 배가 고프며 그 밖에 무엇을 먹게 될지 알고 싶어 한다. 남자는 가족들을 놀래 주려고 한다. 그들은 오늘 시장에 갈 것이다.

'전조의 단계'는 어린이가 내적 관계를 이해하기 전에 그에 대한 외적 명칭을 파악하는 단계를 일컫는다. 예를 들어 유아들은 '언니'라는 말을 관계에 대한 명칭으로 파악하는 대신 인물들의 외적 특성에 대한 지시로 이해한다.

11-4] 생각의 심리학에 있어서 근본적으로 중요한 핵심 사실은 우리가 방금 지적한 입장을 수정해야 한다는 것이다. 오래전부터 그림을 보고 이야기를 만드는 실험에서 얻어진 데이터의 가치에 대한 의혹이 있었고, 이와 같이 매우 단순한 방식으로 이 문제에 접근했던 사람들에게 이러한 의심을 심어 주는 것이 필요했다. 실험은 실제로 무엇을 말하고 있는가? 첫째, 어린이는 사물을 지각하고, 그런 후 행동을 지각하고, 그 다음 관계, 즉 사물 간의 연결을 지각한다. 이것은 우리가 일반적으로 아동 발달에 대해 알고 있는 것과 상응하는가? 이 단계들을 거꾸로 거슬러 내려가, 어린이가 더 어릴 때는 어떻게 그림이나 세계를 지각할 것인지를 살펴보자. 어린이는 분명 개별적인 대상이나 사물이 아니라 사물이 지닌 최소의 속성과 자질을 볼 것이다. 왜냐하면 대상 그 자체가 이미 개별적인 특성과 연결의 상당히 복잡한 관계이기 때문이다.

11-5] 우리는 바로 이렇게 이야기할 수 있다. 우리가 어린이에 대해 알고 있는 모든 것은 이 관점과 상반된다. 어린이에 대한 우리의 모든 지식은 초기 연령기와 전 학령기의 어린이가 사물을 매우 구체적으로 상호 연결된 전체적 현실로 지각한다는 것을 시사한다. 그림을 이용한 실험에 근거하여 우리는 어린이가 처음에 개별 대상을 인식한다고 생각했지만, 이는 사실 어린이의 후속 발달에서 나타나는 후기 단계의 특징이며, 유아의 생각 발달에 대해 우리가 알고 있는 모든 것은 이러한 실험을 계속해 나갔을 때 어린이 생각 발달의 과정과 완전히 반대되는 놀라운 오해에 도달하게 됨을 시사한다.

11-6] 어린이는 초기부터 연결된 덩어리 전체로 생각한다. 이 계기는 혼합주의라 불린다. 혼합주의는 나누거나, 하나하나 구분하지 않고, 전체 덩어리로 생각하도록 하는 어린이 생각의 특성이다. 어린이 생각의 혼합주의적 본성, 즉 전체적 상황으로 생각하기, 부분을 전체와 연결하여 생각하기는 너무 강해서 여전히 학령기 어린이의 언어적 생각 영역을 차지하며 전 학령기 어린이의 과도기적 생각 유형이다. 특정한 대상을 분리하여 그것을 이름으로 지칭하는 능력의 부재는 J. 피아제의 두 가지 사례에 명확히 묘사되고 있다.

11-7] 어린이에게 "왜 태양은 뜨거운가요?"라고 묻는다. 어린이는 "노란색이기 때문이에요." 혹은 "높게 떠서 저 위에 계속 있으니까요." 라고 대답한다. 어린이에게 있어 '설명하기'란 하나의 경험이나 심상과 직접적으로 연관된 다양한 사실이나 특징들, 경험들이나 관찰한 것들을 제시하는 것을 의미한다. 태양이 높이 떠서 떨어지지 않는 이유와, 노랗고 뜨거우며 구름 가까이 있다는 것, 즉 어린이가 보는 이 모든 것은 함께 연결되어 있으며 서로 분리되어 있지 않다.

비고츠키는 피아제의 저서인 『어린이의 판단과 추론』(1928)의 229쪽을 언급하고 있다. 비고츠키가 말한 '두 가지 사례'는 사실 하나의 질문("해와 달은 왜 떨어지지 않을까?")에 대한 두 어린이의 답변이었다.

11-8] 더 나이 든 어린이에게 혼합주의는 비일관성을 야기한다. 즉, 오직 외적 인상에서만 서로 일관성을 가지는 것들을 아무것이나 모두 혼합하는 것이다. 이것은 학령기 어린이의 말 속에 남아 있다. 즉, 어린이는 이런 혼합적인 전체에 의해 행동한다. 블론스키는 이런 속성을 생각의 연결성 없는 연결성이라고 바르게 규명한다. 이러한 무연결성은 이해할 만하다. 어린이는 태양이 떨어지지 않는 것은 뜨겁기 때문이라고 생각한다. 여기에는 상당 부분 연결이 단절된 것으로 보인다. 그렇지

만 그것은 '연결성'이라고 올바르게 불린다. 왜냐하면 우리 성인들이 반드시 분리하는 것을 어린이는 연결하기 때문이다. 우리가 분리하는, 태양이 노란색이라는 사실, 그리고 태양이 떨어지지 않는다는 사실은 어린이에게서 하나의 경험으로 통합된다.

연결성 없는 연결성과 관련하여 『생각과 말』 5-4-4 참조.

11-9] 따라서 혼합주의는 생각의 연결성 없는 연결성, 즉 직접적 경험으로부터 생겨나는 주관적 연결이 객관적 연결보다 우세한 것이다. 이것은 객관적인 무연결성과 주관적인 범汎연결성을 낳는다. 어린이는 모든 것이 모든 것과 연결되어 있다고 지각한다. 객관적 측면에서 볼 때, 이는 어린이가 경험을 통한 연결성을 사물들 사이의 연결성으로 취한다는 것을 의미한다. 어린이는 마치 인상 속의 연결을 사물들 간의 실제 관계로 지각하는 것처럼 행동한다. 생리학적 관점에서 어린이의 뇌에서 일어나는 것은 상대적으로 잘 알려져 있다. 그것은 И. П. 파블로프의 복사輻射에 대한 흥미로운 견해에 의해 잘 기술된다. 최초의 인상에 수반되는 처음의 산란되고 분산된 흥분 단계는 이 경험과 연결된 전체 복합체를 활성화시킨다는 것이다.

이것은 1927년에 개에 대한 파블로프의 강의를 언급한 것이다. 파블로프는 어떻게 음식에 의한 흥분이 뇌의 한 점에서 비롯된 후 제한된 공간에만 한정되어 확산, 활성화되는지 묘사한다. 파블로프는 이를 '복사'라고 불렀다.

파블로프의 "Conditioned Reflexes: An Investigation of the Physiological Activity of the Cerebral Cortex, 1927" 중 Lectures IX, X, XI 참조.

11-10] 옛 심리학자들, 주관주의 심리학자들은 생각의 발달을 어떻

게 상상했는가? 그들은 신생아의 상태가 감각의 혼돈, 무엇보다 사물들의 연결되지 않은 혼란 상태라고 하였다. 경험이라는 것이 없다면 어디서 연결을 이끌어 낼 수 있겠는가? 이 어린이는 사물, 예컨대 침대, 사람, 탁자, 혹은 의자를 본 적이 없다. 만약 감각만이 기능한다면, 당연히 어린이는 표상들의 혼돈, 즉 따뜻함과 달콤함, 검정과 노랑의 혼합물과 같이 서로 연결성이 없는 각기 다른 감각들과 다양한 사물의 속성들을 필연적으로 경험할 것이다. 경험은 점차 축적되고, 개별적 감각들로부터 무리가 형성된다. 이로써 사물이 등장하고, 이어서 사물이 무리에 더해져 마침내 어린이는 세계 그 자체를 지각하게 된다.

11-11] 그러나 실험적 연구들은 사태가 그와는 정반대임을 보여 준다. 영아는 세계를 혼합적으로, 즉 광범위한 전체 덩어리나 상황으로 지각한다. 또 다른 생리학적 주장은 이를 지지한다.

11-12] И. П. 파블로프는 소위 복합적 자극물의 특성을 연구하여, 주어진 복합 자극물이 구성 자극물들 자체, 즉 개별적으로 투여되거나 순서대로 투여된 자극물과는 상이한 효과를 발생시킨다는 것을 보여 주었다. 처음에 파블로프의 연구실에서는 개별 자극물을 가지고 실험을 시작하였고 이후에 복합 자극물을 연구하였다. 따라서 연구실의 실험은 처음에 특정 자극물로 그리고 이후에 복합 자극물로 설계되었다. 그러나 어린이의 삶에는 무슨 일이 일어날까? 나는 어린이가 처음에 전체적인 상황 속에서 복합적인 대상과 경험을 대면하기 마련이라고 생각한다. 어머니가 수유를 할 때 자극물은 어머니, 어머니의 옷, 얼굴, 목소리, 어린이가 품속에 안겨 특정한 자세를 취하고 배불리 잠들게 된다는 사실이다. 어린이를 중심으로 이러한 상황이 전체적으로 펼쳐진다. 이러한 이유로, 연구실에서는 복합적 자극물들을 나중에 다루게 되지만, 발생적으로는 자극의 복합물이 어린이들에게 먼저 나타나며 어린이는 처음에는 복합체를 생각하고 나중에야 개별 대상을 생각하게 된다고 파

블로프는 말한다.

본문에 나오는 '자극물'은 파블로프가 자극(스치물리, стимули, stimulus)을 의미할 때 사용하는 '라즈라제니야 Раздражения, irritant'를 번역한 것이다. Раздражения가 반응을 촉발시키는 기제라는 점에서 생리학적인 개념이라면, стимули는 행동의 동인이 되는 기제라는 점에서 행동주의적 개념이다. 본문에서는 모두 자극으로 번역하였다.

이 문단에서 유추해 볼 때 비고츠키는 파블로프의 비윤리적 실험에 대해 알고 있었던 것으로 보인다. 파블로프는 어린이를 대상으로 타액 분비 측정 실험을 시행하였다.

위 사진은 1926년 파블로프의 실험실에서 '뇌의 생리학'이라는 제목으로 수행된 실험 기록 영상에서 따온 것이다. 파블로프의 유명한 자극-반사 실험에서 개에게 이식된 침 분비 측정 장치와 동일한 장치가 어린이에게도 사용되었음을 알 수 있다. 파블로프는 왜 이와 같이 잔인하고 비인간적인 방법을 사용했던 것일까? 이는 '내관'을 피하고, 분비된 침을 수집함으로써 자극의 정도를 정밀하게 측정하기 위함이었다. 파블로프는 실험 대상의 내관이나 관찰자의 판단에 의해 자극 정도를 판단하는 것은 비과학적이고 사변적일 뿐이라고 생각했으며 심리학이 정밀한 행동 과학이 되기 위해서는 내관적 심리 과정에 대한 기술을 거부해야 한다고 믿었다. 파블로프와 같은 초기 행동 심리학자들이 실험 윤리에 전혀 관심을 갖지 않았던 이유 중 하나는 그들이 장애아들을 대상으로 실험했기 때문이다. 그들은 장애아들을 본질적으로 실험동물과 동일하게 취급하였다. 후에 J. 왓슨과 그의 제자 레이너 Raynor는 위와 동일한 실험을 '꼬마 알버트'를 대상으로 재연하였다. 다만 그들은 침 분비 측정 장치를 수술해서 이식해 넣는 대신 실험자들의 주관적인 판단으로 자극 정도를 측정했다. 왓슨은 알버트가 건강한 어린이라고 주장하였지만 사실 알버트는 뇌에 물이 차는 뇌수종 질환을 앓고 있었으며 6세에 사망한 것으로 밝혀졌다. 이는 위와 같은 대단히 비윤리적인 실험들의 데이터를 정상아에게 일반화할 수는 없음을 시사한다. 비고츠키는 1926년에 반사학을 비롯하여 생리학적 접근 전체를 거부하였다. 이 문단에서도 그는 생리학적 방법에 대한 반작용으로 발생한 인간적, 전체적 형태주의 심리학에 더욱 우호적인 태도를 보여 준다.

다음 문단에서 보게 되겠지만 비고츠키는 스턴의 방법에 대해서도 만족스러워하지 않았다. 이는 비네의 연구에 근거한 스턴의 연구 결과가 형태주의적 원칙, 즉 전체로부터 부분으로라는 원칙과 상충되기 때문이다.

11-13] 그러나 그림의 이해에 관한 실험이 상반된 이야기를 하고 있음을 확인하는 것은 어렵지 않다.

11-14] 사실에 근거한 또 다른 고려.

11-15] 그림을 사용한 실험은 3세 어린이가 개별 대상을 보는 데 반해 더 나이 든 어린이는 세계를 행위의 체계로서 생각한다는 것을 시사한다. 만일 같은 그림(예컨대 '감옥에 있는 죄수')을 3세 어린이에게 보여 주면 '한 남자, 다른 남자, 창문, 컵, 벤치'라고 설명하지만, 전 학령기 어린이는 "한 남자가 앉아 있고, 다른 사람은 창을 바라보고 있고, 컵은 벤치 위에 놓여 있다."라고 설명할 것이다. 그러나 우리는 3세 어린이와 유아기 어린이에게 오히려 모든 개별 개체들, 모든 대상들이 그들의 기능에 따라 규정된다는 것, 다시 말해 행위에 따라 결정된다는 것을 알고 있다. 어린이에게 먼저 나타나는 것은 바로 이것들이다. 그리고 최초의, 첫 번째 낱말을 조사해 보면, 우리는 그것이 대상이 아닌 행위의 이름임을, 즉 어린이가 그 대상보다 행위를 명명하는 것임을 확인할 수

있다.

11-16] 자료를 요약하면 다음과 같은 결론에 도달하게 된다. 그림 이야기들로 묘사되는 생각 발달과 우리가 생활 속에서 생각 발달에 대해 알고 있는 모든 것 사이에는 운명적 모순이 생겨난다. 이 두 경우에서 관계는 마치 반대인 것처럼 보인다. 이상할지 모르지만, 이 모든 고찰들은 실험과 사실에 의해 입증될 수 있을 것이다. 천 명의 어린이를 대상으로 그림 실험을 실시해 보더라도 동일한 방식이 나타남이 다시 한 번 입증될 것이다. 그것은 실제로 반론의 여지가 없는 사실이지만 다르게 해석되어야 한다.

> 본문의 '운명적 모순'을 나타내는 러시아어 'роковое противоречие'는 예언적이고 예측 가능한 모순을 의미한다. 즉 실험실에서의 실험이 실생활에서의 통찰과 모순되는 것은 예측 가능하고 운명적이라는 비고츠키의 생각이 드러난다.

11-17] 우리로 하여금 새로운 해석을 향한 길을 설명하고 보여 줄 가장 단순한 관찰 하나를 해 보자.

11-18] 만약 어린이의 생각에 대해 우리가 알고 있는 모든 것이 그림 이야기가 우리에게 제공하는 것과 정반대라면, 어린이의 말에 대해 우리가 알고 있는 모든 것은 그것을 확증한다.

11-19] 우리는 어린이가 처음에는 한 단어로 말하고 그 후에야 문장으로 말한다는 것을 알고 있다. 나중에 어린이는 빠듯한 범위의 단편적인 낱말과 사실들을 모으며, 그리고 나서 다섯 살 어린이는 하나의 문장 안에 낱말들 간의 연결을 확립하고, 8살에 어린이는 벌써 복합 절을 사용하게 된다. 여기서 다음과 같은 이론적 가정이 생긴다. 그림에 관한 이야기는 어린이의 생각 발달을 묘사할 수 있는가? 이로부터 어린이가 소박한 표현으로, 말하는 것과 그의 생각이 같다고 이해해도 되는가?

발생적으로 볼 때 실상은 아마도 이와 다를 것이다. 즉 그림은 단지 어린이가 단편적인 낱말 구로부터 시작하여, 한 문장 속에 점점 더 많은 연결, 즉 낱말을 덧붙이며, 마지막으로 일관된 이야기로 나아간다는 사실만을 가리키는가? 어쩌면 어린이는 세상을 먼저 분리된 사물로, 그다음에 행위로, 그다음에 전조와 관계로 생각하지 않는 것은 아닐까? 어쩌면 어린이는 먼저 하나의 낱말로, 그다음에 명제로 말하며, 그러고 나서야 이것들을 문장으로 결합하는 것은 아닐까?

11-20] 결론적 답은 실험을 통해서만 얻어지기에 우리는 실험을 수행한다. 이를 위해 단순하지만 아주 영리해 보이는 방법을 사용한다. 우리는 어린이의 말을 피해서 그림에 대한 답을 말이 아닌 다른 방법을 통해 얻고자 한다. 만약 어린이가 세상을 개별적 사물로 생각하지 않음에도 불구하고, 단지 몇몇 낱말만을 말할 수 있어서 그들의 관계를 표현하지 못한다는 가정이 옳다면, 우리는 말을 제외한 채 헤쳐 나가고자 한다. 우리는 두 어린이에게 그림에 나타난 것을 말로 하지 말고 연극으로 보여 달라고 요구한다. 그 연극은 때때로 20~30분이 걸리며, 무엇보다 먼저, 어린이가 그림 속에 존재하는 관계를 파악하고 있다는 것이 연극에서 드러난다. 요컨대 스턴이 한 것처럼 어린이에게 말하라고 요구하지 않고, 그림을 연기하라고 요구하면, 4~5세의 어린이는 12살 난 소년이 말로 기술한 것과 거의 같은 방식으로 '감옥에서'라는 그림을 연기할 것이다. 어린이는 사람들이 감옥에 있다는 것을 이해한다. 이때 한 어린이는 그들이 어떻게 체포되고 수감되었는지, 한 사람이 창문을 바라보며 얼마나 자유를 갈망하는지와 같은 복잡한 이야기를 덧붙인다. 다른 어린이는 유모가 표 없이 전차에 타서 어떻게 벌금을 물게 되었는지에 관한 매우 복잡한 이야기를 덧붙인다. 요컨대 우리는 12살짜리의 이야기에서 볼 수 있는 전형적인 특징을 얻는다.

11-21] 바로 여기서 그림 이야기와 역할 놀이에서 나타난 바와 같은,

어린이의 생각 과정과 어린이의 생각 발달의 역사에 대해 심리학자들이 눈을 뜨게 된다. 이 실험의 다른 측면을 살펴보자.

11-22] 우리 이전에 다른 실험자들이 한 일을 되짚어 보자. 우리는 3세 어린이가 관계가 아니라 개별 사물과 대상을 지각하며, 그들 사이의 관계가 나중에 확립되는 것이 사실인지 아닌지를 밝히려고 할 것이다. 그것이 사실일 경우 어린이에게 연결성이 미약한 몇 개의 사물을 제시하고 이들을 조작하도록 한다면, 어린이들은 그 관계를 발견하지 못하고 그 대상들을 어떤 상호 연관성도 없는 개별적인 것들로 간주할 것이라고 예상할 수 있다. 이 실험은 특수한 실험을 통해 그 연구 방법을 발달시킨 W. 엘리아스버그에 의해 수행되었다. 그 본질은 다음과 같다. 탁자 위에 일련의 색종이를 놓고, 어떠한 설명도 없이 어린이를 탁자로 인도한다. 그럼에도 불구하고 때때로 어린이의 주의는 자기 앞에 놓인 종이에 쏠린다. 종이는 밝은 빨간색과 파란색 두 가지이다. 어린이는 종이에 손을 뻗어 뒤집는다. 그중 하나(파란색 종이) 밑에 담배가 붙어 있다. 어린이는 그것에 관심을 가지고 떼어 내려고 시도한다. 그다음에는 무엇을 할까? 만일 그 어린이가 시험—그림 이야기—에 의해 제시된 단계에 속한다면, 우리는 다음 시험에서 그 어린이가 그 각각의 종이들을 개별적으로 혹은 기껏해야 종이 더미로 다룰 것이고, 그 사물들 간에 어떠한 연결이나 관계를 만들지 않을 것이며, 결국 사물들 간에 아무런 연결과 관계도 성립되지 않을 것이라고 예상할 수 있다.

> 엘리아스버그의 실험은 9장(9-92~9-118)에서 묘사된 도토리를 이용한 실험과 크게 다르지 않다. 엘리아스버그는 상자 대신 약간 휘어진 종이를 사용하고, 도토리 대신 담배나 성냥을 사용한다.
>
> 파란색 종이　　　　　　빨간색 종이
>
> 담배나 성냥개비

비고츠키가 종이의 색깔과 담배(또는 성냥)의 존재 여부 사이의 연결성이 미약하다고 말하는 데에는 세 가지 이유가 있다.

첫째, 어린이는 어느 종이 밑에 담배나 성냥개비가 있는지 볼 수 없으므로, 우리는 그것이 시각적 연결이라고 말할 수 없다. 둘째, 어린이는 그 관계를 파악하기 전에 한두 번의 시도만을 하므로, 우리는 그것이 습관이나 조건 반사라고 말할 수 없다. 셋째, 파란색 종이와 담배나 성냥개비 사이의 관계는 지시적이거나 모상적인 것이 아니라 상징적인 관계이다. 즉 임의적 관계를 갖는다. 그것은 연기와 불 또는 발과 발자국과 같은 관계가 아니다. 그것은 자연적 관계가 아니라 인공적 관계(언어와 유사한)이다. 이러한 인공적 관계는 어린이 관점에서 볼 때 '미약하다.'

11-23] 실험은 그 반대를 보여 준다. 한 살 반에서 두 살, 세 살까지의 어린이는 일반적으로 항상 대개 파란색 종이들 간 연결을 형성하고 담배를 발견한다. 종이들이 무작위로 배열되면 어린이는 파란색만 뒤집고 빨간색들은 한쪽에 남겨둔다. 첫 번째 시도 후에 종이의 색을 바꾸어 파란색과 빨간색을 주황색과 갈색으로 대신한다 하더라도 어린이는 똑같이 행동한다. 그는 주황색과 갈색을 뒤집어 보며 어디에 담배가 있는지 찾고 난 후, 다시 색과 담배의 존재 사이의 관계를 확립한다. 실험과 전체 상황을 서로 아무런 관련이 없는 개별 사물로 훨씬 더 잘 분리할 수 있는 고학년 어린이들보다도 어린아이가 관계를 더 잘 형성하는 것은 매우 흥미로운 일이다. 성인은 고학년 어린이들보다도 관계를 형성하는 능력이 부족하다. 이러한 이유로 엘리아스버그는 가장 간단한 실험에서도 사물들 간의 관계를 쉽게 확립하는 어린이가, 세계를 개별 대상으로 생각하고 연결―'창가에 서 있는 사람'―을 상상하지 못하여 단지 사람과 창문을 볼 뿐이라는 것은 그럴듯하지 않다고 말했다.

11-24] 엘리아스버그에게 말 못하는 어린이, 즉 발어發語 불능아나

농아 어린이를 대상으로 한 실험은 결정적이었다. 여기서, 말 못하는 어린이의 행동을 분석한 많은 실험들은 어린아이가 모든 것을 아무것하고나 연결시키는 경향을 가지고 있다는 결론으로 우리를 이끈다. 실험이 보여 준 것처럼 어린이에게 있어 특히 어려운 것은 연결을 끊고 특정한 계기를 강조하는 능력에 있다. 따라서 어린이가 한 행위와 다른 행위를 연결시키지 않는다는 일반적인 생각은 부정될 수 있다.

발어 불능은 성대 운동 마비로 인해 말을 할 수 없는 증세이다.

11-25] 그림 이야기가 묘사하는 생각 발달의 발생 곡선이 옳은가 하는 의혹이 오랫동안 존재해 왔다. 스턴은 주어진 정신 과업이 어려울 때, 어린이는 더 낮은 수준으로 내려간다고 지적했다. 복잡한 그림을 보면, 12세 어린이는 7세 어린이처럼, 7세 어린이는 3세 어린이처럼 말하기 시작한다. 이를 증명하기 위해, 스턴은 어린이에게 눈앞에 놓인 그림에 관한 이야기를 글로 쓰도록 요구했다. 이야기를 글로 쓰도록 요구받은 모든 어린이들은 이번에도 한 수준 아래로 내려간다.

11-26] 이 실험은 스턴에게 있어 승리였다. 그 실험은 과업의 복잡화(그림을 기억하여 재현하기)가 이야기의 질을 즉시 저하시킨다는 것을 보여 주었다. 그 결과, 언뜻 보기에는 발달된 생각 과정 속에 처음에는 대상에 대한, 그런 후 이 대상들의 행위에 대한, 그런 후 전조에 대한, 마지막에 대상들의 관계에 대한 모종의 생각 방식이 나타난다고 가정될 수 있다. 그러나 스턴의 전체 구조를 뒤집는 또 다른 일련의 실험이 있으며, 이러한 점에서 이들(실험들)이 왜 질문을 수정하지 않았는지 이상할 따름이다.

스턴은 말에서 쓰기로 과업이 복잡해지면 어린이 기술記述의 인지적 수준이 한 단계 내려간다는 것을 확립했다. 네 가지 수준 즉 개별 대상, 대상에 대한 행동, 대상의 전조, 대상 간의 관계에 대한 수준이 있다고 가정해 보자. '대상 간의 관계' 수준으로 말할 수 있는 어린이는 '대상의 전조' 수준으로 쓸 수 있을 뿐이며, '대상의 전조' 수준으로 말할 수 있는 어린이는 '대상의 행동' 수준으로 쓸 수 있다. 이 결과는 많은 학자들에 의해 되풀이되었으며, 예를 들어 짐 커민스가 대인 관계의 기본 대화 기술(BICS, 말하기)과 인지적 학술적 언어 능력CALP을 구분하는 것에서도 이를 확인할 수 있다. 스턴은 이 결론을 일반화하고자 했다. 11-25에서 어린이의 과업은 바로 앞에 놓인 그림에 대해 써야 하는 것이었다. 이 문단에서는 그림을 치움으로써 과업이 복잡해진다. 어린이는 그림을 볼 수 없으며, 일단 한 문장을 써야만 그림을 볼 수 있고 또 다음 문장을 쓰게 된다. 스턴의 '승리'는 그의 결론이 실제로 일반화된다는 것이다. 어린이가 매 문장을 쓸 때마다 그림을 보지 않고 기억해야 할 때, 그 과업의 복잡성은 실제로 어린이를 한 단계 아래로 강등시키게 된다. 문제는 비고츠키가 주장했듯이 그림 실험이 생각을 반영하지 못한다는 것이다. 그것은 오직 특정한 영역의 언어 수준만을 반영할 뿐이다. 초등학생이 쓴 다음의 영어 일기를 살펴보자.

Me and so-ra's secret?????!

Oh! today is very very hot and best sun is shinny.

then so-ra is coming my class.

so-ra is quiet tel me······ 'Do you like hamster?' 'Yes, why?' 'Can you bring hamster?' 'hamster?' 'yes, be quiet be quiet' 'Do you have money?' 'Yes, I do.' I'm very restless. after school we are go to the stationery but hamster is anything. hamster is tomorrow open. we are by hamster reserve. I'm very be restless and wait tomorrow. This is me and so-ra's first secret.

(Yi & Kellogg, 2006: 4)

문장들의 기본 구조가 'X is Y'임에도 불구하고(거의 모든 문장이 'to be' 동사를 포함한다) 이 자료의 서술적 부분에 많은 오류가 있음을 확인할 수 있다. 이와는 대조적으로 대화 부분에는 오류가 거의 없다. 그러나 이를 쓴 것은 동일인이다. 게다가 대화는 한국어로 이루어졌을 것이므로 어린이가 영어 대화를 기억해서 정확히 썼다고 말할 수 없음은 자명하다. 따라서 서술 부분과 대화 부분의 정확성의 차이는 기억으로 설명될 수 없다. 두 종류의 생각이 있는 것이 아니라, 두 종류의 말이 있는 것이다.

11-27] 첫째 실험은 다음과 같다. 만약 서로 다른 사회적 삶을 누리는 어린이—지체아 또는 비정상아인, 농촌 어린이와 교육 받은 도시 어린이—를 대상으로 실험하면, 그림 기술하기 과업에서 이 독일 농촌 어린이가 다른 계층에 속한 어린이와 비교할 때 단계별로 발달이 뒤처진다는 것을 알 수 있다. 그러나 교육 환경에서 자란 어린이와 교육이 없는 환경에서 자란 어린이의 생각을 비교해 본 스턴은, 교육이 없는 환경의 어린이가 일상 사고에 있어서는 평균적으로 상대에 비해 사소하게 뒤처지며, 사고의 내용에 있어서는 대부분의 경우 환경에서 비롯된 차이가 사실상 전혀 없다는 것을 발견했다. 다른 한편, 서로 다른 사회 계층에 속한 어린이의 말의 차이를 분석한 실험은 말 발달 데이터와 완전히 부합한다. 예를 들어 입말과 구문構文의 발달을 관찰해 보면, 농촌 어린이는 일상생활에서 말하는 것처럼 그 그림을 묘사한다는 것을 드러낸다. 여기서 단순한 결론이 도출될 수 있다. 심리학자들이 이에 만족한다면 더 이상의 실험은 필요치 않을 것이다. 그러나 심리학자들은 다른 견해를 지니고 있다. 이들은 그림 이야기는 어린이가 일상 속에서 일반적으로 어떻게 말하는지 보여 주는 것이 아니라, 이러한 실험 조건 하에서 어떻게 말하는지를 보여 주는 것이라 믿는다.

스턴은 두 집단의 정신지체 어린이들에게 자신의 실험을 확대하려고 했다. 한 집단은 거의 교육받지 못한 시골 어린이이고, 또 한 집단은 학교에 갈 수 있는 환경에 있는 도시 어린이였다. 스턴은 그림 묘사하기 과업에서 시골의 정신지체 어린이가 도시의 정신지체 어린이보다 한 단계 뒤처진다는 것을 발견했다. 그렇지만 스턴이 일상적인 사고에 대한 문제(예를 들어 옷 입기, 정리 정돈하기 등)를 살폈을 때 두 집단은 동등했다. 게다가 시골 어린이들은 그림 묘사 과업에서 그들이 사용한 것과 거의 근접한 일상적인 말하기를 보여 주었다. 비고츠키가 말했던 것처럼 결론은 단순하다. 그림 묘사 과업은 일상적인 말하기가 아니었던 것이다. 그것은 학문적 시험의 한 형태이며, 학문적 시험으로 등급화된 것이다. 즉 언어적 유창성에 기초하여 네 등급으로 나뉜 것이었다. 이것은 그림 묘사 과업은 생각에 대한 시험이 아니라는 것을 뜻한다. 그것은 단지 특정한 영역의 언어에 대한 시험이었을 뿐이다. 이러한 사실은 저소득층 가정의 어린이가 고소득층 가정의 어린이보다 학교에서 더 낮은 시험 성적을 받는 경향을 생각해 보면 좀 더 분명하다. 바실 번스타인은 저소득층 가정의 어린이들은 가정에서 '제한된 코드'를 발달시킨다고 제시했다. 그것은 시험이나 학교 과업과는 맞지 않는 것이다. 이런 이유 때문에 번스타인과 할러데이는 어린이 자신의 배경을 바탕으로 교육과정을 구성하는 자유주의적인 '아동-중심 학습'이 노동자 계급의 어린이들에게 부정적으로 작용한다고 본다.

11-28] Ⅱ. Ⅱ. 블론스키의 주의를 끌고 또한 그림 묘사 과업에 대한 모든 실험을 수정하도록 만든 두 번째 실험은, 만약 어린이에게 이야기를 소리 내어 말하지 말고 글로 쓰라고 제안한다면 12세 어린이가 3세 어린이처럼 쓰며, 12세 소년의 글 서술이 3세 어린이의 말하기와 비슷함을 즉시 발견하게 될 것이라는 것을 보여 준다. 그렇다면 우리는 단지 어린이에게 연필을 쥐어 주었기 때문에, 생각 과제가 다소 더 어려워진 것이라고 가정해야 할까? 어린이가 글을 잘 쓰지 못한다고 해서, 이것이 진정으로 그의 생각이 관계의 단계에서 대상의 단계로 내려왔다

는 의미일까? 그렇지 않다. 12세 어린이가 3세 어린이의 말하기처럼 쓴다는 것은 사실이다. 간단히 말해서 이는 그림 묘사 과업이 어린이의 생각에 대한 왜곡된 그림을 제공한다는 의미이다. 사실, 묘사는 어린이 말의 여러 형태의 단계를 반영하며, 글말에 이르게 되면 실험은 어린이의 쓰기의 제반 사항에 영향을 받게 될 것이다.

11-29] 심리학자들이 생각 발달과 말 발달을 구별하지 못했기 때문에 아동심리학에서 혼란이 일어났다. 이것이 가장 중요한 교훈이며, 이로부터 우리는 이 문제에 대한 이론적 고찰을 시작해야 한다.

11-30] 그림 실험에 대한 이러한 분석은, 그 실험에 대한 우리의 태도가 충분히 비판적이지 않다면 우리가 오류에 빠질 수 있으며, 어린이가 세상을 지각하고 생각하는 방식을 잘못 이해할 수 있다는 것을 보여 주었다. 동시에 어린아이의 지각에 대한 실험은, 말이 개입되지 않았을 경우, 어린이가 세상을 개별 대상이나 그들의 합으로 보지 않으며, 어린이의 지각은 특성상 혼합주의적, 즉 전체론적이고 대체로 집단과 연결되어 있으며, 세상에 대한 어린이의 지각과 이해는 상황 의존적이라는 것을 입증한다.

11-31] 이러한 사실들을 어린이 말 발달이라는 관점에서 접근하면 우리는 초기 연령대에서 어린이가 사실상 개별 낱말들을 사용하며 그런 후에 두 낱말들의 연결이 나타난다는 것을 알 수 있다. 주어와 술어를 포함한 명제는 후에야 나타난다. 그런 다음 벌써 복문을 말하는 단계가 펼쳐지며 마지막으로 어린이는 주절과 종속절이라는 개별 요소들 간의 관계를 확립한다.

11-32] 그림 실험 분석은 어린이의 생각 발달과 말 발달을 구분하도록 해 주며, 생각 발달과 말 발달이 똑같이 일어나는 것이 아니라 서로 다른 경로들을 따라 발달하는 것임을 보여 준다.

11-33] 우리는 획득한 사실들을 해석하는 과정에서 일어날 수 있는

오해를 바로잡아 보려 한다.

11-34] 첫 번째 오해는 다음과 같은 특징들을 가질 것이다. 우리는 3세 어린이가 말을 통해서 그림을 묘사하지만 이를 상당히 다르게 지각하고 생각한다고 주장하였다. 따라서 우리가 말 발달과 생각 발달의 곡선을 상징적으로 나타내고자 한다면, 이들 곡선의 각 부분은 일치하지 않을 것이다. 그러나 이것이 말 발달과 생각 발달이 완전히 서로 독립적이라는 것을 의미하는 것일까? 또한 이는 어린이의 말이 특정한 생각 발달 정도를 드러내지 않는다는 의미일까? 이 오해를 분명히 할 필요가 있다. 우리는 어린이의 생각과 말의 발달이 같지 않음에도 불구하고 그들이 서로 매우 밀접한 관계를 가지고 발달한다는 것을 보여 주어야 한다.

11-35] 이번 장의 과업—어린이 말 발달이 어린이 생각에 영향을 미치고 생각을 재구조화한다는 것을 보이기.

11-36] 더 간단한 두 번째 문제로 시작해 보자. 이를 이해하기 위해서는 어린이의 생각이 다른 많은 기능들과 마찬가지로 말 발달 이전에 발달한다는 점을 먼저 확립해야 한다. 생애 첫 몇 년 동안 생각 발달은 제한된 범위 안에서 말 발달 곡선과 일치하기도 하지만, 다소 독립적으로 진행되며 심지어 성인의 경우에도 생각 기능은 어느 정도는 말과 독립적이고 분리된 채로 남아 있을 것이다.

11-37] 우리는 쾰러가 동물 심리학 분야에서 수행한 것과 같은 간단한 실험들을 알고 있다. 이러한 실험들은 생각의 전前 언어적 근원을 확립하였다. 아동 발달 분야에는 6개월 된 영아를 관찰한 튜더-하트나 H. 헤처와 같은 다른 저자들의 연구들이 있다. 이 저자들은 아기가 물건을 어떻게 다루는지 관찰함으로써 어린이가 특정한 상황에서 대상을 조작하여 가장 단순한 도구로 사용하는 방식에서 예비적 단계 혹은 생각의 시작을 구분해 낼 수 있었다. 생각의 시초는 10개월 된 영아에게서 더

욱 명확히 나타난다. 9~12개월 된 영아는 본능적·생득적인 반응에 더하여, 조건 반사와 더불어 초기 연령대에 발달하는 모종의 기능들을 드러낸다. 새로운 상황에 적응하기 위해 상당히 복잡한 장치가 나타난다. 예를 들어 아기는 도구를 사용하면서 대상들 사이의 기본적 관계를, 대부분은 아직 가장 간단한 형태로 포착한다.

비고츠키는 처음에는 어린이가 초기 사고 형태의 시작 단계에 있으며 '가장 단순한 도구들'을 사용한다고 말하고, 곧이어 어린이가 '새로운 상황에 적응하기 위한 상당히 복잡한 장치'를 가진다고 말한다. 이 두 문장은 서로 모순되어 보이지만 사실 그렇지 않다. 비고츠키는 행동을 본능, 습관, 지성, 자유 의지의 네 단계로 구분하였다(『역사와 발달』 I권 4-35~4-51 참조). 이 네 단계들은 서로 연결되어 있다. 본능은 조건 반사(습관)의 바탕 즉 반응을 제공하고, 같은 식으로 습관은 새로운 상황에 대해 우리가 취하는 반응의 목록을 제공하며, 지적인 해결책을 더 많이 가지고 있을수록 우리는 더 자유로워진다. 비고츠키는 본능, 습관, 지성과 자유 의지를 서로 다른 수준에 있는 행동으로 구분한다. 본능, 습관, 지성은 말 없이도 존재할 수 있으나, 자유 의지는 반드시 말을 필요로 하기 때문이다. 비고츠키가 의미한 것은 어린이가 비록 가장 단순한 도구를 사용하는 사고의 초기 단계에 위치한다 할지라도, 그 어린이는 잠재적이기는 하지만 이미 새로운 상황에 적응하기 위한 본능과 습관으로 이루어진 상당히 복잡한 장치를 가지고 있다는 것이다.

*B. 튜더-하트(Beatrix Tudor-Hart, 1903~1979)는 H. 헤처(7-31 참조)와 함께 Ch. 뷜러의 연구 조교였다. 그녀는 영국으로 돌아가 B. 러셀이 창립한 비콘 힐 학교에서 교편을 잡았다. 이후 그녀는 여러 실험적 협력 학교에서 교사와 교장으로 성공적인 경력을 쌓았다. 1930년에 그녀는 포티스 그린 학교를 설립하였다. 이 학교는 영국 최초로 학부모와

교사가 소유하고 경영한 학교였다. 후에 그녀는 유치원과 초등학교 교육에 대한 다수의 저서를 집필하였다. 대표작으로는 『Toys, Play and Discipline in Childhood』(1955), 『Learning to Live』(1963)가 있다.

11-38] 튜더-하트와 헤처가 보고했던 10개월 된 영아들은 42명 모두 실이 달린 딸랑이가 바닥에 떨어졌을 때 실과 딸랑이 사이의 관계를 파악할 수 있었으며, 몇 번 손으로 딸랑이를 잡으려다 실패하자 실을 당겨서 딸랑이를 잡았다.

튜더-하트와 헤처는 유아용 딸랑이의 손잡이에 실을 매달아 실험을 한 것으로 보인다. 물체를 잡기 위해 실을 당기는 것은 단순한 조작처럼 보이지만, 그것은 개는 물론이고 심지어 침팬지조차 훈련을 받아야만 가능한 조작이다. 둘 사이의 관계 또한 매우 복잡하다. 즉 어린이는 실을 당기면 장난감을 얻을 수 있다는 것을 알게 되지만, 실을 밀면 안 되는 이유는 분명하지 않다. 어린이는 가장 단순한 관계만을 파악하고 있다.

11-39] 더구나 이 연령의 어린이가 사물 간의 단순 관계를 파악하고, 단순한 방식으로 한 대상을 도구로 사용할 수 있을 뿐 아니라, 어떤 물체를 이용하여 다른 물체를 밀기 위해서 대상들 사이의 새로운 연결과 복잡한 관계를 창조할 수 있다는 것을 관찰은 보여 주었다. 어린이는 객관적인 상황이 요구하는 것보다 더 자주 한 대상을 다른 대상을 조종하기 위한 도구로 사용하려고 한다. 영아는 자신의 손이 닿을 만큼 공이 가까이 있는 경우에 다른 공으로 그 공을 움직이려고 할 뿐 아니라, 공이 몇 아르신(대략 1미터-K) 떨어져 있어서 도구와 그 목표물이 전혀 닿지 않을 때에도 그렇게 하려고 한다. 생각이 단순한 도구 사용에 의해 드러난다는 의미로 독일인들은 이것을 '도구적 생각

Werkzeugdenken'이라고 부른다. 12개월 된 어린이는 이미 훨씬 더 완전한 생각을 보여 주며, 이것은 말의 형성에 앞서 일어난다. 따라서 이것이 진정한 의미에서 어린이 지성의 전前 언어적 근원이다.

'도구적 생각'에 대해서는 『도구와 기호』 1-10과 『생각과 말』 4-1-13 을 참조. 비고츠키는 말 이후의 도구적 생각과 말 이전의 도구적 생각 이 비슷하다는 뷜러의 믿음을 거부한다. 그는 그 둘 사이의 유사성이 단순히 표현형적인 것이라고 말한다.

11-40] 우리는 최근에 이른바 표상과 관련한 매우 가치 있는 실험을 얻게 되었다. 구심리학에서 표상이라는 것은, 주관적인 측면에서 우리 에게 작용하는 모든 사물로 구성된 환경으로부터 오는 어떤 간섭разд ражения의 흔적이라는 것을 우리는 알고 있다. 눈을 감으면 우리는 대 상의 내적 심상을 어느 정도 생생하게 재생할 수 있는 것이다. 우리는 객관적인 측면에서는 표상의 정확한 기제를 아직 모른다. 그것은 자극 흔적의 부활인 것으로 보인다.

간섭(라즈라제니야, Раздражения)이라는 낱말은 실제로 일종의 '자극' 을 의미한다. 그러나 이는 자극-반응의 자극과는 다르다. 10장의 예로 견주어 보면 기억이란 바퀴(간섭)에 의해 진흙길(정신)에 남겨진 자국 (흔적)과 같다는 생각과 일맥상통한다.

본문에서 언급되는 '표상에 관한 가치 있는 실험'은 옌쉬의 1930 년 저서(*Eidetic Imagery and Typological Methods of Investigation, Their Importance for the Psychology of Childhood, the Theory of Education, General Psychology and the Psycho-physiology of Human Personality.* London: Kegan Paul)의 내용을 지칭하는 것으로 보인다. 이 저서에서 옌 쉬는 표상을 일종의 '잔상 효과'로 설명한다. 비고츠키는 구심리학에 서 표상이 마치 모래 위에 남겨진 발자국이나 진흙길 위의 마차 바퀴

자국과 같은 단순한 흔적, 즉 일종의 잔상으로 간주되었음을 지적하고 있다. 주관적으로 보면 이는 우리의 감각에 작용하는 온갖 종류의 자극이 남긴 흔적에 불과하다. 객관적으로 보면 그러한 일이 벌어질 때 우리는 뇌가 어떠한 과정을 겪는지 알지 못한다. 뇌가 젖은 모래나 진흙길과 같다고 생각하기는 어렵지만 그럼에도 불구하고 뇌는 어떤 식으로든 자극을 부활시키는 수단을 가지고 있음은 분명하다. 그렇지 않다면 잔상은 존재하지 않을 것이다. 기억을 이와 같이 잔상의 일종으로 간주하는 모형은 가장 비언어적인 표상의 형성만을 설명할 수 있을 뿐이다. 그러나 진흙길이 마차 바퀴 자국을 선택하거나 수정하는 일은 있을 수 없다. 마찬가지로 젖은 모래가 어떤 발가락의 자국은 남기고 어떤 발가락의 자국은 남기지 않을지 선택하거나 결정하는 일도 있을 수 없다. 구심리학 이론에 따르면 잔상에서 누락된 이미지들은 단순한 실수의 결과이다. 그러나 인간의 기억은 고도로 선택적이고 쉽게 수정이 가능하며 종종 자발적 통제에 따른다. 왜냐하면 인간의 기억은 자극의 부활이 아니라 '낱말 의미의 부활'이기 때문이다.

11-41] 소위 아이데틱이라고 불리는 이들에 대한 검사를 통해서 표상에 대한 실험이 가능해졌다. 직관상적 표상은 한편으로는 지각과 다른 한편으로는 진정한 의미에서의 표상 사이에서 발생적으로 중간 위치를 차지하는 기억 발달의 정도이다. 한편으로 표상은 기억이다. 대상이 눈앞에 없더라도 표상을 통해 이미지를 보기 때문이다. 따라서 우리는 표상을 생각의 재료로 다루어야 한다는 결론이 나온다. 다른 한편으로 아이데틱은 이전에 화면에서 본 이미지를 그대로 기억하므로 이러한 이미지들은 지각의 일반 법칙 아래에 종속된다. 따라서 우리는 지각을 가지고 실험을 하듯이 이 이미지들을 가지고 실험할 기회를 갖게 된다. 즉 우리는 화면을 더 가까이 하거나 더 멀리 움직일 수 있고, 그것을 부각시키고 다양한 간섭들을 도입하여 어떤 일이 생기는지 볼 수도 있다.

아이데틱Eidetics은 직관상直觀像 혹은 직관 기억만을 갖고 있는 정신 장애를 가진 사람들을 의미한다. 이 그림은 아이데틱인 S. 윌트셔가 그린 비오는 저녁의 런던이다. 그는 헬리콥터를 타고 도시를 잠깐 살펴본 후 도시 전체의 스카이라인을 그릴 수 있었다. 루리야의 책『모든 것을 기억하는 남자』에 나오는 셰르셉스키(그리고 옌쉬의 아이데틱들)는 매우 공감각적 성향을 보였다. 즉 그들은 많은 다양한 감각들을 복합적으로 기억하였다. 음표와 색깔 그리고 맛이 한데 섞여 표상의 기억을 나타낸다. 예를 들어 셰르셉스키는 비고츠키의 목소리가 '노랗고 분필처럼 무르다'고 기억했다. 이러한 연합은 많은 양의 정보를 기억하기 쉽도록 해 주는 반면, 또한 추상화, 분류, 의미화로부터 멀어지게 만든다. 실제로 아이데틱들은 최근의 사건과 오래전 사건을 구별하는 데 어려움을 겪고 현실과 공상 사이의 차이점을 쉽게 구분하지 못한다. 마빈 민스키와 같은 심리학자들은 아이데틱의 존재를 부정하기 때문에 비고츠키는 본문에서 '소위'라는 말을 사용한다. 직관상을 가지고 있다는 주장들이 실제로 허위로 판명된 경우가 많은 것은 사실이다. 그러나 원주율을 소수점 아래로 22,514개 암기한 다니엘 테멧과 같은 능력을 직관상을 배제한 채 설명하기는 쉽지 않다.

11-42] 최근에 E. 옌쉬는 다음의 실험을 하였다. 그는 14명의 아이데틱을 대상으로 다음의 시나리오를 이용하여 실험을 수행하였다. 그는 실험 대상에게 실제 과일을 보여 주고 특정 시간이 지난 후 그들에게 고리가 달린 막대를 보여 주었다. 그는 물건들을 치운 후 아이데틱들에게 앞에서 본 과일, 고리, 막대에 해당하는 이미지를 화면으로 보여 주었다. 과일을 먹는 것이 얼마나 좋을지 생각해 보도록 실험 대상에게 지시하면 14명 중 10명이 일관된 결과를 보였다. 이전에는 막대와 고리가 시각장에서 서로 떨어져 있었다면, 지시 후에는 막대와 고리가 시각

장에서 한데 합쳐져서 과일을 획득하는 데 막대를 효과적으로 사용할 수 있는 위치에 놓였다. 막대로부터 주의를 분산시키면 이러한 관계는 금방 사라지고 막대는 또다시 고리에서 멀리 옮겨진다.

우리는 앞에서 비고츠키가 쾰러의 실험(닭, 곡식, 회색 종이를 이용한)과 엘리아스버그의 실험(빨간색과 파란색 카드 덮개를 가진 작은 상자를 이용한)을 하나의 실험으로 결합시키는 것을 보았다. 이는 분명히 그 당시 심리학자들 사이의 흔한 관행이었다. 옌쉬는 쾰러의 막대와 바나나 실험을 선택했다. 침팬지는 우리에 갇혀 있고, 창살 밖에 바나나가 있었다. 침팬지는 막대를 찾아서 그것을 이용하여 바나나를 얻어야 했다. 침팬지가 수행을 하지 못하게 될 때까지 점진적으로 이 과업의 난이도가 조절되었다. 예를 들어 막대를 숨기거나, 두 막대를 연결하게 만들거나, 침팬지가 바나나를 우리의 다른 쪽으로 밀어낸 후 우리를 돌아서 이동한 후에야 바나나를 얻을 수 있게 만들 수 있다.

일반적으로 쾰러의 발견은 침팬지가 시각장에 의존하는 법을 배웠다는 것을 시사한다. 침팬지는 문제 해결을 위해 필요한 모든 수단들이 시각장 안에 있을 때에만 문제를 해결할 수 있다. 우리는 이를 다양한 방식(뇌의 크기나 숲 환경에서의 습성)으로 설명할 수 있을 것이다.

옌쉬는 이 발견을 아이데틱들, 즉 지각과 기억이 뛰어나지만 매우 구체적인 방식으로 기억하는 경향이 있는 사람들로 확장하고자 했다. 따라서 그는 쾰러의 실험을 기억 실험과 결합시켰다. 그 실험 단계는 다음과 같다.

a) '아이데틱' 실험 대상들에게 과일을 보여 준 후 잠시 기다린다.
b) 실험 대상들에게 끝에 고리가 달린 막대(과일을 얻기에 알맞은)를 보여 준다.
c) 그러고 나서 실험 대상들에게 과일, 막대, 고리가 따로 그려진 화면을 보여 준다.
d) 그러고 나서 실험 대상들에게 화면에서 본 것을 특정한 방식(그리기 등)으로 재현할 것을 요구한다.

시각장이 아래 그림과 같고,

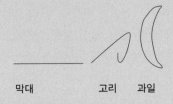

막대   고리   과일

실험 대상이 과일을 먹고 싶어 한다면, 표상의 장은 다음 그림처럼 될 것이다.

막대   고리 과일

옌쉬는 과일이 맛있을 거라고 암시하면 실험 대상들이 과일을 얻기 위해 사용할 수 있도록 과일, 막대, 고리를 가깝게 표현하는 경향이 있다는 것을 발견했다.

*E. 옌쉬(Erich Rudolf Jaensch, 1883~1940)는 비고츠키가 이 글을 쓰던 시기에 가장 널리 인용되던 독일 심리학자였다. 그는 에빙하우스와 뮐러와 함께 수학했으며, 실험 심리학을 통해 헤르만 코헨이 이끌던 신칸트학파를 퇴출시키기 위해 노력하였으며 실제로 마르부르크 대학에서 코헨의 자리를 물려받았다. 아이데틱에 대한 그의 연구는 오늘날까지도 여전히 중요하게 간주되지만, 그의 다른 연구들은 완전히 신빙성을 잃었다.

옌쉬는 나치당의 일원으로 일반적으로 유태인들과 비독일인들이 직관적 지각을 하는 경향이 있기 때문에, 그들이 약한 의지와 형편없는 판단력을 갖게 되었을 것이라고 믿었다. 결과적으로 그는 히틀러가 가장 아끼던 심리학자였다. 그는 특정 인종이 공감각적 지각 방식에 더욱 익숙하며 따라서 의지가 박약하므로 정신적으로 열등하다는 것을 증명하기 위해 '인격 유형' 이론을 발달시켰다. 비고츠키는 「*Fascism and psycho-neurology*」(『*The Vygotsky Reader*』, p. 329)에서 그를 비판한다.

11-43] 우리는 개별 대상의 크기와 장소에 따라 그에 기울어지는 주의가 변하므로 대상에 대한 우리의 지각이 불안정하고 매우 쉽게 변할 수 있다는 것을 안다. 이 이미지의 가변성이 아이데틱의 관찰에서 매우 높게 나타난다.

11-44] 따라서 옌쉬는 표상과 간섭 흔적 모두에 있어 개별 대상들을 직접 시각적으로 융합하는 것이 매우 쉽다는 것을 보여 줄 수 있었다. 이 실험들은 옌쉬가 확립한 모형이 쾰러 실험의 동물들은 물론 말을 지니고 있지 않은 어린이들이 어떻게 정신적으로 문제를 해결하는지 설명한다고 믿는 이유를 제공했다. 그것은 다음과 같다. 아이데틱의 시각장場 속에 물체들이 가깝게 위치하면, 표상장場, 즉 간섭 흔적의 장 속에는 당장 어린이가 속한 상황, 즉 과업에 상응하는 대상들의 특수한 조합이 존재한다.

11-45] 이러한 생각 형태는 그것이 생득적이고 일차적이기 때문에 자연적이라 불린다. 이러한 생각은 신경 장치의 어떤 일차적 특성에 기초한 것이다. 자연적 생각 방식은 첫째, 어린이 앞에 놓인 것의 구체성, 즉 어느 정도 결정된 현재 상황들의 근접성에 의해서 구별된다. 둘째, 역동성, 즉 아이데틱이 주어진 모양과 형태를 조합하고 변형하는 방식에 의해서 구별된다. 다시 말해서 한 사람이 막대기를 쥐고 그것을 필요한 방향으로 움직일 때 손이 운동장場에서 만들어 내는 변화와 동일한 것을 아이데틱은 감각장에서 만들어 낸다. 운동장에서 만들어진 연결이 감각장에서도 만들어지는 것이다.

비고츠키는 '아이데틱'들이 어떤 심리학적 범주로 정확히 분류할 수 있는 사람들이 아니라는 것을 매우 잘 알고 있었다. 그렇다면 옌쉬의 실험 대상이 되었던 이 열네 명의 아이데틱들은 누구인가? 원주율의 소수점 이하 이만 자리까지 기억했던 다니엘 타멧과 같은 자폐적 서번트들인가? 아니면 후에 옌쉬와 나치가 살해했던 단순 지적 장애인인가? 우리는 알 수 없다. 비고츠키 또한 마찬가지이다. 그러나 비고츠키가 고등심리기능과 저차적 심리 기능의 중간에 놓인 구조(예를 들어 2장과 12장에서 다루어지는 자유 의지의 원시적 형태인 '흔적 기능')에 흥미를 가졌음은 분명하다. 직관상적 사고는 이 '중간에 놓인 구조'를 가졌다. 직관상적 사고는 정신 속에서 창조되었기 때문에 생각이다. 그러나 그것이 생겨난 방식은 낱말의 의미가 생겨난 방식, 즉 사회적 일반화의 형태를 내면화하는 방식과 다르다. 오히려 그것은 감각 운동 활동에 매우 가깝다. 정신 속에 창조된 것이 손이 세상에서 사물을 창조하는 것과 유사한 방식으로 생겨난다. 과일을 먹고 싶을 때 아이데틱은 막대, 고리, 과일을 서로 가까이에 붙여서 그린다. 이것은 유인원이 막대, 고리, 과일을 손을 이용해서 한데 모으는 것과 같다.

11-46] 이 실험의 생리학적 의미를 우리는 아직 모르지만 나는 이 실험이 두뇌의 작용에 대해 이미 알려진 것들과 모순되지 않는다고 믿는다. 우리는 서로 떨어져 독립적으로 작용하는 두 개의 다른 영역이 있는 것이 아니라는 것을 안다. 이와 반대로 일반적으로 두뇌 속에서 동시에 흥분된 어떤 두 영역들은 서로 연결을 형성하려는 경향성을 보인다. 따라서 모든 흥분된 영역들은 상호 연결을 형성하려는 경향이 있다. 그러므로 만약 두 개의 조건 반사의 인상이 있다면, 이 두 인상은 (과일을 얻으려는 욕망을 통해) 세 번째 인상을 야기할 것이라고 가정할 수 있다. 세 번째 영역은 처음의 두 인상과 연합되며, 이런 식으로 자극들은 대뇌 피질에서 위치가 바뀐다. 우리는 아이데틱을 대상으로 한 실험이 우리가 이전에 가졌던 가정에 얼마나 많은 변화를 가져오는지 본다. 또한 우리는 그 실험으로부터 신경 영역들이 서로 간에 미치는 상

호 영향에 대해 우리가 알고 있던 것과 비교해서 전혀 의외의 결론을 도출할 수 있다는 것을 알 수 있다.

어린이는 과일을 본다. 그는 그 과일을 먹고 싶다. 이때 그 어린이는 과일에 대하여 능동적인 태도를 가진다고 할 수 있을 것이다. 이것이 첫 번째 연결(어린이와 과일)이다. 파블로프가 말했듯이 이것은 실제 두뇌 영역에 나타나며, 오늘날 핵자기 공명 기술NMR을 이용하여 이런 종류의 영역을 직접 확인할 수 있다. 어린이는 막대를 본다. 그는 막대를 먹고 싶어 하지 않는다. 심지어 막대를 만지고 싶은 마음도 없다. 어린이는 막대에 대하여 수동적인 태도를 가진다고 말할 수 있다. 이것이 두 번째 연결(어린이와 막대)이다. 이것이 나타나는 실제 두뇌 영역이 존재하며, 이 또한 핵자기 공명 기술을 이용하면 확인할 수 있다. 파블로프에 의하면 이 두 영역에 더하여 제3의 영역이 존재한다. 과일을 얻으려는 욕망이나 막대를 이용하여 과일을 얻는 과업이 그것이다. 이 제3의 영역은 반드시 존재한다. 파블로프가 그렇게 말했기 때문이 아니라, 어린이가 막대에 대해 더 이상 수동적인 태도를 취하지 않음을 볼 수 있기 때문이다. 어린이는 막대를 이용해 과일을 얻고자 한다. 외부 세계에 대한 모든 직접적인 감각적 연결로부터 독립되어 있고 오직 다른 영역을 통해서만 지각과 연결되는 이 영역은 전혀 자연적이지 않은 새로운 생각 형태의 토대가 된다. 이 영역은 눈으로 직접 볼 수는 없지만 언어를 통해 연구될 수 있다.

11-47] 이제 어린이의 모든 생각 발달이 감각 장치에 반응하여 어느 정도로 변하는지 상상해 보자. 어린이의 시선이 두 사물들에 집중될 때 모종의 연결이 두 사물 사이에 형성되며, 어린이는 자연적 생각 형태로부터 인류가 사회적 관계 과정 속에서 발달시킨 문화적 생각 형태로 이행할 것이다. 이는 어린이가 말의 도움을 받는 생각으로 이행할 수 있을 때, 어린이가 말을 시작할 때, 생각이 단지 하나의 자극 흔적으로부터 다른 흔적으로의 움직임이 아니게 될 때, 어린이가 말 활동으

로 넘어갈 때 일어날 수 있다. 말 활동은 매우 정교하게 분화된 요소들의 체계, 즉 과거 경험들의 결과를 조합한 체계에 지나지 않는다. 우리는 어떠한 구어적 표현도 다른 표현을 그대로 반복하지는 않는다는 것을 알고 있다. 즉 말은 언제나 상이한 표현들의 조합이다. 우리는 낱말들이 단순한 개별적 반응이 아니라 복잡한 기제, 즉 다른 요소들과 연결하고 조합하는 기제의 일부임을 알고 있다.

11-48] 격이 변화할 때 소리에서 일어나는 변화를 예로 들어 보자. 람파(лампа, 램프, 주격-K), 람피(лампы, 생격-K), 람피예(лампе, 전치격-K). 끝소리의 작은 변화가 주어진 단어와 다른 단어가 지닌 연결의 성격을 변화시킨다. 다시 말해서 우리는 우리로 하여금 변환하고 조합할 수 있게 해 주는 특수한 연결을 가진 요소와 직면한다. 관계를 변환하고 요소들을 결합함으로써 새로운 단위를 창조하게 된다.

> 영어에서도 격변화를 찾아볼 수 있다. 예를 들어, he(주격), his(생격/소유격), him(전치격)으로 나타난다. 낱말의 일부분을 변화시킴으로써 세 종류의 매우 상이한 관계들을 만들어 낼 수 있다.
>
> "He has a lamp."
>
> "This is his lamp."
>
> "The lamp belongs to him."
>
> 이러한 관계들은 물질세계에 존재하지 않으며 감각을 통해 지각될 수도 없다. 이들은 직관상적 표상에서도 나타나지 않는다. 그러나 비고츠키는 어린이들이 말을 이용해 생각하는 법을 배우는 순간 이러한 관계들이 뇌 속에 존재할 수밖에 없다고 말한다. 물론 이 관계들은 언어를 통해 나타나므로 우리는 그들을 연구할 수 있다. 이들을 연구하기 위해 굳이 뇌의 어떤 부분이 활성화되는지 관찰할 필요는 없다. 언어는 고등정신기능의 구조화에 대해 파블로프나 핵자기 공명 장치보다 훨씬 많은 정보를 제공해 주기 때문이다. 우리말은 교착어이기 때문에 격변화를 찾아보기 어렵다. 우리말은 '그가', '그의', '그에게'

처럼 형태소 첨가를 통해 격을 표현하는 반면, 영어나 러시아어는 낱말의 어미를 변화시켜 격을 표현한다. 그러나 우리말에서도 역시 형태소 상의 아주 작은 변화를 통해 대단히 상이한 관계적 의미를 전달한다는 점에서(들어간다/들어가신다), 이 문단에서 제시되고 있는 예는 원칙적으로 모든 언어에 적용된다고 할 수 있다. 여기서 우리는 11-45에서 보았던 두 원칙과 반대되는 것을 보게 된다. 11-45에서 비고츠키는 직관상적 생각이 자연적이라고 말할 수 있는 두 가지 이유를 제시하였다. 그는 직관상적 생각은 첫째 감각 지각을 통해 일어나므로 자연적이고, 둘째 손으로 대상을 결합하는 것과 같은 방식으로 결합되는 요소들로 이루어져 있다고 말한다. 직관상적 생각과는 달리 문화적 생각은 감각 지각에 직접적으로 의존하지 않는 영역들(낱말 의미)을 발달시킨다. 낱말 의미는 지각이나 손의 조작에 의존하지 않는다. 이 영역들은 전례 없는 방식으로 역동적으로 결합, 재결합될 수 있다. 이와 같은 역동적인 조합과 재조합이야말로 인간의 지성 대부분을 가능하게 하는 것이자 인간의 자유 의지를 가능하게 하는 것이라고 비고츠키는 말한다.

11-49] 그 결과는 수많은 다양한 요소를 가진 모자이크와 유사하다. 즉 요소들의 조합을 통해 만들어지는 수많은 연결들이 더욱 새로운 전체를 창조하는 것이다. 그 결과는 본성상 생각 즉 새로운 조합의 창조를, 다시 말해 직접적 경험에서는 전혀 확립된 적이 없었던 반응을 생성하는 재료인 특수한 습관들의 체계이다.

비고츠키는 매우 정확한 예술적 은유를 사용한다. '모자이크'는 결과가 무한히 열려 있다. 단지 몇 종류의 조각들만으로도 어린이는 말그대로 무한히 다양한 그림을 만들 수 있다. 예컨대 명사, 동사, 부사와 같은 몇 종류의 품사를 이용해 무한히 다양한 말을 할 수 있는 것과 같다. 여기서 비고츠키는 왜 '습관'이나 심지어 '반응'과 같은 낱말을 사용하는가? 습관은 본능을 토대로 해서만 생겨날 수 있다. 사실 습관적 조건 반응에서 '반응'의 토대를 제공하는 것은 대부분 본능적인 무조건 반응이다. 오직 인간의 자극 숙달을 통해서만 반응을 조건적으로 만들 수 있다. 마찬가지로 언어와 같은 지적 행동은 습관을 토대로 해야만 생겨날 수 있다. 사실 고등심리기능을 가능하게 해 주는 거의 모든 낱말 의미에 토대를 제공하는 것은 어린이의 모국어 습득 기제인 무의식적 습관이다. 모국어 습득은 습관으로 시작하여 지적 분석의 과정으로 나아간다. 하지만 제2외국어 학습 시 이 과정은 대개 반대가 되어 지적 자원을 토대로 습관의 형성으로 나아간다.

11-50] 실험으로 돌아가자. 실험은 직관적 도구 사용 실험에서 낱말, 즉 말의 사용이 발견될 때 어린이 행동에서 결정적 변화가 일어남을 보여 준다. 옌쉬는 어린이가 자신이 해야 할 것과 자기 앞에서 무엇이 일어나고 있는지 말로 공식화하자마자, 직관적 관점에서 볼 때 매우 단순한 '과일과 도구'라는 전체 조작이 평형을 잃어버린다는 것을 이미 보여 주었다. 이 경우 어린이는 즉시 새로운 문제 해결 형태로 이행한다.

11-51] 이와 동일한 사실이 리프만의 잘 알려진 실험에서도 발견될 수 있을 것이다. 그는 실험 대상을 방에 두고 예컨대, 너무 높아서 도구를 사용하지 않고서는 닿을 수 없는 벽장 위의 공을 가져오도록 하는 것과 같은 어느 정도 복잡한 조작을 하도록 하였다. 처음에 리프만은 실험 대상에게 "벽장에서 공을 가져오세요."와 같이 말하고는 실험 대상이 과업을 어떻게 수행하는지 관찰하였다. 다른 경우에 그는 "벽장에서 공을 가져오세요."라고 말한 후 실험 대상이 과업 수행을 시작하면 "잠깐!"이라는 신호를 보낸 후 "먼저 이 과업을 어떻게 수행할 것인지 말해 주세요."라고 하였다. 그런 후 실험 대상이 과업을 어떻게 수행하는지 관찰하였다. 그는 말을 할 때와 말을 사용하지 않을 경우 과업 실행이 어떻게 이루어졌는지 비교하였다. 실험 대상이 시선을 공에 고정한 채 수행하느냐 아니면 문제를 낱말을 통해 해결하느냐에 따라 과

업의 본성은 완전히 다르게 나타났다. 첫 번째 경우 반응은 눈앞의 거리를 나의 두 손으로 측정하고자 하는 시도로부터 시작되지만, 두 번째 경우 나는 낱말을 사용하여 전체 상황을 요약 분석한다. 낱말의 사용을 통해 손으로는 불가능한 다양한 조합이 가능하다는 것이 명백하다. 낱말을 통해 나는 공의 크기나 색깔과 상응하는 심상을 전달할 수 있으며 낱말을 통해 대상에 심지어 첫 번째 과업을 수행하는 데 필요하지 않은 특성들까지 포함하는 부가적 특성들이 부여될 수 있다.

*O. 리프만(Otto Lipmann, 1880~1933)은 W. 스턴의 제자이자 협력자였다. 그는 초창기 산업심리학자 중 하나로, 예를 들어 비행기 조종사 훈련생을 심리학적으로 선발하는 일을 하였다. 그는 대량 생산, 노동 효율성 향상을 위해 고안된 시간-동작 연구와 같은 테일러와 길브레스의 연구에 토대한 근대적 생산 방식에 매우 비판적인 입장을 갖게 되었으며, 노동자의 동기 고취 등을 포함하는 더욱 인간 중심적인 접근법을 주장하였다. 리프만은 유태인이었기 때문에 나치당 집권과 함께 모든 직위를 박탈당하고 자살로 생을 마감하였다.

11-52] 리프만을 따라, 낱말을 사용하면 상황의 본질을 추출할 수 있고 과업에 비본질적인 상황적 특성들을 한쪽으로 치워 둘 수 있다고 말하면 이해가 잘 될 것이다. 단어는 첫째, 추출하는 것을 도와주고, 둘째 모든 표상을 조합하는 것을 도와준다. 벽장을 기어 올라가거나 공을 끌어내기 위해 막대를 구하는 대신, 나는 낱말을 이용해서 두세 개의 행동 계획을 그려 보고, 그런 다음 그중 하나에 초점을 맞출 수 있다. 이런 식으로 낱말을 이용한 문제 해결과 행동을 이용한 문제 해결은 과제에 대한 완전히 다른 두 접근을 제공한다.

11-53] 나는 도구 사용과 연결된 과업을 수행하는, 어린이를 대상으로 하는 실험 과정을 관찰할 기회가 있었다. 그 상황은 쾰러의 상황과

유사했다. 어린이는 철망이 있는 아기 침대에 놓였다. 그의 시각장 안에 과일이 놓여 있었으며 아주 가까이에 막대 몇 개가 놓였다. 어린이는 과일을 가져와야 했지만 앞에는 철망이 있었다. 과업은 과일을 더 가까이 가져오는 것이었다. 어린이가 손으로 과일을 잡으려고 시도하면 철망에 부딪치게 된다. 쾰러 실험이 입증했던 것처럼 유인원은 과일을 반대 방향으로 움직이게 할 생각은 거의 하지 않았다. 대신 처음의 즉각적 반응은 자기 앞으로 과일을 당기려는 시도였다. 과일이 멀리 굴러 떨어져야만 그제서야 유인원은 자기의 목표를 성취하기 위한 우회로를 찾게 된다.

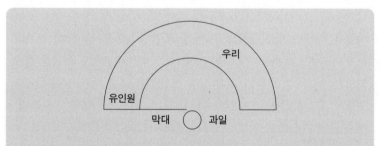

　　쾰러 실험에서는 유인원에게 막대와 과일이 주어졌다. 유인원은 과일이 멀리 떨어져 있으면 밀어내서 과일을 얻을 수 있었다. 왜냐하면 유인원은 우리를 돌아가서 반대쪽 끝에서 과일을 잡을 수 있었기 때문이다. 그렇지만 유인원은 과일이 막대기 끝에서 멀어지지 않는 한 그러한 방식을 발견하지 못한다.

11-54] 더 어린아이는 상당히 지체한 후에야 매우 어렵게 이 문제를 해결하며, 아주 흥미로운 행동을 보인다. 대개 어린이는 어쩔 줄 몰라 하며 자기중심적 말을 하기 시작한다. 즉 그는 씩씩거리며 막대를 바꿀 뿐 아니라 끊임없이 말을 한다. 말하자면 그는 두 가지 기능을 수행하는 것이다. 한편으로 그는 행동하고 눈앞의 것에 주의를 기울이며 다른 한편으로는 더 중요한 것, 즉 조작의 개별 부분들을 말로 계획한다. 예

를 들어 실험에서 막대를 어린이가 보지 못하도록 옮기고 과일을 집으라고 한다. 이는 철망 때문에 막대 없이는 불가능하다. 어린이는 철망이 방해하기 때문에 과일을 잡을 수 없다. 그는 과일을 밀고 나서 2단계의 조작, 즉 과일을 잡을 수 있는 곳으로 가서 손으로 집는 조작을 수행해야만 한다. 이 계기는 특히 흥미롭다. 만약 막대가 없다면 어린이는 손으로 과일을 잡으려 하고 철망 주위를 왔다 갔다 하고 당황하여 주변을 돌아보겠지만, 그의 주의가 일단 막대를 향하면 극적인 상황 변화가 일어난다. 마치 무엇을 해야 할지 배우기라도 한 것처럼 문제가 즉시 해결된다.

11-55] 더 나이 든 어린이에게는 같은 조작이 다른 방식으로 펼쳐진다. 먼저 어린이는 어른에게 과일을 움직일 막대를 달라고 요구한다. 그 어린이는 생각의 한 방식으로, 즉 어른의 도움을 통해 곤란한 상황을 해결하기 위한 수단으로 낱말에 의존한다. 다음으로 어린이는 스스로에게 말을 하기 시작하고 추론은 종종 새로운 형태로 출현한다. 어린이는 해야만 하는 일을 말한 후에 그 일을 행한다. 그는 "이제 나는 막대가 필요해." 또는 "이제 막대를 집어야지."라고 말한다. 새로운 현상이 나타난 것이다. 전에는 막대가 있으면 조작이 성공하고 막대가 없으면 조작이 성공하지 못했다. 이제 어린이는 막대를 스스로 찾아내고, 만일 막대가 없다면 말로 판단하면서 필요한 물체를 찾는다.

11-56] 그러나 가장 흥미로운 것은 모방에 관한 실험이다.

11-57] 더 나이 든 어린이가 문제를 해결하는 동안 더 어린아이는 그것을 바라본다. 작은 어린이는 큰 어린이가 문제를 해결한 뒤 문제에 착수하며, 우리는 작은 어린이가 어떻게 완전한 해결책을 모방하고 재현하는지 관찰한다. 특정 조작이 좀 더 복잡해지면, 상황이 변한다. 이때 모방 과정은 다음과 같다. 한 어린이는 행동을 하고 다른 어린이는 그 조작을 말로 수행한다. 만약 어린이가 해결책을 공식화할 수 있다

면, 우리는 리프만이 실험 대상에게 먼저 말을 한 후에 모방 과정 자체를 시작하라고 요구했을 때 발견한 것과 동일한 유형의 해결책을 보게 된다. 물론 과업이 다소 복잡할 경우 모방 과정은 어린이가 조작에서 중요한 부분과 중요하지 않은 부분을 얼마나 잘 분리시킬 수 있느냐에 달려 있다.

비고츠키는 이 책의 I권 5장(5-50~5-56)에서 고등심리기능이 형성될 때 어떻게 두 사람의 역할이 분리되며, 그러고 나서 한 개인 속에서 그 역할들이 어떻게 통합되는지에 대해 이야기한다. 위 문단의 실험이 바로 그것의 구체적인 예시이다. 원숭이 우리에서 쾰러 실험을 재현하는 두 어린이를 상상해 보자(실제로 옌쉬와 뷜러는 이것을 실행에 옮겼다). 작은 어린이는 둘로 나뉜(합쳐져야 하는) 막대를 받는다. 그러나 무엇을 해야 할지 알고 있는 것은 큰 어린이뿐이다. 모방에서 일어나는 것은 단순히 큰 어린이가 작은 어린이에게 무엇을 해야 할지 보여 주는 것이 아니다. 시범 보이기는 나이가 많은 형제나 자매가 하는 일이라기보다는 부모나 교사가 하는 일에 가까울 것이다. 형제자매들은 '비계 놓기'에 능하지 않다. 비계를 놓는 대신 큰 어린이는 작은 어린이에게 해야 할 일을 말로 지시한다. 결국 큰 어린이가 대장인 셈이다. 따라서 우리는 지적 해결과 신체적 조작의 분리(조건자와 조건 반응)를 보게 된다. 그리고 작은 어린이가 학습할 때, 한 개인에게서 일어나는 양자의 통합을 확인할 수 있다. 처음에 한 명은 말하고, 다른 한 명은 행동한다. 그런 후 그 다른 한 명은 말하고 행동할 수 있게 된다.

11-58] 예를 들어 보자. 가장 간단한 경우, 문제 해결을 위해 어린이가 모방할 가장 나이 많은 어린이는 창살 사이로 손을 뻗어 과일을 집으려 한다. 헛된 시도 후에 그는 막대를 집어 들며 이로써 문제 해결의 길을 연다. 작은 어린이는 큰 어린이를 모방함으로써 전체 상황을 파악하고 큰 어린이가 마친 지점에서 시작한다. 즉 드러누워 손을 뻗는다. 그러나 어린이는 이미 과일을 손으로 획득할 수 없다는 것을 알고 있

다. 그다음 그는 큰 어린이가 수행했던 조작 전체를 차근차근 밟아 나간다. 작은 어린이가 어떤 일이 일어나고 있는지 깨닫는 순간 상황이 변한다. 그는 자신이 말로 공식화한 상황의 일부만을 재현한다. 그는 다음과 같이 말하였다. "우리는 반대쪽에서 과일을 집어야 해.", "한 명은 의자 위에 올라가야 해." 그러나 어린이는 여기서 전체의 시각적 상황을 재현하지 않고 낱말을 통해 결정된 부분만을 재현하였다.

11-59] 어린이에게서 나타나는 생각의 두 형태―시각적 전망을 통한 생각과 낱말을 통한 생각―를 볼 때 우리는 앞서 말 발달에서 인식했던 것과 같은 계기들의 수정을 보게 된다. 첫째, 일반적으로 어린이는 행동하고 나서 말하며, 그의 말은 문제에 대한 실행적 해결 결과와 같다. 이 단계의 어린이의 말에서는 처음 오는 것과 나중 오는 것이 분리될 수 없다. 어떤 것 하나를 선택해야 하는 실험에서, 어린이는 먼저 선택을 하고 난 후 자기가 왜 그것을 선택했는지 설명한다. 만약 두 개의 컵 중에서 어린이가 도토리가 들어 있는 것을 선택했더라도, 실제로는 거기에 도토리가 있는 줄 모르고 그렇게 한 것이다. 그러나 그의 말을 보면, 어린이는 그 컵에 도토리가 있었기 때문에 그것을 선택했다고 말한다. 다시 말해서 말은 실제 상황의 최종 부분에 불과한 것이다.

비고츠키는 모든 문제에 대해 거의 대부분 두 가지 해결책을 제시한다. 만약 앞의 해결책(한 명은 말하고 다른 한 명은 행동하기)이 어린이 고등정신기능 발달에 유일한 길이라면 이로부터 자유 의지가 어떻게 발달할 수 있는지 알기 어렵다. 그래서 비고츠키는 또 다른 길을 제시한다. 어린이는 문제를 해결하고 나서 자신의 해결책을 말로 나타낸다. 그 후에 어린이는 문제를 해결하면서 동시에 말로 해결책을 표현한다. 종국에는 먼저 말로 문제의 해결책을 표현한 다음에 그 해결책을 실제에 적용한다. 두 번째 해결책은 다소 주지주의적이며, 첫 번째 해결책은 다소 관료적이다. 그러나 만약 이 둘을 통합한다면 아주 변증법적이며 실현 가능성이 높은 것을 보게 된다.

11-60] 4세에서 5세쯤의 시기에 어린이는 말과 생각의 동시 작용으로 점차 나아가고, 어린이가 반응하는 과업은 시간적으로 길어지고 계기들로 나뉜다. 즉 그것은 자기중심적 말의 형태로 나타나며 이제 거기에는 행동하면서 생각하는 방식이 존재한다. 이후에야 (말과 생각의-K) 완전한 통일체가 관찰된다. 어린이는 "막대를 구해야겠어."라고 말하고 나서, 가서 막대를 가져온다. 처음에는 이 관계는 아직 잠정적이다. 마침내 학령기 어린이는 하려는 행동에 앞서 말로 계획하기 시작하며, 그런 다음에야 조작을 수행한다.

나이가 어린 어린이는 행동하면서 말할 시간이 별로 없다. 어린이는 먼저 행동을 하고 나서 그 행동의 결과를 반추하곤 한다. 비고츠키에 의하면 4~5세쯤, 어린이는 말과 행동을 동시에 하기 시작한다. 따라서 처음에는 행위 수행에 더 많은 시간이 소요된다. 무엇을 하고 있는지 말로 하게 되면 그냥 행위를 하는 것보다 더 오래 걸리기 마련이다. 예를 들어 영어 시간에 어린이에게 '듣고 행동하기'를 가르치는 것을 생각을 보자. 처음에 교사는 혼자서 명령하고, 행동하는 모습을 시범으로 보여야 한다. 그다음에 교사가 명령하고 학생들이 행동을 하도록 요구한다. 그리고 나서야 학생들은 학생들끼리 명령하고 행동할 수 있게 된다. 여기서 우리는 활동을 수행하는 시간이 '보고 행동하기'보다 길어지고, 여러 개의 구별되는 계기들이 생겨나는 것을 알 수 있다. 이 연령대의 어린이들에게서 자기중심적 말이 나타난다. 이때 생각은 행위나 말을 하는 중간에 나타난다. 자기중심적 말을 주의 깊게 들어 보면, 그것이 언제나 행위와 잘 맞아떨어지는 것은 아님을 알 수 있다. 즉 어떤 말은 행동과 무관하고, 대부분의 말들은 실용적이거나 효과적이지 않고 감정적이거나 정서적이다. 어린이들은 '이제 가서 막대를 구해야겠다.'거나 '자, 다음엔 어떻게 하지?'라는 말보다는 오히려 '안돼!', '와아!'와 같은 말을 주로 하는 것이다. 어린이는 나중에서야 생각과 말의 완전한 통일체를 형성할 수 있게 될 것이다.

11-61] 우리는 어린이의 모든 활동 영역에서 동일한 순서를 발견한다. 이것은 그리기에서도 일어난다. 즉 어린이는 보통 먼저 그림을 그리고, 그런 다음 말을 한다. 다음 단계에서 어린이는 먼저 그림의 일부분을 그리면서 자신이 무엇을 그리고 있는지 이야기한다. 그리고 마침내 마지막 단계가 형성된다. 자신이 무엇을 그릴 것인지 먼저 말한 다음, 그것을 그리는 것이다.

11-62] 어린이가 말로 하는 생각으로 나아갈 때 그에게 일어나는 거대한 혁명을 한두 마디로 상상해 보자. 여기서 혹자는 이를 인간이 최초로 도구를 사용하기 시작할 때 일어난 혁명에 비유할 수도 있다. 동물 심리학에는 H. 제닝스의 매우 흥미로운 견해가 있다. 우리는 오직 동물들의 기관에 따라서 배타적으로 각 동물의 가능성의 목록을 결정할 수 있다는 것이다. 즉 물고기는 어떠한 환경에서도 날 수 없지만, 헤엄치는 동작은 할 수 있는데, 이는 그 기관에 따라 결정된다.

11-63] 생후 9개월까지 인간 어린이는 이 법칙에 완전히 종속된다. 누구나 어린이 신체 기관의 구조를 바탕으로 가능한 일의 목록을 만들 수 있을 것이다. 그러나 생후 9개월 때 전환이 일어난다. 그 순간부터 인간 아기는 제닝스 도식을 벗어난다. 일단 어린이가 처음으로 딸랑이에 붙은 실을 당기거나 어떤 장난감을 갖기 위해 한 장난감을 밀게 되면, 이 기관학(제닝스의 원리-K)은 이전의 효력을 잃게 되고 어린이는 능력 면에서 동물과 달라지기 시작하며, 세계에 대한 어린이 적응의 특성은 결정적으로 변화한다. 유사한 일이 어린이가 말로 하는 생각으로 나아갈 때 생각의 영역에서 발생한다. 바로 이러한 생각 덕분에 사고가 안정되고 어느 정도 영속적인 특성을 갖게 된다.

비고츠키는 먼저 미생물학자 H. 제닝스로부터 '활동 체계'라는 용어를 차용한다. 제닝스는 유기체가 할 수 있는 모든 일은 그 유기체에 주어진 기관의 기능에 의해 결정된다는 일반 원리를 제시했다. 그에 따르면 적충류는 섬모를 가지고 있기 때문에 수영을 할 수 있으나 아메바는 섬모가 없으므로 위족을 뻗어서 움직인다. 그러고 나서 비고츠키는 세 가지 중요한 수정을 가한다. 첫째 엄격히 다윈을 따라서, 비고츠키는 계통 발생적으로 말해서 기관 자체가 활동의 결과라고 지적한다. 왜냐하면 기관은 어떤 활동을 촉진시키는 돌연변이나 특히 굴절적응에 반응하여 진화하기 때문이다. 둘째 비고츠키는 인공 기관(도구)과 인공 지능(기호)의 창조로 인해 인간에게는 제닝스의 원리가 적용되지 않는다고 말한다. 셋째 비고츠키는 모든 활동 체계가 객관적 요소(예컨대 수영과 위족 운동, 어린이의 그리기와 쓰기)와 주관적 요소(예컨대 논리적 생각, 언어적 기억, 자발적 주의)를 모두 가진다는 것을 지적한다.

제닝스에 관해서는 I권 **1-113** 박스 참조.

11-64] 우리는 눈에 작용하는 단순 간섭의 특성을 매우 잘 알고 있다. 즉, 눈길을 조금만 돌리는 것으로도 이미지를 바꾸기에 충분하다. 소위 잔상과 관련된 실험을 상기해 보자. 파란색 정사각형을 본 후 이를 치우고 회색 스크린을 보면 노란색 정사각형이 보인다. 이는 가장 단순한 형태의 기억, 즉 간섭의 관성이다. 우리가 시선을 위로 돌리면 정사각형 역시 위로 올라가며 시선을 아래로 내리면 정사각형도 아래쪽으로 내려간다. 스크린을 치우면 정사각형 역시 사라지고 스크린을 다시 세우면 정사각형도 다시 나타난다. 이는 자극의 거리와 각도 그리고 자극이 우리에게 영향을 미치는 방식에 의존하는, 세계에 대한 대단히 불안정한 반영임이 드러난다. 옌쉬는 다음과 같이 말한다. 작은 어린이가 직관상의 힘에 갇혀 있다면 과연 어떠할지 상상해 보자. 열 걸음 정도 떨어진 엄마가 어린이에게 가까이 다가오면 어린이의 눈에 엄마는 열 배 더 크게 보일 것이다. 각 대상들이 갖는 가치는 상당히 크게 변할 것이다. 몸집이 크고 음매 하고 우는 동물이라도 100걸음 밖에 있으

면 파리처럼 보일 것이다. 따라서 각 대상과 관련하여 공간에 대한 보정 조절이 없다면 우리가 세계를 바라보는 관점은 대단히 불안정해질 것이다.

> 물론 비고츠키가 거리 조절이 언어의 결과라는 것을 제시하는 것은 아니다. 이 실험의 대상은 아직 말을 하지 못하는 어린이이다. 비고츠키의 시사점은 안정된 지각을 갖는다는 것이 고도로 적응된 것이고 이것은 반드시 학습되어야 한다는 것이다. 이러한 학습 동기는 어린이가 말을 통해 생각을 안정화하도록 배우는 것 또한 도와줄 것이다.

11-65] 이와 같이 생물학적 관점에서 비롯된 구체적으로 형성된 사고 형태의 두 번째 단점은 주어진 물건과 관련된 구체적 과업의 해결책은 오직 현재의 상황과 관련되어 있을 뿐, 우리가 그것을 일반화할 기회가 없다는 것이다. 왜냐하면 일단 해결된 문제는 그 결정의 결과를 다른 대상들로 이루어진 모든 과제에 적용할 수 있는 방정식이 아니기 때문이다.

> 왜 어린이는 행동한 후 말하기 같은 훌륭한 자연적 전략을 포기하고, 이보다 훨씬 더 복잡하고 실수하기 쉬운 문화적 전략 즉 말하고 난 후 행동하기, 생각한 후 말하기를 취하는 것일까? 이것은 현실로부터 점점 더 멀어지는 것은 아닐까? 비고츠키가 지각에 기반을 둔 자연적 생각의 부정적 특징들에 대해 11-45에서 설명한 것을 기억해 보자. 그는 그것들이 두 가지 측면에서 부정적이라고 말했다. 먼저 지각에 기반을 둔 '직관상적' 생각 방법은 순수하게 도해적이다. 둘째로 어린이는 침팬지가 손으로 물건들을 함께 모으듯이 정신으로 물건들을 함께 놓을 수 있다. 이 문단에서 비고츠키는 순수한 도해적 생각 방법의 단점을 설명한다. 첫째 시각장은 실제로 매우 불안정하다. 어린이가 커다란 소를 본 후, 그 소가 멀리 이동하게 되면, 똑같은 소가 파리처럼 작아 보이게 된다. 낱말의 의미에서는 이것은 문제가 되지 않는다. 소는

소이기 때문이다. 그러나 도해에 기초한 의미에서는 문제가 된다. 막대가 침팬지로부터 멀리 떨어져 있으면, 침팬지가 그것을 문제를 해결하기 위한 유용한 수단으로 간주하지 못함을 우리는 잘 알고 있다. 두 번째 단점은 실행적인 '직관상적' 생각에 의해 만들어지는 해결책이 상황 의존적인 경향이 있어서 쉽게 일반화될 수 없다는 것이다. 왜냐하면 그 해결책이 시각적 범위와 구체적 상황에 지나치게 의존하기 때문이다. 하지만 낱말에 토대한 해결책에서는 그렇지 않다. 모든 낱말이 일반화이므로, '막대'라는 낱말은 실제로 '이 막대'나 '저 막대'를 가리키는 것이 아니라 '막대 모양을 한 모든 물체'를 의미하기 때문이다. 따라서 '막대를 구해야겠어.'라는 말은 일반화될 수 있는 해결책이다.

11-66] 말 발달은 생각을 새로운 형태로 번역함으로써 생각을 재구조화한다. 그림을 묘사하면서 개별 대상들을 나열하는 어린이는 아직 자신의 생각을 재구조화하지 못한다. 그러나 중요한 사실은 여기서 어린이가 자신의 언어적 생각을 구조화할 수 있는 길이 열린다는 것이다. 어린이가 개별 대상들을 분별한다는 사실은 기관의 생물학적 기능이라는 관점에서 볼 때 엄청난 중요성을 갖는다. 어린이는 한 덩어리로 융합되어 있던 무질서한 인상의 더미를 흩어 내기 시작한다. 즉, 그는 여러 부분들 사이에 모종의 객관적 연결을 확립하기 위해서, 분해되어야만 하는 혼합적 경험의 뭉치를 식별하고 나누는 것이다. 낱말을 통해 생각하지 않을 때 어린이는 그림을 전체로 본다. 우리는 어린이가 삶에서의 상황을 전체적이고 혼합적으로 보리라고 생각할 만한 이유를 충분히 갖고 있다. 어린이의 모든 경험들이 얼마나 혼합적으로 연결되어 나타났는지 상기해 보자. 이러한 사실이 어린이의 인과적 생각에 어떻게 반영되는지 기억해 보자. 하나를 다른 것으로부터 분리하는 낱말은 이러한 혼합적 연결을 나누고 분해하는 유일한 방법이다.

11-67] 어린이가 하나의 전체적인 큰 그림으로 생각하는 상당히 복

잡한 사물의 조합에서, 주어진 상황의 일부를 분리하거나 대상의 개별 특성을 강조하는 것이 필요해질 때, 어린이, 특히 낱말을 전혀 모르는 청각 장애아의 생각 속에서 얼마나 복잡한 변동이 일어나야 하는지 상상해 보라. 이 조작이 발달하기 위해서는 여러 해가 걸려야 할 것이다.

11-68] 이제 낱말을 구비한 사람, 혹은 더 좋은 예를 든다면, 검지로 대상을 가리켜 줄 수 있는 어른을 둔 어린이를 상상해 보자. 전체 상황의 종합적 덩어리로부터 갑자기 하나의 대상 혹은 속성이 추출되어 어린이의 초점이 된다. 그런 후 전체 상황은 완전히 다른 측면을 갖게 된다. 전체 경험의 덩어리로부터 일단 단일한 대상이 선택되면, 지배적인 것에 주의를 기울이게 되며 이런 식으로 어린이는 경험의 더미를 개별 부분으로 분해하는 것으로 이행한다.

11-69] 이것은 어떻게 일어나는가? 그리고 말의 영향하에 일어나는 어린이 생각 발달에 있어서 가장 중요한 변화는 무엇인가? 우리는 낱말이 개별 대상을 식별하고, 혼합적 연결들을 분해하며, 어린이가 세계를 분석할 수 있도록 해 준다는 것을 안다. 낱말은 최초의 분석 도구이다. 어린이에게 있어 어떤 대상을 낱말로 명명한다는 것은 그것을 기존의 대상 무리로부터 분리하는 것을 의미한다. 우리는 어린이의 첫 번째 개념이 어떻게 생겨나는지 안다. 우리는 어린이에게 "토끼가 있다."고 말한다. 어린이는 고개를 돌려 대상을 본다. 문제는 어린이 생각 발달이 어떻게 영향을 받는가 하는 것이다. 이 행위에서 어린이는 구체적 상황의 직관상적, 혼합적, 시각적 심상으로부터 규정된 개념으로 나아간다.

이 장이 쓰이기 약 2년 전에 집필한 『생각과 말』 3장 전반에 걸쳐 비고츠키는 첫 번째 질문의 시기(2~3세쯤의 어린이가 사물의 명칭을 묻기 시작하는 시기)가 개념 형성의 시기가 아님을 강조한다. 이는 Ch. 뷜러를 비롯한 당대의 많은 심리학자들이, 성인의 언어를 사용하는 어린이가 성인의 개념을 사용하고 있다고 믿었기 때문이다. 여기서 비고츠키는 '토끼'라는 낱말을 사용하는 것이 이 개념을 과학적으로, 즉 토끼를 고양이나 개가 아닌 설치류의 일종을 뜻하는 의미로 사용하는 것과는 다르다는 점을 지적하는 것에서 한걸음 더 나아간다. 비고츠키는 '토끼'라는 말이 토끼의 특정한 자질과 연결된다고 말한다. 어린이들이 토끼의 이름을 지을 때 토끼와 관련된 자질을 이용하는 것(복실이, 흰둥이, 깡총이)은 바로 그러한 이유 때문이다. 물론 이는 개념적 생각이 아니다. 그러나 이는 혼합적 생각도 아니다. 이 글을 쓰던 당시 비고츠키는 피아제가 어린이의 복합체적 생각과 혼합주의 사이의 유사성을 지나치게 강조한 데 대하여 비판하였다. 이 문단은 그와 관련된 예시이다. 어린이가 토끼의 특정 자질을 지칭하기 위해 '흰둥이'와 같은 낱말을 사용하게 되는 순간, 그는 혼합적 사고방식을 깨고 나오는 것이다. 이제 어린이는 낱말을 이용해 속성들을 추출하고, 이러한 속성들을 가리킬 수 있게 된다.

11-70] 연구는 어린이 개념 발달이 낱말의 영향을 받는다는 것을 보여 주었지만, 이것이 유일한 길이라고 생각하는 것은 잘못일 것이다. 최근까지는 우리도 그렇게 생각해 왔으나 아이데틱에 대한 실험은 개념이 또 다른 방식, 즉 '자연적' 방식으로도 형성될 수 있음을 보여 주었다.

11-71] 개념 형성에는 두 가지 발달 노선이 있으며, 자연적 기능의 영역에는 언어적 개념이라 불리는 복잡한 문화적 행동에 상응하는 어떤 것이 있다.

11-72] E. 옌쉬는 다음과 같은 과업을 실험 대상에게 제시하였다. 그는 실험 대상에게 둥근 가장자리를 가진 어떤 나뭇잎을 보여 주었고 바로 후에 톱니 모양의 가장자리를 가진 여러 나뭇잎들을 보여 주었다. 다시 말해 그는 구조상 대단히 공통점이 많지만 또한 일부 차이점을 갖고 있는 8~10개 정도의 대상을 보여 준 것이다. 예컨대 어떤 나뭇잎은 단일 톱니 모양이었지만 다른 나뭇잎은 이중, 삼중의 톱니 모양을 하고

있었다. 실험 대상 앞에 이러한 대상들을 여럿 제시한 후 그의 앞에 회색 스크린을 놓고 어떠한 심상이 떠오르는지 조사하였다. 때때로 집합적(다중 노출된-K) 사진으로 얻은 것과 같은 혼합된 심상이 나타난 것으로 보고되었다(심리학자들은 개념 형성의 과정을 집합적 사진 촬영의 과정에 비유한 적이 있다).

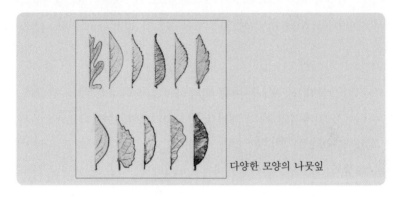

다양한 모양의 나뭇잎

11-73] 처음에 어린이는 일반화된 개념을 전혀 가지고 있지 않다. 어린이는 개 한 마리를 보고 또 한 마리를 보고 세 번째, 네 번째 개를 본다. 집합적 사진에서와 똑같은 일이 일어난다. 즉 개들 사이의 차이점은 지워지고 공통점만 남는다. 짖는 것과 신체 모양 같은 가장 특징적인 것들이 남게 된다. 결과적으로 단순히 동일한 집단의 이미지가 반복되어 가장 공통적인 전조는 남고 다른 전조들은 사라지면서 어린이의 개념이 형성된다고 생각될 수도 있다.

> 위 문단에서 비고츠키는 이전 문단의 끝에 있는 괄호 안의 내용(심리학자들은 개념 형성의 과정을 집합적 사진 촬영의 과정에 비유한 적이 있다)을 풀어내고 있다. 그러나 개념 형성을 갈톤의 사진에 비유하여 이해하는 것은 완전히 잘못된 것이다. 예를 들어 루멜하트의 스키마 이론에 따르면 식당 개념은 다음과 같은 방법으로 생겨난다. 어느 날 당신이 식당에 간다. 점심이나 저녁 식사를 한다. 돈을 지불하고 나온다.

다음 날도, 그다음 날도 똑같은 일이 반복된다. 만약 루멜하트가 옳고 식당이라는 개념이 그렇게 만들어진다면, 식당의 중심적 전조는 점심이나 저녁 식사 또는 심지어 음식과도 아무런 관계가 없게 된다. 왜냐하면 그 모든 것들은 식당이 바뀔 때마다 변하기 때문이다. 만약 루멜하트가 옳고 우리가 빈도와 일반화의 방법을 이용하여 개념을 창조한다면, 식당의 중심적 전조는 아마도 종업원이 될 것이다. 왜냐하면 종업원이야말로 언제나 식당에 있는 변치 않는 요소이기 때문이다.

11-74] 실험적 연구들은 이를 확증하지 않는다. 어린이를 관찰해 보면 어린이가 일차적인 개의 개념을 형성하기 위해 이를테면 스무 마리의 개를 볼 필요는 없다는 것을 알 수 있다. 그리고 반대로, 어린이는 어떤 대상의 백 가지 변이형을 본다 하더라도 이 모든 노출로부터 그가 필요한 표상을 형성하는 데 성공하지 못할 것이다. 분명 개념은 다른 어떤 방법으로 형성된다. 우리는 옌쉬로부터 상이한 톱니 모양을 가진 나뭇잎들과 같이 서로 관련된 일련의 대상을 어린이에게 보여 주면 어떤 일이 일어나는지 실험을 통해 확인하고자 한 시도를 본다. 집합적 사진 혹은 집합적 심상이 형성되는가? 답은 그렇지 않다는 것이다. 대신 이 실험은 자연적 개념 구성의 세 가지 주요 형태를 산출한다.

11-75] 첫 번째 형태는 소위 움직이는 심상이다. 어린이는 먼저 나뭇잎 하나를 본다. 그런 후 나뭇잎은 변하기 시작하여 단일 톱니에서 두 번째, 세 번째로 옮아가고 이 심상은 첫 번째 인상으로 되돌아가게 된다. 역동적인 스키마가 형성된다. 즉, 실제의 간섭들이 잇달아 변화하는 것이다. 움직이는 나뭇잎(변화하는 나뭇잎의 인상-K)은 이전에는 고정적이었던 것들을 모두 한데 모으는 것으로 드러난다. 다른 형태의 연합은 옌쉬가 유의미한 합성이라고 부른 것이다. 우리 눈앞에 있던 두세 개의 이미지들은 새로운 심상을 생성한다. 이 새로운 심상은 두세 번의 경험

의 단순 합이 아니라 부분들의 유의미한 선택으로서 일부는 취해지고 일부는 버려진다. 이를 통해 새로운 심상, 즉 유의미한 합성의 결과인 하나의 전체가 나타난다.

11-71에서 비고츠키는 자연적 영역에는 언어적 개념에 상응하는 어떤 것이 존재한다고 말했다. 그가 말하고자 하는 것은 언제나 같다. 모든 복잡한 행동 형태는 두 개의 뿌리를 가진다. 하나는 사회적이며 사람 사이에서 생기는 것이고, 다른 하나는 자연적이며 생물학적인 것이다. 그리고 나서 비고츠키는 옌쉬의 실험에 대해 논의한다. 이 실험은 개념 형성의 자연적 기원에 대한 세 가지 가능한 원천을 드러낸다. 즉 직관상적, 역동적, 유의미적 원천이다. 다소 혼란스럽게도 비고츠키는 11-75에서 '역동적' 원천을 첫 번째 형태라 부르며, 11-77에서 '세 번째 형태'는 논의하지 않겠다고 말한다. 세 번째 형태는 직관상적 원천을 뜻하는 것으로 보이지만 확실하지는 않다. 어떤 어린이들은 단순히 그들이 마지막으로 본 것만 기억한다. 이것은 마치 우리가 들었던 말의 처음 부분은 정확히 기억하지 못할지라도, 마지막으로 들었던 세 개의 낱말은 명확히 기억할 수 있는 것과 같다. 이것이 '직관상적' 잔상이다.

또 다른 어린이들은 일종의 일반화된 합성적 이미지를 기억한다. 이것이 옌쉬가 '역동적' 이미지라고 지칭한 것이다.

a) 어린이는 둥근 모양의 잎을 본다.
b) 어린이는 단일 톱니 모양의 잎을 본다(즉 잎 가장자리 전체에 반복되어 나타나는 단일 톱니를 가진 잎)
c) 그리고 나서 어린이는 이중 톱니 모양의 잎을 본다(즉 이중 톱니 패턴을 가진 잎, 아마도 큰 톱니 하나와, 작은 톱니 하나를 가진 이중 톱니가 잎 가장자리 전체를 둘러싸고 반복되는 잎)
d) 그리고 나서 어린이에게 그림을 그리라고 하거나 빈 화면을 보여준 후 잔상에 대해 물어보면, 어린이는 제시된 그림들을 나열할 것이다. 따라서 비고츠키는 원래는 구분되어 나타났던 안정적인 특성들이 역동적 심상에서 모두 한데 모인다고 말한다.

> 이 두 유형은 어느 정도 개념처럼 보인다. 그러나 물론 그것들은 사실상 개념이 아니다. 진정으로 개념적인 것은 자연적이지 않다. 그것은 유의미한 개념, 즉 어린이가 특정한 전조를 본질적 특성인 '기호'로 선택한 상황이며, 이 선택은 자연적이지 않다. 그것은 자발적이다.

11-76] E. 옌쉬는 아이데틱들에게 닥스훈트의 이미지를 보여 준 후 환등기를 이용하여 같은 스크린 위에 당나귀의 이미지를 투사하였다. 서로 다른 두 동물 이미지의 투사 결과, 실험 대상들은 키가 큰 사냥개를 지각하게 되었다. 일부 특징들은 일치하였지만 다른 특징들은 각 동물들로부터 취해졌다. 이런 식으로 새로운 특징들이 더해져 새로운 이미지를 형성하였다.

당나귀와 닥스훈트.

11-77] 자연적 개념을 구성하는 세 번째 형태에 대해서는 자세히 논의하지 않을 것이다.

11-78] 실험은 다음을 보여 주었다. 첫째, 개념은 순수하게 기계적인 방법으로 형성되지 않는다. 우리 뇌는, 예컨대 개의 이미지를 다른 개의 이미지 위에 겹쳐 놓음으로써 '집합적 개'라는 형태의 결과를 만드는 식으로 단순하게 집합적 사진을 만드는 것이 아니다. 개념은 어린이 스스로가 이미지를 처리함으로써 형성된다.

11-79] 따라서 자연적인 종류의 생각에서조차 개념은 가장 많이 반복된 개별 특질들의 단순한 혼합으로부터 형성되지 않는다. 개념은, 시

간의 흐름에 따라 나타나는 이동의 순간이나 유의미한 조합, 즉 어떤 중요한 특징의 선택의 순간에 변화하는 이미지와 함께 일어나는 복잡한 변형을 통해 형성된다. 이 모든 것은 단순히 개별 이미지 요소의 혼합에 의한 것이 아니다.

11-80] 만일 하나의 기계적 간섭을 다른 것 위에 겹침으로써 개념이 형성되는 것이라면 모든 동물이 개념을 가지고 있을 것이다. 이때 개념은 단순히 갈톤의 중첩 사진판이기 때문이다. 그러나 정신지체아조차도 동물과는 다르게 개념을 형성한다. 그러나 모든 연구들은 정신지체아에게 있어서 기본적인 개념들은 다르게 형성되며 이들에게 있어 가장 어려운 것은 바로 일반적 개념을 배우는 것임을 보여 준다. 지체아의 생각이 정상아의 생각과 다르다는 것을 보여 주는 가장 뚜렷한 특징은 정신지체아가 복잡한 개념의 형성을 통한 생각을 확실히 파악하지 못한다는 점이다.

비고츠키는 거의 모든 장을 병리적 사례로 마무리 짓는다. 다음 문단은 정신지체아가 일반화를 어려워한다는 점을 보여 줄 것이다. 그러나 이 어린이들은 단순 개념은 형성한다. 따라서 단순 개념이 기계적 일반화일 수는 없다. 다음에서 비고츠키의 논의는 이와 모순되는 것으로 보일 수 있다. 예컨대 11-83에서 그는 정신지체아의 개념은 동물과 유사하다고 말하는 것처럼 보인다. 그러나 이는 모순이 아니다. 정신지체아는 실제로 단순한 일상적 개념을 형성한다. 다만 그들은 이를 일반화하지 않는 것이다.

11-81] 간단한 예를 들어 보자. 내가 연구한 정신지체아는 덧셈을 한다. 많은 지체아들처럼 그는 간단한 수 세기에 능숙하다. 그는 단순한 조작을 할 수 있다. 1에서 10까지의 범위 내에서 더하고 빼는 방법을 알고 있고, 말로 대답할 수 있다. 그는 13일 목요일에 자기가 살던 도시를

떠났다는 것을 기억하며 그 때가 몇 시였는지 기억한다. 이 현상은 정신지체아에게 드문 일이 아니다. 그들은 특정 상황과 연관된 고도로 발달된 기계적 기억을 지닐 수 있다.

11-82] 이 어린이를 대상으로 문제들의 해결책을 모색해 보자. 그는 10에서 6을 빼면 4가 남는다는 것을 안다. 그는 똑같은 상황에서 그것을 반복한다. 그다음에 나는 상황을 바꾼다. 만약 "어머니께서 지갑에 10루블을 가지고 계셨는데 6루블을 잃어버리셨다면, 몇 루블이 남았을까?"와 같은 질문을 받는다면 어린이는 이 문제를 풀지 못한다. 만약에 우리가 동전을 가져다가 10개를 놓고 6개를 빼면, 어린이는 어떻게 되는 건지 재빨리 깨닫고 4개의 동전이 남을 것이라고 답한다. 그리고 어린이에게 이 문제와 내 지갑을 주면 그는 문제를 해결한다. 그러나 같은 어린이에게 병 문제, 즉 "병 속에 물 10컵이 있었는데 6컵을 마셨다면 몇 컵이 남았을까?"와 같은 문제를 내면 그는 그 문제를 풀지 못한다. 우리가 병을 가져와서 보여 주고 컵에 따르는 등 전체 조작을 하면 다시 그 어린이는 문제를 푼다. 그리고 이런 식으로 비슷한 문제를 목욕통이나 온갖 종류의 액체를 이용해서 풀 수 있다. 그러나 그런 다음에 다음과 같이 문제를 내 볼 수 있다. "만약 내가 10야드의 천을 가지고 있는데 6야드를 잘라 냈다면, 남아 있는 것은 몇 야드일까?" 어린이는 또다시 이 문제를 풀지 못한다.

11-83] 여기서 우리는 일부 동물이 발달시킨 소위 산술적 의사 개념과 거의 같은 단계를 본다. 이 단계에서는 구체적 상황(병, 동전)에서 독립된, 그 추상성으로 인해서 일반적 용어가 될 수 있고 생활의 모든 사례와 모든 과업에 적용될 수 있는 추상적 개념이 존재하지 않는다.

11-84] 이제 우리는 정신지체아가 얼마나 특정한 상황에 대해 종속되어 있는지, 그의 적응 정도가 얼마나 협소한지 본다. 정신지체아는 일반적 개념을 만들어 낼 장치를 가지고 있지 않으며, 따라서 오직 제한

된 상황 내에서만 적응할 수 있을 뿐이다. 우리는 이 적응이 얼마나 어려운지 이해할 수 있다. 반면 정상아는 일단 10-6=4를 깨우치면 언제나 특정 상황에 상관없이 문제를 해결할 수 있게 될 것이다.

11-85] 그리고 마지막으로, 베를린 거리를 걷기 위해 상당히 복잡한 지도를 공부한 정신지체아를 예로 들 수 있다. 어린이는 점차 지도를 파악하고, 배운 방식대로 올바르게 걷는다. 그러나 갑자기 어린이가 길을 잃는다. 방향을 꺾어서 다른 거리로 나아가기 위해 십자 표시를 해놓은 모퉁이의 집이 수리를 위해 비계로 둘러싸인 것으로 드러났다. 이제 전체 상황이 바뀌었다. 어린이는 길을 잃었다. 그는 혼자 되돌아가는데 익숙지 않다. 결국 그는 산책을 나섰다가 무작위적 자극의 힘에 반응하기 시작하여 그 힘에 사로잡히는 것으로 끝나고 말았다.

11-86] 우리는 이 사례에서 정신지체아가 추상적 개념을 생성할 장치를 갖고 있지 않는 경우 적응에 있어서 고도로 제한을 받게 된다는 것이 얼마나 확실한 사실인지 명백히 보게 된다. 그가 이런 측면에서 크게 제한 받는 것은 그의 개념 발달을 위한 장치가 구체적 상황에서 구체적 생각의 힘에 갇히게 되기 때문이다.

●말과 생각의 발달

앞서 6장에서 기술된 '음성 반응'과 상반된 말로 하는 생각을 다루고 있는 이 장은 더 큰 논의의 일부이거나 강의를 위한 메모쯤으로 보인다. 본문 중에는 한 문장으로 이루어진 문단이 여럿 존재하는가 하면, 심지어 어떤 문단은 불완전한 문장으로 이루어져 있다(예 11-14). 또한 비고츠키가 스스로를 가리켜 줄곧 '나'라고 지칭하는데 이것은 그가 강의에서 말하는 방식이지 '그의 저술에서는 거의 찾아보기 어려운 것이다. 일부에 불과하다 할지라도 이 장은 장차 비고츠키의 마지막 저술인 『생각과 말』이 된다는 점에서 극히 중요한 의미가 있다.

처음에 비고츠키는 마치 『생각과 말』의 시작을 예언하는 듯한 말을 던진다. 그러나 그 뒤로 그는 어린이를 대상으로 한 스턴의 그림 묘사 실험에 대해 길게 비판한다. 그는 이 장에서 해야 할 일을 전체 내용의 거의 반이나 지나서 겨우 밝힌다. 11-35에 따르면 이 장은 두 개의 과업을 가진다. 즉 한편으로 말이 어떻게 생각에 '작용'하고 '영향'을 미치고 '발효'시키는지, 그리고 다른 한편으로 말이 어떻게 생각을 재구조화하는지 보이는 것이다. 의아하게도 비고츠키는 두 번째 주제인 말에 의한 생각의 재구조화 문제가 더 쉽기 때문에 먼저 다루겠다고 말한다. 말이 생각을 재구조화하는 것을 보여 주는 것이 말이 생각에 미치는 영향을 설명하는 것보다 어떻게 더 쉬울 수 있는가?

아마도 그 대답은 뒤따르는 실험에 있을 것이다. 비고츠키는 '말 없는 생각'이 어떠한지 보이기 위하여 유아들과 소위 '아이데틱'들을 대상으로 실험을 수행한다. 그에 따르면 '말 없는 생각'은 전체적·혼합적이며, 도구가 문제 해결을 위한 즉각적인 시각적 부분을 차지하는 문제-해결 관점에서 잘 설명된다. 그런 다음 그는 리프만의 실험을 이용하여 말이 어떻게 생각을 재구조화하는지 보여 준다. 갑자기 어린이는, 낱말을 배열하여 문장을 만들고 문장을 배열하여 이야기를 만들 듯이 개별 단계들을 연결하여 하나의 계획을 수립할 수 있게 된다는 것이다. 생각은 추상적·분석적이 되고, 처음에는 문제 상황에 전혀 존재하지 않던 도구를 해결 수단으로 포함시킬 수 있다. 그러므로 말은 지각이 개념으로 변화하는 데 있어 핵심적인 수단이며, 낱말 의미는 어린이의 미래 개념의 실제 재료를 제공한다.

그러나 비언어적 생각이 완전히 사라지는 것은 아니다. 비고츠키는 개념 형성에 기여하는 비언어적 생각 형태도 존재할 수 있다고 말한다. 이를 뒷받침하기 위하여 비고츠키는 빠르게 바뀌는 이미지, 예를 들어 다양한 형태의 나뭇잎 또는 당나귀와 닥스훈트에 관한 옌쉬의 실험을 기술한다(어린이의 상상과 창조 2부 '청소년의 상상과 창조' 참조). 그러나 비고츠키는 이러한 실험에서조차 그 과정은 연합주의 심리학자들이 기대하는 것과 같은 것이 아니라고 주장한다. 즉 이미지가 희미해지는 것이 아니라 오히려 이미지들 사이의 대체(유동)나 지적인 조합이 존재하는 것이다. 그러나 여기서 생각에 미치는 말의 영향은 매우 미묘하며, 아마도 그래서 비고츠키는 이에 대해 나중에 논의하려고 한 듯하다. 이 장의 마지막에서 비고츠키는 말에 의해서 일어나는 생각의 '발효'에 대해 언급한다. 장애 어린이의 경우, 말이 생각에 영향을 미쳐 생각의 재구조화가 일어나는 현상이 나타나지 않는다.

I. 이 장의 첫 20개 문단에서 비고츠키는, 비네에 의해 최초로 제안되고 스턴에 의해 널리 퍼진 그림 묘사 과업의 결과를 아동심리학자들이 대단히 잘못 해석해 왔다고 주장한다(11-1~11-19).

A. 비고츠키는 사실을 제시하면서 시작한다. 그림을 보고 그에 대해 기술하라는 요구를 받은 3세 어린이는 그림 속의 대상들을 열거한다. 7세 어린이는 대상뿐 아니라 그 기능에 대해서도 기술하며 행위자와 그들의 행위에 대해서도 이야기할 수 있다. 12세 어린이는 대상들 사이의 시공간적 관계 체계 전체를 기술하며 등장 인물들 사이의 관계를 나타내는 완전한 이야기를 말할 수 있다. 그러나 이와 같은, 부분에서 전체로의 순서는 어린이 생각 발달에 대해 우리가 알고 있는 모든 내용과 상반된다. 우리가 아는 바에 의하면 개별 대상을 그 기능과 독립적으로 추출, 명명, 열거하는 능력은 상당히 늦게 발생하며 이와 반대로, 전체 장면과 이야기에 대한 이해는 매우 일찍 나타난다. 비고츠키는 실험이 진정한 발생적 순서와는 정반대되는 것을 기적적으로 만들어 낸 것으로 보인다고 말한다(11-1~11-5).

B. 진정한 발생적 순서는 블론스키가 '연결성 없는 연결'이나 '일관성 없는 응집'이라고 부른, 그리고 피아제가 혼합주의라고 부른 어린이의 성향으로부터 시작한다고 비고츠키는 말한다. 어린이에게는 실제적으로 관련이 없는 사실들, 예컨대 태양이 노랗고 뜨겁다는 사실과 하늘에서 떨어지지 않는다는 사실이 연결되어 있다고 생각하는 경향이 있다. 비고츠키는 이것이 파블로프가 개의 자극된 신경세포에서 관찰했던 것과 같은 흥분의 복사로 인해 일어나는 현상이라고 추론한다(11-6~11-10).

C. 주관주의 심리학자들은 어린이가 서로 무관한 감각적 현상들을 경험하고 이 현상들은 점차적으로 그룹들을 형성한다고 믿었다. 그러나 파블로프는 실험실에서의 일련의 실험들이 단순 자극으로부터 복합 자극으로 나아가지만, 어린이는 개별 자극을 지각하고 반응하기 전에 복잡한 자극의 그룹을 분석한다고 주장한다. 더 나아가 비고츠키는 어린이가 매우 일찍부터 대상으로 할 수 있는 행위를 기술함으로써 그 대상을 기술하는 경향을 가지고 있다고 말한다(예컨대 커피잔이라고 말하는 대신 '마시는 것'이라고 기술한다). 비고츠키에게 있어 첫 낱말이 전체 상황을 나타낸다는 사실은, 발달이 부분에서 전체가 아니라 전체에서 부분으로 진행한다는 것을 시사한다(11-11~11-15).

D. 비고츠키는 요약을 한다. 스턴의 실험이 보여 주는 사실들은 의심의 여지가 없지만 이 사실들은 다르게 해석되어야 한다. 비고츠키는 어린이의 생각은 전체에서 부분으로 진행하는 것으로 보이지만 어린이 말은 부분에서 전체로, 즉 개별 낱말

에서 문장으로 진행한다고 지적한다(11-16~11-19).

II. 이 절에서 비고츠키는 다양한 실험을 통해 스턴의 해석을 반박한다. 이 실험들은 모두 어떤 식으로든 생각 과정과 말을 분리시킨다. 예컨대 낱말이 아니라 무언극으로 그림 내용 설명하기, 9장처럼 특정 색과 숨겨진 물건 간의 관계 찾기, 동일한 이야기를 글로 쓰고 말로 하게 한 후 비교하기, 다양한 형태의 말에서 공통된 생각 수준을 발견하고자 일상적 말과 그림 기술 비교하기 등이 있다. 그다음 그는 도시와 농촌 어린이들에 대한 스턴의 비교 자료를 뒤집어, 이 자료들이 어린이를 검사한다기보다는 오히려 검사 익숙도를 검사한 것에 불과함을 보여 준다(11-20~11-36).

A. 비고츠키는 어린이에게 그림을 역할극을 통해 설명하라고 요구한 실험에 대해 기술한다. 그는 네다섯 살 된 어린이조차도 대상과 사람들, 다양한 행위와 그 행위자들, 개별 대상들 간의 복잡한 관계를 보여 주는 역할극을 이삼십 분 동안 지속할 수 있음을 발견했다. 예를 들어, 어린이는 컵, 남자, 창문 그림을 보고, 그 사람들이 감옥에 갇혀 있다고 설명하고 심지어 실험자에게 그들이 거기에 가게 된 이유까지 매우 상세히 말한다. 비고츠키에게 있어, 이것은 생각이 개별 대상으로부터 관계의 복합체로 발달하지 않는다는 명백한 증거이다(11-19~11-20).

B. 비고츠키는 스턴이 옳다면, 어린이가 9장에서 보았던 것과 같은 관계(종이 띠의 색깔과 도토리의 존재 여부 간의)들을 성인보다 잘 식별하지 못할 것이라고 지적한다. 비고츠키는 어린이가 어떤 색의 종이 밑에 담배나 성냥이 숨겨져 있는지 알아내야 하는 엘리아스버그의 실험을 기술하고, 오히려 이 어린이들이 학령기 어린이나 성인보다 더 빠르게 그 연결을 이해할 수 있다고 지적한다. 이것은, 엘리아스버그는 물론 비고츠키에게도, 어린이들이 발달 과정의 매우 이른 시기부터 쉽게 대상들 간의 연결을 만들어 낼 수 있음을 시사한다(11-21~11-24).

C. 비고츠키는 스턴의 해석에 반대하는 증거로 스턴 자신의 실험을 이용한다. 스턴은 과업이 복잡할 때(예컨대 어린이에게 기억에 의존하여 그림을 묘사하라고 요구할 때), 생각의 수준이 대상 간의 관계에서 대상의 특질로, 대상의 특질에서 대상의 행위와 대상에 대한 행위로, 행위로부터 개별 대상으로 떨어지는 것처럼 보인다는 데 주목한다(11-26). 비고츠키가 병리학적 데이터를 이용하여 정신 기능의 발생적 순서를 부정적으로 증명했던 바와 같이, 스턴은 이것이야말로 자신의 결론이 실제 발생적 순서와 일치함을 증명한다고 말한다. 즉 고등 능력의 저항이나 장애는 기존에 존재하던 저차적 능력을 드러내게 된다. 블론스키 또한 어린이에게 그림을 말로 묘사하는 대신에 글로 묘사하라고 요구하면 수행의 질이 떨어진다는 것을 발견한다(11-28). 비고츠키는 수행의 질이 떨어진다고 해서, 생각의 수준이 실제로 떨어진다는 생각을 거부한다(결국, 기억이나 쓰기는 병리적 현상이 아니다). 그림 테스트를 이용하여, 스턴은 교육을 받지 못한 농촌 어린이들이 교육 받은 도시 어린이들에 비해 상당히 뒤처진다는 것을 발견한다. 그러나 스턴은 농촌 어린이의 일상적 말하기 방식과 그림을 묘사하는 방식 사이에 어떤 차이도 없음을 발견한다. 더

구나 그는 교육 받지 못한 농촌 어린이들과 교육 받은 어린이들 사이에 일상적 생각의 내용이나 형태에서조차 실질적으로 아무런 차이가 없음을 발견한다. 그러므로 농촌 어린이들의 지체는 단순히 말하는 방식의 지체이지 생각의 지체가 아닌 것으로 보인다. 즉 스턴의 테스트는 생각을 테스트하는 것이 아니라, 농촌 어린이들이 아직 익숙하지 않은 특정한 말 유형에 대한 테스트였을 뿐이다(11-27).

D. 요약하자면, 비고츠키는 어린이의 초기 생각이 혼합주의적이며, 전체에서 부분으로 발달하지만, 말은 부분에서 전체로 발달하는 경향이 있다는 결론을 내린다. 그러나 비고츠키는 이러한 다양한 실험들로부터 말과 생각이 완전히 독립적이라는 결론을 내릴 수는 없다고 경고한다. 그렇게 하는 것은 실험 과정이 그 기저에 놓인 발달 과정을 완벽하게 반영한다고 가정하는 오류를 반복하는 것에 지나지 않는다. 비고츠키는 이제 이 장의 실제 과업을 제시한다. 생각과 말이 처음에는 구분된다는 것을 증명한 후, 그는 이제 말과 생각이 연결되는 두 가지 방식을 증명할 것을 제안한다. 먼저, 말 발달은 어린이의 생각을 '발효'시킨다. 밀가루 반죽에 이스트를 넣어 부풀리듯이 말은 생각을 풍성하게 한다. 둘째, 말은 생각을 재구조화하며, 혼합주의를 순차적인 의미를 가지는 종합적 과정으로 다시 만든다. 이 절에서 비고츠키는, 그가 말하듯이, 더 두드러진다는 이유로 재구조화를 먼저 논의한다(11-28~11-36).

III. 생각에 대한 말의 재구조화 효과를 보여 주기 위해 비고츠키는 세가지 실험을 제시한다. 튜더-하트와 헤처의 유아에 대한 실험, '아이데틱'이라 불린 이들을 대상으로 한 옌쉬의 실험들, 쾰러식 과업(예컨대 높은 곳에서 물건을 꺼내는 실험)을 말을 수반하거나 말 없이 수행한 후 비교하는 리프만의 실험이 그것이다. 비고츠키는 말을 사용하지 않고 세계를 분해하여 대상, 행위, 관계로 분석하는 것이 얼마나 어려운지에 대해 질문하며 결론을 맺는다. 이 질문에 대해서는 맨 마지막 절에서 대답하려는 시도를 한다(11-37~11-69).

A. 첫째, 비고츠키는 튜더-하트와 헤처가 관찰한, 6개월에서 10개월 된 유아의 기계적 관계들에 대한 발견을 설명한다. 6개월 된 유아는 이미 물체를 사용하여 다른 물체를 조작하며, 10개월 된 유아는 딸랑이가 손에 닿지 않을 때 줄을 당기면 손에 넣을 수 있다는 것을 이해한다. 만 1세가 되면 어린이는 떨어져 있는 물체에 작용할 수 있다고(예를 들어 공을 던져 다른 공을 맞히는) 튜더-하트와 헤처는 결론짓는다. 비고츠키는 이 모든 것이 말의 도움 없이 일어난다고 결론짓는다(11-37~11-39).

B. 다음으로 비고츠키는 옌쉬가 14명의 실험 대상에게서 관찰한 직관상을 설명한다. 비고츠키는 직관상, 즉 물체를 응시하고 난 후 보게 되는 잔상이 지각과 생각 속 표상 사이 어딘가에 있는 기억의 중간 형태로 생각될 수 있다고 말한다(11-41). 옌쉬는 소위 '아이데틱', 즉 심상에 특히 민감한 사람들을 통해 이러한 잔상들이 조종될 수 있음을 발견했다. 예를 들어 과일을 먹고 싶어 하는 아이데틱에게 막대,

고리, 과일을 보여 준다면, 그들은 잔상에서 막대, 고리, 과일을 한곳에 모으는 경향을 보일 것이다(11-40~11-44). 비고츠키는 이런 종류의 생각이 여전히 자연적 생각(튜더-하트와 헤처가 유아에게서 발견했던 생각처럼)이며, 이것은 자극들이 두뇌의 대뇌 피질에서 연결되는 방식에 대한 관찰과 상당히 부합한다고 강조한다. 비고츠키는 어린이가 감각을 통해 한 자극에서 다른 자극으로 주의를 옮기는 방식과, 말이 발음이나 문법의 매우 미묘한 요소(예컨대 러시아어 어미의 격변화)에 어린이의 주의를 필연적으로 집중시키는 방식을 대조시킨다. 이 거대한 모자이크 세트는 어린이에게 전에 경험하지 못했던 반응을 창조하고 통제하도록 만든다(11-45~11-49). 물론 이 거대한 차이는 옌쉬가 그의 실험 대상들에게 그들이 한 것을 말로 공식화하도록 했을 때 분명하게 드러난다(11-50).

C. 비고츠키는 이제 리프만이 실험 대상에게 높은 벽장 위에 있는 공을 지팡이를 이용해 가져오도록 한 실험에 대해 묘사한다. 리프만은 한 번은 말 없이 실험을 진행하고, 한 번은 실험 대상을 잠시 멈추게 하고 계획을 말로 설명하도록 요구하였다. 리프만은 말을 이용한 경우 어린이들의 해결책이 완전히 달랐다는 점을 지적한다. 왜냐하면 그들은 문제의 핵심을 추출하여 여러 가지 행동 계획을 만들어 낼 수 있었기 때문이다. 비고츠키는 유사한 실험들에 대한 관찰을 통해 리프만의 결과들을 확증한다. 즉 철망 뒤 손이 닿지 않는 곳에 있는 과일을 본 어린아이는 지속적으로 말을 할 것이며, 실험자는 어린이의 주의를 해결 방법으로 이끌어야만 한다. 더 큰 어린이는 해결 방법을 공식화하고("이제, 막대가 필요해요") 스스로 찾아낸다. 더 큰 어린이를 관찰한 어린아이는 큰 어린이가 말로 공식화했던 해결 방법의 한 부분을 즉시 따라 할 것이다. 비고츠키는 말이 활동의 결과였다가, 활동과 더불어 동시에 진행되고, 활동에 선행하여 활동을 계획하고 형성하게 된다고 결론짓는다(11-51~11-60).

D. 비고츠키는 말에 의한 어린이 활동의 재구조화가 혁명과 동등한 가치를 지닌다고 주장한다. 마치 도구를 사용하는 인간이, 생물학적 활동이 생물학적 구조에 종속된다는 제닝스의 원리를 더 이상 따르지 않고 자신만의 인공 기관을 생산해 낼 수 있게 되는 것과 같이, 어린이는 이제 자유로우며 어휘와 문법의 거대한 모자이크 세트의 도움으로 자신만의 생각을 만들어 내게 된다. 이런 방식으로 만들진 생각의 형태는 지각보다 훨씬 더 안정적인 것으로 판명된다. 지각은 환경 속 어린이의 위치에 따라 지속적으로 변하기 때문이다(11-64). 더 나아가 어린이가 만드는 생각의 형태는 훨씬 더 전이 가능성이 높게 된다. 시각적 해결(막대로 과일을 얻는)이 대체로 상황에 국한되는 반면, 사전에 말로 성립된 계획들은 한 상황에서 다른 상황으로 전이가 가능하다(11-65). 그러나 이 재구조화의 가장 중요한 효과는 혼합주의의 종말, 인상들을 개별 개념으로 분석하는 능력, 그리고 다른 사람을 이해시키기 위해 개별 개념들을 재종합할 필요성이다(11-66~11-69).

IV. 말이 어떻게 생각을 재조직화하는지를 보여 주었던 비고츠키는 이제 말이 어떻게 생각에 '작용'하거나 또는 서서히 '발효'시키는지 보여 주고자 한다. 따라서 이 마지막 절에서 그는 비언어적 생각의 영역에 눈을 돌린다. 첫째, 그는 옌쉬의 실험을 토대로 개념 발달의 가능한 '자연적' 경로를 논하고, 여기에서조차 어떠한 연합적 결론도 도출될수 없다고 말한다. 둘째, 그는 더 앞서 제기되었던 질문에 대한 답을 제시하고자 한다. 그 질문은 완전한 말의 숙달이 허락하는 완벽한 재구조화가 일어나지 않는다면 생각이 어떻게 발달할 것인가에 대한 것이다. 비고츠키는 말을 통해 사물을 명명하고 셀 수 있지만, 일반화된 추상적인 개념을 발달시키지는 못하는 어린이로부터 얻은 임상적인 데이터를 사용하여 이 질문에 대답하고자 한다.

A. 개념 형성에는 두 개의 발달 노선이 있다고 비고츠키는 말한다(『생각과 말』 5장 17절에서 일부 말하긴 했지만, 거기에서 그것은 자연적 개념이 아닌 '잠재적 개념'이라 불린다). 하나는 우리가 보았던 것처럼 낱말 의미이다. 다른 하나는 문화적·언어적 개념에 대한 '자연적' 등가물이다(11-71). 옌쉬의 실험으로 돌아가서, 비고츠키는 서로 다른 가장자리 모양(단일 톱니 모양이나 이중 톱니 모양)을 가진 일련의 나뭇잎들을 보여 준 후, 잔상을 기술할 것을 요구 받은 실험 대상에 대해 말한다. 그 잔상은 갈톤의 사진처럼 흐릿한 이미지였다. 비고츠키는 이것이 개념 형성의 연합적 모델이라는 것을 인정한다. 즉 유사성은 강화되지만 차이점은 삭제되며, 그 결과가 개념이라는 것이다(11-73).

B. 비고츠키는 후속 연구들을 통해 이런 연합적 모델의 오류가 입증되었다고 말한다. 희미한 이미지 대신, 옌쉬는 세 가지 다른 형성을 설명한다. 즉, 역동적으로 바뀌는 이미지('청소년의 상상과 창조'에서 '유동'이라 불렸던), '지성적 조합'(예를 들어, 닥스훈트와 당나귀의 합성), 그리고 비고츠키가 논하지 않은 또 하나의 형태이다(11-79). 비고츠키는 만약 연합주의자들의 모델이 옳다면 동물도 개념을 부여받게 될 것이라고 말한다. 그러나 그는 정신지체아조차도, 정상아들과는 다를지언정(아마도 그들은 옌쉬가 기술한 일종의 자연적인 수단에 의존하기 때문에), 일종의 개념을 형성해가는 반면 동물들은 그러지 못한다고 강조한다. 따라서 비고츠키는 개념 형성의 과정은 자연적인 것이 아니라 문화적인 것이고, 기계적인 것이 아니라 지성적인 것이며, 자동적인 것이 아니라 의지적인 것이라고 결론짓는다(11-80).

C. 비고츠키는 정신지체아를 통해 개념 형성의 사례를 제공한다. 이 어린이는 1부터 10까지 셀 수 있고, 덧셈과 뺄셈의 조작을 이해하며, 날짜와 장소의 이름을 기억할 수 있다. 그렇지만 이 어린이는 "10-6=4"와 같은 진술을 "엄마 가방에는 10루블이 있었는데 6루블을 잃어버렸어. 그럼 얼마가 남았을까?"와 같은 문장제 문제로 일반화할 수 없다. 다른 한편으로, 실제 그것을 수행해 볼 수 있게 가방과 10루블이 있는 경우, 어린이는 문장제 문제를 풀 수 있다. 비고츠키는 언어적 개념이 없이 '잠재적 개념'이나 '자연적 개념'에 의존하는 경우, 어린이는 구체적인 상황에 종속된다고 결론짓는다(11-81~11-84).

D. 비고츠키는 마지막 사례를 제공한다. 정신지체아에게 지도를 주고 베를린 도시를 통과하는 복잡한 길을 가르쳐 주자 그 어린이는 점차적으로 길을 숙달한다. 그런데 한 건물이 비계로 둘러싸이게 되자, 그 어린이는 방향을 바꿔야 했던 지점을

인지할 수 없게 되어 결국 길을 잃게 되었다. 그리고 (시행 착오로 회귀하여) 무작위로 보이는 이정표를 쫓아서 헤매게 되었다. 이런 예는 두 가지 이유로 주목할 만한 것이다. 첫째, 그것은 비정상아의 기능적 개념의 구체성에 대한 비고츠키의 논의를 명백히 입증한다. 어린이들이 구체적 상황에 의존하는 것이다. 둘째, 이 책에서 '비계'라는 용어는 여기서 유일하게, 그것도 실제 공사장의 비계를 뜻하는 구체적 의미로 사용되며 '수행의 조력'이라는 비유적 의미로 사용되지 않는다 (11-85~11-86).

제12장
자기행동숙달

Bartolomeo Esteban Murillo,
「Niños jugando a los dados(Children playing with dice)」(1675).
개와 작은 어린이는 참외에 정신이 팔린 반면, 더 큰 어린이들은 결정을 내리기 위해 보조적
장치를 사용하고 있다. 그러나 어린이들은 주사위 던지기의 결과를 어떻게 해석할 것인지
언쟁을 하고 있다. 이는 인간이 언제나 보조 장치의 무작위적 결과를 넘어섬을 보여 준다.

12-1] 앞의 여러 장에서 기술된 다양한 고등심리기능의 형태들을 종합해 보면 이들이 모두 공통된 심리학적 특성을 지니고 있음을 쉽게 알 수 있다. 이 특성은 지금까지는 단지 지나가면서 가볍게 언급한 정도였지만 이것은 고등심리기능을 다른 모든 심리적 과정들로부터 구별하는 특성이다. 이들 과정은 모두 다양한 수단을 이용한 자기 반응 숙달의 과정이다. 이제 우리 앞에 놓인 난관은 반응 숙달 과정이 무엇인지, 그리고 그것이 어린이에게서 어떻게 발달하는지를 고찰하는 것이다. 한 사람의 행동 숙달을 가장 특징적으로 보여 주는 것은 **선택**이며, 구심리학이 의지적 과정들을 연구하면서 선택을 의지적 행위의 본질로 본 것은 그만한 이유가 있다. 분석 과정에서 우리 또한 한 번 이상 이 선택이라는 현상과 만났다.

12-2] 예를 들어 주의에 대한 실험에서 우리는 외적 자극의 구조에 의해 결정되는 선택 반응을 연구할 기회가 있었다. 지시를 기억술적으로 기억함으로써 선택 반응하는 실험에서, 우리는 특정 자극이 특정한 반응과 상응하도록 행동을 사전에 객관화하면, 이 복잡한 행동 형태가 어떻게 전개되는지 추적하고자 하였다.

I권 **1-39**에서 비고츠키가 고등심리기능 발달의 역사, 문화적 행동

발달의 역사, 내적 과정에 의한 행동 숙달의 개념이 동일한 것이라고 말했음을 기억해 보자. 비고츠키는 왜 '선택'이 우리 자신의 행동 통제의 특징을 가장 잘 나타낸다고 말하는가? '선택'은 고등정신기능의 가장 전형적인 형태이며 문화적 행동 발달의 핵심 열쇠인가? 그렇다. 비고츠키는 I권 3, 4, 5장에서 낱말에 대한 반응으로 그림을 선택하고 건반을 누르는 실험을 통해, 주의와 기억의 고등 형태와 같은 내적인 고등심리기능에서 선택이 어떻게 작동하는지 실험적으로 보여 주었음을 다음 문단에서 상기시킨다(어린이는 무엇에 주의를 기울일지, 어떻게 기억할지를 선택해야 한다). 비고츠키는 또한 10장에서 논의한 '기억술을 이용한 낱말의 기억'을 지시에 대한 기억의 한 사례로 간주한다. 그러나 이것은 쓰기, 말하기, 산술과 같은 외적인 문화적 행동과 심지어 말로 하는 생각조차도 선택의 문제로 생각할 수 있다는 것과 같은 이야기이다. 예를 들어 할러데이의 체계-기능 문법은 말의 구성을 긍정과 부정, 존댓말과 반말, 시제, 화법과 같은 여러 선택지들로부터 선택을 하는 것이라고 본다. 우리는 대개 미리 계획하기, 결정하기, 약속 지키기와 같은 자기 행동 통제의 사례를 선택의 문제로 생각하지 않는다. 왜냐하면 이 경우 단순히 기존의 선택지에서 고르는 것이 아니라 각각의 선택지 자체가 선택의 순간 이전에 구성되어야 하기 때문이다. 그러나 여기에 선택뿐 아니라 분석과 종합도 포함된다는 사실은 이 행위를 더욱 의지적인 의지적인 것으로 만든다.

12-3] 첫 번째 유형의 실험에서 선택이 주로 외적 계기에 의존하고 어린이의 모든 활동은 이 외적 요소들을 확인하는 것과 그들 사이에 관계를 포착하는 목적을 가졌다면, 두 번째 반응 질문은 서로 외적 관계가 전혀 없는 자극에 관한 것이었으며, 어린이의 과업은 필요한 두뇌 연결들을 만들고 고정하는 것이었다. 따라서 첫 번째 문제는 주의적 선택에 의해 해결되었으며, 두 번째 문제는 기억의 도움으로 해결되었다. 여기서는 검지가, 저기서는 기억술적인 방법이 이 반응을 숙달하는 열쇠가 되었다.

첫 번째 실험 유형은 주의에 대한 장에서 다루었던 '회색 종이 띠'와 같은 외적 계기에 의존하는 실험을 말하며, 두 번째 실험 유형은 기억에 대한 장에서 다루었던 '게와 극장'과 같이 서로 관계가 없는 자극에 의존하는 실험을 말한다. 첫 번째 유형에 있어서 검지는 정신 외적 형태의 기호이며, 두 번째 유형에 있어서 기억술적 장치(예쁜 돌을 보고 있는 게와 같은 '구조')는 정신 내적 형태이다.

12-4] 그러나 아직 세 번째 유형의 선택이 남아 있다. 우리는 이것을 구체적 실험에서 추적하려 했으며, 이것은 우리의 반응 자체를 숙달하는 문제에 빛을 던져 줄 것이다. 그것은 바로 외부가 아니라 어린이 자신의 내부에서 결정된, 두 가능성 사이의 자유로운 선택이다.

12-5] 자유 선택을 연구하기 위해 실험 심리학에서 오래전에 확립된 방법이 있다. 실험 대상에게 두 행위 중 하나를 선택하게 한 후 이를 실행에 옮기도록 한다. 우리는 이러한 절차를 다소 복잡화하여 어린이로 하여금 쾌락과 불쾌의 계기를 모두 포함하는 두 가지 행동 과정 중에서 하나를 선택하도록 할 것이다. 행동의 선택지의 증가는 각 선택의 동기들을 상충시켜 동기 간 갈등을 일으키고 선택을 늦추어 이(선택 과정-K)를 더욱 관찰하기 쉽도록 하는 양적 복잡화뿐 아니라 선택 과정에서 질적 변화도 일으킨다. 질적 변화는 이전에 명백한 동기가 지배하던 상황에, 이제 이 행위들의 복잡한 배치로 인해 다중적 동기가 생겼다는 사실로 나타난다. 이미 말한 바와 같이 이 행동들은 매력적인 동시에 꺼려지는, 즐거운 동시에 불쾌한 계기를 포함하였으며 이는 어린이가 선택해야 할 새로운 행동들 중 양쪽 모두에 동일하게 적용되었다. 이런 식으로 우리는 흔히 복합 선택에서 동기 간의 갈등이라고 불리는 것에 대한, 실험을 위한 단순 행동 모델을 만들 수 있었다.

복합 선택에서 동기들 간의 양적, 질적 갈등의 예를 생각해 보자. 어린이에게 옆방에서 두꺼운 사전을 갖고 와도 사탕을 받을 수 있고 지금 이 방에 있는 공책들을 치워도 사탕을 받을 수 있는 과업을 제시했다고 상상해 보자. 어린이는 어떤 과업을 어떻게 결정을 할 것인가? 한 가지 기준은 양적인 것이다. 어린이는 사전은 하나만 옮기면 되지만 공책은 여러 권을 옮겨야 하므로 사전 옮기기를 선택할 수 있다. 다른 기준은 질적인 것이다. 어린이는 사전은 매우 무겁고 공책은 가벼우므로 공책 치우기를 선택할 수 있다.

12-6] 방법적 측면에서, 우리가 실험적으로 동기를 창조할 수 있다는 사실로부터 이 기법을 통해 본질적 변화를 도입할 수 있다. 왜냐하면 우리가 이용하는 일련의 조작들은 융통성이 있어서 늘리거나 줄이고, 어떤 계기를 다른 계기들로 대체하고, 최종적으로 한 실험으로부터 다른 실험으로 옮겨 갈 수 있기 때문이다. 즉 우리는 실험적으로 기본 조건을 변화시키고, 선택이 과정의 변인에 어떻게 의존하는지 추적할 수 있다.

12-7] 실험은 이러한 선택 기준이 처음부터 과정의 흐름을 매우 복잡화하고 방해한다는 것을 보여 준다. 즉 대상이 선택 기준들의 균형을 맞추려고 할 때 우유부단함, 망설임, 동기들을 가늠하기 같은 것들이 모두 일어난다. 때로 선택은 매우 지체되어 극히 어려워진다. 이런 경우에 우리는 우리 실험의 핵심인 새로운 부가적 계기를 도입한다. 어린이가 난관에 봉착했을 때, 우리는 그에게 제비를 사용해서 선택에 도움을 받을 수 있다는 것을 알려 주었다. 이 생각을 다양한 방법적 시도를 통해서 알려 준다. 사용할 제비를 바로 책상 위에 놓아두는 것으로 시작해서, 실험 직전에 이 어린이가 똑같은 제비를 가지고 놀 수 있는 기회를 제공한 후 실험 중에는 어린이에게 제비를 사용하겠느냐고 물어보거나, 다른 사람이 똑같은 과업을 수행하는 것을 보고 직접 모방하게

할 수도 있다.

　　한 러시아 소녀가 털모자에서 제비를 뽑고 있다. 흰색 제비는 'O'를 의미하고 검은색 제비는 'X'를 의미한다. 그러나 비고츠키가 사용한 제비는 이런 것이 아니라 한 면은 흰색이고 반대쪽 면은 검은색인 던질 수 있는 동전에 가까운 것이었을 듯하다.

　　12-8] 종종 우리는 실험 대상이 완벽하게 독립적으로 제비뽑기나 다른 대체 수단들에 의존하는 경우를 보았다. 그렇지만 우리의 주요 목적이 창의성을 연구하는 것이라기보다는 선택을 위한 제비뽑기의 적용을 연구하는 것이었기 때문에 우리는 위에서와 같이 실험을 실시하였다. 적합한 결과를 얻기 위해서 우리는 한 번 이상 직접적 지시에 의존했다. 쾰러가 원숭이의 손에 막대기를 쥐어 주고 어떤 일이 일어나는지 관찰했던 것처럼 우리도 쓰기에 대한 연구에서 어린이에게 연필을 쥐어 주고 기록에 어떻게 적용하는지 관찰했다.

　　12-9] 우리의 실험은 제비뽑기가 도입되자마자 어린이의 모든 행동에서 얼마나 깊은 변화가 일어나는지 보여 주었다. 어떤 상황에서 어린이가 제비뽑기에 의존하게 되는지를 연구하기 위해, 우리는 제비뽑기 이외의 다른 선택의 여지를 남겨 주었다. 외적 조건을 변화시킴으로써, 우리는 어린이들이 자발적으로 제비뽑기를 이용하게 되는 상황을 경험적으로 추적할 수 있었다. 따라서 만일 우리가 선택 시간을 줄여서 동기 간의 갈등이 일어나거나 논의가 발전될 여지를 주지 않는다면, 어린이는 일반적으로 항상 제비뽑기에 의존하게 된다. 이는 어떤 동기가 드러나지 않은 경우, 즉 어린이에게 선택을 한 후에야 열어 볼 수 있는 봉인된 봉투 안에 하나 또는 두 개의 활동을 제공할 때에도 똑같은 일이 발생한다. 종종 결과에 개의치 않는 상황, 다시 말해 선택이 그에게 긍

정적이든 혹은 부정적이든 크게 영향을 미치지 않는 행동을 유발할 경우 어린이는 제비뽑기에 의존했다. 선택을 해야만 하는 두 과정이 동일하게 매력적이고 혐오적인 측면을 가진 경우, 비교적 균형을 이룬 동기들과 동일한 효과가 나타났다.

> 어린이가 제비뽑기에 의존하는 경우는 네 가지이다. 첫째 결정할 시간이 없을 때, 둘째 결과를 모를 때, 셋째 두 동기가 중립적일 때, 넷째 두 동기가 중화되었을 때이다.

12-10] 동기의 복합성과 선택의 어려움, 그리고 특히 선명한 감정적 쾌락 혹은 불쾌의 계기는 더 빈번하게 주사위를 사용하도록 하며, 두 행동의 연쇄가, 서로 비교하기 어려운 매우 다양한 동기를 포함하는 경우, 동기에 대한 정서적 평가가 서로 다른 측면에 있을 때, 즉 동기가 어린이 인격의 상이한 면과 관련될 때, 자연적 선택은 지체되고 마침내 어린이는 기꺼이 자신의 운명의 결정을 주사위에 맡긴다.

> 교사라면 누구나, 무의식적으로나마 난이도에 대한 이론은 암시적으로 발달의 이론과 관련이 있으며 발달에 대한 이론은 암시적으로 교수 방법 이론과 관련이 있다는 것을 알고 있다. 어린이의 의사 결정을 어렵게 만드는 것은 무엇인가? 비고츠키는 복잡성, 정서적 참여성, 상이한 경험 영역(현재와 미래, 실재와 이상, 구체와 추상)의 존재를 그 원인으로 지목한다. 비고츠키는 경험은 시간적 순서성syntagmatic의 계기를 가지는 반면 인격은 동시성paradigmatic의 장면성場面性을 가진다는 점을 지적한다. 이 순서성과 동시성은 인격의 상이한 면을 구성한다. 물론 이 둘은 서로 연결되어 있다. 행동의 경로들이 궁극적으로 인격을 형성 한다. 그러나 인격은 경험의 단순 합이 아니다. 장기적 관점에서 인격의 형성을 예측하게 해 주는 실험은 마시멜로 테스트이다. 어린이는 마시멜로 하나를 지금 먹을 것인가 아니면 나중에 두 개를 먹을 것인가? 이 실험은 복잡성, 정서적 참여성, 상이한 경험 영역(현재와

미래)과 같이 비고츠키가 지적하는 모든 측면을 포함하고 있다. 흥미롭게도 이 실험에서 마시멜로를 먹지 않고 기다렸다가 나중에 보상을 받은 어린이들이 성인이 되어 더 성공적이고 행복한 삶을 사는 것으로 나타난다.

12-11] 이 예들은 어린이가 일반적으로 제비뽑기에 의존하게 되는 경우를 보여 준다. 문제는 이 모든 사례들을 한데 묶는 것이 무엇인가 하는 것이다. 우리는 위의 제비뽑기 상황들을 오직 질적으로 비교할 수 있을 뿐이다. 이 상황은 뷔리당이 지어냈다고 잘못 알려진, 유명한 철학적 일화와 어느 정도 관련성을 맺는다. 이 상황은 우리의 의지가 동기에 의해 결정된다면, 선택 동기가 평형 상태에 있을 경우 선택은 불가능해지고 의지는 마비될 것임을 설명하는 데 보통 이용된다.

12-12] 특히 스피노자는 우리의 의지가 자유롭지 않으며 외적 동기에 의존한다는 것을 보여 주기 위해 이 예를 인용한다. 스피노자는 굶주림과 갈증을 겪고 있는 당나귀가 똑같은 거리에 있는 음식과 마실 것 사이에 놓인다면, 굶주림과 갈증으로 죽게 될 것이라고 말한다. 왜냐하면 음식을 얻기 위해 오른쪽으로 갈 것인지 마실 것을 얻기 위해 왼쪽으로 갈 것인지 선택할 근거가 없기 때문이다. 정반대의 방향으로 동일한 힘으로 당겨진 종이가 제자리에 머무르는 것처럼, 작용하는 동기들이 평형을 이룰 때 인간의 의지는 마비될 것이라고 그 일화는 말한다. 의지의 결정성과 동기에의 의존성을 추적하려 하자마자 자유 의지라는 환영은 붕괴될 것이라는 깊고 진실한 통찰이 그 일화 속에 존재한다.

12-13] 이 예가 동기들이 이상적으로 균형을 이룬 경우(이는 현실에서는 결코 볼 수 없다)이며 그에 따라 동기들을 조작하기 위한 조건을 극히 단순화하였음은 말할 것도 없다. 그러나 우리는 삶과 실험실의 실험에

서 뷔리당의 당나귀와 흡사한 상황을 매 순간 마주한다. 이 상황은, 거의 균형을 이루며, 일시적인 선택의 포기, 마음의 동요, 다소 장기화된 망설임을 초래하고 의지를 마비시키는 것처럼 보이는 강력한 동기들을 지닌다. 요동치는 동기로 인한 무無 행동은 희극과 비극 작품의 주제로 자주 사용되었으며, 스피노자는 이를 예로 들어, 다른 지각은 하나도 없이 오직 배고픔과 갈증만을 느끼는 상황에 처한 사람은 똑같은 거리에 놓인 음식과 마실 것을 보면서 배고픔과 갈증으로 죽어갈 것이 확실하다고 분명히 말하였다.

이어지는 문단에서 비고츠키가 지적하듯이 위의 인용은 스피노자가 한 말과 정확히 일치하지는 않는다. 스피노자는 어떤 사람이 주변 사람이나 제반 사항과는 무관하게 자기 스스로의 행동을 완전히 결정하는 사람을 인간으로 불러도 되는지 모르겠다고 말한다. 스피노자에 따르면 신은 자연이다. 이는 신이 인간에게 무엇을 하라고 지시하는 데 관심이 없음을 의미한다. 신이 인간에게 지시하지 않는다면 도스토예프스키의 말처럼 "모든 것이 허용된다."는 것일까? 스피노자는 이를 부인한다. 스피노자는 도덕적 결정은 체스 게임과 유사하다고 믿었던 뷔리당을 지지한다. 즉, 어떤 상황에서든 진정으로 옳은 결정은 하나뿐이라는 것이다. 문제는 이러한 최선의 결정을 찾는 것이 불가능하다는 것이 아니라 너무 어렵다는 것이다. 도덕적 판단은 일기 예보나 자녀 계획과 같이 복잡한 과정의 예견을 포함하는 다른 모든 활동과 마찬가지로 이성의 사용을 요구한다. 이를 신에게 맡기거나 무지에 빗대어 변명할 수는 없는 것이다. 따라서 스피노자는 행동들 사이에 규정된 인과 관계가 원칙적으로 없다고 믿는 아리스토텔레스주의자와 신이 우리에게 해야 할 일을 명령한다고 믿는 크리스트교의 반박에 대답해야 한다. 뷔리당의 당나귀 일화는 '도덕적 상황에 대한 합리적 탐구'라는 관념을 반박하기 위해 만들어 낸 예시이다. 즉, 때때로 두 가지 행동이 똑같이 옳을 경우에 인간은 어떤 결정도 내리지 못하리라는 것이다. 스피노자의 답은 다음과 같다.

> "다음과 같은 반론이 생길 수 있다. 즉 만일 인간이 자유 의지로 행동하지 않는다면 사람이 뷔리당의 당나귀처럼 평형 상태에 있을 때는 어떻게 될 것인가? 그는 굶주리고 목말라서 죽을 것인가? 만일 내가 이를 인정한다면, 당나귀나 조각상을 생각하고 현실적인 인간을 생각하지 않는 것처럼 보일 것이다. 그러나 내가 이것을 부정한다면 그 인간은 자기 결정성을 지니고 자신이 원하는 곳으로 가고 자신이 원하는 것을 행동할 능력을 가질 것이다."
>
> 스피노자(1990: 121), 『에티카』, 강영계 옮김. 서울: 서광사.

12-14] 그렇지만 스피노자 자신은 다른 곳에서 이 문제를 다루면서 완전히 반대로 말한다. 즉, 만약 당나귀의 상황에 처한 어떤 사람을 상상할 때 그가 굶주림이나 갈증으로 죽게 된다면, 그는 생각하는 존재라기보다는 부끄러운 당나귀로 인식될 것이다. 그리고 사실 우리는 여기에서 인간의 의지와 동물의 의지를 구별해 주는 가장 중요한 지점에 도달한다.

> 스피노자의 다른 답은 다음과 같다.
>
> "그와 같은 평형 상태에 처한 인간, 말하자면 기아, 갈증과 똑같은 거리에 떨어져 있는 그러한 음식과 음료 이외에는 아무것도 지각하지 않는 인간은 기아와 갈증으로 인하여 죽을 것이라는 것을 전적으로 인정한다. 만일 사람들이 그러한 인간은 인간이기보다는 오히려 당나귀로 보아야 하지 않겠느냐고 나에게 묻는다면, 나는 스스로 목을 매 죽는 인간을 무엇으로 볼 것인지 그리고 어린이, 바보, 미치광이 등을 무엇으로 볼 것인지 알 수 없는 것처럼 그것을 알지 못한다고 대답하고자 한다."
>
> 스피노자(1990: 124), 『에티카』, 강영계 옮김. 서울: 서광사.

12-15] 인간의 자유는 정확히 인간이 생각한다는 것, 즉 창조된 상황을 이해한다는 것이다. 스피노자에 의해 제기된 질문에 대해, 우리는 삶의 관찰과 실험에 토대한 경험적 해답을 제시할 수 있을 것이다. 뷔리당의 당나귀 상황에 놓인 인간은 제비를 뽑을 것이고, 따라서 곤란에서 벗어난다. 바로 여기에 동물에게는 불가능한 조작, 실험을 통해 자유 의지의 문제를 명확히 구별할 수 있는 조작이 존재한다. 유사한 상황에 처한 어린이가 제비뽑기를 통해 그 상황을 벗어나는 방법을 발견하는 실험에서 우리는 우리의 관심을 끄는 현상의 깊은 철학적 의미를 감지한다. 우리는 이런 종류의 심리학적 실험이 실험적 철학으로 변형된다는, 아흐의 실험 대상 중 한 명의 의견을 이미 인용한 바 있다.

> 스피노자는 삶의 유일한 실제 목표가 인간 잠재성의 실현이라고 주장한다. 자유 의지는 이에 대한 사례이다. 우리가 스스로를 제비에게 종속시키는 선택을 한다는 사실은 자유 의지의 잠재성이 이미 존재한다는 것을 시사한다. 우리 자신을 제비에 종속시킴으로써, 그리고 난 후 제비를 사용하지 않음으로써 우리는 자유 의지의 잠재성을 실현하게 된다.
>
> 비고츠키가 말한 아흐의 실험 대상에 대한 인용은 이 책이 아닌 『생각과 말』 2-7-1에서 나타난다.

12-16] 사실 우리는 제비뽑기 실험에서 실험적 철학을 보려는 경향이 있다. 어린이는 두 가지 행동 경로를 제공받는데, 하나는 선택해야 하고 다른 하나는 거부해야 한다. 우리는 어린이의 선택을 복잡화함으로써, 동기가 균형을 이루게 함으로써, 시간을 단축시킴으로써, 감정적 장애를 마련함으로써 어린이에게 뷔리당의 상황을 만들어 낸다. 선택은 어려워진다. 어린이는 제비뽑기에 의지하며 전체 상황에 중립적인 새로운 자극을 도입하고, 그들에게 동기의 힘을 위임한다. 그는 제비의 검은

면이 나오면 한 행동 경로를 선택할 것이고, 하얀 면이 나오면 다른 경로를 선택할 거라고 미리 결정한다. 이런 식으로 선택은 사전에 만들어진다.

12-17] 어린이는 상황에 보조적 동기를 도입하여 선택을 제비에 넘김으로써 동기의 힘을 중립적 자극에 위임한다. 그런 후 어린이는 제비를 뽑아 검은 면이 위에 오면 첫 번째 경로를 따르고, 이렇게 선택이 이루어진다. 이 행동과, 어린이가 두 갈래의 비슷한 경로에서 제비의 도움 없이 그냥 한 선택 사이에는 심대한 차이점이 있다. 우리는 이 두 과정을 실험적으로 비교하여 많은 시사점을 볼 수 있다.

12-18] 먼저 제비를 이용한 선택을 분석해 보자. 어린이가 선택한 행위를 뭐라고 불러야 하는가, 그것은 자유로운가 자유롭지 않은가? 한편으로 그것은 매우 자유롭지 않다. 왜냐하면 그것은 엄밀히 결정되어 있으며, 어린이가 그것을 원했거나 다른 것보다 선호했거나 심지어 그것에 이끌려서가 아니라, 단지 제비의 검은 면이 나와서 그 행동을 수행한 것이기 때문이다. 어린이는 자극에 대한 반응으로, 지시에 대한 반응으로 그 행동을 수행했다. 제비를 뽑는 순간까지도 어린이는 두 행동 중 어느 것을 하게 될지 말할 수 없었다. 따라서 우리는 가장 결정론적이고 최소한의 자유 선택을 갖게 된다. 그러나 다른 한편으로 제비의 검은 면이나 흰 면 자체가 어린이로 하여금 한쪽 행위를 취하도록 만든 것은 결코 아니다. 어린이 자신이 사전에 그것에 동기의 힘을 부여하였다. 어린이는 제비의 흰 면과 한 행동을, 검은 면과 다른 행동을 연결시켰다. 어린이는 단지 이러한 자극들을 통해 자신의 선택을 결정하기 위해 그렇게 했을 뿐이다. 따라서 우리는 궁극적 자유, 완벽한 의지적 행동을 갖게 된다. 자유 의지의 구성 요소인 변증법적 모순이 실험적으로 분할된 방식, 즉 분석 가능한 방식으로 작용한다.

12-19] 자유 의지는 동기로부터의 자유가 아님을 우리 실험은 말한

다. 그것은 상황에 대한 인식과, 동기를 기반으로 선택해야 할 필연에 대한 어린이의 인식으로 이루어져 있다. 그리고 철학적 정의가 말하듯이, 이 경우 자유는 필연에 대한 인식이다. 어린이는 자신의 선택 반응을 통제하지만 그것은 선택 반응을 지배하는 법칙을 바꾸는 식으로 이루어지는 것은 아니다. 오히려 F. 베이컨의 법칙, 즉 규범에 종속시키는 방식으로 이루어진다.

비고츠키는 헤겔의 '자유란 필연에 대한 인식' 즉 필연에 대한 의식적 자각과 숙달이라는 생각을 취한다. 스피노자에게 있어서도 실제 자유는 결코 무언가로부터의 자유(우리는 결코 환경으로부터 자유롭지 않다)가 아니라 무언가를 향한 자유이다. 즉 무언가를 알 자유, 행동할 자유 등이 그것이다. 물론 여기에는 자신의 한계를 알고 그 한계를 넘어서기 위해 행동할 자유까지 포함된다. 물론 구체적인 예로, 외적 수단을 통해 자신의 동기를 조절하는 어린이의 능력을 들 수 있다. 어떤 어린이가 열을 세어 화를 진정시키는 경우 이 어린이를 노여움으로부터 자유롭다고 말할 수는 없다. 그러나 이 어린이는 필연을 인식할 수 있으며 그에 따라 단순히 일시적 감정에 반응하기보다 자신의 합리적 이익에 따라 자유롭게 행동할 수 있다. 영국 경험론에 대해 반감을 가지고 있었음에도 불구하고, 비고츠키는 베이컨에게서 흥미로운 모습을 발견한다. 비고츠키는 과학의 주요 원천이 귀납도 연역도 아닌 실천, 즉 실제로 작동하는 이론적 모델과 실제 모델 만들기라는 것을 지적하기 위해서 이 단락, 12-66 그리고『생각과 말』에서 베이컨을 인용한다. 베이컨적 과학은 관조적 활동이 아니라 실제 세계에 대한 능동적 참여, 즉 환경과 인간 스스로를 변형시키는 과정의 핵심적 부분이다.『예술 심리학』의 권두에 비고츠키는 '정신과 손은 서로 고립되어서는 많은 것을 할 수 없다.'는 베이컨의 말을 인용한다. 여기서 베이컨의 법칙을 통해 비고츠키가 말하려고 했던 것이 무엇인지는 명확하지 않다. 비고츠키는 과학은 세계를 변화시키기 위해서는 먼저 세계를 설명해야 한다는 일반적 원칙을 언급하는 것으로 보인다.

12-20] 잘 알려진 바와 같이 우리 행동의 기본 법칙은, 행동은 상황에 따라 결정되고 반응은 자극에 의해 도출된다고 말한다. 이런 이유로 행동 조절의 열쇠는 자극이다. 우리는 적절한 자극 없이 우리 자신의 행동을 숙달할 수 없다. 우리가 조금 전에 논의했던 제비뽑기 선택의 사례에서 어린이는 자신의 행동을 숙달하고 보조 자극을 통해서 그것을 이끌어 낸다. 이런 의미에서 인간 행동은 자연 법칙의 예외가 아니다. 잘 알려진 것처럼 우리의 행동은 자연적인 과정 중 하나이며, 기본 법칙은 또한 자극 반응의 법칙이다. 이런 이유로 자연적인 과정을 숙달하는 기본 법칙은 자극을 통한 숙달이다. 우리는 적절한 자극을 창조하는 것 외에 다른 방식으로 어떤 행동 과정을 산출하거나 준비할 수 없다.

포를 관찰할 수 있도록 염색하는 방법을 개발하기도 하였다. 비고츠키가 지적하듯이 그는 관념주의적 심리학자였고, 정신력과 최면술에 깊은 관심을 가지고 있었다. 그는 출산 중인 아내의 산고를 덜어 주기 위해 아내에게 최면을 걸기도 하였다.

12-21] 영적 심리학만이 영혼이 신체에 직접 영향을 미칠 수 있고, 우리의 생각—순수한 정신적 과정—이 인간의 행동에 변화를 야기할 수 있다고 가정할 수 있을 것이다. 따라서 라몬 이 카할은 표상에 미치는 의지의 효과를, 의지의 영향으로 인한 신경교 세포의 수축으로 설명하며, 주의의 활동 역시도 같은 방식으로 설명한다.

12-22] 라몬 이 카할의 반대자들은 그가 그토록 큰 역할을 부여한 의지가 어떻게 작용하는지 충분히 물을 수 있다. 이것은 단지 신경교 세포들 자체의 어떤 특성이 아닌가? 어쩌면 '의지'를 신경의 흐름으로 이해해도 되는가? 실제로 정신 과정이 뇌 원자 하나를 백만분의 일만큼만이라도 이동시킬 수 있다고 인정한다면 에너지 보존 법칙이 위반된다. 그 즉시 우리는 현대 과학 전체가 기반을 하고 있는 기초 자연 원리를 폐기해야 할 것이다. 따라서 우리는 자신의 행동 과정에 대한 통제가 다른 자연 과정에 대한 지배와 본질적으로 똑같은 방식으로 구성되어 있다고 가정할 수밖에 없다. 결국 사회 속에서 살고 있는 인간은 언제나 타인의 영향 아래에 있다. 예를 들어 말은 다른 사람의 행동을 지시하는 가장 강력한 수단의 하나이며, 따라서 인간이 발달 과정에서 타인이 자신의 행동을 통제하는 데 사용했던 그 수단을 숙달하는 것은 자연스럽다.

의지의 문제는 개인 심리학을 토대로 해서는 해결할 수 없다. 우리는 첫째, 정신 과정이 물질적 변화를 일으킨다는 것을 인정할 수 없다

(뇌에서 원자의 위치 변화조차 안 된다). 둘째, '의지'가 신경교 세포의 특성이나 신경 흐름의 또 다른 이름에 지나지 않는다고 단순히 가정할 수 없다. 왜냐하면 이는 물질이 의지를 가지며 물질이 스스로 무언가를 할 수 있다는, 다소 순환적인 의미를 띠기 때문이다. 따라서 의지는 우리의 외부에서 온다고 가정해야 하며, 살펴보아야 할 것 중 하나는 말이다.

12-23] O. 노이라트는 소위 보조적 동기에 대한 연구에서 보조적 수단의 사용에 대한 입장을 발전시켰다. 보조적 동기들의 가장 단순한 형태는 제비인데, 그 이유는 이것들이 동기의 힘을 위해 의미에 의존하는 중립적 자극을 통해 의사 결정과 선택에 작용하기 때문이다.

*O. 노이라트(Otto Neurath, 1882~1945)는 오스트리아의 철학자, 정치학자, 혁명적 정치가였다(그는 레비네가 이끌던 뮌헨의 바바리안 소비에트의 관료였으며 이로 인해 투옥되었다). 오늘날 그는 주로 혁명 뮌헨의 박물관 감독으로서의 경험에서 나온 언어 철학에 관한 저술로 유명하다. 그는 외국인이나 어린이, 문맹자들이 이해할 수 있는 그림 언어를 창조하고자 했다. 그는 그림에 기반을 둔 '기초적인' 언어가 존재 가능하다고 주장했으며, 모상적인 그림 언어를 만들려고 시도하였다. 이러한 시도에서 우리는 노이라트가 기의와 기표의 자의적 관계 따라서 기호의 절대성을 주장한 전통 소쉬르 언어학과 다른 관점을 가지고 있다는 사실을 알 수 있다. 그는 의미와 기호 사이의 구체적 관계에 주목하였으며 이러한 관계가 언어 사용의 과정에서 항상 변할 수 있다는 생각을 가지고 있었다. 그는 언어가 항해하는 배와 같다고 하였다. 항해 중인 배가 고장이 났을 경우, 고장 전체를 수리하려면 배가 침몰하고 만다. 따라서 고장 나지 않은 부분에 의지해 고장 난 곳을 부분적으로 고치면서 동시에 항해를 계속해야 한다. 이 비유는 오늘날 보기에도 아동 언어 발달을 상당히 잘 기술하고 있다. 어린이는 모국어 습득 과정에서 언어를 사용하는 동시에 또한 언어에 대한 학습을 하게 된다.

항해를 하면서 동시에 배를 고쳐야만 하는 것이다. 이 비유는 그가 독일의 로테르담 공습을 피해 네덜란드에서 영국으로 배를 타고 탈출하던 중 떠오른 것이다.

12-24] 우리가 인용할 수 있는 보조적 동기의 사례가 많이 존재한다.

12-25] 의지적 행동을 분석하면서 W. 제임스는 아침에 잠자리에서 일어나기에 대해 고찰한다. 깨어 있는 사람은 한편으로 일어나야 한다는 것을 알고 있으며, 다른 한편으로는 좀 더 누워서 자고 싶어 한다. 동기의 충돌이 존재한다. 두 동기 모두가 서로 위치를 바꾸면서 의식에 나타난다. 가장 특징적인 것은 망설임의 순간이다. 제임스는 행위로 이행하는 순간 즉 결정의 순간을 사람이 지각하지 못한다고 말한다. 그것은 마치 결코 일어난 적이 없는 것처럼 보인다. 어떤 동기가 갑자기 지지를 획득하고, 경쟁자를 따돌리고, 자동적인 것처럼 선택을 이끈다. 어느덧 내가 하루를 시작했음을 발견한다. 누구나 이런 식으로 공식화할 수 있다.

12-26] 의지적 행동에 대한 이 가장 중요한 계기가 관찰되지 않는 것은 그 기제가 내적인 것이라는 사실로 설명될 수 있다. 이 경우 보조적 동기는 뚜렷하고 명백히 드러나지 않는다. 그러한 상황에서의 의지적 행동의 수행은 전형적으로 다음과 같은 세 가지 계기를 포함한다. 1) 일어나야 한다(동기), 2) 일어나고 싶지 않다(동기), 3) 속으로 하나, 둘, 셋하며 수를 센다(보조적 동기), 4) '셋'에 일어난다. 이는 나를 일어나도록 만드는, 외부로부터 도입된 보조적 동기의 창조이다. 이는 우리가 어린이에게 "자, 하나, 둘, 셋 하면 약을 삼키는 거야."라고 말하는 것과 비슷하다. 이것이 진정한 의미의 의지이다. 일어나기 사례에서, 나는 셋(조건 반사)에서 일어났지만, 신호와 그것에 대한 연결을 통해 나 스스로를 일으켜 세운 것은·나 자신이다. 다시 말해, 부가적 자극이나

보조적 동기를 사용함으로써 나의 행동을 숙달한 것이다. 의지에 관한 실험적 연구와 임상 연구에서 우리는 이 동일한 기제, 즉 보조적 자극을 통한 자기 숙달을 발견한다.

12-27] K. 레빈은 이러한 의도적 행동이 어떻게 만들어지고 수행되는지를 실험적으로 연구했다. 그는 다음과 같이 결론을 내렸다. 의도 자체는 의지적 행동이다. 의지적 행동은 사람이 외적 자극의 영향에 의존하는 상황을 만들어 낸다. 그래서 의도적 행동의 실행은 전적으로 비자발적 행동이 되어 버리고, 그 행위는 순전히 조건 반사와 동등한 수준에 놓인다. 나는 편지를 우편함에 넣기로 결정한다. 그렇게 하기 위해서 나는 우편함과 행위 사이의 적절한 관계를 기억한다. 이것이, 오직 이것만이 의도의 본질이다. 나는 자연적 욕구가 그러하듯 조작이 자동적으로 지속되도록 하는 특정한 연결을 창조했다. 레빈은 이것을 '의사 욕구'라고 부른다. 이제 내가 거리로 나갈 때면 언제나, 처음 마주치는 우편함은 나로 하여금 편지 부치는 조작을 자동적으로 수행하게 할 것이다.

12-28] 이 연구는 얼핏 볼 때에는 역설적인 결론으로 우리를 이끈다. 즉, 의도를 형성하는 것은 적절한 상황과 관계를 창조함으로써 스스로의 행동을 숙달하는 과정이지만, 의도를 수행하는 것은 이미 의지와 전혀 독립적이며 자동으로 일어난다는 것이다. 이와 같이 의지의 역설은, 의지가 비의지적인 행위를 창조한다는 사실에 있다. 그러나 단순 습관과 새롭게 확립된 욕구에 의해 만들어진 의도적 행위의 실행 사이에는 심대한 차이가 있다.

> 비고츠키는 과도한 분석적 관점을 경계한다. 의지적 행위를 비의지적 요소와 의지적 요소로 나누면, 그 통합된 전체가 본성상 의지적이라는 사실을 상실하게 된다는 것이다. 즉, 비의지적 부분이 의지적 활동에 완전히 종속된다는 사실이 잊힌다.

12-29] K. 레빈은 동일한 우편함의 예를 이용하여 의지적 행위를 설명한다. 그러나 결국 이 경우에 조건적 관계가 단지 습관이나 조건 반사와 유사하다면, 두 번째나 세 번째 등의 우편함은 편지 부치기를 훨씬 더 강하게 상기시키리라고 기대할 수 있을 것이다. 그러나 창조된 장치는 그것을 활성화시킨 욕구가 만족되자마자 작동을 중지한다. 따라서 여기서 의지적 행동 과정의 흐름은 통상적인 본능적 과정과 유사하다. 레빈은 그의 실험에서 명백하게 나타난 의지적 행동과 비의지적 행동 간의 중요한 차이를 경시한다.

12-30] 그의 연구가 보여 주었던 것처럼 마음속에 특정한 의도를 염두에 두고 있지 않은 인간의 행동은 상황의 힘에 종속된다. 모든 사물은 모종의 반응을 도출하거나 촉발하거나 또는 수정하여 특정한 종류의 행동을 요구하는 것처럼 보인다. 아무 할 일 없이 빈방에 남겨진 채 기다리는 인간의 전형적인 행동은 다른 사물들에 의해 좌우된다는 사실에 의해 특징지어진다. 인간의 의도는 행위의 창조가 사물들의 직접적인 요구로부터 생겨난다는 사실, 또는 레빈이 말했던 것처럼 환경의 장으로부터 생겨난다는 사실에 토대하고 있다. 편지를 부치려는 의도는 첫 번째 우편함이 행위를 결정하는 능력을 획득하는 상황을 창조한다. 그렇지만 동시에 의도와 함께 인간은 자신의 행위를 장악하고, 숙달하고, 묶어 내고, 조직하고, 행위들에 우선순위를 부여한다. 달리 말해 의지의 위대한 독창성은 다음과 같다. 즉 인간은 사물이 그의 행동에 미치는 영향력 이상으로 스스로의 행동에 영향을 미칠 수 없다. 그렇지만 인간의 행동에 미치는 사물의 영향력은 인간의 목적에 종속되고 목적 달성에 기여하도록 되어 인간 나름의 방식으로 방향지어질 수 있을 것이다. 인간은 자신의 외적 활동을 통해 환경을 변형시키고, 이런 방식으로 자신의 행동에 영향을 미치고, 자신의 권위에 행동을 복종시킨다.

12-31] 레빈의 실험이 실제로 다루는 것은, 그 자신이 제시하고 있

는 예시에서 쉽게 볼 수 있듯이, 자극의 숙달이다. 실험 대상은 빈방 안에서 아무 이유 없이 오랫동안 대기해야 했다. 이 실험 대상은 나갈 것인지 머무를 것인지 고민한다. 동기들 사이에 갈등 혹은 주저함이 있는 것이다. 그녀는 시계를 보지만 이는 여러 동기 중 하나, 즉 시간이 늦었고 갈 때가 되었다는 동기만을 강화시킬 뿐이다. 지금까지 이 실험 대상은 자신의 동기에 의해서 갈등하기만 했으나 이제 그녀는 자신의 행동을 숙달하기 시작한다. 시계는 보조적 동기의 가치를 갖는 즉각적인 자극이 된다. 실험 대상은 다음과 같이 결정한다. "시계 바늘이 특정 지점에 이르면 일어나서 나갈 거야." 그녀는 이런 식으로 시계 바늘의 위치와 나가는 행동 사이의 조건적 관계를 확립한다. 그녀는 자신을 시계 바늘에 맡기고 외적 자극에 따라 행동한다. 다시 말하면 그녀는 제비나, '하나, 둘, 셋' 하고 센 후 일어나는 것과 같은 보조적 동기를 도입하는 것이다. 이 예에서 자극의 기능적 역할에 있어서의 변화, 즉 보조적 동기로의 변환을 쉽게 볼 수 있다.

12-32] 동일한 분리가 히스테리에 대한 임상적 연구에서 발견된다.

물론 '히스테리'라는 용어는 오늘날 임상 심리학에서는 사용되지 않는다. '히스테리'라는 낱말이 '자궁'을 뜻하는 라틴어에서 유래하였으므로, 여성의 정신 질환은 언제나 자궁의 상태에 의해 결정된다는 암시를 포함하기 때문이다. 그러나 비고츠키의 시대에 이 용어는 널리 이용되었으며, 드물지만 남자에게까지 적용되었다. 예를 들어 프로이트는 도라와 안나 O에 대한 그의 유명한 사례 연구에서 히스테리에 대해 논의한다. 도라와 안나 O는 여성이며, 당연하게도 프로이트는 그녀들의 자궁 상태에 매우 관심을 가졌다.

비고츠키가 여기서 가리키고 있는 것이 무엇인지는 분명하지 않다. 그러나 프로이트의 히스테리 연구에 의하면 히스테리의 일차적 원인(그것은 언제나 성적인 것이다)과 표면적 증상(예컨대 강박적 손 씻기, 공공 장소에 대한 두려움) 사이에는 대개 모종의 분열이 존재한다. 따라서 아마도 비고츠키는 환자의 이차적 증상이 일차적 자극을 숙달하려고 노력하는 보조적 자극의 일종이라고 말하고 있는 듯하다. 이는 이차적 자극이 언제나 일차적 자극에 대한 의식적 파악을 회피하는 방편이라고 믿는 프로이트와는 매우 다르다.

비고츠키는 이 원고를 쓸 당시 루리야와는 달리 이미 프로이트 학설을 거부했다.

12-33] 오래전 E. 블로일러는 의지 및 의사 결정과 별도로 작동하는 준準 자동 기제의 상대적 독립성을 확립했다. 블로일러는 그것을 일종의 장치라고 불렀으며, 레빈이 제시한 것과 동일한 사례를 제시했다. "나는 편지를 쓴다. 그리고 그것을 가장 가까운 우편함에 넣으려는 의도를 가지고 호주머니에 넣는다. 나는 더 이상 그것에 관해 생각하지 않는다. 집을 나선 후 가장 먼저 보게 된 우편함이 편지를 부치게 촉발한다." 어떤 사람이 선택을 할 때, 그는 두뇌에, 예컨대 녹색이 나타나면 오른손으로 반응하고, 붉은 색이 나타나면 왼손으로 반응하는 것과 같은 모종의 장치를 설치하는 것처럼 보인다.

12-34] 그런 분리된 반응 속에 의식적인 '나'는 거의 포함되지 않거나 전혀 포함되지 않는다. 이때 반응은 자동적으로 일어난다. 반대로 때때로 의식적인 '나'가 끼어들어서 반응을 막기도 한다. 위의 예에서 우리는 적절한 반응을 결정하는 일종의 대뇌 장치를 만든다는 단순한 주요 가정을 갖는다. 그리고 그 장치는 습관화가 자동적 장치를 창조하거나 계통 발생이 적절한 기관을 창조했을 때처럼 해결책을 수행한다.

우리가 걸을 때 의식적인 '나'가 우리에게 '왼발을 들어라. 그다음엔 오른발을 들어라'고 말하지는 않는다. 의식적인 '나'가 끼어들어 걸음을 멈추거나 다시 걷게 할 수는 있지만 그것이 전부이다. 걷기를 위한 장치는 의지와 독립적으로 우리 뇌 속에 존재하는 것처럼 보인다. 마찬가지로 레빈, 블로일러, 제임스에 의해 주어진 이전의 예들 또한 자극의 충돌을 극복하기 위해 이차적 장치를 설정하는 것을 포함한다. 이차적 장치는 기능적으로 습관이나 본능과 다르지 않다. 우리는 위의 예를 다음 표와 같이 요약할 수 있다.

일차적 상황	행동을 하게 하는 자극	행동을 거스르는 자극	이차적 장치
잠자리에 있는 사람 (제임스의 예, 12-25)	일어나야 하는 필요	일어나고 싶지 않는 욕구	셋까지 세기가 일어 나기 반응을 촉발함
빈방에서 기다리기 (레빈의 예, 12-31)	방에서 떠나고 싶은 욕구	기다리라는 실험자의 지시	특정 지점에 이른 시계 바늘이 방을 떠나는 반응을 촉발함
편지 부치기 (레빈, 블로일러의 예, 12-27, 12-33)	편지를 부치고 싶은 욕구, 일어나고 싶지 않는 욕구	준비된 우편함이 없고 그것에 대해 생각하고 싶지 않음	바로 다음에 보이는 우편함이 편지 부치기 반응을 촉발함

12-35] E. 크레치머의 말에 따르면 무언가를 하려는 각각의 결정과 욕망은 모종의 기능적 장치를 창조한다. 그것은 반사와 유사하고 반응에 대한 간단한 심리학적 실험에서와 같이 고유한 간섭에만 반응하는 단순 자동 행동에서 시작하여, 죽음으로만 완전히 확립되며 그 실행이 수천 번 중단되는 삶의 과업에까지 걸쳐 있다. 자명종 소리에 일어나거나 안 일어나는 반응의 확립을 예로 들어 보자. 이런 장치는 어떤 새로운 자극에 대한 원심적 반사와 연결되어 나타날 것이다(파블로프의 조건 반사).

단순한 자동 행동(걷기 등)과 복잡한 삶의 과업(결혼 생활, 일, 자녀 양육)은 모두 겉보기에는 의지로부터 자유로운 장치의 설정을 포함한다. 복잡한 삶의 과업은 수도 없이 중단되게 마련이다. 예컨대 우리는 일이나 자녀 양육 문제로 결혼 생활이 방해를 맞게 된다. 또한 그 과업은 죽음으로써만 완결된다. 결혼 생활과 직장 생활은 죽을 때까지 계속 발달하며 자녀 양육도 마찬가지이다. 그러나 출근을 위해 일찍 일어나

12-36] 우리의 결론은 다음의 두 가지로 공식화될 것이다. 첫째 우리는 자발적 행위에서 상대적으로 독립적인 두 장치를 구분해야 한다는 것을 안다. 첫 번째 것은 결정의 순간과 상응하며, 주어진 기능적 장치의 형성과 반사 연결의 확립, 그리고 새로운 신경 경로의 구축으로 구성된다. 이는 의지적인 반사 과정의 형성 부분이다. 그것은 조건 반사, 즉 조건 반사궁과 정확히 같은 방식으로 구성된다. 우리는 그것을 간단히 인공적으로 만들어진 조건 반사라고 말할 수 있다. 이는 우리 실험에서 분리되어 잘 제시된 계기, 어떤 방식으로 행동할 것인지를 제비뽑기에 의존하여 결정하는 계기와 상응한다. 여기서 결정의 계기가 가장 분명하게 식별될 수 있다. 왜냐하면 바로 그 순간 실험 대상은 자신이 무엇을 하게 될지 모르기 때문이다. 여기서 우리는 후속 선택을 규정짓는 바로 그 결정이 선택 반응에서 이중 연결의 형성과 유사하다는 것을 분명하게 볼 수 있다. 실험 대상은 스스로에게 말한 대로 행동한다. 즉 "만약 제비의 검은 면이 나오면 나는 이렇게 반응할 것이고, 흰 면이 나오면 나는 다르게 반응할 거야."

12-37] 둘째, 우리는 이런 식으로 이미 구성되어 있는 실행 장치, 즉 뇌 연결의 작동을 구분해야 한다. 이는 레빈과 블로일러의 사례에서 우편함이 내게 편지 부칠 것을 상기시켰을 때 내가 수행한 자발적 행위 수행의 계기와 일치한다. 그리고 우리의 사례에서 이는 제비를 뽑은 후 실행한 특정한 행동과 상응한다. 의지적 과정에 있어 비교적 독립적인

두 번째 부분은 습관적인 선택 반응과 상당히 유사하게 작동한다. 우리는 파블로프의 조건 반사를 직면하게 된다.

비고츠키는 행위를 위한 장치 설치의 의지적인 부분과 그 행위를 수행하는 비의지적 부분이 반드시 구분되어야 한다고 말했다. 이것은 우리말에서 '하기로 한' 것과 실제로 '하는' 것의 구분으로 이해할 수 있다. 예를 들어 편지를 '부치기로 한' 것은 의지적인 부분이며, 편지를 실제로 '부치는' 것은 비의지적 부분이다. 비고츠키는 어떤 것이 구별된다고 말할 때에는 항상 곧이어 이들이 서로 연결되어 있음을 보여준다. 이들의 연결은 레빈이 말한 것처럼 매우 밀접할 수도 있고 크레치머가 말한 것처럼 매우 동떨어져 있을 수도 있다.

12-38] 첫 번째 계기가 조건 반사를 형성하는 것으로 이루어져 있고, 실험실의 개에게 조건 반사를 형성하는 계기와 유사하다면, 두 번째 계기는 이미 형성된 반사의 작용으로 이루어져 있고, 그 유사성은 완결된 조건 자극의 행위에서 모색되어야 한다.

12-39] 따라서 의지의 역설은 의지의 도움으로 비의지적인 행위 기제가 만들어진다는 것이다.

12-40] 두 번째 조작 기제가 첫 번째 형성 기제와 갖는 관계에 대한 질문은 여러 가지 방식들로 대답될 수 있다.

12-41] 실험을 통해 레빈은 첫째 계기와 둘째 계기 사이에 밀접한 상관관계가 있다는 결론에 도달했다. 여기서 의사擬似 욕구가 형성되는데, 의사 욕구가 소멸되면 그에 상응하는 장치도 자동적으로 해체된다. 레빈에 따르면 이런 식으로 먼저 출현하는 것은 욕구이며, 조건적 연결은 의도적 행위의 진정한 원인이 아니다. 그의 주장에 따르면 의도적 행위가 연합의 법칙에 따른다면, 둘째, 셋째, 넷째 우편함은 연습의 지수 법칙을 통해 첫째 우편함보다 훨씬 강하게 편지를 떠올리게 할 것이기 때문이다. 현실에서 이런 일이 일어나지 않는 이유는, 단지 유목적적 행

위가 습관의 형태가 아니라 욕구의 형태로 나타나기 때문이다. 목적을 이루기 위해 창조된 장치는 욕구가 충족되면 더 이상 필요 없게 된다.

우리는 비고츠키가 12-29에서 레빈에 대해 다음과 같은 반대 의견을 제기했다는 것을 알고 있다. 만약 편지 부치기가 단순히 하나의 습관이라면 우리가 편지를 부칠 때 왜 그것이 더 강화되지 않는가? 습관은 우리가 반복될수록 더 약해지는 것이 아니라 더 강해진다. 편지 부치기는 습관이 아니라 실제로 욕구와 훨씬 더 가깝다는 것이 비고츠키의 답이다. 이것은 레빈의 답과 정확히 같다. 형태주의 심리학자인 레빈은 의지적 행동이 게슈탈트에 토대하고 있다고 믿는다. 레빈은 게슈탈트에 '의사 욕구', 즉 인위적인 욕구가 포함된다고 한다. 의사 결정 부분과 결정 이행 부분은 이런 게슈탈트 내에서 밀접하게 통합된 부분들이며 하나가 사라지면 다른 하나도 사라진다. 결정 이행 부분은 연합적인 '습관'이 아니며 이는 전체의 중요한 일부분이다. 그렇다면 왜 비고츠키는 12-29에서 레빈이 그의 실험 속에서 명백히 나타나는 의지적인 의사 결정 부분과 비의지적인 결정 이행 부분 간의 본질적인 차이를 감지하지 못했다고 말한 것일까? 왜냐하면 비고츠키가 보기에 의지적인 계기와 비의지적인 계기가 역사적으로 분리될 수 있는 두 계기를 나타낸다고 보기 때문이다. 이 둘은 개체 발생적으로 서로 다르며, 또한 계통 발생적으로도 다르다. 그 차이점은 게슈탈트 심리학자들이 무시했던 '본질적인 차이' 즉 문화가 인간의 행동에 만들어 내는 차이에 놓여 있다.

12-42] 이와 반대로, 임상 자료는 중추신경계의 모든 운동과 기능이 스스로 멈출 수 있다는 생각은 잘못된 것이라는 입장으로 A.(E.-K) 크레치머를 이끈다. 크레치머의 관점에서 발달된 닫힌 회로는 모두, 기능을 멈추기 위해서는 다시 열려야만 한다. 자연 발생적인 변화는 물리학 분야에서만큼이나 생리학에서도 드문 것이라고 크레치머는 말한다. 그는 한번 설정된 행동이 어떻게 자동적으로 계속 작동하는지 보여 주는

사례들을 제시한다. 그의 의견에 따르면 후자(행동-K)는 시작부터 의지로부터 어느 정도 자율성을 가진다. 따라서 의지는 완료된 설정을 만들 뿐이며, 그 후에는 이 설정이 스스로 작동한다. 그리고 이러한 목적 지향적인 장치, 작용 기구는 스스로 작동을 멈출 수 없다. 이는 목적을 위해 성립된 회로를 비활성화시키거나 스위치를 꺼 버리는 특별하게 방향 지어진 의지적인 힘을 요구한다. 그렇지 않으면 그것은 무한히 작동할 것이다. 크레치머에 따르면 이것은 바로 히스테리에서 발생하는 것이다. 특정한 경우에 적합한 형태, 즉 주어진 기능적 장치는 의지로부터 해방되어 독립적 존재가 되면서, 의지와 나란히 작동하거나 혹은, 심지어 그것에 반하여 작동하기도 한다.

12-43] 관찰을 통해 우리는 이 경우 크레치머보다 레빈이 더 진실에 가까이 있다는 결론에 다다른다. 크레치머의 자료는 결정에 의해 생성된 장치가 이를 지지하는 특별한 조건에서만 독립적으로 존재하기 시작한다는 것을 보여 준다. 그러한 조건이 존재하지 않을 경우 그것은 자동적으로 꺼질 것이다. 이는 실험이 보여 주듯이 결정의 순간에, 즉 이러한 종류의 장치가 생성되는 때에, 그것의 존재와 활동을 위한 온갖 조건들이 결정되기 때문이다. 그것이 계속 지속된다면(비정상적인 경우 이러한 일이 일어난다) 생성된 장치는 다른 에너지원으로부터 양분을 공급받기 시작하고 이는 히스테리의 형성을 이끈다.

어떤 사람들은 실제로 강박적인 행동을 발달시킨다. 예를 들어 더 이상 보낼 편지가 없음에도 불구하고 우체통을 볼 때마다 더더욱 편지를 보내고 싶어 하는 사람을 우리는 상상해 볼 수 있다. 그러나 이는 비정상적이다. 히스테리적 행동인 것이다. 이 행동은 편지를 보내고자 하는 욕구가 아닌, 다른 신경 에너지의 원천, 예컨대 우편배달부에 대한 강박적 애착이나 집에 혼자 남겨지는 것에 대한 병적인 두려움 등으로부터 에너지를 공급받는 행동인 것이다. 정상적인 상황에서는 편지를 부치는 순간 편지를 부치고자 하는 의사 욕구는 사라진다. 장치를 파괴하는 상황은 사실 장치를 형성하는 상황의 일부이기 때문이다. 이런 의미에서 그것은 습관보다 의사 욕구에 훨씬 더 가깝다.

12-44] 우리는 이러한 방식으로 의지적 행위를 별개의 두 과정으로 분리하며, 그중 결정에 상응하는 첫 번째는 새로운 뇌 연결의 형성과 잘 다져진 경로의 형성, 특수한 기능적 장치의 창조로 구성된다. 두 번째, 즉 작용적 과정은 만들어진 장치의 작동, 결정을 준수하는 행위로 구성되며 우리가 선택 반응에서 연구했던 모든 특징들을 나타낸다. 의지적 과정을 서로 다른 두 행위로 분리하면서 우리는 두 과정의 서로 다른 행동 방식과 동인動因을 구분해야 하며, 그럼으로써 각각의 과정을 위한 특별한 보조 자극과 동기를 구별해야 한다. 그러므로 우리는 자극과 동기의 개념을 구별하게 된다.

12-45] 우리가 자극을 어떤 식으로든 이미 확립된 반사궁에 즉각적으로 작용하는 어느 정도 단순한 간섭으로 이해한다면, 그리고 동기를 반사궁 중 하나의 구성, 형성, 선택과 연결된 복잡한 자극 체계로 이해한다면, 동기와 자극 사이의 구분은 매우 정확해질 수 있다. 우리는 자극이 특정한 설정과 습관의 평가를 위한 체계를 도입함으로써 복잡한 반응 구성에 생명을 불어넣을 때 동기가 된다고 말할 수 있다. 이러한 복잡한 반응 구성이 자극을 중심으로 결정화되면 동기가 생겨난다. 따라서 선택에서 서로 갈등하는 것은 자극이 아니라 반응 구조, 즉 전체적 형성 체계이다. 동기는 어떤 의미에서 자극에 대한 반응이다. 이는 마치 자극이 자기 편을 불러 모아 군대를 이루어 싸우는 것과 같다. 두 자극의 구체적 충돌은 전형적으로 전체 단위들 사이의 전투로 일어난다. 단순한 사례를 들어 보자. 내가 존중하지 않게 된 사람에게 인사를 하지 않기로 결정한다면 즉각적 자극은 그 사람과의 만남과 결정에 대

한 나의 기억이 될 것이다. 갈등은 사실 두 간섭들 사이에 일어나지 않는다. 그것은 내가 결정을 내려서 장치를 만들었을 때 이미 일어나며, 우리가 방금 논의한 의미에서의 동기의 결과로 전개된다.

이 장의 나머지에서 비고츠키는 동기와 자극 사이의 차이점을 상세히 기술한다. 이것은 인간이 어떻게 환경을 지배해 온 방법으로 행동을 지배할 수 있게 되는지를 이해하는 데 핵심이 된다. 늘 그렇듯 비고츠키는 이중의 과업을 설정한다. 그는 동기가 자극과 어떻게 다른지를 보여 주는 동시에, 또한 동기가 자극의 토대 위에서 어떻게 발생하는지를 보여 주고자 한다. 그가 여기서 드러내고자 하는 것은 동기가 자극으로 형성되는 특정한 구조라는 것이다. 예를 들어 편지를 부치려는 동기는 편지를 부치고자 하는 의지적 결정과 자극(수신인, 종이, 펜, 우표, 봉투, 집배원, 집을 떠나서 처음 만나게 되는 우편함 등)에 대한 일련의 비의지적 반응 사이의 구조이다. 그러나 구조라는 말은 자극이 우선순위를 가지고 위계화된다는 것을 함의한다. 자극의 우선순위를 결정하고 위계화할 수 있다는 것은 자극 및 습관을 평가할 체계의 존재를 함의한다. 편지를 부칠 욕구가 충족되었을 때를 알려 주는 습관의 평가 체계가 없다면, 행동은 영원히(히스테리 환자처럼) 자동적으로 지속될 것이다.

12-46] 우리가 만일 의지적 선택에 있어 갈등을 일으키는 것이 자극이 아니라 동기라는 사실뿐 아니라 그 투쟁이 상충하는 자극들 일반에 대한 것이 아니라는 사실 또한 인식한다면, 의지적 선택 과정을 한 걸음 더 나아가 이해할 수 있다. 의지적 선택에 있어서 갈등 중에 있는 것은 일반 운동 장場이 아니다. 즉 조작 기제가 아니고 오히려 형성 기제인 것이다. 이 구분은 심리학적, 신경학적으로 매우 중요하다. 후자부터 시작해 보자.

햄릿이 삼촌을 죽일지 말지 망설이는 상황을 생각해 보자. 이것을 이해하는 한 가지 방법은 자극의 충돌이다. 즉 햄릿은 삼촌을 더 두려워하는가 아니면 아버지의 유령을 더 두려워하는가? 그러나 그것은 햄릿의 다음과 같은 대사가 의미하는 것은 아니다.

"존재할 것이냐, 존재하지 않을 것이냐, 그것이 문제로다. 난폭한 운명의 돌팔매와 화살을 맞고도 가슴속에 꾹 참는 것이 고매한 정신이냐? 아니면 조수처럼 밀려드는 환란을 두 손으로 막아 그를 없애 버리는 것이 고매한 정신이냐?"

이 말 속에서 햄릿은 자극들을 비교하고 있지 않다. 또한 단순히 상이한 자극 그룹을 비교하는 것도 아니다(예컨대 살 것인가 죽을 것인가 또는 행동할 것인가 하지 않을 것인가). 그는 결정 수단들, 즉 결과의 우선순위를 매기고 평가하는 방법들을 비교하고 있다. 어떤 수단을 사용할 것인가? '고매한 정신'인가 아니면 '행동의 결과'인가? 고통을 참는 것과 무기를 집어 드는 것 사이의 선택 혹은 평화로운 죽음과 범죄로 인한 악몽과 같은 죽음 사이의 선택 중 어느 것을 택할 것인가?

"하늘을 찌를 듯한 기개를 품고 세웠던 중대한 계획도 마침내 잡념에 사로잡혀 발길이 어긋나고 실행이라는 이름조차 묘연해지고 만다."(햄릿 3.1.86~3.1.88)

아래에서 비고츠키는 의사 결정 수단 자체의 선택을 위한 갈등의 심리학적 의미에 대한 논의한다. 그러나 비고츠키는 먼저 신경학 수준에서 그것이 의미하는 바를 살펴본다.

12-47] 일반 운동 장場에서의 투쟁은, Ch. 셰링턴이 확립했듯이 두 반사가 충돌하고 있는 개에서 분명히 나타난다. 예를 들어 뒷다리를 뻗도록 요구하는 가려움과, 뒷다리를 굽힐 것을 요구하는 보호적 후퇴는 감각 신경 경로에서 방출되는 두 신경 흐름 간의 투쟁이다. 운동 경로에 대한 이 투쟁은 순수한 기계적 조건에 크게 의존한다.

이 문단에서 비고츠키는 다양한 자극이 일종의 '깔때기'로 수렴되어 하나만이 지배적으로 나타나게 된다는 셰링턴
의 생각을 지적하고 있다. 즉, 가려움 자극과 전기
충격에 대한 두려움이 개의 뇌 속으로 들어가 하
나의 자극만이 지배적으로 나타나는 것이다. 셰링
턴은 개의 머리나 등에 가려움을 유발하는 약품
을 발랐다. 개가 뒷발을 뻗어서 가려운 부분을 긁
으려고 하는 순간, 셰링턴은 개에게 전기 충격을 가하였다. 물론 개가
겪는 갈등은 햄릿이 겪는 갈등과 다르다. 개가 겪는 고통의 근원은 자
극들 사이의 갈등이다. 인간으로 하여금 자극의 우선순위를 정하고 습
관의 결과를 평가하도록 하는 것은 동기들 사이의 갈등이다.

그럼에도 불구하고 개의 경우조차 이러한 자극들의 우선순위가 매
겨질 수 있다는 것을 보이는 것이 가능하다. 어떤 것은 다른 것보다 그
강도에 있어 높을 수 있다. 이것이 햄릿의 동기의 기저에 놓여 있는 계
통 발생적 토대이다.

*Ch. S. 셰링턴(Charles Scott Sherrington, 1859~1952)은 영국의 생리학
자이다. 그는 중추신경계, 특히 호흡, 심장 박동과 같은 '불수의적' 기
능을 담당하는 '구뇌腦'인 연수에 대해 주로 연구하였다. 그는 뇌가 거
의 파괴된 개가 여전히 숨을 쉬고 살아 있음을 실험을 통해 보여 주
었으며, 이로써 어떤 어린이 환자에게 동일한 현상이 일어나는 이유를
설명할 수 있었다.

12-48] 결정이 이루어지는 때 생겨나는 동기들 간의 투쟁은 조작 기
제에 대한 것도 아니고 원심성 신경에 대한 것도 아니며 이미 확립된
신경 흥분 경로의 운동 경로에 대한 것도 아니다. 그것은 확립된 경로
의 선택에 대한 것이다. 이런 이유로 우리는 하나의 조작 기관이 다른
조작 기관에 존재하는 자극과의 충돌에서 이기거나 지는지에 대해서가
아니라, 대뇌 피질의 어떤 경로가 사용되어 어떤 종류의 회로를 확립하
는가, 그리고 어떤 종류의 대뇌 장치가 구성될 것인가에 대해 말한다.

이 때문에, 신경학적인 관점에서 볼 때 갈등이 다른 영역, 다른 영토로 이전되는 것과 갈등의 목적에서 변화가 일어나는 것은 매우 중요하다.

12-49] 이러한 변화가 투쟁의 과정에 반드시 영향을 미친다는 것은 말할 것도 없다. 그 결과가 갈등이 일어나는 완전히 새로운 상황 속의 모든 요인들을 결정할 것이기 때문이다. 특히 생물학적 의미에서 더 약한 동기를 택하는 결정은 전체 과정이 새로운 상황으로 이행하는 것과 관련해서만 설명될 수 있다고 생각한다. 여기서 우리는 우리가 만든 구분의 심리학적 중요성에 접근한다. 이 투쟁이 조작 기제에 대한 것이 아니라 형성 기제에 대한 것이라면 선택을 대뇌 장치의 구성으로 정의할 수 있다. 여기서 선택은 형성 기제의 설정, 즉 자극과 반응 사이의 회로의 연결이다. 후속적으로 일어나는 모든 것은 지시에 따른 선택 반응에서와 동일하다.

12-50] 이것의 심리학적 중요성은 세 가지 기본적 계기들로 요약될 수 있을 것이다.

12-51] 첫 번째는 투쟁이 시간상으로 이동한다는 것, 즉 동기가 앞쪽 순간으로 옮겨진다는 것이다. 종종 행동을 취해야만 하는 실제 상황이 일어나기 훨씬 오래전에 동기 간 투쟁이 일어난다. 일반적으로 동기 간 투쟁과 관련 결정은 그것이 자극 간 투쟁보다 선행된 경우에만 가능하다. 그렇지 않으면 동기 간 충돌은 단순히 일반적인 운동 장에서의 싸움으로 바뀐다. 따라서 투쟁은 앞으로 옮겨져서 전투 이전에 벌어지고 해결된다. 이것은 마치 군 지휘자가 전투를 예견하여 전략을 짜는 것과 같다. 계획과 실행이 매우 다를 수 있다는 것은 심리학적으로 완벽히 이해될 수 있다. 실제 전투가 시작되기 오래전에 결정이 내려지고 갈등이 끝이 난다.

12-52] 선택 과정에서 일어나는 두 번째 중요한 심리학적 변화는, 경험적 심리학의 토대에서는 일반적으로 해결이 불가능했던 자발적 행위

의 문제를 이제 설명할 수 있게 되었다는 것이다. 우리가 염두에 두고 있는 것은 의지 작용의 매 순간 일어나는 잘 알려진 착각이다. 즉, 자발적 행위는 최대 저항 노선을 향한다는 것이다. 오직 보다 어려운 것을 선택한 경우에만 그 선택을 자발적이라고 부를 수 있다.

12-53] W. 제임스는 그 문제가 의지에 대한 결정론적, 과학적 관점에 기반을 두어서는 해결될 수 없으며, 영적인 힘, 즉 의지적인 '생기라!', '있으라'('fiat', 신이 세상을 창조할 때 쓴 말)를 도입해야만 한다는 것을 깨달았다. 이 말의 선택 자체가 매우 의미심장하다. 만일 이 용어의 뒤에 있는 철학을 드러낸다면, 사실 이 용어 뒤에는 다음과 같은 생각이 숨어 있다는 것을 쉽게 알게 될 것이다. 모든 의지적 행동, 예를 들어 수술대 위에 있는 사람이 팔을 뒤로 빼고 비명을 지르고 싶은 직접적 충동에도 불구하고, 고통스러운 비명을 참고 의사에게 다친 팔을 내맡길 수 있다는 사실을 설명하려면, 과학은 여기서 나타난 것이 미시적 차원일지언정 창조의 기적이라고 말할 수밖에 없다. 이것은 경험적 근거에 의존하는 과학자가 의지적 행위를 설명하기 위해서 세계 창조에 대한 순수한 성서적 교리에 호소하게 된다는 것을 의미한다.

비고츠키는 『역사와 발달』 I권 2-89에서 제임스에 대해 언급했다. 여기서 '있으라'는 본능에 반대되거나 습관에 반대되는 행위들만이 자발적인 행동으로 보이는 이유를 설명하기 위해 도입된다. 우리는 제임스가 뷔리당의 상황에서 두 가지 모순적 자극 중 하나를 극복하는 인간의 능력은 기적을 통해서만 설명될 수 있다고 말했음을 기억한다. 이 '신성한' 개입은 또한 정신적 충동이 어떻게 신체적 행위로 이어질 수 있는지를 설명한다. 예컨대 내가 내 팔을 들어 올리려는 생각을 하면, 그 생각은 자체로 물리적 변화를 일으킬 수 있는데, 팔을 들어 올리는 변화를 일으키는 것은 인간의 생각 자체가 아니라 실제로는 신이라는 것이다. 우리는 비고츠키가, 인색한 실용주의자인 제임스가 신의 섭리라는 은행에서 매우 조금만 융자를 받았다는 농담을 통해 그를 비꼬았음을 기억한다. 여기서 제임스는 다시 팔 올리기에 대해 이야기한다. 그러나 이번 이야기는 의사에게 자신의 팔을 맡겨야 하는 수술대 위의 환자에 대한 것이다. 제임스는 마취약 사용이 일반화되지 않았던 시기에 의사로서 교육 받았다. 의사가 칼로 자신의 팔을 절단할 것을 아는 환자가 수술대 위에 팔을 올려놓고 기다리는 것은 기적적인 일이다. 환자는 어째서 동물처럼 비명을 지르며 도망가지 않는가? 제임스에 따르면 그것은 신성한 개입의 또 다른 예가 된다. 제임스가 "우리와 신은 서로 거래를 한다."고 말하는 것은 조금도 놀랍지 않다. 신이 없이는 의료 사업조차 하기 어려워 보인다.

12-54] 많은 연구들, 특히 실험 연구는 의지적 선택이 일어날 때마다 행동이 최대 저항 노선에 따라서 규칙적으로 일어난다는 착각을 보여 준다.

12-55] 최근에 동일한 결론이 E. 클라파레드의 실험을 토대로 도출되었다. 그러나 가장 중요한 것은 이 착각이 객관적인 무언가에 의해 산출되었음이 명백하다는 것이다. 이 착각을 초래한, 자발적 선택 과정에 내재된 이 객관적 계기를 밝혀내기 위해서는, 문제의 사태를 다음과 같이 공식화할 수 있을 것이다. 실험자와 최대 저항 노선을 따르는 실험 대상 모두는 자발적 선택 행위를 하는 과정에서 갈등이 다른 상황에서 일어났다면 그 결과도 달라졌을 것이라는 인상을 준다. 만일 갈등이 사실상 일반적인 운동 장에서 일어났다면 수술대 위의 환자는 필히 비명을 지르고 부상당한 손을 뺄 것이다. 이 갈등에 영향을 미치는 자극의 상대적 강도와 셰링턴이 언급한 모든 다른 계기들이 모두 그러한 결과를 지지하기 때문이다.

물론 침대에서 일어나는 것과 계속 누워 있는 것 모두 자발적인 행위이다. 그러나 우리가 왠지 침대에 계속 누워 있는 것은 자발적 행위가 아니라고 느끼고 심지어 그렇게 말하는 것은 어떤 이유인가? 우리는 왜 늦잠을 자는 것을 무의식적이고 자동적인 행위라고 여기는가? 자극에 대한 반응(예컨대 아침 햇살이나 졸음에 대한 반응)과 상충하는 자극들에 반응하기 위한 장치의 구성(예컨대 전날 밤에 자명종 설정하기, 셋까지 세기로 결정하기)을 구분함으로써, 우리는 이 문제를 해결할 수 있다. '최대 저항 노선'의 경우, 자극에 대한 반응을 극복하는 장치의 사용이 의지적 요소를 크게 부각시킨다(졸음을 이기기 위해 자명종을 사용하는 것은 그 결정을 매우 두드러지고 객관적인 것으로 만든다). 반대의 경우, 의지 장치는 자극에 대한 반응에 의해 은폐된다(자명종을 끄는 것도 의지적 행동이지만, 그것은 다시 잠을 자려는 비의지적 행동에 의해 가려진다).

12-56] 그렇지만 착각은 실험 대상뿐 아니라 심리학자에게서도 일어난다. 그들은 어떤 사례에서의 최대 저항 노선이 다른 사례에서는 최소 저항 노선이 될 수 있다는 단순한 사실을 고려하지 않는다. 자극 간 갈등으로부터 동기 간 갈등으로의 전이, 새로운 국면으로의 갈등의 전이, 그리고 투쟁 대상의 변형은 초기 자극과 조건의 상대적인 강도와 그 투쟁의 결과에 심하게 영향을 미친다. 보다 강력한 자극이 더 약한 동기가 될 수 있고, 그 반대도 가능하다. 운동 발산의 경로를 자동적으로 지배했을 더욱 강력한 자극이 결정적인 순간 댐을 뚫고 분출하는 강력한 물줄기와 같은 다른 자극에 의해 파괴될 수도 있다. 그 자극은 이제 대수롭지 않은, 형성 경로의 선택에 영향을 미치는 하나의 요인일 뿐이다.

앞에서 언급했던 마시멜로 실험을 예로 들어 보자. 어린이는 당장 마시멜로 하나를 먹을 것인지 아니면 실험자가 돌아오기를 기다렸다가 두 개를 먹을 것인지의 갈림길에 서게 된다. 어린이뿐 아니라 실험자 역시도 진정 의지적인 선택은 기다렸다가 두 개를 먹는 것이라고 느낀다. 이 실험자는 자신이 방을 나가는 순간 상황이 변한다는 사실을 고려하지 않는다. 첫째, 강력한 자극이었던 지시가 이제는 약한 자극이 되며, 실험자가 있었을 때에는 약한 자극이었던 어린이의 배고픔이 이제는 지배적으로 변한다. 둘째, 갈등은 자극(배고픔과 순종)으로부터 동기(단기적 이익과 장기적 이익)로 이행하였다. 셋째, 투쟁의 대상이 약속을 지키는 것으로부터 마시멜로를 먹는 것으로 변하였다. 어린이의 어른에 대한 순종과 약속을 지키는 능력은 실험자가 같은 방 안에 있는 동안에는 반응의 분출을 막는 댐과 같은 역할을 한다. 그러나 어른이 떠나는 순간 이 댐은 약한 물줄기, 즉 마시멜로의 냄새와 같은 약한 자극으로도 붕괴될 수 있다. 약속은 이제 어린이의 결정에 영향을 미치는 여러 요소 중 하나일 뿐, 결정적인 것이 되지 않는다.

12-57] 그러한 구분 없이는 일반적으로 심리학은 인간 행동의 고등 형태를 연구하는 길을 발견하거나 인간 행동과 동물 행동 간의 원칙적인 차이를 확립할 수 없을 것이다.

12-58] 간단한 예를 들어 보자. И. П. 파블로프의 실험에서 개는 지독하고 고통스러운 자극에 대하여 긍정적인 반응을 발전시켰다. 그 개는 먹이에 평소 반응하듯이 주사, 화염, 고통에 반응했다. 파블로프는 이러한 원래 반응 경로로부터의 이탈이 오랜 기간에 걸친 두 반사궁 간의 투쟁의 결과, 즉 어느 한쪽이 궁극적으로 그 반대편을 눌러 이김으로써 끝나게 되는 갈등의 결과로서만 일어날 수 있음을 보여 주었다. 두 반응 사이에 일방적인 연결을 결정짓는 것은 바로 동물의 본성이라는 것이 이 실험에 기반을 둔 파블로프의 주목할 만한 견해이다. 이것은 생물학적으로 보다 강력한 음식 영역은 대개 고통 영역과 연결된 간섭을 극복할 수 있지만 그 반대는 불가능하다는 것을 의미한다.

중립 자극과 음식에 관한 파블로프의 실험은 잘 알려져 있다. 중립 자극(종 또는 불빛)을 보았을 때, 개는 그것을 음식의 전조로 받아들이고 침을 흘린다. 그러나 중립 자극 대신 부정적 자극(고통을 주는 약물 주사)을 사용하면 어떤 일이 벌어질까? 파블로프의 대답은 개가 고통을 음식의 전조로 여기고, 침을 흘린다는 것이다. 그러나 개에게 있어 부정적 자극과 음식의 관계는 일방향적이다. 즉 고통을 음식의 전조로 간주하도록 훈련시킬 수는 있지만, 음식을 고통의 전조로 간주하여 음식을 보면 움츠리고 도망가게 만들 수는 없다는 것이다. 파블로프는 이를 설명하지 못하고 단지 그것이 동물의 본성이라고 말한다. 즉 음식이 '생물학적으로 더 강력한' 자극이라는 것이다. 물론 사람은 음식을 거부할 수 있고, 아무리 배가 고파도 실제로 음식을 거부하기도 한다. 이것은 어떻게 설명될 수 있을까? 단지 '인간의 본성'일까? 비고츠키는 다음 문단에서 이에 대해 논의를 이어 간다.

12-59] 동시에 인간은 단식 투쟁에 돌입하여 배고픔을 참아낼 수 있다. 단식 투쟁을 하며 지독한 굶주림에도 제공되는 음식을 거부하는 사람의 행동이 어떤 관점에서는 최대 저항 노선을 따르는 것이라고 말하는 것이 타당하다고 우리는 생각한다. 자유 의지에 대한 전체 교리에서 오랫동안 역설로 간주되어 온, 동물 세계에서는 발견되지 않는 자살의 문제가 많은 철학자들에 의해 인간 자유의 전조로 간주되어 왔던 것은 그럴 만한 이유가 있다. 그러나 물론 단식 투쟁이나 수술대 위의 환자에 대한 제임스의 사례에서와 마찬가지로 이것은 필연으로부터의 자유가 아니라 필연에 대한 평가로 이해된 자유이다. 이러한 맥락에서 "너 자신을 추슬러라взять себя в руки."라는 표현은 "이를 악물고 고통을 참아라."와 같은 표현처럼 글자 그대로의 어떤 의미를 가질 수 있다. 이것은 그러한 자유의 토대, 즉 외적 세계에 대한 자유의 토대가 인식된 필연이라는 의미이다.

심지어 전기 충격을 사용한다 할지라도 우리는 개가 먹을 것을 보고 도망치게 훈련시킬 수는 없다. 그러나 동시에 우리는 노동자들이 파업을 위해 임금을 자발적으로 포기할 수 있고 실제로 그렇게 하기도 한다는 것을 안다. 그들은 작업장 앞에 앉아서 글자 그대로 먹기를 거부할 수 있다. 이런 단식 투쟁은 어떻게 설명될 수 있을까? 우리는 이를 속담으로 설명할 수 있다. '단식 투쟁'이라는 말과 마찬가지로 속담 역시 문자 그대로의 요소를 담고 있다. "너 자신을 추슬러라взять себя в руки."라는 러시아 속담과 비슷하게 영어에는 "pull yourself together, 진정해라."라는 속담이 있다. 이 속담을 말할 때 우리는 '네 몸을 팔로 감싸 안고 너의 감정을 추스르기 위해 스스로 안아주면서 너의 감정을 붙잡고 있으라'는 글자 그대로의 뜻을 담는다. 영어로 "take yourself in hand, 진정해라."라고 말할 때 우리는 '손으로 너 자신을 조절하라'는 글자 그대로의 뜻이다. 예를 들어 우리는 주먹을 꽉 움켜쥐는 등의 몸짓을 이용해 감정을 절제한다. 우리가 "grit your teeth, 이를 악물어라."라고 말할 때 비명을 지르지 않도록 이를 꽉 깨물라는 뜻을 담고 있고, "grin and bear it, 웃으면서 참아라."라고 말할 때 울음이 터지려고 하는 것을 참기 위해 웃어 보이라는 글자 그대로의 뜻을 담고 있다. 이런 속담들은 모두 동일한 생각을 표현한다. 즉, 내적 감정을 조절하기 위해서 외적 수단들을 사용하는 것이다. 그리고 이 속담들은 철학적인 함의 못지않게 문자 그대로의 의미를 지니고 있다. 우리가 스스로를 진정시키거나 이를 악물거나 웃으면서 참을 때 우리가 하고 있는 것은 철학적으로 타인에 의해 부과된 제약을 우리 자신의 신체를 통한 억제력으로 대체하는 것이다. 어린이가 유모차에 실려 이동하는 대신에 스스로의 몸을 조절하는 법을 배우거나 유치원생들이 부모의 손을 잡고 건널목을 건너는 대신 신호등을 보고 손을 들고 길을 건너는 법을 배울 때, 그들은 타인 통제를 자기 통제로 대체하는 것이다. 극단적인 사례는 자살이다. 불타는 마천루에서 불에 타 죽게 되는 대신(타인 통제) 뛰어내리기를 선택하는 것이다(자기 통제). 노동자들이 단식 투쟁을 할 때 그들은 타인에 의해 부여된 제약들이나 환경에 의해 부여된 필요성을 제거하지 않는다. 그들이 하는 것은 타인 통제를 자기 통제로 대체하는 것이다.

12-60] 자극과 동기의 구분으로부터 생기는 세 번째 심리학적 계기는, 사용된 보조 자극이 의사 결정 기제의 충돌에서 도움이 되는지 작용 기제의 충돌에서 도움이 되는지에 따라, 보조 자극의 특성이 변한다는 것이다. 선택 반응에서 의지적 기호로서의 제비와 기억술적 기호는 완전히 다른 심리적 기능을 충족시킨다. 우리는 고정 선택과 자유 선택의 차이가, 한 경우 실험 대상이 지시를 이행하는 것이고 다른 경우 실험 대상이 지시를 창조하는 것이라고 말할 수 있다. 심리학적 용어로 이것은, 하나는 조작에 이미 작용 기제가 존재하고, 다른 하나는 그 장치의 창조가 있어야 한다는 사실에 상응한다.

결정을 내리는 것은 기회와 환경적 조건은 물론 동기를 견주어 보는 문제이다. 그러나 결정을 이행하는 것은 자극 숙달의 문제이다. 비고츠키는 제비 사용이 전자에, 손가락에 실을 묶어두는 것은 후자에 해당한다고 말한다. 그 심리적 기능은 서로 다르다. 제비는 동기들(즉 내적, 외적 자극 모두를 포함하는 자극의 '군대' 전체)에 의해 야기된 갈등의 해결을 돕고, 손가락의 실은 자극들의 충돌을 정복하도록 해 준다. 즉, 손가락에 묶어둔 실은 주의와 기억의 상충되는 요구를 극복하도록 돕는다. 비고츠키는 선택 반응을 상기시킨다. 때때로 어린이에게 기억해야 할 낱말(예, 극장)과 아무런 관계가 없는 카드(예, 게)를 지정하여 제공한다. 그러나 또한 어린이가 자유롭게 선택할 수 있는, 하지만 대개는 '빵-칼' 또는 '말-썰매'와 같이 이미 잘 확립된 연결을 선택하게 되는 '자유' 선택을 제공한다. 우리는 '고정' 선택이 장치 설정을 포함한다는 것을 알 수 있다. 이는 주사위나 제비, 가위-바위-보의 이용이, 나온 결과에 따라 무엇을 실행할 것인가에 대한 결정을 포함하는 것과 같다. '자유' 선택은 이를 포함하지 않으며, 이미 설정된 관계를 단순히 연결 지을 뿐이다. 따라서 고정 선택은 고정되어 있지 않으며, 자유 선택은 자유롭지 않다. 이것이 바로 비고츠키가 고정 선택이 동기에 따라 장치를 창조하는 것을 포함하고, 자유 선택은 경쟁하는 자극에 대해 단순히 장치를 활성화시키는 문제라고 말하는 이유이다. 그 기능은 완전히 다르다.

12-61] 지금까지 논의한 바에 의하면, 우리는 가장 중요한 심리학적 결론을 이끌어 낼 수 있다. 이런 식으로 우리는 의지력의 법칙이 본질적으로 단지 기억의 법칙이며, 엄격히 말해 의지는 단지 행위에 대한 생각의 지배성을 확인하는 방법이자 수단이고, 의지적 기제는 근본적으로 우리의 통제하에 놓인 연합에 지나지 않으며, 이러한 기법과 관련하여 의지는 모이만이 주장한 바와 같이 대부분 기억술이라고 제안한 낡은 주지주의적 교리를 이해할 수 있다. 이 모든 것들(다시 말해, 자극과 동기에 관한 이상의 논의들-K)은 의지적 행위가 훈련될 수 있으며 아흐의 결정적 경향성과 같이 의지적 요소들 자체가 의지에 반대될 가능성이 있으며, 우리는 자신의 행위를 통제하는 수단만을 이해할 수 있다는 것 또한 보여 준다. 이런 의미에서, 의지는 스스로 수행되는 행위에 대한 지배성을 의미한다. 우리는 이것이 수행되도록 인공적 조건만을 만들어 낼 뿐이며, 따라서 의지는 결코 직접적, 비매개적 과정일 수 없다.

다음과 같은 상황을 생각해 보자. 당신은 낯선 유럽의 도시를 걷고 있으며 매우 피곤하고 배가 고프다. 호텔로 돌아가기엔 너무 멀기 때문에 당신은 길거리의 식당을 찾아 두리번거린다. 당신에게 익숙한 체인점은 무시하고, 대신에 어느 정도 편안해 보이는 조금 낯선 식당에 앉는다. 웨이터는 메뉴를 가져다주고, 당신은 익숙하지 않은 메뉴 대신 알고 있는 요리를 선택한다. 식당을 찾고 메뉴를 주문하는 것은 선택이다. 그러나 그 선택들은 동등하게 의지적인 것이 아니다. 한 경우 당신은 욕구들에 우선순위를 매기고, 자신만의 선택 범위를 설정하고 친숙한 것과 친숙하지 않은 가능성들을 모두 포함한 고유의 의사 결정 장치를 창조한다. 다른 경우 당신은 열린 선택과 친숙하지 않는 선택 범위를 배제하고 기억에 의존한다. 다시 말해 전자는 기억 실험에서 강요된 선택의 경우의 행동과 같으며, 후자는 자유 선택의 경우의 행동과 같다. 물론 강요된 선택은 실제로 자유로운 선택이며, 자유 선택은 실제로는 강요된 선택이다(10-18·10-20 참조). 비고츠키는 주지주의 심리학자들이 본질적으로 단순히 자유 선택에 불과한 의지 형태, 즉 단순히 선택지를 기억하거나 (기억 실험의 사례를 들면) 이미 알고 있는 이야기를 상기하는 것과 관련된 의지 형태만을 연구했다고 비판한다. 비고츠키는 그들의 연구에도 진실이 숨어 있다고 인정한다. 그러나 이 진실은 주지주의자들이 생각한 것과는 다르다. 의지는 실제로 기억과 비슷하다. 왜냐하면 의지는 훈련될 수 있기 때문이다. 그러나 의지는 오직 우리의 통제하에 있도록 훈련된 기억과 유사하다. 예를 들어 흔한 체인점을 무시하고 새로운 식당을 찾는다거나, 많이 먹어 본 메뉴를 무시하고 먹어 보지 못한 메뉴를 선택할 때와 같이, 우리가 무엇을 기억할지 무엇을 잊어버릴지 선택할 때 의지와 기억은 서로 닮아 있다. 선택의 창조가 우리의 통제하에 있지 않는 경우, 종종 소위 '의지적 요인'이라는 것이 실제로 우리의 (기존의 선택 범주 중 어떤 것도 원하지 않는) 의지에 반하는 것을 발견한다. 예를 들어 아흐의 '결정 경향성' 실험(『생각과 말』 5장 참조)에서 어린이는 블록의 이름을 기억해야 하며, 그것들을 올바른 순서대로 놓아야 한다. 이때, 과제 자체가 어린이가 해야만 하는 것을 떠올리게 하거나 결정한다. 친숙한 체인점과 흔한 메뉴들이 그러한 결정 경향성의 좋은 예이다.

12-62] 기억을 다룬 장에서 우리는 스피노자까지 거슬러 올라가는 심리학자들의 옳은 의견, 즉 영혼은 기억 없이는 그 어떤 종류의 의도도 수행할 수 없다는 의견을 인용하였다. 그러나 우리가 보기에 이 심리학자들은 조작 기제가 자발적 과정의 본질이라고 가정하고 그 기제의 형성 과정 자체는 무시하는 우를 범했다. 의도적 행위를 수행하는 것이 기억술적 조작, 즉 자극과 반응의 조건적-연합적 연결과 매우 흡사하다고 말하는 것까지는 옳다. 그러나 그 연결 자체를 확립하는 과정은 상당히 다르다.

12-63] 앞서 보았듯이 E. 크레치머는 두 가지 의지를 구별하고, 히스테리 환자들의 행위의 모든 특성들을 의지의 충돌로 설명한다. 그는 제임스의 예에서 나온 환자와는 달리, 의사에게 가서 한편으로는 치료해 주기를 바라고 다른 한편으로는 치료를 거부하는 히스테리 환자의 반응에서 단순히 서로 다른 두 방향의 반응이 다루어지고 있는 것은 아니라는 결론을 곧장 도출한다. 뛰어난 임상적 분석이 보여 준 것처럼 여기에는 단순히 두 개의 유인책 또는 심지어 두 개의 동기들 간의 투쟁이 존재하는 것이 아니다. 이 투쟁은 두 가지 서로 다른 관찰뿐 아니라 문제의 주요 부분인 두 가지 유형의 의지 속에서도 나타난다고 그는 말한다. 환자가 자신의 치료를 거부하는 하나의 의지는 환자가 치료를 바라는 다른 의지와 심리학적으로 완전히 다른 구조를 갖는다. 크레치머는 첫째 유형을 하이포불리아라고 부르고, 둘째 유형을 진정한 의미에서의 의지라고 부른다.

하이포불리아(Hypobulia 또는 abulia)는 글자 그대로 의지력 결핍 또는 무의지를 의미한다. 그러나 오늘날에는, 무관심이나 무기력과는 다른 의미로서, 결정을 내리고 수행하는 능력의 결핍을 의미하곤 한다. 따라서 의지력 결핍은 치매나 우울증뿐 아니라 정신분열증, 자폐증, 조울증의 증상으로 간주된다. 의지력 결핍 환자는 극단적인 경우 입 안의 음식을 삼킬 것인지 말 것인지 결정을 내리지 못하고 몇 시간 동안 계속 씹기만 하기도 한다. 비고츠키는 어린이의 고집, 즉 자신이 아닌 타인의 결정뿐 아니라 자기 자신의 결정조차 따르지 못하는 현상을 설명하기 위해 이를 사용한다.

12-64] 우리는 임상적 관찰에서 한 (유형의-K) 의지적 장치에 대한 자극의 영향과 다른 (유형의-K) 장치에 대한 동기의 영향을 알 수 있다. 히스테리 환자의 한 의지는 주장, 증거, 숙고, 상황 고려 그리고 일반적으로 그가 결정을 내리는 데 필요한 모든 것에 영향을 받는다. 환자가

치료를 거부하게 하는 또 다른 유형의 의지는 일차적으로 그것이 눈먼 의지이며, 상황을 의식하지 않고, 지성 기제와 연결되지 않는다는 사실로 특징지어진다. 크레치머가 말한 것처럼 이 의지는 전체 인격과 관련하여 이물질처럼 작용할 것이다. 즉, 과거의 기억이나 미래에 대한 생각이 없는 눈 먼 것이다. 그것은 현재 순간에 초점을 두며, 반응의 본성은 전적으로 이 순간의 경험에 의해 결정된다. 이 의지는 믿음이나 합리적 논쟁의 영향을 받지 않는다. 즉 그것들(믿음이나 합리적 논쟁-K)은 의지에 맞닿지 않고, 의지는 그것들에 귀 기울이지도 않는다. 의지에서 그것들이 설 자리는 어디에도 없다. 예를 들어 의지는 큰 울음소리, 날카롭거나 갑작스러운 충격, 고통이나 흔들림과 같은 다른 수단들에 의해서만 영향을 받을 수 있다. 따라서 앞서 말했듯이, 첫 번째 의지는 동기로부터 나오지만 두 번째는 간섭에 반응한다.

12-65] 두 번째 경우에 작동하는 것은 고립된 대뇌 장치라고 말할 수 있다. 이것은 가장 중요한 것이다. 히스테리 환자에게서 우리가 주목하는 것은 귀신에 빙의된 것과 같은 파괴적인 이물질 혹은 고등 동물이나 어린아이에게서 볼 수 있는 목표 지향적 의지의 배가이다. 그러나 그들에게 이것은 일반적인 의지이다. 즉 발달의 한 단계이며 정상적인 그리고 아마도 유일한 의지의 방식인 것이다.

역사적으로 귀신을 보거나 말소리를 듣거나 혹은 외적 힘에 '빙의' 된 경우 정신병의 징후로 간주되어 왔다. 예를 들어 최초로 어린이를 위한 셰익스피어를 저술한 메리 램은 칼로 자신의 어머니를 살해하였다. 그녀는 법정에서 그렇게 하라는 목소리를 들었다고 증언하였고 정신병을 인정받아 무죄 선고를 받았다. 현대 심리학 역시 이러한 증후를 정신병의 중요한 기준으로 인정한다. 물론 정신병을 근거로 범죄에 대한 사면권을 얻으려면 범인이 목소리를 들었다는 정신의학자의 인증이 요구되며 이 기준은 다수를 대상으로 한 총기 살인사건 범죄자의 처벌에 대한 논란거리가 되어 왔다. 샤를 보네 신드롬으로 알려진 맹아의 환각의 경우, 환자가 사람, 동물 심지어 만화 등의 환영을 보더라도 이것은 정신병의 징후로 간주되지 않는다. 그러나 이러한 환각들이 환자에게 말을 걸거나, 환자가 환각에게 말을 건다면 이는 정신이상의 증거로 간주된다. 목소리를 듣지 않는 정신병자의 경우는 어떠할까? 예를 들어 한 환자가 스스로를 신(神)이라고 주장한다면 크레치머는 이러한 '의지'를 환자의 인격과 관계를 맺지 않는 일종의 이물질, 귀신에 빙의된 것, 침팬지나 아주 어린 아기들에게서 볼 수 있는 몇 배로 배가된 '고집'으로 본다. 그러나 비고츠키가 지적하듯이 환자는 이러한 형태의 의지를 이질적인 목소리로 경험하는 것이 아니라 자기 스스로의 의지라고 생각한다. 환자는 이를 낮은 발달 형태의 의지라고 생각하지 않으며 반대로 가장 최신의, 가장 발달한 단계라고 생각한다. 예를 들어 스스로를 예수 그리스도라고 믿는 환자는 자신의 의지가 일반적인 정상 의지라고 생각할 것이다. 삼세불三世佛이 시간에 따른 부처의 세 단계를 나타내는 것과 유사하게, 환자의 정상 의식은 예수 그리스도의 삶에 있어서 새로운 단계를 경험하고 있는 것일 뿐이다.

12-66] 하이포불리아 유형의 의지는 목적 확립에 있어서 개체 발생적으로 그리고 계통 발생적으로 저차적 수준에 있다. 이로써 우리는 자유 의지에 대한 설명이 발생적 관점을 받아들이게 됨을 알 수 있다. 처음부터 계속 논의되었던 의지의 두 가지 장치는 실제로 의지 발생의 두 단계인 것이다.

무언가를 하려는 결정(의사 결정)과 무언가를 한다는 사실(결정 이행)은 단순히 행위의 두 계기가 아니라, 어린이 발달과 종의 진화에서 심리적 발달의 상이한 계기를 드러내는 것이다. 그러나 이 주장은 헤켈의 "개체 발생은 계통 발생을 반복한다."는 주장과 매우 비슷해 보인다. 따라서 비고츠키는 다음에 개체 발생 과정과 그 산물이 계통 발생과 어떻게 다른지 보여 준다. 이 책의 맨 앞에서 비고츠키는 고등심리

기능의 발달에는 신체 역학적 노선과 문화-역사적 노선의 두 가지 노선이 존재한다고 강조했다. 한 의지 형태에서는 신체 역학적 노선이 지배적이고, 다른 의지 형태에서는 문화-역사적 노선이 지배적이다.

12-67] 심리학자들이 현재 자유 의지에 관해 말할 수 있는 가장 중요한 것은 아마도 다음과 같을 것이다. 의지는 어린이 문화 발달의 산물로서 발달한다. 스스로에 대한 지배의 수단 및 원리는 원칙적으로 자연에 대한 지배와 다르지 않다. 인간은 자연의 일부이며 인간의 행동은 자연적 과정이다. 따라서 '자연은 자연에 대한 복종에 의해 극복된다.'는 베이컨의 원리에 따라, 의지의 숙달은 모든 자연에 대한 숙달로서 이루어진다. 베이컨이 지성의 숙달을 자연의 숙달과 같이 놓은 것은 전혀 놀라운 일이 아니다. 그는 맨손과 정신이 각각 홀로 남겨져서는 할 수 있는 것이 없다고 말한다. 양쪽 모두 도구와 보조적 수단이 필요하다.

12-68] 그러나 어느 누구도 엥겔스처럼 자유 의지는 인류의 역사적 발달 속에서 일어나고 발달한다는 보편적인 생각을 그토록 명료하게 표현한 사람은 없었다. 그는 다음과 같이 말한다. "자유는 자연 법칙으로부터 동떨어진 꿈속이 아니라 자연 법칙에 대한 지식 속에 존재하고 있으며, 또한 이 지식, 즉 자연 법칙이 특정 목적에 따라 체계적으로 작용하도록 만드는 능력에 기반을 하고 있다. 이것은 외적 자연 법칙과 인간의 육체와 정신을 지배하는 법칙—이 두 종류의 법칙은 기껏해야 우리 관점에서 서로 구분될 뿐, 실제로는 구분되지 않는다.—모두에 적용된다. 따라서 자유 의지는 사물이 진정으로 존재하는 방식에 대한 지식을 가지고 결정을 내리는 능력에 불과하다(К. Маркс, Ф. Энгельс. Соч., т. 20, с. 116)." 다시 말해서 엥겔스는 자연에 대한 숙달을 자신에 대한 숙달과 함께 놓는다. 헤겔과 마찬가지로, 그에게 있어 이 둘과 관련한 자

유 의지는 필연에 대한 인식이다.

다음은 F. 엥겔스의 『오이겐 뒤링 씨의 과학 변혁(반-뒤링)』의 제1편 (철학) XI(도덕과 법: 자유와 필연)에서 인용한 것이다.

헤겔은 자유와 필연의 관계를 올바로 서술한 최초의 인물이었다. 헤겔에게 있어서 자유란 필연에 대한 통찰이다.

"필연은 다만 개념적으로 파악되지 않은 한에서만 맹목적이다."

자유는 자연 법칙에 대한 꿈꾸어진 독립에 있는 것이 아니라, 이 법칙들을 인식하는 데 있으며, 그리하여 일정한 목적을 위해 이 법칙들을 계획적으로 작용시킬 수 있는 가능성을 얻는 데 있다. 이것은 외적 자연의 법칙에 대해서도, 인간 자체의 육체적 및 정신적 현존을 규제하는 법칙에 대해서도 공히 타당한 이야기이다.—이 두 부류의 법칙은, 우리가 기껏해야 우리의 표상 속에서나 서로 분리할 수 있을 뿐이고 현실에서는 분리할 수 없는 것이다. 따라서 의지의 자유란, 사태에 대한 지식을 갖고서 결정을 내리는 능력이나 다름없다. 그러므로 특정한 문제점과 관련한 인간의 판단이 더 자유로워질수록, 그 판단의 내용은 그만큼 더 큰 필연의 규정을 받는 것이다. 다른 한편, 무지에 근거하고 있는 우유부단한 태도는 서로 다르고 서로 모순되는 많은 결정 가능성들 가운데 외견상 자의에 의해 어떤 것을 선택하는 것처럼 보이지만, 그것은 바로 자기의 부자유를, 자기가 지배해야 할 바로 그 대상에게 자기가 지배당하고 있음을 증명하는 것이다. 그러므로 자유의 요체는, 자연 필연성에 대한 인식에 기초하여 우리 자신과 외적 자연을 지배하는 데 있다. 따라서 자유는 필연적으로 역사적 발전의 생산물이다. 동물계에서 분리된 최초의 인간들은 모든 본질적인 점들에서 동물들 자체가 그랬듯이 자유롭지 못했다. 그러나 문화상의 진보는 그 하나하나가 모두 자유를 향한 발걸음이었다. 인류의 역사의 초입에는, 역학적 운동이 열로 전환한다는 것이 발견되었다. 마찰에 의한 불의 산출; 지금에까지 이르는 발전의 말기에는 열이 역학적 운동으로 전환된다는 것이 발견되었다: 증기 기관.

한국어판 칼 마르크스/프리드리히 엥겔스 저작 선집 제5권(박종철 출판사, pp. 127~128).

12-69] 엥겔스는 이렇게 말한다. "따라서 자유는 자연의 필연성 Naturnotwendigkeiten, 자기-통제, 외적 자연의 통제에 대한 지식에 토대를 둔다. 따라서 그것은 역사 발달의 필연적인 산물이다. 동물의 왕국으로 부터 생겨난 최초의 인간 세대는 본질적으로 동물과 같이 자유를 결핍 하고 있었다. 그러나 문화로 향하는 한 걸음 한 걸음은 자유를 향한 걸 음이었다."(위의 책)

12-70] 따라서 발생적 심리학자들 앞에 어린이의 발달에서 자유 의 지의 성숙이 일어나는 노선을 탐색하는 지극히 중요한 과업이 생긴다. 우리 앞에 놓인 도전은 자유의 점진적 증가를 기술하고, 그것의 기제를 규명하며, 그것이 발달의 산물임을 보이는 것이다.

12-71] 우리가 보았듯이 임상학자에게 히스테리 환자에게 나타난 의 지의 발생적 의미는 명백하다. P. 자네에 따르면, 히스테리 환자를 연구 하는 것은 다 큰 어린이를 연구하는 것이다. E. 크레치머는 히스테리 환 자를 가리켜 설득되거나 단순히 강요될 수 없으며 오직 훈련될 수 있을 뿐이라고 말한다.

12-72] 매우 심각한 히스테리의 경우 우리가 의지에 영향을 주는 방 식은 조련의 개념과 잘 맞는다. 원칙적으로 이것은 고등한 의미에서의 의지와도 전혀 다르지 않다. 후자는 새로운 기제를 창조하지 않는다. 이 것은 종종 의지가 강하다고 간주되는 사람들의 특성이 잘 통제된 하이 포불리아에 토대한다는 사실로 볼 때 분명하다.

12-73] 우리 조사의 이 시점에서 우리는 철학적 관점을 취한다. 우 리는 심리학 연구 과정에서 최초로, 심리학적 실험 도구를 사용하여 본 질적으로 순수하게 철학적인 문제들을 해결할 수 있으며, 자유 의지의

기원을 경험적으로 보여 줄 수 있다. 여기서 우리 앞에 놓인 철학적 전망을 완전히 추적할 수는 없다. 우리는 이를 특별히 철학에 집중하는 또 다른 연구에서 다루고자 한다. 지금은 단지 우리가 도달한 곳을 분명히 이해하기 위하여 이러한 관점을 확인하고자 시도할 뿐이다. 우리는 스피노자가 '윤리학'에서 발달시킨 자유와 자기 통제에 대한 것과 동일한 이해에 도달했다는 것은 분명하다.

> 앞에서 우리는 외적 자연의 관점에서 그리고 신체적·정신적 행동의 관점에서 볼 때, 자유는 필연으로부터의 자유라는 엥겔스의 관찰을 보았다. 엥겔스가 말하는 것은 인간이 하나의 자연 법칙(뉴턴의 중력 법칙)을 정복하기 위해 다른 자연 법칙(날개가 양력을 만들어 낸다는 것을 설명하는 베르누이의 법칙)을 이용하는 방식에 대한 것이다. 그러나 엥겔스는 저차적인 심리적 행동 법칙을 극복하기 위해 교육, 윤리, 심지어 미학까지 이용하는 방법 또한 말하고 있다. 그것이 바로 『역사와 발달』 I권 맨 앞의 인용구(영원한 자연 법칙 역시 점점 더 역사적인 것으로 변형된다.-F. 엥겔스)가 실제로 의미하는 것이다. 즉 우리 자신의 자연의 법칙 또한 역사적 법칙으로 변형되고 이성적인 인간의 통제하에 놓일 수 있으며, 따라서 인간이 문화(한편으로는 과학과 다른 한편으로는 예술)를 향하여 내딛는 모든 발걸음은 인간의 자유를 향한 발걸음이 된다. 비고츠키는 이 사회 발생적 원리를 개체 발생에 적용한다. 자궁에서 탄생하는 어린이는 자연에서 탄생하는 최초의 인간 세대처럼 동물과 다르지 않다. 여느 때처럼 비고츠키는 병리학적 증거를 이용해 자신의 주장을 설명한다. '히스테리' 환자(오늘날 정신병 환자라 불리는)는 자극(그 자신은 그것을 동기라고 상상할지라도)에 좌우되며, 이 환자에 대한 치료는 '조련' 즉 동물 길들이기와 거의 다르지 않다. 그러나 이것은 단지 우리가 조사했던 모든 다른 고등심리기능과 마찬가지로, 자기 조절에 있어서 자연과 문화는 구별되는 동시에 연결되어 있다는 것을 보여 줄 뿐이다. 고등 의지는 저차적 형태의 의지와 같은 재료로 이루어져 있으며, 완전히 의지적이고 자유로운 성인이란 본질적으로 내부의 동물을 길들여 뜻대로 움직일 수 있는 사람이다.

●자기행동숙달

이 장은 이 책의 제목인 어린이 '자기행동숙달'의 '역사'와 '발달'에서 결론의 논의에 해당하는 자기행동숙달에 대해 다룬다. 자유 선택과 관련된 네 개의 예―뷔리당의 당나귀, 편지를 부치러 가는 사람, 수술대에 팔을 내맡긴 환자, 심리치료사의 치료를 거부한 정신과 환자―를 따라가면 비고츠키 논의의 네 지점을 잘 이해할 수 있다. 먼저 뷔리당의 당나귀에서는 외적 수단에 의해서만 해결될 수 있는 서로 상반되면서 완전히 동등한 두 개의 동기와 그 사이의 갈등을 다룬다. 편지 부치는 사람에서는 자극과 떨어져 일어나는 반응 선택의 전이, 심지어 자극 이전에 일어나는 반응 선택의 전이를 다룬다. 바로 여기서 반응 선택은 계획 기능을 가지게 되며, 실제 반응 자체는 비자발적이 된다. 수술대 위의 환자에서는 자발적 결정에 의한 비자발적 상황의 창조를 다룬다. 즉 더 약하고 떨어져 있는 동기가 더 강력하고 즉각적인 동기를 극복할 수 있다. 치료를 거부한 정신과 환자에서 비고츠키는, 늘 그랬듯이, 부정적 병리 발생적 증거로 철학적 논의를 끝맺는다. 즉 자유는 필연에 대한 인식이다.

이 네 개의 예들이 하나의 논의와 연결되어 있고, 이 논의가 바로 비고츠키가 이 책의 I, II권을 통해 추구한 것이다. 어린이의 행동 숙달은 걷기와 같은 신체적 기술의 숙달, 즉 연습에 따른 점차적인 완성이나 어린이의 의지를 운동 기능에 부과하는 과정으로는 설명되지 않는다. 그런 식으로 설명하고자 하면 의지의 발생에 관한 명백하고 관찰 가능한 자료를 구할 수 없고, 무엇보다 의지의 기원 자체가 설명되지 않는다. 따라서 어린이의 행동 숙달을 안에서 밖으로 설명하는 대신, 비고츠키는 그가 관찰한 대로 설명한다. 즉 밖에서 안으로, 외적 환경 속 타인에 의해 만들어진 선택으로부터 그 외적 환경 속에 놓여 있으면서 어린이의 통제 하에 있는 대상에 의해 만들어진 선택으로 설명하는 것이다. 선택이 타인으로부터 분리되어 대상(예, 제비)으로 전이될 수 있듯이, 선택은 또한 그 대상으로부터 분리되어 어린이의 성장하는 인격으로 전이될 수 있다. 이러한 자유 의지에 관한 생각은 I권에서 뷜러가 기술하고 비고츠키가 수정한 본능, 습관, 지적 행위의 피라미드라는 도식과 일맥상통하며 사실상 이 피라미드의 정점은 자유 의지로 완성되게 된다.

이 논의와 몇몇 예들이 독자들에게 익숙할지라도, 여기서 최초로 제시된 것이 분명한 새로운 주제들을 놓치지 않는 것이 중요하다. 비고츠키에 의해 제시된 새로운 주제들은 다음과 같다. 첫째, 외적으로 결정된 관계(주의나 기억 영역)와 내적으로 결정된 관계(자유 의지 영역) 사이의 구분이다. 둘째, 실제로는 완벽하게 통합되어 있는 계기들, 즉 (자발적이고 환경의 압력으로부터 자유로운) 계획 및 의사 결정의 계기와 (명백히 자동적이고 상황에 따라 민감한) 실행 및 조작의 계기에 대한 논리적인 구분이다. 셋째, 자유 의지는 전혀 자유롭지 않은 상황을 창조하는 능력이라는 자유 의지의 역설이다. 인간이 자연 법칙에 복종함으로써 역설적으로 자연을 극복하는 것처럼, 인류는 오직 행동이 어떻게 결정되는지 이해함으로써 행동을 숙달할 수 있는 것이다.

비고츠키가 첫 문단에서 말했듯이 이 장은 말하기, 쓰기, 셈하기와 같은 구체적 활동에 관한 장들과 주의, 기억, 생각과 같은 정신 기능에 관한 장들을 함께 묶는 장이다. 그러나 그가 마지막 문단에서 말한 것처럼, 이 장은 또한 심리학자들로 하여금 정신과 육체를 다시 합일할 수 있게 해 줄 철학적 관점을 활짝 연 장이다.

I. 비고츠키는 이 장의 주제를 앞 장들의 주제와 대비하면서 정의하고, 실제 실험인 동시에 철학적 수수께끼로서 뷔리당의 당나귀 문제를 재언급한다(12-1~12-19).

A. 비고츠키는 '선택'은 모든 의지적 행위에 있어 가장 전형적인 계기라고 말한다(12-1). 그러나 그는 I권의 3장과 5장에서 기술된 (티치너의 건반 선택 반응 실험에서 제시된) 유형의 선택과 II권의 9장과 10장에서 기술된 (낱말과 그림 혹은 카드와 색깔 사이의) 선택을 주의 깊게 구분한다. 이 두 가지 유형의 선택은 해결 방법에 있어 다를 수 있다(하나는 검지를 통해서, 다른 하나는 기억술적 장치를 통해서 해결된다고 비고츠키는 말한다). 그러나 두 가지 모두 대상들 사이에 외적으로 주어진 관계에 의해 결정되며 이들은 이 장의 주제인 '외적으로 주어진 것이 아니라 어린이 스스로가 결정해야 하는 선택'과는 원칙적으로 다르다(12-2~12-4).

B. 심리학 실험에서 이 선택 상황들은 실험 대상에게 그가 좋아하는 것(놀이 또는 음식 보상)과 싫어하는 것(지루하고 반복적인 활동 혹은 벌칙)을 모두 포함하는 행동 경로를 제시함으로써 인공적으로 만들어진다. 이러한 행동 경로들은 필요에 따라 단순하거나 복잡하게 조절될 수 있다. 따라서 아주 어린 아이들에게는 보상과 혜택에 대한 계산이 단순하도록 만들 수도 있고, 더 큰 어린이들에게는 상당히 복잡하게 만들 수도 있다(12-5~12-6).

C. 그런 후 비고츠키는 주사위나 제비뽑기와 같은 선택 장치를 도입한다(12-7). 선택 장치를 사용하겠다는 결정 자체가 선택이다. 비고츠키는 시간 제한이 있거나, 벌이나 보상이 봉투 속에 들어서 알려지지 않았거나, 보상이 매우 매력적인 동시에 벌은 대단히 부담스러운 극단적인 경우에, 어린이가 더욱 선택 장치에 의지하는 경향을 보인다는 것을 발견한다. 어린이가 선택 장치에 의지하는 상황은 모두 I권 2장에서 논의한 뷔리당의 당나귀의 딜레마(2-87~2-112)와 어느 정도 닮아 있다고 비고츠키는 말한다.

D. 비고츠키는 아흐의 실험 대상 중 하나가 '실험적 철학'이라고 칭한 것으로 눈을 돌린다(『생각과 말』 2-7-1 참조). 스피노자는 자유 의지가 보상과 벌에 전적으로 의존한다는 환각은 인간이 동일한, 완전히 균형을 이루는 외적 힘의 아래 놓이는 순간 무너진다고 말한다. 선택하는 대신 인간은 외적 힘의 노리개가 된다. 비고츠키는 이에 동의하며, 실제 삶에서는 완전히 균형을 이루는 동기들이 불가능하지만, 이는 예술의 지속적인 주제(예컨대 셰익스피어의 햄릿)이며 과학에서(실험실에서) 재현될 수 있다고 지적한다. 비고츠키는 실험실 상황에서 어린이가 선택 장치에 의

지한다고 말한다. 어린이의 결정은 (주사위 던지기에 종속되므로) 자유롭지 않은 동시에 (주사위에 선택 결정의 힘을 부여한 것은 어린이이므로) 자유롭다. 이런 식으로 철학적 모순은 이해 가능하게 된다. 어린이의 선택은 요구된 (즉, 필연적인) 동시에 자유롭게 이루어진 것이며 사실상 자유는 바로 요구, 즉 필연을 이해하고 사용하는 능력으로 이루어져 있다(12-12~12-19).

II. 그러나 선택 장치가 없는 실험실 밖에서 사람들은 어떻게 하는가? 어떤 사람들은 단순히 '아무렇게나 행동하고', 어떤 사람들은 그저 당황하여 아무것도 하지 않는가? 비고츠키는 여러 가지 일상생활의 사례(일어날 것인가 계속 잘 것인가, 계속 기다릴 것인가 출발할 것인가, 편지를 어디에 넣을 것인가 결정하기)를 조사한다. 각 경우, 서로 평형을 이루는 동기들은 결정을 하는 계기와 결정을 실행하는 계기를 분리함으로써 극복된다(12-20~12-39).

A. 비고츠키는 아포리아(철학적 난제)로 시작한다. 의지나 의도와 같은 비물질적인 것이 어떻게 물질적인 것을 움직이게 할 수 있는가? 예를 들어, 팔을 올리라는 순전히 관념적이고 정신적인 결정이 어떻게 인간의 실제 팔을 들어 올릴 수 있는가? 데카르트는 영혼이 뇌의 송과체를 움직이게 한다고 말했다. 이와 유사하게, 라몬 이 카할은 '의지'가 신경교 세포의 수축을 일으킨다고 설명한다(12-21). 비고츠키는 두 이론 모두 에너지 보존 법칙에 위배된다고 지적한다(비-에너지로부터 에너지를 얻기 때문이다). 대신 비고츠키는 자연적 과정의 통제를 자극에 대한 반응으로 설명하는 것과 똑같이, 우리 자신의 행동 통제를 설명할 수 있다고 말한다. 우리는 사회 속에서 살고 있기 때문에, 그러한 자극들은 사회적 자극(예컨대 말)이다. 그리고 우리는 사회적 존재이기 때문에, 자신의 행동을 통제하기 위해 말을 사용할 수 있다(12-20~12-22).
B. 비고츠키는 O. 노이라트가 외적 자극(예컨대 주사위)이 우리 자신의 행동을 통제하기 위해 사용될 수 있다고 생각했다고 말한다(12-23). 그리고 나서 비고츠키는 자기 행동 통제가 외적 자극 없이 어떻게 일어날 수 있는지에 대한 여러 가지 사례를 제시한다. W. 제임스는 사람이 침대에서 일어날 것을 결정하는 순간을 발견하고자 시도하였으나 실패한다. 제임스에게 있어 결정은 갑자기 나타난 것처럼 보인다(12-25). 비고츠키는 약을 먹도록 어린이를 설득할 때 부모들이 하는 것(하나, 둘, 셋, 삼켜!)과 유사하게 그것을 이해할 수 있다고 제안한다. 동일한 방식으로, 사람은 속으로 셋을 세고 일어나기로 결정한다.
C. 레빈은 이러한 종류의 과정이 의도적인 욕구의 창조를 포함한다고 지적한다. 즉 편지를 쓴 사람은 그가 보게 될 첫 번째 우편함에 편지를 넣기로 사전에 결정하고, 우편함을 찾고자 하는 '의사 욕구'를 창조하며, 우편함을 보면 습관이나 본능처럼 자동적으로 편지를 부치게 된다(12-28). 실험 대상을 방에 남겨 기다리게 하는 레빈의 실험 상황에서, 실험 대상은 자신의 시계가 특정 시간을 가리킬 때, 일어나서 나갈 것이라는 결정을 한다. 이것은 주사위 던지기, 제비뽑기, 셋까지 세

기, 먼저 보인 우편함에 넣기와 같다. 왜냐하면 실제 조작이 어떤 다른 자극에 양도되기 때문이다(12-23~12-31).

D. 비고츠키는 의지적 행위를 이해하고 설명하기 위해서는, 자극과 반응 간의 연결을 확립하는 장치(즉 실제로 결정을 하는 계기)와 자극과 반응 간의 연결 자체(결정을 실행하는 계기)를 명확히 구별해야 한다고 결론짓는다. 이러한 구분은 히스테리의 사례에서 볼 수 있다(12-32). 비고츠키는 장치의 자동적인 작동은 습관 또는 심지어 진화로 출현한 본능과도 비슷하다고 지적한다(12-34). 그는 이 구분이 파블로프의 실험에서 조건 반사의 형성과 그 실행 간의 구분과 동일하다고 지적한다(12-37). 자유 의지의 역설은, 우리가 자발적으로 비자발적 반응을 창조한다는 것이다(12-39).

III. 이 절에서 비고츠키는 이 복합적인 '자발적으로 창조된 비자발적 반응'에서 자발적인 첫 부분이 비자발적인 두 번째 부분과 어떻게 연결되는지에 대해 논의한다. 그는 먼저 12-28에서 처음 제기된 문제였던, 두 번째 부분이 습관과 유사한지 아니면 본능적 욕구와 유사한지에 관한 문제를 해결한다. 그리고 나서 그는 자극에 대한 단순한 본능적 욕구와 그가 '동기'라고 부른 복잡한 의사 욕구를 구별한다. 그는 이 구별에 의해 심리학적 결론만큼이나 중요한 신경학적 결론이 따라 나온다고 말한다(12-39~12-60).

A. 레빈은 다음과 같이 질문한다. 만일 우리가 길에서 만난 첫 번째 우체통을 보고 편지를 부치려고 결심함으로써 조건 반응을 만들어 낸다고 한다면, 그 조건 반응은 왜 우리가 편지를 부치는 순간 사라지는가? 왜 조건 반응은 우리가 우편함을 볼 때마다 계속 강화되지 않는가? 레빈은 그 이유에 대해 다음과 같이 설명한다. 이 상황에서 조건 반응은 습관이 아니라 의사 욕구이며 그것은 욕구가 만족될 때 자동적으로 사라진다(12-41). 크레치머는 이에 반대하며 일단 형성된 습관은 반드시 능동적으로 깨어져야 한다고 주장한다(12-42). 비고츠키는 크레치머의 데이터가 소위 '히스테리'라는 병리 발생으로부터 유래되었음을 지적하며 따라서 크레치머의 데이터조차 레빈의 해석을 뒷받침한다고 결론짓는다(12-43).

B. 이제 비고츠키는 즉각적인 욕구(자연적으로 발생되든 인공적으로 구성되든 간에)에 대한 반응인 자극과, 자극 및 반대 자극에 대한 반응으로 일어나는 전체적인 반응 형성인 동기를 구별한다. 비고츠키는 동기에서 자극이 다른 자극(생각이나 말과 같은 보조적 자극을 포함하여)을 불러일으키며 반대 자극을 격파하기 위해 동맹을 맺어 싸운다고 말한다. 비고츠키는 다소 개인적인 사례를 제시한다. 당신은 누군가에 대한 존경심을 잃고 그에게 인사를 하지 않기로 결심한다. 그가 보이는 것만으로도 그에 대한 부정적인 기억과 그로 인한 결심을 떠올리게 되고 인사 습관은 쉽게 무시된다. 여기서 자극 간의 갈등(인사 습관 및 무례하게 보이고 싶지 않은 마음 대對 분노 및 인사하지 않기로 했던 결심에 대한 기억)은 동기들 간의 갈등에 의해 미리 결정된다. 동기들 사이의 갈등은 행동 취하기에 대한 것이 아니라 오직 의사 결정에 대한 것이었을 뿐이다(12-44~12-46).

C. 비고츠키는 자극과 동기 사이의 구별이 신경학적 결론을 초래한다고 말한다. 그는 개에 관한 셰링톤의 실험을 언급하면서 시작한다. 그 실험은 개의 등에 가려운 자극을 주는 동시에 뒷발에 통증 자극을 준다. 그러면 개가 뒷발 뻗기를 멈추고자 하는 욕구와 발을 뻗어 등을 긁고자 하는 욕구를 동시에 가지게 된다(12-47). 여기서 갈등은 자극들 사이의 갈등이며, 뒷발을 뻗지 않는 신경 경로와 등을 긁는 신경 경로는 이미 잘 확립되어 있다. 이와는 반대로 당신이 싫어하는 누군가에게 인사할 것인지 아닌지에 관한 동기들 사이의 갈등의 경우는, 어떤 경로가 먼저 확립되어야만 하는가의 투쟁이다. 왜냐하면 두 가지 경로 모두 아직 확립되지 않았고, 심지어 약한 자극이 강한 자극을 이길 가능성도 있기 때문이다. 이로 인해 우리는 신경학의 영역을 떠나 심리학의 영역으로 들어간다. 자극들은 주의와 기억의 재료가 주어지는 방식과 같이 외적으로 주어지는 반면, 동기들은 우리와 똑같은 다른 사람들에 의해 주어지기 때문에 우리 스스로 숙달할 수 있다(12-48~12-49).

D. 비고츠키는 자극과 동기의 구별이 세가지 심리학적 결론을 초래한다고 말한다.

1. 첫째, 동기의 계기는 자극의 계기와 다르다. 동기의 경우, 우리는 시간에 앞서 반응의 과정을 배열할 수 있는 의사-욕구를 창조할 수 있기 때문이다(12-51). 예를 들어 어떤 어린이가 괴롭힘을 당하고 있는 친구의 편을 들어 주기로 미리 마음 먹을 수 있지만(동기의 계기), 만일 그 아이가 그러한 결정을 위기의 순간에 내리려 한다면(자극의 계기) 그는 그냥 도망쳐 버릴 것이다.

2. 둘째, 동기를 이용하여 자극을 극복하는 인간의 능력은 다음과 같이 설명될 수 있다. 자연의 법칙을 거스르는 것처럼 보이는 기계적 발명품처럼 동기들도 가장 강력한 자극조차도 극복할 수 있도록 미리 주의 깊게 구성될 수 있다. 제임스의 사례에서 수술대 위의 환자는 수술을 거부하지 않고 오히려 그의 팔을 고통스러운 수술을 위해 자발적으로 내어 놓는다(12-53). 미리 구성된 동기의 일부를 형성하는, 약한 자극에 의한 강한 자극 극복은 괴롭힘 당하는 친구의 편을 들겠다고 결심한 어린이가 이 의지적 행위를 가장 어렵게 느끼게 되는 이유를 설명해 준다(12-52~12-56).

3. 셋째, 동기와 자극 사이의 구별은 제비뽑기나 주사위 던지기와 같은 의사 결정을 위한 보조적 수단이 어떻게 작용하는지 설명할 수 있다. 동기는 결정의 일부이지만 자극은 조작, 작용 기구의 일부일 뿐이다(12-60). 괴롭힘을 당하는 친구의 편을 들어주는 어린이는 이 의사 결정을 위한 보조적 수단의 내적 버전, 즉 역할, 성격, 인격을 창조하고 있는 것이다.

IV. 비고츠키는 늘 하던 것처럼, 병리 발생에 대한 논의로 장을 끝마치며, 또 언제나 그렇듯, 병리 발생이 발생적으로 의지의 저차적 층위를 밝혀준다고 주장한다. 비고츠키는 그가 감정 교수(1984)에서 탐구하고자 했던 철학적 전망에 대한 창도 열어 놓는다. 즉, 만약에 다른 자발적인 기능(예를 들어 자발적 기억, 자발적 주의)이 자기-조절의 사례로 보여질 수 있다면, 자기-조절 그 자체는 자연에서 맞닥뜨리게 될 것들을 미리 설계함으로써 자연의 법칙을 극복하는 인간 능력의 한 사례로 간주될 수 있는 것이다. 마치 인간이 양력의 법칙과 베르누이의 정리로 중력을 극복함으로써 날 수 있는 것처럼, 인간은 오직 고등 형태의 의도적 구성을 통해서 발생적으로 저차적인 의지 형태를 극복할 수 있다(12-61~12-73).

A. 비고츠키는 의지와 기억술적 기억 간의 유사성에 주목했던 주지주의 심리학자(모이만과 같은)들의 논의를 다시 돌아본다. 스피노자가 말했던 것처럼 이것은 단순히 의지가 당신이 했던 결정을 기억하는 것을 포함하기 때문이 아니다(12-62). 의지는 기억술처럼 훈련될 수 있고, 외적 자극의 사용을 포함하며 따라서 직접적인 비매개적 과정이 결코 아니다(12-61). 다른 한편, 비고츠키는 주지주의자들이 결정을 하는 것과 행동을 취하는 것을 섞어 버렸고, (기억에서) 외적으로 확립된 연결과 (의지에서) 내적으로 확립된 연결 간의 차이를 무시했다고 말한다(12-61~12-62).

B. 비고츠키는 (제임스의 사례에서) 외과 의사에게 자신의 팔을 내맡기는 환자와 크레치머가 묘사한 환자 간의 차이점을 주목한다. 크레치머의 환자는 다리를 뻗을 수도 굽힐 수도 없었던 셰링턴의 개와 더 가까운 것처럼 보인다. 크레치머는 환자에게 두 가지 의지가 나타난다고 말한다. 하나는 치료를 원하는 건강한 의지이고, 다른 하나는 치료를 거부하는 하이포불리아 유형의 의지이다. 비고츠키는 하이포불리아는 발달적으로 의지의 초기 형태를 나타낸다고 말하며, 심지어 이것은 정신병 환자가 보이는 의지를 귀신에 빙의된 것이나 이물질로 간주하는 이유이기도 하다고 비고츠키는 추론한다. 즉, 정신병의 경우 서로 다른 두 종류의 의지가 존재하는 것을 느끼게 되는 것이다(12-63~12-66).

C. 비고츠키는 자유 의지는 그것이 야기하는 다른 모든 자발적인 기능들처럼, 문화적 발달의 산물이라고 말한다. 물론 우리가 자연의 법칙을 극복할 수 있으려면 오직 다른 이들의 도움을 받아야만 하며, 우리는 자연의 일부이기 때문에 자연의 법칙에는 우리 자신의 본성도 포함된다. 그러나 자연의 법칙이 극복되는 명백한 방식은 자연의 필연성에 대한 지식을 통해서이다. 즉, 궁극적으로 인간은 오직 자연 법칙에 복종함으로써 그것을 극복하는 것이다. 엥겔스가 말했던 것처럼, 이것은 인간이 아닌 자연에 대해서와 마찬가지로 인간에 대해서도 진실이며, 사실 이 두 계층의 법칙은 우리의 상상 속에서만 분리될 뿐, 현실에서는 그렇지 않다(12-67~12-69).

D. 비고츠키는 정신병이 발생적으로 의지의 초기 형태로 간주될 수 있으므로 그것은 훈련을 통해 치료될 수 있다고 말한다(12-72). 마치 엥겔스가 인간 문화 속에서 인간 자유를 발견했던 것처럼, 그리고 스피노자가 인간 윤리 속에서 인간 자유를 발견했던 것처럼, 비고츠키는 발달 심리학자의 과업이 어린이 속에서 인간 자유의 성장을 발견하는 것이라고 말하며 이 장을 마친다(12-70~12-73).

제13장
고등행동형태의 문화화

1809년 잉글랜드에서 청각 장애아 어린이 교육을 위해 사용된 「invited alphabet」.
후에 지화술 혹은 손가락 철자법으로 지칭된다(13-39 참조).

13-1] 어린이의 문화적 발달의 역사는 우리를 문화화воспитание의 문제로 곧장 인도한다.

> 보스피타니예воспитание는 문화화, 경작, 재배 등의 의미를 가진다. 여기서는 어린이 양육 및 교육을 의미한다.

13-2] 이전 장들에서 보았다시피 어린이 행동의 문화적 발달은 점진적인 상승 곡선을 따라 부드럽게 진행되지 않는다. 그것은 자궁 안 태아 발달에서 보게 되는 전형적이고 확립된 발달의 형태, 한 형태에서 다른 형태로의 규칙적 이행 패턴과는 매우 다르다. 이미 말한 바와 같이 심리학은 상당 기간 이러한 전형적이고 확립된 발달 형태에 지나치게 큰 중요성을 부여해 왔다. 이 형태들은 그 자체로 이미 확립되고 고정된, 즉 어느 정도 완성되어 재생산된 발달 과정이다.

13-3] 매우 오랜 동안 발달은 유기체와 환경이 가장 기본적인 관계를 갖는 과정, 즉 식물 발달을 토대로 하였다. 이를 토대로 어린이의 문화화 과정은 일반적으로 발달 과정으로 간주되지 않았다. 그 과정은 많은 기술을 숙달하거나 어떤 지식을 습득하는 단순한 기계적 과정으로 간주되는 일이 더 많았다. 예를 들어 어린이의 문화적 산술 교육은, 본질적으로 주소나 거리 등과 같은 어떤 사실적 부류의 자료를 학습하

는 것과 전혀 다르지 않은 단순 훈련으로 여겨졌다.

13-4] 이 관점은 발달 자체에 대한 이해가 편협하고 제한적일 때에만 지지받을 수 있다. 그러나 어린이의 문화화가 진정한 의미에서의 발달이라는 것을 확인하기 위해서는, 그것이 인간 태아의 자궁 내 발달과는 다른 유형의 발달일지라도, 발달 개념을 그 합법한 경계까지 확장하거나, 발달의 개념이 진화적일 뿐 아니라 혁명적인 변화, 반응, 퇴보, 지그재그와 갈등을 포함한다는 것을 깨닫기만 하면 된다.

우리말로는 '진화적일 뿐 아니라 혁명적인 변화'를 의미하고 영어로는 "not only evolutionary but also revolutionary changes"에 해당하는 러시아어 구 "не только эволюционные, но и революционные изменения"는 매우 웅장하게 들린다. 그러나 여기에는 약간의 오해의 소지가 있다. 비고츠키가 '진화적'이라고 했을 때 그가 의미하는 것은 다윈의 계통 발생 이론이 아니다. 13-10에서 분명히 밝혔듯이 비고츠키는 다윈의 계통 발생 이론이 느리고 점진적인 자유주의적 개혁 모델이나 계통 발생적 종種 간의 자유 경쟁이 아닌, 투쟁과 집단 멸종을 포함하는 혁명적인 이론이라는 것을 완벽히 이해하고 있다. 본문에서 '진화적'이라는 말을 통해 비고츠키가 의미하려던 것은 임신 기간에 태아가 겪는 것과 같은 점진적이고 증가적이며 예상 가능한 변화이다(『역사와 발달』 I권 5-20 참조).

13-5] 어린이 문화 발달의 역사는 생생한 생물학적 진화 과정, 생존 경쟁에서 새로운 종의 동물이 출현하고 낡은 종이 사라지는 방식, 살아 있는 유기체가 적응하는 비극적인 방식과 유사한 것으로 간주되어야 한다. 오직 이런 식으로, 우리는 어린이의 문화적 발달을 살아 있는 발달 과정으로 이해할 수 있으며 오직 이런 식으로 그것은 진정으로 과학적 탐구의 대상이 될 수 있다. 이와 동시에 우리는 어린이 발달의 역사 속에 갈등의 개념, 즉 자연적인 것과 역사적인 것, 원시적인 것과 문

화적인 것, 유기체적인 것과 사회적인 것의 투쟁과 충돌을 도입한다.

13-6] 어린이의 모든 문화적 행동은 원시적 형태를 토대로 발생하지만, 이러한 성장은 종종 구舊형태의 축출, 때로는 완전한 파괴, 또 때로는 인간의 문화적 행동을 지각地殼처럼 보이게 만드는 서로 다른 발생적 영역의 '지질학적' 지층화를 위한 투쟁이다. 우리의 뇌가 이러한 '지질학적 지층'으로 이루어져 있다는 것을 기억하자. 이러한 발달의 예들은 매우 흔히 볼 수 있다.

13-7] W. 분트가 한 살 된 어린이의 말 발달이 시기상조라고 했을 때, 그는 한편으로는 아기의 유기체적 원시적 장치와 다른 한편으로는 복잡한 문화적 행동 장치 사이의 대격돌과 발생적 불일치를 말하는 것이었다. K. 뷜러가 자연적 역사와 사회적 역사의 충돌이라고 불렀듯이, 아기의 첫 낱말은 모든 발달의 드라마 중에서 가장 극적인 장면을 연출한다고 믿어지고 있다. 우리는 앞서 말과 생각의 발달에서 어린이 생각 발달 곡선을 그림을 토대로 조사하고 그리려고 시도한 소박한 심리학 이론의 오류를 드러내려고 하였다. 이 연령에서는 생각 곡선과 말 곡선 사이에 크나큰 간극이 존재하고, 어린이가 생각하는 방식과 말하는 방식 사이에 심오한 변증법적 모순이 내재되어 있음을 우리는 보았다.

7-72에서 분트는 한 살에 말을 숙달하려는 어린이의 시도는 대담하고 시기상조라고 말했다. 이 말은 어린이가 표현하고 싶은 의미들은 많지만 그것을 표현할 수단이 아직 충분치 않다는 뜻으로 생각될 수 있다. 하지만 어떤 의미에서 그것은 정반대로, 표현 수단의 거대한 잠재성에 비해 어린이의 경험이 매우 협소하다는 의미로 생각될 수 있다. 밥 먹을 때 아기는 '하나' 또는 '또 하나'와 같은 낱말을 필요로 한다. 만약 가족이 네 명이라면, 아기는 '넷'이라는 의미를 필요로 할 수도 있다. 그러나 경험을 벗어나는 큰 수에 대해서 어린이가 진짜로 필요로 하는 것은 '많다'는 의미이다. 매우 큰 수일지라도 그것은 전체적

으로 언어의 의미 잠재의 작은 일부일 뿐이다. 어린이가 배우려는 언어 체계의 의미 잠재는 거대하다. 그것은 아기가 살고 있는 좁은 세계를 훨씬 넘어서는 것이다.

13-8] 문명화된 성인의 생각 유형에 익숙한 것, 심리학자들이 연구 대상으로 삼았던 발달의 최종 산물, 처음에는 자연적으로 부여받게 되는 것으로 생각되었지만 발생적 연구가 복잡한 발달 과정의 결과로 제시한 것이 만들어지는 것은, 오직 오랜 기간의 투쟁과 자연적 생각 형태를 근본적으로 고등한 창조된 형태에 적응시킴으로만 가능하다는 것을 우리는 보았다. 일례로 학교 이전의 산술이 학교 산술로 바뀌는 과정을 들 수 있다. 양量에 대한 새로운 적응 형태는 원시적 산술로부터 문화적 산술로 이행하는 과정에서 기존의 형태를 대체하며, 이 과정은 심각한 충돌의 형태로 나타난다. 이와 동일하게 자연적 혹은 생득적 행동 형태가 문화적 혹은 사회-역사적 형태로 단계별로 변형되는 모습은 우리 연구의 다른 모든 장에서 관찰될 수 있다.

비고츠키는 많은 심리학자들이 단순히 문화적 행동을 '역설계'하고 있다는 것을 문제 삼는다. 이러한 '역설계'의 과정은 완료된 행동을 출발점으로 삼기 때문에, 이런 완결된 형태와 어린이 자신의 자연적이고 원시적이며 소박한 사고방식 사이에 존재하는 틈을 메울 수 없다. 이 장에서 비고츠키가 설명하고 있는 구체적 사례는 8장에서 소개했던 것이다. 양에 대한 시각적 지각(예를 들어 수 형태)과 수 세기와 셈하기의 문화적 형태(예를 들어 십진법 체계) 간의 충돌이 그것이다. 예를 들어 0이라는 개념을 가르친다고 상상해 보자. 양에 대한 어떠한 '자연적인' 지각도 어린이가 이것을 이해하는 데 도움을 줄 수 없다. 자연 세계에는 '0'이 없기 때문이다. 그렇지만 어린이에게 수 형태를 하나씩 하나씩 더하라고 할 수 있다. 그런 다음 하나씩 빼는 식으로 그 과정을 거꾸로 시행한다. 모두 빼 버리고 났을 때 자연적 산술 위에 '0'이라는 학교 산술적인 개념을 구축할 수 있게 될 것이다. 그렇게 해서 0 을 결여하고 있는 자연 산술이 극복된다. 이 책에서 소개하고 있는 다른 모든 고등 기능들에 있어서도 이것은 마찬가지다. 즉, 자연적 옹알이는 어휘문법으로, 직관적 기억은 기억술로, 그리기는 쓰기로 극복되어야 한다. 비고츠키는 이런 교수 유형이 '단계적'이라고 말한다. 그렇지만 우리는 그 단계들을 수평적이 아닌 수직적 단계로 간주해야 한다. 즉 학습 과정은 자연적 산술과 더불어 가는 것이 아니라, 자연적 산술의 국면을 넘어서는 것을 포함한다.

13-9] 우리는 모든 장들이 우리로 하여금 어린이의 문화화 문제에 대해 심오한 함의를 갖는 주요 계기들을 확립하도록 이끌었다고 말할 수 있을 것이다.

13-10] 첫 번째는 발달 유형에 관한 우리의 가정 자체의 변화에 있다. 태아를 특징짓는 자동적인 형태 변화와 유사한 전형적이고 일정한 발달 대신에, 원시적 형태와 문화적 형태 간에 끊임없이 모순이 일어나는 형성과 발달의 생생한 과정이 있다. 우리가 말했듯이 생생한 적응 과정은 살아 있는 유기체의 진화 과정이나 인류의 역사와 비유적으로 비교될 수 있다.

'비유'라는 말의 사용에 주목하자. 개체 발생 과정은 사회 발생이나 계통 발생과 평행하거나 동시적이지 않지만, 논리적으로 유사하다. 왜냐하면 두 과정 모두 환경에의 적응 과정을 이루기 때문이다.

13-11] 이런 의미에서 뷜러는 어린이의 발달 과정을 드라마라고 옳게 부른다. 그의 설명의 바탕은 이 두 가지 주요 계기들 간의 충돌, 투쟁, 모순이기 때문이다. 그 때문에 우리는 어린이의 문화적 발달의 변증법적 본성의 개념, 즉 실제 어린이가 자신에게 완전히 새로운 문화-역사적 환경으로 성장해 나가는 적응, 어린이 고등 행동의 형태와 기능의

역사성의 개념을 문화화의 개념에 도입하였다.

13-12] 이전에는 어느 정도 소박하게 어린이 생각의 발달이 잎눈에서 잎으로 발달하는 것과 비슷하게 대상의 단계로부터 행동의 단계로, 그런 후 질과 관계의 단계로 발달한다고 믿는 것이 가능했다면, 이제 어린이 생각 과정의 발달은 발달의 드라마로, 문화-역사적 행동 형태의 살아 있는 발달 과정으로 우리 앞에 나타난다.

13-13] 기초가 되는 이론적 관점의 변화와 더불어, 문화화에 대한 우리의 관점이 근본적으로 변하는 것은 당연하다. 이 변화는 두 가지 주요 지점에서 나타난다.

13-14] 이전에는 심리학자들이 어린이의 문화적 발달 과정과 문화화 과정을 한쪽으로 치우쳐 연구해 왔다. 예를 들어 어떠한 자연적 자질이 어린이 발달을 촉진하는지, 혹은 교사가 어린이를 특정한 문화 영역으로 인도할 때 어떤 자연적 기능을 토대로 해야 하는지 의문을 가졌다. 예를 들어 우리는 어린이의 말이나 산술 학습과 같은 발달이 어떻게 자연적 기능에 의존하는지, 그것이 어떻게 자연적 기능 과정을 통해 준비되는지, 그것이 어떻게 어린이의 자연적 성장 과정을 통해 준비되는지 연구해 왔지만 그 반대, 즉 말이나 산술의 동화가 어떻게 어린이의 자연적 기능을 변형하는지, 그것이 자연적 생각의 전체 경로를 얼마나 깊이 재건설하는지, 어떻게 기존의 노선을 극복하고 기존의 경향을 밀어내는지는 연구하지 않았다. 이제 교사는 어린이가 문화로 진입할 때 외부로부터 무언가를 동화함으로써 학습하면서 문화로부터 무언가를 얻을 뿐 아니라, 문화 자체가 어린이 행동의 자연적 구성을 깊이 변형하고 완전히 새로운 방식으로 전체 발달 과정을 재형성한다는 것을 깨닫기 시작한다. 행동의 두 발달적 측면—자연적 그리고 문화적—사이의 차이는 새로운 문화화 이론의 시발점이 된다.

본문에서 '교사'로 번역한 '보스피타치엘воспитатель'은 문화화를 지칭하는 '보스피타니예воспитание'에서 파생된 말로서 '문화화를 시키는 사람'이라는 뜻이다. 여기에는 유치원 교사, 부모, 나아가 유모까지도 포함된다.

13-15] 두 번째 계기는 훨씬 더 중요하고 본질적이다. 이것은 문화화를 향한 어린이 발달에 최초로 변증법적 접근의 문제를 도입한다. 이전에는 두 국면을 구분하지 못했기 때문에 어린이의 문화적 발달이 어린이의 자연적 발달의 직접적 연장이자 결과라고 소박하게 상상할 수 있었다면, 이제 이것은 지지받지 못한다. 초기 연구자들은 예를 들면 옹알이와 첫 낱말, 또는 사물들 더미의 지각과 십진법 사이의 갈등보다 더 깊은 수준의 갈등을 보지 못했다. 그들은 하나와 다른 하나가 어느 정도 연속적인 것이라고 믿었다. 새로운 연구는 이전에는 확실한 길로 보였던 곳에 사실은 단절이 있다는 것, 단일 국면 위에 안전한 길이 있는 것처럼 보였지만 바로 거기에 사실은 도약이 있다는 것을 보여 준다. 이것이 그들의 값진 공헌이다. 요컨대 새로운 연구는 이전 연구자들이 일직선상의 움직임이 존재한다고 생각했던 그곳에 발달의 전환점이 있음을 밝혀냈으며, 이 지점들은 어린이의 문화화 발달에 대한 가장 중요한 핵심 문제들을 포괄한다. 이렇게 되면 교육의 본성에 대한 옛 개념은 자연히 사멸하게 된다. 옛 이론이 도움을 말한 반면 새로운 이론은 투쟁을 말한다.

13-16] 사실 우리는, 문화화와 관련하여, 어린이가 옹알이로부터 낱말로 혹은 수 모형에 대한 지각으로부터 십진법 체계로 곧장 이동하는지 아니면 어린이가 간극과 도약, 전환에 맞서는지에 대해 무관심한 것은 아니다. 첫 번째의 경우, 그 이론은 어린이가 느리고 조용히 나아가도록 가르치지만, 새로운 이론은 어린이가 도약하도록 가르쳐야 한다.

어린이의 문화적 발달의 기본적 문제에 대한 이러한 검토의 결과 나타나는 문화화에 대한 관점의 근본적인 변화는 우리 연구의 각 장에 있는 각각의 방법론적 문제에서 두드러지게 묘사될 수 있다.

13-17] 단순하지만 우리가 볼 때 설득력 있는 예를 들기 위해, E. 손다이크의 『산술 심리학』에서 예를 빌려 온다. 손다이크는 산수 1단원의 예를 제공한다. 어린이는 일—의 개념과 그 형태를 숙달할 필요가 있다. 구舊교과서는 어떻게 하는가? 구교과서는 W. 레이처럼 물체 하나, 동그라미 하나 또는 어린이 한 명, 동물이나 새 한 마리의 그림을 숫자 '일'과 함께 보여 주고, 하나의 물체라는 자연적 관념과 문화적인 일의 개념을 연결시킬 것이다. 이것은 바로 어린이의 문화적 발달이 단순히 양에 대한 자연적인 지각을 직접 확장함으로써 이루어질 수 있다고 생각할 때 이용되었던 교수 방법이다. 이것은 레이와 그 학파의 심각한 오해에 기반을 둔 것이다. 그들은 일을 이해하려면 그것을 보아야 한다고 생각했다. 왜냐하면 그들은 산술적인 일 개념이 하나의 물체에 대한 지각을 토대로 성장한다고 가정했기 때문이다.

비고츠키는 기억에 의존하여 글을 쓰고 있는 것으로 보인다. 그런데 이번에는 그의 기억이 정확하지 않은 듯하다. 손다이크가 자신의 책에 포함시킨 단원(13-18 박스 그림)은 사실 나쁜 예로 포함된 것이다. 손다이크는 그것을 '부모들을 어리둥절하게 만드는 어리석은 짓'이라고 부르며 우리가 아직 그로부터 자유롭지 않다고 말한다. 그 단원에, 쓰인 숫자(1)와 쓰인 낱말(일) 간의 차이점과 글자 학습과 수 체계 학습 간의 유사점에 관한 상당히 초인지적 질문들이 포함되어 있는 것은 사실이다. 아마도 비고츠키를 크게 만족시켰을 이러한 초인지적 질문들은 손다이크를 화나게 한 것이다. 손다이크의 관점은 당장 필요한 '결합'(즉 연합적 연결)만을 가르쳐야 하며, 그 밖의 것(예컨대 산술 기호와 문자 기호 간의 비유)은 어린이들을 혼란스럽게 만든다는 것이다. 비고츠키가 다음 문단에서 손다이크의 것이라고 생각한 방법은 사실 손다이

13-18] 손다이크는 이와 다르게 나아간다. 그는 일을 제시하기 위해,
일에 대한 지각과는 아무 상관없는, 많은 물체를 보여 주는 그림을 제
시한다. 산술 기호에 도달하기 위해서는 시각적 지각을 극복하고 재가
공하며 분리시키는 것이 요구된다. 그 그림에는 두 명의 소녀, 두 마리
의 개(고양이-K), 나무 한 그루가 있다. 손다이크는 그네를 타는 소녀와
땅 위에 서 있는 소녀를 대조함으로써 시각적 지각을 분리하는 질문을
제시하여 어린이로 하여금 일을 실제로 이해하도록 이끈다. 어느 정도
단순화된 이 사례는 바로 우리가 일반적인 용어로 논의해 온 방법론적
변화를 분명하게 보여 준다.

이 사례는 사실 잘못 인용된 것
이다. 비고츠키는 고양이를 개로 잘
못 기억하고 있으며, 손다이크를 형
태주의자로 취급했다. 손다이크를
화나게 한 반면 비고츠키를 흥분
시킨 예는 다음과 같다. 이것은 손
다이크의 『산술 심리학』(1992, pp.
95~97)에서 인용된 것이다.

THE CONSTITUTION OF ARITHMETICAL ABILITIES 95

4. 6+2
5. 3×2
6. 4×4

1. What amount should you obtain by putting together 5 cents, 8 cents, 3 cents, and 7 cents? Did you find this result by adding or multiplying?

2. How many times must you empty a peck measure to fill a basket holding 64 quarts of beans?

3. If a girl commits to memory 4 pages of history in one day, in how many days will she commit to memory 12 pages?

4. If Fred had 6 chickens how many times could he give away 2 chickens to his companions?

5. If a croquet-player drove a ball through 2 arches at each stroke, through how many arches will he drive it by 3 strokes?

6. If mamma cut the pie into 4 pieces and gave each person a piece, how many persons did she have for dinner if she used 4 whole pies for dessert?

Arithmetically this work belongs in the first or second years of learning. But children of grades 2 and 3, save a few, would be utterly at a loss to understand the language.

We are not yet free from the follies illustrated in the lessons of pages 96 to 99, which mystified our parents.

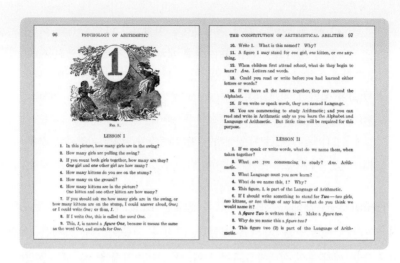

13-19] 레이와 달리 손다이크는 직접적인 경로가 아니라, 말하자면 학생들이 장벽을 뛰어넘도록 강제하여 장애물을 극복하는 방식으로 어린이의 양적 지각으로부터 수 계열을 이끈다. 이는 교수-학습 방법에 있어서 핵심 문제를 비유적으로 표현한 것이다. 우리는 하나의 대상에 대한 지각, 즉 자연적인 산술로부터 아라비아 숫자, 즉 문화적인 기호로의 이동을 어떻게 나타내야 하는가? 일보 전진인가 도약인가? 레이는 그것을 일보 전진이라고 믿었지만 손다이크는 그것이 도약임을 보여 주었다. 만약 우리가 일반적인 용어로 이행을 표현하려고 한다면, 새로운 이해가 문화화와 발달의 근본적인 개념을 변화시킨다고 말할 수 있을 것이다.

왜 비고츠키는 수 형태, 수 모형과 상대되는 것으로서 '수 계열'을 말하는 것일까? 수 계열은 어린이가 1, 2, 3…… 과 같이 수를 셀 때 얻는 일련의 관계이다. 각각의 수는 그다음 숫자와 양적으로뿐 아니라 시간적, 공간적으로도 연속적인 관계를 맺고 있으며 하나씩 커진다. 수 형태는 어린이가 눈으로 보아서 얻는 것이다. 어린이는 어떤 물건 여섯 개를 모아 놓은 더미가 두 개를 모아 놓은 더미보다 큰 것을 본다. 그러나 이 두 더미는 서로 연속적으로 연결되어 있지 않으며, 어린이는 이 둘을 한꺼번에 관찰한다. 여섯 개의 블록으로 이루어진 트랙터 모형에서 어린이가 하나의 트랙터를 본다는 사실(8장 참조)은 바로 어린이의 지각이 전체적이라는 것을 의미한다. 연속적 과정을 거치는 것이 언어의 특징이라는 것에 주의하자. 언어는 반드시 분석적, 종합적인 과정을 거쳐야만 한다. 전체적인 처리는 자연주의적 지각과 그것에 기초한 원시적인 생각 형태의 특성이다.

13-20] 구舊견해는 하나의 극히 중요한 모토, 즉 교육의 발달로의 적응이라는 모토만을 가지고 있었다. 그러나 그뿐이었다. 그것은 (어린이의 사고, 지각 등의 형태에 고유한 시기, 빠르기, 기간에 따라) 교육을 발달에 적응시킬 필요가 있다고 가정했다. 질문은 비역동적으로 제시되었다. 예를 들어, 학령기 어린이의 기억이 더 구체적이고 흥미가 더 감정적이라는 옳은 법칙으로부터 1학년 수업은 정서적으로 충만해야 하며 구체적인 이미지의 형태로 제시되어야 한다는 올바른 결론을 끌어냈다. 구견해는 교육이 자연적인 어린이 발달 법칙에 근거할 때에만 강하다는 것을 알고 있었다. 이것이 이 이론의 지혜였다.

13-21] 새로운 관점은 극복에 의지하도록 가르친다. 그것은 어린이가 발달과 성장의 역동성 속에 있다고 보고, 문화화가 어린이를 어디로 이끌어야 하는지를 묻지만 똑같은 질문을 다르게 해결한다. 새로운 관점은 수업을 구성하는 데 필수적인 기억의 구체적인 특성과 형태를 고려하지 않는 것은 정신 나간 일이지만, 이러한 유형의 기억을 기르는 것 또한 정신 나간 일이라고 말한다. 그렇게 하는 것은 어린이를 저차적 발달 단계에 머무르게 하는 것을 의미하며, 특정한 기억 유형이 고등 유형으로 나아가는 이행적 단계에 불과하고 구체적 기억은 문화화의 과정에서 극복되어야 함을 보지 못한다는 것을 의미한다.

여기서 후에 『생각과 말』 6장을 구성하게 될 개념(근접발달영역을 포함하여)이 모양을 갖추기 시작하는 것을 볼 수 있다. 그러나 또한 이 개념들이, 사실상 어린이를 수준에 따라 가르쳐야 한다는 생각 즉 수준별 교수-학습, 아동 중심 교수-학습 그리고 심지어는 비계(비계가 교육과정에 따른 '점진적인' 다음 단계의 이해에 기반을 둔다는 점에서)와도 반대됨을 볼 수 있다.

13-22] 우리는 글말, 기억, 산술, 자발적 주의에 대한 장 어디에서나 동일한 원칙을 확립할 수 있었다. 그것을 깊이 생각하고 끝까지 발전시킨다면 어린이의 문화적 교육 분야의 교육적, 방법론적 연구에 있어 심대한 재구조화를 이끌 것임에 분명하다.

13-23] 주목할 만한 예로서 산술에 관한 여전히 해결되지 않은 방법론적 논쟁을 회상해 보자. 어떻게 어린이가 숫자를 동화하도록 만들 것인가, 수 세기를 통해서인가 아니면 수 형태를 통해서인가? 그 논쟁에서 해결되지 않고 남아 있는 것을 떠올려 보자. 한편으로, 수 형태의 지각이 더 쉽고, 더 자연적이며, 어린이 특성에 더 맞고 교수-학습에서 더 낫고 빠른 결과를 낳는다는 레이의 입장은 실험적으로 증명된 것으로 간주될 수 있다. 다른 한편으로, 그것은 진정한 의미에서 산술의 교수-학습에서 거의 아무 역할도 하지 않는 것과 같다.

13-24] 산술에 관한 장에서 기술하고자 했던 우리의 관점에서 보면, 이 역설적인 상황은 쉽고 단순하게 해결될 수 있다. 레이가 다루었던 수 형태는 전 학령기의 산술 조작 발달에 상응하며, 그런 이유로 학교에 입학하는 어린이에게 가장 쉽고 접근 가능한 것임이 입증되었음이 인정되어야 한다. 그러므로 어린이 발달의 특징이 되고자 하는 학교 교수-학습이 이러한 사실들을 간과하면 안 된다는 레이의 결론은 의심할 여지없이 옳다. 어린이의 수의 숙달 경로는 수 이미지의 지각을 통과한다. 레이의 반대자들이 학교 산술과 수數 이미지의 지각 사이에는 심

연이 놓여 있으며, 그들은 원칙적 특징에 의해 구별되고, 수 이미지 자체만으로는 그것이 최고로 발달된 것이라 할지라도 어린이로 하여금 가장 기본적인 산술 단위를 지각하도록 할 수 없다고 아무리 주장해도, 이 모든 주장들은 그 타당성에도 불구하고 다음과 같은 레이의 입장을 흔들 수 없다. 어린이는 수 이미지의 지각을 통해 산술로 나아가며 학교의 교수-학습은 이를 그냥 지나칠 수 없다.

13-25] 문제의 핵심은 수 이미지와 수 계열 사이에 존재하고 또한 어린이 발달 속에도 존재하는 원칙적 균열, 간극, 차이이다. 어린이는 반대쪽으로 넘어가기 위해 이것을 뛰어넘어야만 하며, 따라서 간극과 맞서야 하며 어떻게든 그것을 극복해야 한다. 레이의 가장 중대한 실수는 수 이미지를 통한 방법이 어린이를 근대 산술에서의 수에 대한 이해로 이끌 것이라는 주장이었다. 이를 위해서 레이는 수와 수 조작에 대한 순수한 선험적 이해를 창안해내야 했다. 그의 두 번째 실수는 그가 두 가지 산술 사이에 있는 근원적인 차이를 무시하고 문화적 산술을 원시적 산술의 이미지로 모형화하면서 이것을 선험으로 묘사했다는 것이다.

> 레이의 입장은 선험적 지식을 가정한다고 비고츠키가 말한 이유는 무엇일까? 비고츠키가 염두에 두고 있던 것은 플라톤의 '메논'을 통해 잘 알려진 소크라테스의 대화적 교육 방식이다. 소크라테스는 교육받지 못한 노예 소년인 메논조차도 비계를 통해 기하학의 원리를 도출할 수 있다는 것을 보여 준다. 소크라테스가 볼 때 이 사실은 선천적이고 선험적인 지식이 존재함을 의미한다. 이와 유사하게, 레이가 수 개념을 어린이의 자연적 개념을 이용해서 가르칠 수 있다고 믿는다면 이는 선험적 지식을 가정하는 것이다. 따라서 레이의 입장은 신칸트주의적이다. 레이는 우리 모두가 기본적 수 개념을 타고난다고 생각했으며 교사들이 할 일은 오직 이러한 지식을 비계를 통해 일깨우는 것이라고 믿었다.

13-26] 여기서 그의 반대자들의 모든 옳은 점이 부각된다. 그들은 차이점을 깨달았다. 즉 그들은 수 이미지의 지각 경로를 따라 아무리 멀리 나아갈지라도 결코 문화적 산술에 도달할 수 없으며, 오히려 그것으로부터 멀리 비껴가게 될 것임을 이해하였다. 그들의 오류는 레이의 입장의 부분적 진실을 일방적으로 부정한 것이다. 그리고 마침내 두 가지 방법을 혼합하려 했던 E. 모이만과 다른 이들의 절충적 관점은 실천적으로는 옳았지만 이론적으로는 전혀 지지받을 수 없었다. 왜냐하면 그들은 두 가지 방법을 결합시키는 방식을 정당화할 수 없었기 때문이다. 문제는 순전히 절충적 방식으로 해결되었으며, 산술의 이러한 두 가지 문화화 방식의 상호 모순은 극복되지 않았을 뿐 아니라 더 강력하게 나타났다.

비고츠키는 이 단락의 중간에 '그리고 마침내'를 집어넣고 다음 단락에서 이어질 모이만에 대한 언급을 이어 간다. 왜 그럴까? 비고츠키는 방법은 표면적으로 피히테의 변증법 모형, 즉 정-반-합과 비슷해 보인다. 한 심리학자(레이)는 이론을 제시한다. 다른 심리학자(손다이크)는 반대 이론을 제시한다. 세 번째 심리학자(모이만)는 이 둘을 통합하려고 한다. 이것은 올바른 해결책이다. 그러나 모이만은 두 입장 사이의 통합을 절충적, 경험적으로 시도하였다. 그것을 의식적이고, 일관되며, 무엇보다 소통 가능하게 만들기 위해서 비고츠키는 이것의 원칙적 토대를 찾아야만 한다. 모이만의 입장은 경험적으로 옳다. 수 개념에 대한 교수-학습은 자연적인 산술과 문화적인 산술 모두를 요구한다. 그렇지만 이 입장에 대한 이론적 토대는 비고츠키가 이 책에서 계속 설명해 왔듯이, 모든 고등심리기능은 어린이가 자신의 심리적 발달의 자연적인 원천들과 자신이 처한 사회적 환경에서의 풍부한 문화적 원천들 사이의 간극을 뛰어넘을 것을 요구한다는 것이다.

13-27] E. 모이만은 이 두 상호 모순적인 것의 결합을 시도한다. 이들 두 모순적인 교육 방법을 연결하는 이론적 바탕을 밝히지 않은 채,

그는 이것이 어린이 자신 속에 존재하는 변증법적 모순에 상응해야 한다고 지적한다.

13-28] 손다이크는 레이와 그의 추종자들이 산수를 가르치는 최선의 방법은 어린이가 가장 쉽게 숫자를 지각할 수 있도록 해 주는 수 형태를 이용하는 것이라는 결론을 내린 것은 잘못이라고 바르게 지적한다. 이는 어떤 수 이미지들은 쉽게 양적으로 파악되지만, 그것들이 교수-학습을 위한 최선의 도구가 되는 것은 아니라는 사실로 증명된다. 어떤 이미지들이 더 쉬운 것은 그들이 더 친숙하기 때문일 수 있다. 다른 모든 조건들이 같을 때, 이 경로가 산술 교수-학습 전반에 있어 더 나은 결과를 이끌 때에만 레이의 결론은 옳다고 할 수 있을 것이다. 레이의 방법에 대해 우리는 단순히 시간과 용이성이 아니라 모든 결과를 측정해야 한다.

> 이 단락은 손다이크의 책의 일부를 간접 인용한 것으로 보인다.
> "초기 연령기 산술 교육에서 어떤 종류의 수-그림(그림 60과 같은 점, 선 등의 배열)이 수 명칭과 관련하여 최선인지에 대한 논쟁이 특히 독일에서 많이 일어났다. 레이(1898, 1907), 발스만(1907), 프리만(1910), 하웰(1914)을 비롯한 여러 이들은 어린이들이 이러한 다양한 유형의 그림에서 배열된 점의 개수를 얼마나 정확하게 세는지 측정하였다. 본이나 레이의 것과 같은 정사각형 모양의 배열에서 더 높은 정확성이 나타난 결과를 보고 많은 저자들은 이것이 교수 활동에서 사용할 수 있는 최선의 배열이라고 해석하였다. 이 추론은 정당화되지 않는다. 특정한 수-그림이 수를 세기에 쉽다고 해서 이것이 반드시 학습에 더욱 도움이 된다는 것을 의미하지는 않는다. 어떤 그림은 학생들이 단지 이전에 더 많이 보았고 더 친숙하다는 이유만으로 세기 쉬울 수 있다. 다른 그림들을 동일하게 경험한 후에도 그 수-그림이 더 높은 정확성을 도출한다 해도 이 정확성은, 다른 조건이 같을 경우 교수 활동을 위한 활용도가 높다는 것만을 (혹은 질문에서 사용될 수 있는 더 나은 수 배

열을) 나타낼 뿐이다. 수 배열 중 어떤 것을 교수 활동에서 사용할지를 결정하기 위해서는 그중 어떤 것이 특정 시간 내에 가장 정확하게 세어지는지를 보는 것이 아니라 이들을 교수 활동에서 사용한 후 그와 관련된 모든 결과를 측정해야 한다는 것이 명백하다."

Thorndike, E. L.(1922), *The Psychology of Arithmetic*, New York: Harcourt, pp. 259-262.

그러나 비고츠키의 입장은 손다이크와 상당히 다르다. 손다이크는 레이의 실험 방법을 비판하고 있다. 그는 레이가 친숙도 요인을 제거하지 않았다고 지적한다. 행동주의자였던 손다이크가 볼 때 이것은 매우 치명적인 오류였다. 비고츠키의 요지는 (0이나 분수 등을 포함하지 않는) 자연적 산술과 문화적 산술 사이의 질적인 차이점을 고려해야 한다는 것이다. 사실 손다이크는 이러한 차이를 인정하지 않는다.

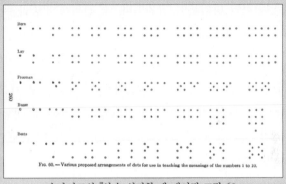

Fig. 60. — Various proposed arrangements of dots for use in teaching the meanings of the numbers 1 to 10.

손다이크의 『산술 심리학』에 제시된 그림 60.

13-29] 우리의 관점에서 볼 때, 이 질문은 사실상 다음과 같이 발생적으로 해결될 수 있다. 우리는 어린이 발달 중에 학령기 문턱에서 원시적 산술로부터 문화적 산술로의 이행 속에서 단절이 생기는 것을 보았다. 여기서 어린이 발달은 직선으로 일어나지 않으며 도약 즉 한 기능에서 다른 기능으로의 변화, 체계 간의 충돌과 대체가 존재한다. 우리는 어린이로 하여금 어떻게 위험한 곤경을 통과하여 나아가도록 할 수

있는가? 발생적 연구는 이를 위해서 발달 단계의 특성과 고유성에 맞게 조절된, 문화화와 발생에 기반을 둔 기법이 모두 필요하다고 말한다. 이것은 우리가 전 학령기 아동의 모든 원시적 산술의 특성을 어떤 식으로도 무시할 수 없고 무시하지도 않는다는 것을 의미한다. 그 특성은 앞으로의 도약이 이루어지는 받침점이다. 그러나 우리는 어린이가 단호하게 이 받침점을 폐기하고 수 계열에서 새로운 발판을 선택해야 한다는 사실 또한 무시할 수 없다. 그러므로 산술 교수-학습을 위해 수 이미지 방법을 폐기하고 당장 그것을 수 계열의 숙달로 대체하는 것은 불가능하다. 우리는 어린이가 수 계열을 숙달하도록 하기 위해서 수 이미지에 의존해야 한다. 우리는 수 이미지를 극복하기 위해 수 이미지에 의존해야 한다. 우리가 보았듯이 이것은 어린이의 문화적 행동의 문화화를 위한 일반적인 방법론적 장치이다. 즉 원시적 기능을 극복하기 위해 원시적 기능에 의존하여 어린이를 앞으로 이끄는 것이다.

13-30] 더 일반적으로 보면, 어린이의 문화화에 관하여 이야기할 때마다 우리는 이와 동일한 상황에 직면하게 된다. 모순적 요소, 즉 내적 극복은 항상 각 방법론적 장치에 포함되어야만 하며, 문화화는 원시적 행동 형태에서 문화적 행동 형태로 이행하면서 어린이 발달의 유형 자체가 변한다는 상황을 절대 무시할 수 없다.

> 우리는 앞에서 비고츠키가, 아직 명칭을 붙이지는 않았지만, 발달을 이끄는 학습이라는 개념 즉 근접발달영역의 핵심 아이디어를 제시함을 보았다. 여기서 비고츠키는 근접발달영역의 또 다른 핵심 아이디어, 즉 발달 수단 자체가 발달해야 한다는 생각을 제시한다.

13-31] 이런 관점에서 볼 때 W. 스턴에 의해 확립된 어린이 발달에서 융합의 원리는 새로운 시각으로 묘사될 수 있을 것이다. 이 원리에 따라 스턴은 어린이의 자연적·유기체적 발달 노선이 환경적인 조건에

의 노출 노선과 교차·일치·수렴한다는 기본 명제를 이해하며, 하나의 전체로서의 실제 어린이 발달 과정과 그 각각의 모든 단계들이 바로 이런 노선들의 융합이나 일치에 기인을 한다고 생각한다. 이 원칙은 너무 일반적으로 공식화되었고, 사실상 설명을 위한 어떤 수단도 주지 않는다. 즉, 그것은 융합이나 일치의 과정이 정확하게 무엇으로 구성되는지, 이런 두 노선 간의 어떤 종류의 만남이 발생되는지, 그런 만남에서 무엇이 발생하는지 깊이 드러내지 않는다. 본질적으로 이 원리는 무효하며 아무것도 말해 주지 않는다. 그것은 스턴이 했던 것처럼 우리가 설명 원칙으로 그것을 제시하기 시작하는 순간 그 유효성을 잃게 된다. 사실, 자궁 속 어린이의 발달, 젖 먹기, 읽기 학습, 관념 형성—이 모든 것은 내적으로 주어진 것과 외적 조건이 융합된 결과이다. 그렇지만 과학적 연구의 과업은 언제나 바로 어떤 종류의 만남이 있는가, 각각의 경우에 발생하고 있는 과정이 무엇인가, 각각의 요인들의 역할이 무엇인가, 그들의 상호작용으로부터 무엇이 획득되는가와 같은 질문에 대답하는 것이다. 결국 환경과 유기체 간에 존재하는 가장 중요한 관계 유형을 고찰하는 것이 과학적 이론의 과업이다.

> 비고츠키는 『생각과 말』 3장 말미에서 스턴의 '융합'을 비판한다(『생각과 말』 3-28 참조).

13-32] 그러나 스턴의 입장은 우리가 흥미를 가진 영역의 생각을 사실적으로 정확히 표현한다. 즉 어린이 발달의 각 문화적 시기는 대체로 자연적 발달 노선과 어떤 지점에서 일치한다. 따라서 우리가 만약 사태를 표현형적으로 고찰한다면, 뇌 발달과 학습의 특정 단계에서 어린이는 인간 말을 배우고 또 다른 단계에서 수 체계를 숙달하고 계속 적절한 조건이 주어질 경우 대수의 세계로 들어가게 되는 것으로 보인다. 여기에 정말로 발달 노선들 간의 완전한 대응과 일치가 존재하는 듯이

보인다. 그러나 이 관점은 기만적이다. 그 이면에는 이러한 조건들이 충족될 때마다 일어나는 심각한 차이와 복잡한 충돌이 놓여 있다. 왜냐하면 현실에서 어린이의 자연적 발달 노선은 자체의 논리를 제공할 뿐 결코 문화적 발달 노선의 논리를 제공하지 않기 때문이다.

13-33] 생득적 재료의 역사적 형태로의 변형은 결코 단순한 생물적 이행이 아니고, 발달 유형 자체의 복잡한 변화이다. 문화화와 관련하여 어린이의 문화적 발달 역사로부터 이끌어 낼 수 있는 주요 결론은 문화화는 애초에 평탄했던 길을 등반해 올라가야 하며, 예전에 걷는 것으로 끝냈을 법한 곳에서 반드시 도약을 해야만 한다는 것이다. 새로운 연구의 첫째 이점은 이전에는 단순한 유형이 관찰된 곳에서 복잡한 유형을 탐지했다는 것이다.

13-34] 비정상아의 문화화에 이르면, 이 새로운 관점에 의해 문화화의 원칙에 진정한 혁명이 일어난다.

13-35] 여기서 상황은 정상아의 문화화의 경우와 근본적으로 다르다. 문화의 전체 도구, 즉 외적 장치와 행동 관련 장치 모두가 정상적인 인간의 정신 생리학적 기관에 적용되어 있다. 우리의 문화는 모두 손, 눈, 귀 등의 선천적 기관과 선천적 두뇌 기능을 가지고 있는 이들을 위해 고안되어 있다. 우리의 도구와 기술, 기호와 상징 모두는 정상적 유형의 인간을 위해 고안되어 있다. 따라서 자연적 형태로부터 문화적 형태로 자연스럽게 이행하여 융합되는 것과 같은 착각이 일어난다. 이는 사실상 사태의 본성일 수 없으며 우리는 그 내용을 더욱 진실하게 밝히고자 노력하였다.

> 본문의 외적 장치란 말, 쓰기, 산술 등과 같은 것을 가리키며, 행동 관련 장치란 자발적 주의, 논리적 기억, 자유 의지 등과 같은 것을 가리킨다.

13-36] 정상적인 인간 유형에서 벗어나 정신-생리학적 기관의 열세를 안고 있는 어린이가 있을 때는, 소박한 관찰자의 눈에조차, 융합은 깊은 분기 즉 자연적 발달 노선과 문화적 발달 노선 간의 불연속과 불일치로 대체된다.

13-37] 자연적 발달 속에 홀로 방치되면, 농아 어린이는 결코 말을 배우지 못하고 시각 장애아는 결코 쓰기를 숙달하지 못할 것이다. 여기서 문화화는 인공적인 문화적 기법, 즉 비정상아 기관의 정신-생리학적 특질에 맞추어진 특수한 문화적 기호와 상징체계를 창조함으로써 그들을 도와주어야 한다.

13-38] 따라서 시각 장애인에게 시각적 글자는 촉각적 글자로 대체된다. 브라유 점자법은 6개의 볼록한 점들의 다양한 조합을 통해 전체 알파벳을 만들어 내어 시각 장애아로 하여금 종이 위에 점을 촉지觸知하여 읽을 수 있도록 하며, 철필로 종이에 볼록한 점이 생기도록 눌러 쓸 수 있도록 만든다.

13-39] 이와 매우 동일한 방식으로, 지화술 즉 수화 문자는 음성을 손의 다양한 시각적 위치와 허공에 만든 특정 문자로 대체하여 농아가 눈으로 읽을 수 있도록 한다. 더 나아가 문화화는 이들에게 말을 가르칠 수 있다. 왜냐하면 보통 농아 어린이들의 음성 기관은 손상되지 않았기 때문이다. 선천적으로 청각 장애가 있는 어린이는 단지 청각적 지각이 박탈되었기 때문에 말을 하지 못하는 것이다. 문화화는 어린이에게 구어를 이해하고 화자의 입술을 읽는 법 즉 말소리를 시각적 이미지, 즉 입과 입술의 움직임으로 대체하는 것을 가르친다. 농아는 촉각, 시각적으로 지각할 수 있는 기호와 운동 감각을 사용하여 말하는 법을 배운다.

지화술指話術 및 지화법은 수화手話와는 다르다. 지화술은 정상인이 사용하는 언어를 한 글자 한 글자 손으로 표시하는 것이다. 이는 매우 오래된 방법이며, 중세 수도사가 묵언 수행 시 사용했던 것이다. 유창한 수화 사용자는 우리가 외국어 낱말을 사용하는 것처럼 지화술을 사용한다. 그들은 수화로 표현할 수 없을 때 지화술을 사용한다. 미국, 호주의 수화에서는 일상적 대화에서 오직 8~10퍼센트의 낱말만이 지화술로 표현되며, 이탈리아 수화는 지화술을 거의 필요로 하지 않는다. 비고츠키는 유태인들끼리 모여 살면서 이디시어만을 사용하지 말고, 러시아어를 배우고 러시아에 동화되어야 한다고 믿었다. 이와 유사하게 그는 비정상아도 정상아들과 함께 생활해야 한다고 강하게 믿었기 때문에 수화 발달을 적극적으로 지지하지 않았다. 독순술 교육을 장려하는 입장도 같은 맥락에서 이해할 수 있다.

13-40] 시각 장애아나 청각 장애아의 문화적 발달에서 특수하게 닦인 우회로와 특별히 고안된 그들의 쓰기와 말하기는 두 측면에서 어린이의 문화적 발달의 역사에 있어 아주 중요하다. 그런 우회로는 문화적 행동 발달이 특정한 유기체적 기능과 반드시 연결되는 것은 아니라는 것을 보여 주는 일종의 자연 발생적인 생생한 실험이다. 말이 반드시 음성 기관과 관련된 것은 아니다. 문자가 시각적 경로로부터 벗어나 촉각적 경로로 이행할 수 있는 것처럼 말은 다른 기호 체계로 번역될 수 있다.

13-41] 이 사례들은, 정상아에서도 일어나지만 여기서 가장 분명하게 나타나는 문화적 발달과 자연적 발달의 분기를 우리가 가장 명백히 관찰할 수 있도록 해 준다. 왜냐하면 인간의 정상적 정신 생리학적 기관을 위해 설계된 문화적 행동과 어떤 정신 생리학적 열세를 안고 있는 어린이의 행동 사이에 두드러진 불일치가 존재하기 때문이다. 그러나 가장 중요한 것은 이 사례들이 비정상아를 문화화하는 유일하게 확실한 방법을 가리킨다는 것이다. 이 방법은 직접적 경로가 불가능할 때

마다 발달의 우회로를 창조하는 것이다. 시각 장애인에게 있어 글말과 청각 장애인에게 있어 공중에 쓰기는, 가장 글자 그대로의 물질적 의미로, 문화적 발달을 위한 간접적인 정신 생리학적 우회로이다.

13-42] 우리는 눈으로 읽고 입으로 말하는 사람에게 익숙하다. 문화적 행동의 관습성과 유연성을 모두 드러낼 수 있는 위대한 문화적 실험만이 손가락으로 읽는 것과 말하기 위해 손을 사용하는 것이 가능하다는 것을 보여 줄 수 있다. 이러한 문화화 형태들은 심리학적으로 가장 중요한 것을 성취한다. 즉 이들이 농아에게는 말을, 시각 장애인에게는 글을 줄 수 있다는 것이다.

13-43] 중요한 것은, 시각 장애아는 우리가 읽는 것과 마찬가지로 읽지만 이 문화적 기능은 우리가 사용하는 것과는 완전히 다른 심리적 장치의 도움을 받는다는 것이다. 농아 어린이의 경우도 마찬가지이다. 문화적 발달의 관점에서 가장 중요한 것은, 그의 경우 보편적인 인간의 말이 매우 상이한 정신 생리학적 장치의 도움을 받는다는 것이다.

13-44] 이런 식으로, 이러한 예시들에 의해 우리가 배우게 되는 것은 첫째로 문화적 행동 형태가 정신 생리학적 장치로부터 독립적이라는 사실이다.

13-45] 위의 예들에서 이끌어 내게 될 두 번째 결론은 청각 장애아와, 문화적 행동의 독립적 발달과 관련이 있다. 우리가 말 발달에 관한 장에서 보았듯이, 홀로 방치된 청각 장애아는 정교한 동작 언어, 즉 타인으로부터 어떤 훈련도 받지 않고 습득된 현저히 복잡한 말을 발달시킨다. 이것은 청각 장애인을 위해서가 아니라 청각 장애인 스스로에 의해 만들어진 특수한 형태의 말을 창조한다. 이것은 모든 현대 인간 언어와 완전히 다른 종류의 언어를 창조하며, 그 차이는 현대 언어들 간의 차이보다 훨씬 더 크다.

비고츠키가 '말 발달에 관한 장(6장)에서 보았다.'고 말한 것은 정확하지 않다. 6장에서 청각 장애인에 대한 유일한 언급은 뷜러의 실험에 대한 맥락에서이다(6-31). 아마도 비고츠키는 11장을 염두에 두고 있는 것으로 보이며, 거기에는 엘리아스버그의 실험에 대한 맥락에서 청각 장애아의 불완전한 말에 대한 일부 논의가 있다(11-24). 그것은 또한 I권 1장(1-141~143)을 가리키는 것일 수도 있다.

13-46] 따라서 홀로 방치되어 어떠한 교수-학습도 받지 못했을지라도 어린이는 문화적 발달 경로에 오른다. 다시 말해 자발적으로 점화된 문화적 발달의 실현, 즉 어린이의 자연적 발달로부터 문화적 발달로의 독립적 이행에 필요한 모든 선천적 조건이 어린이의 자연적인 심리 발달과 그의 환경에서 발견된다.

이 문단은 어린이가 아무리 오랫동안 수 형태의 경로에 머무른다 하더라도 문화적 산술(0, 분수, 대수, 허수 개념 등)에 절대 도달할 수 없다는 주장(13-26)과 모순되어 보인다. 그러나 이 모순은 단지 표면적인 것일 뿐이다. 홀로 방치된 어린이가 자신의 문화를 창조함으로써 반응한다는 사실은, 비고츠키가 말한 바와 같이, 문화적 발달의 시작에 필요한 모든 것들이 자연 그 자체 속에 들어 있다는 것을 드러낸다. 그러나 비고츠키의 '발달' 개념은 중간 과정이 전제 조건에는 포함되지 않았던 것을 포함해야 하며, 마지막 과정은 중간 과정에서 발견조차 되지 않았던 것을 포함할 것을 요구한다.

13-47] 이런 계기들은 모두 비정상아들의 문화화에 대한 근대적 관점을 급진적으로 재평가하도록 이끈다. 전통적인 관점은 결함이 어린이 발달의 손실이나 감산을 나타나고, 어린이 발달의 범위를 제한하고 협소하게 한다고 가정했다. 따라서 어린이에 대한 부정적인 관점, 즉 그의 발달이 일차적으로 특정 기능의 손실로 특징지어진다는 입장이 제기되었다. 따라서 비정상아에 대한 심리학 전체는 보통 정상아의 심리학으

로부터 기능들을 공제하는 방식으로 성립되었다.

13-48] 이러한 이해 대신에 유기체적 결함을 가진 어린이 발달의 역동성을 고려하고, 손상은 어린이 발달에 이중적 영향을 준다는 기본적 입장으로부터 파생된 또 다른 이해가 나타난다. 한편으로 손상은 약점이며 직접적으로 작용하여 어린이의 적응을 파괴하고 가로막고 방해한다. 다른 한편으로 손상은 발달에 장애물과 어려움을 창조하고 정상적 균형을 파괴한다는 사실 때문에, 그 간극을 보완하려고 하는 기능에 대해 우회적 장치, 우회로, 대체물 그리고 보완물의 발달에 대한 추동력을 제공하며 불안한 평형 상태인 전체 체계에 새로운 질서를 부여한다.

13-49] 이런 식으로 새로운 관점은 이 어린이의 부정적 특성 즉 그의 손실과 실패에 대한 고려뿐 아니라, 무엇보다 그의 복잡한 우회적 발달을 묘사하면서 그의 인격의 긍정적 분석의 시도를 제시하고 있다. 이로써 직접적 유기체적 보완을 통해 손상을 유기체적으로 극복하는 것은 지극히 협소하고 한정된 경로임이 분명해진다. 어린이 고등심리기능의 발달은 문화적 발달을 통해서만 가능하며, 이 문화적 발달이 말, 쓰기, 산술과 같은 문화를 숙달하는 외적 수단을 경유하는지 혹은 자발적 주의, 논리적 기억, 추상적 생각, 개념 형성, 자유 의지의 발달 등의 심리적 기능 자체의 내적 향상을 경유하는지 여부는 중요하지 않다. 대개 비정상아는 이런 모든 점에서 억제되어 있음을 연구들은 보여 주었다. 그러나 이 발달은 어린이가 지닌 유기체적 결함의 정도와 정비례하는 것은 아니다.

> 왜 비고츠키는 치료 교육이 말이나 글쓰기와 같은 외적 활동을 거치든 혹은 주의나 기억과 같은 심리적 기능을 거치든 상관없다고 말하는 것일까? 비고츠키는 매우 제한적인 물리적 치료를 훨씬 전망이 넓은 문화적 우회로의 방법과 비교하고 있다. 수업에서 주의 집중을 하지 못하는 학생의 예를 들어 보자. 검사를 통해 이 어린이가 청력에

문제가 있는 것으로 드러났다. 물리적으로 우리가 이 어린이에게 해 줄 수 있는 것은 귀를 청소해 주거나 보청기를 제공하는 것 외에는 별로 없다. 반면 어린이의 주의력을 훈련시키기 위해 우리가 할 수 있는 일은 무한히 많다. 어린이의 주의력은 비교적 온전함에도 불구하고 다만 구어적 지시 형태가 어린이의 능력 범위 밖에 놓여 있었기 때문에 발달할 기회가 없었을 뿐이다. 비고츠키는 읽기나 글쓰기, 산수 숙제 등을 통해 어린이의 주의를 훈련시키든 아니면 좀 더 직접적인 면대면 방식으로, 예컨대 어린이가 그림이나 몸동작, 얼굴 표정, 시각 보조물에 주의를 기울이도록 훈련시키든 원칙적으로 큰 상관이 없다고 말한다. 어떤 어린이는 이야기책에 잘 반응하고 어떤 어린이는 사회적 접촉에 잘 반응하는 것을 쉽게 상상할 수 있다. 이 책 전반에 걸친 (그리고 물론 『도구와 기호』에 제시되는) 비고츠키의 입장은 매우 일관된다. 읽기, 쓰기, 산술과 같은 상징 기능의 외적 활동과 그 기저에 놓인 언어적 주의, 논리적 기억, 개념 형성과 같은 심리적 기능 사이에는 원칙적으로 차이가 없다. 물론 어떤 문화권에서는 추상적 생각과 같은 심리적 기능이 훨씬 장려되는 반면 기계적 기능들은 훨씬 덜 보상받는 것이 사실이다. 그러나 반드시 그러해야 하는 자연적 이유가 있는 것은 아니며 우리는 그와 같은 차별이 존재하지 않는 사회를 최소한 상상은 할 수 있어야 한다.

13-50] 이것이 어린이의 문화적 발달의 역사가 우리로 하여금 다음의 논제를 제시할 수 있도록 하는 이유이다. 문화적 발달은 장애를 보완하는 것이 가능한 주요 영역이다. 유기체적 발달이 더 이상 불가능한 곳에서 문화적 발달의 무한한 경로가 열린다.

13-51] 영재성에 대한 장에서, 우리는 어떻게 문화가 생득적 자질의 차이를 고르게 만들거나 혹은 유기체적 저발달을 역사적으로 극복할 수 있게 하면서 자질의 차이를 제거하는지에 대해 특히 집중할 것이다.

러시아어판 편집자는 이 원고가 영재성에 대한 내용을 포함하지 않는다고 말한다. 그러나 사실 바로 다음 장이 이 주제에 대한 많은 내용을 포함하고 있다(예컨대 **14-3~14-15, 14-41** 참조). 비고츠키에게 있어 영재성이란 단지 실제 연령과 문화적 연령이 일치하지 않는 비정상적 발달의 한 사례일 뿐임을 편집자는 아마도 깨닫지 못한 듯하다.

13-52] 내적 수단의 문화적 발달, 즉 자발적 주의와 추상적 사고와 같은 행동에 대해서도 문화적 행동의 외적 수단의 발달에 관한 특별한 우회로와 같은 방법이 확립되어야만 한다는 것만을 덧붙이고자 한다. 정신지체아들은 주의와 생각이라는 고등 기능의 발달을 위해, 시각 장애인의 브라유 점자나 청각 장애인의 지화술과 같은 것, 즉 자연적 결함 때문에 단절된 직접적 경로를 문화적 발달로 우회하는 어떤 체계를 창조해야만 했다.

●고등행동형태의 문화화

앞 장은 엥겔스와 철학적 언급으로 끝났다. 엥겔스와 마르크스는 철학적 관점이 하늘에서 내려진 법칙과 같은 것이 아니라, 반석과 같아서 그 위에 구체적 실천이 세워질 수 있는 것이라고 믿었다. 헤겔처럼 이들 또한 실천으로의 '하강'이 아닌 '상승'에 관해 썼다. 이 책의 마지막 세 장에서 부모와 교사는 앞서 다룬 내용의 추상화와 일반화가 아닌 '구체로의 고양'을 보게 될 것이다. 예를 들어 어린이 인격과 세계관의 발달에 관한 장(15장)에서 비고츠키는 육아와 교육에 대하여 제시하고 있다. 문화적 연령에 관한 장(14장)에서 그는 문화적 연령의 검사 방법과 소위 '영재' 어린이들이 보이는 특수한 문제(장애아와 마찬가지로 영재아 또한 우회적 발달의 예이다)에 대해 말한다. 그리고 문화화에 관한 이 장에서 비고츠키는 교육이라는 주제를 취해서, 8장에서 다루었지만 미완인 채 남겨졌던 학교 산술의 문제로 돌아간다.

8장에서 풀리지 않았던 문제는 수 개념을 가르치는 데 '수 형태'를 사용하는 W. 레이의 방법(즉 모상이나 실물을 늘어놓는 방법)이 수 기호와 십진법으로 시작하는 전통적인 학교 산술보다 더 좋은 방법인가 아닌가 하는 것이었다. 비고츠키는 경험적으로 보았을 때 레이의 방법을 사용하면 어린이가 좀 더 빨리 배우는 것처럼 보인다고 말했다. 그러나 그는 어린이들이 배우는 것이 실제로 개념인지 아닌지 확신할 수 없었다. 그에 의하면 이 질문은 경험적으로 풀 수 있는 문제가 아니다. 학교 산술이 지각적인 전 학령기 산술의 연장인지, 아니면 완전히 다른 종류의 생각과 새로운 출발점을 필요로 하는지는 오직 이론만이 말해 줄 수 있는 것이다. 이 장의 맨 처음 부분에서 비고츠키는 이 문제를 이론적인 측면에서 해결한다. 그는 문화화는 언제나 서로 근본적으로 다른 두 발달 노선의 극적인 충돌을 반드시 포함한다는 이론을 제시한다.

이 장 역시 노선 간의 극적인 충돌과 명백한 오류를 포함하지만 이들은 결과적으로 풍성한 열매를 맺는다. 예를 들어, 비고츠키는 손다이크를 오해하여 그에 대해 관대한 입장을 취한다. 비고츠키는 손다이크가 오랜 동안 부모와 교사를 괴롭힌 유행에 뒤떨어진 낡은 교수 예로 제시한 것을 손다이크의 예로 오해하여 새로운 것으로 받아들인다. 하지만 이 방법이 시대에 뒤떨어진 방법이 아니라는 비고츠키의 말은 옳다. 그리고 '전체에서 부분'으로의 분석적 접근법은 비고츠키 시대의 가장 발전된 형태주의적 생각과 일관될 뿐 아니라, 거의 백여 년이 지난 오늘날에도 여전히 가장 진보적인 접근법의 하나이다. 『생각과 말』(6-1-41)에서 어린이의 자연 발생적 개념을 극복해야 할 적敵에 불과한 것으로 생각하는 피아제의 접근을 비고츠키가 어떻게 비판했는지 잘 기억할 것이다. 어린이의 전 학령기 산술과 그 밖의 전-개념적 생각 형태에 대한 비고츠키의 접근 또한 피아제와 유사한 결점을 가지고 있다고 보기 쉽다. 그러나 이 장을 주의 깊게 읽는다면, 비고츠키가 염두에 둔 어린이 마음속의 전쟁은, 외부의 침략이 아니라 내전과 같은 것임을 알 수 있을 것이다. 즉 어린이의 지각에 기반을 한 사고 양식으로부터 해방은 오로지 어린이 자신의 과제일 수밖에 없는 것이다.

I. 이 절에서 비고츠키는 문화화(교육)를 사실상 진화의 과정으로 볼 수 있다고 주장한다. 이 진화는 점진적인 변화가 아닌, 충돌과 투쟁, 위기를 포함하는 진정한 의미에서의 진화를 가리킨다(13-1~13-16).

A. 비고츠키는 아동 발달을 지배해 온 발달 모형이 자궁 속 발달의 논리적 연장이라는 관찰로 시작한다(13-2~3). 이 모형에 따르면 '문화화'는 발달이 아니라 오직 습관, 기술, 지식의 습득일 뿐이었다(13-4).

B. 비고츠키는 문화화가 진정한 다원적 의미의 발달이며, 갈등과 투쟁을 포함한다고 말한다. 특히 문화적 행동은 그것의 근간이 되는 자연적 토대와 투쟁한다. 한 사례로 비고츠키는 "선천적으로 타고난, 지각에 기초한 어린이의 심리적 구조가 문화-역사적 의미 잠재 전체를 체계로서 받아들여야 하기 때문에, 어린이의 말 습득은 시기상조"라는 분트의 말을 인용한다. 같은 방식으로 문화적 산술(십진법 체계)의 습득도 시기상조일 수 있다. 어린이는 자연적으로 타고난, 지각에 기초한 구체적이고 유한한 양 조작 방식으로부터 글자 그대로 무한한 문화적 수학 체계로 나아가기 때문이다(13-5~13-9).

C. 비고츠키는 선행하는 장들로부터 모종의 시사점들을 도출한다. 그는 이것이 어린이 문화화 전체에 적용된다고 말한다. 첫째, 문화화는 투쟁의 과정이다. 이는 마치 진화적 투쟁이 생물학적 인간(호모 사피엔스)을 낳았고, 계급 투쟁이 역사적 인간을 낳은 것과 같다(13-10). 둘째, 투쟁의 과정에서 투쟁의 두 노선(자연적 노선과 문화적 노선)은 서로를 변형시킨다. 이 두 결론은 물론 변증법에 따라 도출된 것이지만, 이제 비고츠키는 이 결론들이 단순히 철학 교과서의 공식이 아닌 이전까지의 논의를 통해 도출된다고 말할 수 있게 된다(13-10~13-12).

D. 이러한 더욱 변증법적인 관점으로의 변화와 더불어, 어린이 양육에 대한 두 가지 기본 신조 역시 변해야 한다고 비고츠키는 말한다(13-13).

1. 기존의 개념은 '성숙이 전부'라고 가정하였고 교육학의 상당 부분이 문화적 기능을 씨 뿌리고 경작할 수 있게 어린이의 자연적 토양이 준비되는 시기에 중점을 두었다면, 이제 우리는 문화적 기능이 어린이 발달의 자연적 토대를 무너뜨리고 변형시킨다는 것을 인식해야 한다. 이제는 어린이가 무너뜨리고 변형시켜야 하는 자연적 토대와 어린이가 새롭게 구성해야 하는 문화적 행동의 토대를 구분하는 것이 훨씬 더 중요해진다(13-14).

2. 문화화 건설의 기반이 되는 자연적 토대는 토양이라기보다는 때로 '반석'에 더 가깝다는 것을 인식해야 한다. 따라서 하나의 발달 노선으로부터 다른 발달 노선으로의 분리, 단절, 도약은 불가피하다. 어린이를 '양육' 대상으로 보는 낡은 관점이 자연적 발달 노선과 문화적 발달 노선 사이에서 협력과 보완을 보았다면, 어린이를 '문화화' 대상으로 보는 새로운 이론은 그 사이에서 갈등을 본다

(13-15~13-16).

Ⅱ. 비고츠키는 '수 상징과 십진수 체계에 기반을 한 문화적 수 개념이 어떻게 제공될
수 있는가'라는 주제를 다시 다룬다. 비고츠키의 예는 다소 오해에 기반을 하긴 했지만,
그의 논의는 『생각과 말』 6장 3절(거기서 비고츠키는 손다이크의 실제 입장에 대한 훨씬 더
정확한 설명을 제공한다)에 나오는, 발달이 학습에 앞선다는 이론과 학습이 발달에 앞선
다는 이론 간의 구분을 예견한다(13-17~13-28).

A. 비고츠키에 의하면 레이와 그의 학파의 방법은 실물 또는 모상과 숫자를 나란히
   제시하는 것이라고 말한다. 레이의 방법은 하나의 물체에 대한 지각을 1이라는 기
   호와 연합시키는 것에 의존한다. 이것은 의미란 세상 속에 있는 실제 물체에 대응
   하며, 문화적 개념은 물리적 대상의 자연적 파생물임을 가정하는 것이라고 비고
   츠키는 말한다(13-17). 비고츠키는 다양한 일을 하고 있는 두 소녀와 다양한 위치
   에 있는 두 마리 개(실제로는 새끼 고양이)를 보여 주는 손다이크의 산술 심리학에
   나오는 그림으로 넘어간다. 모상과 기호를 '함께 엮는' 대신, 그 그림은 교사와 학
   생 간의 대화를 통해, 소녀들과 동물들을 구분하고 전체 장면에 대한 언어적 분
   석으로부터 '하나(1)'를 이끌어 낼 것을 요구한다. 사실 이 그림은 손다이크가 옛
   날 옛적 부모들이 학생들이었을 때 그들을 고생시킨 터무니없는 수업의 한 사례
   로 제시한 것이다. 그러나 비고츠키는 이것이 훌륭한 방법이었다고 생각하며 손다
   이크가 그것을 제시했다고 오해하는 듯하다(13-18).
B. 비고츠키는 레이와 손다이크 간의 전체 논쟁을, 발달이 단계적·점진적으로 일어
   난다고 보는 관점과 위험을 감수해야 하는 비약적 도약을 통해 일어난다고 보는
   관점 사이의 투쟁이라고 일반화한다(13-19).
   1. 낡은 관점에서 볼 때, 학습은 어린이의 발달에 기반을 두고 그로부터 매끄럽게
      나아가는 것이라고 비고츠키는 말한다.
   2. 새로운 관점에서 볼 때, 어린이의 현재 발달 수준을 무시해서도 안 되지만, 또
      한 그것을 강화해서도 안 된다고 비고츠키는 말한다. 즉 현재 발달 수준은 극
      복되어야 할 과도적 단계인 것이다(13-20~13-21).
C. 비고츠키는 경험적 증거를 제시한다. 수 형태는 의심할 여지없이 어린이들이 수를
   쉽게 학습할 수 있도록 해 주며, 이는 레이를 지지한다. 그러나 비고츠키는 그 사
   실에 대한 레이의 해석에서 두 가지 잘못을 발견한다.
   1. 첫째, 레이는 자연적 산술(예컨대 눈으로 양을 추정하기)과 문화적 산술(기호와 체
      계 사용) 간의 명확한 단절을 전혀 보지 못한다.
   2. 둘째, 자연적 산술이 문화적 산술을 포함할 수 있다고 가정함으로써, 레이는
      수 개념에 대한 칸트 철학의 선험적 관점, 즉 수는 본래 정신 속에 갖추어져 있
      다는 관점에 도달한다(13-24~13-25).
D. 비고츠키는 레이의 반대자들이 자연적 수학과 문화적 수학 간의 명확한 단절을
   깨달은 것은 옳다고 인정한다(13-26). 그러므로 수 개념을 어떻게 가르칠 것인가에

대한 질문은 레이의 방법에 의해 얻어진 단기적 이익을 관찰함으로써 단순하게 해결될 수 없다는 손다이크의 주장은 옳다. 그리고 두 접근법을 절충적으로 결합하려는 모이만의 시도는 실천적으로는 옳지만, 이론적으로는 지지받을 수 없다고 비고츠키는 말한다. 왜냐하면 그것은 두 접근법을 결합하기 위한 원칙적 토대를 제공하지 못하기 때문이다(13-27~28). 비고츠키는 이제 그 원칙적 토대를 제시하고자 한다.

III. 비고츠키에게 자연적 발달 노선과 문화적 발달 노선의 결합을 위한 토대가 되는 원칙은 다음과 같다. 두 노선 사이의 갈등은 내적으로 극복되어야만 하며, 교사들은 반드시 자연적 산술의 한계(예를 들어 시각에 기반을 한 산술로는 큰 수를 다룰 수 없고, 언제나 물건을 나머지 없이 정확히 나눌 수 있는 것은 아니다)를 드러내는 방식으로 자연적 기능을 사용하도록 준비해야 한다는 것이다(13-29~13-33).

A. 비고츠키는 모든 교육적 장치들이 충돌과 갈등의 요소들을 포함할 필요가 있다는 일반적 관념을 제안한다. 그는 자연적 발달로부터 문화적 발달로의 변화가 질적 변화이지 단순한 양적 변화가 아님을 환기시킨다(13-30).
B. 비고츠키에 따르면, 이 사실은 발달이 본성과 양육 사이의 단순한 '융합'이라고 주장한 스턴이나 게젤과 같은 아동심리학자들에 의해 제안된 잘 알려진 관념을 새롭게 조명한다. 비고츠키는 자연적 발달과 문화적 발달이, 예컨대 두뇌 조직의 성장과 말 숙달이 함께 일어나듯이, 동시에 일어날 수 있다는 점을 인정한다(13-31).
C. 그러나 비고츠키는 그 원리가 설명적이기보다는 기술적이라고 말한다. 많은 '융합'들이 동시에 발생하기 때문에 두 노선 간에 인과 관계가 있다고 오해하기 쉽다. 비고츠키는 자연적 발달 노선이 어린이를 문화적 발달을 향한 여정을 시작하게 할 수는 있을지라도 그 여정을 완성할 수는 없다고 말한다(13-32).
D. 비고츠키는 그 어떤 문화적 기능도 자연적 기능으로부터 성숙한 형태로 완성될 수 없음을 상기시킨다. 즉 모든 발달적 이행이 단순히 단계적인 것이 아니라 도약임을 시사하며, 이는 발달의 수단 자체가 발달해야 하기 때문이다(13-33).

IV. 비고츠키는 이제 비정상아의 문화화로 관심을 돌린다(13-34~13-52).

A. 문화적 행동 형태를 발달시키기 위한 수단인 문화적 도구와 기호는 '정상적' 어린이에 맞게 창조되었다. 소위 '비정상적인' 문화적 발달은 대개 이러한 사실의 산물임을 비고츠키는 보여 준다(13-34~13-36).
B. 비고츠키는 이러한 비극적 사실을 통해서, 자연적 발달만으로는 온전한 발달에 이를 수 없다는 원칙을 확증한다(13-37). 그렇지만 그는 잘 고안된 문화적 도구와 기호(예를 들어 시각 장애아를 위한 브라유 점자나 청각 장애아를 위한 지화술)를 통해 온전한 발달이 충분히 가능하다는 것을 지적한다. 그는 우회적이며 매개된 문화적 발달 경로는 우리가 사용하는 특정 양식과는 완전히 별개의 것이라고 결론짓

는다(13-38~13-44).

C. 비고츠키는 청각 장애아가 자신만의 수화를 발달시킨다는 사실에 흥미를 갖고 주목한다. 그는 그것이 온전하게 발달된 형태의 수화는 아니라고 옳게 지적한다. 비고츠키에게 이것은 비록 자연적 발달이 스스로 문화적 발달을 완수할 수는 없을지라도 그 과정을 시작할 수 있다는 것에 대한 명백한 증거이다(13-45~13-46).

D. 비고츠키는 비정상아의 문화화가 명백한 자연적 약점만큼이나, 일찍부터 아주 유연한 보완 양식을 포함하는 어떤 문화적인 강점을 갖고 있다고 주장한다. 따라서 비고츠키는 시각 장애아의 브라유 점자나 청각 장애아의 지화술처럼, 정신지체아의 기억과 주의에 효과적으로 작동하여 그들의 약점을 보완하는 기호와 도구를 개발해야 한다고 마무리하면서 이런 관찰을 일반화한다(13-47~13-52).

제14장
문화적 연령의 문제

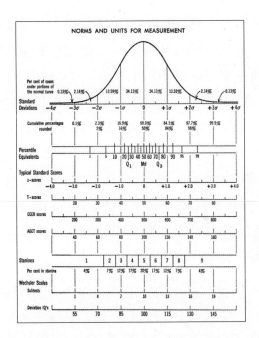

NORMS AND UNITS FOR MEASUREMENT

Per cent of cases under portions of the normal curve   0.13%   2.14%   13.59%   34.13%   34.13%   13.59%   2.14%   0.13%

Standard Deviations   −4σ   −3σ   −2σ   −1σ   0   +1σ   +2σ   +3σ   +4σ

Cumulative percentages rounded   0.1%   2.3% 2%   15.9% 16%   50.0% 50%   84.1% 84%   97.7% 98%   99.9%

Percentile Equivalents   1   5   10   20 30 40 50 60 70   80   90   95   99
Q₁   Md   Q₃

Typical Standard Scores
z-scores   −4.0   −3.0   −2.0   −1.0   0   +1.0   +2.0   +3.0   +4.0

T-scores   20   30   40   50   60   70   80

CEEB scores   200   300   400   500   600   700   800

AGCT scores   40   60   80   100   120   140   160

Stanines   1   2   3   4   5   6   7   8   9
Per cent in stanine   4%   7%   12%   17%   20%   17%   12%   7%   4%

Wechsler Scales
Subtests   1   4   7   10   13   16   19

Deviation IQ's   55   70   85   100   115   130   145

비네, 시몬 그리고 후세의 웩슬러가 지능검사 점수로부터
지능의 백분위를 구성하기 위해 사용한 정상분포도.
평균값은 100이며 표준편차(15)에 의해 집단이 나뉜다.
IQ 85~115 사이에 모집단의 68%가 분포하게 된다.
이 장에서 비고츠키는 이러한 방법의 문제점을 지적한다.

14

14-1] 이제 문화적 연령의 문제라고 부를 수 있는 문제에 눈을 돌려 보자. 우리는 서구 심리학에서 때때로 '여권' 연령과 나란하게 도입되는 지적 연령이라는 관습적 개념을 알고 있다. 지적 연령이나 문화적 연령은 연대기적 개념이 아니다. 생리적 연령 혹은 지적 연령을 말할 때 우리는 발달 과정이 규칙적으로 변화되는 연속적인 단계들로 이루어져 있으며, 이 단계들의 시작이 연대기적 시간과 결코 정확히 일치하지는 않는다고 가정한다. 따라서 우리는 특정 연대기 연령의 어린이가 그 연대기 연령에 의해 정해진 지점에 비하여 생리적, 지적으로 앞서거나 뒤처질 수 있음을 안다. 이런 점에서 이제 우리는 문화적 연령의 문제라고 부를 수 있는 문제에 도달한다.

러시아의 '여권'의 의미가 우리나라의 그것과는 조금 다른 것에 주의하자. 러시아의 여권은 여행을 위한 것이 아니었다. 제정 러시아는 특정 집단의 이동을 통제하고, 어떤 지역에 사는 사람들에게 그곳에 살 권리를 보장하기 위해서 여권을 도입했다. 덧붙여, '여권 연령'은 비네의 '지적 연령'과 대체로 비슷한 심리학적 개념이다. 즉 여권 연령은 특정 연령의 어린이에게 무엇이 허용되고 기대되는지를 밝혀 준다. 마치 어떤 사람이 법적 시민 요건을 만족시키고 있음을 여권이 보증하는 것처럼, 여권 연령은 어떤 학생이 특정 연령 집단이나 학년의 요건을 만족시키고 있음을 보증한다. 비고츠키는 집 없는 전쟁고아들을 데리고 연구한 적이 있으며, 그 아이들 중 몇몇은 자신이 몇 살인지도 몰랐다. 비고츠키와 그의 동료들에게 있어서는 그런 어린이들의 실제 나이를 알아보는 것보다 그들의 여권 연령을 알아보는 것이 더 수월하곤 했다. 어린이들의 실제 연령을 알아내는 경우, 그들의 여권 연령은 대개 실제 연령을 밑돌았다. 비고츠키의 유명한 정의인 근접발달영역이 실제 연령은 10세이고 비네 검사에 의하면 8세인 두 어린이를 언급하고 있음(『마인드 인 소사이어티』, 『생각과 말』 6장)을 기억하자. 이 어린이들의 여권 연령은 10세가 아니라 8세에 가깝다고 말할 수 있다. '여권 연령', '지적 연령', '문화적 연령'은 연결된 동시에 서로 구분되는 개념이다. '여권 연령'은 발견적heuristic 개념이다. 즉 어린이가 3학년처럼 행동하는지 아니면 5학년처럼 행동하는지 그 정도를 가리키는 개념이다. '지적 연령'은 정신을 측정하는 것으로 생각되지만 사실 '여권 연령'을 검사 수치로 뒷받침하고자 시도한 것에 불과한 매우 단순한 경험적 개념이다. 이 두 개념 대신 비고츠키는 어린이 발달의 여정이 반드시 거쳐야 하는, 전적으로 자연적인 심리 과정과 완전히 문화화된 심리 과정 간의 거리에 의거한 '문화적 연령'이라는 개념에 대해 논의할 것이다.

14-2] 우리는 앞 장에서 발달시키고 옹호하고자 했던 가정으로부터 시작한다. 즉, 어린이의 문화적 발달 과정은 특별한 발달 유형을 나타낸다는 것이다. 다시 말해서, 문화화 과정은 한편으로 유기체적 성숙 과정과 동일시될 수 없으며, 다른 한편으로 특정한 외적 습관의 단순한 기계적 습득으로 환원될 수도 없다. 만일 다른 모든 것이 그러하듯 문화적 발달이 그 자체의 법칙에 종속되며 나름의 단계를 가진다는 관점을 취한다면 어린이의 문화적 연령의 문제는 아주 당연해 보인다.

14-3] 이것은 우리가 어린이와 관련하여 그의 여권 연령과 지적 연령뿐 아니라 그가 어떤 문화적 발달 단계에 있는지 당연히 물어볼 수 있다는 것을 뜻한다. 두 성인과 마찬가지로, 동일한 여권 연령과 지적

연령을 가진 두 어린이가 상이한 문화적 연령 단계에 속할 수 있다는 것을 이해하기는 쉽다. 반대로 동일한 연령으로 문화화된 두 사람의 지적 연령과 여권 연령이 다를 수 있다. 지적되어 왔듯이 문화적 발달은 영재성을 크게 평준화시킨다는 하나의 사실이 오랫동안 지속적으로 문화적 연령 문제의 해명을 방해해 왔다.

14-4] 최근에 동물들의 영재성에 관한 실험들이 실시되어 왔다. 놀랍게도 실험은 동물들의 지적 영재성이 인간들보다 그 정도가 훨씬 더 다양하다는 것을 보여 주었다. 특히 W. 쾰러, E. 옌쉬, D. 카츠의 집닭 실험은 문제 해결에 관한 닭의 지적 영재성이, 동일한 문제를 해결할 때 어린이들이 갖는 지적 영재성보다 훨씬 더 다양함을 보여 주었다. 유인원에 관한 쾰러의 실험은 지적인 문제를 해결하는 침팬지들 간의 영재성의 다양성이 유사한 문제를 해결하는 어린이들의 다양성보다 훨씬 더 차이가 큼을 보여 주었다.

> 쾰러의 침팬지 실험에서는 오직 술탄이라는 침팬지만이 막대기를 사용해서 과일을 따는 문제를 지속적으로 해결할 수 있었다. 그러나 어린이들은 모두 이 문제를 상당히 쉽게 그리고 지속적으로 해결하였다. 아마도 일종의 천장 효과가 있는 것으로 보인다.

14-5] 다시 말해 아직 완전히 확립되지 않은 고등 기능에 관한 차별적 영재성을 보여 주는 몇몇의 그러나 아직까지는 충분하지 않은 증거들이 존재하며, 많은 동물의 기초적 기능이 어린아이들의 기초 기능보다 더 다양함이 나타난다. 따라서 심리학자들은 유기체적 기능의 차이가 문화화된 인간의 영재성의 차이보다 더 크다고 결론짓는다. 다른 관찰들은, 문화적 발달이 주어진 영역에서 영재성의 차이를 어느 정도 제거하지만, 재능은 평준화의 경우보다 더 보기 드문 발달 형태를 창조한다는 것을 보여 준다.

절대 음감을 예로 들어 보자. 이것은 자연적 능력으로 보이며, 일부 음악가는 절대 음감을 가지고 있다. 이에 반해서 클래식 음악 연주 능력은 문화적이다. 거의 모든 사람이 훈련을 받으면 어느 정도 악기를 연주할 수 있다. 그러나 작곡이라는 문제에 이르면, 작곡 능력의 발달 형태는 연주 능력의 발달과는 달리 드물고 편차가 매우 심한 것을 발견하게 된다. 유사하게 색맹은 자연적인 것으로 보인다. 어떤 사람은 색맹이지만, 어떤 사람은 색맹이 아니다. 이에 반해 그림을 그리는 능력은 명백히 문화화의 문제이다. 따라서 특정 시기의 화가들의 화풍이 유사하다. 그러나 그림의 구성 문제에 이르면, 비슷한 화풍을 가진 화가들 사이에서조차 매우 뚜렷한 차이를 발견하게 된다. 따라서 한편으로, 자연적 기능의 차이(예컨대 어린이의 몸짓, 빠르기는 물론 지각이나 자연적 기억과 같은 자연적 심리 기능들)는 문화의 차이(예컨대 모국어나 산술의 숙달)보다 훨씬 더 커 보인다. 다른 한편으로 문화적 발달에 있어서의 차이는 양적으로 뚜렷하지는 않을지라도, 드물게 나타나지만 질적으로 정교하다. 한 집단의 어린이들의 선천적인 학습 소질은 매우 유사할 수 있다. 그럼에도 불구하고 문화화는 각 어린이의 본능, 습관, 지성, 자유 의지에 대해 매우 다르게 영향을 미치는 것처럼 보인다. 따라서 일반적으로 양적인 평준화를 이끄는 문화화의 본성 이외에도, 우리는 고유하고 질적으로 역동적이며 지속적으로 변화하고 상호작용하는 어린이 잠재성의 본성 또한 고려해야 한다.

14-6] 이른바 원시적 산술과 문화적 산술을 생각해 보자. 만약 우리 모두를 문화적 산술이라는 점에서 비교한다면, 학교를 다닌 사람이라면 누구나 문제를 푸는 데 어느 정도 동일한 기술을 가지고 있고, 그 기술로 평등하게 무장되었으며, 따라서 문화적 산술 분야에서 우리가 가진 기능에는 큰 차이가 없음을 알게 된다. 그러나 우리 각각을 원시적 산술 발달의 측면에서 검토한다면, 즉각적 경험 기회와 발달의 역동성 모두가 우리가 학습한 공통적인 문화적 행동보다 훨씬 더 다양하다는 것

을 알 수 있다. 이것은 모든 문화적 행동 형태가 어떤 의미에서는 인류의 역사적 발달의 산물, 즉 행동 영역에 대한 적합한 적응 형태라는 사실에 기인한다. 그리고 우리들 각자가 이들 특정한 형태 속으로 성장해 들어가는 정도에 따라 우리의 자연적 자질이 평준화되며, 이것은 우리가 성취한 일반적인 문화적 수준을 나타낸다. 이것이 한쪽 입장이다.

14-7] 다른 한편으로, 어떤 경우에 문화적 발달은 영재성에 영향을 미친다. 즉, 그것은 영재아의 상태에 결정적인 과정이다. 우리는 정신지체아를 지도하는 것을 관찰하면서, 쓰기 학습 경로가 그들의 학령기 구조 틀 내에 놓여 있고 그들이 체계적 교육과 문화적 발달의 영향하에 있음에도 불구하고 쓰기를 숙달하지 못하는 것을 보았다. 이는 매우 분명하고 이해할 만하다.

> 어린이가 가진 재능의 정도가 문화화의 평준화 효과와 충돌하게 되는 상황이 존재한다. 하나는 심각한 지체를 가진 어린이가 읽기와 쓰기를 배우지 못한 경우이다. 이 어린이가 읽기와 쓰기를 배우지 못한다면, 교육과정이 평준화 효과를 발휘하지 못하며 따라서 그는 친구들과 동일한 문화적 연령에 도달하지 못할 것이다. 다른 하나는 영재성을 가진 어린이의 경우이다. 교육과정으로부터 뒷받침을 받지 못한다면 이러한 '영재성'은 어떤 열매도 맺지 못할 것이다.

14-8] 문화적 발달 경로를 생각해 보자. 우리가 알고 있듯이, 그것은 자연적 잠재력을 엄청나게 확장시킨다. 자연적·실제적 행동에서 사소할지도 모르는 생득적 자질의 차이가, 문화적 발달이 정신 기능에 부여하는 강력한 증가를 경험하며 완전히 다른 적응 형태가 된다. 나는 문화적 발달이 자연적 자질 속에 존재하는 차이와 불균형의 규모를 확대한다고 감히 말한다.

14-9] 많은 사람들의 음악적 영재성을 검사한다고 가정해 보자. 그

차이는 유의미한 것으로 나타나지만 여전히 비교적 제한적인 범위에 한정된다. 그러나 검사에서 같은 등급을 받은 각 실험 대상이 현대 음악 문화의 작품을 숙달한다고, 예컨대 어떤 악기로 복잡한 음악 작품을 연주한다고 상상해 보자. 이것이 얼마나 잠재성을 확장시킬 것이며, 그것은 이 영재성을 보여 주는 결과의 차이를 얼마나 증가시킬 것인가!

14-10] 따라서 문화적 발달과 영재성 간의 관계는 아주 복잡하며 양면적이다. 한편으로 문화적 진화는 자연적인 재능에서 개인적 차이를 평준화하고, 다른 한편으로 그 크기를 확대하고 영재성을 다양한 정도의 범위로 확장하는 경향이 있다. 문화적 발달과 전반적인 영재성 발달 간의 관계는 복잡하기 때문에, 과학적 연구는 가능한 한 문화적 발달 과정을 추출하여 그것을 더 정확하게 살펴보는 문제에 직면하게 된다.

14-11] 이런 식으로 우리는 어린이의 문화적 발달 단계를 어린이의 문화적 연령이라 부를 것이며, 그것을 한편으로는 여권 연령과, 다른 한편으로는 지적 연령과 연관시킬 것이다.

14-12] 이것은 문화적 연령을 결정하는 방법에 대한 질문을 불러일으킨다. 어린이 발달 분야에서의 작금의 측정 기법과 어린이 발달에 대한 현재 진단 상태는, 이 문제가 오직 일차적 근삿값일 뿐임을 분명히 드러낸다. 우리는 어린이의 문화적 연령을 측정하려 한 첫 번째 시도를 숙지할 필요가 있다. 이는 모든 새로운 측정이 그러하듯, 어린이의 문화적 연령에 대한 측정이 과학이 제공해 온 어린이 심리 발달에 대한 기본적 연구 형태들을 부정하거나 반박하는 것은 아닌지 보이기 위함이다. 더구나 이러한 접근은 우리로 하여금 어린이 발달 과정을 또 다른 관점에서 볼 수 있게 해 주고, 정상아와 비정상아의 발달 모두에 매우 중요한 또 다른 측면을 강조하게 해 준다. 문화적 발달의 주요 척도는 특별한 영재성에 대한 과학적 접근과 밀접한 연관이 있다.

비고츠키는 후에 시험에 대한 그의 태도로 인해 혹독한 비판을 받았다. 비고츠키는 시험이 형성적이어야 하며 성취도 측정을 지향해서는 안 된다고 생각했다. 반면 소비에트의 공식 입장은 모든 종류의 시험에 반대하는 것이었다. 그러나 소비에트에서는 과거에 배운 것을 기억해야 하고 매우 난이도가 높은 '과업'을 수행하는 것으로 시험이 대체되었을 뿐이다. 우리는 비고츠키의 입장이 근접발달영역에 대한 그의 생각의 필수적인 부분임을 알 수 있다. 시험은 과거의 성취나 현재의 실력을 지향해서는 안 되며, 대신에 어린이의 미래 발달에 관한 결정적인 정보를 제공해야 한다. 비네-시몬 과업은 학교 교육에 기반을 하기 때문에, 일차적 근삿값을 제공할 수 있다. 예를 들어 4학년 어린이에게 5학년 과업을 제공한 후 도움에 어떻게 반응하는지 관찰함으로써, 그 어린이가 5학년 때 어떻게 될 것인지에 관한 정보를 얻을 수 있다.

14-13] 일반적으로 우리는 특화된 영재성의 문제를 구성하는 것이 무엇인지 알고 있다. 일반적 영재성의 개념 자체는 어느 정도 외래어의 오역으로부터 기인한 오해이다. 우리는 프랑스어, 영어, 라틴어로 이 낱말(génie, genius, genius-K)이 등장할 때 이를 '영재성одаренность'이라고 전통적으로 번역해 왔으나 (이 낱말 genius는-K) 세계 심리학 어휘사전에서 '지성'을 의미하며 보통 지적 재능을 지칭할 때 사용된다. 따라서 특화된 영재성에 대한 문제가 제기되는 경우에 이는 언제나 러시아어의 어감과 다르게 된다. 여기서 지적 재능이라는 말에 유념해야 하는데, 인격의 모든 측면에 동일하게 해당되는 보편적 천재라는 것은 존재하지 않기 때문이다. 이는 잘 알려진 사실이다.

비고츠키는 검사는 거부하지 않지만, 부정확성은 거부한다. 비고츠키는 '영재성 일반'에 대한 검사를 거부한다. 일반적 '영재성' 같은 것은 존재하지 않는다. 왜냐하면 특화된 영재성은 우리가 보완하려고 하는 어떤 장애가 준 선물이기 때문이다. 비고츠키는 '영재성'으로 번역된 비네의 용어는 사실 러시아 번역보다 더 특화된 것, 즉 지적 영재성이라고 지적한다. 그러나 우리가 보게 될 것처럼, 이것조차도 비고츠키에게는 너무 일반적이다. 지성을 추상적 지성, 기계적 지성, 사회적 지성으로 나누었던 손다이크의 구분조차 비고츠키에게는 너무 일반적이다. 비고츠키는 추상적 지성을 일반화와 추상화로 나눌 것이다. 비고츠키는 최초로 일관된 다중 지능 이론을 제시했을 뿐 아니라, 비고츠키의 다중 지능 이론은 많은 면에서 여전히 가장 일관된 이론이다. '운동 지능'과 같은 자연적 지능과 '수학 지능'과 같은 문화적 지능에 똑같은 지위를 부여한 가드너와는 달리, 비고츠키는 전자는 저차적 심리 기능으로 후자는 고등심리기능으로 인식했다. 언어 지능을 대인 관계 지능과 구분했던 가드너와는 달리, 비고츠키는 낱말 의미는 모든 고등 지능 형태가 공통적으로 가지고 있는 것이며, 독립된 낱말 의미에 따라 고등 지능 형태가 구분된다고 인식했다. 예를 들어 바로 다음 문단에서 비고츠키는 모든 것에 재능이 있는 일종의 '르네상스적' 인간(소설가였지만, 아마추어 체스 선수이자 수학자이며 의학에도 흥미를 가진, 무엇보다도 귀족이었던 톨스토이처럼)이라는 원시적이고 미분화된 영재성 개념에 대해 불평한다. 비고츠키는 이 '만물박사'적 영재성이 단순하고 '원생동물'적(모든 것을 다 하지만 어느 것도 정말로 잘하지는 못하는 단세포 동물처럼)인 것임을 분명히 한다. 비고츠키에게 있어 마음은 단세포 '지능'이 아니라, 복잡한 기능 체계인 것이다.

14-14] 정신적·지적 영재성에 관한 가장 단순한 관찰, 특히 두드러지게 뛰어난 사람들에 대한 관찰은 지적 기능 체계로서의 인간 재능이 기본적이고 단순한 통일체라는 인상을 줄 것이다. 그러나 우리는 가장 단순한 소화 기관조차도 완전히 동일한 기능을 사용함으로써 전체로서의 유기체와 관련하여 그 목적을 충족시키는 단순하고 균일한 조직 덩어리가 결코 아님을 알고 있다. 뛰어난 영재성, 천재성, 재능을 가진 사람들에 대해서도 똑같이 말할 수 있다. 여기서 우리는 언제나 다음과

같은 사례에 놀라게 된다. 예를 들어 뛰어난 소설가인 레오 톨스토이는 소설가로서의 그의 능력과 수학이나 체스 게임에 있어서 그의 능력 사이에 엄청난 차이가 있을 수 있음에도 불구하고 수학을 연구하고 싶어 했으며, 의사나 심지어 체스 선수가 되길 바랐다. 만약 우리가 뛰어난 체스 선수나 고전 댄스의 대가를 조사한다면, 체스 게임이나 고전 댄스에 관한 계수는 커지고, 다른 모든 측면의 계수는 상당히 감소함을 보게 될 것이다.

14-15] 정상아와 정신지체아에 대한 실험적 관찰은 인간의 신체, 인간의 성격, 인간의 지성이 통일된 전체이지만, 단순한 통합체이거나 균일한 전체가 아니라 많은 기능 혹은 요소들이 복잡한 구조와 서로 간의 복잡한 관계를 이루고 있는 전체적 복합체라는 진실을 매번 우리에게 가르쳐 준다. 다양한 형태의 영재성 간의 높은 상관관계에도 불구하고, 우리는 일상에서 관찰된 사실뿐 아니라 실험적으로 확립된 사실에 의해서도 어린이의 서로 다른 발달 곡선들이 거의 절대 만나지 않는다는 것을 알고 있다. 우리는 예를 들어 지적 영재성과 운동 영재성이 서로 대등하지 않다는 것을 알고 있으며, 한 영역에서 지체가 존재할 수 있다는 것도 알고 있다. 따라서 곡선들은 전혀 일치하지 않을 것이다. 그리고 일반적인 지체의 형태에서 그들이 동일하게 나타날지라도, 그들 각각은 여전히 자신만의 특유한 역동성을 갖는다.

14-16] 이런 입장은 현재 심리학의 측정 기법에서 가장 중요하고 가장 본질적인 돌파구, 즉 피상적인 측정 집합으로부터 개별 기능의 특질에 대한 전문화된 연구에서 볼 수 있는 영재성의 측정으로 틀림없이 이행하도록 인도하는 돌파구를 창조한다.

14-17] 게다가 복잡한 기능적·구조적 관계를 이용하여 기능들을 결합하려는 몇몇 시도가 이루어져 왔다. 최근 매우 다양한 수많은 심리학적·생리학적 실험들을 수행한 E. 손다이크는 어린이 심리적 발달 측정

법을 개량하기 위한 새로운 계획를 제시했다. 손다이크는 전통적인 측정 방법—최소한 A. 비네의 시스템만큼은 반드시 재검토하고 비판할 필요성을 보여 주었다. 비네의 시스템에 대하여 손다이크는 무엇을 측정하는지, 어떻게 측정하는지 혹은 우리가 그것을 측정하고 있는지 아닌지를 전혀 알 수 없다고 옳게 말한다. 첫째, 우리는 무엇을 측정하고 있는지 모른다. 왜냐하면 서로 다른 어린이 조작들의 점수를 더하고 빼서 5등급 척도로 분류해야 하기 때문이다. 한 어린이는 세 개의 과업으로 구성된 시험을 수행하였고 다른 어린이는 자신이 살고 있는 집과 거리의 지도를 그렸다. 그러나 이 둘은 모두 그들 나이의 평균 등급을 얻었다. 하지만 이 조작—이질적 산물—들을 비교해서 이 두 결과가 지적인 면에서 동일한 등급을 가리킨다고 말할 수 없다는 것은 분명하다. 별개의 자질들이 너무나 자주 합쳐지고 연결되어야만 했으며, 베르스트верст와 푸트пуд가 합쳐져 버렸다. 그 결과는 우리가 측정한 것에 대한 지식의 결핍, 그 어떤 조작의 정체나 그 조작들의 결과로 얻어진 산물들의 동등성에 대한 식별 불능이었다.

베르스트верст는 러시아의 전통적인 길이 단위이며, 1베르스트는 1.067Km에 해당한다. 푸트пуд는 러시아의 무게 단위이며, 1푸트는 16.38Kg에 해당한다. 비고츠키는 비네의 척도가 마치 땅을 킬로미터와 킬로그램으로 동시에 측정하는 것처럼 비교 불가능한 것을 포함하고 있음을 지적하는 것이다. 비네의 방법은 교사에 의해서 그들 나이의 평균 능력을 가진다고 판단된 어린이 50명을 표본으로 취한 것이었다. 비네는 그들에게 아래 표와 같이 점점 난이도가 증가하는 과제를 제시하였다.

가장 어려운 문제	수수께끼(예컨대 "옆집에 이상한 일이 벌어졌어요. 먼저 의사가 오더니, 그다음엔 변호사가 오고 지금은 목사님이 왔어요. 무슨 일이 벌어지고 있을까요?"에 대답하기.
좀 더 어려운 문제	물건들(예를 들면 우산과 가로등)을 비교하고 대조하기, 기억해서 집 그리기 또는 살고 있는 곳의 지도 그리기, '왜냐하면'을 이용해서 문장 만들기(피아제가 사용한 과업이기도 함).

어려운 문제	몸의 일부 가리키기, 두 자리 수를 거꾸로 반복하기. '집', '포크', '엄마'와 같은 낱말 정의하기, 간단한 문장 만들기.
어렵지 않은 문제	눈으로 빛을 쫓거나 자극에 대해 비언어적으로 반응하는 것과 같은 감각 운동 기술.

비네는 그 결과를 이용하여 5개의 등급을 구성했다.

최상위 20%	5등급(전형적으로 11~12세 어린이가 해결할 수 있는 과제)
그다음 20%	4등급(전형적으로 9~10세 어린이가 해결할 수 있는 과제)
그다음 20%	3등급(전형적으로 7~8세 어린이가 해결할 수 있는 과제)
그다음 20%	2등급(전형적으로 5~6세 어린이가 해결할 수 있는 과제)
하위 20%	1등급(전형적으로 3~4세 어린이가 해결할 수 있는 과제)

이 어린이들은 그들 나이의 평균적 능력을 지닌 어린이들로 생각되었기 때문에 비네는 각각의 등급이 그 또래의 평균적인 정신 연령을 지닌 어린이가 전형적으로 해결할 수 있는 과제들을 나타낸다고 가정했다. 따라서 만약 비네 검사에서 80~100점을 기록했다면, 그것은 5등급을 의미하며 그 등급에 속한 다른 어린이들과 동일한 '정신 연령'을 갖고 있음을 뜻한다. 그리고 20~40점을 기록했다면 그것은 2등급에 속하며 대략 5~6세 어린이들의 정신 연령에 해당한다. 만약 20점 이하를 기록하면 그것은 1등급, 3~4세의 정신 연령을 가지고 있음을 뜻한다. 이런 식으로 '정신 연령'은 나이가 아니라 자신이 속한 등급의 어린이들이 전형적으로 해결할 수 있는 과제에 달려 있는 것이다. 우리는 왜 손다이크가 불만을 표시했는지, 그리고 비고츠키가 왜 그의 불만에 동의하는지 알 수 있다. 이 다양한 '과제'들은 전혀 동일한 심리적 기능을 검사하고 있지 않다. 과제의 일부는 지각 검사이며, 몇몇 과제들은 각각 주의, 기억, 언어 지식을 검사하고 있다. 동일한 등급이라도 어떤 어린이는 지도 그리기와 관련된 질문에 대답함으로써 거기에 도달하고, 어떤 어린이는 낱말을 정의함으로써 도달할 수 있다. 따라서 같은 등급에 속한 어린이들이라도 동일한 수준의 지능을 가지고 있다고 확언할 근거가 없는 것이다. 게다가 한 등급이 다른 등급보다 대략 20% 정도 더 지능이 높다고 말할 근거는 없다. 그럼에도 불구하고 비네 척도는 미국 심

리학자들에 의해 출산이 허용되는 사람과 그렇지 않은 사람을 분류하거나(L. 털만), 백인의 우수성을 증명하는 데(H. H. 고다드) 사용되었다. 손다이크조차도 궁극적으로 세 가지 종류의 지능(추상적 지능, 기계적 지능, 사회적 지능)이 있으며 이것은 간단한 일련의 과제(빈칸 채우기, 산술, 어휘, 지시에 따르는 능력)로 검사할 수 있다고 하였다. 이러한 손다이크의 CAVD(Cloze, Arithmetic, Vocabulary and Directions) 지능 검사는 흥미롭게도 오늘날 우리가 여전히 사용하는 검사 항목과 크게 다르지 않다.

14-18] 가장 중요한 것은, 손다이크에 의하면, 우리가 하고 있는 것이 측정인지조차 알 수 없다는 것이다. 측정은 산술의 기본적 원칙이다. 즉, 측정은 동일한 단위를 이용하여 재는 것으로, 하나와 둘, 일곱과 여덟, 열다섯과 열여섯 사이에 동일한 산술적 단위가 있다. 따라서 동등한 단위 척도가 필요한 것이다

14-19] 비네의 측정에서 상황은 어떠한가? 물론 어떤 단일한 척도도 존재하지 않는다. 만약 한 7세 어린이가 시험을 통과하지 못하고, 그것을 12세에 통과한다면, 우리는 등급 사이의 간격이 하나의 단위라고 말할 수 있을까? 일반적으로 말해서 어린이의 등급을 매길 때 우리는 다음과 같이 한다. 5명의 어린이들을 시험하고 그 어린이들을 특정 등급, 즉 가, 나, 다, 라, 마로 배치한다. 그러나 첫 번째와 두 번째 어린이의 차이는 균등하지 않을 것이다. 즉 어떤 경우에는 그 인수가 200이고 어떤 경우에는 그보다 10배나 20배 적을 것이다. 만약 그 차이가 그렇게 불균등하다면 어떻게 등급의 의미를 알 수 있겠는가?

14-20] 마지막으로 이질적 단위로 이질적인 것을 측정한다는 사실의 결과로, 우리는 우리가 측정하고 있는 상태에 상응하는 상관계수를 구하고 있는지 아닌지를 결코 알 수 없다는 사실에 도달한다. 이는 우리가 0을 포함하지 않는 척도를 사용하기 때문이다. 어떤 척도를 만들기 위해서는 먼저 0이 필요하며 그렇지 않다면 우리는 단위를 무엇

과 관련짓는지, 어디서부터 수를 세기 시작해야 하는지 알 수 없다. 우리가 0에서부터 세기 시작하고 비네의 단위가 1년이라고 가정해 보자. 그리고 나서 비네 척도에 따라 전형적인 12세 연령의 문제를 해결한 (8세-K) 어린이의 등급은 자동적으로 상승할 것이며, 그 상승 정도는 분수 3/2로 측정될 수 있을 것이다. 이제 우리는 0부터 시작하지 않고, 한살이 1000이라는 숫자와 같다고 가정해 보자. 그러고 나면 이는 완전히 다른 비율, 1012/1008로 평가될 것이며 우리는 어린이의 진보에 대한 매우 다른 상관계수를 획득하게 된다.

이 문단과 다음 문단에서 비고츠키는 ZPD의 핵심 문제인 '도움을 통해 어린이가 할 수 있는 것'에 대한 문제를 다룬다. 어떤 9세 어린이가 비네의 척도에서 9세 어린이가 풀 수 있는 전형적인 문제를 혼자서 해결할 수 있지만, 동료나 어른으로부터 도움이 주어질 경우 12세 수준의 문제를 풀 수 있다고 가정해 보자. 우리는 이 어린이의 ZPD가 현재적 발달 수준의 50%라고 말할 수 있을까? 그렇지 않다. 비네의 척도가 무엇을 의미하는지 알 수 없기 때문이다. 특히 우리는 비네의 척도에서 0점이 함의하는 바를 알 수 없다. 비고츠키는 비네의 단위 하나를 1년으로 가정하고 출생점으로부터 시작해 보자고 제안한다. 그러면 우리는 다음 표의 왼쪽과 같은 척도를 얻게 될 것이다. 그러나 인간 지성과 비인간 지성 사이의 엄청난 차이점을 척도에 반영하고자 한다면 우리는 이 척도를 1000부터 시작할 수도 있다. 그럴 경우 오른쪽에 있는 척도를 얻게 될 것이다. 비고츠키는 8세 어린이가 비네의 12세용 과제를 해결할 수 있다면 우리는 이 어린이가 자신의 평균적인 동료들에 비해 50% 더 높은 수준에서 과업을 수행하고 있다고 말할 수 있다고 다소 농담처럼 지적한다. 그러나 만일 오른쪽의 척도를 이용한다면 이 어린이의 수준은 동료들의 수준보다 0.5%도 채 높지 않다고 말할 수 있을 것이다.

12	1012	12세 어린이에게 전형적인 비네의 과제
11	1011	11세 어린이에게 전형적인 비네의 과제
10	1010	10세 어린이에게 전형적인 비네의 과제
9	1009	9세 어린이에게 전형적인 비네의 과제
8	1008	8세 어린이에게 전형적인 비네의 과제
7	1007	7세 어린이에게 전형적인 비네의 과제
6	1006	6세 어린이에게 전형적인 비네의 과제
5	1005	5세 어린이에게 전형적인 비네의 과제
4	1004	4세 어린이에게 전형적인 비네의 과제
3	1003	3세 어린이에게 전형적인 비네의 과제
2	1002	2세 어린이에게 전형적인 비네의 과제
1	1001	1세 어린이에게 전형적인 비네의 과제
0	1000	신생아에게 전형적인 비네의 과제

14-21] 이 두 가지 측정으로부터 우리가 획득한 관계가 참인지 여부를 알기 위해서, 그리고 이 두 측정이 서로 연관될 수 있는지 여부를 알기 위해서 우리는 끝자리 두 숫자만을 취하고 있는 것은 아닌지 알아야 한다. 우리는 숫자 전체를 보고 있는가 아니면 여섯 자리 숫자의 마지막 두 자리 숫자만을 보고 있는가?

14-22] 손다이크는 0을 얻기 위해서는 지렁이부터 시작해서 미국 학생들까지 지적 영재성의 눈금을 매겨야 할 것이라고 말한다. 즉 우리가 측정하고 있는 관계를 나타내는 발달의 범위 전체를 취해야 한다는 것이다. 손다이크의 관점은 타당한 점이 있다. 즉 어린이의 지적 영재성을 측정하는 모든 방법과 그의 모든 연구는 특수한 척도를 도입할 필요성이 있음을 지적한다. 무엇보다 우리는 우리가 측정하는 것이 무엇인지를 알아야만 한다. 그러기 위해서 우리는 균일한 단위로 그 양을 파악하고 측정해야 한다. 그렇게 하기 위해서 우리가 측정해야만 하는 것은 어린이의 일반적 지능이 아니라 오히려 실험적으로 분석된 여러 가지

지적 기능이며, 동일한 측정 조건하에서 이것은 비교 가능한 결과물을 제공할 수 있다. 이를 위해 손다이크는 어휘 검사, 산술 검사 등을 포함하는 지능 측정 검사 체계를 제공한다. 그는 서로 다른 검사의 결과물을 더하거나 빼는 것은 인정되지 않는다고 덧붙여 말한다. 손다이크는 필요한 것은 특수 기능, 즉 여러 가지 이질적인 과정들의 단위들을 결정하는 방법을 확립하기 위한 섬세한 접근이라는 결론에 도달한다.

> 『생각과 말』에서 비고츠키도 지능들이 서로 독립적이라는 생각을 거부한다. 그는 모든 고등 기능들이 공통적 토대를 가지고 있지만, 그 것은 자극-반응 연합이 아니라 낱말 의미라고 주장한다. 다음은 손다이크의 책 『*Human Learning*』(1931, Columbia University Teacher's Press)에 나오는 어휘 검사의 한 예이다.

```
        Look at the first word in line 1. Find the other word in the line which means the same
    or most nearly the same. Write its number on the line at the right side of the page. Do the
    same in lines 2, 3, 4, etc. Lines A, B, C and D show the way to do it. Do all the lines you
    can. Write only one number for each line.

    A. beast      1 afraid . . . 2 words . . . 3 large . . . 4 animal . . . 5 bird        4
    B. baby       1 cradle . . . 2 mother . . . 3 little child . . . 4 youth . . . 5 girl  3
    C. raise      1 lift up . . . 2 drag . . . 3 sun . . . 4 bread . . . 5 deluge          1
    D. blind      1 man . . . 2 cannot see . . . 3 game . . . 4 unhappy . . . 5 eyes       2

    Begin:
    1. await      1 pace . . . 2 slow . . . 3 wait for . . . 4 tired . . . 5 quit         .......
    2. beautify   1 make beautiful . . . 2 intrude . . . 3 exaggerate . . . 4 insure
                      . . . 5 blessed
    3. bug        1 insect . . . 2 a vehicle . . . 3 fiber . . . 4 abuse . . . 5 din      .......
    4. arrange    1 put in order . . . 2 hasten . . . 3 distance . . . 4 frighten . . .
                      5 charge
    5. different  1 not the same . . . 2 quarrelsome . . . 3 better . . . 4 complete      .......
                      . . . 5 not here
    6. cotton     1 cloth . . . 2 small bed . . . 3 hut . . . 4 flour . . . 5 herd        .......
    7. blacken    1 a fern . . . 2 interpose . . . 3 impel . . . 4 make black . . .
                      5 slack
    8. ablaze     1 ostensible . . . 2 on fire . . . 3 slightly . . . 4 loaf about . . .
                      5 urbane
    9. avenue     1 justice . . . 2 arrival . . . 3 street . . . 4 jury . . . 5 library   .......
    10. bench     1 tool . . . 2 pull ashore . . . 3 opinion . . . 4 seat . . . 5 pond    .......
    11. confess   1 agree . . . 2 mend . . . 3 deny . . . 4 admit . . . 5 mingle          .......
```

14-23] 두 번째 입장. 측정은 동일한 단위를 가지고 이루어져야 한다. 따라서 측정 환경은 적절히 조직되어야 한다. 이를 위해 행동에서 질적으로 유사한 항목이나 양을 찾아야 한다. 이것 없이는 어떤 척도도 만들어질 수 없을 것이다.

> 마르크스는 자본론의 여러 장에서 화폐 이전에는 가치와 질적으로 유사한 단위가 존재하지 않았음을 증명하기 위해 힘을 쏟는다. 비고

츠키는 마침내 낱말 의미에서 그 단위를 발견한다. 손다이크가 지성에 대한 질적으로 유사한 일반적 단위의 가능성을 거부한 것은 흥미롭고 얼마간 예상에서 벗어난다. 물론 그 이유는 손다이크가 지성은 많은 연합적 연결로 환원될 수 있다고 믿기 때문이다. 이러한 연결은 서로 대체가 불가능하다. 연합적 연결은 고유한 기능을 가지며, 연합의 대상과 떨어질 수 없다.

14-24] 이런 계기들의 토대 위에서 최종 필요성이 대두된다. 즉 사실들이 제공되어야 할 뿐 아니라, 사실들에 대한 올바른 해석도 보장되어야 하는 것이다.

14-25] 비네의 절차는 다음과 같다. 그는 수많은 사실들을 수집한다. 즉, 어린이는 어떤 문제는 풀고 어떤 문제는 풀지 못했다. 그의 관찰 기록은 데이터를 펼쳐 내고 통합하며, 수학적 평균이 계산되고, 결과가 기계적으로 제시된다. 그러나 사실, 손다이크가 말하듯이, 서로 다른 연령에서의 지적 기능들 간에 하나의 산술적 비율이 있다고 생각하는 것은 순진하다. 사태가 그렇게 간단했다면, 어린이 발달에서 이전의 몇 년 동안 획득되었던 5등급 척도의 변화율을 간단한 지표로 삼는 것도 가능했을 것이다. 그러므로 그런 경우에 과학은 별개의 두 방법론적 조작—즉 사실을 얻는 것과 그것들을 해석하는 것을 엄밀하게 나누어야 한다고 손다이크는 말한다.

비고츠키는 이제 임상적 접근, 즉 환자로부터 사실을 얻고 이론에 따라 그것을 해석하는 데 기반을 한 접근의 사례를 제시한다.

14-26] 의사는 어떻게 진료하는가? 그는 문진을 하고, 체온을 재며, 엑스레이를 찍지만 이 데이터들을 단순히 더하는 것은 아니다. 오히려 그는 전체적인 의학적 지식 체계의 토대에서 그 데이터를 해석하고 그

런 후에야 진단을 내린다. 여기에서 과학적 처치는 확고한 토대 위에서 사실들을 수집하여 해석하는 두 가지를 구분하는 것에 달려 있다. 실제 상황을 확립하기 위해서는 가능한 한 정확한 사실들을 확립할 필요가 있으며, 그런 후에야 더 나아가 모든 정확한 결과들이 해석될 수 있다. 이것은 개별 사실들 간의 관계를 드러내기 위해 이루어진다. 왜냐하면 한 무리의 동일한 사실들(동일한 체온, 기침 혹은 열)이 의미하는 것이 곧 다른 조합에서 의미하는 바가 아니기 때문이다. 다른 조합에서 그것이 가지는 의미는 다르다.

14-27] 심리학자들도 같은 방식으로 나아가야 한다. 지적 기능 사이의 관계가 폐렴 증상 정도의 차이보다 단순하리라고 순진하게 가정하는 대신 그는 자신의 해석으로부터 사실을 구분해야 하며, 이론적으로 정확한 도식에 따라 나아가야 한다. 그럴 때에만 사실들 사이의 관계를 밝힐 수 있다.

왜 비고츠키는 사실들을 수집하기 위한 절차들과 사실들을 해석하기 위한(이론에 기반을 한) 절차가 매우 다르다고 주장하는가? 사실을 수집하는 절차가 이론에 기반을 둘 때 우리는 주관론과 관념론에 빠지게 되며, 해석이 사실에 기반을 두었을 때 우리는 경험주의에 빠지게 된다.

14-28] E. 손다이크는 지능의 높이 측정, 지능의 너비 측정, 지능의 넓이 측정의 세 가지 연구를 통해 지능의 세 국면을 구분하게 해 주는 도식을 확립하는 매우 흥미로운 실험을 제안했다. 그것을 여기서 자세히 논의하지는 않을 것이다. 어린이의 문화적 행동을 측정하는 문제로 돌아가 보자.

손다이크는 스피어만의 일반 지능의 단일한 'g' 요인이라는 생각을 거부했다(비고츠키는 이에 대한 손다이크의 의견에 동의한다. 14-13 참조).
그럼에도 손다이크는 모든 지능이 '결합'이나 연합이라는 용어로 기술
될 수 있으며, 마음이 더 많은 '결합'을 가질수록 더 지적일 것이라 믿
었다. 문제는 결합의 수를 세기 위해서는, '결합'을 특수한 형태의 행
동(예컨대 철자, 수학 등)으로 나타내야 한다는 것이다. 손다이크에 따르
면 이러한 행동 형태들은 서로 비교될 수 없다. 다른 한편으로 손다이
크는 특정한 기능(예컨대 어휘)이 더 일반적인 지능의 좋은 지표가 된
다는 것을 발견하고, 마침내 1939년에 지능 일반이 추상적·기계적·사
회적 지능(오늘날도 여전히 기업 인사부에서 사용되는 분할 방법)으로
로 나뉠 수 있다고 결론 내렸다. 손다이크는 '높이'(난이도), '너비'(요구
되는 기능의 다양성), '넓이'('너비'와 '높이'의 곱)와 속력(짧은 시간 간격 동
안 수행되어야 하는 과업의 수)에 따라 시험을 분류했다. 각 분류로부터
몇몇 문항을 선택하여, 손다이크는 CAVD 검사로 알려진 빈칸 채우기,
산술, 어휘, 지시 따르기에 기반을 한 지능 검사를 발달시켰다. 그것은
여전히 영어 검사를 포함한 많은 표준화된 검사의 토대이다. 손다이크
와 달리 비고츠키는 같은 표준으로 지능의 형태들을 비교할 수 없다
는 생각을 매우 진지하게 받아들인다. 그렇지만 우리가 볼 수 있듯이
비고츠키는 그것을 연합주의자인 손다이크에게는 매우 이질적인 형태
주의적 용어로 생각한다. 다음 단락에서 비고츠키는 기능적 이중자극
법에 기반을 한 문화적 연령 척도를 위한 계획을 내놓는다. 순수한 자
연적 기능에 기반을 한 수행이 영점으로 취해진다. 그러나 동등한 단
위로 이루어진 척도를 만드는 구체적인 방안은 분명히 제시되지 않고
있다.

14-29] 제일 먼저 이 영역은 다른 연구 영역이 결핍하고 있는 것을
가지고 있음을 지적할 필요가 있다. 즉 우리는 산술적으로 이상적인 것
은 아닐지라도, 경험적으로 확립된 영점을 가지고 있다. 영점은 도출된
다. 이것은 우리로 하여금 각각의 측정들을 비교할 수 있게 해 준다. 어
떤 경우는 문화적 자원을 사용하지 않고 문제가 해결될 수도 있으며,

어떤 경우는 적절한 문화적 실천을 이용함으로써 해결될 수 있다. 따라서 우리는 두 가지 유형의 해결책을 연관 지을 수 있으며, 이 관계를 통해 완벽하게 객관적인 과학적 측정 기준을 얻을 수 있다. 이런 유리한 입장은 문화적 발달이 유기체적 발달과 어떻게 다른지에 대한 문화적 발달의 개념 자체에 기인한다. 우리는 유기체적 발달의 외적 변화량과 그로부터 일어나는, 해당 문화적 매체에 대한 성장하는 어린이의 적응을 탐색할 수 있다. 손다이크가 바르게 지적한 것처럼, 동일한 비교 방법 즉 비율은, 상대적 수행도를 측정하고 나서 비율을 계수로 다룸으로써 우리로 하여금 동일한 단위 척도라는 목표에 접근할 수 있게 해준다.

비고츠키는 완벽하게 자연적인 단계를 문화적 연령의 영점으로 삼는다. 그가 지적하듯이, 이것은 산술적으로 전혀 이상적이지 않다. 왜냐하면 과업에 대한 자연적 수행도는 0이 아니기 때문이다. 비고츠키는 어린이의 수행도와 충분히 문화화된 수행도 간의 거리를 측정하는 테스트를 이용하여, 어린이의 실제 수행도와 충분히 문화화된 수행도의 비율(계수)로 이루어진 추상적 단위를 확립하고 싶어 한다.

다음과 같은 테스트를 예로 들어 보자. 어린이에게 바나나 우유가 가득 든 우유 저장통과 그 양을 측정하는 데 이용할 수 있는 빈 병 한 개를 준다. 그리고 몇 가지 크기의 양동이를 준다. 통 안에는 몇 병의 바나나 우유가 들어 있는지 알아내라는 과제가 어린이에게 주어진다. 첫 번째 어린이는 단순한 추측을 통해 답을 말한다. 이것이 수행도의 영점이다. 두 번째 어린이는 빈 병을 이용하여 통의 크기를 측정하기 시작한다. 이것은 매우 긴 시간이 걸린다. 세 번째 어린이는 작은 양동이를 이용하여 그 안에 몇 병이 들어갈 수 있는지 측정한다. 그러고 나서 그 어린이는 작은 양동이를 이용하여 통의 양을 측정한다. 그다음 어린이는 통 안에 몇 병이 들어 있는지 알아내기 위하여 한 양동이에 들어갈 수 있는 병의 양과 통 안에 들어갈 수 있는 양동이의 양을 곱한다. 네 번째 어린이는 작은 양동이를 이용하여 더 큰 양동이를 측정하고 더 큰 양동이를 이용하여 통을 측정한다. 그러고 나서 작은 양동이의 수와 병의 수 등을 곱하여 해답을 얻을 수 있다. 이제 우리는 양동이를 지능의 단위로 이용할 수 있다. 가장 큰 양동이를 이용할 수 있는 어린이가 가장 지적이며, 작은 양동이를 이용하는 어린이가 두 번째로 지적이고, 병을 이용하는 어린이가 세 번째로 지적이다. 추측을 하는 어린이는 물론 영점에 있다.

이것들이 실제 단위이다. 그러나 그것들은 동일한 단위가 아니다. 왜냐하면 예를 들어 작은 양동이와 큰 양동이를 사용하는 것의 차이는, 병과 작은 양동이를 사용하는 것의 차이나 병과 추측을 이용하는 차이와 똑같지 않기 때문이다. 따라서 비고츠키는 대신에 추상적 단위를 사용할 것을 제안한다. 비고츠키가 하고자 하는 것은 영점과 완전한 문화화(큰 양동이)의 비교를 단위로 삼고 그 사이의 수행도를 완벽한 수행도에 대한 백분율로 기술하는 것이다. 이러한 추상적 단위들(문화화 '10%', '20%')은 균등할 것이다. 그러나 그것들은 실제 수행도와는 어떤 관계도 갖지 않을 것이다.

14-30] 그런 계수를 이용함으로써 우리는 두 번째 이점을 얻는다. 즉 추상적이지만 실로 균등한 단위를 얻게 된다. 어떻게 되는지 이제 보게 될 것이다. 우리가 비네 체계를 따라 데이터를 더하고 세 가지 과업과 장소, 숫자, 연도의 명명을 동일한 등급으로 간주한다면 이는 부적절한 것이다. 왜냐하면 질적으로 다른 것을 비교하고 있기 때문이다. 그렇지만 만약 우리가 동일한 단위로 구성된 두 개의 균일한 비율을 비교한다면 우리는 균일한 실체를 얻는다. 이제 우리는 실수를 하지 않게 된다. 구체적 단위보다 추상적 단위를 가정하는 것이 더 쉬우며 이런 식으로 우리는 이 어려움을 극복한다.

비고츠키의 해법은 시시해 보이기도 한다. 실제 검사에 적용될 수 있는 분명한 방법이 없기 때문이다. 어떤 수행이 문화화된 수행의 '절반'이라고 기술할 수 있는 방법이 있을까? 비고츠키는 다음 문단에서 간단한 답을 제시한다. 즉, 의사가 환자의 상태를 이상적인 완전한 건강 상태와 비교하면서 묘사하는 것과 동일한 방식이다. 의사는 다양한 아픈 상태들을 쉽게 구별할 수 있고, 환자가 이상적인 건강 상태와 얼마나 떨어져 있는지도 진단할 수 있다. 그러나 더 자세한 답도 가능하다. 추상적 관계(자연적 수행과 문화된 수행 간의)를 사용함으로써 우리는 바로 손다이크가 불가능하다고 생각했던 것을 할 수 있게 된다. 즉 기억과 주의, 산술과 말 발달 간의 비교가 가능해진다. 실제적 단위를 사용하여 과업의 점수를 매긴다고 가정해 보자. 다른 종류의 과업에 일반화될 수 없기 때문에 '양동이'는 단위로 사용될 수 없다. 대신 문화적 기능을 사용할 때 소요된 시간과 자연적 기능을 사용할 때 소요된 시간, 또는 자연적으로 얻어진 정답 수와 문화적으로 얻어진 정답 수를 사용한다고 가정해 보자. 그것은 산술 과업, 어휘 과업, 심지어 기억이나 주의 과업에 점수를 매기는 데 사용될 수 있는 단위이다. 물론, 이러한 실제적 단위는 결코 어린이 수행의 문화화에 대한 척도가 될 수 없다. 그리고 문화된 수행은 사실 많은 경우에 있어 자연적인 수행보다 느리고 부정확할 것이다. 그렇지만 이런 점수들을 광범위하게 수집하여 점수들 간의 내적-계층 상관관계를 계산함으로써 사실상 추상적 단위와 실제적 단위 간의 관계를 얻게 될 것이다. 물론 이 둘은 결코 완전하게 동일할 수는 없다.

14-31] 마침내 우리는, 문화적 발달과 그것이 유기체적 발달과 갖는 관계에 대한 우리의 일반적 지식에 기초하여 손다이크가 말한 사실들을 정확하게 해석할 수 있는 기회를 갖게 되었다. 우리는 문화적 발달과 유기체적 발달에서 동일한 기능과 관련된 일련의 비교 데이터들을 얻는다. 우리는 증상들 간의 관계를 드러낼 기회를 얻으며, 이는 우리로 하여금 의사가 증상들을 관찰하는 것과 똑같이 사실들을 해석하고 과학적으로 문화적 발달의 측정에 접근할 수 있게 해 준다.

14-32] 몇몇 사례를 통해 우리의 입장을 설명해 보도록 하겠다. 어

린이의 산술 발달을 살펴보자. 양 조작은 어린이의 문화적 발달과 관련하여 어떻게 나타나며 이 조작은 어떻게 측정되는가? 물론 어린이의 산술을 측정하는 방법은 여러 가지가 있다. 예컨대 특정한 습관의 개입 여부를 참작하기 위한 시험들이 있다. 이를 위해 피실험자는 뺄셈을 이용하는 특별한 시험을 보게 되는데 이 시험은 위의 숫자에서 아래 숫자를 빼도록 할 뿐 아니라 아래 숫자에서 위의 숫자를 빼도록 요구한다. 이러한 실험으로부터 우리는 무엇을 기대할 수 있겠는가?

14-33] 한 학급이 일반적인 방식으로 뺄셈 시험을 보기로 하고, 문제를 푸는 방식에 따라 학생들은 일반적 방식으로 분포된다고 상상해 보자. 우리가 동일한 뺄셈을 반대로, 즉 감수를 위에 쓰고 피감수를 아래 쓰는 식으로 제시한다고 상상해 보자. 만약 우리가 모든 학생에게 똑같은 변화를 준다면, 비록 문제를 풀기 위해 필요한 총 시간의 양에는 변화가 있을지라도, 학생들의 등급 분포는 이전과 동일하게 유지될 것이라고 기대할 수 있을 것으로 보일 수 있다. 그러나 연구는 그렇지 않다는 것을 보여 준다. 우리는 학생들 모두에게 일반적인 변화를 주었다. 그러나 새로운 문제를 푸는 데 있어 어린이들 간의 차이는 훨씬 더 커졌다.

14-34] 이런 식으로, 우리는 설명이 필요한 사실과 마주치게 된다.

14-35] 정상적 과정에 따라 빼기를 한다면 한 집단 분포를 얻는데, 역순으로 빼기를 함으로써 그 집단 분포가 변화하는 이유는 무엇인가? 언제나 그렇듯이 모든 구체적 사실 속에는 많은 이유들이 매우 복잡하게 얽혀 있다. 여기서 많은 계기들이 역할을 한다. 새로운 상황(각각의 어린이마다 다 다른)에 적응하기 위해 취하는 계기, 습관을 최대한 공고히 하는 계기, 그 습관이 극복되어야 하는 계기. 그러나 이제 실험적으로 증명된 주요 계기는 동일하게 결정적 시험에 직면한 어린이들, 즉 습관을 이용하는 데 동일한 능력을 보여 준 어린이들이 문화적 산술 발

달에서 서로 다른 발생적 단계에 있을 수도 있다는 것이다.

14-36] 한 어린이가 순전히 외적 기계적 기술을 숙달하고, 그 기술을 사용하여 전체 과정을 수행한다. 일단 그가 다른 조작 조건을 제시받으면 뺄셈 조작은 중지되며, 그는 실수하기 시작하고, 따라서 전체적인 조작은 무너진다. 때로는 뺄셈을 끝까지 지속하지 못하고, 때로는 빼기의 원칙들을 위배하고, 때로는 전체 십진법 체계와 산술 조작의 전체적인 구조를 위반한다. 아래 숫자가 위의 숫자로 되고 위의 숫자가 아래 숫자로 가는 단순한 변화로 인해 이 모든 것이 붕괴된다. 이런 변화된 상황에서 전체 체계는 쓸모가 없어진다. 또 다른 어린이의 경우에는 조작이 느려지고, 오류의 수가 변하지만 해답은 절대적으로 옳은 것으로 남는다. 이는 이 어린이가 요구되는 뺄셈의 구조를 학습했다는 것을 의미한다. 즉, 문화적 발달에서 그는 뺄셈이 통상적으로 이루어지는 외적인 기술들을 학습했을 뿐 아니라 주어진 구조에 대한 적절한 행동 방식을 실제적으로 파악하였고, 따라서 변화된 조건들 속에서 그 습관은 더 안정되게 남게 된다.

한 어린이가 뺄셈에 대한 내적 개념을 실제적으로 숙달하지 못하고 외적 행동을 수행하는 것으로 보인다. 물론 이것은 발달 과정에서 쉽게 나타날 수 있다. 비고츠키는 그것을 '소박한 심리학'의 단계로 묘사한다. 어린이는 숫자 사이의 관계보다는 숫자의 위치에 의미를 부여한다. 즉 어린이는 문제를 해결하도록 해 주는 것은 마술적 의식 같은 외적 행동이 아니라 정신적 조작이라는 것을 깨닫지 못한다. 그런데 어떻게 심리학자들이 유사한 실수, 즉 외적 행동은 정신적 조작의 발달과 발생적으로 분리된 것이라고 상상하는 것을 막을 수 있을까? 비고츠키는 올바른 정신적 조작을 일종의 외적 행동으로 표현함으로써 그러한 오류에 빠지지 않는다. 그는 정신 조작을 '구조와 관계된 적절한 행동 방식을 실제적으로 알아내는 것'이라고 설명한다. 실제로 최종 분석에서 모든 사회적·문화적 구조(예를 들어 인터넷, 도시, 가족, 대화)는 실제 사물이 아니라 구조에 대해 적절하게 행동하는 방식일 뿐이다.

14-37] 마지막으로 이 두 가지 극단적 경우들, 즉 어린이가 완전히 과제를 해결하지 못하는 경우와 약간 더디지만 해결할 수 있는 경우 사이에 우리는 반 전체의 순위를 매길 수 있을 것이며 이런 방식으로 그 학급의 문화적 발달의 지형도를 발견할 수 있을 것이다. 뺄셈을 관습적으로 해결하는 시험에서 40명의 학생이 동질 집단으로 나타났지만, 용어를 바꾸는 순간 동일한 40명이 강력한 차이를 보여 준다고 가정해 보자. 우리는 여기서 관습적 수단 또는 관습적 측정 체계를 전환 및 대체하는 **방법**이라 불릴 수 있는 연구 방법을 갖는다. 이런 방식으로 우리는 어린이가 주어진 상황에 얼마나 기계적으로 반응하는지, 어린이가 이 조작의 본질을 얼마나 학습했는지, 즉 어떠한 변화와도 무관하게 문화적 조작의 구조가 어린이들에 의해 얼마나 동화되었는지를 시험한다.

14-38] 우리는 손다이크가 이용한 또 하나의 장치를 제시한다. 초보적 산술 조작을 대상으로 한 검사와 함께 그것은 대수적 장치를 이용하여 연구를 설계한다. 이는 둘 중 하나의 숙달된 습관을 통해 생산적으로 문제를 푸는 학생들을 모두 고려할 수 있게 해 준다. 손다이크는 계산 과정 뒤에 있는 더욱 일반적인 심리적 조건을 동시에 탐구할 수 있다고 말한다. 손다이크의 연구는 극도로 단순하다. 일상적 산술 기호(숫자-K)를 문자로 대체한다고 가정해 보자. 그런 후 우리는 나눗셈과 곱셈 기호 표시에 대해 새로운 자의적 표상을 도입하고, 일상적 형태 대신 예외적 형태를 도입하여 이것이 문제를 푸는 이들의 행동에 어떻게 영향을 미치는지 살펴본다.

예를 들어 1은 a, 2는 b, 3은 c라는 식으로 숫자를 영어 알파벳에 대응시켜 보자. 어린이에게 13 빼기 7 대신 m 빼기 g가 무엇이냐고 묻는 것이다. 이런 식으로, 곱셈 기호 대신 막대표시 'ㅣ'를 사용하고 나눗셈 기호 대신 밑줄 '_'를 사용하여 '6│9 = 54' 또는 '9_3 = 3'과 같이 표현할 수 있다. 더 나아가 'h_d = □ (8 ÷ 4 = □)'와 같은 문제를 제시할 수도 있다. 비고츠키가 볼 때 이러한 절차에서 중요한 것은 이것이 어린이의 수행 속도를 떨어뜨린다는 것이 아니다. 손다이크와는 달리 비고츠키는 '속도'는 지성의 구성 요소가 아니라고 믿는 듯하다. 선택 반응에 대한 장에서 보았듯이 선택 반응의 속도 향상은 단지 그 과정이 자동화, 비의지화되었다는 것을 의미할 뿐이다. 비고츠키가 보기에 중요한 것은 이 절차가 어린이들 중에서 누가 정신 조작을 내면화했고 누구는 여전히 외적 기호에 소박하게 의존하는 단계에 머무르고 있는지 보여 준다는 것이다.

14-39] 혹은 더 쉽게. 어린이가 일반적 상징, 특히 대수적 상징을 일반적으로 어떻게 다루는지 연구하기 위해서 손다이크는 여러 조건적 기호를 도입한다. 처음에 어린이에게 한 기호는 어떤 것을 의미하고, 다른 것은 또 다른 것을 의미하고, 세 번째 것은 그와 다른 것을 의미하고, 네 개의 기호 중 하나는 어떤 구체적인 사물을 의미한다고 말해 준다. 그런 다음 어린이가 해석해야 하는 기호 체계가 제공된다. 따라서 손다이크는 어린이가 상징 조작의 일반적 구조를 어떻게 배우는지, 또 산술 문제를 푸는 데 있어 어린이가 하나의 상징을 다른 상징과 어느 정도까지 대체할 수 있는지를 탐구하고 싶어 한다.

다음과 같은 문제를 생각해 보자.

"호연이는 동전 두 개를 가지고 있고 언니인 연휘도 동전 두 개를 가지고 있다. 호연이와 연휘가 가지고 있는 돈을 합쳐 700원짜리 아이스크림을 샀다고 할 때 호연이와 연휘가 가지고 있던 동전의 종류는 무엇인가?"(500원짜리 1개, 100원짜리 1개, 50원짜리 2개)

수학 조작을 전혀 포함하지 않는 문제를 상상하는 것도 가능하다.

"연휘는 부엌에 갔다. 식탁 위에는 왼쪽에서 오른쪽으로 A, B, C, D

가 순서대로 놓여 있었다. B가 접시라면 A는 무엇일까?(포크) C와 D는 무엇일까?"(나이프와 스푼)

비고츠키의 요점은 다음과 같다. 상징화 조작을 이미 숙달된 산술 습관으로부터 분리시킴으로써 우리는 어린이가 일반적으로 구조에 대해 적절히 행동할 수 있는지 여부를 더 바르게 알 수 있다. 물론 '구조'라는 용어에는 형태주의적인 생각이 녹아 있다. 우리는 1학년 어린이들이 '13-7=6'과 같은 계산은 능숙하게 하지만, 동일한 문제가 여러 가지 상황 속에서 문장으로 표현되었을 때 식을 세우고 답을 도출하는 데 어려움을 겪는 경우를 흔히 접한다. 이때 이 어린이들은 기호는 숙달하였지만 그 밑에 놓여 있는 구조를 숙달하지는 못한 것이다. '13-7=6'과 같은 문제에서 구성 요소인 13, 7, 6과 문장으로 표현된 상황은 부분-전체의 구조를 형성한다. 동전 문제에서 부분은 동전들이며 전체는 아이스크림의 가격이고, 상차림 문제에서 식탁 위에 놓인 식기류들은 부분이고 상차림 예절은 구조이다.

14-40] 연구는 무엇을 보여 주는가?

14-41] 만약 대수 문제에서 우리가 'x' 대신 다른 기호를 쓴다고 해도 별 차이가 없어 보일 것이다. 결국 'x' 대신 단순히 가로줄을 긋는다고 해서 원칙이 변하는 것은 아니다. 기호의 의미는 전혀 변하지 않는다. 그러나 그런 변화가 학생들 모두에게 영향을 미치지 않는 것은 아니다. 보통, 문제 해결의 전반적 특성이 변한다. 손다이크는 'x'로 미지수를 표시하는 습관은 중대한 의미를 지니며, 의미의 변화는 상응하는 조작의 해결을 늦출 수 있다고 옳게 지적한다. 즉 새로운 기호 체계는 더 어려워 보이며, 가장 중요한 것은 그 문제 해결에 관한 학급 내 학생들의 서열이 변한다는 것이다. 달리 말하자면, 다른 기호로 표현된 과업의 수행은 습관적 기호를 이용한 결과 나타난 학생들의 분포와는 다른 분포를 보인다. 이 실험의 결과로 우리는 이전에 얻었던 것과는 다른 그림을 얻는다. 손다이크는 이 연구를 통해서 산술적 지식과 대수적 지식

간의 차이를 발견하며, 일반적 형태 속에 모든 순수한 산술적 문제 해결을 숨기고 있는 일반적 행동 형태를 얻게 된다고 말한다. 따라서 그 방법은 우리로 하여금 주어진 습관에 침투하여 발생적 연구로 이동할 수 있게 하며, 기술이 얼마나 확고하게 학습되었는지를 드러낸다.

14-42] 이 방법은 학교 교수-학습 체계에 대한 발생적 접근을 드러낸다. 학교 교수-학습과 그것이 학생들에 미치는 영향은 지금까지 두 축을 따라 측정되어 왔다. 물론 이들은 지금까지 남아 있고 가장 중요하지만, 그럼에도 학교 교육의 전체 문제를 포괄하지는 않는다. 즉 한 축에서 우리는 학교가 가르치는 능력, 습관, 지식의 체계를 고려하며 다른 한 축에서 영재 학생을 고려한다. 그러나 여기에는 세 번째 중요한 과제가 있다. 학교에서 학생들이 습득하는 습관이 문화적 행동 형태와 이 행동의 발달에 역으로 미치는 영향을 보여 주는 것이다.

비고츠키가 수업의 효과가 오직 두 가지 차원에 따라 측정되어 왔다는 말은, 어린이의 나이를 독립변수 'x'로, 그리고 어린이의 (수학의 순수한 자연적 수준($y=0$)에서 대수적 개념을 포함하는 완전히 문화화된 수준($y=6$)에 이르는) 문화적 연령을 'y'로 설정하여 교수-학습의 효과를 측정해 왔다는 의미이다.

그러나 이 두 가지만으로는 개인차에 대한 설명이 매우 어려워진다. 왜 어떤 학생은 자신의 나이보다 높은 문화적 연령을 가지며, 어떤 학생은 더 낮은 문화적 연령을 갖는 것일까? 비고츠키는 이러한 차이를 설명하기 위해, 발달의 우회로를 포함하는 어린이의 정신 구조가 역으로 학교 교육과정에 미치는 영향을 언급한다.

교육 체계가 본능으로부터 습관으로, 습관에서 지성으로, 지성에서 자유 의지로 전환시키는 힘을 갖는다는 것은 사실이다. 그러나 어린이가 교육 체계를 그 자신의 본능, 습관, 지적 능력과 자유 의지의 형태에 맞도록 새롭게 만드는 것도 물론 사실이다. 이는 비고츠키가 다음 문단에서 지적하는 바와 같이, 바로 말을 숙달하기 위해서는 정신 연

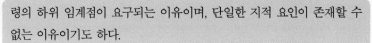
령의 하위 임계점이 요구되는 이유이며, 단일한 지적 요인이 존재할 수 없는 이유이기도 하다.

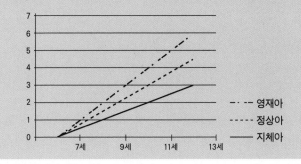

14-43] 지금까지 교육적 실천은 이 첫 번째 두 가지 지표들을 주로 연구하였다. 그러나 우리는 획득된 장치들을 이용한 행동이 어린이의 전체적 발달에 미치는 극도로 강력한 역방향의 영향을 알고 있다. 우리는 태생적으로 주어진 지적 능력 없이는 어린이가 특정 기능을 숙달할 수 없으며 백치 어린이는 말조차도 숙달하지 못한다는 것을 안다. 그러나 우리에게 중요한 것은 그 반대쪽의 측면이다. 생각이 행동의 장치를 어느 정도 재구조화하는지를 아는 것뿐 아니라 행동의 장치가 어느 정도로 생각을 재구조화하는지를 아는 것도 중요하며 이것이 바로, 사실 이 둘 모두가 어린이의 문화적 연령에 대한 연구의 중심이 되어야 하는 이유이다.

14-44] 간단히 말해서 말 습득 계기는 어린이의 지성에 의존하고 있으며, 모든 연구는 말 학습이 정신 능력의 매우 훌륭한 예언자라는 결론으로 우리를 이끈다. 이에 따라 말 숙달에 어느 정도 영재성이 반영된다는 것은 의심의 여지가 없다. 그러나 다른 측면 또한 존재한다. 만약 어린이 발달 과정에서 언어가 어느 정도 숙달된다면, 그것이 어느 정도 그리고 어떻게 자연적 사고 과정 전체를 재형성하는지 살펴보는 것은 흥미롭다. 우리는 두 곡선 간의 불일치, 즉 자연적 발달과 문화적 발

달의 상호 영향을 기억한다. 우리는 (스턴의-K) 그림의 예를 기억한다. 어린이의 생각 발달 곡선을 그리고자 하고 단계별 특질을 참작한다면, 우리는 이 곡선이 전체적인 생각 발달 곡선과 일치하지 않고 오히려 말 곡선과 일치하는 것을 보게 될 것이다.

> 스턴의 그림 실험은 11-1~11-27 참조.

14-45] 이것은 매우 중요한 두 가지 질문을 제기한다. 첫째, 말의 숙달은 어린이의 지적 능력에 어느 정도까지 의존하는가? 예를 들어, 3세나 4세 연령 단계의 어린이는 왜 그림을 개별 낱말로 묘사하면서도 전체 이미지로 생각하는가? 말을 습득하기 위해서는 3세 어린이가 할 수 있는 것보다 더 복잡한 수준의 지적 조작을 할 수 있어야 하는 것으로 보인다. 따라서 우리는 각각의 말 발달 단계가 어린이의 발달 정도에 의존함을 보여 줄 수 있다.

14-46] 하지만 두 번째로 더 중요한 것이 남아 있다. 즉, 전체 이미지로 생각하지만 개별 낱말로만 말하는 어린이는 학교에서 생각과 말 사이의 갈등을 경험한다. 이는 생각의 성숙한 형성을 가져오며 새로운 경로에 그것을 놓으며 직접적·자연적 생각을 문화적·언어적 생각으로 변형시키고, 이런 식으로 생각을 더 추상적으로 만든다.

14-47] 이는 두 번째 질문을 불러일으킨다. 어떻게 어린이의 말 발달 변화가 생각의 발달을 변형시키는가? 어린이가 사용하는 말에 의존하여 새롭게 나타나는 생각 형태는 무엇인가? 우리는 이전의 장들에서 이러한 문제들을 강조하고자 노력해 왔다. 우리는 공통 문제를 공유하는 어떤 관점들의 윤곽을 드러내고, 이론적 데이터를 제시하고, 특정한 발생적 도식이나 방법론적 장치를 제공하고자 하였다. 이 공통 문제는 한편으로 아동심리학의 연구에서 여전히 해결되지 못했다고 간주되는 어려움들을 해결하는 것, 즉 유기체적 발달과 문화적 발달 과정을 구별하

는 것이고, 다른 한편으로는 그 문제를 연구하는 방법론적 수단을 결정하는 것이다.

14-48] 우리가 성취한 것을 토대로 연구에서 또 다른 발걸음을 내디딜 수 있을 것이다. 우리의 연구는, 지금까지는 너무도 많은 이들이 너무도 단순하게 간주한 어린이 발달 과정의 또 다른 측면을 볼 수 있도록 도와주었다. 어린이 발달에 대해 그와 같이 지나치게 편향된 접근에 더 이상 만족하지 않는다면 이 연구의 목적은 성취된 것이다. 연구에서 우리는 어린이 발달 과정에 대한 더욱 정교한 관점을 발전시키고, 어린이 발달의 두 노선을 제공하며, 가능하면 어린이 연구에 대한 방법론적 접근을 확장하고자 하였다. 그것이 현재 연구의 주요 목적으로 우리가 당면한 것이었다.

●문화적 연령의 문제

이 장은, 특히 주제의 광범위함을 생각해 볼 때, 보기 드물게 짧지만, 그 미주는 좀 길 필요가 있다. 그 이유는, 어린이의 문화적 행동이 어떻게 측정될 수 있는가에 관한 논의(14-29~14-31)를 비롯한 비고츠키의 논의들이 겨우 윤곽만 그리고 있는 듯 보이기 때문이다. 물론 우리는 비고츠키가 그려 낸 윤곽 그대로 원문을 보존하였다. 그러나 그 과정에서 우리는 그의 주장을 최대한 재구성하려고 노력했다. 그 노력은 무엇보다 비고츠키를 정확하고 풍부하게 이해하고자 하는 우리 자신을 위한 것이었지만, 그 결과를 기쁜 마음으로 독자들과 공유하고자 한다.

이 책과 특히 13장을 통하여 전달하고자 했던 가장 중요한 생각 중 하나는 "자연은 문화화의 토대를 제공한다. 그러나 문화화는 비정상아의 주변에 풍부한 문화적 발달을 위치시킴으로써 발달의 자연적 토대를 변화시킨다."는 것이었다. 이 장에서는 이것이 단지 '평준화' 효과의 한 사례에 불과하다는 것을 알게 된다. '평준화' 효과는 정상아와 비정상아 간의 문화적 능력의 차이가 자연적 능력의 차이보다 더 적다는 것을 설명하는 말이다.

그러나 우리는 각각의 새로운 '수준'의 문화화가 이전 것에 다시 작용하여 새로운 변화 형태를 창조하기 때문에, 자연과 문화 간의 상호 변환적 관계는 문화화 자체 속에서도 발견될 수 있다는 것 또한 알고 있다. 따라서 인류의 과거를 뒤돌아볼 때, 현대인의 문해력이 중세인보다 절대적인 의미에서 더 뛰어나다는 것은 사실이다. 하지만 이것은 상대적인 의미에서 현대의 문해력의 변화가 상향적이고, 변화의 범위가 과거보다 더 크다는 것을 의미한다.

평가, 지능, 영재아를 다루고 있다는 이유로, 이 장은 아마도 저술 당시 이 책에서 가장 큰 논란을 불러일으켰을 것이다. 이들 주제에 관한 비고츠키의 저술은 그의 사후 비고츠키의 작품이라고 소비에트에서 출판된 것이 완전한 것이 아님을 증명하는 증거로 사용된다. 사실 비고츠키 선집 소비에트판에 실린 13장에 대한 주석은 비고츠키가 영재아에 대하여 논의한 바가 없다고 주장한다.

또한 이 장은 가장 비판적인 장이다. 이 장의 대부분이 비네의 지능 검사에 관한 초기 연구를 신랄하게 비판하는 데 할애되었다. 거기서 비고츠키는 뜻하지 않게 손다이크가 자신과 의견을 같이하는 동맹적 관계임을 발견한다. 동시에 이 장은 가장 예언적이고 생산적인 장이기도 하다. 오늘날 동적 평가Haywood & Lidz; Sternberg & Grigorenko라고 불리는 생각 외에도 다중 지능Howard Gardner의 개념과 비고츠키 자신의 근접발달영역의 초기 개념을 쉽게 구별해 낼 수 있기 때문이다.

이 장은 비고츠키의 저술 가운데 비정상적 발달에 관한 논의로 확장되지 않고 마무리된 몇 안 되는 장들 중 하나라는 점에서 또한 독특하다. 비고츠키는 비정상적 발달을 언급하면서 동시에 영재아의 발달을 논한다(14-7, 14-42, 14-43). 사실 비고츠키가 영재아의 교육을 비정상적 발달의 또 다른 사례, 실제 발달 수준과 발달적 잠재성이 극단적으로 일치하지 않는 상황의 한 예에 불과한 것으로 생각하고 있음을 종종 엿볼 수 있다.

I. 비고츠키는 문화적 연령을 한편으로는 연대기적 혹은 자연적 연령과, 또 다른 한편으로는 지적 혹은 '여권' 연령과 대비시키면서 이 장을 시작한다. 그는 동물이 갖는 지적 능력의 편차 범위가 인간보다 크다는 것을 보여 주는 실험들을 인용하면서, 이를 이용해 문화는 능력의 고원을 형성한다고 주장한다. 예컨대 우리가 볼 때 원어민들의 언어 능력은 거의 비슷해 보인다. 그러나 이러한 평탄한 고원으로부터 새로운 봉우리가 솟아날 수 있다. 우리는 어떻게 이렇게 다양한 문화적 능력의 봉우리들을 지도화하고 그 높이를 측정할 수 있을까?(14-1~14-15)

A. 비고츠키는 문화적 연령이 비록 어린이 발달 과정에서 지적 연령이나 연대기적 연령과 일치하는 경우가 있다 하더라도, 이들을 서로 혼동해서는 안 된다는 것을 상기시킨다(14-1~14-3). 발달의 처음 시작에서조차 우리는 그들 사이의 차이를 발견할 수 있다. 물론 동물들이 인간보다 지적 능력에 있어서 더 큰 차이를 보이는 것은 사실이다(14-4).

B. 한편으로 비고츠키는 문화가 능력의 차이를 절대적(문화는 동물과 인간 사이에 명확한 구분선을 긋는다), 상대적(교실 안 어린이들이 동일한 교육과정을 밟아 나가듯이 우리는 모두 비슷한 문화적 경험을 통해 성장한다)으로 평준화하는 경향이 있다고 말한다(14-5~14-6).

C. 다른 한편으로 비고츠키는 문화적 발달이 층위를 나누는 경향이 있다고 말한다. 문화는 여러 자연적 능력과 서로 다르게 상호작용하며 또한 완전히 새로운 능력을 분화시키기 때문이다(14-7~14-12).

D. 비고츠키는 '영재성'이 항상 탁월한 지능을 의미하는 것은 아니며, 심지어 모든 것에 뛰어나 보이는 사람도, 그의 능력들 사이에는 매우 큰 편차가 있다는 점을 상기시킨다. 신체와 같이 지성은 복합적인 전체이며 이는 '지능'과 같은 단일한 재능으로 환원될 수 없다(14-13~14-15).

II. 비고츠키는 비네의 초기 심리 측정 실험에 대한 손다이크의 비판을 받아들이고 지지한다. 즉 비네는 자신이 무엇을 측정하고 있는지, 어떻게 측정하고 있는지, 심지어 수행에 있어서의 어떤 유의미한 향상을 측정하고 있는지도 모른다는 것이다. 비고츠키는 자연적 기능을 0점과 '추상적 단위'로 이용하는 이론적 대안을 설계하지만, 이러한 추상적 단위를 실제로 어떻게 측정할 것인가는 명확히 제안하지 못하고 있다(14-16~14-31).

A. 비고츠키는 일반적인 것을 피상적으로 측정(비네의 '지능'이나 스피어만의 'g요인' 같

은)하기보다는, 심리학자가 필요로 하는 것은 특정한 구체적 기능을 심층적으로 측정하는 것이라고 말한다(14-16).

B. 비고츠키는 다양한 과업 집합에 대한 개별 어린이의 점수를, 동일한 과업 집합에 대한 다른 어린이들의 백분위수와 관련짓는 비네 체계에 대한 손다이크의 비판에 찬성하며 심지어 이를 확장한다.

1. 비고츠키는 어린이들이 실제로 무엇을 했는지 비네가 모른다는 데 동의한다. 그 집합들은 전혀 균질하지 않으며, 따라서 동일한 두 점수가 완전히 다른 두 종류의 영재성을 의미할 수 있다(14-17, 14-25).

2. 비고츠키는 어린이들이 어떻게 했는지 비네가 모른다는 데 동의한다. 비네 척도는 등급(순위) 척도이지 등간等間 척도가 아니며, 따라서 첫 번째 점수와 두 번째 점수 간의 차이는 두 번째 점수와 세 번째 점수 간의 차이와 완전히 다를 수 있음에도, 비네는 그것을 똑같이 취급한다(14-18~14-29, 14-23).

3. 비고츠키는 점수 향상이 무엇을 의미하는지 비네가 전혀 모른다는 데 동의한다. 비네의 척도에는 0점이 없다. 따라서 만일 8세 어린이가 12세 수준을 수행했을 때, 이것을 50% 증가(어린이의 연대기 연령을 척도의 기준으로 삼아)로 간주할 수도 있고, 완전히 미미한 증가(지능의 전체 역사를 척도의 기준으로 삼아)로 간주할 수도 있다(14-20~14-22).

C. 비고츠키는 사실 정보를 얻는 과정(다양한 변수를 가진)과, 통합된 해석에 도달하는 과정(정보의 출처가 지닌 특수성을 보존하는)을 구별해야 한다고 말한다. 이는 의사가 환자를 진단하는 방식과 매우 유사하다. 의사들은 다양한 검사를 실시하고 그 결과를 해석하지만, 그 결과들을 산술적으로 결합하여 해석하지는 않는다. 똑같은 열이 있어도, 어떤 때는 그것이 감기를 의미할 수 있고, 어떤 때는 치명적인 결핵을 의미할 수도 있다는 것을 잘 알고 있다(14-26~14-27).

D. 비고츠키는 지능의 세 '차원'을 측정하는 손다이크의 모호한 제안을 잠시 언급한다(14-28). 그러고 나서 기능적 이중자극법에 기반을 한 자신의 제안을 검토한다. 그 제안은 거칠고, 세세한 부분이 많이 빠져 있지만, 아마도 다음과 같이 재구성할 수 있을 것이다.

1. 비고츠키는 문화적 기능에 알맞은 과업, 예컨대 결정에 대해서는 선택 반응, 주의에 대해서는 '금지색' 과업, 기억에 대해서는 낱말 암기 과업, 그리고 수에 대해서는 산술 과업 등을 이용할 것을 제안한다. 이것은 정확히 무엇이 측정되고 있는지 알게 해 줄 것이다(14-29, 14-31).

2. 비고츠키는 어떤 문화적 장치도 없이 어린이의 수행을 측정하여 0점으로 삼고, 적절한 문화적 장치를 이용한 어린이의 수행을 측정함으로써 발달의 끝점을 측정할 것을 제안한다. 예컨대 그림을 이용하거나 이용하지 않은 선택 반응, 색 카드를 이용하거나 이용하지 않은 '금지색' 실험, 주판을 이용하거나 이용하지 않은 계산, 표준 방법을 이용하거나 정반대 방법을 이용한 빼기 등이다. 이것은 그 기능이 정확히 어떻게 측정되고 있는지 알게 해 줄 것이며, 기능들을 비교할 수 있게 해 준다. 예컨대 자연적 주의와 자연적 기억, 소박한 주의와 소박한 기

억, 대상을 가지고 이야기 만들기와 대상을 이용해 계산하기 등이다(14-29).

3. 비고츠키는 비매개적 수행과 매개적 수행 간의 차이를, 비율(예컨대 0 또는 100%)에 기반을 한 추상적이고 동일한 단위들로 나눌 것을 제안한다. 이것은 척도의 0점을 제공하고 실제로 무엇이 측정되고 있는지 알게 해 줄 것이다(14-30~31). 물론, 척도의 자연적 끝점에서의 추상적이고 동일한 단위들은 척도의 문화화된 끝점에서의 단위들과는 질적으로 다를 것이며, 어린이들이 실제로 수행할 과업과 이러한 추상적이고 동일한 단위들의 관계가 무엇일지는 전혀 분명하지 않다. 그러나 다음 절은 후자의 문제에 어떤 실마리를 제공한다.

III. 비고츠키는 자신이 염두에 두고 있는 종류의 평가 예를 제시한다. 그는 교사에게 가장 흥미로운 계기, 다시 말해 어린이가 문화적 산술 수단에 대한 소박한 이해로부터, 추상적인 조작 원리의 숙달로 이행하는 계기에 초점을 맞춘다. 이 계기는 비고츠키가 말한 바와 같이 학교가 어떻게 어린이의 행동을 변화시키는가에 대한 논의를 멈추고 어린이가 어떻게 그 자신의 행동을 변화시키는가에 대한 논의를 시작하게 만드는 중요한 열쇠이다(14-32~14-42).

A. 비고츠키는 뺄셈 문제를 풀게 하고 그 점수에 따라 순위를 매긴 학급을 상상한다. 그런 다음 그는 문제를 뒤집어 어린이로 하여금 위의 수에서 아래 수를 빼는 것이 아니라 아래 수에서 위의 수를 빼게 하는 상황을 상상한다. 이런 식의 문제를 해결하는 데에는 좀 더 많은 시간이 걸리겠지만, 모든 어린이들이 같은 문제를 해결하는 한 실제적인 등급 분포는 변하지 않을 것이라고 우리는 기대한다. 그러나 그 학급의 등급 분포를 측정하면 근본적인 변화와 훨씬 광범위한 능력 범위를 보게 된다(14-32~14-34).

B. 이 커다란 차이는 비고츠키가 근접발달영역을 정의하는 유명한 사례(『생각과 말』 6-4-35)에서 지적했던 차이와 실제로 상당히 유사하다. 거기서 비고츠키는 비네 테스트를 통해 지적 연령이 똑같이 8세로 판명된 두 명의 10세 어린이가 외적 도움을 매우 다르게 사용한다고 지적했다. 한 어린이는 12세 수준의 과제를 완수할 수 있는 반면 다른 어린이는 9세 수준의 과제를 완수할 수 있었다. 그러므로 비고츠키는 그 두 어린이가 동일한 잠재적 발달 수준에 놓일 수 없다고 결론짓는다. 이와 유사하게, 비고츠키는 문화적 보조 수단의 정해진 배열 방식에 크게 의존하는 어린이들은, 조작을 숙달하고 내재화하여 정해진 배열 방식으로부터 상대적으로 독립적인 어린이들과 서로 다른 잠재적 발달 수준에 있다고 주장한다. 비고츠키는 어린이들의 매개적 수단의 내면화에 따라 학급을 재분류하는 이런 방식을 '전환의 방법'이라고 부른다(14-35~14-37).

C. 비고츠키는 이 '전환의 방법'에 대하여 손다이크가 제시했던 또 다른 사례를 제시한다. 어린이에게 산술 기호와 심지어 연산자까지도 낯선 기호로 대체된 수학 문제를 제시한 것이다(14-38). 여기서 사용되는 문제에는 수학 문제뿐 아니라, 논리 문제나 심지어 암호 해독 문제 등도 포함된다.

D. 교사는 이러한 전환의 방법을 사용함으로써 특정한 '상징적 기호 자체'로부터 그 '상징을 처리하는 능력'을 구별할 수 있을 것이다(14-39~14-41). 이런 방식으로 교사들은 특정 기능(산술, 논리, 언어 기술)에 대한 과업을 구성할 수 있을 뿐만 아니라, 심지어는 발달적 전이(기능의 외적 매개로부터 내적-변혁으로의)를 볼 수 있는 과업도 구성할 수 있을 것이다. 그리하여 마침내 교사들은, 비네와는 달리, 평가 대상과 평가 방법, 평가 척도의 출발점과 도착점이 분명한 교육적 과제를 얻을 수 있을 것이다.

IV. 이 장을 마무리하면서 비고츠키는 학교에서의 학습과 문화적 연령에 대한 '발생적', 즉 발달적 접근에 대해 논한다. 어린이가 어떻게 외적 행동 형태로부터 심리적 조작의 본질을 숙달하는 것으로 이행하는지를 이해하기 위해서는, 심리적 기능과 습관이 상호 영향을 미친다는 것을 이해해야만 한다. 이것을 설명하기 위해서 그는 말과 생각의 관계로 되돌아가서, 다시 한 번 스턴의 그림 실험을 돌아본다(14-42~14-48).

A. 기존의 실험 심리학은 자극-반응 연구 방법(I권 2장의 비판 참조)을 토대로 하기 때문에, 두 가지에 초점이 맞추어졌다. 하나는 학교 학습 체계이고, 다른 하나는 그 결과로 길러지는 어린이의 재능이다. 하지만 여기에는 문제를 바라보는 세 번째 길이 있고, 대부분의 교사와 어린이들이 실제로 경험하는 것이 이것이다. 문화화는 학교 교육을 통해 제공된 습관적 행동 체계와 어린이의 행동이 서로 변형시키는 상호작용의 결과이다. 그리고 어린이의 행동이 문화화되고 자유로워지는 것은, 직접적인 자극-반응이 아니라 바로 이러한 상호작용을 통해서이다(14-42).
B. 비고츠키는 말이 정신적 잠재성의 강력한 지침이라고 지적한다. 즉, 정신적 잠재성은 말을 통해서 측정될 수 있다. 그렇지만 말은 생각을 수동적으로 담기만 하는 것은 아니다. 말은 생각을 형성하고 완성한다. 따라서 거기에는 강력한 상호적 효과가 있다. 가장 기초적인 심리학 실험(예를 들어 스턴의 그림 묘사 실험)조차도 이런 두 효과를 풀어내는 데 실패했다(14-44).
C. 비고츠키는 두 개의 질문과 함께 스턴의 실험으로 돌아간다.
   1. 말의 숙달은 이미 숙달된 생각의 단계에 어느 정도까지 의존하는가? 이것이 첫 번째 질문이다. 3세 어린이는 긴 문장을 사용하여 그림 속의 사람과 사물들의 복잡한 관계를 묘사할 수 없다. 이 사실로부터 우리는 어린이가 그림에 대해 어떤 생각을 하고 있는지 알 수는 없지만, 그가 말에 대해 어떻게 생각하는지 알 수 있다. 즉 어린이는 말을 관념적이기보다 도구적으로 생각한다. 어린이는 말로 의미를 나타내기보다 지시하고 가리킨다. 확실히 비고츠키는 어린이 말의 여러 단계들(지시하기, 명명하기, 상징하기)이 어린이 정신 발달에 대해 아주 중요한 것을 알려 준다고 말한다(14-45).
   2. 하지만 이것이 모든 것을 설명할 수는 없다. 따라서 비고츠키는 스턴의 그림과 관련하여 두 번째 질문을 한다. 말의 숙달은 어느 정도까지 어린이의 현재 생각 단계를 변화시키고, 다가올 새로운 단계를 제공해 주는가? 비고츠키는 말의 숙

달이 어린이로 하여금 어떻게 경험을 일반화하고 범주화하는 것을 돕는지, 어린이의 정신적 삶이 원자적이고 단편적인 이미지들의 흐름으로부터 어떻게 체계화되고 광범위하게 서사적인 삶의 이야기로 변화하도록 돕는지를 묻는다(14-46~14-47).

D. 스턴의 그림 실험에 대한 이런 질문들은 어린이가 어떻게 자연적 생각 과정으로부터 문화화된 생각 과정으로 이행하는지 묻는 것과 다름 없다. 그러나 이러한 질문을 하기 전에 우리는 먼저 자연적 과정과 문화적 과정을 명백히 구분해야 하며, 바로 이러한 작업은 대부분의 발달적 연구에서 아직 이루어지지 않았다. 따라서 비고츠키는 이 책이 이런 과정에 기여할 수 있을 것이라는 희망과 함께 이번 장을 마무리한다(14-48). 그러나 비고츠키는 마지막 장인 다음 장에서 새로운 두 개념과 자신의 질문에 대답할 아동심리학에 대한 연구의 대략적인 윤곽을 제시한다.

|참고 문헌|

Gardner, H.(1983), *Frames of Mind: The theory of multiple intelligences*, New York: Basic Books.

Haywood, H. C. and Lidz, C. S.(2007), *Dynamic Assessment in Practice*, Cambridge and New York: Cambridge University Press.

Sternberg, R. J. and Grigorenko, E. L.(2002), *Dynamic Testing*, Cambridge and New York: Cambridge University Press.

제15장

결론: 추후 연구 경로
−어린이의 인격과 세계관의 발달

Vecelli Tiziano(1490~1576), 「인생의 3단계」
유년기, 청년기, 노년기의 세 가지 연령별 구분이 드러나 있다.

15-1] 우리의 탐구는 언제나 분석적인 것이었다. 우리는 특정 정신 기능의 문화적 발달, 즉 한편으로는 외적 수단(말, 수학, 쓰기)의 숙달과 연결되고 다른 한편으로는 기억, 주의, 추상적 생각, 개념 형성에 있어서의 내적 변화와 연결된 특정 행동 형태들을 밝히고 추적하고자 했다.

15-2] 의지에 대한 장은 이러한 모든 행동 형태들이 성장해 나오는 공통 뿌리를 발견하는 데 도움이 되었다. 그러나 분석으로부터 필연적으로 종합이 따라 나와야 한다. 과정의 제시가 언제나 조사 과정과 직접적으로 일치하는 것은 아니기 때문에, 우리는 개별 기능들에 대한 연구가 도달했던 일반적인 이론적 입장을 확립했으며 다음 세 장에서 그것을 고찰했다. 그 과업(즉 그 장들의 과업-K)은 문화적 행동의 분석, 구조 그리고 발생을 명확히 밝히는 것이었다.

> 비고츠키는 I권의 이론적 장들(구조, 분석, 발생)이 사실은 II권의 개별 기능들에 대한 장들의 결과라는 것을 암시하고 있다. 비고츠키는 또한 의지에 대한 장이 모든 개별 연구를 결합시키는 '공통 뿌리'였음을 암시한다. II권에 나오는 특수 연구들의 결과로 얻어진 이러한 이해를 바탕으로 거꾸로 나아가 비고츠키는 I권에 있는 장(고등심리기능의 분석, 구조, 발생에 해당하는 3, 4, 5장)들을 먼저 저술했다.

15-3] 종합하는 부분에서 우리는 문화적 발달의 역사가 우리로 하여금 문화화와 학교의 교수-학습 방법과 관련하여 이끌어 내도록 해준 일반적 결론들을 모아 내려고 노력했다. 그러고 나서 우리는 문화적 발달에 대한 진단과 그것을 측정하는 방법과 연결된 문화적 연령의 문제를 밝히고자 노력하였다.

15-4] 마침내 우리는 마지막 과업에 도달한다. 즉, 어린이의 전체적인 문화적 발달에 대한 도식이나 그림을 제시하고 어린이의 문화적 발달을 연령 관련 변화와 더불어 전체적으로 고려하고자 하는 것이 이 장의 주제이다. 이 종합적인 장은 오직 우리의 지식의 현재 상태만을 드러낼 수 있으며, 우리의 연구가 초고로 쓰였다는 점을 지적해야만 할 것이다. 각 기능의 문화적 발달을 제시하면서, 우리는 개별 연구 및 관찰의 사실적 자료들에 의존했다. 이제 우리는 앞으로의 연구 방향을 명확하게 제시해야 한다. 오직 기초적 사실 자료들을 장기적으로 축적하여 경험적이고 이론적으로 일반화함으로써만, 부분적 패턴들을 발견하여 이 패턴들을 점점 더 광범위한 법칙들 아래에서 포괄함으로써만 우리의 과업은 완전한 해결에 도달할 수 있을 것이다.

15-5] 이미 말한 바와 같이 우리의 연구는 이를 하기 위한 적절한 토대를 아직 제공하지 못한다. 그러나 지금이라도 우리는 일찍이 확립된 사실들이 제공하는 가장 중요한 전망의 지점들을 연령별 횡단면으로 잘라 밝혀 주는, 문화적 발달의 일반적 도식을 그리는 시도를 할 수 있다. 이렇게 하는 이유는, 첫째 사실들이 충분히 이해되고 진정한 가치를 인정받는 것은 오직 전망을 통해서이기 때문이며, 둘째 도식적이나마 결론적·종합적 마무리가 없다면 많은 사실들이 통일성을 잃고 파편화되어 그들의 과학적 중요성을 대부분 상실할 것이기 때문이다.

> 비고츠키가 말하는 '연령별 횡단면'은 지구를 자전축에 수직으로

자르거나 나무 기둥을 가로로 자르는 것처럼, 대상의 생성 과정을 층별로 드러내어 연령대별 특징을 보여 준다. 아기의 첫 낱말이나 첫 뒤집기를 기대에 찬 눈빛으로 바라보는 부모를 예로 들어 보자. 아기의 의미 없는 옹알이 소리와 사소한 몸부림에 진정한 이해와 평가를 부여하는 것은 그 이후에 따라 나올 발달에 대한 전망이다. 비고츠키가 발견한 많은 사실들에 대해서도 이와 유사하게 말할 수 있다. 놀이에 쓸 블록을 똑같이 나누기 위해 모형 트랙터를 만드는 어린이들을 생각해 보자. 그들이 자연적 산술로부터 문화적 산술로 넘어가는 중요한 이행적 경로를 형성하고 있다는 것을 우리가 알지 못한다면 그들의 행위가 갖는 중요성은 바르게 평가되지 못한다.

15-6] 문화적 발달을 종합적으로 요약하려는 모든 시도는 다음에 따라오는 핵심적인 명제들로부터 나아가야 한다.

비고츠키가 앞으로 제시할 세 가지 명제는 다음과 같다.

1. 어린이의 문화적 발달은 인격과 세계관의 발달을 의미한다(15-10~15-12).

   1.1. 인격과 세계관의 발달은 적어도 처음에는 자연적 발달의 한 형태로 간주될 수 있다.

   1.2. 인격과 세계관 발달에 있어서 각각의 기능(주의, 기억, 산술 등)은 반드시 발달하는 전체의 일부로 제시되어야 한다.

2. 개별 기능에 관한 장들은 모두 서로 연결되어 있다(15-13).

3. 감정을 비롯한 많은 부분들이 빠져 있다(15-14).

15-7] 첫 번째, 문화적 발달 과정의 내용은 어린이의 인격과 세계관의 발달로 특징지어질 수 있을 것이다. 이 개념들은 잘 정의되어 있지 않고 엄밀한 과학 용어 또한 아니다. 어린이에 대한 과학에서 이 개념들이 사용되는 것은 여기가 거의 최초이다. 후속 연구에서 그 개념들은

완전히 폐기되거나 다른 개념들로 대체될 수 있다. 그러나 만약 그 개념들이 우리가 이제 부여하려고 하는 의미와 가까운 의미로 유지된다 할지라도 그 개념들의 내용은 구체화되고 정제되고 다른 개념들의 내용과 엄격히 구별되어야 한다. 당장은 어린이 문화적 발달의 중요한 두 측면을 아우르는 일반적 개념으로서 예비적 출발점의 목적으로 그 개념들을 도입한다.

> 표면적으로 볼 때, 여기서 제시된 개념들(인격, 세계관)은 모두 고등 심리기능은 물론 외적 수단에 의한 어린이의 자기-통제 발달과도 아무런 관계가 없는 듯 보인다. 그러나 사실 비고츠키가 여기서 말하고자 하는 것은 자신과 타인에 대한 실천적 의식의 형성 과정이다. 실천적 의식은 언어를 의미한다.

15-8] 여기서 말하는 인격은 이 낱말이 통상적으로 사용되는 것보다 더 제한적인 의미를 지닌다. 여기서 우리는 한 개인과 다른 개인들을 구별하게 해 주거나 개인의 고유성을 구성하고 개인을 특정 유형과 연관시키는 모든 전조들을 포함하려는 것은 아니다. 우리는 어린이의 인격과 그의 문화적 발달 사이에 등호를 놓고자 한다. 그러므로 인격은 사회적 개념이다. 즉 인간에게 있어 그것은 선천적인 것을 넘어서 역사적인 것을 포함한다. 그것은 타고나는 것이 아니라 문화적 발달의 결과이며, 따라서 '인격'은 역사적 개념이다. 그것은 숙달의 전조로 특징지어지는 행동의 통일성을 포함한다(의지에 대한 장과 비교). 이런 의미로 인격은 원시적 반응과 고등 반응 간의 상호 관계가 될 것이며, 따라서 우리가 도입한 개념은 이런 점에서 크레치머가 정신병리학 영역에서 확립한 개념과 상응한다.

> 크레치머는 '인격 장애'의 여러 유형들을 정의했고, 그중 일부는 오

늘날에도 여전히 사용되고 있다. 그런데 그의 인격 유형은 사회적 개념이 아니라 인종주의적이고 생물학적인 개념에 기초하고 있었다(크레치머는 나치에 동조했다). 그는 신체 유형과 인격 유형을 서로 연관시켰다. 따라서 마른 체형의 사람은 내성적이고 편집증적이기 쉽고, 뚱뚱한 사람은 사교적이지만 변덕스럽고 조울증에 걸리기 쉬우며, 이상적이고 건강한 독일인은 근육질이며 골격이 튼튼하다고 했다. 비고츠키는 이런 생물학적인 관점을 개인주의적이라고 거부하면서 이 단락을 시작한다. 이어서 그는 인격의 사회적 본성과 인간의 개인적인 본성 사이에 있는 본래적인 모순을 매우 다른 방식으로 풀어낸다. 즉, 자기-숙달 수단은 개인적 목표로 내향된 사회적 수단이라는 것이다. 행동 숙달을 통해서 우리는 인격이라는 비교적 통합된 행동 특성을 갖게 된다. 물론 개인적인 '스타일'은 존재한다. 사람들은 서로 말하는 방식이나 글 쓰는 방식이 다르다. 그러나 각 개인이 가지게 되는 일관된 인격의 스타일은 인종적인 것도 생물적인 것도 아니며, 본질적으로 개인적인 것도 아니다. 그것은 개인들이 문화적 수단들을 숙달한 방식으로부터 나타난다.

15-9] 우리는 세계관 역시, 세계와 그 중요한 부분들에 대해 특별히 논리적이고 잘 정립되었으며 의식적으로 체계화된 견해로 이해하고자 하지 않는다. 우리는 이 낱말 역시 주관적 측면에서의 인격에 상응하는 좀 더 종합적인 방식으로 사용하고자 한다. 세계관—이것은 전체로서의 인간 행동, 즉 어린이가 외적 세계와 맺는 문화적 관계를 특징짓는 것이다. 이런 의미에서 동물들은 세계관을 갖지 않으며, 또한 이런 의미에서 세계관은 아기가 태어나는 순간에는 존재하지 않는다. 삶의 첫해에, 때로는 사춘기 바로 직전까지도 진정한 의미의 세계관은 어린이에게 존재하지 않을 수 있다. 우리가 흔히 발견하는 것은 세계 활동이지 세계관이 아니다. 따라서 우리는 '세계관'이라는 용어에 어린이가 세계와 관련짓는 방식을 나타내는 순수하게 객관적인 의미를 불어넣는다.

비고츠키는 한편으로 주의, 기억, 의지에 대한 조사와 다른 한편으로 말하기, 수 세기, 쓰기에 대한 고찰을 통해 '인격'과 '세계관'이라는 민속적 용어를 이 책에 나타난 개념을 묘사할 수 있는 심리학적 용어로 정제하기 시작한다. 그러나 그는 왜 이 민속적 용어들을 정제하는 과정을 '종합적'이라 부른 것일까? 이 책 전체에 걸쳐 그는 발달의 자연적 노선과 문화적 노선을 구분해야 함을 강조해 왔다. 그러나 여기에서 그는 발달의 과정이 이 두 노선을 종합하는 것임을 상기시킨다. 그는 어린이의 인격과 문화적 발달 사이에 등호를 놓고자 했다. 그러나 이를 단순히 두 존재being가 동일하다는 것을 의미하는 것이 아니라 둘 사이에 생성becoming의 관계가 있다는 것으로 이해해야 할 것이다. 인격은 문화적으로 발달된 상태로 나아가는 생성의 과정이다. 인격은 한쪽 끝은 자연으로부터 생겨나며, 다른 쪽 끝은 문화로 수렴된다(그러나 완전히 병합되지는 않는다). 같은 방식으로 세계관은 그 자신과 세계를 (꼭 행동이 개입되지 않더라도 생각을 통해) 객관적으로 관련지을 수 있게 해 주는 과정이다. 말을 예로 들어 보자. M. 할러데이는 어린이가 말을 배울 때 처음으로 하는 것이 '외부'(눈으로 볼 수 있는 물질적 과정)의 사건과 '내면'(눈으로 볼 수 없지만 좀 더 즉각적인 정신적·감정적 과정)의 사건을 구별하는 것이라고 지적한다. 이 구별은 자연적 감각에 의존하기 때문에 자연적인 것이라 할 수 있다. 그러나 어린이가 물질적 과정과 정신적 과정을 배우고 난 후에는 어린이의 어휘에서 가장 흔하게 나타나는 '~이다'와 같은 제3의 과정이 나타난다. '~이다'와 같은 제3의 과정은 분석하기('나는 소녀이다'), 식별하기('나는 연휘이다'), 소유하기('이것은 내 것이다')를 포함한다. '~이다'에는 '나'와 '소녀' 또는 '나'와 '연휘' 또는 '이것'과 '내 것'과 같은 두 대상 간의 관계가 언제나 포함되어 있음에 주목하자. 이것은 외부의 사건(물질적 과정)을 포함하지는 않지만 완전히 객관적·문화적이다. 이것이 바로 비고츠키가 세계관을 '객관적'이라고 말한 이유이며 같은 맥락으로 인격을 '주관적'이라고 말한 이유이다.

15-10] 우리는 여전히 두 가지 사항을 유념해야 한다. 첫째 우리 연

구의 경로는 자연적 발달의 연구로 특징지어질 수 있다. 자연적 발달은 개별 부분들의 발달과 변화를 통해 전체를 형성함으로써 성취되는 것이 아니다. 오히려 위에서 논의한 기능은 그 어느 것도, 말이든 기억이든 간에 결코 다른 기능들과 독립적 혹은 별개로 발달하지 않는 것으로 보인다. 발달의 과정에는 언제나 심리적 삶 전체에 걸친 밀접한 협력과 상호 지지, 상호 장려가 있다. 인격은 전체로서 발달하며 우리가 이런저런 측면을 추상화하는 것은 오직 조건적으로, 오직 과학적 분석을 위해서만 가능하다. 이것은 앞선 논의로부터 이미 명백하다. 문화적 발달의 특징은 바로, 자연적 발달과는 달리, 기억이나 주의가 그들의 자연적 발달 수준과는 무관하게 홀로 그리고 독립적으로 일반적 문화 행동으로 들어갈 수 없다는 것을 규정한다. 개인이 행동 형태를 숙달했을 때에만 그것은 고등 수준으로 고양된다.

> 보지 않고 듣는 것이나 듣지 않고 보는 것은 가능하지만, 주의를 기울이지 않고 기억하거나 기억하지 않고 주의를 기울이는 것은 불가능하다. 주의와 기억은 분명 서로 다른 기능이지만 명백히 서로 연결되어 있으며, 한 기능은 다른 기능을 숙달하지 않고서는 숙달될 수 없다. 말은 이 원칙의 매우 좋은 예이다. 말을 하기 위해서는 소리의 숙달만으로는 소용이 없다. 말을 하기 위해서는 소리가 문법과 의미를 포함하는 전체로 고양되어야만 한다. 심지어 '좋은 발음'조차 어휘와 문법을 동시에 포함하지 않고서는 불가능하다. 이런 의미에서 문화적 발달은 초-자연적 과정이라 볼 수 있다. 자연에서 전체적이었던 것은 문화적 발달 속에서 더 전체적이기 때문이다. 이것이 비고츠키가 기억이나 주의가 그 자체만 가지고는 문화적 전체로 통합될 수 없다고 말한 이유이다. 자연적 기억과 자연적 주의는 어느 정도 분리될 수 있을지도 모른다. 그러나 문화적 기능은 문화적 전체, 즉 인격과 세계관에 훨씬 더 강하게 결합되어 있다.

15-11] 그러므로 아리스토텔레스가 말한 것처럼, 유기체적 발달 영역과 마찬가지로 전체는 부분에 앞서며, 각각의 부분과 작용 즉 기관과 기능은 전체의 변화에 따라 변한다. 같은 식으로, 그 어떤 기능이라도 문화적 발달 영역에 있어서 조금이라도 앞으로 내디디려면, 비록 가장 배아적 형태일지라도, 인격의 발달을 전제한다. 앞서 보았듯이 문화적 발달의 본질은 인간이 자기 자신의 행동 과정을 숙달하는 것이다. 그러나 이 숙달의 필수 전제 조건은 인격의 형성이다. 따라서 기능의 발달은 언제나 전체로서의 인격의 발달로부터 나오고 그것에 의해 결정된다.

15-12] 만약 이러한 관점에서 본다면, 인격과 세계관의 발달에 대한 연구에서 우리가 중요한 자료들을 축척해 왔음을 볼 수 있다. 이 자료들은 한데 모여 전체로서 제시되어야 한다. 앞에서 말했듯이 만약 각각의 개별 기능의 발달이 전체로서의 인격 발달에 의존한다는 것이 사실이라면, 각각의 개별 기능의 발달을 추적하는 것은 동시에 인격 발달을 추적하는 것이 된다. 그것은 마치 인격이 눈에 보이지 않게 존재하면서, 앞에서 다루어진 것처럼 스스로의 반응을 숙달하는 과정에 참여한다는 것과 같다.

15-13] 두 번째로 그리고 더 중요하게, 우리는 많은 가닥들이 후속 장들로 확장되지 않는 장은 하나도 쓰지 않았다. 만약 연구 작업을 소위 조감鳥瞰해서 전체로서 평가한다면, 우리는 모든 장들 속에서 얽히고설킨 복잡한 실타래를 보게 될 것이다. 따라서 말―인격 발달을 위한 본질적 수단―은 기초적 형태의 기억술적 기억으로 우리를 이끈다. 이 사실은 지시 기능이 주의를 기울이라는 기호로 작용한다는 점에 비추어 볼 때 분명해진다. 낱말은 개념 형성의 직접적인 도구이다. 말은 생각의 주요 수단으로 출현하며 또한 몸짓, 그리기, 놀이, 쓰기 발달과 연결되어 있다. 주의는 다시 (개념 발달의-K) 실제 토대를 제공하며 그것 없이는 개념 발달이 차질을 빚을 것이다. 만약 이런 여러 갈래로 얽힌

가닥들이 선행된 논의를 통해서 이미 규명되지 않았다면 우리는 어린이의 인격과 세계관의 역사에 대한 제시를 결코 시작하지 못했을 것이다.

15-14] 세 번째, 현재의 지식 상태로 우리는 여전히 우리 과업을 완성하기 위한 매우 중요한 사항들을 놓치고 있다. 따라서 우리는 유기체의 삶과 인격의 삶 사이를 잇는 결정적인 연결 고리, 즉 인간 감정과 본능의 문화적 발달을 관통하는 사슬에 대해서는 전혀 말할 수 없었다. 우리는 문화적·사회적 욕구의 출현에 대해서 동기의 발달에 관한 연구를 통해 간략하게 묘사할 수 있었을 뿐이다.

15-15] 전체로서의 문화적 발달 연령에 대해 논의해 보자.

15-16] 신생아는 아마도 인간이 될 수 있는 가장 원시적인 생물체일 것이다. 발달의 가장 낮은 단계에 있는 다른 어떤 사람도, 즉 성인은 말할 것도 없고 문화적 발달을 거의 이루지 못한 백치나 농아 어린이 혹은 더 나이 든 어린이도 신생아를 특징짓는 유기체적 기능의 순수한 자연성의 단계에 결코 이르지 못한다. 신생아는 가장 진정하고 엄밀한 의미의 자연적 존재이다. 이러한 이유로 어린이 삶의 첫 시기에는 반응이 자연적 형태로 나타나는 것을 관찰하기 쉽다. 여기서 모종의 문화적 행동의 첫 형태들이 나타나더라도 그것들은 아직 반≠유기체적 특성을 가지며, 인간의 목소리, 성인의 출현 그리고 다른 어린아이들에 대한 아기들의 개별 반응들과 관련된다.

15-17] 문화적 발달이라는 관점에서 볼 때, 이 기간 중 가장 중요하고 핵심적인 전환점은 어린이가 처음으로 도구를 숙달하는 순간이다. 체계적인 관찰과 실험들이 보여 주듯이, 낱말에 의지하지 않는 이런 종류의 자연적 생각은 9개월 정도의 어린이들에게서 관찰될 수 있다. 이때가 바로 최초의 복잡한 기계적, 감각 운동적 연결들이 만들어지는 시기이다.

15-18] 대상의 도움을 받아 무언가를 하려는 원시적 의도는 6개월

된 어린이에서 관찰되었다. 9개월에는 복잡한 연결들이 더 뚜렷이 보인다. 그러므로 장난감이 떨어져 손으로 잡을 수 없을 때, 어린이는 그것을 향해 헛되이 다른 장난감을 던질 것이다. 우리는 철창 너머에 놓여 있는 공을 절실하게 잡고 싶어 하는 쾰러의 유인원과 더 큰 어린이가 똑같은 행동을 했다는 데 주목한다.

15-19] 그러나 10개월 된 아이는 종종 딸랑이에 달려 있는 실을 이용해서 떨어진 딸랑이를 집어 올릴 것이다. 쾰러의 실험이 보여 주듯이 이 조작은 다 자란 개에게도 불가능한 것이다. 어린이는 특정한 기계적인 연결을 파악한다. 이런 도구적 생각Werkzeugdenken의 시기를 쾰러는 침팬지와 같은 연령이라고 제안했다. 10개월이 된 아이는 성인의 늘어진 허리띠 끝을 잡아당겨 어른을 이끌거나, 한 대상을 사용하여 손으로 잡을 수 없는 다른 대상을 이동시킬 것이다. 아주 정확하게 연구자들은 도구 사용의 출현과 함께 어린이에게 전적으로 새로운 시기가 시작된다고 말한다. 즉, 10개월 된 아이에게는 다음과 같은 원칙적인 변화가 발생한다. 10개월 된 아이는 목표를 얻기 위해 줄을 사용할 수 있고, 생후 첫해 동안, 말과는 독립적으로 이러한 생각 수준에 머무를 것이다.

15-20] 이런 방법으로 우리는 이미 본능, 조건 반사, 단순한 생각 형태의 세 행동 단계를 모두 펼친 어린이를 관찰하였다. 1세까지의 어린이의 자연적 생각을 확립해 주는 사실은 현대 실험 심리학의 주요 성과이다. 이는 생각과 말의 발생적 뿌리가 일치하지 않으며, 어린이의 반응과 생각과 옹알이의 발달을 다달이 추적하는 것만큼 시사점이 많은 것은 없다는 것을 보여 준다. 그러나 우리가 생각과 말의 자연적 뿌리를 눈앞에서 보고 있다는 것을 잊도록 해 보자. 다달이 그들을 추적함으로써 우리는 어린이에게 그들 사이의 직접적 연결이 없음을 볼 수 있다. 도구 사용으로의 이행이 갖는 결정적인 의미가 여기에 있다. 바로 이 계

기는 어린이가 외적 환경 조건에 적응하는 기본적 형태를 발달시키는 지점이 된다.

15-21] H. 제닝스는 유기체의 반응이 무질서한 집합이 아니라 체계이며 이는 해당 존재의 기관으로부터 기인한다는 것을 보여 준다. 그는 아메바가 적충류와 달리 헤엄치지 못하지만 적충류 또한 비행할 수 있는 기관을 가지고 있지 않다고 말한다. 그리고 인간은 자신의 행동 형태를 조직하는 법칙 체계를 가지고 있지만, 다른 생명체와는 달리 도구의 도움을 통해 행동반경을 확장한다. 인간의 이성은 결정적인 역할을 하며 그것의 결정적 수행 기관은 손과 눈 그리고 귀이다. 그 활동반경은 도구의 이용 덕분에 무한하다. 이 행위 체계의 자연적 도구들(손, 눈, 귀-K)은 최초 도구 사용 연령부터 인간 어린이가 사용할 수 있게 된다.

> H. 제닝스에 대해서는 『역사와 발달』 I권 1-113 참조.

15-22] 여기서 보다시피 연구자들이 어린이 행동의 자연적 특성을 충분히 고려하지 못했음을 주목하자. H. 드리쉬를 따라 연구자들은 행동을 기본 단위로 환원하려고 하였다. (그러나-K) 그들은 어른들에게는 물론 신생아의 경우조차 홀로 그리고 독립적으로는 거의 나타나지 않는 가장 단순한 반사들을 고려하지 않고, 대신 드리쉬에 따라 생명체의 개별적 경험에 의해 결정되는 행위 기준을 취하였다. 이런 이유로 연구자들은 행위를 규정함에 있어 목적 지향적 행동을 사실상 명백히 도입했다.

> 비고츠키는 드리쉬와 그 외의 연구자들이 어린이 행동에서 자연적인 토대를 무시했다고 비판한다. 그들은 어린이가 가지고 있는 행위 체계의 '자연적 도구들'을 무시한다. 또한 그들은 눈, 손, 귀의 신체적 발달을 무시했으며, 도구, 장난감, 언어 사용으로 그들이 확장되는 것 또한 무시했다. 대신 드리쉬와 동료들은 이미 목표를 갖고 있는 행위를

기초 단위로 취한다. 이런 행동들은 경험의 결과이다. 즉 그것들은 어린이가 탄생과 더불어 가지는 가장 단순한 반사들이 아니다. 그렇지만 비고츠키에 따르면 만약 우리가 목적 지향적 활동이 어떻게 발달하는지를 정말 설명하고 싶다면, 우리는 목표 지향적이지 않은 활동, 즉 가장 단순한 반사에서 시작해야만 한다. 다른 어떤 류의 설명도 목적론적이고 순환론적인 것이 될 것이다. 즉 목표 지향적 활동이 목표 지향적 활동으로부터 발달한다는 것이다.

*H. 드리쉬(Hans Driesch, 1867~1941)는 A. 바이스만과 E. 헤켈의 제자로, 동물 복제에 최초로 성공한 생물학자로 널리 인용되는 인물이다. 그러나 드리쉬는 또한 생명주의 철학자로서 생명력을 의미하는 엔텔레케이아entelechy라는 낱말을 최초로 현대 과학 논문에서 이용한 사람이기도 하다. 후에 신비주의와 초超심리학에 몰두한다.

15-23] 이 연구자들에 따르면, 행위란 의식적이든 무의식적 욕망에 의해서든, 염두에 두고 있는 성공이 무엇이든 상관없이 특정한 목적을 향한 행동이다. 이 관점은, 모든 다른 목적론적 입장과 같이, 객관적 사실이나 관계를 나타내는 주어진 현상을 기능적 관계로 보고, 이것으로 훨씬 더 초기 단계를 지칭하면서 '목적-지향적'이란 용어를 본질적으로 주관적이거나 발생적인 방식으로 적용한다는 점에서 틀린 것으로 보인다. 이에 따라 어린이에게서 최초의 목적-지향적 행위가 처음으로 나타나는 시점에서 생기는 목적-지향적 행위의 실제 경계가 상실된다. 어린이의 말은 생각과 마찬가지로 이 시기에 자연적 형태로 나타난다. 말은 아직 의도적이거나 의식적으로 설정된 목적에 봉사하지 않으며, 단지 옹알이, 울음, 다른 표현적 소리로 나타나 어린이의 활동에 봉사한다. 그러나 어린이가 처음으로 말에 기반을 한 가장 단순한 사회적 반응을 확립하기 시작할 때, 도구 사용의 계기와 함께 발생한 어린이 (활

동-K) 반경의 변화와 동일한 결정적 변화가 말의 영역에서 일어난다. 삶의 첫 몇 달간 없었던 사회적 반응이 시작된다. 아기는 다른 아기의 울음에 자극되어 울고, 어른을 빤히 쳐다보며, 말을 해 주면 조용히 미소를 짓고, 어른이 떠나면 울고, 어른에게 안기고, 다른 작은 아기를 응시한다.

비고츠키는 드리쉬와 그의 동료들이 설명되어야 할 것(목표 지향적 행위)을 처음부터 가정으로 삼았다고 지적한다. 그들은 어린이의 무작위 운동 또는 어린이의 울음, 잡기 반사와 같은 특정한 객관적 사실을 관찰하여 그것들에 목표 지향적이라는 용어를 적용시킨다. 이렇게 하는 것은 아직 발달하지 않은 주체, 즉 의도를 가진 인격을 처음부터 가정한다는 점에서 주관주의적이라고 비고츠키는 말한다. 또한 그는 목표 지향적 활동을 기원으로 삼는다는 점에서 발생적이라고 말한다. 그러므로 드리쉬와 그의 동료들은 목표 지향적 행위를 순환적으로 설명한다. 즉 그것이 원시적인 형태의 목표 지향적 행위로부터 발달한다고 말한다. 물론, 이런 방식으로 단순하게 선행하는 목표 지향적 행위를 가정하는 것은 설명을 쉽게 만든다. 이 경우 모든 것은 숙명, 즉 일종의 예정된 운명처럼 보인다. 그러나 여기에는 지불해야 할 대가가 있다. 이를 받아들인다면 어린이가 목표 지향적 행위를 발달시키는 실제 계기를 놓치게 되는 것이다. 그렇다면 이 계기는 무엇일까? 비고츠키는 하나의 계기가 아니라 혼동하기 쉬운 두 개의 계기를 제시한다. 물론 하나는 도구의 발달이다. 이 문단을 주의 깊게 읽지 않는다면 기호의 발달 역시 도구와 같은 근원에서 왔다고 생각할 수도 있다. 그러나 비고츠키는 도구의 사용과는 달리 말은 처음에는 목표 지향적 활동에 기여하지 않는다고 지적한다. 이는 단순히 행위의 일부이다. 더 나아가 어린이의 첫 번째 사회적 반응은 분명 목표 지향적이지 않다. 그 반응들은 종종 다른 사람을 향한 표현 행위들이다. 도구를 사용하는 목표 지향적 생각과 기호를 사용하는 표현적 행위는 거의 동시에 발달하며 그 둘 모두 어린이의 주체성의 반경을 엄청나게 확장시키는 효과를 갖는다. 그러나 비고츠키가 『생각과 말』 4장에서 말한 것과 같이, 도구를 사용한 실행 지성과 말을 이용한 의사소통은 같은 근원을 갖지 않는다.

15-24] 불과 6개월 이내에 아기들은 옹알이를 통해서 어른의 주의를 끈다거나, 어른의 말에 대해 옹알이로 답한다거나, 팔을 뻗는 것과 같은 첫 번째 반응들을 발달시킨다. 겨우 9개월 만에 어른의 옷을 잡아당기는 들뜬 동작을 통해 어른의 주의를 환기시키기도 한다. 10개월에 이르러서는 이미 어른들에게 물건을 보여 주며, 11개월이 되면 옹알이 등을 통해서 다른 아기의 관심을 끌면서 조직된 놀이 활동을 할 수 있게 된다. 옹알이는 주의 끌기라는 기초적 기능을 아주 일찍 수행하기 시작하지만, 이런 수단들은 여전히 원시적이며, 동물에서 발견되는 것과 실질적으로 다르지 않다.

15-25] 따라서 말의 사회적 기능(주의 끌기)의 획득과 도구 사용을 통한 자연적 기관 능력의 초월은, 삶의 최초 1년 동안 향후 문화적 발달의 기초를 형성할 가장 중요한 변화를 준비하는 중요한 두 가지 계기이다.

15-26] 개별 기능들의 문화적 발달에 대해 우리에게 알려진 모든 공통 요소들을 연결하고자 한다면 우리는 이 전체 시대가 어린이의 자연적 삶으로부터 문화적 삶으로의 이행이라고 말해야 할 것이다. 이 연령대의 어린이의 모든 행위는 여전히 동물적 특성과 인간적 특성, 즉 자연적 특성과 역사적 특성, 원시적 특성과 문화적 특성, 유기체적 특성과 인격적 특성의 혼합물이다. 우리는 이 발달 단계를 **마법적** 단계라고 조건적으로 명명한다. 생후 1년에 대한 정교하고 심오한 이론을 발전시킨 피아제에 따르면 사실 이 발달 단계에 속한 어린이의 세계관은 마법적이라는 말로 가장 잘 기술될 수 있다.

*소비에트 편집자 각주: 이는 J. 피아제의 『어린이의 말과 생각Речь и мышление ребенка』(М; Л, 1932)을 지칭한다.

그러나 사실 비고츠키가 여기서 지칭하는 것은 『어린이의 세계 관념Le concept de la realité chez l'enfant』일 가능성이 훨씬 높다. 『어린이의 세계 관념』의 4장의 두 절과 부록은 마법에 할애되어 있다.

15-27] 피아제는 J. 볼드윈이 연쇄 반응이라고 불렀던, 생후 첫해의 가장 특징적이고 가장 단순한 어린이의 행동 형태로부터 나아간다. 그것은 유아의 운동 경험의 토대에 놓여 있으며, 이 연령대 어린이의 모든 적응의 출발점이다. 유아는 손으로 무작위적인 움직임들을 만들어 내고, 흥미로운 결과가 생기면 그 움직임을 끝없이 되풀이할 것이다. 이런 식으로 유아는 엄지 빨기, 물건 쥐기, 탁자 두드리기 등을 배운다. 연쇄 반응은 무작위 반응의 사용인 것이다.

어린이의 연쇄 반응은 한 행동이 다른 행동을 불러오기 때문에 그렇게 불린다.

"……볼드윈과 P. 자네의 연구는 모방이 자기와 타인 간의 일종의 혼동에서 기인한다는 것을 명확히 하였다. 다시 말해 어린이는 자신과 동떨어진 소리를 스스로가 내는 소리와 구별할 수 없기 때문에, 어린이에게 들리는 소리는 그로 하여금 그 소리를 지속시키는 데 필요한 움직임을 하도록 자극한다."

Piaget, J.(1929/1951), *The Child's Conception of the World*, Lanham, MD: Littlefield Adams. p. 128.

15-28] 이러한 운동적 적응은 기억에서 지속된다. 알려진 것처럼, 유아의 기억은 생후 첫해 말부터 변화한다. 피아제는 어린이가 세계에 영향을 미치기 위해 연쇄 반응과 동일한 방법을 이용한다는 것을 관찰했

다. 이 연구자는 8개월 된 어린이가 얼마간 떨어져 있는 사물을 움직이게 하기 위해 일어섰다가 주저앉는 것을 관찰했다. 비슷한 시기에 그 유아는 전등을 켜기 위해 눈을 가늘게 뜨고 전등선을 쳐다볼 것이다. 그 어린이는 자신의 반응의 결과로 나타난 변화와 독립적으로 나타난 변화를 여전히 구분하지 못한다.

15-29] 피아제의 가설은, 그 자신의 말에 따르면, 환경 속에서 유아가 행하는 모든 동작과 이런 노력에 상응하는 모든 움직임은, 대상물이나 사람의 저항이 어린이로 하여금 세계 속 여러 실제적 중심들을 분리하도록 이끌지 않는 한, 또는 간단히 말해 어린이가 그 자신인 '나'를 다른 사물로부터 구별하지 않는 한, 동일한 것으로 지각되리라는 것이다.

> 피아제는 다음과 같이 말한다.
> "우리는 유아가 자신의 유기체적 감각을 자연 발생적으로 국지화하지 않는다는 것을 안다. 발의 통증이 즉각 유아의 주의를 발로 이끄는 것은 아니다. 그것은 오히려 국지화되지 않고 모든 사람이 공유한다고 생각되는 모호한 통증과 같은 것이다. 국지화되었을 때조차도 여전히 유아가 한동안 그것을 모두에게 공통된 것으로 간주한다는 것은 의심의 여지가 없다. 즉, 혼자만 통증을 느낄 수 있다는 것을 즉각적으로 깨달을 수는 없다는 것이다. 간단히 말해 원시적인 의식과 우리에게 있어서, 외부로부터 보는 몸과 내부로부터 느끼는 몸 사이의 관계는 전적으로 다르다. 우리가 내적이라고 말하는 것과 외적이라고 말하는 것은 오랜 시간 동안 모두에게 공통된 것으로 동등하게 간주된다는 것이다."
>
> 피아제는 이렇게 덧붙인다.
> "불행하게도 이 가설을 직접적 분석을 통해 검증하는 것은 불가능하다."
>
> Piaget, J.(1929/1951), *The Child's Conception of the World*, Lanham, MD: Littlefield Adams, pp. 128-129.

15-30] 아기가 가장 원시적 존재로서의 '나'—인격과 세계관—즉 외부 세계와 타인들과의 관계조차 갖고 있지 않다고 생각한 피아제는 아주 옳게 보인다. 따라서 어린이에게 이 둘은 불가분의 것이며, 어린이는 손을 움직여 소리를 만들어 낼 때나 불을 켜기 위해 눈을 깜빡일 때 동일한 연쇄 반응을 수행한다. 어린이에게 '나'에 대한 선천적 의식이 있다고 가정한다면, 어린이가 왜 타인을 모방하기 시작하며 왜 외부 세계에 영향을 주기 위해 이상한 동작을 만들어 내는지 완전히 불분명하다고 피아제는 말한다. 우리는 이를 훨씬 단순하게 표현할 수 있을 것이다. 즉 어린이는 외적 사건이 우연히 자신의 반응 중 하나와 동시에 일어날 때 보통의 조건 반응을 형성한다. 그러나 만일 심리학 전체를 조건 반사에 대한 심리학으로 제한하고자 한다면, 우리는 다음과 같이 질문해야만 한다고 피아제는 말한다. 어린이가 사물에 대한 행위와 그 자신에 대한 행위에 대해서 동일한 기법을 사용한다는 사실이 가리키는 것은 무엇인가?

드리쉬나 관념론적 심리학자들과는 달리, 피아제는 목적의식을 선천적인 것으로 받아들이지 않는다. 그는 어린이가 세상 속에 존재하는 대상으로서의 의식도 타고나지 않는다고 생각한다. 비고츠키는 이에 동의한다. 그리고 나서 피아제는, 스스로가 세상에 존재한다는 의식을 가지고 어린이가 태어난다면, 어린이가 왜 타인을 모방하고 자신의 행위를 따라 대상을 움직이게 만들려고 하는지 설명하기가 매우 어렵다고 말한다. 비고츠키는 그것이 다음과 같이 설명될 수 있다고 지적한다. 즉 어린이는 우연의 일치를 계기로 조건 반응을 형성한다는 것이다. 그러나 피아제는 어린이가 (어른의 '하지 마!'라는 말을 취해서 스스로에게 하거나 인형에게 할 때처럼) 스스로를 조건화하거나 사물을 조건화할 때 동일한 조건 반응을 사용하는 것이 무엇을 의미하는지는 여전히 물어야 한다고 말한다. 피아제에게 있어 그것은 어린이가 세계를 '자아'의 일부로 다루고 있음을 의미한다. 즉 객관적 세계관을 가지고 있지 않은 것이다. 반면 비고츠키에게 있어 그것은 어린이가 자신의 행동을 자연의 힘과 동일시하고 있음을 의미한다. 즉 어린이는 인격을 가지고 있지 않은 것이다.

15-31] 우리에게 이것은 어린이의 인격이 사실상 아직 형성되지 않았으며 인격이 여전히 세계관과 완전히 혼합되어 행위를 통해 나타난다는 것을 보여 주는 명백한 증거이다. 피아제는 인격과 세계관이 분화되지 않은 이 단계를 역설적 유아주의唯我主義 상태라고(확립된 철학적 의미가 아니라 어린이가 한편으로는 완전히 외적 사물의 힘 아래에 있으면서 다른 한편으로는 어린이에게 있어서 외적 사물과 그의 행동이 자신의 신체 내에서 일어나는 과정들과 구분되지 않는다는 사실을 지적하는 수단으로) 옳게 지칭한다.

유아주의에 대한 철학적 관념은 장자의 호접몽胡蝶夢이나, 눈 먼 사람이 하늘을 난다면 어떠한 감각이라도 느낄 수 있을 것인지 질문하여 신의 존재를 증명하려 했던 아비센나, 혹은 실제의 사람들이 기계에 의해 장악된 시뮬레이션 속 세계에서 살아가는 상황을 그린 영화 「매트릭스」의 관념과 유사한 상상이다. 철학적 유아주의는 세계가 완전히 환각이며 꿈꾸는 이의 생각 과정이 투영된 것일 뿐이라는 관념이다. 그러나 비고츠키는 어린이의 상황은 철학적 유아주의와 완전히 반대된다는 점을 지적한다. 어린이의 자아는 아직 존재하지 않는다. 어린이는 외적 세계를 개인의 꿈으로 생각하지 않는다. 반대로 어린이는 자신의 일상 활동을, 주관적 구성 요소가 전혀 없는 일련의 외적 사건으로 생각한다.

15-32] 우리가 개별 기능에 관해 말한 것을 상기해 보면, 이 모든 이행적 혹은 마법적 국면은 자기 자신과 외부 세계 간의 비분리로 특징지어질 수 있다. 어린이가 외부 세계의 성질과 상태에 관한 중요한 정보를

습득할 때의 비상한 자연적 기억, 다른 기능에 우선한 한 지배성의 자연적 성숙, 피아제가 옳게 말했듯이 다섯 개의 기본 지각 기관에 의해 가능하게 된 스키마에 따라 어린이에게 영향을 미치는 모든 대상들을 분류하는 것으로 구성된, 개념 형성에 있어서의 첫 단계—이것이 이 단계의 특징들이다.

피아제에 따르면, 어린이는 공간을 단일한 통합된 공간이 아니라 '보이는 공간', '들리는 공간', '느껴지는 공간', '냄새가 나는 공간', '맛이 나는 공간'으로 나누어 지각한다. 이것은 어린이가 전체를 지각한다는 생각과 모순되는 것처럼 보인다. 어린이가 세계를 분화되지 않은 하나의 전체로 경험한다면, 어째서 그는 서로 다른 '공간'들이 모두 한 공간임을 알지 못하는가? 이에 대한 피아제의 대답은, '보이는 공간'은 전체의 통합된 공간에서 어린이가 보고 있는 극히 일부라는 사실을 깨달아야만 통합된 공간을 지각할 수 있다는 것이다. 이 사실을 깨닫기 위해서는 어린이가 스스로를 공간 속에 위치한 한 대상으로 지각하는 것을 배워야만 한다. 그러나 그것은 불가능한 일이다. 왜냐하면 어린이에게 자아는 있지만 세계관은 없기 때문이다. 이어지는 문단들을 통해 비고츠키는 훨씬 간결한 대답을 한다. 어린이는 바깥 세계에 존재하며, 오감을 통해 부지런히 세계를 경험한다. 그러나 언어는 이러한 감각적 경험이 아니며, 인격과 세계관의 재료이다. 어린이에게는 한 번에 한 공간의 경험을 표현하는 것이 더 쉽다.

15-33] 그것을 특징짓는 중요한 두 가지 사례를 살펴보자. 첫째는 기억이다. 비상한 어린이의 기억 능력에도 불구하고 삶의 첫해에 관한 기억은 이어지는 어린이의 삶의 과정에서 유지, 지속되지 않는다. 우리가 삶의 첫해, 일반적으로 우리 삶의 초기 몇 해를 기억하지 못한다는 불가사의한 사실은 아직 심리학에서 적절히 설명되지 않았으며, 물론 그것을 단지 오래된 일이라는 사실로 설명할 수는 없다. 최근의 심리학에는 이 사실에 대한 두 가지 기본적 설명이 존재해 왔다. 하나는 프

로이트에 의해, 다른 하나는 왓슨에 의해 제안되었다. 프로이트는 초기 유년기에 대한 기억이, 이어지는 어린이 삶 전체의 기억과는 완전히 다른 어린이 행동 조직에 속하기 때문에 의식으로부터 추방된다고 믿었다. 왓슨은 프로이트의 무의식과, 말을 결여한 행동을 동일시하고, 초기 경험이 말의 개입 없이 축적되었다는 사실로 그것을 설명한다. 왓슨에게 있어 기억은 행동의 언어적 측면의 결과물이다.

15-34] 왓슨의 설명은 우리에게 가장 옳은 것처럼 보인다. 마치 우리가 문자가 없었던 인류의 선사 시대에 대해 어떤 것도 기억하지 못하는 것과 같이 어린이 발달에서 생후 첫해는 아무것도 기억할 수 없는 일종의 선사 시대라는 것으로 결론 맺을 수 있을 것이다. 이런 식으로 우리의 말은 우리의 개인적 과거에 대한 기록과 같은 것이다. 어쨌든, 우리가 인생의 첫해에 대해 어떤 것도 기억하지 못한다는 기본적인 사실은, 우리 자신의 인격에 대한 의식의 토대가 과거에 대한 우리의 기억이라는 또 다른 사실과 더불어, 다음과 같이 말할 수 있게 해 준다. 즉 어떤 의미에서 인생의 첫해와 이후 삶의 관계는 자궁 내의 발달과 출생 이후의 발달 사이의 관계와 같다. 이것은 이를테면 어린이의 문화 발달에서의 또 다른 선사 시대이다. 어린이가 서로 다른 감각적 스키마를 토대로 하여, 보는 것이나 만지는 것 등으로 대상을 나누는 개념 발달의 사례는 이 시기의 자연주의적 특성이 얼마나 말의 부재에 기인하는지 다시 한 번 보여 준다.

15-35] 이런 방식으로 우리는 앞서 언급된 피아제의 스키마에서 자연적 행동에 대한 우리 개념의 유사물을 발견한다. 우리는 어린이가 한 대상에 대한 지식으로 시작하여 오직 그것의 일반화를 통해서만 개념에 도달한다는 견해가 얼마나 잘못되었는지 알고 있다. 사실 어린이는 동물과 마찬가지로 가장 일반적인 스키마로 시작한다. 그것에 따르면, 개별적으로 구별되는 것이 아니라 동화의 스키마를 통해 그에게 지각

되는 다섯 가지 사물의 무리가 존재한다. 어린이가 만일 존재하는 사물에 대한 개념을 낱말로 표현할 수 있다면, 그는 다섯 개의 낱말들을 갖게 될 것이며 이를 통해 그가 아는 세계의 모든 다양성을 전달할 수 있을 것이다.

15-36] 묘하게도 언어의 기원을 정서적으로 설명하는 이론 역시 선사 시대에 인간 의식의 의미를 전달하는 수단으로 소수의 기본적 낱말들이 있었다고 설정한다.

> 비고츠키는 마르Н.Я.Mapp의 생각에 대해 논평하고 있다. 마르는 최초의 언어가 오직 몇몇의 의미만을, 심지어는 단 하나의 의미만을 포함하였으며 이 의미는 평가적인 것이었다고 생각하였다. 『생각과 말』 7-5-4, 7-5-5에 제시된 도스토예프스키의 『작가의 일기』에 대한 논의 참조.

15-37] 폴켈트가 말하는 바와 같이, 개념의 피라미드는 특수와 일반 양쪽으로부터 동시에 건설된다. 한 살짜리 어린이의 행동으로 판단컨대, 개념의 피라미드가 바로 특수에 대한 구별을 실패함에 따라 세워진다고 더 나아가 말할 수도 있을 것이다. 왜냐하면 어린이는 점진적으로 점점 더 특정한 집단에 초점을 맞추면서 일반으로부터 특수로 나아가며, 개별 대상은 명백히 오직 나중에야 분별되기 때문이다. 이는 신경 활동, 즉 항상 일반화된 조건 반사의 형성을 이끄는 신경 흥분의 복사輻射의 기본적 특징에 대해 우리가 알고 있는 것과 상응한다. 결코 단박에 일어나지 않는 분화의 결과로 오직 이후에야 어린이는 대상을 추출하고 구별하기 시작한다.

> 파블로프는 자극이 처음에는 개의 뇌 속에서 분산되어 있다가, 지속적으로 자극을 주면 나중에는 특정 지점에서만 나타난다는 사실을 발견하였다(11-9 참조). 따라서 비고츠키는 자극이 애초 매우 분산되어

있기 때문에 조건 반사를 설정하는 것이 가능하며, 이것이 바로 개념 발달을 가능하게 하는 것이라고 주장한다. 이것은 개념의 피라미드가 꼭대기부터 아래 방향으로 세워진다고 말하는 것처럼 보인다. 즉 어린이가 구체적인 예로부터 시작해서 그 예들을 일반화하는 방식을 따르지 않으며, 오히려 반대로, 특정 대상을 구별하지 못하고 그 대신 '만질 수 있는 것'이나 '볼 수 있는 것' 등을 동화적 스키마로서 경험하기 때문에, 어린이는 일반적인 것에서 시작하여 말을 사용함으로써 구체화하는 법을 배운다는 것이다. 이것을 폴켈트의 입장과 비교해 보자. 폴켈트에 의하면 개념 형성에서 일반에서 특수로의 과정과 특수에서 일반으로의 과정은 동시에 일어난다. 나중에 비고츠키는 『생각과 말』에서 개념 형성에 대하여 폴켈트의 입장을 취하게 된다(『생각과 말』 5-2, 5-18).

15-38] 따라서 자연적 말, 자연적 기억, 논리 발달에 있어서 개념을 대신하는 지배성과 동화 스키마. 이것이 바로 유아를 특징짓는 것들이다. 도구로의 이행과 사회적 말로의 이행은 그것을 바탕으로 하는 이후의 문화적 발달을 가능하게 하는 결정적인 지점이지만, 그들 자체는 여전히 인간됨의 역사의 자연적 시기에 귀속된다. 비교 심리학의 언어로 말하자면, 이들은 동물 행동 형태와 원칙적으로 다르지 않다. 인격과 세계관이 하나의 마법적 행위 속에서 나뉘지 않는다는 사실은 문화적 발달로의 이행 단계를 가리킨다. 우리가 피아제의 이론에 대해서 반드시 고쳐야 할 사항은 사회적 말과 도구 사용이 이 마법적 단계를 가르고 쪼개는 계기들이라는 사실이다. 자연적 세계와 사회적 세계로의 적응은 여기서 별개의 두 노선으로 갈라지기 시작한다. 끝으로, 이미 지적된 생후 첫해의 기억의 부재라는 사실이, 이번에는 어린이의 인격이 아직 건설되지 않았으며 외적·내적 행위에 있어 스스로를 드러낼 수단들이 아직 창조되지 않았음을 가리킨다.

15-39] 어린이 발달의 다음 시기는 후속 발달에 결정적인 중요성을 갖는 두 가지 근본적인 변화에 의해 특징지어진다.

15-40] 첫 번째 변화는 직립 보행의 숙달로 이루어진 유기체적 변화이다. 이로부터 공간에 대한 적응에서 근본적인 변화, 즉 사물에 영향력을 미치는 반경이 확대되며, 손이 이동 기능으로부터 해방됨으로써 조작하고 숙달할 수 있는 대상이 풍부해지게 된다. 두 번째는 말의 숙달로 이루어진 문화적 변화이다. 우리가 이미 지적했듯이, 도식적으로 보았을 때 어린이 발달의 가장 중요한 계기는 다음과 같이 일어난다. 처음에 잡기 운동의 지배성이 존재한다. 실패한 운동에 의해 손은 원하는 대상을 향해 뻗은 채로 남게 되며, 이로부터 인간 말의 전조인 가리키는 몸짓이 생겨난다. 그것의 기능은 주의를 지정하는 것이다. 이것은 대상 자체를 직접적으로 집거나 간접적으로 가리킴으로써 이루어질 수 있다. 한 살 어린이는 대상을 향해 팔을 뻗고 두 살에는 손가락으로 가리키는 몸짓을 한다. 어린이의 말은 모두 몸짓을 통해 발달하며, 이런 점에서 이런 식으로, 그것은 말하자면 우회적이고 지그재그적인 말 발달이다.

15-41] 모이만이 가정한 것과는 반대로, 첫 낱말들은 정서적-표현적이지 않고 오히려 그 기능에 있어서 지시적이다. 이들은 가리키는 몸짓을 대체하거나 수반한다. 입말은 느리게 점차 발달하며, 그와 더불어 주변의 타인에게 영향을 미치기 위한 주 장치가 형성된다.

입말은 천천히 발달한다는 비고츠키의 주장에 주목하자. 이것은 입말이 폭발적으로 발달한다는 대부분의 부모들의 경험과는 상반되지만 분명 사실이다. P. 블룸(2000)은 '어휘 폭발'은 신화에 불과하다는 것을 증명했다. 어린이의 어휘가 0에서 시작하기 때문에 그 증가 속도가 마치 폭발하는 것처럼 빠르게 보이는 것이며, 전체 어휘에 비하면 어린이의 어휘는 매일매일 적당한 비율로 발달한다는 것이다. 다음 표는 생

후 1년부터 10세까지 어린이가 하루 동안 배우는 어휘의 비율을 나타
낸 것이다.

연령	하루에 배우는 낱말 수
12~16개월	0.3(3일에 1낱말)
16~23개월	0.8
23~30개월	1.6
30개월~6세	3.6
6세~8세	6.6
8세~10세	12.1

블룸은 어휘 학습이 대부분의 부모가 느끼는 것처럼 1세 반에서 절
정을 이루는 것이 아니라 10세에서 16세 사이에 절정을 이룬다고 지적
한다(물론 어린이가 외국어를 배운다면 어휘 학습량은 계속 증가할 것이다).

Bloom, P.(2000), *How Children Learn the Meanings of Words*,
Cambridge, MA: MIT Press, pp. 41-44.

그렇다면 촘스키가 설명한 대로 어린이의 문법은 과연 폭발하는 것
일까? 어린이가 2세부터 실제로 관계절과 복합 문장을 사용한다 하더
라도, 그 어린이가 그것을 진짜로 이해하는 것은 아니며, 5~6세가 될
때까지는 그 두 가지를 올바르게 배치할 수 없다는 것이 주의 깊은 분
석을 통해 드러난다. 따라서 문법 폭발이라는 것 또한 신화에 불과해
보인다. 비고츠키는 언어 학습에서 '혁명'이라는 것은 어린이가 '생각
하는 방법'에 있어서의 혁명이지 겉으로 드러나는 말에 있어서의 혁명
이 아니라고 주장한다. 이 혁명은 어린이가 가리키는 법을 배울 때 일
어난다.

15-42] 생각에 대한 장에서 우리는 이미 말의 숙달이 어린이의 생
각, 기억 및 그 밖에 다른 기능들의 모든 특질을 재구성한다는 것을 보
여 주었다. 말은 세상에 영향을 미치는 보편적 수단이 되었다. 여기에
어린이의 새롭고 독특한 형태의 세계관이 존재한다. 성인을 통해 외적
대상에 영향을 미치게 됨에 따라, 어린이는 낱말과 대상 사이에 점점

단축된 길을 놓기 시작한다. 퀼러와 뷜러의 실험에서, 창살 너머에 있어 대상을 잡을 수 없을 때 어린이가 어떻게 베개, 허리띠 및 다른 물건들을 던지기 시작하는지 기억해 보자.

> 예를 들어 부모가 물건을 사 주게 만드는 법을 배운 어린이는 점점 더 고압적이고 당당하게 생략적인 표현을 사용하게 된다. "아빠, 이거 사 주세요."가 단순히 "사 줘."가 된다. 그렇지만 낱말은 단순히 사라진 것이 아니다. 다음 단락에서 비고츠키는, 이룰 수 없는 목표가 있을 때 성인이 어떻게 말을 던지는지 재미있게 지적한다.

15-43] 이제 어린이는 낱말을 갖고 그렇게 한다. 그리고 이런 특성이 어른들에서도 유지된다는 것은 주목할 가치가 있다(손에 닿지 않는 무생 물체를 향해 욕을 하는 것). 어린이가 낱말을 통해 사물에 작용하려고 하는 것은 대단히 흥미로운 일이다. 따라서 M. Я. 바소프의 실험에서 어린이는 장난감을 향해 내려오라고 요청하는 것이다. 사람에 대한 영향력과 사물에 대한 영향력에 대한 그런 혼동은 오랫동안 지속되지만, 그것은 생애 첫해에 어린이가 견지하던 입장의 형태와는 이미 원칙적으로 다르다. 사람에 대한 영향력과 사물에 대한 영향력은 각자의 노선을 따라 지속된다. 어린이는 이제 도구와 기호를 숙달하게 되거나 적어도 그것들의 사용 원칙을 숙달하게 되고, 각각은 필요에 따라 적절히 적용된다.

> M. Я. 바소프에 대해서는 I권 3-8 박스 참조.

15-44] 어린이 인격 발달의 결정적 계기는 어린이가 '나'라는 자기 자신을 자각하게 될 때이다. 잘 알려진 바와 같이, 어린이는 처음에는 자신의 이름으로 스스로를 지칭하며, 인칭 대명사의 사용을 배우는 데 약간의 어려움을 겪는다. J. 볼드윈이 옳게 지적했듯이 어린이에게 있어

'나'의 개념은 타인의 개념으로부터 나타난다. 따라서 '인격'의 개념은 사회적이며, 타인과의 관계에서 적용된 장치와 적응을 자기 자신에게 적용하는 것을 토대로 구성된다. 이것이 바로 인격은 우리 안에 있는 사회적인 것을 나타낸다고 말할 수 있는 이유이다. 우리에게 이러한 발견은 놀랄 일이 아니다. 결국, 각 개별 기능의 분석에서 우리는 어린이의 이러저러한 행동 과정의 숙달은 성인이 어린이를 통제한 모형에 기초한다는 것을 보았다. 우리가 이미 확인했듯이, 예를 들어 어린이의 주의는 처음에는 성인에 의해 한 측면이나 다른 측면으로 기울어지며, 어린이는 오직 행해진 기법들과 방법들을 배울 뿐이다. 말도 마찬가지다. 처음에는 다른 사람과의 의사소통 기능을 수행하지만 후에는 자기 자신과의 대화에 토대한 내적 말이 된다. H. 들라크루아가 옳게 지적했듯이 한 무리의 어린이들에게 "누가 이걸 원하지? 이건 누구 거니?"라는 질문을 던질 때 어린이는 종종 질문에 대한 답으로 자기의 이름을 댄다. 어린이의 이름처럼 인칭 대명사는 그 자신을 가리키는 몸짓이다.

H. 들라크루아에 대해서는 7-5 박스 참조.

15-45] J. 피히테는 아들이 '나'라는 낱말을 말하기 시작한 날을 영적인 생일로 기념하고자 하였다. 그러나 물론 가리키는 몸짓이 객관적 낱말 의미를 설명하지 못하듯이 대명사의 출현은 인격에 대한 개별적 의식의 출현을 거의 설명하지 못한다. 이것(출현-K)은 '나'를 표현하는 두 개의 다른 낱말이 있는 프랑스어에서 매우 명확히 나타난다. 하나는 명사를 대체할 때 사용되는 독립적 낱말의 뜻으로서의 '나moi'가 있고 다른 하나는 오직 동사와 함께 사용되는 대명사로서의 '나je'이다. 들라크루아는 명사적 의미를 가지는 어린이의 '나'보다 문법적 요소의 일부로만 나타나는 '나'가 먼저 나타난다고 말한다.

피히테는 어린이가 '나'라고 말할 때 영적인 생일을 맞게 된다고 생각한다. 어린이가 스스로에 대해 의식하게 되었기 때문이다. 비고츠키는 이것이 전혀 사실이 아니라고 말한다. '나'라는 말을 하는 어린이는 '나'만을 따로 말하는 것이 아니라 언제나 문장의 일부로서 이 대명사를 사용한다. 예컨대 '나 넘어졌어요(I fell).'라는 말에서 어린이가 생각하는 것은 '나(I)'가 아니라 '넘어졌다(fell)'는 내용일 것이다. 우리가 영어로 'He falls'라고 말할 때에도 우리는 3인칭 동사에 붙는 's'가 'He'를 의미한다는 것을 의식하지 않는다. 이는 그냥 동사의 일부인 것이다. 어린이 역시도 '나 넘어졌어요.'라는 문장에서 '나'는 전체 문장을 형식적으로 구성하는 일부로 간주할 뿐, '나'와 '넘어졌어요.'라는 말이 분리될 수 있다는 사실조차 모를 수 있다(실제로 프랑스어에서 'je'는 언제나 동사와 함께 사용되며 독립적으로 사용되지 않는다). 이와 동일하게, 사과를 '가리키는' 어린이는 단순히 '사과'라는 말의 객관적 의미를 생각하는 것이 아니라 사과를 집거나 손을 뻗거나 먹는 행동을 생각하고 있을 수 있다. 그러나 어린이의 '나' 개념은 문법과 무관하지 않다. 프랑스어에서 'je'는 반드시 동사와 함께 사용되기 때문에 어린이가 이를 단순히 동사의 일부로 생각한다고 쉽게 가정할 수 있다. 그러나 'moi'의 경우는 'je'와 달리 독립적으로 사용될 수 있는 명사이므로 이 낱말의 사용은 어린이의 자의식을 반영하는 것으로 볼 수 있을 것이다. 어린이가 사과를 가리키는 경우 가리키는 당사자인 자신을 반드시 의식하는 것은 아니지만, 어린이가 자기 자신을 가리킨다면 그것은 '나'에 대한 의식을 의미할 가능성이 높다.

15-46] 7살에 말을 시작한 어떤 청각 장애 어린이는 12살이 되어서야 인칭 대명사를 겨우 사용하기 시작했다. 그 전에는 특별한 학교 교육에도 불구하고 항상 '나'라는 말을 빼고, 예컨대 "올렉은(나는) 아빠가 있어요."처럼 계속 자기 이름을 사용했다.

15-47] 이와 관련한 스턴의 언급에 주목할 가치가 있다. 즉 만이로 태어난 어린이는 흔히 이름이 인칭 대명사보다 먼저 나타나지만, 둘째

나 그 이후의 어린이에서는 '나'가 단지 문법적 요소로서가 아니라 이름과 동시에 나타난다. 어린이의 인격이 사회적 표상에 토대하며 어린이가 다른 사람이 이 낱말을 사용하여 자신을 가리키는 것을 따라 함으로써 '나'라는 자각에 도달한다는 사실에 이보다 더 좋은 증거는 없을 것이다.

> 맏이는 대개 부모로부터 이름이나 '너'로 불리며, 이 때문에 이름을 먼저 습득하고 '나'를 나중에 습득한다. 왜냐하면 맏이는 부모들이 이름과 '나'를 바꾸어 사용하는 것을 보지 못하기도 하고, 부모들은 어린이들 주변에서 자신들의 이름을 그다지 많이 사용하지 않기 때문이다. 그러나 어린 동생들이 말을 배우는 경우, 동생들은 맏이가 자신의 이름과 '나'를 자주 바꾸어 사용하는 것을 듣게 되며, 그것을 따라 하게 됨에 따라 동생들은 이름과 인칭 대명사 '나'를 동시에 배우게 된다.

15-48] 우리가 취하는 어린이 세계관 발달의 전형적인 다음 단계는 고유한 행동 형태인 놀이의 연령이다. 이는 바로 앞에서 논의한 관점에서 볼 때 매우 흥미롭다. 물론, 놀이에서 자기 자신을 선장으로, 군인으로, 한 마리 말로 상상하면서 장난감과 사물에 새로운 의미를 부여하는 어린이는 심리적 관계와 물리적 관계를 구분하지 못했던 마법적 단계를 이미 넘어선 상태이다. 이제 말을 표현하는 막대기는 그에게 말이 아니다. 즉 어린이는 막대기가 말이라는 환상을 전혀 갖지 않는다. 우리가 위에서 보여 주려고 애썼던 것처럼, 이런 새로운 (환영적인) 의미는 조건적·상징적 표현의 일부도 아니다. 막대기는 말도 아니고, 예컨대 사진이나 낱말과 같은 말에 대한 기호도 아니다. 어린이의 놀이에서 사진이나 그림이 대상을 대체하는 일이 거의 없다는 것은 흥미롭다. H. 혜처는 일부 사례들을 보고했지만 그럼에도 불구하고 우리는 그것들을 극히 드문 것, 즉 규칙이 아닌 예외로 간주하고자 한다.

어린이는 자기가 선장도, 군인도, 말도 아니라는 것을 안다. 어린이는 더 이상 장난감에게 내려오라고 한다 해도 장난감이 내려올 거라고 기대하지 않는다. 어린이는 주체-대상 관계(장난감과 도구)와 주체-주체 관계(기호)를 구별하는 법을 배운 것이다. 그렇다면 비고츠키는 왜 어린이가 여전히 막대기를 말에 대한 기호로 다루지 않는다고 말하는 것일까? 비고츠키는, 말의 역할을 표현하기 위해 의상 대신 '말'이라는 낱말이나 말 그림을 가슴에 붙이는 것을 더 선호하는 큰 아이들과는 달리, 이 연령의 어린이는 역할을 나타내는 그림이나 낱말을 갖고 놀고자 하는 의지가 없다는 것에 주목한다. 비고츠키는 막대기가 낱말과 같은 조건적 상징이 아니라고 결론짓는다. 그것은 몸짓을 돕는 하나의 기구이다.

15-49] 이 경우 대상과 그것에 부여된 가치 사이의 관계는 완전히 고유하며, 어린이가 획득한 세계관의 단계에 상응한다. 이미 언급했듯이 그 막대기는 환상도 아니며 상징도 아니다.

15-50] 우리는 어떻게 이 가치가 몸짓으로부터, 즉 어린이의 말이 발생되고 기호 발달의 자연적 역사 전체가 시작되는 것과 동일한 공통 근원으로부터 생겨나는지 보이고자 했다. 실패한 잡기 동작은 동물의 경우에는 목적물 획득에 기여하지 못하므로 사그라지지만, 사람에게 있어서는 새로운 기능을 수행하기 시작하며 이는 사실상 인간의 모든 문화적 행동 형태의 진정한 근원이다. 무엇보다 그것은 도움의 요청이며 따라서 최초로 개인을 초월하는 것이다. 즉, 심리적 의미에서 원시적인 협동 형태인 것이다. 우리는 몸짓, 움직임 그리고 극화劇化 덕분에 막대기가 어린이에게 의미를 갖게 된다는 것을 보이고자 하였다.

15-51] 심리학자들은 어린이 자신의 보고에 현혹되어 환상에 굴복하였다. 그들은 오직 완료된 결과 혹은 주어진 과정의 결과물만을 보았고, 애초부터 가치가 모방적 몸짓, 어린이의 가리키기, 말타기 등에 본

래 포함되어 있다는 사실로 이루어진 과정 그 자체를 밝히지 않았다. 몸짓을 완전하게 표현하려는 목적에 봉사하는 어떤 물건이 필요하고, 이 물건이 획득한 가치는 본질적으로 이차적인 것으로서, 몸짓이라는 일차적 가치로부터 생겨난 파생적 가치이다.

15-52] 이런 점에서 우리는 놀이 단계에 있는 어린이가 여전히 매우 불안정한 방식으로 자신의 인격과 세계관을 발견하는 것을 보게 된다. 어린이는 자기 자신이 되는 것만큼이나 쉽게 다른 누군가가 될 수 있으며, 모든 사물은 어떤 모양이라도 취할 수 있다. 그러나 주어진 놀이 속 어린이의 '나'와 주위 사물들의 일반적인 유연성과 불안정성 속에서, 어린이는 사물을 다루는 것과 사람을 대하는 것을 마법적이 아니라 이성적으로 구분한다. 이 단계의 어린이가 놀이 활동과 실제 활동을 혼동하지 않는다는 것 또한 주목할 가치가 있다. 그것은 마치 각각이 어린이에 의해 다른 영역에 배치되어 있는 것과 같다. 어린이는 한 영역에서 다른 영역으로 쉽고 능숙하게 이동하며 결코 그것들을 혼동하지 않는다. 이것은 어린이가 두 영역을 모두 장악했다는 것을 의미한다.

15-53] 학령기에 이르러서야 비로소 좀 더 안정적이고 견고한 형태의 인격과 세계관이 나타나기 시작한다. 피아제가 보여 주었듯이, 학령기 어린이는 훨씬 더 사회화된 존재이면서 보다 개인화된 존재이다. 모순처럼 보이는 것은 실제로 동일한 하나의 과정의 두 측면이다. 어린이 인격의 성장, 형성, 성숙이 오직 사회적 경험의 성장, 심화, 분화와 더불어 나타난다는 사실보다 어린이 인격의 사회적 기원을 지지하는 더 강력한 증거는 있을 수 없다고 우리는 생각한다.

15-54] 이 변화의 가장 중요한 토대는 어린이의 생각의 주요 도구가 되는 내적 말의 형성이다. 놀이 단계에서 어린이가 생각하면서 동시에 행동하고, 기호로 구체화된 어떤 활동 형태의 생각이 극화 즉 행위의 실제 실행이 되는 반면, 학령기 어린이의 생각과 행동은 어느 정도 서

로 구별된다. 놀이에서 우리는 기호 사용의 독특한 형태를 관찰한다. 어린이에게 놀이 과정, 즉 기호 사용 자체는 활동을 표현하는 기호의 의미에 대한 점진적 친숙화와 여전히 밀접한 관련이 있으며, 여기서 어린이는 기호를 수단이 아니라 목표 그 자체로 사용한다.

15-55] 이런 상황은 학령기의 시작과 함께 결정적으로 변한다. 여기서 어린이의 생각과 행위는 예리하게 분리된다.

15-56] J. 피아제는 학령기 어린이의 모든 특성은 두 법칙으로부터 도출된다고 설명하려 하였다. 그는 첫 번째 법칙을 변화 혹은 대체의 법칙이라고 부른다. 그 법칙의 본질은 전 학령기에는 행위 영역에서 관찰되던, 어린이 행동과 외부 세계로의 적응의 특성들이 이제는 변하고 대체되어 생각의 층으로 이행했다는 사실에 있다.

> 이 관점에 대한 비판은 『생각과 말』 6-2-6~6-2-18 참조.

15-57] 혼합적 생각과, 발달 초기 단계 어린이의 지각을 특징짓는 시각적 현상에 대한 혼합주의적 설명이 이제 언어적 혼합주의의 형태로 나타나며, 피아제는 자신의 실험에서 그 예를 든다. 이 법칙은 다음과 같이 공식화할 수 있을 것이다. 학령기 어린이는 직접적 지각과 행위의 영역 속에 살고 있다.

15-58] 피아제가 어려움의 자각 법칙이라고 불렀던 또 다른 법칙은 E. 클라파레드에 의해 확립되었다. 이 법칙의 의미는 어린이가 자신의 조작이 적응에 실패한 정도만큼 그것을 의식하게 된다는 것이다. 만약 이런 이유로 일반적으로 충동적이고, 자연 발생적이고, 무의식적인 반응 활동으로 전 학령기 어린이를 특징짓는다면, 학령기 어린이에 대한 입장은 원칙적으로 다르게 된다. 이 어린이는 이미 자신의 행위를 자각하고 있으며 말을 통해 행위를 계획하고 보고하며, 이미 앞서 개념이라고 불렸던 최고의 지적 모방 형태를 분리시켰다. 이는 내적 말을 가진

어린이가 최선의 것을 강조하고 선택하고 그 관계를 추출할 수 있다는 사실과 관련지을 수 있다. 그러나 이 중에서 가장 중요한 것, 즉 자신의 사고 과정에 대한 자각은 아직 어린이에서 생겨나지 않았다. 어린이는 그것을 자각하지 못하며, 그것에 반응하지 않으며, 종종 그것을 조절하지 못한다. 그것은 이전에 행위가 전개되었듯이 순수하게 반응적인 방식으로 전개된다. 점진적으로 여러 해가 지나야만, 어린이는 자신의 행동 과정을 숙달했듯이 자신의 사고 과정을 숙달하는 법을 배우며, 조절하고 선택하기 시작한다. 피아제는 생각 과정의 통제는 도덕적 행위일 뿐 아니라 동시에 의지의 작용이고 선택의 작용이라고 바르게 지적한다.

심리학자들은 때때로 행동에 대한 내적 통제와 외적 통제를 구분하고자 한다. 예를 들어 계단을 뛰어 내려가다가 넘어져 다친 어린이는, 단지 계단에서 뛰지 말라는 말을 들은 어린이와는 매우 다르고 강한 교훈을 얻게 된다는 것이다. 잘 알려진 바와 같이 루소는 이러한 '자연적' 교훈이 인공적 교훈보다 훨씬 더 잘 기억된다고 주장했으며, 이것이 클라파레드의 어려움의 법칙의 요지이다. 따라서 이 법칙은 어린이가 학교에서 스스로의 생각 과정을 통제하는 법을 배운다는 것을 시사한다. 왜냐하면 학교에서 제공되는 지적 과업이 훨씬 더 어렵기 때문이다. 그러나 이는 다음과 같은 이유로 사실이라 보기 어렵다. 첫째, 학교에서 제공되는 지적 과업이 말을 배우는 것보다 얼마나 더 어려운지는 알기 어렵다. 둘째, 비고츠키는 생각 과정에 대한 의식적 파악은 학교 교육이 어렵기 때문에 생겨나는 것이 아니며, 개념 형성은 학교 교육이 시작된 후에도 5~10년이 더 걸린다고 분명히 말한다. 셋째, 『생각과 말』(6-2)에서 비고츠키는 '어려움의 법칙'이 단지 문제를 재공식화할 뿐이며(자각은 단지 어려움에 대한 자각이다), 자각과 어려움에 대한 어떤 설명도 제공하지 못한다고 지적한다. 클라파레드의 제자였던 피아제조차 이 법칙을 완전히 신뢰하지 않았다. 그러나 이 책 전체에 걸쳐 비고츠키는 더 혁명적이면서 발달적으로 덜 유해한 관점을 주장한다. 어린이는 단지 자신을 괴롭게 함으로써 배우는 것이 아니다. 실제로 그 원리에 기반을 한 교육에서 살아남을 수 있는 어린이는 거의 없을 것이다. 대신 어린이는 타인에 의해 주어진 문화적인 자기 통제 수단을 받아들여 자신의 목적에 맞게 사용한다. 즉 어린이는 말을 장악하고 내적 말로 그것을 내면화한다.

15-59] 손다이크가 추론을, 필요한 연합의 선택 즉 실생활에서 일어나는 과정으로서 충돌하는 동기들 간의 선택에 토대한 산술과 비교하는 것은 놀라울 것이 없다. 초등학교 끝 무렵인 12살에 이르러서야 어린이는 자기중심적 논리를 완전하게 극복하게 되고 자기 자신의 사고 과정 숙달로 이행하게 된다.

손다이크는 추론과 수학을 비교한다. 두 경우 모두 우리는 특정한 관계를 선택해야 한다. 두 경우 모두 우리는 이익과 손해, 장기적 수익과 단기적 수익 등과 같은 충돌하는 동기들 사이에서 선택해야 한다. 12세에 이르러서야 어린이는 자기중심적 생각을 완전히 극복하게 된다. 12세에 이르러서야 어린이는 스스로의 생각 과정에 대해 의식적으로 파악하게 되는 것이다.

15-60] 일반적으로 사춘기는 청소년의 삶에서 두 가지 주요 변화가 완성되는 연령을 가리킨다.

15-61] 이것은 자신만의 '나'를 발견하는 연령으로 알려져 있다. 즉, 한편으로는 자신의 인격을, 다른 한편으로는 세계관을 형성하는 것이다. 이 두 계기들이 청소년기에 일어나는 주요한 변화, 즉 사춘기 과정과 얼마나 복잡한 관계를 가지고 있든지 간에 문화적 발달 영역에서 이들은 이 연령을 특징짓는 모든 것 중 가장 중요한 의미를 갖는 중심적 계기라는 것이 확실하다.

15-62] 이런 이유로 E. 슈프랑거는 이 이행적 연령을 문화적 성숙의 연령이라고 옳게 불렀다. 청소년이 내적 세계를 그 모든 가능성과 함께 발견하고, 외부 활동으로부터 상대적 독립성을 확립한다고 말한다면, 우리가 어린이의 문화적 발달에 관해 알고 있는 것의 관점에서 볼 때 이것을 내적 세계의 숙달이라고 부를 수 있을 것이다. 이 사건의 외적 상관물이 인생 계획의 발달, 즉 청소년이 최초로 의식하게 된 특정한 적응 체계의 발달이라는 것은 전혀 놀랍지 않다. 이렇게 이 연령은 어린이의 문화적 발달 과정 전체를 정점에 이르게 하고 완성한다.

15-63] 우리가 유년기 연령에 대한 피상적이고 도식적인 관점에 제한될 수밖에 없음을 우리는 이미 지적했다. 왜냐하면 현재의 연구가 연령에 따른 심리학적 발달의 특질에 대해 충분히 분화된 그림을 제시할 수 없기 때문이다.

●결론: 추후 연구 경로-어린이의 인격과 세계관의 발달

비고츠키는 자신의 목표가 단지 발달의 두 노선, 즉 자연적 발달과 문화적 발달 노선을 제시하고, 전체 발달을 이 둘 중 하나로 환원하려는 치우친 시도를 거부하는 데 있음을 겸손히 밝히면서 바로 앞 장을 끝맺었다. 그러나 이 장은 완전히 새로운 두 개념—'인격'과 '세계관'—을 소개한다. 이 두 개념은 이 책에서뿐 아니라 과학에서도 아주 새로워서 이 두 개념은 대중적으로 쓰이는 소박한 의미로부터 아직도 완전히 분화되지 않았다. 이 두 개념은 어린이의 현재 발달이 아니라 대체로 미래와 관련이 있다는 점에서 매우 새롭다. 비고츠키는 15-9에서 어린이가 '인격'을 가지고 태어나는 것이 아니며, 청소년기에 이르러야만 진정한 의미의 '세계관'의 형성을 논할 수 있다고 말하였다. 따라서 이 마지막 장의 맨 마지막 문단에 이르기까지, 비고츠키가 쓰고 있는 것은 어찌 보면 결론이 아니라 새로운 책의 서론이라고 말할 수도 있다.

그가 소개하고 있는 것은 어떤 종류의 책인가? 바로 앞 장에서(14-47), 비고츠키는 『역사와 발달』은 단지 어린이의 말 발달이 어떻게 생각을 변화시키는지를 탐구하기 위한 방법론적 기초를 놓을 뿐이라고 말하였다. 비고츠키는 생애 마지막 해에 『생각과 말』을 저술한다(정확히 말하자면 1장, 6장, 7장을 저술했다고 해야 할 것이다). "이른바 '자기중심적 말'의 발달적 역할은 무엇인가"를 비롯한 이 장에 제시된 많은 생각들이 『생각과 말』에서 개념 발달에 관한 상이한 두 연구와 더불어 크게 발전되었다. 그러나 『생각과 말』 말미에 새로 떠오른 중요한 주제는 인격과 세계관이 아니라 '의식'이라는 통합적 개념이다. 인격과 세계관은 생각과 말에서 '생각'과 '말'을 이어 주는 접속 조사 '과'에 담겨 있다.

15-4에서 비고츠키는 어떤 책을 염두에 두고 있는지를 말해 준다. 그는 이 장의 목적이 어린이 문화적 발달의 윤곽을 그리는 것이라고 말한다. 그는 신생아를 시작으로 유아, 유년기, 전 학령기, 학령기 어린이에 관해 기술한다. 비고츠키 후기 저작 중에서 이러한 경로를 따르며 인격과 세계관의 발달과 분화가 핵심적 역할을 차지하는 것은 어린이 발달에 관한 그의 미완성 저작의 일부이다(러시아판 비고츠키 선집 4권, 1984 참조).

그 책 중 유일하게 완결된 첫째 장에는, 이 장에 나타난 대략적인 시기 구분이 안정기와 위기로 구성된 더욱 정교화된 도식으로 발달되어 나타나고, (새로운 형태의 심리적 삶인) '신형성'과 (어린이와 사회적 발달 상황을 연결하는) '중심적 발달 노선'을 통해 어린이의 인격이 어떻게 발달하는지가 기술된다. '신형성'과 '중심적 발달 노선'은, 발달을 통해, 이 장에서 그가 '인격'과 '세계관'이라 부른 형성을 이끄는 것으로 보인다.

그러나 어린이가 인격이나 세계관을 가지고 있지 않다면, 성인의 의식을 형성하는 사유와 성찰에 신경 쓰기에는 너무나 바쁜 기나 긴 유년기 동안 발달하는 것은 정확히 무엇인가? 그것을 설명하는 낱말이 러시아어에 없기 때문에(이 낱말은 다른 언어에도 없다), 비고츠키는 '미라제이스트비에mиpoдeйcтвиe', 즉 '세계 행위'라는 말을 만들어 낸다. 이 장은 어떤 점에서 보면 어린이의 세계(이것은 비고츠키 사후 거의 80년이 지난 지금까지도 충분히 사유되거나 쓰인 바가 없다)를 완전하게 조망하고자 하는 비고츠키의 '세계 행위'와도 같은 것이다.

I. 비고츠키는 (도입과 연구 방법을 제외한) 전체 연구를 세 장씩 네 묶음으로 요약한다. 첫 번째 묶음은 이론적 토대를(3, 4, 5장), 두 번째 묶음은 각각의 문화적 행동에 대한 분석적 연구를(6, 7, 8장), 세 번째 묶음은 개별 심리 기능들에 대한 분석을 제공하였으며(9, 10, 11장), 네 번째 묶음은 전체를 종합한다(12, 13, 14장). 그리고 마지막 장인 15장에서는 분석을 하는 동시에 종합한다. 즉 비고츠키는 '인격'과 '세계관'의 '횡단면'을 제시하지만, 이들은 문화적 발달 전체의 통합적 부분임을 우리에게 상기시킨다. 그는 또한 자신의 연구에 감정, 느낌, 고등 정서 등에 대한 논의가 누락되어 있는 것도 인정한다(15-1~15-15).

A. 비고츠키는 논의의 발자취를 되짚는다. 이론적 토대는 개별 연구의 원인이 아닌 결과였지만, 고등정신기능의 분석과 구조 그리고 발생에 대해 살펴본 첫 세 장에 먼저 제시되었다(I권 3장~5장 참조). 비고츠키는 II권 6장에서 11장까지 제시된 개별 연구들이 분석적이라고 말한다. 이 연구들이 문화적 행동의 외적 수단(말, 쓰기, 산술)의 숙달과 이들의 내적 변혁을 통해 생겨나는 심리적 기능(주의, 기억, 생각, 개념 형성)에 대한 것이었기 때문이다. 그는 이들의 공통 '뿌리'가 자기-통제에 대한 장(12장)이라고 말한다. 이는 종합적인 성격을 갖는 문화적 발달과 문화적 연령에 대한 장(13, 14장)을 가능하게 만들었다. 15장에서는 후속 연구들을 위한 세 가지 전망을 제시하는 것이 가능해진다(15-1~15-6).

B. 첫 번째 전망은 후속 연구들의 내용이 한편으로는 인격의 발달에, 다른 한편으로는 세계관의 발달에 대한 것이어야 한다는 것이다. 비고츠키는 문화적 발달을 통해 어린이의 인격을 식별한다. 인격은 (문화적 수단과 자기 통제에 대한) 어린이 숙달의 발달이 그 자신의 행동에 부여하는 주관적 통합성이다. 세계관은 문화적 발달을 통해 더욱 선명하게 식별된다. 세계관이 인격의 객관적 상관물이기 때문이다. 세계관은 어린이가 외적, 사회적 세계와 맺는 관계의 통합체이다(15-7~15-9).

C. 두 번째 전망은 후속 연구의 형태가 전체적이어야 한다는 것이다. 인격이 문화적 수단과 자기 통제를 통한 통합적 행동 숙달로 정의되므로 인격은 (자연적 기관의 발달과는 달리) 오직 문화적 행동 발달의 맥락에서만 발달할 수 있다. 이와 유사하게, 각각의 문화적 행동은 통합적 자기 통제에 의존하므로 그 발달의 역사는 반드시 인격 발달의 역사를 포함해야 한다(15-12). 이 책의 각 장들이 서로 얽혀 있을 수밖에 없었던 것은 바로 이러한 이유 때문이다(15-13).

D. 세 번째 전망은 부정적인 것이다. 비고츠키는 퍼즐의 많은 조각들이 여전히 빠져 있다는 사실을 아쉬워한다. 예를 들어 이 책의 연구들은 정서와 욕구가 각 기능의 자연적 발달과 문화적 발달을 연결 짓는 데 있어 어떠한 역할을 하는지 거의

밝히지 못하고 있다. 오직 동기에 대한 논의(12-44~12-60 참조)에서만 신체적 욕구와 문화적 욕구 사이의 연결 고리로 감정이 언급되었을 뿐이다. 비고츠키는 이 장의 나머지에서는 개체 발생에서 문화적 발달에 대한 연구가 어떻게 진행되어야 하는지 대략적인 밑그림을 제시할 것이라고 약속한다(15-14~15-15).

II. 비고츠키는 출생부터, 혼자 힘으로 걷고 진정한 말을 시작하기 전까지의, 삶의 첫 해의 윤곽을 그린다(15-16~15-38).

A. 비고츠키는 신생아가 문화적 발달의 영점에 있으며, 심지어 심각한 뇌 손상을 입은 사람이나 선사 시대 사람보다도 훨씬 더 자연적이며 '원시적'이라고 말한다(15-16). 따라서 비고츠키는 어린이의 첫 6개월을 쾰러의 유인원 실험과 비교하며, 유아와 침팬지에 대한 뷜러의 비교에 동의한다. 유아와 침팬지는 모두 대상을 향한 태도가 이미 '도구적'이지만, 둘 다 말을 하지는 못한다는 것이다(15-19). 비고츠키는 행동의 첫 세 단계(본능, 습관, 지적 생각)가 모두 존재한다고 지적하지만, 그것들이 이미 상호 관련되어 있다고 가정해서는 안 된다고 경고한다(15-20).

B. 비고츠키는 연구자들이 생애 첫 몇 달 동안조차, 행동의 자연적 토대에 충분히 주의를 기울이지 못했다고 비판한다(15-22). 특히 드리쉬는 목적-지향적 행동과 동기가 이미 존재한다고 가정했으며, 이것은 삶의 첫 6개월 동안 일어나는 어린이의 진정한 두 가지 발견의 계기를 감춘다. 비고츠키는 그 두 가지 발견의 계기를 다음과 같이 제시한다.

  1. 첫 번째 핵심적 발견은 대상들을 이용하여 다른 대상들을 조작할 수 있다는 것이다. 도구의 사용과 함께 이미, 활동(따라서 학습)은 발달을 기다려야 한다는 제닝스의 원리는 더 이상 유효하지 않다(15-21).

  2. 두 번째 핵심적 발견은 울음이 의사소통의 역할을 수행한다는 것이다. 비고츠키는 유아의 울음이 동물에서 발견되는 것과 본질적으로 유사하지만, 기능적으로는 이미 사회적이라고 지적한다(15-24).

C. 비고츠키는 피아제로 넘어가 어린이 행동의 본질적인 원시적 토대에 대한 피아제의 이해에 공감한다. 비고츠키는 어린이가 대상(사물)에 대한 작용과 주체(즉 다른 사람)에 대한 작용을 아직 구분하지 못하기 때문에, 본질적으로 세계에 대한 마법적 관점을 지닌다는 데 동의한다. 어린이는 우연의 일치를 인과 관계로 파악한다(따라서 어떤 동작이 떨어져 있는 어떤 사건과 우연히 일치하면, 어린이는 그 동작을 반복함으로써 같은 사건을 다시 일으키려고 할 것이다). 결국 비고츠키는 어린이가 아직 인격이나 세계관을 가지고 있지 않다는 데 동의한다. 즉 어린이는 그저 지각과 느낌이 시키는 대로 행동한다는 것이다(15-26~15-32).

D. 비고츠키는 이 무력함에 대한 두 가지 사례를 제시한다.

  1. 우리는 유년기를 전혀 기억하지 못한다. 프로이트는 이것이 유아의 행동이 전적으로 무의식에 지배당하기 때문이라고 설명한다(15-33). 왓슨은 기억의 부재가 단순히 말의 부재 때문이라고 주장한다. 비고츠키는 왓슨의 의견에 동의하

며, 말 이전 시기는 문화적 발달의 선사 시대이고, 따라서 인격과 세계관의 선사 시대라고 지적한다(15-34).

2. 유아들은 협소하게 구체적 감각에 기반을 한 일반적 도식만을 창조한다. 폴켈트는 '개념'이 구체적인 감각과 상이한 감각 사이의 미분화로부터 발생한다고 주장한다(15-37). 피아제는 오감에 상응하는 총 다섯 가지 낱말만으로도 어린이의 경험 전체를 포괄할 수 있다고 주장한다(15-35). 비고츠키는 피아제에 동의하지만, 몇 가지 수정 사항을 덧붙인다. 즉 삶의 첫해 후반부에 어린이는 세계를 대상(사물)과 주체(사람)로 구분할 수 있게 되며, 사물에 대한 적응은 도구와 함께 진행되지만, 사람에 대한 적응은 기호에 의존한다는 것이다(15-38).

III. 비고츠키는 어린이의 첫돌 무렵부터 학교에 갈 연령에 이르기까지의, 걷는 것과 말하는 것을 배우는 시기의 윤곽을 그린다. 이 시기는 또한 어린이가 최초로 자신의 이름이나 대명사 '나'를 사용하는 시기이기도 하다. 그러나 무엇보다도 이 시기는 놀이의 시기이다. 비고츠키는 이 모든 시기에서, 발달이 지성이라는 단일한 능력의 발현으로 환원될 수 있다는 생각을 거부한다(15-39~15-52).

A. 비고츠키는 걷기를 배우는 유기체적 변화조차 어린이의 영향의 지평을 굉장히 변화시킨다고 지적한다(15-40). 위대한 문화적 변화인 말의 숙달은 이보다 더 훨씬 극적인 효과를 갖는다. 그럼에도 불구하고 비고츠키는, 모이만이나 스턴과는 반대로, 단일한 지적 발견은 존재하지 않는다고 주장한다. 걷기처럼 말은 사물을 가리키고 영향을 미치는 수단으로서 경험된다. 그러나 사물에 영향을 끼치기 위한 말의 사용은 유아의 마법적 생각과는 다르다. 이와 같은 말의 사용이 성인의 욕하는 습관에 일종의 화석처럼 남아 있는 것이 그 증거이다(15-43).

B. 이와 유사하게, 비고츠키는 대명사 '나'의 사용이 어린이의 인격 발견의 표지라는 주지주의적 관념을 거부한다. '나'의 의미와 어린이 자신의 이름의 의미는 다른 낱말들의 의미가 발달하는 것과 마찬가지로 반드시 발달되어야 하며 초기에는 행위와 융합(불어의 주격 대명사 'je'처럼)되어 있으며, 나중에야 행위로부터 독립하게 된다(동사 없이 사용될 수 있는 목적격 대명사 'moi'처럼). 비고츠키는 첫째로 태어난 어린이가 대명사 '나'보다 자신의 이름을 사용하는 경향(추정컨대 부모로부터 자신의 이름을 듣고 배웠기 때문에)을 보이나, 둘째로 태어난 어린이는 양쪽 모두를 번갈아 사용(아마도 형이나 누나로부터 배웠기 때문에)한다는 스턴의 관찰을 인용한다. 비고츠키에 따르면 이것이 바로 인격의 기원이 개인 내적이 아니라 개인 간적이라는 증거이다(15-47).

C. 비고츠키는 놀이의 지성화조차 거부한다. 그는 놀이가 동물의 움켜쥐기나 잡기와는 다르다고 충분히 인정한다. 놀이는 행위가 완결되고 욕구가 충족된다 해도 사라지지 않는다. 그는 놀이가 마법, 즉 유아의 융즉적 사고나 초기 유년기의 대상에 대한 몸짓의 사용과 말의 사용과는 다름을 인정한다(15-48~15-49). 그러나 그는 놀이를 진정한 상징의 사용으로 여기지 않는다. 왜냐하면 놀이에 사용된 물체

들은 낱말이나 그림과는 다르기 때문이다. 그 사물들은 다른 사물을 '상징'하는 것이 아니라 단지 어린이의 행위에 대한 지렛대로만 작용할 뿐이다. 이러한 행위의 일부는 가리키는 행위가 될 수 있지만 아직 상징적 의미를 갖지는 않는다(15-50~15-51).

D. 비고츠키는 심리학자들이 어린이가 놀이에서 말하는 방식(즉 '막대기는 말이야')을 보고 잘못된 길로 들어섰다고 말한다. 그러나 놀이에서 기호의 사용은 기호 자체를 위한 사용이며, 아직 불안정한 인격과 세계관의 시작임을 비고츠키는 지적한다. 이것이 바로 어린이가 '마법적' 생각 단계를 넘어서, 도구를 가지고 대상을 다루는 것과 기호를 가지고 사람들을 대하는 것을 분명히 구별할 수 있게 되었다는 것을 가장 명확히 보여 준다(15-52).

IV. 이 마지막 절에서 비고츠키는 대체로 피아제와 클라파레드가 제시했던 용어로 학령기와 청소년기의 윤곽을 그린다. 하지만 그것은 이후에 나올 훨씬 더 철저하고 비판적인 논의의 개요에 지나지 않는다(15-53~15-63).

A. 비고츠키는 어린이는 학령기에 이르러 더 사회화되고 더 개인화된다고 말한다(이것은 개인이 사회적 발달의 후속 산물임을 알지 못하는 심리학자에게는 모순적으로 보일 수 있다). 놀이에서 생각은 직접적으로 행동과 연결되고, 기호는 그 자체의 목적을 위해 사용된다. 학교 교수-학습에서 이제 생각과 행동이 완벽하게 분리되어야 하며, 기호는 구분된 목적을 위해 사용된다(15-54~15-55).

B. 피아제는 두 가지 법칙으로 학령기에 어린이가 경험하는 변화를 묘사하고자 한다.
   1. '대체의 법칙'은 세계에 대한 어린이의 적응(유아론과 반대되는 자기중심성)이 이제 생각의 국면으로 '변화'한다는 것이다. 지각에서의 혼합주의와 행동에서의 혼합주의는 언어적 혼합주의로 지속된다(15-56~15-57).
   2. '어려움의 법칙'은 어린이는 성공하지 못한 적응에 대해서만 의식적이라는 말이다. 이런 이유로 어린이는 자신의 생각에 대해 의식적이 될 수 없다(15-58).

C. 한편으로 비고츠키는 인간의 생각을 규제하는 학습이 어린이의 도덕적 행위와 같은 적응 형태가 아니라는 피아제의 말에 동의한다(15-58). 다른 한편으로 비고츠키는 손다이크가 도덕적 고찰이 실제로 산술의 적응 형태라고 말한 것에 동의한다. 즉, 그것은 실제적인 일상생활에서 이익이 되는 것과 불이익이 되는 것 사이에서의 선택이라는 것이다(15-59). 비고츠키가 보기에 '나'에 대한 발견과 세계관의 형성은 실제로 청소년기까지 완료되지 않는다. 따라서 비고츠키는 심지어 청소년기는 '문화로 성숙하는' 시기라는 슈프랑거의 의견에도 동의한다(15-62).

D. 청소년기는 어린이의 문화적 발달 과정을 완성하고 대미를 장식한다. 그러나 이런 '횡단면적인 설명'은 피상적인 것에 불과하고, 다른 연구자들(피아제, 손다이크, 슈프랑거)의 의견에 깊이 의존한 것임이 분명하다. 비고츠키는 아직 논의해야 할 것이 무수히 많다고 말하며 마무리한다(15-63).

|참고 문헌|

Kim, Y. H.(2010), Virtual Worlds and Avatars for the Development of Primary
    Foreign Languages and Primary Foreign Languages for the Development of
    Real Children. In D. Russell(ed.), *Cases on Collaboration in Virtual Learning
    Environments: Processes and Interactions*, Hershey, PA: IGI Global.

베흐테레프 Bekhterev, V. M., *A General Framework for Human Reflexology*, Moscow, Petrograd, 1923(Бехтерев В. М. Общие основы рефлексологии челвека. М.; Пг., 1923).

베흐테레프 Bekhterev, V. M., *Collective Reflexology*, Petrograd, 1921(Бехтерев В. М. Коллективная рефлексология. Пг., 1921).

베흐테레프 Bekhterev, V. M., *The Working of the Brain*, Leningrad, 1926 (Бехтерев В. М. Работа головного мозга. Л., 1926).

블론스키 Blonsky, P. P., *Outlines of a Scientific Psychology*, Moscow, 1921 (Блонский П. П. Очерк научной психологии. М., 1921).

블론스키 Blonsky, P. P., *Pedology*, Moscow, 1925(Блонский П. П. Педология. М., 1925).

블론스키 Blonsky, P. P., Psychology as the Science of Behavior, In *Psychology and Marxism*, Moscow, Leningrad, 1925(Блонский П. П. Психология как наука о поведении. —В.: Психология и марксизм. М.; Л., 1925).

딜타이 Dilthey, W., *Descriptive Psychology*, Moscow, 1924(Дильтей В. Описательная психология. М., 1924).

프로이트 Freud, S., *Beyond the Pleasure Principle*, Moscow, 1925(Фрейд З. По ту сторону принципа удовольствия. М., 1925).

프로이트 Freud, S., *Essays on the Theory of Sexuality*, Moscow, Petrograd, 1924(Фрейд З. Очерки по теории сексуальности. М.; Пг., 1924).

프로이트 Freud, S., *Ego and Id, Leningrad*, 1924(Фрейд З. Я и оно. Л., 1924).

프로이트 Freud, S., *Introductory Lectures in Psychoanalysis*, Moscow, 1923, Vols. 1. & 2(Фрейд З. Лекции по введению в психоанализ. М., 1923, вып. 1, 2).

회프딩 Høffding, H.(1904), *Outlines of Psychology*, New York: MacMillan(Геффдинг Г. Очерки психологии, основанной нопыте. СПб., 1908).

후설 Husserl, E., *Philosophy as a Rigorous Science*, Moscow, 1911(Гуссерль Э. Философия как строгая наука. М., 1911).

제임스 James, W. *Conversations with Teachers*, Moscow, 1905(Джемс В. Психология в беседах с учителями. М., 1905).

제임스 James, W., *Psychology*, Moscow, 1911(Джем В. Психология. СПб., 1911).

코프카 Koffka, K., *The Basics of Psychic Development*(Die Grundlagen der psychischen Entwicklung), Osterwieck am Harz, 1925.

코프카 Koffka, K., Introspection and the Method of Psychology, *The British Journal of Psychology*, 1924, Vol. 15.

쾰러 Köhler, W., *Gestalt Psychology*, New York, 1924.

쾰러 Köhler, W., *Intelligence Tests on Anthropoid Apes*(Intelligenzprüungen an Anthropoiden, Intelligenzprüungen an Menschenaffen), Leipzig, 1917.

쾰러 Köhler, W., Of the Psychology of Chimpanzees(Aus Psychologie des Schimpanzen), *Psychologische Forschung*, 1921, Vol I.

마르크스 Marx, K. & 엥겔스 Engels, F., *Collected Works*(Маркс К., Энгельс Ф. Сочинения. 2-е изд., т. 20, 23, 25, ч. II, 46, ч. II.).

파블로프 Pavlov, I. P., A Twenty-Year Study of the Subjective Experience of the Higher Nervous Activity(Behavior) of Animals, *Works*, Op. Moscow, Leningrad, 1950, Vol III, Book 1(Павлов И.П. XX-летнийопыт субъективного изучения высшей нервной деятельности [поведения] животных. —Поли. собр. соч. М.; Л., 1950, т. III, кн. 1).

파블로프 Pavlov, I. P., Lectures on the Main Digestive Glands, *Works*, Op. Moscow, Leningrad, 1951, Vol III, Book 2(Павлов И. П. Лекции о работе главных пищеварительных желез. —Поли. собр. соч. М.; Л., 1951, т. III, кн. 2).

스턴 Stern, W., *The Psychology of Early Childhood to the Age of Six*, Moscow, 1922(Штерн В. Психология раннего детства до шестилетнего возраста. М., 1922).

스턴 Stern, C. and W., *The Child's Language*, (Child-speech), (Die Kindersprache), Leipzig: J. A. Barth.

손다이크 Thorndike, E. L., *Principles of Teaching Based on Psychology*, Moscow, 1925(Торндайк Э. Принципы обучения, основанные на психологии М. 1925).

티치너 Titchener, E. B., *Textbook of Psychology*, Moscow, 1914, Part 1 and 2.

왓슨 Watson, J., *Psychology as a Science of Behavior*, Moscow, 1926(Уотсон Дж. Психология как наука о поведении. М. 1926).

|찾아보기|

비고츠키 연구회

교육의 본질을 고민하고 진정한 교육적 혁신을 위해 비고츠키를 연구하는 교사들의 모임, 비고츠키 원전을 번역하고 현장 연구를 통한 논문을 지속적으로 발표해 오고 있다. 진지하고 성실한 학문적 접근을 통해 비고츠키 사상을 이해하고자 하는 교사라면 누구나 함께할 수 있다. 『어린이 자기행동숙달의 역사와 발달 II』의 번역에 참여한 회원은 다음과 같다.

김여선 서울 인수초등학교 교사로 부산교육대학교를 졸업하고 한국외국어대학교에서 TESOL 석사학위를 받았습니다. 영어 수업에서 소외된 아이들 지도에 관한 논문 완성 중 D. 켈로그 교수님을 만나 모든 아이들이 행복하고 즐거울 수 있는 영어 수업을 꿈꾸며 비고츠키 공부를 함께하게 되었습니다. 가르치기가 두려워질 때 비고츠키를 만나 이제 가르칠 수 있는 용기, 나 자신에게로의 용기를 얻어 희망을 이야기할 수 있게 되었습니다.

김용호 서울교육대학교와 교육대학원을 졸업하고 한국교원대학교에서 교육학 박사학위를 받았습니다. 현재 서울 녹번초등학교에서 어린이들을 가르치고 있습니다. 켈로그 교수님과 함께 영어 교수법 책을 쓰기도 하고(『얽힌 실타래 풀기-초등 영어 수업의 문제』, 2011) 잘 알려진 국제 학술지(Applied Linguistics, 2006; Journal of Applied Lingustics, 2006)에 논문을 게재하는가 하면 미국 대학 교재(IGI, 2010)의 한 챕터를 맡아 저술하기도 하였습니다.

데이비드 켈로그David Kellogg 부산교육대학교, 서울교육대학교 영어교육과 교수를 역임하고 현재는 한국외국어대학교 테솔대학원 영어교육학과 학과장을 맡고 있습니다. 『생각과 말』, 『도구와 기호』의 공동 번역 작업에 참여하였습니다. 다수의 저서를 저술하였으며 Applied Linguistics, Modern Language Journal, Language Teaching Research 등의 해외 유수 학술지에 지속적으로 논문을 기재해 오고 있습니다. 비고츠키 연구의 권위자로 인정받고 있습니다.

이두표 서울에 있는 천왕중학교 과학 교사로 서울대학교 물리교육과와 대학원 과학교육과를 졸업하였습니다. 2010년 여름 비고츠키를 처음 만난 후 그 매력에 푹 빠져 꾸준히 비고츠키를 공부하고 있습니다. 번역에 대해 아무런 경험도 없던 제가 켈로그 교수님과 동료 선생님들 덕분에 이 책 번역에 끝까지 함께할 수 있게 된 것을 행운이라 여기고 있습니다.

이미영 서울교육대학교를 졸업하고 서울 광남초등학교 교사로 근무하고 있으며 서울교육대학교 대학원에서 초등영어교육에 대해 공부하고 있습니다. 교실 수업에서도 기술과 흐름에 편승해 가는 모습에 염증을 느끼던 중 켈로그 교수님을 통해 어린이들에게 생각과 말이 가지는 무한한 힘과 가능성을 보여 준 비고츠키를 접하게 되었습니다. 함께 작업한 선생님들과 함께 더디지만 한 걸음 한 걸음 즐겁게 비고츠키를 향해 나아가고 있습니다.

최영미 춘천교육대학교를 졸업하고 현재 성남 복정초등학교에서 근무하고 있습니다. 서울교육대학교 대학원 영어교육과 재학 중 D. 켈로그 교수님을 만나 제가 속한 작지만 커다란 세상을 바라보는 새로운 눈을 갖게 되기를 소망하게 되었습니다. 그 바람을 이루기 위해 든든한 길동무와도 같은 선생님들과 『도구와 기호』를 함께 번역하였으며, 지금도 부족한 공부를 계속하고 있습니다.

한희정 서울형 혁신학교 서울 유현초등학교 교사로 청주교육대학교와 한국교원대학교 대학원에서 초등국어교육에 대해 공부했습니다. 2006년부터 초등교육과정연구모임에 함께하면서 우리 사회의 교육 문제를 제대로 된 교육과정을 통해 바꿔 가고 싶다는 꿈이 생겼고, 그 꿈을 찾아가는 길에 좋은 길동무로 비고츠키라는 거대한 산맥을 만나게 되었습니다. 함께 공부하는 선생님들과 『도구와 기호』를 함께 번역했고, 『교과서를 믿지 마라』, 『행복한 혁신학교 만들기』, 『문학수업방법』을 함께 썼습니다.

*비고츠키 연구회와 함께 번역, 연구 작업에 동참하고 싶으신 분들은 iron_lung@hanmail.net으로 문의해 주시기 바랍니다.

삶의 행복을 꿈꾸는 교육은
어디에서 오는가? 미래 100년을 향한 새로운 교육

혁신교육을
실천하는
교사들의
필독서

▶ 교육혁명을 앞당기는 배움책 이야기

혁신교육의 철학과 잉걸진 미래를 만나다!

 핀란드 교육혁명
한국교육연구네트워크 총서 01 | 320쪽 | 값 15,000원

 일제고사를 넘어서
한국교육연구네트워크 총서 02 | 384쪽 | 값 13,000원

 새로운 사회를 여는 교육혁명
한국교육연구네트워크 총서 03 | 380쪽 | 값 17,000원

 교장제도 혁명
한국교육연구네트워크 총서 04 | 268쪽 | 값 14,000원

 새로운 사회를 여는 교육자치 혁명
한국교육연구네트워크 총서 05 | 312쪽 | 값 15,000원

 혁신학교
성열관·이순철 지음 | 224쪽 | 값 12,000원

 행복한 혁신학교 만들기
초등교육과정연구모임 지음 | 264쪽 | 값 13,000원

 서울형 혁신학교 만들기
이부영 지음 | 320쪽 | 값 15,000원

 혁신교육, 철학을 만나다
브렌트 데이비스·데니스 수마라 지음
현인철·서용선 옮김 | 304쪽 | 값 15,000원

 혁신교육 존 듀이에게 묻다
서용선 지음 | 292쪽 | 값 14,000원

 미래교육의 열쇠, 창의적 문화교육
심광현·노명우·강정석 지음 | 368쪽 | 값 16,000원

 대한민국 교사, 어떻게 가르칠 것인가?
윤성관 지음 | 320쪽 | 값 15,000원

 아이들을 어떻게 가르칠 것인가
사토 마나부 지음 | 박찬영 옮김 | 232쪽 | 값 13,000원

 교사, 선생이 되다
김태은 외 지음 | 260쪽 | 값 13,000원

 다시 읽는 조선 교육사
이만규 지음 | 750쪽 | 값 33,000원

 대한민국 교육혁명
교육혁명공동행동 연구위원회 | 152쪽 | 값 5,000원

▶ 평화샘 프로젝트 매뉴얼 시리즈

학교 폭력에 대한 근본적인 예방과 대책을 찾는다

 학교 폭력 어떻게 만들어지는가
문재현 외 지음 | 300쪽 | 값 14,000원

 아이들을 살리는 동네
문재현 · 신동명 · 김수동 지음 | 204쪽 | 값 10,000원

 학교 폭력, 멈춰!
문재현 외 지음 | 348쪽 | 값 15,000원

 평화! 행복한 학교의 시작
문재현 외 지음 | 252쪽 | 값 12,000원

 왕따, 이렇게 해결할 수 있다
문재현 외 지음 | 236쪽 | 값 12,000원

▶ 비고츠키 선집 시리즈

발달과 협력의 교육학 어떻게 읽을 것인가?

 생각과 말
레프 세묘노비치 비고츠키 지음
배희철 · 김용호 · D. 켈로그 옮김 | 690쪽 | 값 33,000원

 어린이의 상상과 창조
L.S. 비고츠키 지음 | 비고츠키연구회 옮김
280쪽 | 값 15,000원

 도구와 기호
비고츠키 · 루리야 지음 | 비고츠키연구회 옮김
336쪽 | 값 16,000원

 비고츠키 생각과 말 쉽게 읽기
비고츠키 교육학 실천연구모임 지음
316쪽 | 값 15,000원

 어린이 자기행동숙달의 역사와 발달 I
L.S. 비고츠키 지음 | 비고츠키연구회 옮김
564쪽 | 값 28,000원

 비고츠키와 인지 발달의 비밀
A.R. 루리야 지음 | 배희철 옮김
280쪽 | 값 15,000원

 어린이 자기행동숙달의 역사와 발달 II
L.S. 비고츠키 지음 | 비고츠키연구회 옮김
552쪽 | 값 28,000원

▶ 창의적인 협력수업을 지향하는 삶이 있는 국어 교실

우리말 글을 배우며 세상을 배운다

 중학교 국어 수업 어떻게 할 것인가?
김미경 지음 | 332쪽 | 값 15,000원

 이야기 꽃 1
박용성 엮어 지음 | 276쪽 | 값 9,800원

 토론의 숲에서 나를 만나다
명혜정 엮음 | 312쪽 | 값 15,000원

 이야기 꽃 2
박용성 엮어 지음 | 294쪽 | 값 13,000원

▶ 교과서 밖에서 만나는 역사 교실

상식이 통하는 살아 있는 역사를 만나다

전봉준과 동학농민혁명
조광환 지음 | 336쪽 | 값 15,000원

통하는 공부
김태호·김형우·이경석·심우근·허진만 지음
324쪽 | 값 15,000원

남도의 기억을 걷다
노성태 지음 | 344쪽 | 값 14,000원

팔만대장경도 모르면 빨래판이다
전병철 지음 | 360쪽 | 값 16,000원

즐거운 국사수업
김은석 지음 | 352쪽 | 값 13,000원

빨래판도 잘 보면 팔만대장경이다
전병철 지음 | 360쪽 | 값 16,000원

즐거운 국사수업 32강
김남선 지음 | 280쪽 | 값 11,000원

김창환 교수의 DMZ 지리 이야기
김창환 지음 | 264쪽 | 값 15,000원

즐거운 세계사 수업
김은석 지음 | 328쪽 | 값 13,000원

영화는 역사다
강성률 지음 | 288쪽 | 값 13,000원

한국 고대사의 비밀
김은석 지음 | 304쪽 | 값 13,000원

친일 영화의 해부학
강성률 지음 | 264쪽 | 값 15,000원

아이들이 주인공이 되는 주제통합수업
이윤미 외 지음 | 268쪽 | 값 13,000원

광주의 기억을 걷다
노성태 지음 | 348쪽 | 값 15,000원

▶ 살림터 참교육 문예 시리즈

영혼이 있는 삶을 가르치는 온 선생님을 만나다!

꽃보다 귀한 우리 아이는
조재도 지음 | 244쪽 | 값 12,000원

선생님이 먼저 때렸는데요
강병철 지음 | 248쪽 | 값 12,000원

성깔 있는 나무들
최은숙 지음 | 244쪽 | 값 12,000원

서울 여자, 시골 선생님 되다
조경선 지음 | 252쪽 | 값 12,000원

아이들에게 세상을 배웠네
명혜정 지음 | 240쪽 | 값 12,000원

행복한 창의 교육
최창의 지음 | 328쪽 | 값 15,000원

▶ 정의로운 세상을 여는 인문사회 과학

사람의 존엄과 평등의 가치를 배운다

밥상혁명
강양구·강이현 지음 | 298쪽 | 값 13,800원

좌우지간 인권이다
안경환 지음 | 288쪽 | 값 13,000원

도덕 교과서 무엇이 문제인가?
김대용 지음 | 272쪽 | 값 14,000원

민주시민교육
심성보 지음 | 544쪽 | 값 25,000원

자율주의와 진보교육
조엘 스프링 지음 | 심성보 옮김 | 320쪽 | 값 15,000원

민주시민을 위한 도덕교육
심성보 지음 | 496쪽 | 값 25,000원

민주화 이후의 공동체 교육
심성보 지음 | 392쪽 | 값 15,000원

교과서 밖에서 배우는 인문학 공부
정은교 지음 | 276쪽 | 값 13,000원

갈등을 넘어 협력 사회로
이창언·오수길·유문종·신윤관 지음 | 280쪽 | 값 15,000원

오래된 미래교육
정재걸 지음 | 392쪽 | 값 18,000원

동양사상과 마음교육
정재걸 외 지음 | 356쪽 | 값 16,000원

수업과 교육의 지평을 확장하는 수업 비평
윤양수 지음 | 316쪽 | 값 15,000원

▶ 남북이 하나 되는 두물머리 평화교육

분단 극복을 위한 치열한 배움과 실천을 만나다!

10년 후 통일
정동영·지승호 지음 | 328쪽 | 값 15,000원

선생님, 통일이 뭐예요?
정경호 지음 | 252쪽 | 값 13,000원

▶ 출간예정

근간
응답하라 한국사 1·2
김은석 지음

참된 삶과 교육에 관한
생각 줍기